“十三五”国家重点出版物出版规划项目

经济科学译丛

面板数据分析

（第三版）

萧政（Cheng Hsiao） 著

李杰 译

ANALYSIS OF PANEL DATA

(THIRD EDITION)

中国人民大学出版社

·北京·

《经济科学译丛》总序

中国是一个文明古国，有着几千年的辉煌历史。鸦片战争后，中国由盛而衰，一度成为世界上最贫穷、落后的国家之一。中国共产党领导的革命把中国从饥饿、贫困、被欺侮、被奴役的境地中解放出来，1949 年中华人民共和国成立，中国人民从此当家做主。1978 年以来的改革开放，使中国真正走上了通向繁荣富强的道路。

中国改革开放的目标是建立一个有效的社会主义市场经济体制，加速发展经济，提高人民生活水平。但是，要完成这一历史使命绝非易事，我们不仅需要从自己的实践中总结教训，也要从别人的实践中获取经验，还要用理论来指导我们的改革。市场经济虽然对我们这个共和国来说是全新的，但市场经济的运行在发达国家已有几百年的历史，市场经济的理论亦在不断发展完善，并形成了一个现代经济学理论体系。虽然许多经济学名著出自西方学者之手，研究的是西方国家的经济问题，但他们归纳出来的许多经济学理论反映的是人类社会的普遍行为，这些理论是全人类的共同财富。要想迅速稳定地改革和发展我国的经济，我们必须学习和借鉴世界各国包括西方国家在内的先进经济学的理论与知识。

本着这一目的，我们组织翻译了这套经济学教科书系列。这套译丛的特点是：第一，全面系统。除了经济学、宏观经济学、微观经济学等基本原理之外，这套译丛还包括了产业组织理论、国际经济学、发展经济学、货币金融学、财政学、劳动经济学、计量经济学等重要领域。第二，简明通俗。与经济学的经典名著不同，这套丛书都是国外大学通用的经济学教科书，大部分都已发行了几版或十几版。作者尽可能地用简明通俗的语言来阐述深奥的经济学原理，并附有案例与习题，对于初学者来说，更容易理解与掌握。

经济学是一门社会科学，许多基本原理的应用受各种不同的社会、政治或经济体制的影响，许多经济学理论是建立在一定的假设条件上的，假设条件不同，结论也就不一定成立。因此，正确理解掌握经济分析的方法而不是生搬硬套某些不同条件下产生的结论，才是我们学习当代经济学的正确方法。

本套译丛于 1995 年春由中国人民大学出版社发起筹备并成立了由许多经济学专家学者组成的编辑委员会。中国留美经济学会的许多学者参与了原著的推荐工作。中国人民大学出版社向所有原著的出版社购买了翻译版权。北京大学、中国人民大学、复旦大学以及中国社会科学院的许多专家教授参与了翻译工作。前任策划编辑梁晶女士为本套译丛的出版做出了重要贡献，在此表示衷心的感谢。在中国构建高水平社会主义市场经济体制的时期，我们把这套译丛献给读者，希望为中国经济的深入改革与发展做出贡献。

《经济科学译丛》编辑委员会

第三版序

面板数据计量经济学是当今计量经济学领域最活跃的分支之一。利用面板数据可以在更合理行为的假设下构建适当的模型，导出新的方法；随着现代社会可获取的面板数据越来越多，有关面板数据的研究如雨后春笋般不断涌出。本书在第二版的基础上有重大改进，增加了横截面相依面板数据和动态系统两章，对原来某些复杂的概念给出了更为清晰的解释，并在相关章节增加了关于随机系数模型、伪面板数据模型、久期模型、计数模型、分位数分析、非线性面板数据模型中非观测异质项影响控制方法、基于大截面维度或大时间维度数据进行推断的新内容。希望新版中的内容能为实证分析提供更为全面、连贯、直观的面板数据分析方法。当然，没有哪本专著能绝对公平地对待所研究领域的海量文献。本书如未能对面板数据分析中某些重要贡献给予足够的重视，我在此表示歉意。

非常感谢剑桥大学出版社前员工 Scott Parris 和现员工 Karen Maloney 对本书的支持和鼓励。衷心感谢《计量经济学》(*Econometrica*)、国际货币基金组织、《金融时报》(*Financial Times*)、《美国统计学会杂志》(*Journal of the American Statistical Association*)、《应用计量经济学杂志》(*Journal of Applied Econometrics*)、《计量经济学杂志》(*Journal of Econometrics*)、《区域科学与城市经济学》(*Regional Science and Urban Economics*)、《经济研究评论》(*Review of Economic Studies*)、芝加哥大学出版社、爱思唯尔（Elsevier Science）等允许我参考其出版物中的内容。感谢 Kristin Purdy 和 Kate Gavino 协助获取授权许可，感谢 K. Bharadwaj、S. Shankar、J. Penney 和 T. Kornak 优质的文字编辑和排版工作。在本书的成书过程中，南加利福尼亚大学、厦门大学、香港城市大学、香港科技大学为我提供了非常舒适的工作环境，中国国家自然科学基金也提供了若干支持（项目编号：71131008）。感谢 Sena Schlessinger 用她娴熟的技术输入了本书的各期手稿；R. Matzkin 和两位匿名评审人、J. C. Duan、R. Koenker、C. Lambache、李龙飞、陆逊、M. H. Pesaran、H. R. Moon、苏良军、T. Wansbeek，以及 J. H. Yu 对书中部分内容提出了建设性意见。感谢 Q. Zhou 发现初稿中的若干打印错误和失误；感谢 Michael Hsiao 绘制表 1.1、表 6.9～表 6.11 以及表 9.1；感谢 Shui Wan 绘制表 9.2～表 9.5 以及图 9.1～图 9.4；感谢 T. Wang 耐心地备好表 12.1、图 12.1 以及图 12.2 的源文件。虽有大家的帮助，但书中错误仍不可避免。对此，我深感歉意并感谢指出具体错误的读者。

第二版序

自 1986 年本书第一版出版以来，讨论面板数据的文章显著增多。据来自社会科学引文索引（Social Science Citation Index，SSCI）的数据，1989 年只有 29 篇文章与面板数据有关，而在 1997 年是 518 篇，1998 年是 553 篇，1999 年是 650 篇。面板数据日益受到重视，一方面是因为借助面板数据集比利用单纯的横截面数据集或时间序列数据集能更好地回答重点关注的问题，且这种数据越来越容易获取；另一方面是因为研究人员的计算能力快速提升；当然更是受到了该领域内在方法逻辑体系发展的推动［参见 Trognon（2000）］。

第二版在第一版的基础上进行了重大修订，主要补充了离散选择（第 7 章）和样本选择（第 8 章）等非线性面板数据模型的内容；新增的第 10 章包括模拟技术、大 N 和大 T 理论、单位根及协整检验、多水平结构以及横截面相依等若干主题；新增了关于动态模型的估计（4.5 节～4.7 节）、固定系数和随机系数模型的 Bayes 诊断（6.6 节～6.8 节）以及重复横截面数据（或伪面板数据）等若干小节。此外，第二版还更新了原有章节中的若干论述，譬如：引入了严格外生性的概念，在广义矩法框架下介绍估计量，以便建立识别各种模型所必需的假设之间的联系；根据对非观测特异效应假设的约束条件，更新了对固定效应和随机效应的论述；等等。

与第一版一样，第二版的目标仍是为分析各种类型的数据提供最新的综合分析框架，重点在于系统地阐述如何对受重大政策影响的问题进行恰当的统计推断。第二版既不是关于面板数据计量经济学的百科全书，也不是关于这方面的发展史，故有很多重要贡献在本书中都没有提到，对此我深感抱歉。关于面板数据计量经济学发展史的论述可以参见 Nerlove（2000）。一些别的出版物和参考资料可参见 Arellano 和 Honoré（2001）的综述，或者参见近来由 Matyás 和 Sevester（1996），Hsiao、Lahiri、Lee 和 Pesaran（1999），Hsiao、Morimune 和 Powell（2001）以及 Krishnakumar 和 Ronchetti（2000）编撰的 4 卷资料。Blanchard（1996）对相关软件有过评论。

我要感谢编辑 Scott Parris 在准备修订期间对我的鼓励和帮助，以及 Andrew Chesher 和两位匿名读者对初稿的建设性批评。我也非常感谢E. Kyriazidou 对第 7 章和第 8 章耐心而又细致的点评，感谢 S. Chen 和 J. Powell 对第 8

章、H. R. Moon 对大面板这一节有益的批评和建议，感谢 Sena Schlessinger 用她娴熟的技能输入了除第 7 章外的全部手稿，Yan Shen 仔细校对了全部手稿并熟练地输入了第 7 章的手稿，Siyan Wang 绘制了第 8 章的图表。当然，书中所有的遗留错误都由我负责。James Heckman、C. Manski、Daniel McFadden、Ariel Pakes、《计量经济学》（*Econometrica*）、《美国统计学会杂志》（*Journal of the American Statistical Association*）、《计量经济学杂志》（*Journal of Econometrics*）、《区域科学与城市经济学》（*Regional Science and Urban Economics*）、《经济研究评论》（*Review of Economic Studies*）、芝加哥大学出版社、爱思唯尔（Elsevier Science）等允许我参考其出版物中的部分内容，在此一并表示感谢。

第一版序

近来，经济学领域的实证研究因利用一类样本容量较大的新型数据——不同时期观测到的个体的横截面数据——飞速发展。利用这种数据，我们可构建并检验更贴近现实的行为模型，而这些模型仅用单纯的横截面数据集或时间序列数据集却无法识别。但新型数据的利用也产生了新的问题。新方法不断引入，观念也在发生变化。在准备著述一部导论性专著时，作者必须选择所涵括的主题。我选择了控制不可观测的个体和/或时间属性以避免设定偏误并提高估计的效率。虽说作品的选题范围在某种程度上属于作者的个人风格问题，但本书主要还是讨论最基本和最常用的方法。书中也给出了一些应用这些方法的案例，并对（模型的）用途、计算方法以及（对模型的）解释进行了讨论。

非常感谢 C. Manski 和剑桥大学出版社的一位读者，以及 G. Chamberlain 和 J. Ham 具有建设性的批评与建议。感谢 Mario Tello Pacheco，他通读全稿并对表述中存在的问题提出了大量的建议，还更正了许多大大小小的错误。还要感谢 V. Bencivenga、A. C. Cameron、T. Crawley、A. Deaton、E. Kuh、B. Ma、D. McFadden、D. Mountain、G. Solon、G. Taylor 和 K. Y. Tsui 等人的有益批评，感谢 Sophia Knapik 和 Jennifer Johnson 耐心地输入初稿以及反反复复的修改稿。当然，此类事务很容易产生错误，请读者就仍然存在的问题提出批评和指正。

本书的若干内容是在我与莫雷山的贝尔实验室、普林斯顿大学、斯坦福大学、南加利福尼亚大学以及多伦多大学的交流过程中完成的。我非常感谢这些机构为我提供文秘和研究上的便利，非常荣幸与那里富有激情的同事们一同工作。感谢美国国家科学基金和加拿大社会科学与人文科学研究委员会的资助。

目　录

第1章 导 论

1.1 面板数据简介 1

纵列数据集（longitudinal data set），又称**面板数据集**（panel data set），是在不同时期跟踪由给定个体组成的样本而获取的数据集，它包含样本中每个个体的多个观测值。无论是在发达国家还是在发展中国家，面板数据都已经很常见。在美国众多的面板数据集中，“全国劳动力市场经验纵向调查”（National Longitudinal Surveys of Labor Market Experience，NLS）数据集和密歇根大学的“收入动态追踪调查”（Panel Study of Income Dynamics，PSID）数据集是其中最具知名度的两个。

NLS对数据的收集始于1966年，它调查人们对教育、就业、婚姻、生育、培训、儿童保育、健康、毒品与酒精滥用等方面的态度、行为以及相关事件，涉及的面非常广泛。该数据集最初有4个组成部分：1966年年龄为45～59岁的男子、1966年年龄为14～24岁的青年男子、1967年年龄为30～44岁的女子、1968年年龄为14～24岁的青年女子。表1.1对NLS初始样本中各组成部分的样本容量、个体参与调查的年数以及当前调查状态进行了总结（详细信息见《NLS手册2005》，美国劳动部，劳工统计局）。1979年，NLS还在全国范围内调查了12 686名年龄为14～22岁且具代表性的青年男女。对该组人群的调查从1994年开始时的一年一访变成了现在的两年一访（NLS79）。1986年，NLS还开始了对参与1979年调查的青年组女子所生孩子的调查（NSL79儿童与青年人）。这部分数据不仅包含NLS79中母亲的信息，还包含其他人口统计学信息和发育信息。从1988年开始，对年龄不低于10岁孩子的信息采集变成了两年一次。而NLS97则以全国范围内截至1996年12月31日年龄为12～16岁且具代表性的少年为对象，一开始调查了8 984名少年，对符合条件的少年仍在进行每年一次的跟踪访谈。该调查收集了大量受访人在就业和学历方面的信息，
此外还包含少年们家庭和社区背景方面的数据，记录了他们从学习到工作、从 2

少年到成人的各种变化。读者可通过网址 NLSinfo. org 上的 NLS 数据产品中心在线获取 NLS 数据和文档。

表 1.1　NSL 各受访组的调查年份与样本容量

受访组	年龄组	出生时间	起始年份/结束年份	初始样本容量	受调人数（年份）
老年男子	45～59	4/2/1907—4/1/1921	1966/1990	5 020	2 092（1990）
成年女子	30～44	4/2/1923—4/1/1937	1967/2003	5 083	2 237（2003）
青年男子	14～24	4/2/1942—4/1/1952	1966/1981	5 225	3 398（1981）
青年女子	14～24	1944—1954	1968/2003	5 159	2 287（2003）
NLSY79	14～21	1957—1964	1979/—	12 686	7 724（2002）
NLSY79 儿童	0～14	—	1986/—	5 255	7 467（2002）
NLSY79 青年人	15～22	—	1994/—	980	4 238（2002）
NLSY97	12～16	1980—1984	1997/—	8 984	7 756（2004）

资料来源：*NLS Handbook*（*2005*），U. S. Department of Labor，Bureau of Labor Statistics.

PSID 从 1968 年开始收集数据并持续至今，它在全国范围内收集具有代表性的 6 000 多个家庭和 15 000 多位个人及其后代的年度经济信息。PSID 既收集整个家庭的数据，也收集家庭成员的个人数据，重点关注家庭经济、人口数量以及健康方面的动态信息和交互信息。该数据集有 5 000 多个变量，包括就业、收入、人力资本，以及住房、是否乘车上班、流动性等方面的信息。1968—1997 年间，PSID 数据每年收集一次，1997 年后每两年收集一次。PSID 数据可从 PSID 数据中心（PSID. org）免费获取。除 NLS 和 PSID 数据集之外，还有一些其他让经济学家们感兴趣的面板数据，Borus（1981）和 Juster（2001）将这些数据编录在目并给出评述；读者还可参见 Ashenfelter 和 Solon（1982），以及 Becketti 等（1988）的工作来了解这些数据。[①]

在欧洲，已有多个国家有年度或更高频率的全国调查数据，如荷兰的 SEP（Socio-Economic Panel），德国的 GSOEP（German Social Economics Panel），卢森堡的 PSELL（Luxembourg Social Economic Panel），英国的 BHPS（British Household Panel Survey）等。“为满足欧盟内部对各成员国关于收入、工作与就业、贫穷与社会排斥、住房、健康，以及若干其他有关私有财产和人员居住条件的社会指标等可比较信息不断增长的需求”[欧盟统计局（1996）]，欧共体统计局在 1994 年建成的国家数据采集器 NDU 已经开始用统一设计的标准化多功能年度纵列数据调查表来协调和链接现有的国家面板数据。譬如，分别始于
3 1993 年和 1995 年的 MIP（Manheim Innovation Panel）和 MIP-S（Manheim Innovation Panel-Service Sector）包含德国制造业和服务业中有 5 个及以上雇员企

① 有关市场的面板数据，参见 Beckwith（1972）；关于生物医学的面板数据，参见 Sheiner，Rosenberg 和 Melmon（1972）；关于金融市场的面板数据，参见 Dielman，Nantell 和 Wright（1980）。

业的创新活动（产品创新、创新支出、研发支出、阻碍创新的因素、资本收益、工资以及雇员的技能结构等）的年度数据。调查严格按照经合组织和欧盟统计局的《奥斯陆手册》中推荐的创新调查方法进行，因此获取的德国企业创新活动的数据可在国家之间进行比较。1993 年和 1997 年的数据也成为欧共体创新调查数据 CIS Ⅰ和 CIS Ⅱ的一部分［详情参见 Janz 等（2001）］。类似地，ECHP（European Community Household Panel）计划推出家庭和个人级别的欧盟统计数据。ECHP 数据包含人口信息、劳动力行为、收入、健康、教育与培训、住房、移民等信息，涉及欧盟 15 国中除瑞典之外的 14 国［Peracchi (2000)］。ECHP 的详细统计数据公布在欧盟统计局的参考数据库 New Cronos 中，发布的数据涉及 3 个领域，即健康、住房、收入与居住条件（ILC）。①

虽然多数发展中国家尚未形成收集统计数据的传统，但面板数据在这些国家也越来越常见。获取原始调查数据对回答许多有意义的重大问题显得尤为重要。很多国际机构已经发起并协助设计面板调查方案。譬如，荷兰的 NGO (non-government organization)、ICS（Investing in Children and their Societies）、与肯尼亚卫生部合作的非洲地区共同开展了一项小学生驱虫项目（Primary School Deworming Project，PSDP）。该项目在肯尼亚西部贫穷且农场密布的 Busia 地区实施。共有 75 所学校（几乎是该地区所有的农村小学）超 3 万在 1998—2001 年间年龄为 6～18 岁的孩子参与其中。世界银行也曾发起并协助设计了许多面板数据调查。譬如，中国国务院农村发展研究中心发展研究所与世界银行合作，在 1984—1990 年之间对中国 200 家大型乡镇企业进行年度调查［Hsiao 等 (1998)］。

还有一个全世界都在协同推进的项目：收集各国关于人口老龄化、退休、健康的面板数据。该项目源于美国 HRS（Health and Retirement Study; http://www.rand.org/labor/aging/dataprod/，http://hrsonline.isr.umich.edu/）发起的两年一次的面板数据调查，之后英国的 ELSA（English Longitudinal Study of 4
Aging; http://www.ifs.org.uk/elsa/）和欧洲的 SHARE（Survey of Health, Aging and Retirement in Europe; http://www.share-project.org/）也开展了同样的调查。SHARE 涉及 11 个欧洲大陆国家，但以后会调查更多欧洲国家，甚至可能调查以色列的相关数据。另有一些别的国家，特别是几个亚洲国家也在开展类似的项目。这些数据集在收集数据时就综合了多学科视角，构建数据集时充分考虑了不同国家数据集之间具有高度兼容性。数据集中包含了大量年龄约 50 岁或更老的人及其家庭的信息。其中包括劳动记录、现就业状态、各渠道收入（工作、个体经营、退休金、社保金、财产收入）、各种财富（股票、债券、养老计划、房屋）、健康的各个方面（一般健康、疾病、日常起居和行动障碍）、对退休的主观预期、实际退休条件。基于这些数据，研究人员可以分析很多其他（面板数据）研究项目中讨论不了的重大问题，譬如老年健康的演化和健康

① 对 ECHP 感兴趣的读者可访问 ECHP 网站并下载 ECHP 用户数据库（ECHP UDP）详细文档。ECHP 的网址是 http://forum.europa.eu.int/irc/dsis/echpane/info/data/information.html。

与退休之间的关系。此外，很多国家开展的访谈具有极高的同步性，这有助于研究诸如退休金制度、强制退休法律、社会保障计划等制度因素对劳动参与率和退休的影响等［更多内容，参见 Wansbeek 和 Meijer（2007）］。

1.2 面板数据的优点

在经济学研究中，与传统的**横截面数据集**（cross section data set）或**时间序列数据集**（time series data set）相比，面板数据集具有多方面的优势［参见 Hsiao（1985a，1995，2001，2007）］，具体说来，有如下几方面：

1. 对模型参数的推断更为精确。面板数据通常能为研究人员提供大量的数据点，因此增加了数据的自由度并降低了解释变量间的共线性程度，故而提高了计量模型估计的有效性。

2. 能在更合理、更严格的行为假设下进行数据分析。纵列数据中既包含不同个体的差异信息，又包含个体的时间序列（简称时序）动态信息，这使得研究人员能够分析一些用横截面数据或时间序列数据无法处理的重大经济问题。譬如，基于横截面数据进行经济分析时，常见的假设为：如果个体的条件变量 $\mathbf{x}$ 取值相同，则响应变量的期望值相等，即 $E(y_i \mid \mathbf{x}_i=\mathbf{a})=E(y_j \mid \mathbf{x}_j=\mathbf{a})$。在该假设下，对一个由已婚女性构成的横截面样本，如果发现女性们平均每年有 50% 的劳动参与率，则可能表明样本中的女性们来自同一个总体，在任意给定
5 的年份，样本中的每位女性正处于就业状态的概率为 50%。人们预期每位女性婚后一半的时间参与劳动力市场，而另一半时间则花在劳动力市场之外，并以平均两年的工作期限频繁地变动工作。但是，正如 Ben-Porath（1973）所述，样本中的女性们来自不同的总体，其中的 50% 来自一直在工作的总体，而另外 50% 则来自从不工作的总体。在此情形下，女性们的工作状态没有变化，她们的当前工作状态就是对将来工作状态的完美预测。借助面板数据，则可对这两种情形进行区分。对大量的个体的连续观测数据，使得研究人员能够利用个体的就业历史信息来估计在生命周期的不同时段参与劳动力市场的概率。

利用横截面数据对动态变化情况进行推断时遇到的困难，在劳动力市场研究的其他方面也会碰到。我们以工会组织对经济行为的影响为例进行说明［参见 Freeman 和 Medoff（1981）］。对于有工会的企业（或雇员）和没有工会的企业（或雇员）进行比较而发现的差别，有些经济学家倾向于相信其基本真实性，并认为工会及集体议价方式从根本上改变了雇佣关系中最重要的方面，包括补偿金、劳动力内部与外部的流动性、工作规则和（工作）环境等。而另一些经济学家则认为工会影响不过是些假象而已，他们认为现实世界几乎满足完全竞争的所有条件；上述差别主要根源于这些企业（或工人）在工会成立之前的差异，或工会成立之后在发挥协调作用之前的差异。从长远来看，工会无法帮助工人提高工资，因为企业会雇用更高技能的工人来应对其所支付的（被工会强制要求的）高工资。如果认同前一种观点，那么工资或收入方程中表示工会有

无的虚拟变量前的系数就是对工会影响的度量。如果接受后一种观点，那么表示工会有无的虚拟变量可能只是工人技能的代理变量。通常我们不能依靠单纯的横截面数据集在这两种假设之间直接作出选择，因为估计量很可能反映的是**不同**的人或企业间在任何比较中都存在的个体差异。但利用面板数据，我们就可以研究工人从无工会企业转到有工会企业（或从有工会企业转到无工会企业）后其工资的差异来区分这两种假设。如果我们接受工会（对工资）没有影响的观点，那么工人从无工会企业转到有工会企业后，只要他的工作技能在各时期保持不变，则他的工资将不受影响。另一方面，如果工会确实有助于提高工人的工资，则在工人技能保持不变的情况下，工人从无工会企业转到有工会企业后其工资会得到提升。当给定的工人或企业改变状态时（譬如说从无工会企业 6
转到有工会企业，或从有工会企业转到无工会企业），我们跟踪调查他们一段时间，就可以构建一个合适的递归结构来研究前后的效应。

3. 解释动态关系。因制度或技术刚性，或者人类行为的惰性，“经济行为”本质上是动态变化的［Nerlove（2000）］。微观动态效应和宏观动态效应通常不能由横截面数据集进行估计。单纯的时间序列数据集一般也无法给出动态系数的准确估计。譬如，考虑分布滞后模型

$$y_t=\sum_{\tau=0}^{h}\beta_\tau x_{t-\tau}+u_t,\quad t=1,\cdots,T \tag{1.2.1}$$

的估计问题，其中 x_t 是外生变量，u_t 是随机扰动项。通常情况下，x_t 接近 x_{t-1}，且更接近 $2x_{t-1}-x_{t-2}=x_{t-1}+(x_{t-1}-x_{t-2})$；这（$h+1$）个解释变量 x_1，x_{t-1}，…，x_{t-h} 中存在非常严重的多重共线性。因此，如果不假定每个滞后项系数都只是少量参数函数，就没有足够的先验信息导出滞后项系数的精确估计［参见 Almon 滞后，有理分布滞后，Malinvaud（1970）］。如果借助面板数据，则我们就可以利用个体之间 x 值的差分缓解共线性问题，因此我们可放弃约束滞后项系数 $\{\beta_\tau\}$ 的传统方法，而添加一个不同的先验约束来估计无约束分布滞后模型。

4. 控制遗漏变量（或个体异质性，或时间异质性）的影响。实证研究中常出现的一个重要计量经济学问题，即我们发现（或没有发现）某些效应产生的真实原因是存在与解释变量相关的遗漏（被误测或不可观测）变量，面板数据的使用提供了一种消除或降低该问题影响的方法。如果同时利用跨期动态信息和调查对象的个体信息，则我们可用更自然的方式更好地控制遗漏变量或不可观测变量的影响。譬如，考虑简单的回归模型：

$$y_{it}=\alpha^*+\boldsymbol{\beta}'\mathbf{x}_{it}+\boldsymbol{\rho}'\mathbf{z}_{it}+u_{it},\quad \begin{array}{l} i=1,\cdots,N \\ t=1,\cdots,T \end{array} \tag{1.2.2}$$

其中 $\mathbf{x}_{it}$ 和 $\mathbf{z}_{it}$ 分别是 $k_1\times1$ 和 $k_2\times1$ 的外生变量向量；α^*，$\boldsymbol{\beta}$，$\boldsymbol{\rho}$ 分别是 1×1，$k_1\times1$ 和 $k_2\times1$ 的常数向量；对所有的 i 和 t 误差项 u_{it} 独立同分布，且均值为 7
零，方差为 σ_u^2。众所周知，y_{it} 对 $\mathbf{x}_{it}$ 和 $\mathbf{z}_{it}$ 的最小二乘回归可得到 α^*，$\boldsymbol{\beta}$ 和 $\boldsymbol{\rho}$ 的无偏一致估计量。如果假定 $\mathbf{z}_{it}$ 的值不可观测，且 $\mathbf{x}_{it}$ 与 $\mathbf{z}_{it}$ 的协方差不为零，则 y_{it} 对 $\mathbf{x}_{it}$ 的最小二乘回归系数是有偏的。但如果能够获取一组个体的重复观测值，

则可用一个线性变换清除 $\mathbf{z}$ 变量的影响。譬如，如果对所有的 t 都有 $\mathbf{z}_{it}=\mathbf{z}_i$（即每个个体都有自己的 $\mathbf{z}$ 值，且该值在各时期保持不变），则我们可以求个体观测值在时间上的一阶差分，并得到

$$y_{it}-y_{i,\,t-1}=\boldsymbol{\beta}'(\mathbf{x}_{it}-\mathbf{x}_{i,\,t-1})+(u_{it}-u_{i,\,t-1}),\qquad \begin{matrix} i=1,\ \cdots,\ N \\ t=2,\ \cdots,\ T \end{matrix} \tag{1.2.3}$$

类似地，如果对所有的 i 都有 $\mathbf{z}_{it}=\mathbf{z}_t$（即每个时期有各自的 $\mathbf{z}$ 值，且该值对所有个体的影响都一样），则我们可以在给定的时点求个体对当期均值的偏离值，并得到

$$y_{it}-\bar{y}_t=\boldsymbol{\beta}'(\mathbf{x}_{it}-\bar{\mathbf{x}}_t)+(u_{it}-\bar{u}_t),\qquad \begin{matrix} i=1,\ \cdots,\ N \\ t=1,\ \cdots,\ T \end{matrix} \tag{1.2.4}$$

其中 $\bar{y}_t=(1/N)\sum_{i=1}^{N}y_{it}$，$\bar{\mathbf{x}}_t=(1/N)\sum_{i=1}^{N}\mathbf{x}_{it}$，$\bar{u}_t=(1/N)\sum_{i=1}^{N}u_{it}$。现在可由式（1.2.3）或式（1.2.4）的最小二乘回归导出 $\boldsymbol{\beta}$ 的无偏一致估计。但如果前一种情形（$\mathbf{z}_{it}=\mathbf{z}_i$）仅有横截面数据（$T=1$），或后一种情形（$\mathbf{z}_{it}=\mathbf{z}_t$）仅有时间序列数据（$N=1$），则我们无法进行这样的数据转换。除非存在与 $\mathbf{x}$ 相关，但与 $\mathbf{z}$ 和 u 无关的工具变量，否则我们不能得到 $\boldsymbol{\beta}$ 的无偏一致估计。

MaCurdy (1981) 关于确定条件下盛年期男子的生命周期劳动力供给的研究就使用这种方法。在某种简化的假设下，MaCurdy 证明工人的劳动供给方程可以表示成式（1.2.2），其中 y 是工作小时数的对数，$\mathbf{x}$ 是实际工资率的对数，而 z 是工人初始财富的边际效用（不可观测）的对数，初始财富是工人一生中工资和财产性收入的综合衡量指标，假定它在工人的一生中都不变，但每个工人有各自的初始财富（即 $\mathbf{z}_{it}=\mathbf{z}_i$）。在该问题中，不仅 $\mathbf{x}_{it}$ 与 $\mathbf{z}_i$ 相关，而且每个可以作为 $\mathbf{x}_{it}$ 工具变量的经济变量（譬如教育）也与 $\mathbf{z}_i$ 相关。故一般情况下，我
8 们不能利用横截面数据集一致地估计 $\boldsymbol{\beta}$[①]，但如果使用面板数据集，我们对式（1.2.2）进行一阶差分后就能一致地估计 $\boldsymbol{\beta}$。

还有一个例子是增长率的“条件收敛”问题［参见 Durlauf(2001)；Temple (1999)］。通常认为，动态转移路径已知后，增长回归应该控制稳态收入水平［参见 Barro 和 Sala-i-Martin (1995)；Mankiew，Romer 和 Weil (1992)］。故增长率回归模型的回归元一般包括投资率、初始收入、政策效果的度量（比如注册学生数和黑市汇率溢价）等。但国家技术效率的初始水平 $\mathbf{z}_{i0}$ 这一重要成分因不可观测而被遗漏。由于越是低效的国家也越可能有更低的投资率或入学率，人们很容易认为 $\mathbf{z}_{i0}$ 与回归元相关，所以导出的横截面参数估计量将产生遗漏变量偏误。但利用面板数据，通过对各国不同时期的观测值求如式（1.2.3）的一阶差分就可以消除初始效率水平的影响。

5. 对个体结果进行更精确的预测。如果控制某些变量后，不同个体的行为具有相似性，则进行预测时，基于不同个体的混合数据所得结果比仅使用研究对象的数据所得结果更为精确。对个体的时序观测不够充分时，面板数据还能

---

① 这里假设没有其他变量（譬如消费变量）可以作为 $\mathbf{z}_i$ 的代理变量。大多数北美数据集不包含消费信息。

让研究人员通过观测其他个体的行为来分析研究对象的行为。所以，为问题中的研究对象补充其他个体的观测数据有助于更精确地描述个体的行为［参见 Hsiao，Appelbe 和 Dineen（1993）；Hsiao，Mountain，Tsui 和 Chan（1989）］。

6. 为综合数据分析提供微观基础。在宏观经济分析中，经济学家一般要做**“典型经济人”**（representative agent）假设。但如果微观个体来自不同的总体，则不仅综合数据的时序属性与各个体时序数据性质差别很大［参见 Grange（1980）；Lewbel（1992）；Pesaran（2003）］，基于混合数据的政策评估也会存在极大的误导性。此外，基于综合数据对不同个体的预测结果可能不如基于不同个体的方程预测结果精确［参见 Hsiao，Shen 和 Fujiki（2005）］。包含大量个体时序观测的面板数据则很适合用来分析“同质”还是“异质”的问题。

7. 简化计算和统计推断。面板数据包含横截面和时间两个维度。正常情况 9
下，我们预期面板数据估计量的计算或推断比横截面数据或时间序列数据估计量更复杂。但在某些情形下，使用面板数据事实上简化了计算和推断。譬如：

a. 非平稳时序分析。当时序数据非平稳时，最小二乘估计量或最大似然估计量的极限分布都不是正态分布［参见 Anderson（1959）；Dicky 和 Fuller（1979，1981）；Phillips 和 Durlauf(1986)］。但如果使用面板数据，则我们可用基于全体横截面单元的中心极限定理证明许多估计量的极限分布仍是渐近正态分布的，Wald 型检验统计量仍是渐近 χ^2 分布的［参见 Binder，Hsiao 和 Pesaran（2005）；Im，Pesaran 和 Shin（2003）；Levin，Lin 和 Chu（2002）；Phillips 和 Moon（1999）］。

b. 测量误差。测量误差可能导致计量模型不可识别［参见 Aigner，Hsiao，Kapteyn 和 Wansbeek（1984）］。但利用对给定个体或在给定时点的多重观测值，研究人员便可进行多种数据变换，导出估计量中各种能推导出的变化，从而识别用其他数据无法识别的模型［参见 Biørn（1992）；Griliches 和 Hausman（1986）；Wansbeek 和 Koning（1989）］。

c. 动态 Tobit 模型。变量存在断尾或删失情形时，则其真实值无法观测。如果某因变量的值与其前期真实值有关，而前期真实值又不可观测，则必须在截断范围内求积分以得到基于观测的似然值。对存在多个缺失值的动态模型，多重积分的计算也是可行的。譬如，考虑如下动态 Tobit 模型

$$y_{it}^* = \gamma y_{i,\,t-1}^* + \beta x_{it} + \epsilon_{it} \tag{1.2.5}$$

其中 y^* 不可观测，我们观测到的是 y，如果 $y_{it}^*>0$，则 $y_{it}=y_{it}^*$，否则 $y_{it}=0$。计算 y_{it} 在 $y_{i,t-1}=0$ 下的条件密度比计算 $y_{i,t-1}^*$ 已知时的条件密度更复杂，因为（y_{it}，$y_{i,t-1}$）的联合密度函数包含对 $y_{i,t-1}^*$ 从 $-\infty$ 到 0 的积分。此外，不同时期有大量删失的观测值时，完全利用最大似然原理几乎不可能。但利用面板数据，只需集中关注 $y_{i,t-1}>0$ 的数据子集，就可在很大程度上简化对 γ 和 β 的估计，
因为联合密度函数 $f(y_{it},\ y_{i,t-1})$ 可以表示成条件密度函数 $f(y_{it}\mid y_{i,t-1})$ 和 10
$y_{i,t-1}$ 的边际密度函数的乘积。但如果 $y_{i,t-1}^*$ 可观测，则 y_{it} 在 $y_{i,t-1}=y_{i,t-1}^*$ 下的条件密度就是 ϵ_{it} 的密度［Arellano，Bover 和 Labeager（1999）］。

1.3　使用面板数据时的问题

1.3.1　不同个体、不同时期的非观测异质性

面板数据因理论上可分离特殊行为、实验处理，或更一般政策影响而备受推崇。这种理论能力以“经济数据由受控制的实验生成”的假设为基础，在这些实验中，实验结果可用服从某概率分布的随机变量表示，而该分布是关于多个用来描述实验环境的变量的光滑函数。如果获取的数据确实是由可控的简单实验生成的，则可直接使用标准的统计方法。但是，大多数面板数据来自非常复杂的日常经济生活。通常情况下，不同的个体可能受不同因素的影响。解释个体行为时，我们可以列出无穷多个影响因素。但建模的目的不是模仿现实，而是刻画影响结果的基本力量；所以，在模型设定中包含所有影响个体结果的因素既不可行也不必要。典型的做法是剔除那些没有显著影响或个体所特有的因素。但剔除个体特有的重要因素后，经济变量 y 由包含参数的概率分布函数 $F(y \mid \boldsymbol{\theta})$（其中 $\boldsymbol{\theta}$ 是 m 维实数向量，该分布函数在任何时候对所有的个体都是一样的）生成的标准假设可能不符合实际。如果给定 $\mathbf{x}_{it}$ 后 y_{it} 的条件密度 $f_{it}(y_{it} \mid \mathbf{x}_{it})$ 既随着 i 变化，又随着 t 变化，则统计分析的基础理论，如大数定律和中心极限定理需要的条件可能不成立。面板数据分析面临的挑战是如何有效处理不包含在 $\mathbf{x}$ 中但随个体和时期变化的异质性。控制非观测异质性的常用方法是让 y_{it} 在给定 $\mathbf{x}_{it}$ 下的条件分布中的参数随着 i 和 t 变化，即 $f(y_{it} \mid \mathbf{x}_{it}, \boldsymbol{\theta}_{it})$。但如果对 $\boldsymbol{\theta}_{it}$ 没有结构上的约束，则未知参数的个数可能比样本容量还大。为了推断 y_{it} 和 $\mathbf{x}_{it}$ 之间的关系，通常将 $\boldsymbol{\theta}_{it}$ 分解成 $\boldsymbol{\beta}$ 和 γ_{it} 两部分，其中 $\boldsymbol{\beta}$ 对所有的 i 和 t 都一样，而 γ_{it} 则随着 i 和 t 变化。统计文献中将公共参数 $\boldsymbol{\beta}$ 称为**结构参数**（structural parameters）。如果将 γ_{it} 当成随机变量，则模型被称为**随机效应模型**（random effects model）［参见 Balestra 和 Nerlove（1966）］。如果将 γ_{it} 当成不变的未知常数，则模型被称为**固定效应模型**（fixed effects model）［参见 Kuh（1963）］。因参数 γ_{it} 随着 i 和 t 变化，故样本容量增大时，未知参数 γ_{it} 的个数也
11 随之增加，统计文献中将这类参数称为**伴生参数**（incidental parameters）。此外，还要考虑 γ_{it} 与条件变量（或回归元）相关的问题［参见 Mundlak（1978a）；Hausman（1978）；Chamberlain（1984）］。

面板数据分析的核心任务在于如何控制非观测异质项的影响并得到关于公共参数 $\boldsymbol{\beta}$ 的有效推断。譬如，在线性回归模型中，一般假定非观测异质项是个体特异且不随时间变化的。所以，个体特异效应项要么与解释变量 $\mathbf{x}_{it}$ 一样对观测结果 y_{it} 的影响保持不变，要么与 $\mathbf{x}_{it}$ 一起对各横截面个体的 y_{it} 有不同的影响。考虑这两种情形，构建一个被解释变量为 y_{it}、解释变量只有一个 x_{it} 的线性回归模型：

$$y_{it}=\alpha_i^*+\beta_i x_{it}+u_{it},\quad \begin{matrix} i=1,\ \cdots,\ N \\ t=1,\ \cdots,\ T \end{matrix} \tag{1.3.1}$$

其中 u_{it}是均值为 0、方差为 σ_u^2 的误差项，它与 x 无关。虽然参数 α_i^* 和β_i 在各时期保持不变，但对不同的横截面个体可能取不同的值。在该假设下可能有多种抽样分布。利用所有的 NT 个观测值估计模型

$$y_{it}=\alpha^*+\beta x_{it}+u_{it},\quad \begin{matrix} i=1,\ \cdots,\ N \\ t=1,\ \cdots,\ T \end{matrix} \tag{1.3.2}$$

时，这些抽样分布可能将 y_{it}关于x_{it}的最小二乘回归引入歧途。譬如，考虑数据由情形 1 或情形 2 生成的两种情况。

情形 1：截距不等（$\alpha_i^*\neq\alpha_j^*$），斜率相同（$\beta_i=\beta_j$）。我们借助图形来描述估计式（1.3.2）时因假定 $\alpha_i^*\notin\alpha_j^*$ 和$\beta_i=\beta_j$ 可能导致的偏误。在这些图形中，虚线椭圆代表个体不同时期数据的散点图，虚直线表示个体回归函数。实直线表示基于 NT 个观测值用最小二乘法估计式（1.3.2）得到的回归函数。这种情形下有多种可能的情况，如图 1.1、图 1.2 和图 1.3 所示。这些图形描述了基于混合数据用最小二乘估计法估计式（1.3.2）时因截距异质性而产生的偏误情形。由图可知，在这些情况下显然不能使用没有考虑截距异质性的混合数据做回归。此外，混合数据回归中斜率估计量的偏误方向也无法事先辨识，任何方向都有可能。

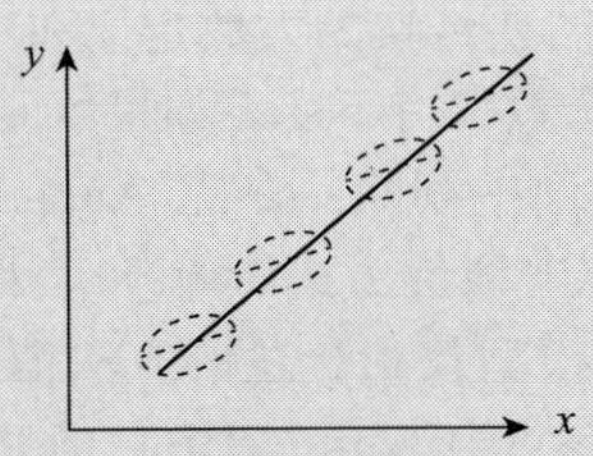

图 1.1

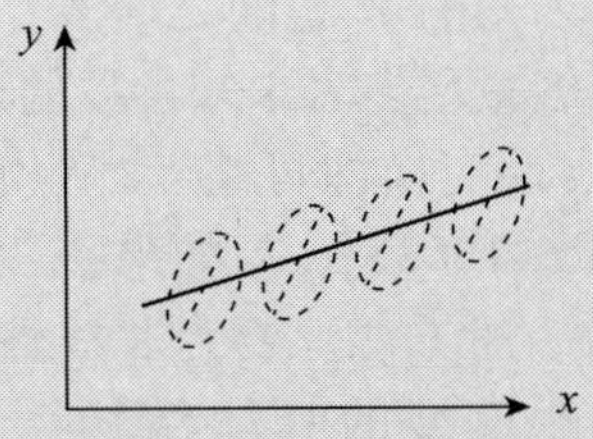

图 1.2

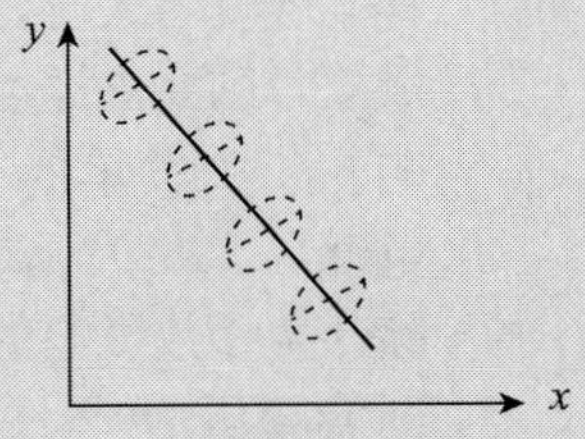

图 1.3

情形 2：截距和斜率都不同（$\alpha_i^*\neq\alpha_j^*$，$\beta_i\neq\beta_j$）。图 1.4 和图 1.5 中没有画出散点图，圆圈中的数字表示回归方程分析的个体。以图 1.4 为例，如果假定所有的横截面单元具有相同的参数，则基于 NT 个观测值的简单混合数据（回归）导出的估计值没有意义，它们只是各横截面单元各自回归系数的平均值， 12
但不同横截面单元的回归系数差别极大。图 1.5 所代表的情形中混合数据回归也没有任何意义，因为这将导致混合数据模型是曲线关系的错误推断。在以上两种情形中，“典型经济人”的经典假设都不成立，假定公共斜率系数的模型都将毫无意义。

忽略横截面单元的参数异质性将导致多种偏误。如果截距和斜率随着时间变化，则即使在给定的时点截距和斜率对所有的个体都一样，也会出现类似的偏误问题。当然，还有很多比这里描述的更复杂的情况［参见 Chesher 和 Lancaster (1983)；Kuh (1963)］。此外，如果γ_{it}在不同时期的值保持不变，即 γ_{it} 表 13

示个体中影响不随时间变化的变量（$\gamma_{it}=\gamma_i$），则 $E(y_{it} \mid \mathbf{x}_{it}, \gamma_i, y_{i,t-1})=E(y_{it} \mid \mathbf{x}_{it}, \gamma_i) \neq E(y_{it} \mid \mathbf{x}_{it})$ 以及 $E(y_{it} \mid \mathbf{x}_{it}) \neq E(y_{it} \mid \mathbf{x}_{it}, y_{i,t-1})$。后一个不等式可能会误导研究人员认为存在状态相依。但 $y_{i,t-1}$ 的出现改进了对 y_{it} 的预测，因为 $y_{i,t-1}$ 实际上是遗漏变量 γ_i 的代理变量。这里所看到的状态相依是一种假象［参见 Heckman（1978a，1981b）］。

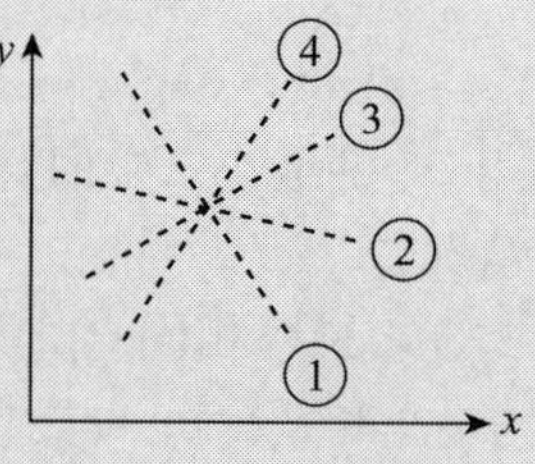

图 1.4

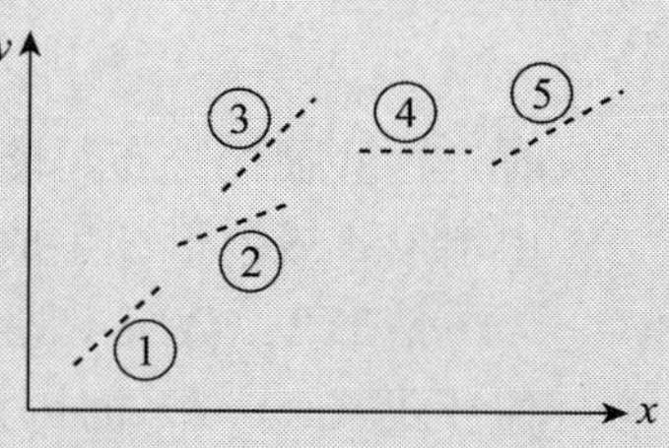

图 1.5

1.3.2　伴生参数与高维统计

面板数据包含两个维度：个数为 N 的横截面维度和长度为 T 的时序维度。观测数据可以按 N 固定、T 增大的方式获取，也可按 T 固定、N 增大的方式获取，或者 N 和 T 都有限或者同时增大的方式获取。当个体的时变参数 γ_{it} 被当作常数（固定效应模型），且 N 或 T 固定时，伴生参数问题将会产生，因为样本容量增大时，未知的 γ_{it} 也随之增多。若要经典的大数定律和中心极限定理成立，则要求样本容量增多时未知参数的个数保持不变。如果 γ_{it} 以线性方式影响 y_{it}，则简单的线性变换即可将 γ_{it} 从模型中剔除［参见 Anderson 和 Hsiao（1981，1982）；Kuh（1963）］。但如果 γ_{it} 以非线性方式影响 y_{it}，目前还没有消除伴生参数影响的一般方法。要为非线性模型找到合适的方法消除伴生参数，则需要弄清非线性模型的具体结构［参见 Chamberlaim（1980）；Honoré（1992）；Honoré 和 Kyriazidou（2000a）；Manski（1985）］。

在 N 和 T 大小差不多，或 N 与 T 以相同或任意的速度增加的情形下，Phillips 和 Moon（2000）证明，如果只是简单地先进行一维渐近分析，再让另一个维度变大来增加样本，则将导致错误的推断。高维渐近分析非常复杂［参见 Alvarez 和 Arellano（2003）；Hahn 和 Kuersteiner（2002），或者 Hsiao（2012）中的某些评注］。此外，当 N 和 T 都很大时，横截面相依［参见 Anselin（1988）；Bai（2009）；Lee（2004）；Pesaran（2004）］或变量的时序属性（如单位根或协整检验）可能对推断有显著的影响。

1.3.3　样本损耗

样本不是从总体中随机抽取是另一个在横截面数据和面板数据中都常见的偏误原因。面板数据是在不同时期跟踪给定的个体。表 1.1 中 NLS 数据的一个显著特征就是不同时期样本的损耗问题。譬如，1966 年开始年度访谈时，NLS 数据中老年男子组有 5 020 个个体。到 1990 年对该组的年度访谈终止时，只剩下 2 092 个个体了。如果样本流失是行为相关的，则观测到的样本就不能被认定为随机样本。

再看一个观测样本不能视为随机样本的例子。新泽西州负所得税实验排除 14
了实验区域内收入超过官方规定的贫困水平 1.5 倍的家庭。将收入截断，落在收入（具体而言，工资或劳动小时数）变化范围某子区间内的收入数据成为因变量，利用这些数据进行推断将产生通常所说的**选择性偏误**（selection bias）[参见 Hausman 和 Wise（1977）；Heckman（1976a，1979）；Hsiao（1974b）]。

为方便表述，我们用一个横截面例子来解释使用非随机样本如何使最小二乘估计产生偏误。假定总体中收入（y）和外生变量（$\mathbf{x}$）（$\mathbf{x}$ 包括教育、智力等等）之间的关系为

$$y_i = \boldsymbol{\beta}'\mathbf{x}_i + u_i, \quad i=1, \cdots, N \tag{1.3.3}$$

其中扰动项 u_i 独立同分布，均值为零，方差为 σ_u^2。如果规定只有收入低于 L 的家庭才能参与该实验，则选择家庭参与实验的标准可表述为：

$$\begin{aligned} y_i &= \boldsymbol{\beta}'\mathbf{x}_i + u_i \leqslant L, \quad \text{参与} \\ y_i &= \boldsymbol{\beta}'\mathbf{x}_i + u_i > L, \quad \text{不参与} \end{aligned} \tag{1.3.4}$$

为简单起见，我们假定除教育变量外，其他外生变量的值都相同。在图 1.6 中，我们用向上倾斜的实直线表示教育和收入之间的“平均”关系，用圆点表示在选定的教育值对应的收入均值附近的收入分布，所有收入超过给定水平 L（L 由水平直线标示）的家庭都被排除在实验之外。在估计教育对收入的影响时，我们仅观察到低于这一水平的点（圆圈圈住的点），因此用普通最小二乘方法容易低估教育对收入的影响。①换句话说，样本选择过程引入了自变量和误差项之间的相关性，从而导致一条向下偏误的回归线，如图 1.6 所示。

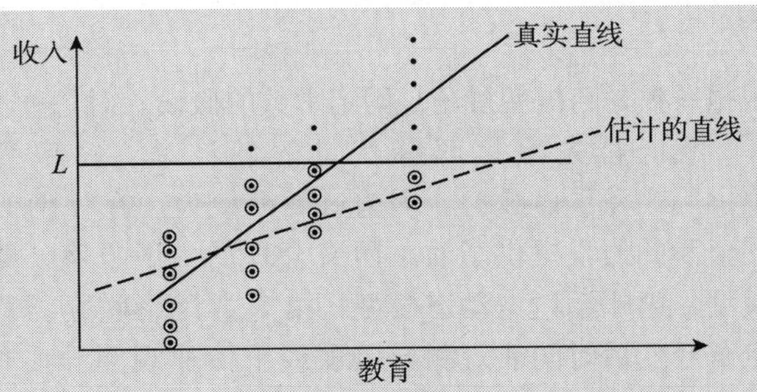

图 1.6

1.4 全书内容提要

样本的波动源对经济模型的设定和估计影响极大。本书采用教科书的方式

① 对该问题的详细讨论，参见第 8 章。

进行阐述。我们把重点放在控制横截面个体 i 在 t 时期的非观测异质项的影响上，对研究人员或者政策制定者关注的总体某方面的属性进行推断。我们不是
15 按照一般到特殊的方式同时抛出所有的问题，而是按照教科书的方式，连续引入各种复杂模型。首先讨论仍在广泛使用的线性模型。我们首先在第 2 章简要回顾经典的线性回归模型同质性检验（协方差分析方法）。然后放宽“刻画各期横截面样本观测值的参数都相同”的假设，并对若干考察不同个体和不同时期行为差异的模型设定进行检验。譬如，观测值 y 与属性向量 $\mathbf{x}$ 相关的单方程模型可以有如下情形：

1. 斜率系数为常数，截距随个体变化：

$$y_{it}=\alpha_i^*+\sum_{k=1}^{K}\beta_k x_{kit}+u_{it},\qquad \begin{aligned}i&=1,\cdots,N\\ t&=1,\cdots,T\end{aligned} \tag{1.4.1}$$

2. 斜率系数为常数，截距随个体和时间变化：

$$y_{it}=\alpha_{it}^*+\sum_{k=1}^{K}\beta_k x_{kit}+u_{it},\qquad \begin{aligned}i&=1,\cdots,N\\ t&=1,\cdots,T\end{aligned} \tag{1.4.2}$$

3. 所有的系数随个体变化：

$$y_{it}=\alpha_i^*+\sum_{k=1}^{K}\beta_{ki} x_{kit}+u_{it},\qquad \begin{aligned}i&=1,\cdots,N\\ t&=1,\cdots,T\end{aligned} \tag{1.4.3}$$

4. 所有的系数随时间和个体变化：

$$y_{it}=\alpha_{it}^*+\sum_{k=1}^{K}\beta_{kit} x_{kit}+u_{it},\qquad \begin{aligned}i&=1,\cdots,N\\ t&=1,\cdots,T\end{aligned} \tag{1.4.4}$$

根据系数是随机变量还是固定常数的假设，对每种情形还可继续分类。

我们首先聚焦解释变量的值波动、斜率为常数而截距可变的模型 (1.4.1) 和 (1.4.2)，因为这类模型为“在任何时期参数对所有个体都取相同值”的假设提供了简单而又合理的一般方案。第 3 章讨论截距可变的静态模型，第 4 章讨论动态模型，第 5 章讨论联立方程模型。第 6 章放松了“给定解释变后时间非观测异质项或个体非观测异质项不变”的假设，允许非观测异质项与解释变量交互。第 7 章和第 8 章借助两类广泛使用的离散数据模型和样本选择模型，分析了控制非线性模型中非观测异质项的难点问题。第 9
16 章讨论样本横截面相依时的建模问题。第 10 章分析动态模型。对于非完全面板数据模型，譬如轮换样本、一系列独立横截面数据的混合数据（伪面板数据）、单个横截面数据与单个时间序列数据的混合数据，以及估计短面板数据的有限分布滞后模型将在第 11 章讨论。第 12 章讨论诸如久期模型、计数模型、面板分位数回归、模拟方法、多层结构面板数据、测量误差、非参数方法等多个主题。第 13 章给出总结概述。

第2章 线性回归模型的同质性检验（协方差分析）

2.1 引言 17

假设我们有 N 个个体的 K 个属性在 T 个不同时期的样本观测值，用 y_{it}，x_{kit}，$i=1$，…，N，$t=1$，…，T，$k=1$，…，K 表示。一般假定 y 的观测值是某随机实验的结果，该实验结果在属性向量 $\mathbf{x}$ 和参数向量 $\boldsymbol{\theta}$ 下的条件概率分布为 $f(y \mid \mathbf{x}, \boldsymbol{\theta})$。使用面板数据的最终目标之一就是利用获取的信息对参数 $\boldsymbol{\theta}$ 进行统计推断，譬如常假定的 y 是关于 $\mathbf{x}$ 的线性函数的简单模型。但利用全部的 NT 个观测值做最小二乘回归时，我们需要假定回归参数在所有时期对全部横截面单元都取相同值。如果该假设不成立，则如第 1 章 1.2 节的讨论，混合数据的最小二乘估计可能导致错误的推断。因此，作为充分挖掘数据的第一步，我们通常需要检验描述随机结果变量 y 的参数是否对所有的 i 和 t 都保持不变。

对于线性回归模型，**协方差分析**（analysis of covariance，ANCOVA）检验是初步识别样本变异源时广泛采用的方法。**“方差分析”**（analysis of variance，ANOVA）常指一类特殊的线性假设，这类假设假定随机变量 y 的期望值仅与所考察个体所属的类（该类由一个或多个因素决定）有关，但不包括与回归有关的检验。而协方差分析模型具有混合特征，既像回归模型一样包含真正的外生变量，同时又像通常的方差分析一样允许每个个体的真实关系依赖个体所属的类。

常用来分析定量因素和定性因素影响的线性模型为

$$y_{it}=\alpha_{it}^{*}+\boldsymbol{\beta}_{it}'\mathbf{x}_{it}+u_{it}, \qquad \begin{aligned} i&=1, \cdots, N \\ t&=1, \cdots, T \end{aligned} \tag{2.1.1}$$

其中 α_{it}^{*} 和 $\boldsymbol{\beta}_{it}'=(\beta_{1it}, \beta_{2it}, \cdots, \beta_{Kit})$ 分别是随着 i 与 t 变化的 1×1 和 $1\times K$ 的常数向量，$\mathbf{x}_{it}'=(x_{1it}, x_{2it}, \cdots, x_{Kit})$ 是 $1\times K$ 的外生变量向量，u_{it} 是误差项。 18
我们可从两个方面对回归系数估计量进行检验：首先，回归斜率系数的同质性；其次，回归截距系数的同质性。对此 Kuh（1963）提出 3 步检验法：

1. 检验各个体在不同时期的斜率和截距是否都相等。

2. 检验（各个体或各时期的）回归斜率（向量）是否都相等。

3. 检验各回归截距是否都相等。

显然，如果接受完全同质性假设（第 1 步），则检验步骤中止。但如果拒绝了完全同质性假设，则第 2 步将确定回归斜率是否相同。如果没有拒绝斜率系数的同质性假设，则第 3 步（也就是最后一步检验）确定回归截距是否相等。从原理上讲，第 1 步是从第 2 步和第 3 步分离出来的。[①]

虽然对多维数据也可进行此类分析，但如 Scheffé（1959）或 Searle（1971）所述，只有单因子协方差分析应用比较广泛。故本章我们仅讨论单因子协方差分析方法。

2.2　协方差分析

模型（2.1.1）仅用来在理论上对某些情形进行描述，它既无法估计也不可用来预测，因为该模型中的可用自由度 NT 小于模型参数的个数 $NT(K+1)$（描述 y_{it} 分布的参数个数）。故在进行任何推断之前，必须给模型（2.1.1）添加一个结构性限制。首先，我们假定参数不随时间变化，但随个体变化。因此，我们可为每个个体设定各自的回归方程

$$y_{it}=\alpha_i^*+\boldsymbol{\beta}_i'\mathbf{x}_{it}+u_{it},\quad \begin{array}{l} i=1,\cdots,N \\ t=1,\cdots,T \end{array} \tag{2.2.1}$$

对模型（2.2.1）有 3 种类型的约束条件，它们分别是：

H_1：回归斜率系数相同，但截距不同。即

$$y_{it}=\alpha_i^*+\boldsymbol{\beta}'\mathbf{x}_{it}+u_{it} \tag{2.2.2}$$

H_2：回归截距相同，但斜率系数不同。即

$$y_{it}=\alpha^*+\boldsymbol{\beta}_i'\mathbf{x}_{it}+u_{it} \tag{2.2.3}$$

19　H_3：斜率和截距都相同。即

$$y_{it}=\alpha^*+\boldsymbol{\beta}'\mathbf{x}_{it}+u_{it} \tag{2.2.4}$$

因斜率不相等时讨论截距是否相等意义不大，故我们不考虑与模型（2.2.3）对应的约束类型。我们称模型（2.2.1）为**无约束模型**（unrestricted model），称模型（2.2.2）为**个体均值修正回归模型**（individual-mean corrected regression model）或**组均值修正回归模型**（cell-mean corrected regression model），称模型（2.2.4）为**混合（数据）回归**（pooled regression）模型。

令

$$\bar{y}_i=\frac{1}{T}\sum_{t=1}^{T}y_{it} \tag{2.2.5}$$

$$\bar{\mathbf{x}}_i=\frac{1}{T}\sum_{t=1}^{T}\mathbf{x}_{it} \tag{2.2.6}$$

---

① 注意，即使拒绝了同质性假设，只要样本变异源可识别，那么还是可在混合数据中发现许多有用的信息。细节详见后面的章节。

分别是第 i 个个体 y 和 $\mathbf{x}$ 的均值。无约束模型（2.2.1）中 $\boldsymbol{\beta}_i$ 和 α_i^* 的最小二乘估计是①

$$\hat{\boldsymbol{\beta}}_i = W_{xx,\,i}^{-1} W_{xy,\,i}\,,\qquad \hat{\alpha}_i = \bar{y}_i - \hat{\boldsymbol{\beta}}_i' \bar{\mathbf{x}}_i\,,\qquad i=1,\ \cdots,\ N \tag{2.2.7}$$

其中

$$\begin{aligned} W_{xx,\,i} &= \sum_{t=1}^{T} (\mathbf{x}_{it} - \bar{\mathbf{x}}_i)(\mathbf{x}_{it} - \bar{\mathbf{x}}_i)' \\ W_{xy,\,i} &= \sum_{t=1}^{T} (\mathbf{x}_{it} - \bar{\mathbf{x}}_i)(y_{it} - \bar{y}_i) \\ W_{yy,\,i} &= \sum_{t=1}^{T} (y_{it} - \bar{y}_i)^2 \end{aligned} \tag{2.2.8}$$

在协方差分析中，称估计量（2.2.7）为**组内估计**（within-group estimate）。记第 i 组残差平方和为 $\mathrm{RSS}_i = W_{yy,i} - W_{xy,i}' W_{xx,i}^{-1} W_{xy,i}$。则无约束残差平方和为

$$S_1 = \sum_{i=1}^{N} \mathrm{RSS}_i \tag{2.2.9}$$

个体均值修正模型的最小二乘回归得到参数估计量

$$\begin{aligned} \hat{\boldsymbol{\beta}}_w &= W_{xx}^{-1} W_{xy} \\ \hat{\alpha}_i^* &= \bar{y}_i - \hat{\boldsymbol{\beta}}_w' \bar{\mathbf{x}}_i\,,\qquad i=1,\ \cdots,\ N \end{aligned} \tag{2.2.10}$$

其中 20

$$W_{xx} = \sum_{i=1}^{N} W_{xx,\,i}\,,\qquad W_{xy} = \sum_{i=1}^{N} W_{xy,\,i}$$

令 $W_{yy} = \sum_{i=1}^{N} W_{yy,\,i}$；则模型（2.2.2）的残差平方和为

$$S_2 = W_{yy} - W_{xy}' W_{xx}^{-1} W_{xy} \tag{2.2.11}$$

混合数据模型（2.2.4）的最小二乘回归得到参数估计量

$$\hat{\boldsymbol{\beta}} = T_{xx}^{-1} T_{xy}\,,\qquad \hat{\alpha}^* = \bar{y} - \hat{\boldsymbol{\beta}}' \bar{\mathbf{x}} \tag{2.2.12}$$

其中

$$\begin{aligned} T_{xx} &= \sum_{i=1}^{N} \sum_{t=1}^{T} (\mathbf{x}_{it} - \bar{\mathbf{x}})(\mathbf{x}_{it} - \bar{\mathbf{x}})' \\ T_{xy} &= \sum_{i=1}^{N} \sum_{t=1}^{T} (\mathbf{x}_{it} - \bar{\mathbf{x}})(y_{it} - \bar{y}) \\ T_{yy} &= \sum_{i=1}^{N} \sum_{t=1}^{T} (y_{it} - \bar{y})^2 \\ \bar{y} &= \frac{1}{NT} \sum_{i=1}^{N} \sum_{t=1}^{T} y_{it} \\ \bar{\mathbf{x}} &= \frac{1}{N} \sum_{i=1}^{N} \sum_{t=1}^{T} \mathbf{x}_{it} \end{aligned}$$

总的残差平方和为

---

① 我们假定 $T > K+1$。关于这一点的详细讨论参见第 3 章的 3.2 节。

$$S_3 = T_{yy} - T'_{xy} T_{xx}^{-1} T_{xy} \tag{2.2.13}$$

在“u_{it}对所有的i和t都独立且服从正态分布$N(0, \sigma_u^2)$”的假设下，可用F检验对模型（2.2.2）和模型（2.2.4）设定的约束条件进行检验。事实上，我们可认为模型（2.2.2）和模型（2.2.4）是由模型（2.2.1）在不同类型线性约束下得到的。譬如，截距不同但斜率相同的假设［方程（2.2.2）］可重新表述为模型（2.2.1）受到$(N-1)K$个线性约束：

$$H_1: \boldsymbol{\beta}_1 = \boldsymbol{\beta}_2 = \cdots = \boldsymbol{\beta}_N$$

截距和斜率都相同的假设等价于模型（2.2.1）受到$(N-1)(K+1)$个线性约束：

$$H_3: \alpha_1^* = \alpha_2^* = \cdots = \alpha_N^*$$
$$\boldsymbol{\beta}_1 = \boldsymbol{\beta}_2 = \cdots = \boldsymbol{\beta}_N$$

故协方差分析检验与基于线性回归残差平方和的普通假设检验等价。

21 无约束残差平方和S_1除以σ_u^2后服从自由度为$NT-N(K+1)$的χ^2分布。用(S_3-S_1)表示因允许参数随个体i变化所导致的解释平方和的增量。在假设H_3下，约束残差平方和S_3除以σ_u^2服从自由度为$NT-(K+1)$的χ^2分布，而$(S_3-S_1)/\sigma_u^2$服从自由度为$(N-1)(K+1)$的χ^2分布。因为$(S_3-S_1)/\sigma_u^2$独立于S_1/σ_u^2，所以可用F统计量

$$F_3 = \frac{(S_3 - S_1)/[(N-1)(K+1)]}{S_1/[NT - N(K+1)]} \tag{2.2.14}$$

对H_3进行检验。如果第一自由度为$(N-1)(K+1)$和第二自由度为$N(T-K-1)$的统计量F_3不显著，则我们将所有个体的数据混合，并估计单个方程（2.2.4）。如果该F统计量是显著的，则通常会进一步尝试找出该非同质性是归因于不同的斜率还是不同的截距。

在截距不同但斜率相同的假设(H_1)下，模型（2.2.2）的残差平方和$S_2=W_{yy}-W'_{xy}W_{xx}^{-1}W_{xy}$除以$\sigma_u^2$服从自由度为$N(T-1)-K$的$\chi^2$分布。因此检验$H_1$的$F$检验（统计量）为

$$F_1 = \frac{(S_2 - S_1)/[(N-1)K]}{S_1/[NT - N(K+1)]} \tag{2.2.15}$$

如果第一自由度为$(N-1)K$和第二自由度为$NT-N(K+1)$的F_1是显著的，则检验过程终止，并将模型（2.2.1）当作**保有假设**（maintained hypothesis）。如果F_1不显著，则我们可断定在截距中出现了某种程度的非同质性。

如果接受假设H_1，则我们可对“截距相同”的假设进行条件检验，即在$\boldsymbol{\beta}_1=\boldsymbol{\beta}_1=\cdots=\boldsymbol{\beta}_N$的条件下检验

$$H_4: \alpha_1^* = \alpha_2^* = \cdots = \alpha_N^*$$

此时无约束残差平方和是S_2，约束残差平方和是S_3。模型（2.2.4）与模型（2.2.2）相比残差平方和减少了(S_3-S_2)。在假设H_4下，S_3/σ_u^2服从自由度为$NT-(K+1)$的χ^2分布，S_2/σ_u^2服从自由度为$N(T-1)-K$的χ^2分布。因为S_2/σ_u^2与服从自由度为$N-1$的χ^2的分布随机变量$(S_3-S_2)/\sigma_u^2$相互独立，所以检验假设H_4的F检验（统计量）为

$$F_4=\frac{(S_3-S_2)/(N-1)}{S_2/[N(T-1)-K]} \tag{2.2.16}$$

我们在协方差分析表中（表2.1）对这些检验做了归纳。

表2.1 同质性的协方差检验 22

变异源	残差平方和	自由度	均方值
具有不同截距和斜率的组内变异	$S_1=\sum_{i=1}^{N}(W_{yy,i}-W'_{xy,i}W_{xx,i}^{-1}W_{xy,i})$	$N(T-K-1)$	$S_1/N(T-K-1)$
斜率相同，截距不同	$S_2=W_{yy}-W'_{xy}W_{xx}^{-1}W_{xy}$	$N(T-1)-K$	$S_2/[N(T-1)-K]$
截距和斜率都相同	$S_3=T_{yy}-T'_{xy}T_{xx}^{-1}T_{xy}$	$NT-(K+1)$	$S_3/[NT-(K+1)]$

符号说明：

单元或组（或个体）	$i=1,\cdots,N$
对单元的各期观测	$t=1,\cdots,T$
总的样本容量	NT
各单元（或组）均值	$\bar{y}_i$，$\bar{\mathbf{x}}_i$
总体均值	$\bar{y}$，$\bar{\mathbf{x}}$
组内协方差	$W_{yy,i}$，$W_{yx,i}$，$W_{xx,i}$
总变异	T_{yy}，T_{yx}，T_{xx}

另一方面，我们也可以假定系数在给定的时点对所有的个体保持不变，但随时间变化。因此，可为每期横截面数据设定一个单独的回归： 23

$$y_{it}=\alpha_t^*+\boldsymbol{\beta}_t'\mathbf{x}_{it}+u_{it}, \qquad i=1,\cdots,N;\ t=1,\cdots,T \tag{2.2.17}$$

这里仍假定 u_{it} 是独立正态分布的随机变量，其均值为零、方差为 σ_u^2。然后用类似的协方差分析检验不同时期横截面参数的同质性。譬如，我们可用第一自由度为 $(T-1)(K+1)$、第二自由度为 $NT-T(K+1)$ 的 F 统计量

$$F'_3=\frac{(S_3-S'_1)/[(T-1)(K+1)]}{S'_1/[NT-T(K+1)]} \tag{2.2.18}$$

检验完全同质性假设（H'_3：$\alpha_1^*=\alpha_2^*=\cdots=\alpha_T^*$，$\boldsymbol{\beta}_1=\boldsymbol{\beta}_2=\cdots=\boldsymbol{\beta}_T$），其中

$$\begin{cases} S'_1=\sum_{t=1}^{T}(W_{yy,t}-W'_{xy,t}W_{xx,t}^{-1}W_{xy,t}) \\ W_{yy,t}=\sum_{i=1}^{N}(y_{it}-\bar{y}_t)^2, \qquad \bar{y}_t=\frac{1}{N}\sum_{i=1}^{N}y_{it} \\ W_{xx,t}=\sum_{i=1}^{N}(\mathbf{x}_{it}-\bar{\mathbf{x}}_t)(\mathbf{x}_{it}-\bar{\mathbf{x}}_t)', \qquad \bar{\mathbf{x}}_t=\frac{1}{N}\sum_{i=1}^{N}\mathbf{x}_{it} \\ W_{xy,t}=\sum_{i=1}^{N}(\mathbf{x}_{it}-\bar{\mathbf{x}}_t)(y_{it}-\bar{y}_t) \end{cases} \tag{2.2.19}$$

类似地，我们可以用第一自由度为 $(T-1)K$ 和第二自由度为 $NT-T(K+1)$ 的 F 统计量

$$F'_1=\frac{(S'_2-S'_1)/[(T-1)K]}{S'_1/[NT-T(K+1)]} \tag{2.2.20}$$

对“截距不同但斜率相同”的假设（H_1'：$\alpha_1^* \neq \alpha_2^* \neq \cdots \neq \alpha_T^*$，$\boldsymbol{\beta}_1 = \boldsymbol{\beta}_2 = \cdots = \boldsymbol{\beta}_T$）进行检验，其中

$$S_2' = \sum_{t=1}^{T} W_{yy,\,t} - \left(\sum_{t=1}^{T} W_{xy,\,t}'\right)\left(\sum_{t=1}^{T} W_{xx,\,t}\right)^{-1}\left(\sum_{t=1}^{T} W_{xy,\,t}\right) \tag{2.2.21}$$

或者用第一自由度为 $T-1$ 和第二自由度为 $T(N-1)-K$ 的 F 统计量

$$F_4' = \frac{(S_3 - S_2')/(T-1)}{S_2'/[T(N-1)-K]} \tag{2.2.22}$$

24 检验在斜率相等 $\boldsymbol{\beta}_1 = \boldsymbol{\beta}_2 = \cdots = \boldsymbol{\beta}_T$ 条件下截距相同的假设（H_4'）。一般说来，除非横截面和时间序列的协方差分析都接受回归系数同质性假设，否则无条件混合数据回归（例如，利用所有横截面单元在各个时期观测值的单个最小二乘回归）将导致严重的偏误。

需要指出的是上述检验并不是相互独立的，检验过程中可能存在一些棘手的问题。例如，根据 $F_3(F_3')$，我们接受斜率和截距相同的假设，但这一结果可能与由 $F_1(F_1')$ 和 $F_4(F_4')$ 导出的相反结果相容，因为这两种情形中的备择假设（或原假设）并不相同。更糟糕的是，我们可能根据 $F_3(F_3')$ 的值拒绝了完全同质性假设，却又发现根据 $F_1(F_1')$ 和 $F_4(F_4')$ 我们不能拒绝该原假设；因此，找不出由 F_3（或 F_3'）检验出来的异质性。虽然可以对该结果做正式的统计分析，但在解释统计推断的结论时却比较麻烦。

还需指出的是，只有方程中的误差项 u_{it} 独立同分布且独立于回归元 $\mathbf{x}_{it}$（即条件变量 $\mathbf{x}_{it}$ 是严格外生的，或者是固定常数）的假设成立时，F 检验才是有效性的。在实证分析中，方程的误差项可能还存在异方差和自相关问题，甚至因联立性或联合相依而与回归元存在相关性。解释 F 检验统计量时忽略这些问题将产生严重的误导。尽管如此，F 检验的思想仍是后续稳健检验方法的基础[参见 Stock 和 Watson（2008）有关稳健标准误差的讨论]。此外，在实际应用中，所有的统计软件包都会给出 F 检验统计量的值，这些值可视为对样本变异源的有益初探。在后续的章节中，我们将逐步放松“经典”回归的假设，讨论更复杂的诊断统计量。

2.3 案例

为修正现有投资行为理论并估计最重要的系数，Kuh（1963）用 60 家中小型生产资料生产企业在 1935—1955 年间除战争年代（1942—1945 年）之外的数据来探索投资方程适当的模型设定。他基于固定资产设备加速行为（或内部资金流）研究了多个包含若干滞后项的模型。为便于表述，本节我们仅以代数形式报告基于利润理论、资本效用理论、财政制约以及长期增长理论的函数设定和结果（见表 2.2，A 部分），函数设定的对数转换（见表 2.2，B 部分），以及几个比率模型（见表 2.2，C 部分）。表 2.2 列出了各部分的方程。

表 2.2　Kuh（1963）估计的投资方程式 25

A 部分

$$\Delta I_{it}=\alpha_0+\beta_1 C_i+\beta_2 \Delta K_{it}+\beta_3 \Delta S_{it} \tag{2.3.1}$$

$$\Delta I_{it}=\alpha_0+\beta_1 C_i+\beta_2 \Delta K_{it}+\beta_4 \Delta P_{it} \tag{2.3.2}$$

$$\Delta I_{it}=\alpha_0+\beta_1 C_i+\beta_2 \Delta K_{it}+\beta_3 \Delta S_{it}+\beta_4 \Delta P_{it} \tag{2.3.3}$$

$$I_{it}=\alpha_0+\beta_1 C_i+\beta_2 K_{it}+\beta_3 S_{it} \tag{2.3.4}$$

$$I_{it}=\alpha_0+\beta_1 C_i+\beta_2 K_{it}+\beta_4 P_{it} \tag{2.3.5}$$

$$I_{it}=\alpha_0+\beta_1 C_i+\beta_2 K_{it}+\beta_3 S_{it}+\beta_4 P_{it} \tag{2.3.6}$$

$$I_{it}=\alpha_0+\beta_1 C_i+\beta_2 K_{it}+\beta_3 S_{i,t-1} \tag{2.3.7}$$

$$I_{it}=\alpha_0+\beta_1 C_i+\beta_2 K_{it}+\beta_4 P_{i,t-1} \tag{2.3.8}$$

$$I_{it}=\alpha_0+\beta_1 C_i+\beta_2 K_{it}+\beta_3 S_{i,t-1}+\beta_4 P_{i,t-1} \tag{2.3.9}$$

$$I_{it}=\alpha_0+\beta_1 C_i+\beta_2 K_{it}+\beta_3[(S_{it}+S_{i,t-1})\div 2] \tag{2.3.10}$$

$$I_{it}=\alpha_0+\beta_1 C_i+\beta_2 K_{it}+\beta_4[(P_{it}+P_{i,t-1})\div 2] \tag{2.3.11}$$

$$I_{it}=\alpha_0+\beta_1 C_i+\beta_2 K_{it}+\beta_3[(S_{it}+S_{i,t-1})\div 2] +\beta_4[(P_{it}+P_{i,t-1})\div 2] \tag{2.3.12}$$

$$[(I_{it}+I_{i,t-1})\div 2]=\alpha_0+\beta_1 C_i+\beta_2 K_{it}+\beta_3[(S_{it}+S_{i,t-1})\div 2] \tag{2.3.13}$$

$$[(I_{it}+I_{i,t-1})\div 2]=\alpha_0+\beta_1 C_i+\beta_2 K_{it}+\beta_4[(P_{it}+P_{i,t-1})\div 2] \tag{2.3.14}$$

$$[(I_{it}+I_{i,t-1})\div 2]=\alpha_0+\beta_1 C_i+\beta_2 K_{it}+\beta_3[(S_{it}+S_{i,t-1})\div 2] +\beta_4[(P_{it}+P_{i,t-1})\div 2] \tag{2.3.15}$$

B 部分

$$\Delta \log I_{it}=\alpha_0+\beta_1 \log C_i+\beta_2 \Delta \log K_{it}+\beta_3 \Delta \log S_{it} \tag{2.3.16}$$

$$\log I_{it}=\alpha_0+\beta_1 \log C_i+\beta_2 \log K_{it}+\beta_3 \log S_{it} \tag{2.3.17}$$

$$\log I_{it}=\alpha_0+\beta_1 \log C_i+\beta_2 \log K_{it}+\beta_3 \log S_{i,t-1} \tag{2.3.18}$$

$$\log I_{it}=\alpha_0+\beta_1 \log C_i+\beta_2 \log[(K_{it}+K_{i,t-1})\div 2] +\beta_3 \log[(S_{it}+S_{i,t-1})\div 2] \tag{2.3.19}$$

C 部分

$$\frac{I_{it}}{K_{it}}=\alpha_0+\beta_1 \frac{P_{it}}{K_{it}}+\beta_2 \frac{S_{i,t-1}}{C_i \cdot K_{i,t-1}} \tag{2.3.20}$$

$$\frac{I_{it}}{K_{it}}=\alpha_0+\beta_1 \frac{P_{it}}{K_{it}}+\beta_2 \frac{S_{i,t-1}}{C_i \cdot K_{i,t-1}}+\beta_3 \frac{S_{it}}{C_i \cdot K_{it}} \tag{2.3.21}$$

$$\frac{I_{it}}{K_{it}}=\alpha_0+\beta_1 \frac{P_{it}+P_{i,t-1}}{K_{it} \cdot 2}+\beta_2 \frac{S_{i,t-1}}{C_i \cdot K_{i,t-1}} \tag{2.3.22}$$

$$\frac{I_{it}}{K_{it}}=\alpha_0+\beta_1 \frac{P_{it}+P_{i,t-1}}{K_{it} \cdot 2}+\beta_2 \frac{S_{i,t-1}}{C_i \cdot K_{i,t-1}}+\beta_3 \frac{S_{it}}{C_i \cdot K_{it}} \tag{2.3.23}$$

注：I＝总投资；C＝资本强度指数；K＝股本；S＝销售额；P＝总的保留利润。

Kuh 采用企业数据而不是经济总量数据的主要原因有两个。其一是对总量数据质量的怀疑，以及解释变量高度相关时伴随总量数据时序模型的估计产生

的问题。另一个原因是构建和检验更复杂的行为模型需要更多自由度。但如 1.2
26 节所述，仅当控制解释变量后个体观测可视为从同一样本空间中随机抽取时，使用各时期所有观测数据的单个回归才有意义。Kuh（1963）用 2.2 节中讨论的协方差分析技术检验完全同质性（F_3 或 F_3'）、斜率同质性（F_1 或 F_1'）以及在接受横截面单元和时间序列单元斜率都相同的条件下截距的同质性（F_4 或 F_4'）。①表 2.3 和表 2.4 分别列出了各横截面单元的时序估计同质性检验结果和各时期横截面估计的同质性检验结果。

27 **表 2.3　各横截面单元之间回归系数同质性的协方差检验[a]**

方程	全局检验的 F_3			斜率相同时的 F_1			个体均值显著性的 F_4		
	自由度			自由度			自由度		
	分子	分母	实际 F 值	分子	分母	实际 F 值	分子	分母	实际 F 值
(2.3.1)	177	660	1.25	118	660	1.75[c]	57	660	0.12
(2.3.2)	177	660	1.40[b]	118	660	1.94[c]	57	660	0.11
(2.3.3)	236	600	1.13	177	600	1.42[b]	56	600	0.10
(2.3.4)	177	840	2.28[c]	118	840	1.58[c]	57	840	3.64[c]
(2.3.5)	177	840	2.34[c]	118	840	1.75[c]	57	840	3.23[c]
(2.3.6)	236	780	2.24[c]	177	780	1.76[c]	56	780	3.57[c]
(2.3.7)	177	720	2.46[c]	118	720	1.95[c]	57	720	3.57[c]
(2.3.8)	177	720	2.50[c]	118	720	1.97[c]	57	720	3.31[c]
(2.3.9)	236	660	2.49[c]	177	660	2.11[c]	56	660	3.69[c]
(2.3.10)	177	720	2.46[c]	118	720	1.75[c]	57	720	3.66[c]
(2.3.11)	177	720	2.60[c]	118	720	2.14[c]	57	720	3.57[c]
(2.3.12)	236	660	2.94[c]	177	660	2.49[c]	56	660	4.18[c]
(2.3.16)	177	720	1.92[c]	118	720	2.59[c]	57	720	0.55
(2.3.17)	177	840	4.04[c]	118	840	2.70[c]	57	840	0.39
(2.3.18)	177	720	5.45[c]	118	720	4.20[c]	57	720	6.32[c]
(2.3.19)	177	720	4.68[c]	118	720	3.17[c]	57	720	7.36[c]
(2.3.20)	177	720	3.64[c]	118	720	3.14[c]	57	720	3.66[c]
(2.3.21)	236	660	3.38[c]	177	660	2.71[c]	56	660	4.07[c]
(2.3.22)	177	600	3.11[c]	118	600	2.72[c]	57	600	3.22[c]
(2.3.23)	236	540	2.90[c]	177	540	2.40[c]	56	540	3.60[c]

[a] F 检验的临界值来自 A. M. Mood，*Introduction to Statistics*，表Ⅴ，第 426～427 页。除自由度超过 120 的之外，使用了线性插值方法。虽然实际自由度至少有 480，但也只记录每个分母平方和的自由度为 120 时各种情形 F 检验的临界值。这种情形的渐近误差可以忽略。

[b] 显著水平为 5%。

[c] 显著水平为 1%。

资料来源：Kuh（1963，第 141～142 页）。

---

① 关于协方差分析计算问题的论述参见 Johnston（1972，第 6 章）。

表 2.4　横截面单元之间回归系数同质性的协方差检验[a] 28

	全局检验的 F_3'			斜率相同时的 F_1'			个体均值显著性的 F_4'			
	自由度			自由度			自由度			
方程	分子	分母	实际 F 值	分子	分母	实际 F 值	分子	分母	实际 F 值	
(2.3.1)	52	784	2.45[b]	39	784	2.36[b]	10	784	2.89[b]	
(2.3.2)	52	784	3.04[b]	39	784	2.64[b]	10	784	4.97[b]	
(2.3.3)	65	770	2.55[b]	52	770	2.49[b]	9	770	3.23[b]	
(2.3.4)	64	952	2.01[b]	48	952	1.97[b]	13	952	2.43[b]	
(2.3.5)	64	952	2.75[b]	48	952	2.45[b]	13	952	3.41[b]	
(2.3.6)	80	935	1.91[b]	64	935	1.82[b]	12	935	2.66[b]	
(2.3.7)	56	840	2.30[b]	42	840	2.11[b]	11	840	3.66[b]	
(2.3.8)	56	840	2.83[b]	42	840	2.75[b]	11	840	3.13[b]	
(2.3.9)	70	825	2.25[b]	56	825	2.13[b]	10	825	3.53[b]	
(2.3.10)	56	840	1.80[b]	42	840	1.80[b]	11	840	1.72[d]	
(2.3.11)	56	840	2.30[b]	42	840	2.30[b]	11	840	1.79[d]	
(2.3.12)	70	825	1.70[b]	56	825	1.74[b]	10	825	1.42	
(2.3.13)	56	840	2.08[b]	42	840	2.11[b]	11	840	2.21[c]	29
(2.3.14)	56	840	2.66[b]	42	840	2.37[b]	11	840	2.87[b]	
(2.3.15)	70	825	1.81[b]	56	825	1.76[b]	10	825	2.35[c]	
(2.3.16)	56	840	3.67[b]	42	840	2.85[b]	11	840	3.10[b]	
(2.3.17)	64	952	1.51[c]	48	952	1.14	13	952	0.80	
(2.3.18)	56	840	2.34[b]	42	840	1.04	11	840	1.99[c]	
(2.3.19)	56	840	2.29[b]	42	840	2.03[b]	11	840	2.05[c]	
(2.3.20)	42	855	4.13[b]	28	855	5.01[b]	12	855	2.47[b]	
(2.3.21)	56	840	2.88[b]	42	840	3.12[b]	11	840	2.56[b]	
(2.3.22)	42	855	3.80[b]	28	855	4.62[b]	12	855	1.61[b]	
(2.3.23)	56	840	3.51[b]	42	840	4.00[b]	11	840	1.71[b]	

[a] F 检验的临界值来自 A. M. Mood，*Introduction to Statistics*，表Ⅴ，第 426～427 页。除自由度超过 120 的之外，使用了线性插值方法。虽然实际自由度至少有 480，但也只记录每个分母平方和的自由度为 120 时各种情形 F 检验的临界值。这种情形的渐近误差可以忽略。

[b] 显著水平为 1％。

[c] 显著水平为 5％。

[d] 显著水平为 10％。

资料来源：Kuh（1963，第 137～138 页）。

表中记录的这些统计结果告诉我们一个显著事实，即除方程（2.3.1）和（2.3.3）（它们是一阶差分的形式）的时序结果之外，所有其他模型设定都未能通过完全同质性检验。[①]此外，除方程（2.3.17）和（2.3.18）（表 2.4）的横截面

① 如果企业差距在各期保持恒定，则企业间的异质性可能被截距项吸收。因为一阶差分消除了截距项，所以一阶差分模型［譬如方程（2.3.1）或（2.3.3）］更有可能表现出同质性反应。参见第 3 章和第 4 章。

估计外，在多数情形中，不能将截距的变化与斜率的变化完全分离开来。同样是这些方程，与横截面结果密切对应的时序估计结果也有相类似的结论。虽然协方差分析与其他统计方法一样，不会自动产生统计结果，但这些结果确实表明在时间序列分析和横截面分析中被排除变量的影响可能大不相同。许多差异可能在不同时期引起不同个体之间系统性的相互关系，不对产生这些差异的可能原因进行研究则太过草率。[①]

Kuh 通过分解误差方差、比较个体系数行为、评估各种滞后结构的统计影响等来探讨估计差异的原因。他的结论认为销售额可能包含与时间相关的重要因素，而这些因素为大量企业所共有，因此销售额消除系统性周期性因素影响的能力更强。一般说来，用横截面数据得到的结果［参见 Meyer 和 Kuh (1957)］更加支持内部流动性/利润假设，而他的结论则更支持**加速销售模型**(acceleration sales model)。Kuh 发现在开支期间现金流有时在实际资本支出之前比在实际的支出限制中更重要。这表明将内部流动资金流视为预算编制过程的重要部分更为合适，以后主要依据产出水平和资本效用的波动对该预算进行调整。

Kuh 结论中的政策含义明显。在其他方面都相同时，销售额一个小的百分
30 比增长对投资的影响比内部资金一个小的百分比增长的影响更大。如果政府试图刺激投资，并且目标是追求规模而不是质量，那么最大的投资影响一定是来自促进需求增长的措施，而不是来自增加内部资金的措施。[②]

① 对该问题更深入的讨论，参见第 11 章 11.3 节和 Mairesse (1990)。

② 对投资支出行为的深入讨论，参见第 6 章或 Hsiao 和 Tahmiscioglu (1997)。

第3章 简单变截距回归模型

3.1 引言 31

如果面板数据拒绝了完全同质性假设，但模型设定却是合理的，则变截距模型（1.3.1）和（1.3.2）可作为我们研究个体或时期异质性的简单方法。这类模型的基本假设是，控制可观测的解释变量后，所有遗漏（或被排除）变量的影响由 3 类变量实现：**个异时恒变量**（individual time-invariant），**时异个同变量**（period individual-invariant），**个异时异变量**（individual time-varying）。[①]个异时恒变量是影响随横截面单元变化，但对给定横截面单元其影响在各时期保持不变的变量。这类变量有个体企业管理者的特质、能力、性别以及社会经济背景等。时异个同变量是影响随时间变化，但在给定时点对所有横截面单元其影响都相同的变量。这类变量有价格、利率以及广泛散布的乐观情绪或悲观情绪等。个异时异变量是影响不仅在给定时点随横截面单元变化而且还随时间变化的变量。此类变量有企业利润、销售额以及股本等。

一方面，变截距模型假定诸多遗漏的个异时异变量各自的影响并不重要，但合在一起后的总影响是显著的，且总影响可用一个随机变量表示，该随机变量与模型包含（或排斥）的所有其他变量不相关（或独立）。另一方面，其他遗漏变量要么对给定的横截面单元在各时期具有恒定影响，要么在给定时点对所有横截面单元的影响都相同，或者二者兼而有之，让回归模型的截距项吸收这些影响，就 32
是一种明确考察包含于当前横截面数据中的个体或时期异质性的方式。截距项吸收**个体特异效应**（individual-specific effects）或**时间特异效应**（time-specific effects）后，无须假定这些效应项与 $\mathbf{x}$ 无关，尽管有时它们可能相关。

变截距模型是使用面板数据拟合回归模型时广泛应用的模型设定。例如，

---

① 当然这 3 种不同类型的波动既适用于包含的变量也适用于被排除的变量。在本书中我们将始终集中关注被排除的个体时恒变量与包含的变量之间的关系。

考虑柯布-道格拉斯（Cobb-Douglas）生产函数

$$y_{it}=\mu+\beta_1 x_{1it}+\cdots+\beta_K x_{Kit}+v_{it}, \qquad i=1, \cdots, N; \quad t=1, \cdots, T \tag{3.1.1}$$

的拟合问题，其中 y 是产出的对数，x_1，…，x_K 是投入的对数。经典方法通常假定遗漏变量的效应是独立同分布的随机变量，且与 $\mathbf{x}$ 独立。因此控制 $\mathbf{x}$ 后，所有观测值都是代表性企业的随机波动。但模型（3.1.1）常受到批评，因为它没有考虑反映企业之间管理和其他技术上差异的变量，或忽略了反映影响所有企业生产率且随时间波动的一般性条件的变量（譬如农业生产中的天气因素）［参见 Hoch（1962）；Mundlak（1961）；Nerlove（1965）］。理想情况下，应该在模型（3.1.1）中明确引入**企业效应**（firm-effects）变量 M_i 和**时间效应**（time-effects）变量 P_t。故 v_{it} 可记为

$$v_{it}=\alpha M_i+\lambda P_t+u_{it} \tag{3.1.2}$$

u_{it} 表示所有其他遗漏变量的影响。但是，我们一般都没有 M_i 和 P_t 的观测值，无法直接估计 α 和 λ。一个自然的解决办法是考虑乘积 $\alpha_i=\alpha M_i$ 和 $\lambda_t=\lambda P_t$ 的影响，于是得到变截距模型（1.3.1）或（1.3.2）。

Hoch（1962）基于明尼苏达州 63 家农场 1946—1951 年的年度数据，使用该方法估计柯布-道格拉斯生产函数的参数。他将产出 y 当作劳动力 x_1、不动产 x_2、机器 x_3，以及种子、肥料和相关支出 x_4 的函数。但由于度量不动产和机器的价值存在困难，他还考虑了另一个模型，将 y 看作 x_1、x_4、经常性支出项 x_5、固定资本 x_6 的函数。两个模型的回归结果在 5% 的显著性水平都拒绝了完全同质性假设。表 3.1 简要列出了在 3 个假设（$\alpha_i=\lambda_t=0$；$\alpha_i=0$，$\lambda_t\neq0$；$\alpha_i\neq0$，$\lambda_t\neq0$）下的最小二乘估计结果。由表可以看出，引入 α_i 和 λ_t 后，调整的 R^2 大约从 0.75 上升到了 0.88。我们将"所有 α_i 都相等"的假设替换为"α_i 和 λ_t 都不为零"的假设后，参数估计值也发生了重大变化。主要是劳动力弹性的下降导致弹性之和显著下降。如果我们将 α_i 解释为企业规模效应，则该结果表明生产效率随着企业
33 规模增大而上升。如图 1.1 所示，当较大企业的生产超平面在平均生产平面之上，而较小企业的生产超平面在平均生产平面之下时，忽视企业之间差异的混合数据估计，比平均生产平面有更大的斜率。Hoch（1962）给出了该结论的一些证据。表 3.2 列出了基于**企业特异效应**（firm-specific effects）α_i 分组后的企业特征。该表说明企业规模和企业特异效应之间存在极为显著的联系。

该例表明，在面板数据的模型设定中引入个体或时间特异变量后，就有可能降低甚至避免因遗漏变量而导致的偏误。本章我们假定所有解释变量 $\mathbf{x}_{kit}$ 是非随机的（或外生的），重点讨论对模型（1.3.1）和（1.3.2）的估计和假设检验。为便于发现固定效应推断和随机效应推断之间的关系，在 3.2～3.5 节中没有假设存在时间特异效应。在 3.2 节中我们讨论将特异效应项当作固定常数时模型的估计（FE）。3.3 节讨论将特异效应项当作随机变量时模型的估计（RE）。3.4 节讨论将特异效应项当作固定常数或随机变量处理时的优缺点。3.5 节讨论模型误设检验。3.6 节讨论既有个体又有时间特异效应项的模型以及包含特殊变量的模型。3.7 节讨论异方差和自相关以及相应的调整。3.8 节我们用单方程

模型的多方程设定对所涉及的问题进行综合分析，并建立单方程模型和线性联立方程模型（见第 5 章）之间的联系。

表 3.1　在各种假设下明尼苏达州农业生产函数弹性的最小二乘估计

弹性 β_k 的估计	假设		
	α_i 和 λ_t 对所有的 i 和 t 都等于 0	仅 α_i 对所有的 i 都等于 0	α_i 和 λ_t 都不等于 0
变量集 1[a]			
$\hat{\beta}_1$，劳动力	0.256	0.166	0.043
$\hat{\beta}_2$，不动产	0.135	0.230	0.199
$\hat{\beta}_3$，机器	0.163	0.261	0.194
$\hat{\beta}_4$，种子和化肥	0.349	0.311	0.289
各 $\hat{\beta}$ 的和	0.904	0.967	0.726
调整的 R^2	0.721	0.813	0.884
变量集 2			
$\hat{\beta}_1$，劳动力	0.241	0.218	0.057
$\hat{\beta}_5$，经常性支出	0.121	0.185	0.170
$\hat{\beta}_6$，固定资本	0.278	0.304	0.317
$\hat{\beta}_4$，种子和化肥	0.315	0.285	0.288
各 $\hat{\beta}$ 的和	0.954	0.991	0.832
调整的 R^2	0.752	0.823	0.879

[a]所有的投入和产出变量都以美元为单位进行度量。

资料来源：Hoch (1962)。

表 3.2　基于企业常数分组的企业属性 34

属性	根据 exp (α_i) 的值对企业分组[a]					
	所有企业	<0.85	0.85～0.95	0.95～1.05	1.05～1.15	>1.15
组内企业数	63	6	17	19	14	7
平均值：						
企业常数 e^{α_i}	1.00	0.81	0.92	1.00	1.11	1.26
产出（美元）	15 602	10 000	15 570	14 690	16 500	24 140
劳动力（美元）	3 468	2 662	3 570	3 346	3 538	4 280
种子和化肥（美元）	3 217	2 457	3 681	3 064	2 621	5 014
经常性支出（美元）	2 425	1 538	2 704	2 359	2 533	2 715
固定资本（美元）	3 398	2 852	3 712	3 067	3 484	3 996
利润（美元）	3 094	491	1 903	2 854	4 324	8 135
利润/产出	0.20	0.05	0.12	0.19	0.26	0.33

[a]引用的企业效应 α_i 的均值为 0。

资料来源：Hoch (1962)。

3.2 固定效应模型：最小二乘虚拟变量法

考察两类遗漏变量效应（一类是各个体横截面单元所特有且不随时间变化，另一类是各时期所特有且对所有横截面单元都相同）时，对截距和斜率都是常数的面板数据模型最常见的推广是引入**虚拟变量**（dummy variables）。为凸显固定效应和随机效应模型设定之间的差异，在本节以及后续的三节中，我们假定没有时间特异效应，重点考察个体特异效应。因此，第 i 个个体在第 t 期的因变量 y_{it} 的值不仅与 K 个外生变量 $(x_{1it}, \cdots, x_{Kit})=\mathbf{x}'_{it}$（这些变量在给定时点的横截面中随个体发生变化，且随着时间变动）有关，而且与第 i 个单元特有的但在时间上（几乎）保持恒定的变量有关。这就是模型（1.3.1），我们将它重新表示为

$$y_{it}=\alpha_i^*+\underset{1\times K}{\mathbf{x}'_{it}}\underset{K\times 1}{\boldsymbol{\beta}}+u_{it},\qquad \begin{array}{l} i=1, \cdots, N \\ t=1, \cdots, T \end{array} \tag{3.2.1}$$

其中 $\boldsymbol{\beta}$ 是 $K\times 1$ 的常数向量，α_i^* 是 1×1 的纯量常数，用它表示第 i 个个体特有
35 的在各时期影响几乎相同的变量。误差项 u_{it} 表示在不同时期对各个体有不同影响的遗漏变量。我们假定 u_{it} 是和 $(\mathbf{x}_{i1}, \cdots, \mathbf{x}_{iT})$ 无关的且独立同分布的随机变量，其均值为零，方差为 σ_u^2。

模型（3.2.1）也被称为**协方差分析模型**（analysis-of-covariance model, ANCOVA）。如果对回归分析与方差分析以及协方差分析之间进行不太严格的区分，我们可以认为回归模型假定 y 的期望值是外生因素 $\mathbf{x}$ 的函数，而普通的方差分析假定 y_{it} 的期望值仅依赖考察的观测对象所属的第 i 组，并假定 y 的观测值满足关系 $y_{it}=\alpha_i^*+u_{it}$，其中 u_{it} 是与 α_i^* 无关的随机变量。但如果 y 还受到了组内其他变量的影响，且我们无法控制和标准化这些变量，则简单的**组内平方和**（within-class sum of squares）将高估 y 中的随机部分，并且组均值之间的差不仅是**组效应**（class effect）的体现，同时还是假定在各组中不受控制变量值的差异的体现。正是因为存在这样的问题，形如模型（3.2.1）的协方差分析模型才得以优先发展。这种模型具有混合特征，它既像回归模型一样包含真正的外生变量 $\mathbf{x}_{it}$，同时又与常见的方差分析模型一样允许每个个体的真实关系与个体所属的组 α_i^* 有关。利用回归模型，我们可以估计定量因素的影响；利用方差分析模型，我们可以估计定性因素的影响；利用协方差分析模型，则可对定量因素和定性因素的影响同时进行分析。

将满足模型（3.2.1）的 NT 个关于 y_{it} 的方程表示成向量的形式，我们有

$$Y=\begin{bmatrix}\mathbf{y}_1\\ \vdots \\ \mathbf{y}_N\end{bmatrix}=\begin{bmatrix}\mathbf{e}\\ \mathbf{0}\\ \vdots \\ \mathbf{0}\end{bmatrix}\alpha_1^*+\begin{bmatrix}\mathbf{0}\\ \mathbf{e}\\ \vdots \\ \mathbf{0}\end{bmatrix}\alpha_2^*+\cdots+\begin{bmatrix}\mathbf{0}\\ \mathbf{0}\\ \vdots \\ \mathbf{e}\end{bmatrix}\alpha_N^*+\begin{bmatrix}\mathbf{X}_1\\ \mathbf{X}_2\\ \vdots \\ \mathbf{X}_N\end{bmatrix}\boldsymbol{\beta}+\begin{bmatrix}\mathbf{u}_1\\ \vdots \\ \mathbf{u}_N\end{bmatrix} \tag{3.2.2}$$

其中

$$\underset{T\times 1}{\mathbf{y}_i}=\begin{bmatrix} y_{i1} \\ y_{i2} \\ \vdots \\ y_{iT} \end{bmatrix},\ \underset{T\times K}{\mathbf{X}_i}=\begin{bmatrix} x_{1i1} & x_{2i1} & \cdots & x_{Ki1} \\ x_{1i2} & x_{2i2} & \cdots & x_{Ki2} \\ \vdots & \vdots & & \vdots \\ x_{1iT} & x_{2iT} & \cdots & x_{KiT} \end{bmatrix},\ \mathbf{X}=\begin{bmatrix} \mathbf{X}_1 \\ \mathbf{X}_2 \\ \vdots \\ \mathbf{X}_N \end{bmatrix}$$

$$\underset{1\times T}{\mathbf{e}'}=(1,1,\cdots,1),\ \underset{1\times T}{\mathbf{u}'_i}=(u_{i1},\cdots,u_{iT})$$

$$E\mathbf{u}_i=\mathbf{0},\quad E\mathbf{u}_i\mathbf{u}'_i=\sigma_u^2 I_T,\quad E\mathbf{u}_i\mathbf{u}'_j=\mathbf{0}\quad \text{如果 } i\neq j$$

I_T 表示 $T\times T$ 的单位矩阵。令 $\tilde{\mathbf{X}}=(\mathbf{d}_1, \mathbf{d}_2, \cdots, \mathbf{d}_N, \mathbf{X})$，元素 $\mathbf{d}_i(i=1,\cdots,N)$ 是 $NT\times 1$ 的虚拟变量向量，其前 $(i-1)\times T$ 个分量为 0，第 $(i-1)\times T+1$ 至第 iT 个分量等于 1，第 $iT+1,\cdots,NT$ 个分量等于 0。则 $\mathbf{y}=\tilde{\mathbf{X}}\boldsymbol{\theta}+\mathbf{u}$，其中 $\boldsymbol{\theta}=(\alpha_1^*,\cdots,\alpha_N^*,\boldsymbol{\beta}')'$。 36

只要 u_{it} 满足假定的性质，则模型（3.2.2）的**普通最小二乘**（ordinary-least-squares，OLS）估计量是**最优线性无偏估计量**（best linear unbiased estimator，BLUE）。最小化

$$S=(\mathbf{y}-\tilde{\mathbf{X}}\boldsymbol{\theta})(\mathbf{y}-\tilde{\mathbf{X}}\boldsymbol{\theta})'=\sum_{i=1}^{N}\mathbf{u}'_i\mathbf{u}_i \tag{3.2.3}$$

$$=\sum_{i=1}^{N}(\mathbf{y}_i-\mathbf{e}\alpha_i^*-X_i\boldsymbol{\beta})'(\mathbf{y}_i-\mathbf{e}\alpha_i^*-X_i\boldsymbol{\beta})$$

可导出 α_i^* 和 $\boldsymbol{\beta}$ 的 OLS 估计。求 S 关于 α_i^* 的偏导并令其等于零，我们有

$$\hat{\alpha}_i^*=\bar{y}_i-\bar{\mathbf{x}}'_i\boldsymbol{\beta},\quad i=1,\cdots,N, \tag{3.2.4}$$

其中

$$\bar{y}_i=\frac{1}{T}\sum_{t=1}^{T}y_{it},\quad \bar{\mathbf{x}}_i=\frac{1}{T}\sum_{t=1}^{T}\mathbf{x}_{it}$$

将式（3.2.4）代入式（3.2.3）并求 S 关于 $\boldsymbol{\beta}$ 的偏导数，我们得到①

$$\hat{\beta}_{\mathrm{CV}}=\Big[\sum_{i=1}^{N}\sum_{t=1}^{T}(\mathbf{x}_{it}-\bar{\mathbf{x}}_i)(\mathbf{x}_{it}-\bar{\mathbf{x}}_i)'\Big]^{-1}\times\Big[\sum_{i=1}^{N}\sum_{t=1}^{T}(\mathbf{x}_{it}-\bar{\mathbf{x}}_i)(y_{it}-\bar{y}_i)\Big] \tag{3.2.5}$$

因系数 α_i^* 对应的变量观测值取虚拟变量的形式，故 OLS 估计量（3.2.5）常称为**最小二乘虚拟变量**（least-squares dummy-variable，LSDV）估计量。但估计该模型斜率的计算方法实际上并不要求将表示个体（和/或时间）效应的虚拟变量包含在解释变量矩阵中。我们只需对观测到的变量数据进行一个简单的转换：求出每个横截面单元时序观测的均值，并从个体观测值中减去相应的时序均值。再对转换后的数据应用最小二乘法。因此，我们只需求解一个 $K\times K$ 阶矩阵的逆。

上述方法等价于对第 i 个个体的方程 37

$$\mathbf{y}_i=\mathbf{e}\alpha_i^*+X_i\boldsymbol{\beta}+\mathbf{u}_i$$

---

① 虽然记号不同，但估计量（3.2.5）与（2.2.10）一样。

左乘一个 $T\times T$ 的幂等（协方差）转换矩阵

$$Q=I_T-\frac{1}{T}\mathbf{e}\mathbf{e}' \tag{3.2.6}$$

以"清除"个体效应 α_i^*，然后个体观测值便通过对个体（在时间上的）均值的离差来表示：

$$\begin{aligned}Q\mathbf{y}_i&=Q\mathbf{e}\alpha_i^*+QX_i\boldsymbol{\beta}+Q\mathbf{u}_i\\&=QX_i\boldsymbol{\beta}+Q\mathbf{u}_i,\quad i=1,\cdots,N\end{aligned} \tag{3.2.7}$$

对式（3.2.7）应用 OLS 方法，我们有①

$$\hat{\boldsymbol{\beta}}_{CV}=\left[\sum_{i=1}^{N}X_i'QX_i\right]^{-1}\left[\sum_{i=1}^{N}X_i'Q\mathbf{y}_i\right] \tag{3.2.8}$$

该式与式（3.2.5）完全相同。因模型（3.2.2）被称为协方差分析模型，所以 $\boldsymbol{\beta}$ 的 LSDV 估计量有时也被称为**协方差估计量**［covariance（CV）estimator］。由于该估计量的表达式仅与组内变异有关，故也称它为组内估计量。②

$\boldsymbol{\beta}$ 的协方差估计量也可通过矩法估计导出。由 $\mathbf{x}_{it}$ 的严格外生性可知

$$E(\mathbf{u}_i\mid X_i,\alpha_i^*)=E(\mathbf{u}_i\mid X_i)=0 \tag{3.2.9}$$

所以有

$$E[(\mathbf{u}_i-\mathbf{e}\bar{u}_i)=(\mathbf{y}_i-\mathbf{e}\,\bar{y}_i)-(X_i-\mathbf{e}\bar{\mathbf{x}}_i')\boldsymbol{\beta}\mid X_i]=\mathbf{0} \tag{3.2.10}$$

38 用对应的样本矩替换矩条件（3.2.10），得到

$$\begin{aligned}&\frac{1}{N}\sum_{i=1}^{N}X_i'[(\mathbf{y}_i-\mathbf{e}\,\bar{y}_i)-(X_i-\mathbf{e}\bar{\mathbf{x}}_i')\hat{\boldsymbol{\beta}}]\\&=\frac{1}{N}\sum_{i=1}^{N}X_i'[Q\mathbf{y}_i-QX_i\hat{\boldsymbol{\beta}}]=\mathbf{0}\end{aligned} \tag{3.2.10'}$$

求解方程组（3.2.10′）即可导出协方差估计量（3.2.8）。

协方差估计量 $\hat{\boldsymbol{\beta}}_{CV}$ 是无偏的，当 N 或 T 或二者都趋于无穷时它还是一致的。它的协方差矩阵为

$$\mathrm{Var}(\hat{\boldsymbol{\beta}}_{CV})=\sigma_u^2\left[\sum_{i=1}^{N}X_i'QX_i\right]^{-1} \tag{3.2.11}$$

虽然截距的估计量（3.2.4）也是无偏的，但只有 $T\to\infty$ 时是一致的。

应指出的是，在模型（3.2.1）中引入"平均截距"μ 后可得到一个与它等价的模型

$$y_{it}=\mu+\mathbf{x}_{it}\boldsymbol{\beta}'+\alpha_i+u_{it} \tag{3.2.12}$$

但 μ 和 α_i 都是固定常数，如果没有其他约束条件，则我们无法识别这两个变量

---

① 方程（3.2.7）可视为具有单个扰动协方差矩阵 σ_u^2Q 的线性回归模型。推广 Aitken 定理可得到广义最小二乘估计量

$$\begin{aligned}\hat{\boldsymbol{\beta}}_{CV}&=\left(\sum_{i=1}^{N}X_i'Q'Q^-QX_i\right)^{-1}\left(\sum_{i=1}^{N}X_i'Q'Q^-Q\mathbf{y}_i\right)\\&=\left[\sum_{i=1}^{N}X_i'QX_i\right]^{-1}\left[\sum_{i=1}^{N}X_i'Q\mathbf{y}_i\right]\end{aligned}$$

其中 Q^- 是 Q 的满足条件 $QQ^-Q=Q$ 的广义逆［Theil（1971，6.6 节，6.7 节）］。

② 因为假定斜率系数对所有的 i 和 t 都相同，为简单起见，我们不再像第 2 章那样区分个体均值修正估计量和组内估计量。我们简单地将估计量（3.2.8）或其等价表达式作为组内估计量。

并分别对它们进行估计。引入约束条件 $\sum_{i=1}^{N}\alpha_i=0$ 后可识别 μ 和 α_i。此时个体效应 α_i 表示第 i 个个体对共同均值 μ 的偏离。

由模型（3.2.12）和（3.2.1）导出 $\boldsymbol{\beta}$ 的最小二乘估计量相同［式（3.2.5)］。只需注意到 μ，α_i 和 $\boldsymbol{\beta}$ 的 BLUE 是在约束条件 $\sum_{i=1}^{N}\alpha_i=0$ 下最小化

$$\sum_{i=1}^{N}\mathbf{u}_i'\mathbf{u}_i=\sum_{i=1}^{N}\sum_{t=1}^{T}u_{it}^2$$

得到的，就容易理解这一结论。利用约束条件 $\sum_{i=1}^{N}\alpha_i=0$ 求解边际条件，我们得到

$$\hat{\mu}=\bar{y}-\bar{\mathbf{x}}'\boldsymbol{\beta},\qquad \text{其中}\ \bar{y}=\frac{1}{NT}\sum_{i=1}^{N}\sum_{t=1}^{T}y_{it} \tag{3.2.13}$$

$$\bar{\mathbf{x}}=\frac{1}{NT}\sum_{i=1}^{N}\sum_{t=1}^{T}\mathbf{x}_{it}$$

$$\hat{\alpha}_i=\bar{y}_i-\hat{\mu}-\bar{\mathbf{x}}_i'\boldsymbol{\beta} \tag{3.2.14}$$

将式（3.2.13）和（3.2.14）代入模型（3.2.12），并求解关于 $\boldsymbol{\beta}$ 的边际条件，由此导出式（3.2.5）。

如果 $\mathrm{Var}(u_{it})=\sigma_i^2$，则最小二乘虚拟变量估计量不再是最优线性无偏估计。 39
但它仍是一致估计。在此异方差情形下，可先用 σ_i 的倒数对（y_{it}，$\mathbf{x}_{it}'$，1）加权，再对加权数据使用最小二乘虚拟变量估计，由此导出的估计量是有效估计。而 σ_i 的初始估计可由

$$\hat{\sigma}_i^2=\frac{1}{T}\sum_{i=1}^{T}(y_{it}-\hat{\alpha}_i^*-\mathbf{x}_{it}'\hat{\boldsymbol{\beta}}_{\mathrm{CV}})^2 \tag{3.2.15}$$

得到。

3.3　随机效应模型：方差成分模型的估计

在 3.2 节，我们讨论了在各时期将遗漏的个体特异变量（α_i）的效应当作固定常数时线性回归模型的估计。本节我们将个体特异效应项 α_i 像 u_{it} 一样当作随机变量。

回归分析中的标准做法是，假定大量影响因变量但没有作为解释变量明确包含在模型中的因素可适当地用一个随机变量来概括。在各时期对大量个体单元进行观测时，不妨假定其中一些遗漏变量表示对不同个体单元和不同的观测时期都不同的因素，而有些遗漏变量则反映个体差异，通常这类差异在各时期以大致相同的方式影响给定个体的观测值。还有一些其他遗漏变量反映各时期所特有的，但对所有个体单元的影响几乎相同的因素。因此，我们常假定残差项 v_{it} 由三部分组成①：

$$v_{it}=\alpha_i+\lambda_t+u_{it} \tag{3.3.1}$$

---

① 注意，根据公式（3.2.10），我们将 α_i 和 λ_t 当作对总体均值的偏离。为表述方便，我们仅关注 α_i 和 λ_t 同方差的情形。对包含异方差的误差成分模型的推广，参见 3.7 节或 Mazodier 和 Trognon (1978) 以及 Wansbeek 和 Kapteyn (1982)。关于个体异方差的检验，参见 Holly 和 Gardiol (2000)。

但样本提供的信息只有（y_{it}，$\mathbf{x}'_{it}$）的联合密度函数 $f(\mathbf{y}_i, \mathbf{x}_i)$，而不是联合密度函数 $f(\mathbf{y}_i, \mathbf{x}_i, \alpha_i, \boldsymbol{\lambda})$，这里的 $\mathbf{x}_i$ 表示 $TK\times 1$ 个观测值 $\mathbf{x}_{it}$，$\boldsymbol{\lambda}$ 表示 $T\times 1$ 的向量（$\lambda_1, \cdots, \lambda_T$）。因

$$\begin{aligned} f(\mathbf{y}_i, \mathbf{x}_i) &= f(\mathbf{y}_i \mid \mathbf{x}_i) f(\mathbf{x}_i) \\ &= \left[\iint f(\mathbf{y}_i \mid \mathbf{x}_i, \alpha_i, \boldsymbol{\lambda}) f(\alpha_i, \boldsymbol{\lambda} \mid \mathbf{x}_i)\, \mathrm{d}\alpha_i \mathrm{d}\boldsymbol{\lambda}\right] \cdot f(\mathbf{x}_i) \end{aligned} \tag{3.3.2}$$

要导出随机效应估计量需要知道 $f(\alpha_i, \lambda_t \mid \mathbf{x}_i)$。但 α_i 和 λ_t 都不可观测。随机
40 效应模型常假设

$$f(\alpha_i, \lambda_t \mid \mathbf{x}_i) = f(\alpha_i, \lambda_t) = f(\alpha_i) f(\lambda_t) \tag{3.3.3}$$

即假定

$$\begin{aligned} & E\alpha_i = E\lambda_t = Eu_{it} = 0,\ E\alpha_i\lambda_t = E\alpha_i u_{it} = E\lambda_t u_{it} = 0 \\ & E\alpha_i\alpha_j = \begin{cases} \sigma_\alpha^2 & \text{如果 } i = j \\ 0 & \text{如果 } i \neq j \end{cases} \\ & E\lambda_t\lambda_s = \begin{cases} \sigma_\lambda^2 & \text{如果 } t = s \\ 0 & \text{如果 } t \neq s \end{cases} \\ & Eu_{it}u_{js} = \begin{cases} \sigma_u^2 & \text{如果 } i = j,\ t = s \\ 0 & \text{其他} \end{cases} \end{aligned} \tag{3.3.4}$$

以及

$$E\alpha_i \mathbf{x}'_{it} = E\lambda_t \mathbf{x}'_{it} = Eu_{it}\mathbf{x}'_{it} = \mathbf{0}'$$

根据式（3.3.1）和（3.3.4），y_{it} 在 $\mathbf{x}_{it}$ 下的条件方差是 $\sigma_y^2 = \sigma_\alpha^2 + \sigma_\lambda^2 + \sigma_u^2$。因 σ_α^2，σ_λ^2 和 σ_u^2 本来都是方差，同时还是 σ_y^2 的一部分，所以称它们为方差成分（variance components）。故有时也将这类模型称作**方差成分**模型［或**误差成分**（error-components）模型］。

为方便表述，我们在本节和后面的三节中假定对所有的 t 有 $\lambda_t = 0$。也就是说，我们主要讨论模型（3.2.12）。

用向量的形式重新表示模型（3.2.12），我们有

$$\underset{T\times 1}{\mathbf{y}_i} = \underset{T\times(K+1)}{\widetilde{X}_i}\ \underset{(K+1)\times 1}{\boldsymbol{\delta}} + \underset{T\times 1}{\mathbf{v}_i},\quad i = 1, 2, \cdots, N \tag{3.3.5}$$

其中 $\widetilde{X}_i = (\mathbf{e}, X_i)$，$\boldsymbol{\delta}' = (\mu, \boldsymbol{\beta}')$，$\mathbf{v}'_i = (v_{i1}, \cdots, v_{iT})$，且 $v_{it} = \alpha_i + u_{it}$。$\alpha_i$ 的出现导致相同个体不同时期的 v_{it} 存在相关性，但对于不同的个体来说，v_{it} 仍然是不相关的。$\mathbf{v}_i$ 的方差-协方差矩阵为

$$E\mathbf{v}_i\mathbf{v}'_i = \sigma_u^2 I_T + \sigma_\alpha^2 \mathbf{e}\mathbf{e}' = V \tag{3.3.6}$$

它的逆矩阵是［参见 Graybill（1969）；Nerlove（1971b）；Wallace 和 Hussain（1969）］

$$V^{-1} = \frac{1}{\sigma_u^2}\left[I_T - \frac{\sigma_\alpha^2}{\sigma_u^2 + T\sigma_\alpha^2}\mathbf{e}\mathbf{e}'\right] \tag{3.3.7}$$

3.3.1　协方差估计

无论将 α_i 当作固定常数还是随机变量，我们都可用幂等（协方差）转换矩

阵 Q 消除给定样本的个体特殊效应［方程（3.2.6）］，因为 $Q\mathbf{e}=\mathbf{0}$，且 $Q\mathbf{v}_i=$ $Q\mathbf{u}_i$。因此式（3.3.5）左乘 Q，我们有 41

$$\begin{aligned} Q\mathbf{y}_i &= Q\mathbf{e}\mu + QX_i\boldsymbol{\beta} + Q\mathbf{e}\alpha_i + Q\mathbf{u}_i \\ &= QX_i\boldsymbol{\beta} + Q\mathbf{u}_i \end{aligned} \tag{3.3.8}$$

对式（3.3.8）应用最小二乘法，可以导出 $\boldsymbol{\beta}$ 的 CV 估计量（3.2.8）。我们将 $\hat{\mu}=\bar{y}-\hat{\boldsymbol{\beta}}'_{\mathrm{CV}}\bar{\mathbf{x}}$ 当作 μ 的估计量。

无论将 α_i 当作固定常数还是随机变量，$\boldsymbol{\beta}$ 的 CV 估计量都是无偏的，且当 N 或 T 或二者趋向无穷时是一致的。不过，CV 估计量虽然在 α_i 是固定常数的假设下是 BLUE，但在假定 α_i 是随机变量的有限样本情形下却不是 BLUE。后一种假设下的 BLUE 是广义最小二乘（GLS）估计量。① 此外，如果解释变量中包含时恒变量 $\mathbf{z}_i$，则 $\mathbf{e}\mathbf{z}_i'$ 和 $\mathbf{e}$ 完全相关，这些变量的系数无法用 CV 法来估计，因为协方差转换将 $\mathbf{z}_i$ 从式（3.3.8）中消除掉了。

3.3.2　广义最小二乘估计

在假设（3.3.4）下，$E(\mathbf{v}_i \mid \mathbf{x}_i)=0$。最小二乘法仍然适用。但是，由于 v_{it} 和 v_{is} 都包含 α_i，故式（3.3.5）中的扰动项是序列相关的。要得到 $\boldsymbol{\delta}'=(\mu,\boldsymbol{\beta}')$ 的有效估计，我们必须用 GLS 法。求 GLS 估计量的正规方程组为

$$\left[\sum_{i=1}^{N}\widetilde{X}_i'V^{-1}\widetilde{X}_i\right]\hat{\boldsymbol{\delta}}_{\mathrm{GLS}}=\left[\sum_{i=1}^{N}\widetilde{X}_i'V^{-1}\mathbf{y}_i\right] \tag{3.3.9}$$

根据 Maddala（1971a）的方法，我们将 V^{-1}［方程（3.3.7）］记为

$$\begin{aligned} V^{-1} &= \frac{1}{\sigma_u^2}\left[\left(I_T-\frac{1}{T}\mathbf{e}\mathbf{e}'\right)+\psi\cdot\frac{1}{T}\mathbf{e}\mathbf{e}'\right] \\ &= \frac{1}{\sigma_u^2}\left[Q+\psi\cdot\frac{1}{T}\mathbf{e}\mathbf{e}'\right] \end{aligned} \tag{3.3.10}$$

其中

$$\psi=\frac{\sigma_u^2}{\sigma_u^2+T\sigma_\alpha^2} \tag{3.3.11}$$

然后可以比较容易地将式（3.3.9）表示为

$$\left[W_{\tilde{x}\tilde{x}}+\psi B_{\tilde{x}\tilde{x}}\right]\begin{bmatrix}\hat{\mu}\\ \hat{\boldsymbol{\beta}}\end{bmatrix}_{\mathrm{GLS}}=\left[W_{\tilde{x}y}+\psi B_{\tilde{x}y}\right] \tag{3.3.12}$$

其中 42

$$\begin{aligned} T_{\tilde{x}\tilde{x}} &= \sum_{i=1}^{N}\widetilde{X}_i'\widetilde{X}_i, & T_{\tilde{x}y} &= \sum_{i=1}^{N}\widetilde{X}_i'\mathbf{y}_i \\ B_{\tilde{x}\tilde{x}} &= \frac{1}{T}\sum_{i=1}^{N}(\widetilde{X}_i'\mathbf{e}\mathbf{e}'\widetilde{X}_i), & B_{\tilde{x}y} &= \frac{1}{T}\sum_{i=1}^{N}(\widetilde{X}_i'\mathbf{e}\mathbf{e}'\mathbf{y}_i) \\ W_{\tilde{x}\tilde{x}} &= T_{\tilde{x}\tilde{x}}-B_{\tilde{x}\tilde{x}}, & W_{\tilde{x}y} &= T_{\tilde{x}y}-B_{\tilde{x}y} \end{aligned}$$

---

① 细节详见 3.3.2 节。

矩阵 $B_{\bar{x}\bar{x}}$ 和 $B_{\bar{x}y}$ 包含组间平方和与交叉乘积的和，$W_{\bar{x}\bar{x}}$ 和 $W_{\bar{x}y}$ 是相应的组内变差矩阵，而 $T_{\bar{x}\bar{x}}$ 和 $T_{\bar{x}y}$ 是相应的总变差矩阵。

求解方程（3.3.12），我们有

$$\begin{bmatrix} \psi NT & \psi T\sum_{i=1}^{N}\bar{\mathbf{x}}_i' \\ \psi T\sum_{i=1}^{N}\bar{\mathbf{x}}_i & \sum_{i=1}^{N}X_i'QX_i+\psi T\sum_{i=1}^{N}\bar{\mathbf{x}}_i\bar{\mathbf{x}}_i' \end{bmatrix}\begin{bmatrix}\hat{\mu}\\ \hat{\boldsymbol{\beta}}\end{bmatrix}_{\mathrm{GLS}}$$

$$=\begin{bmatrix} \psi NT\bar{y} \\ \sum_{i=1}^{N}X_i'Q\mathbf{y}_i+\psi T\sum_{i=1}^{N}\bar{\mathbf{x}}_i\bar{\mathbf{y}}_i \end{bmatrix} \tag{3.3.13}$$

利用分块矩阵求逆公式，我们得到

$$\begin{aligned}\hat{\boldsymbol{\beta}}_{\mathrm{GLS}}&=\left[\frac{1}{T}\sum_{i=1}^{N}X_i'QX_i+\psi\sum_{i=1}^{N}(\bar{\mathbf{x}}_i-\bar{\mathbf{x}})(\bar{\mathbf{x}}_i-\bar{\mathbf{x}})'\right]^{-1}\\&\quad\times\left[\frac{1}{T}\sum_{i=1}^{N}X_i'Q\mathbf{y}_i+\psi\sum_{i=1}^{N}(\bar{\mathbf{x}}_i-\bar{\mathbf{x}})(\bar{y}_i-\bar{y})\right] \\&=\Delta\hat{\boldsymbol{\beta}}_b+(I_K-\Delta)\hat{\boldsymbol{\beta}}_{\mathrm{CV}}\end{aligned} \tag{3.3.14}$$

$$\hat{\mu}_{\mathrm{GLS}}=\bar{y}-\bar{\mathbf{x}}'\hat{\boldsymbol{\beta}}_{\mathrm{GLS}}$$

其中

$$\begin{aligned}\Delta&=\psi T\left[\sum_{i=1}^{N}X_i'QX_i+\psi T\sum_{i=1}^{N}(\bar{\mathbf{x}}_i-\bar{\mathbf{x}})(\bar{\mathbf{x}}_i-\bar{\mathbf{x}})'\right]^{-1}\\&\quad\times\left[\sum_{i=1}^{N}(\bar{\mathbf{x}}_i-\bar{\mathbf{x}})(\bar{\mathbf{x}}_i-\bar{\mathbf{x}})'\right]\end{aligned}$$

$$\hat{\boldsymbol{\beta}}_b=\left[\sum_{i=1}^{N}(\bar{\mathbf{x}}_i-\bar{\mathbf{x}})(\bar{\mathbf{x}}_i-\bar{\mathbf{x}})'\right]^{-1}\left[\sum_{i=1}^{N}(\bar{\mathbf{x}}_i-\bar{\mathbf{x}})(\bar{y}_i-\bar{y})\right]$$

43 因估计量 $\hat{\boldsymbol{\beta}}_b$ 没有考虑组内波动，故称它为**组间估计量**（between-group estimator）。

GLS 估计量（3.3.14）是组间估计量和组内估计量的加权平均。如果 $\psi\rightarrow 1$，则 $\hat{\boldsymbol{\delta}}_{\mathrm{GLS}}$ 收敛于 OLS 估计量 $T_{\bar{x}\bar{x}}^{-1}T_{\bar{x}y}$。如果 $\psi\rightarrow 0$，则 $\boldsymbol{\beta}$ 的 GLS 估计量变成协方差估计量（LSDV）[估计量（3.2.5）]。故 ψ 本质上是对赋给组间波动权重的度量。LSDV（或固定效应模型）方法完全忽略了该波动源。OLS 方法对应着 $\psi=1$，组间波动和组内波动正好相加。所以，我们可认为 OLS 和 LSDV 分别是完全利用或完全不用组间波动的结果。正如式（3.3.14）中给出的 GLS 估计量所示，将 α_i 当作随机变量的方法可导出一个介于将它们视为完全不同和将它们视为都相等之间的解。

如果 $[W_{\bar{x}\bar{x}}+\psi B_{\bar{x}\bar{x}}]$ 非奇异，则可将 $\boldsymbol{\delta}$ 的 GLS 估计量的协方差矩阵记为

$$\mathrm{Var}\begin{bmatrix}\hat{\mu}\\ \hat{\boldsymbol{\beta}}\end{bmatrix}_{\mathrm{GLS}}=\sigma_u^2[W_{\bar{x}\bar{x}}+\psi B_{\bar{x}\bar{x}}]^{-1} \tag{3.3.15}$$

$$=\sigma_u^2\left[\begin{pmatrix}0 & \mathbf{0}' \\ \mathbf{0} & \sum_{i=1}^{N}X_i'QX_i\end{pmatrix}+T\psi\begin{pmatrix}N & \sum_{i=1}^{N}\bar{\mathbf{x}}_i' \\ \sum_{i=1}^{N}\bar{\mathbf{x}}_i & \sum_{i=1}^{N}\bar{\mathbf{x}}_i\bar{\mathbf{x}}_i'\end{pmatrix}\right]^{-1}$$

利用分块矩阵求逆公式［参见 Rao（1973，第 2 章）；Theil（1971，第 1 章）］，我们得到

$$\mathrm{Var}(\hat{\boldsymbol{\beta}}_{\mathrm{GLS}})=\sigma_u^2\left[\sum_{i=1}^{N}X_i'QX_i+T\psi\sum_{i=1}^{N}(\bar{\mathbf{x}}_i-\bar{\mathbf{x}})(\bar{\mathbf{x}}_i-\bar{\mathbf{x}})'\right]^{-1} \tag{3.3.16}$$

因为 $\psi>0$，所以我们可直接发现 $\hat{\boldsymbol{\beta}}_{\mathrm{CV}}$ 和 $\hat{\boldsymbol{\beta}}_{\mathrm{GLS}}$ 的协方差矩阵之差是正半定矩阵。但当 N 固定，$T\to\infty$ 时，$\psi\to 0$。所以，在 $T\to\infty$ 时 $(1/NT)\sum_{i=1}^{N}X_i'X_i$ 和 $(1/NT)\sum_{i=1}^{N}X_i'QX_i$ 收敛于有限正定矩阵的假设下，我们有 $\hat{\boldsymbol{\beta}}_{\mathrm{GLS}}\to\hat{\boldsymbol{\beta}}_{\mathrm{CV}}$ 和 $\mathrm{Var}(\sqrt{T}\hat{\boldsymbol{\beta}}_{\mathrm{GLS}})\to\mathrm{Var}(\sqrt{T}\hat{\boldsymbol{\beta}}_{\mathrm{CV}})$。因为当 $T\to\infty$ 时，对每个 i 我们都有无穷个观测值。所以，我们可把每个 α_i 看作是一定会被抽到的随机变量，故对每个 i 我们可以认为它们是固定参数。

利用 V^{-1} 的特殊形式（3.3.10）可以简化 GLS 估计量的计算。令 $P=[I_T-$ 44
$(1-\psi^{1/2})(1/T)\mathbf{ee}']$，则我们有 $V^{-1}=(1/\sigma_u^2)P'P$。用转换矩阵 P 左乘方程（3.3.5），然后对转换后的模型应用最小二乘法，我们可得到 GLS 估计量（3.3.12）［Theil（1971，第 6 章）］。该方法等价于先转换数据，从相应的观测值 y_{it} 和 $\mathbf{x}_{it}$ 中减去 $\bar{y}_i$ 和 $\bar{\mathbf{x}}_i$ 的 $(1-\psi^{1/2})$ 倍，然后做 $[y_{it}-(1-\psi^{1/2})\bar{y}_i]$ 对常数和 $[\mathbf{x}_{it}-(1-\psi^{1/2})\bar{\mathbf{x}}_i]$ 的回归。因 $\psi^{1/2}\neq 0$，故即便 $\mathbf{x}_{it}$ 是时恒变量时，$\mathbf{x}_{it}-(1-\psi^{1/2})\bar{\mathbf{x}}_i$ 也不等于 0。也就是说，随机效应模型可以估计时恒变量和时变变量的系数，但固定效应模型只能估计时变变量的系数。

广义最小二乘估计要求 σ_u^2 和 σ_α^2 已知。如果方差成分 σ_u^2 和 σ_α^2 未知，则我们可用两步 GLS 估计（可行广义最小二乘估计，FGLS）。第一步，我们用某个一致估计量估计方差成分。第二步，我们将其估计值代入方程（3.3.10）或与之等价的表达式。因为 $\bar{y}_i=\mu+\boldsymbol{\beta}'\bar{\mathbf{x}}_i+\alpha_i+\bar{u}_i$，$(y_{it}-\bar{y}_i)=\boldsymbol{\beta}'(\mathbf{x}_{it}-\bar{\mathbf{x}}_i)+(u_{it}-\bar{u}_i)$，故我们可利用组内和组间残差，用①

$$\hat{\sigma}_u^2=\frac{\sum_{i=1}^{N}\sum_{t=1}^{T}[(y_{it}-\bar{y}_i)-\hat{\boldsymbol{\beta}}'_{\mathrm{CV}}(\mathbf{x}_{it}-\bar{\mathbf{x}}_i)]^2}{N(T-1)-K} \tag{3.3.17}$$

和

$$\hat{\sigma}_\alpha^2=\frac{\sum_{i=1}^{N}(\bar{y}_i-\tilde{\mu}-\bar{\boldsymbol{\beta}}'\bar{\mathbf{x}}_i)^2}{N-(K+1)}-\frac{1}{T}\hat{\sigma}_u^2 \tag{3.3.18}$$

① 方程（3.3.18）可能得到 σ_α^2 的负的估计。关于该问题的其他讨论，参见 3.3.3 节。

分别作为 σ_u^2 和 σ_α^2 的估计，其中 $(\tilde{\mu},\ \tilde{\boldsymbol{\beta}}')'=B_{\tilde{x}\tilde{x}}^{-1}B_{\tilde{x}y}$。当样本容量很大（在 $N\to\infty$ 或 $T\to\infty$ 的意义上）时，两步 GLS 估计量和方差成分已知时 GLS 估计量具有相同的渐近效率［Fuller 和 Battese (1974)］。即使对中等容量的样本［对 $T\geqslant3$，$N-(K+1)\geqslant9$；对 $T=2$，$N-(K+1)\geqslant10$］，在协方差估计量与两步法估计量的协方差矩阵之差非负定的意义上，两步法估计量仍然比协方差（或组内）估计量更有效［Taylor (1980)］。

Amemiya (1971) 讨论了方差成分的有效估计。但在式 (3.3.12) 中代入更有效的方差成分估计量后导出 μ 和 $\boldsymbol{\beta}$ 的估计量不一定更有效［Maddala 和 Mount (1973)；Taylor (1980)］。

45 3.3.3 最大似然估计

当 α_i 和 u_{it} 是正态分布的随机变量时，对数似然函数为

$$\begin{aligned}\log L=&-\frac{NT}{2}\log 2\pi-\frac{N}{2}\log|V|\\&-\frac{1}{2}\sum_{i=1}^{N}(\mathbf{y}_i-\mathbf{e}\mu-X_i\boldsymbol{\beta})'V^{-1}(\mathbf{y}_i-\mathbf{e}\mu-X_i\boldsymbol{\beta})\\=&-\frac{NT}{2}\log 2\pi-\frac{N(T-1)}{2}\log\sigma_u^2-\frac{N}{2}\log(\sigma_u^2+T\sigma_\alpha^2)\\&-\frac{1}{2\sigma_u^2}\sum_{i=1}^{N}(\mathbf{y}_i-\mathbf{e}\mu-X_i\boldsymbol{\beta})'Q(\mathbf{y}_i-\mathbf{e}\mu-X_i\boldsymbol{\beta})\\&-\frac{T}{2(\sigma_u^2+T\sigma_\alpha^2)}\sum_{i=1}^{N}(\bar{y}_i-\mu-\boldsymbol{\beta}'\bar{\mathbf{x}}_i)^2\end{aligned}\tag{3.3.19}$$

上式的第二个等式由式 (3.3.10) 和

$$|V|=\sigma_u^{2(T-1)}(\sigma_u^2+T\sigma_\alpha^2)\tag{3.3.20}$$

得到。求解下面的一阶条件联立方程组可得到 $(\mu,\ \boldsymbol{\beta}',\ \sigma_u^2,\ \sigma_\alpha^2)=\tilde{\boldsymbol{\theta}}'$ 的最大似然估计量（MLE）：

$$\frac{\partial\log L}{\partial\mu}=\frac{T}{\sigma_u^2+T\sigma_\alpha^2}\sum_{i=1}^{N}(\bar{y}_i-\mu-\bar{\mathbf{x}}_i'\boldsymbol{\beta})=0\tag{3.3.21}$$

$$\begin{aligned}\frac{\partial\log L}{\partial\boldsymbol{\beta}'}=&\frac{1}{\sigma_u^2}\Big[\sum_{i=1}^{N}(\mathbf{y}_i-\mathbf{e}\mu-X_i\boldsymbol{\beta})'QX_i\\&+\frac{T\sigma_u^2}{(\sigma_u^2+T\sigma_\alpha^2)}\sum_{i=1}^{N}(\bar{y}_i-\mu-\bar{\mathbf{x}}_i'\boldsymbol{\beta})\bar{\mathbf{x}}_i'\Big]=\mathbf{0}'\end{aligned}\tag{3.3.22}$$

$$\begin{aligned}\frac{\partial\log L}{\partial\sigma_u^2}=&-\frac{N(T-1)}{2\sigma_u^2}-\frac{N}{2(\sigma_u^2+T\sigma_\alpha^2)}\\&+\frac{1}{2\sigma_u^4}\sum_{i=1}^{N}(\mathbf{y}_i-\mathbf{e}\mu-X_i\boldsymbol{\beta})'Q(\mathbf{y}_i-\mathbf{e}\mu-X_i\boldsymbol{\beta})\\&+\frac{T}{2(\sigma_u^2+T\sigma_\alpha^2)^2}\sum_{i=1}^{N}(\bar{y}_i-\mu-\bar{\mathbf{x}}_i'\boldsymbol{\beta})^2=0\end{aligned}\tag{3.3.23}$$

$$\frac{\partial\log L}{\partial\sigma_\alpha^2}=-\frac{NT}{2(\sigma_u^2+T\sigma_\alpha^2)}+\frac{T^2}{2(\sigma_u^2+T\sigma_\alpha^2)^2}\sum_{i=1}^{N}(\bar{y}_i-\mu-\bar{\mathbf{x}}_i'\boldsymbol{\beta})^2=0\tag{3.3.24}$$

方程（3.3.21）～（3.3.24）联立解的计算非常复杂，可用 Newton-Raphson 迭代法求解 MLE。该方法将 $\tilde{\boldsymbol{\theta}}$ 的一个初始值 $\hat{\tilde{\boldsymbol{\theta}}}^{(1)}$ 代入公式 46

$$\hat{\tilde{\boldsymbol{\theta}}}^{(j)}=\hat{\tilde{\boldsymbol{\theta}}}^{(j-1)}-\left[\frac{\partial^2\log L}{\partial\tilde{\boldsymbol{\theta}}\partial\tilde{\boldsymbol{\theta}}'}\right]^{-1}_{\tilde{\boldsymbol{\theta}}=\hat{\tilde{\boldsymbol{\theta}}}^{(j-1)}}\frac{\partial\log L}{\partial\tilde{\boldsymbol{\theta}}}\bigg|_{\tilde{\boldsymbol{\theta}}=\hat{\tilde{\boldsymbol{\theta}}}^{(j-1)}} \tag{3.3.25}$$

后开始迭代，得到 $\tilde{\boldsymbol{\theta}}$ 的一个修正估计 $\hat{\tilde{\boldsymbol{\theta}}}^{(2)}$。重复该过程直到第 j 次迭代解 $\hat{\tilde{\boldsymbol{\theta}}}^{(j)}$ 接近第（$j-1$）次迭代解 $\hat{\tilde{\boldsymbol{\theta}}}^{(j-1)}$。

当然还可以用序列迭代法得到 MLE。根据方程（3.3.21）和（3.3.22），我们有

$$\begin{aligned}\begin{bmatrix}\hat{\mu}\\ \hat{\boldsymbol{\beta}}\end{bmatrix}&=\Big[\sum_{i=1}^{N}\widetilde{X}_i'V^{-1}\widetilde{X}_i\Big]^{-1}\Big[\sum_{i=1}^{N}\widetilde{X}_i'V^{-1}\mathbf{y}_i\Big]\\
&=\left\{\sum_{i=1}^{N}\begin{bmatrix}\mathbf{e}'\\ X_i'\end{bmatrix}\left[I_T-\frac{\sigma_\alpha^2}{\sigma_u^2+T\sigma_\alpha^2}\mathbf{e}\mathbf{e}'\right](\mathbf{e},\ X_i)\right\}^{-1}\\
&\quad\times\left\{\sum_{i=1}^{N}\begin{bmatrix}\mathbf{e}'\\ X_i'\end{bmatrix}\left[I_T-\frac{\sigma_\alpha^2}{\sigma_u^2+T\sigma_\alpha^2}\mathbf{e}\mathbf{e}'\right]\mathbf{y}_i\right\}\end{aligned} \tag{3.3.26}$$

将方程（3.3.24）代入方程（3.3.23）后可得

$$\hat{\sigma}_u^2=\frac{1}{N(T-1)}\sum_{i=1}^{N}(\mathbf{y}_i-\mathbf{e}\mu-X_i\boldsymbol{\beta})'Q(\mathbf{y}_i-\mathbf{e}\mu-X_i\boldsymbol{\beta}) \tag{3.3.27}$$

由方程（3.3.24）可得

$$\hat{\sigma}_\alpha^2=\frac{1}{N}\sum_{i=1}^{N}(\bar{y}_i-\hat{\mu}-\bar{\mathbf{x}}_i'\hat{\boldsymbol{\beta}})^2-\frac{1}{T}\hat{\sigma}_u^2 \tag{3.3.28}$$

因此，我们可首先在式（3.3.26）中代入 $\sigma_\alpha^2/(\sigma_u^2+T\sigma_\alpha^2)$ 的一个初始值后估计 μ 和 $\boldsymbol{\beta}$，然后利用式（3.3.26）的解由式（3.3.27）估计 σ_u^2 来得到 MLE。将式（3.3.26）的解代入式（3.3.27）和（3.3.28），我们可得到 σ_α^2 的估计。然后再将 σ_u^2 和 σ_α^2 的新值代入式（3.3.26）以得到 μ 和 $\boldsymbol{\beta}$ 的新的估计，不断重复该步骤直到方程组的解收敛。

当 T 固定而 N 趋于无穷时，MLE 是一致的，且是渐近正态分布的，其协方差矩阵为 47

$$\begin{aligned}\mathrm{Var}(\sqrt{N}\hat{\tilde{\boldsymbol{\theta}}}_{\mathrm{MLE}})&=NE\left[-\frac{\partial^2\log L}{\partial\tilde{\boldsymbol{\theta}}\partial\tilde{\boldsymbol{\theta}}'}\right]^{-1}\\
&=\begin{bmatrix}\frac{T}{\sigma^2} & \frac{T}{\sigma^2}\frac{1}{N}\sum_{i=1}^{N}\bar{\mathbf{x}}_i' & 0 & 0\\
 & \frac{1}{\sigma_u^2}\frac{1}{N}\sum_{i=1}^{N}X_i'\left(I_T-\frac{\sigma_\alpha^2}{\sigma^2}\mathbf{e}\mathbf{e}'\right)X_i & \mathbf{0} & \mathbf{0}\\
 & & \frac{T-1}{2\sigma_u^2}+\frac{1}{2\sigma^4} & \frac{T}{2\sigma^4}\\
 & & & \frac{T^2}{2\sigma^4}\end{bmatrix}^{-1}\end{aligned} \tag{3.3.29}$$

其中 $\sigma^2=\sigma_u^2+T\sigma_\alpha^2$。当 N 固定而 T 趋于无穷时，μ，$\boldsymbol{\beta}$ 和 σ_u^2 的 MLE 是一致的，并收敛于协方差估计量，但 σ_α^2 的 MLE 是不一致的。因为当 N 固定时，不管 T 有多大，α_i 中都没有足够的变异，详细论述参见 Anderson 和 Hsiao（1981，1982）。

虽然 MLE 是渐近有效的，但方程（3.3.21）～（3.3.24）的联立解有时会得到 σ_α^2 负的估计值。① 如果偏微分方程（3.3.21）～（3.3.24）有唯一解，且 $\sigma_u^2>0$，$\sigma_\alpha^2>0$，则该解就是 MLE。但如果条件是 $\sigma_u^2\geqslant 0$ 和 $\sigma_\alpha^2\geqslant 0$，则可能产生边界解。边界解不能满足所有的偏微分方程（3.3.21）～（3.3.24）。Maddala（1971a）已证明不会产生 $\sigma_u^2=0$ 的边界解，但是当 $T_{yy}-T'_{\tilde{x}y}T^{-1}_{\tilde{x}\tilde{x}}T_{\tilde{x}y}>T[B_{yy}-2T'_{\tilde{x}y}T^{-1}_{\tilde{x}\tilde{x}}T_{\tilde{x}y}+T'_{\tilde{x}y}T^{-1}_{\tilde{x}\tilde{x}}B_{\tilde{x}\tilde{x}}T^{-1}_{\tilde{x}\tilde{x}}T_{\tilde{x}y}]$ 时可能产生边界解 $\sigma_\alpha^2=0$。不过，当 T 或 N 趋于无穷时边界解产生的概率趋向于零。

3.4 固定效应还是随机效应

3.4.1 案例

在前面的几节中，我们分别讨论了将效应项 α_i 当作固定常数或随机变量时线性回归模型（3.2.1）的估计。当 N 固定而 T 很大时，将这些效应项当作固
48 定常数还是随机变量没有区别，因为 LSDV 估计量（3.2.8）和广义最小二乘估计量（3.3.14）都变成了相同的估计量。当 T 有限而 N 很大时，应将这些效应项当成固定常数还是随机变量却不是一个轻易就能回答的问题。估计参数时（两种方法）可能出现难以置信的巨大差异。事实上，当个体仅有少数几期观测值可利用时，对相同行为关系的有效估计来说，充分利用较少量时点上的信息就非常重要。

譬如，Hausman（1978）发现，使用 PSID 数据研究跟踪超 6 年之久的 629 位高中毕业生组成的样本估计收入方程时，固定效应模型与随机效应模型之间存在显著差异。Hausman 工资方程中的解释变量包括分段表示的年龄，一年前失业或者健康不佳的情况，表示是否自主创业、是否生活在南方、是否住在农村等的虚拟变量。固定效应模型用式（3.2.5）估计②，随机效应模型用式（3.3.14）估计，表 3.3 列出了两个模型的估计结果。对比这两个模型的估计结果可发现，两个模型中失业、自主创业和地理位置的影响差别很大（相对于它们的标准误）。

---

① 负的方差成分问题在两步 GLS 法中也会出现。正如我们在估计量（3.3.17）和（3.3.18）中所见，不能保证估计量（3.3.18）必然得到 σ_α^2 的正的估计。在这种情形下的一个实用方法是用方差成分的边界值零代替估计的负值。根据估计的均方根误而使用该方法的预期结果的 Monte Carlo 研究，请参见 Baltagi（1981b）以及 Maddala 和 Mount（1973）。关于随机效应模型 MLE 的其他讨论，参见 Breusch（1987）。

② 我们知道在随机效应假设下，固定效应估计量虽不是有效的，但仍是一致的（参见第 3 章的 3.3.1 节）。

49

表3.3　薪酬方程（因变量：logwage[a]）

变量	固定效应	随机效应
1. 年龄组1（20～35岁）	0.055 7	0.039 3
	(0.004 2)	(0.003 3)
2. 年龄组2（35～45岁）	0.035 1	0.009 2
	(0.0051)	(0.003 6)
3. 年龄组3（45～55岁）	0.020 9	−0.000 7
	(0.005 5)	(0.004 2)
4. 年龄组4（55～65岁）	0.020 9	−0.009 7
	(0.007 8)	(0.006 0)
5. 年龄组5（65岁以上）	−0.017 1	−0.042 3
	(0.015 5)	(0.012 1)
6. 上一年度失业	−0.004 2	−0.027 7
	(0.015 3)	(0.015 1)
7. 上一年度健康状况糟糕	−0.020 4	−0.025 0
	(0.022 1)	(0.021 5)
8. 自主创业	−0.219 0	−0.267 0
	(0.029 7)	(0.026 3)
9. 南方	−0.156 9	−0.032 4
	(0.065 6)	(0.033 3)
10. 农村	−0.010 1	−0.121 5
	(0.031 7)	(0.023 7)
11. 常数	—	0.849 9
	—	(0.043 3)
s^2	0.056 7	0.069 4
自由度	3 135	3 763

[a] 3 774个观测值；括号内是标准误。

资料来源：Hausman（1978）。

3.4.2　条件推断还是无条件（边际）推断

如果遗漏变量的影响可用一个随机变量适当地概括，而个体（或时间）效应代表调查人员的疏漏，那么将某种忽略因素（α_i）当作固定常数，而将其他忽略因素（u_{it}）当作随机变量似乎不太合理。很显然，统一固定效应模型和随机效应模型的方法应该是一开始就假设效应项是随机变量。我们可认为固定效应模型是调查者控制了存在于样本中的效应后进行推断的模型，而随机效应模型是调查者对所有效应的总体进行无条件（或边际）推断的模型。实际上“（效应的）本质”没有差别，一切取决于调查者是对总体特征还是对样本的效应进行推断。

一般情况下，是考虑条件似然函数还是边际似然函数取决于数据的内容、收集数据的方式以及数据产生的环境等。我们以技工维护机器为例进行说明。如果这些技工是从同一技工总体中随机抽取的，则可认为每位技工的效应项是随机变量。但如果分析的技工人数较少（譬如只有 5 或 6 个人），且重点研究这些个体间差异的情形，将个体效应当作固定常数更适合。在别的情形下，如果实验考察的个体成百上千，且认为这些个体是从更大的总体中随机抽取的样本，则随机效应模型更合适。在决定将效应项当作随机变量还是固定常数时，模型应用的背景和基于该模型的推断才是决定因素。当统计推断受到模型中效应项的约束时，将效应项当作固定常数更合适。如果是对效应项的总体进行推断，且认为数据中的效应项是来自该总体的随机样本，则应将效应项当作随机变量。①

为什么我们接受了这样的观点后，对假定不随个体变化的共同斜率系数，固定效应方法和随机效应方法有时也会产生差异巨大的估计呢？显然，除了前
50 面讨论过的效率问题外，还有另一个重要问题：模型设定是否正确，也就是说，个体效应项的差异可否归因于该或然机制。

在式（3.3.3）～（3.3.5）的随机效应框架下有两个基本假设。其一是非观测个体效应 α_i 从相同的总体中随机抽取。另一个假设是解释变量是严格外生的，也就是说，误差项与回归元过去的、当前的以及将来的观测值无关（或正交），即对所有的 $t=1, \cdots, T$，都有

$$\begin{aligned} E(u_{it} \mid \mathbf{x}_{i1}, \cdots, \mathbf{x}_{iT}) &= E(\alpha_i \mid \mathbf{x}_{i1}, \cdots, \mathbf{x}_{iT}) \\ &= E(v_{it} \mid \mathbf{x}_{i1}, \cdots, \mathbf{x}_{iT}) = 0 \end{aligned} \tag{3.4.1}$$

在前面的例子中，如果这些技工之间存在一些基本差异（例如能力、年龄、工作经验等），则这种差异不可完全归因于偶然因素。认为技工来自不同的总体，且个体效应 $\alpha_i^* = \alpha_i + \mu$ 代表不同总体之间的根本差异更为恰当。忽略表示技工差异的 α_i^* 后，模型（3.3.5）的最小二乘估计量为

$$\begin{aligned} \hat{\boldsymbol{\beta}}_{\mathrm{LS}} &= \left[\sum_{i=1}^{N}\sum_{t=1}^{T}(\mathbf{x}_{it}-\bar{\mathbf{x}})(\mathbf{x}_{it}-\bar{\mathbf{x}})'\right]^{-1}\left[\sum_{i=1}^{N}\sum_{t=1}^{T}(\mathbf{x}_{it}-\bar{\mathbf{x}})(y_{it}-\bar{y})\right] \\ &= \boldsymbol{\beta} + \left[\sum_{i=1}^{N}\sum_{t=1}^{T}(\mathbf{x}_{it}-\bar{\mathbf{x}})(\mathbf{x}_{it}-\bar{\mathbf{x}})'\right]^{-1}\left\{T\sum_{i=1}^{N}(\bar{\mathbf{x}}_i-\bar{\mathbf{x}})(\alpha_i^*-\bar{\alpha})\right\} + o(1) \end{aligned} \tag{3.4.2}$$

其中 $\bar{\alpha} = \frac{1}{N}\sum_{i=1}^{N}\alpha_i^*$。但如果前例中导致技工个体差异 α_i^* 的基本因素，譬如能力、年龄、工作经验等，与 $\mathbf{x}_i$ 相关，则当 $N\to\infty$ 时，$\frac{1}{N}\sum_{i=1}^{N}(\bar{\mathbf{x}}_i-\bar{\mathbf{x}})(\alpha_i^*-\bar{\alpha})$ 显然不收敛于 0，$\boldsymbol{\beta}$ 的最小二乘估计不是一致估计。$\hat{\beta}_{\mathrm{LS}}$ 中偏误的大小取决于 $\mathbf{x}_{it}$ 与

① 在这方面，如果 N 增大，则我们不应该重点关注每个个体的特异效应，而应关注总体的特征。随机效应框架更为合适。

α_i^* 之间的相关性强弱。

另一方面，如果将 α_i^*（或 α_i）当成常数，则 y_{it} 的回归元为 $(\mathbf{x}_{it}', 1)$。只要 $(\mathbf{x}_{it}', 1)$ 与 u_{it} 无关，则 $\boldsymbol{\beta}$ 和 α_i^*（或 α_i）的最小二乘估计都是无偏的。在固定效应模型中，无须关心 α_i^* 和 $\mathbf{x}_{it}$ 是否相关的问题。所以，除非可以近似给出在 $\mathbf{x}_{it}$ 已知后 α_i^* 的条件分布函数，一般情况下将 α_i^* 当作固定常数且不同的个体有不同的值更恰当［Hsiao 和 Sun（2000）］。

3.4.2.1　Mundlak 模型

Mundlak（1978a）对随机效应假设（3.3.4）进行了批评，因为该假设没有考虑效应项 α_i 和解释变量 $\mathbf{x}_{it}$ 之间可能存在的相关性。有证据表明在很多情形下 51
α_i 和 $\mathbf{x}_{it}$ 确实相关。例如，在考虑使用企业数据估计生产函数时，每个企业的产出 y_{it} 可能受不可观测的管理能力 α_i 的影响。管理越是有效的企业，越有可能使用更多的投入 X_i 并生产更多的产出。越是缺乏效率的企业越有可能使用较少的投入并生产更少的产出。在此情形，α_i 和 X_i 不可能相互独立的。忽略它们之间的相关性将导致有偏估计。

迄今为止，我们已讨论的各种估计量的性质与 X_i 和这些效应项是否相关以及相关的程度有关。所以我们有必要考虑这些变量的联合分布。但 α_i 不可观测，Mundlak（1978a）建议用一个线性函数作为 $E(\alpha_i \mid X_i)$ 的近似，为此他引入辅助回归

$$\alpha_i = \sum_t \mathbf{x}_{it}'\mathbf{a}_t + \omega_i, \quad \omega_i \sim N(0, \sigma_\omega^2) \tag{3.4.3a}$$

对式（3.4.3a）的一个简单逼近是

$$\alpha_i = \bar{\mathbf{x}}_i'\mathbf{a} + \omega_i, \quad \omega_i \sim N(0, \sigma_\omega^2) \tag{3.4.3b}$$

显然，如果（当且仅当）解释变量和效应项无关，则 $\mathbf{a}$ 等于 0（且 $\sigma_\omega^2 = \sigma_\alpha^2$）。

将式（3.4.3b）代入模型（3.3.5），并对所有的 t 和 i 堆积方程，我们得到

$$\begin{bmatrix}\mathbf{y}_1\\ \mathbf{y}_2\\ \vdots\\ \mathbf{y}_N\end{bmatrix} = \begin{bmatrix}\tilde{X}_1\\ \tilde{X}_2\\ \vdots\\ \tilde{X}_N\end{bmatrix}\boldsymbol{\delta} + \begin{bmatrix}\mathbf{e}\bar{\mathbf{x}}_1'\\ \mathbf{e}\bar{\mathbf{x}}_2'\\ \vdots\\ \mathbf{e}\bar{\mathbf{x}}_N'\end{bmatrix}\mathbf{a} + \begin{bmatrix}\mathbf{e}\\ \mathbf{0}\\ \vdots\\ \mathbf{0}\end{bmatrix}\omega_1 + \begin{bmatrix}\mathbf{0}\\ \mathbf{e}\\ \vdots\\ \mathbf{0}\end{bmatrix}\omega_2 + \cdots + \begin{bmatrix}\mathbf{0}\\ \mathbf{0}\\ \vdots\\ \mathbf{e}_N\end{bmatrix}\omega_N + \begin{bmatrix}\mathbf{u}_1\\ \mathbf{u}_2\\ \vdots\\ \mathbf{u}_N\end{bmatrix} \tag{3.4.4}$$

且需满足条件：

$$E(\mathbf{u}_i + \mathbf{e}\omega_i) = \mathbf{0}$$

$$E(\mathbf{u}_i + \mathbf{e}\omega_i)(\mathbf{u}_j + \mathbf{e}\omega_j)' = \begin{cases}\sigma_u^2 I_T + \sigma_\omega^2 \mathbf{e}\mathbf{e}' = \tilde{V} & \text{如果 } i = j\\ \mathbf{0}, & \text{如果 } i \neq j\end{cases}$$

$$\widetilde{V}^{-1}=\frac{1}{\sigma_u^2}\left[I_T-\frac{\sigma_\omega^2}{\sigma_u^2+T\sigma_\omega^2}\mathbf{ee}'\right]$$

52 利用分块矩阵求逆公式［Theil（1971，第 1 章）］，我们得到$(\mu，\boldsymbol{\beta}'，\mathbf{a}')$的 GLS

$$\hat{\mu}^*_{\mathrm{GLS}}=\bar{y}-\bar{\mathbf{x}}'\hat{\boldsymbol{\beta}}_b \tag{3.4.5}$$

$$\hat{\boldsymbol{\beta}}^*_{\mathrm{GLS}}=\hat{\boldsymbol{\beta}}_{\mathrm{CV}} \tag{3.4.6}$$

$$\hat{\mathbf{a}}^*_{\mathrm{GLS}}=\hat{\boldsymbol{\beta}}_b-\hat{\boldsymbol{\beta}}_{\mathrm{CV}} \tag{3.4.7}$$

故在当前框架下，$\boldsymbol{\beta}$ 的 BLUE 是模型（3.2.1）或（3.2.10′）的协方差估计量。这与方差成分无关。所以 Mundlak（1978a）坚持认为固定效应法和随机效应法之间的差异是因错误的模型设定引起。事实上，对模型（3.2.12）应用 GLS 将导出有偏估计量。只需注意模型（3.3.5）中 $\boldsymbol{\beta}$ 的 GLS 估计就可清楚这一点，也就是说，可以将模型（3.3.5）看作模型（3.4.4）在约束 $\mathbf{a}=\mathbf{0}$ 下的 GLS 估计。如式（3.3.12）所示，

$$\hat{\boldsymbol{\beta}}_{\mathrm{GLS}}=\Delta\hat{\boldsymbol{\beta}}_b+(I_K-\Delta)\hat{\boldsymbol{\beta}}_{\mathrm{CV}} \tag{3.4.8}$$

如果模型（3.4.4）设定正确，则 $E\hat{\boldsymbol{\beta}}_b$ 等于 $\boldsymbol{\beta}+\mathbf{a}$，$E\hat{\boldsymbol{\beta}}_{\mathrm{CV}}=\boldsymbol{\beta}$，因此，

$$E\hat{\boldsymbol{\beta}}_{\mathrm{GLS}}=\boldsymbol{\beta}+\Delta\mathbf{a} \tag{3.4.9}$$

如果 $\mathbf{a}\neq\mathbf{0}$，则它是有偏估计。但 T 趋于无穷时，Δ 趋于零，$\hat{\boldsymbol{\beta}}_{\mathrm{GLS}}$趋于 $\hat{\boldsymbol{\beta}}_{\mathrm{CV}}$且是渐近无偏的。但在 T 固定而 N 趋于无穷这种更为重要的情形下，Mundlak 模型中有 $\mathrm{plim}_{N\to\infty}\hat{\boldsymbol{\beta}}_{\mathrm{GLS}}\neq\boldsymbol{\beta}$。

尽管 Mundlak（1978a）认识到效应项和解释变量可能相关非常重要，但他声称只存在一种估计量，且在区分随机效应和固定效应时无须关心估计的效率的观点太过绝对。Mundlak 也仅在线性模型（3.2.12）满足 $f(\alpha_i\mid\mathbf{x}_i)$ 的均值为 $\bar{\mathbf{x}}'\mathbf{a}$、方差为 σ_ω^2 的假设下导出了式（3.4.6）。对后面将要讨论的动态模型、随机系数模型以及离散选择模型，我们可以看到，即便考虑 α_i 和 X_i 之间的相关性并采用 Mundlak 设定，这两种方法也不会导出相同的估计量。此外，在线性静态模型中，如果 $\mathbf{a}=\mathbf{0}$，则有效估计量是式（3.3.14），而不是协方差估计量（3.2.8）。

3.4.2.2 个体效应和属性变量相关或不相关时的条件推断和无条件推断

为在条件推断和无条件推断框架内获取更多关于模型（3.3.5）与（3.4.4）之间差异的感性认识，我们考虑下面两个实验。假定总体由确定比例的红球和黑球组成。第一个实验有 N 个人，每个人从总体中随机抽取固定数量的球装进
53 他个人专用的罐子。然后每个人从他专用罐子中有放回地抽球 T 次，每次抽取一个。第二个实验假定每个人对自己专用罐子中红球和黑球的比例有不同的偏好，并允许个人偏好影响两种颜色球的比例。具体说来，在每个人从各自专用罐子中做 T 次独立的有放回抽球之前，允许个人从总体中取任意数量的球，直到不同颜色球的比例达到自己想要的比例。

如果我们是推断各人罐子中红球和黑球的比例，则无论样本是来自第一个实验还是第二个实验，都应该用固定效应模型。如果我们是推断总体中两种颜色球的比例，那就应该用边际或无条件推断。但两种情形的边际分布不同。在第一个实验中，每个人罐子中的差异是随机抽样的结果。脚标 i 纯粹是个标号而已，没有任何实质内容，此时假定 α_i 和 $\mathbf{x}_{it}$ 独立的随机效应模型更合适。在第二个实验中，个人罐子中的差异反映了各自偏好的差异。合理的边际推断必须考虑到这些非随机效应。也就是说，摸到的球不是从同一总体中随机抽取的，而是来自不同的总体。这种异质性可按照 Mundlak 法由可观测属性 $\mathbf{x}_i$ 捕捉到。就 Mundlak 法而言，边际推断因数据生成过程中适当地考虑个体效应（α_i）和个体属性（$\mathbf{x}_i$）之间的相关性，给出的估计量恰好和个体效应被当作固定常数时的估计量相同。这与推断总体属性时设定固定效应模型不同。

规范说来，令 u_{it} 和 α_i 是相互独立的正态随机变量。在第一个实验中，α_i 是独立分布的，且独立于个体属性 $\mathbf{x}_i$，所以 α_i 的分布一定可表述为来自某单变量分布的随机抽样［Box 和 Tiao (1968)；Chamberlain (1980)］。因此，$\{(u_i+\mathbf{e}\alpha_i)', \alpha_i \mid X_i\}$ 的条件分布和 $\{(\mathbf{u}_i+\mathbf{e}\alpha_i)', \alpha_i\}$ 的边际分布相同，

$$\begin{bmatrix} u_{i1}+\alpha_i \\ \vdots \\ u_{iT}+\alpha_i \\ \cdots \\ \alpha_i \end{bmatrix} = \left[\begin{array}{c|c} u_{i1}+\alpha_i & \\ \vdots & \\ u_{iT}+\alpha_i & X_i \\ \cdots & \\ \alpha_i & \end{array}\right]$$

$$\sim N\left[\begin{bmatrix} \mathbf{0} \\ \cdots \\ 0 \end{bmatrix}, \begin{bmatrix} \sigma_u^2 I_T+\sigma_\alpha^2\mathbf{e}\mathbf{e}' & \vdots & \sigma_\alpha^2\mathbf{e} \\ \cdots & \vdots & \cdots \\ \sigma_\alpha^2\mathbf{e}' & \vdots & \sigma_\alpha^2 \end{bmatrix}\right] \qquad (3.4.10\text{a})$$

在第二个实验中，我们可认为 α_i 是从具有均值 α_i^* 和方差 $\sigma_{\omega i}^2$ 的异质性总体中随机抽取的［这里可认为 Mundlak (1978a) 法是对于所有的 i，$E(\alpha_i \mid X_i)=\alpha_i^*=\mathbf{a}'\bar{\mathbf{x}}_i$ 且 $\sigma_{\omega i}^2=\sigma_\omega^2$ 的特殊情形］。故 $\{(\mathbf{u}_i+\mathbf{e}\alpha_i)' \vdots \alpha_i \mid X_i\}$ 的条件分布为 54

$$\left[\begin{array}{c|c} u_{i1}+\alpha_i & \\ \vdots & \\ u_{iT}+\alpha_i & X_i \\ \cdots & \\ \alpha_i & \end{array}\right] \sim N\left[\begin{bmatrix} \mathbf{e}\alpha_i^* \\ \cdots \\ \alpha_i^* \end{bmatrix}, \begin{bmatrix} \sigma_u^2 I_T+\sigma_{\omega i}^2\mathbf{e}\mathbf{e}' & \vdots & \sigma_{\omega i}^2\mathbf{e} \\ \cdots & \vdots & \cdots \\ \sigma_{\omega i}^2\mathbf{e}' & \vdots & \sigma_{\omega i}^2 \end{bmatrix}\right]$$

$$(3.4.10\text{b})$$

在这两种情形中，$\mathbf{u}_i+\mathbf{e}\alpha_i$ 在 α_i 下的条件密度为①

① 如果 $(Y^{(1)\prime}, Y^{(2)\prime})'$ 是正态分布的，其均值为 $(\boldsymbol{\mu}^{(1)\prime}, \boldsymbol{\mu}^{(2)\prime})'$，方差-协方差矩阵为

$$\begin{bmatrix} \Sigma_{11} & \Sigma_{12} \\ \Sigma_{21} & \Sigma_{22} \end{bmatrix}$$

则已知 $Y^{(2)}=\mathbf{y}^{(2)}$ 后 $Y^{(1)}$ 的条件分布是正态分布，其均值为 $\boldsymbol{\mu}^{(1)}+\Sigma_{12}\Sigma_{22}^{-1}(\mathbf{y}^{(2)}-\boldsymbol{\mu}^{(2)})$，而协方差矩阵为 $\Sigma_{11}-\Sigma_{12}\Sigma_{22}^{-1}\Sigma_{21}$［参见 Anderson (1958, 2.5 节)］。

$$(2\pi\sigma_u^2)^{T/2}\exp\left\{-\frac{1}{2\sigma_u^2}\mathbf{u}_i'\mathbf{u}_i\right\} \tag{3.4.11}$$

但给定 X_i 后（$\mathbf{u}_i+\mathbf{e}\alpha_i$）的边际密度不同［分别是式（3.4.10a）和（3.4.10b）］。在独立性假设下，$\{(\mathbf{u}_i+\mathbf{e}\alpha_i)\mid X_i\}$ 均值等于零（$i=1$，…，N）。在“α_i 和 X_i 相关”或“α_i 来自异质性总体”假设下，对不同的 i，$\{\mathbf{u}_i+\mathbf{e}\alpha_i\mid X_i\}$ 的均值 $\mathbf{e}\alpha_i^*$ 不同。

在线性回归模型中，控制 α_i 后将 $\mathbf{u}_i+\mathbf{e}\alpha_i$ 变换为 $\mathbf{y}_i$ 的 Jacobian 行列式的值是1。将 α_i 当作未知参数，最大化（$\mathbf{y}_1\mid\alpha_1$，X_1），…，（$\mathbf{y}_N\mid\alpha_N$，X_N）的条件似然函数得到两种情形下的协方差（或组内）估计量。如果 σ_u^2 和 σ_α^2 已知，则在假设（3.4.10a）下最大化（$\mathbf{y}_1$，…，$\mathbf{y}_N\mid X_1$，…，X_N）的边际似然函数可得到模型（3.3.12）的 GLS 估计量，在假设（3.4.10b）下恰好得到线性模型（3.3.12）的协方差估计量。换句话说，在假设（3.4.10b）下使用条件方法没有信息的损失。但对前一种情形［即假设（3.4.10a）］，最大化条件似然函数时存在效率的损失，因为在估计额外的未知参数（α_1，…，α_N）时有自由度的损失，而自由度的损失导致我们忽略包含在组间变异中的某些信息。

无条件推断的优点是似然函数仅与有限个参数有关，故一般都可导出有效
55 推断。不足之处在于 $\mathbf{y}_i$ 在 X_i 下的条件密度函数的正确形式

$$f(\mathbf{y}_i\mid X_i)=\int f(\mathbf{y}_i\mid X_i,\ \alpha_i)f(\alpha_i\mid X_i)\mathrm{d}\alpha_i \tag{3.4.12}$$

与正确设定 $f(\alpha_i\mid X_i)$ 有关。误设 $f(\alpha_i\mid X_i)$ 将导致对 $f(\mathbf{y}_i\mid X_i)$ 的误设。最大化误设的 $f(\mathbf{y}_i\mid X_i)$ 导出的估计量是有偏且不一致的。在 $\alpha_i\sim N(\alpha_i^*$，$\sigma_{\omega i}^2)$ 的情形下，GLS 估计量（3.3.12）的偏误不会因任何无条件推断的谬误产生，而是会因对 $f(\alpha_i\mid X_i)$ 的误设而产生。

条件推断的优点是不用设定 $f(\alpha_i\mid X_i)$。因此，如果效应项的分布不能由简单的参数函数（如双峰函数）表示，或者我们不能确定效应项和 X_i 之间的相关方式，则条件推断有一定的优势。譬如，效应项存在基本差异时（如之前关于技工的案例中，技工在能力、工作经验等方面存在基本差异），将（技工的）效应项当作固定常数更合适。

条件推断的缺点一方面是估计效应项时自由度的损失带来的效率损失，另一方面是 T 有限时的**伴生参数**（incidental parameters）［Neyman 和 Scott（1948）］问题。常见的面板数据包含的时期较少，而每期观测到的个体较多，个体效应参数（α_i^*）的数量随着横截面的维数 N 增长。除了包含在 $\mathbf{y}_i$ 中的信息之外，N 的增长没有提供关于参数 α_i^* 的信息，故用有限的 T 不能一致地估计 α_i^*。在缺乏对 α_i^* 的了解时，条件

$$E(u_{it}\mid\mathbf{x}_{it})=0 \tag{3.4.13}$$

没有提供关于共同参数 $\boldsymbol{\beta}$ 的信息。如果伴生参数 α_i^* 的估计不是渐近独立于**共同参数**（common parameters）［统计学文献中称之为**结构参数**（structural parameters）］的估计，则对 α_i^* 的估计不一致时共同参数 $\boldsymbol{\beta}$ 的估计通常也不一致。

对于线性静态模型（3.2.1）或（3.2.12），令 $\mathbf{x}_i'=(\mathbf{x}_{i1}'$，…，$\mathbf{x}_{iT}')$，则 $\mathbf{x}_{it}$ 关

于u_{it}的严格外生性

$$E(u_{it} \mid \mathbf{x}_i)=0, \quad t=1, \cdots, T \tag{3.4.14}$$

表明

$$E(u_{it}-\bar{u}_i \mid \mathbf{x}_i)=0, \quad \begin{array}{l} t=1, \cdots, T \\ i=1, \cdots, N \end{array} \tag{3.4.15}$$

因为线性静态模型（3.4.15）不包含α_i^*，且可用来识别$\boldsymbol{\beta}$，故利用该矩条件可导出$\boldsymbol{\beta}$的一致估计量［如式（3.2.8）］。但是，对于非线性面板数据模型，通常 56
难以找到独立于α_i^*的可用来求共同参数一致估计量的矩条件。

固定效应推断的优点是不必假定效应项与$\mathbf{x}_i$独立，缺点是引入了“伴生参数”。此外，对于线性回归模型，条件（3.4.15）表明时恒变量的系数无法估计，而估计$\boldsymbol{\beta}$只用到了组内波动，通常情况下，组内波动比组间波动要小得多。随机效应推断的优点是样本容量增长时参数数量固定，时恒变量的影响也可以估计，缺点是必须具体设定效应项和模型的解释变量之间的相关（或不相关）方式。令条件密度$f(\alpha_i \mid \mathbf{x}_i)$等于边际密度$f(\alpha_i)$是常用的假设。但如果效应项与$\mathbf{x}_{it}$相关，或者个体单元之间存在重大差异，即在$\mathbf{x}_{it}$已知的条件下，$y_{it}$不可视为从同一分布中随机抽取时，普通的随机效应模型（3.3.4）便存在误设，导出的估计量是有偏的。简言之，随机效应设定的优点对应固定效应设定的缺点，缺点对应着固定效应设定的优点。到目前为止，所有文献中都不存在能被广泛接受且明确表述的关于可观测变量与不可观测变量相互作用的假设。

最后需要指出的是随机性假设不必附上正态性假设。虽然对随机效应经常有正态性假设，但它是在随机性假设之后作出的新增假设。大多数估计方法不要求正态性，但如果要研究所导出的估计量的分布性质，则通常需要正态性假设。

3.5　误设检验

如3.4节所讨论的，根本问题不在于α_i是固定常数还是随机变量，而在于$f(\alpha_i \mid \mathbf{x}_i)\equiv f(\alpha_i)$是否成立，即能否认为$\alpha_i$是从相同总体中随机抽取的。在线性回归框架下，不管$\alpha_i$与$\mathbf{x}_i$相关［如式（3.4.3）］，还是来自异质性总体，将模型（3.2.12）中的α_i当作固定常数后导出的$\boldsymbol{\beta}$估计量都相同。故为方便引用，当α_i与$\mathbf{x}_i$相关时，我们按惯例称模型（3.2.12）为固定效应模型，当α_i与$\mathbf{x}_i$不相关时，我们称它为随机效应模型。

因此，选择使用固定效应模型还是随机效应模型的问题便转化为对“α_i是与$\mathbf{x}_i$无关的随机变量”的假设（3.3.4）进行误设检验的问题。利用Mundlak
法，对式（3.4.3a）或（3.4.3b），该检验都可表述为 57

$$H_0: \mathbf{a}=\mathbf{0}$$

对

$$H_1: \mathbf{a} \neq \mathbf{0}$$

的检验。如果备择假设 H_1 成立，则使用固定效应模型（3.2.1）。如果原假设 H_0 成立，则使用随机效应模型（3.3.4）。在假设 H_0 下，比率

$$F=\frac{\dfrac{\sum_{i=1}^{N}(\mathbf{y}_i-\widetilde{X}_i\hat{\boldsymbol{\delta}}_{\mathrm{GLS}})'V^{*-1}(\mathbf{y}_i-\widetilde{X}_i\hat{\boldsymbol{\delta}}_{\mathrm{GLS}})-\sum_{i=1}^{N}(\mathbf{y}_i-\widetilde{X}_i\hat{\boldsymbol{\delta}}_{\mathrm{GLS}}^{*}-\mathbf{e}\bar{\mathbf{x}}_i'\hat{\mathbf{a}}_{\mathrm{GLS}}^{*})'V^{*-1}\cdot(\mathbf{y}_i-\widetilde{X}_i\hat{\boldsymbol{\delta}}_{\mathrm{GLS}}^{*}-\mathbf{e}\bar{\mathbf{x}}_i'\hat{\mathbf{a}}_{\mathrm{GLS}}^{*})}{K}}{\dfrac{\sum_{i=1}^{N}(\mathbf{y}_i-\widetilde{X}_i\hat{\boldsymbol{\delta}}_{\mathrm{GLS}}^{*}-\mathbf{e}\bar{\mathbf{x}}_i'\hat{\mathbf{a}}_{\mathrm{GLS}}^{*})'V^{*-1}(\mathbf{y}_i-\widetilde{X}_i\hat{\boldsymbol{\delta}}_{\mathrm{GLS}}^{*}-\mathbf{e}\bar{\mathbf{x}}_i'\hat{\mathbf{a}}_{\mathrm{GLS}}^{*})}{NT-(2K+1)}} \tag{3.5.1}$$

服从中心化的 F 分布，其第一自由度为 K，第二自由度为 $NT-(2K+1)$，其中 $\hat{\boldsymbol{\delta}}_{\mathrm{GLS}}{}^{*}=(\hat{\mu}_{\mathrm{GLS}},\hat{\boldsymbol{\beta}}_{\mathrm{GLS}}')'$ 及 $\hat{\mathbf{a}}_{\mathrm{GLS}}^{*}$ 由式（3.4.5）～（3.4.7）给出，$V^{*-1}=(1/\sigma_u^2)\,[Q+\psi^{*}(1/T)\mathbf{ee}']$，$\psi^{*}=\sigma_u^2/(\sigma_u^2+T\sigma_\omega^2)$。因此，式（3.5.1）可用来进行 H_0 对 H_1 的检验。①

Hausman（1978）提出另一个检验方法，他指出在假设 H_0 下模型（3.3.5）的 GLS 估计量达到 Cramer-Rao 下界，但在假设 H_1 下，GLS 估计量是有偏估计量。相比之下，$\boldsymbol{\beta}$ 的 CV 估计量在 H_0 和 H_1 之下是一致的。因此，Hausman 检验主要是检验 $\boldsymbol{\beta}$ 的 CV 估计量和 GLS 估计量是否显著不同。

推导这两个估计量之差的渐近分布时，Hausman 用到了下面的引理②：

引理 3.5.1 设样本容量为 N，$\hat{\boldsymbol{\beta}}_0$ 和 $\hat{\boldsymbol{\beta}}_1$ 是 $\boldsymbol{\beta}$ 的两个一致估计量，其中 $\hat{\boldsymbol{\beta}}_0$ 渐近达到 Cramer-Rao 下界，故 $\sqrt{N}(\hat{\boldsymbol{\beta}}_0-\boldsymbol{\beta})$ 的渐近分布是方差-协方差矩阵为 V_0 的正态分布。假定 $\sqrt{N}(\hat{\boldsymbol{\beta}}_1-\boldsymbol{\beta})$ 的渐近分布是均值为零、方差-协方差矩阵为 V_1 的正态分布。令 $\hat{\mathbf{q}}=\hat{\boldsymbol{\beta}}_1-\hat{\boldsymbol{\beta}}_0$，则 $\sqrt{N}(\hat{\boldsymbol{\beta}}_0-\boldsymbol{\beta})$ 和 $\sqrt{N}\hat{\mathbf{q}}$ 极限分布的协方差矩阵为 $\mathrm{Cov}(\hat{\boldsymbol{\beta}}_0,\hat{\mathbf{q}})=\mathbf{0}$（零矩阵）。

58 据该引理可知 $\mathrm{Var}(\hat{\mathbf{q}})=\mathrm{Var}(\hat{\boldsymbol{\beta}}_1)-\mathrm{Var}(\hat{\boldsymbol{\beta}}_0)$。故 Hausman 建议用统计量③

$$m=\hat{\mathbf{q}}'\,\mathrm{Var}(\hat{\mathbf{q}})^{-1}\,\hat{\mathbf{q}} \tag{3.5.2}$$

对原假设 $E(\alpha_i\mid X_i)=0$ 及备择假设 $E(\alpha_i\mid X_i)\neq 0$ 进行检验，其中 $\hat{\mathbf{q}}=\hat{\boldsymbol{\beta}}_{\mathrm{CV}}-\hat{\boldsymbol{\beta}}_{\mathrm{GLS}}$，$\mathrm{Var}(\hat{\mathbf{q}})=\mathrm{Var}(\hat{\boldsymbol{\beta}}_{\mathrm{CV}})-\mathrm{Var}(\hat{\boldsymbol{\beta}}_{\mathrm{GLS}})$。在原假设下，该统计量服从中心化的自由度为 K 的 χ^2 分布。在备择假设下，它具有非中心参数 $\bar{\mathbf{q}}'\mathrm{Var}(\hat{\mathbf{q}})^{-1}\bar{\mathbf{q}}$ 的非中心的 χ^2 分布，其中 $\bar{\mathbf{q}}=\mathrm{plim}(\hat{\boldsymbol{\beta}}_{\mathrm{CV}}-\hat{\boldsymbol{\beta}}_{\mathrm{GLS}})$。

---

① ψ^{*} 未知时，我们用一个估计值来替换它，并认为统计量（3.5.1）的渐近分布是 F 分布。

② 证明参见 Hausman（1978）或 Rao（1973，第 317 页）。

③ 严格说来，Hausman 检验是 $\sum_t \mathbf{x}_{it}'\mathbf{a}_t=0$ 对 $\sum_t \mathbf{x}_{it}'\mathbf{a}_t\neq 0$ 的检验。很显然，$\mathbf{a}_t=0$ 则 $\sum_t \mathbf{x}_{it}'\mathbf{a}_t=0$，反之却不一定。对 Hausman 设定检验和常规检验方法之间一般关系的讨论，参见 Holly（1982）。

当 N 固定而 T 趋于无穷时，$\hat{\boldsymbol{\beta}}_{CV}$ 和 $\hat{\boldsymbol{\beta}}_{GLS}$ 收敛于相同的估计量。但 Ahn 和 Moon (2001) 证明式（3.5.2）的分子和分母以相同的速度趋于零。因此，该比率仍服从 χ^2 分布，虽然在该情况下，实际上无法对固定效应模型和随机效应模型进行区分。在实际应用中，更常见的情形是 N 相对于 T 来说较大，故两类估计量或两种方法的差异是个重要的问题。

对 3.4 节（表 3.3）开头讨论的工资方程，我们可用式（3.5.1）或（3.5.2）检验是固定效应模型还是随机效应模型更合适。Hausman 检验的优点是无须假定 $f(\alpha_i \mid \mathbf{x}_i)$。Hausman (1978) 算得式（3.5.2）的 χ^2 统计量的值为 129.9。自由度为 10 的 χ^2 分布 1% 显著性水平的临界值为 23.2，随机效应模型（3.3.3）误设迹象非常明显。用式（3.5.1）也可得到相似的结论。Hausman (1978) 算得的 F 值是 139.7，远远超过 1% 显著性水平对应的临界值。这些检验表明在密歇根调查数据中，重要的个体效应与模型右边的变量相关。因随机效应估计量更有可能出现显著偏误，故使用面板数据估计工资方程时，考虑不同个体之间持久的非观测差异显得尤为重要。

3.6　包含时恒或个同解释变量以及个体和时间特异效应项的模型

3.6.1　包含个体特异变量模型的估计

模型（3.2.12）的推广形式很多，但分析方法变化不大。譬如，在对 y_{it} 的方程设定中，我们可引入一个 $1\times p$ 的个体特征向量（如性别、种族、社会经济背景等随个体单元变化但不随时间变化的变量），并考虑模型 59

$$\underset{T\times 1}{\mathbf{y}_i} = \underset{T\times 1}{\mathbf{e}}\underset{1\times 1}{\mu} + \underset{T\times p}{Z_i}\underset{p\times 1}{\boldsymbol{\gamma}} + \underset{T\times K}{X_i}\underset{K\times 1}{\boldsymbol{\beta}} + \underset{T\times 1}{\mathbf{e}}\underset{1\times 1}{\alpha_i} + \underset{T\times 1}{\mathbf{u}_i}, \quad i=1,\cdots,N \tag{3.6.1}$$

其中

$$Z_i = \underset{T\times 1}{\mathbf{e}}\underset{1\times p}{\mathbf{z}_i'}$$

如果假定 α_i 是固定常数，则模型（3.6.1）将产生完全共线性问题，因为 $Z=(Z_1',\cdots,Z_N')'$ 与（$I_N\otimes\mathbf{e}$）线性相关。[①] 故无法分别估计 $\boldsymbol{\gamma}$，μ 和 α_i，但仍可用协方差方法估计 $\boldsymbol{\beta}$（$\sum_{i=1}^{N}X_i'QX_i$ 满秩即可）。只需模型（3.6.1）左乘（协方差）转换矩阵 Q［式（3.2.6）］，即可清除模型（3.6.1）中的 Z_i，$\mathbf{e}\mu$ 和 $\mathbf{e}\alpha_i$，得到

---

① 符号 $\otimes$ 表示两个矩阵的 Kronecker 积［Theil (1971，第 7 章)］。假设 $A=(a_{ij})$ 是 $m\times n$ 的矩阵，B 是 $p\times q$ 的矩阵；则 $A\otimes B$ 定义了一个 $mp\times nq$ 的矩阵

$$\begin{bmatrix} a_{11}B & a_{12}B & \cdots & a_{1n}B \\ \vdots & \vdots & & \vdots \\ a_{m1}B & a_{m2}B & \cdots & a_{mn}B \end{bmatrix}$$

$$\mathbf{Q}\mathbf{y}_i = QX_i\boldsymbol{\beta} + Q\mathbf{u}_i,\quad i=1,\cdots,N \tag{3.6.2}$$

对式（3.6.2）应用 OLS，我们可导出 $\boldsymbol{\beta}$ 的 CV 估计量（3.2.8）。

对于固定效应模型，$\boldsymbol{\gamma}$ 和 α_i^* 是无法识别的。但如果对任意个体 i，$\mathbf{z}_i$ 和 α_i^* 不相关，则可将 $\alpha_i = \alpha_i^* - \mu\left(\mu = \lim \frac{1}{N}\sum_{i=1}^{N}\alpha_i^*\right)$ 当作随机变量。假定 α_i 是与 X_i 和 Z_i 不相关的随机变量时，CV 用相同的方法估计 $\boldsymbol{\beta}$ 得到估计量（3.2.8）。估计 $\boldsymbol{\gamma}$ 时，因个体关于时间的均值满足

$$\bar{y}_i - \bar{\mathbf{x}}_i'\boldsymbol{\beta} = \mu + \mathbf{z}_i'\boldsymbol{\gamma} + \alpha_i + \bar{u}_i,\quad i=1,\cdots,N \tag{3.6.3}$$

故将（$\alpha_i + \bar{u}_i$）当作误差项，并最小化 $\sum_{i=1}^{N}(\alpha_i + \bar{u}_i)^2$，可得到

$$\hat{\boldsymbol{\gamma}} = \left[\sum_{i=1}^{N}(\mathbf{z}_i - \bar{\mathbf{z}})(\mathbf{z}_i - \bar{\mathbf{z}})'\right]^{-1}\left\{\sum_{i=1}^{N}(\mathbf{z}_i - \bar{\mathbf{z}})[(\bar{y}_i - \bar{y}) - (\bar{\mathbf{x}}_i - \bar{\mathbf{x}})'\boldsymbol{\beta}]\right\} \tag{3.6.4}$$

$$\hat{\mu} = \bar{y} - \bar{\mathbf{x}}'\boldsymbol{\beta} - \bar{\mathbf{z}}'\hat{\boldsymbol{\gamma}} \tag{3.6.5}$$

其中

$$\hat{\mathbf{z}} = \frac{1}{N}\sum_{i=1}^{N}\mathbf{z}_i,\quad \bar{\mathbf{x}} = \frac{1}{N}\sum_{i=1}^{N}\bar{\mathbf{x}}_i,\ \bar{y} = \frac{1}{N}\sum_{i=1}^{N}\bar{y}_i$$

60 将 $\boldsymbol{\beta}$ 的 CV 估计量代入式（3.6.4）和（3.6.5），即可得到 $\boldsymbol{\gamma}$ 和 μ 的估计量。当 N 趋于无穷时，该两步法是一致的。当 N 固定而 T 趋于无穷时，$\boldsymbol{\beta}$ 仍可由式（3.2.8）一致地估计。但因 N 固定时，关于 α_i 和 $\mathbf{z}_i$ 的信息量太少，故 $\boldsymbol{\gamma}$ 的估计不是一致估计。为理解这一点，注意到在模型（3.6.3）的 OLS 估计量中代入 $\text{plim}_{T\to\infty}\hat{\boldsymbol{\beta}}_{\text{CV}} = \boldsymbol{\beta}$ 后收敛于

$$\begin{aligned}\hat{\boldsymbol{\gamma}}_{\text{OLS}} = \boldsymbol{\gamma} &+ \left[\sum_{i=1}^{N}(\mathbf{z}_i - \bar{\mathbf{z}})(\mathbf{z}_i - \bar{\mathbf{z}})'\right]^{-1}\left[\sum_{i=1}^{N}(\mathbf{z}_i - \bar{\mathbf{z}})(\alpha_i - \bar{\alpha})\right] \\ &+ \left[T\sum_{i=1}^{N}(\mathbf{z}_i - \bar{\mathbf{z}})(\mathbf{z}_i - \bar{\mathbf{z}})'\right]^{-1}\left[\sum_{i=1}^{N}\sum_{t=1}^{T}(\mathbf{z}_i - \bar{\mathbf{z}})(u_{it} - \bar{u})\right]\end{aligned} \tag{3.6.6}$$

其中

$$\bar{u} = \frac{1}{NT}\sum_{i=1}^{N}\sum_{t=1}^{T}u_{it},\quad \bar{\alpha} = \frac{1}{N}\sum_{i=1}^{N}\alpha_i$$

显然

$$\underset{T\to\infty}{\text{plim}}\frac{1}{N}\sum_{i=1}^{N}(\mathbf{z}_i - \bar{\mathbf{z}})\frac{1}{T}\sum_{t=1}^{T}(u_{it} - \bar{u}) = 0$$

但 $(1/N)\sum_{i=1}^{N}(\mathbf{z}_i - \bar{\mathbf{z}})(\alpha_i - \bar{\alpha})$ 是均值为零的随机变量，其协方差在 N 有限时有 $\sigma_\alpha^2\left[\sum_{i=1}^{N}(\mathbf{z}_i - \bar{\mathbf{z}})(\mathbf{z}_i - \bar{\mathbf{z}})'/N^2\right] \neq 0$，故式（3.6.6）中第二项的概率极限不为零。

当 α_i 是与 X_i 和 Z_i 不相关的随机变量时，CV 估计量不是 BLUE。模型（3.6.1）的 BLUE 是 GLS 估计量

$$
\begin{bmatrix}\hat{\mu}\\ \hat{\boldsymbol{\gamma}}\\ \hat{\boldsymbol{\beta}}\end{bmatrix}=\begin{bmatrix}NT\psi & NT\psi\bar{\mathbf{z}}' & NT\psi\bar{\mathbf{x}}'\\ NT\psi\bar{\mathbf{z}} & T\psi\sum_{i=1}^{N}\mathbf{z}_i\mathbf{z}_i' & T\psi\sum_{i=1}^{N}\mathbf{z}_i\bar{\mathbf{x}}_i'\\ NT\psi\bar{\mathbf{x}} & T\psi\sum_{i=1}^{N}\bar{\mathbf{x}}_i\mathbf{z}_i' & \sum_{i=1}^{N}X_i'QX_i+\psi\,T\sum_{i=1}^{N}\bar{\mathbf{x}}_i\bar{\mathbf{x}}_i'\end{bmatrix}^{-1}
\times\begin{bmatrix}NT\psi\,\bar{y}\\ \psi\,T\sum_{i=1}^{N}\mathbf{z}_i\,\bar{y}_i\\ \sum_{i=1}^{N}X_i'Q\mathbf{y}_i+\psi\,T\sum_{i=1}^{N}\bar{\mathbf{x}}_i\,\bar{\mathbf{y}}_i\end{bmatrix}\tag{3.6.7}
$$

式（3.6.7）中的 ψ 未知时，我们可用它的一致估计量代替。当 T 固定时，GLS 估计量比 CV 估计量更有效。而当 N 固定且 T 趋于无穷时，因式（3.3.7）中的 V^{-1} 收敛于 $\frac{1}{\sigma_u^2}Q$，故 $\boldsymbol{\beta}$ 的 GLS 估计量收敛于 CV 估计量，细节详见 Lee 61
(1978b)。

我们可这样理解模型（3.6.1）：模型明确引入时恒解释变量 $\mathbf{z}_i$ 后降低甚至消除了 α_i 和 $\mathbf{x}_{it}$ 之间的相关性。但如果 α_i 仍与 $\mathbf{x}_{it}$ 或 $\mathbf{z}_i$ 相关，则 GLS 将是有偏估计。CV 可得到 $\boldsymbol{\beta}$ 的无偏估计，但 α_i 和 $\mathbf{z}_i$ 相关时，模型（3.6.3）中 $\boldsymbol{\gamma}$ 和 μ 的 OLS 估计在 N 趋于无穷时也是不一致的。[①]因此 Hausman 和 Taylor（1981）建议，将 $\bar{\mathbf{x}}_i$ 中与 α_i 不相关的元素作为 $\mathbf{z}_i$ 的工具变量，用两阶段最小二乘法估计（3.6.3）中的 $\boldsymbol{\gamma}$。使用该方法的必要条件是 $\bar{\mathbf{x}}_i$ 中与 α_i 不相关的元素的数量要大于 $\mathbf{z}_i$ 中与 α_i 相关的元素的数量。

3.6.2　包含个体和时间效应项时模型的估计

我们还可进一步推广模型（3.6.1），使其包含时间特征变量和时间特异效应项。令

$$
\begin{aligned}
&y_{it}=\mu+\underset{1\times p}{\mathbf{z}_i'}\ \underset{p\times 1}{\boldsymbol{\gamma}}+\underset{1\times l}{\mathbf{r}_t'}\ \underset{l\times 1}{\boldsymbol{\rho}}+\underset{1\times K}{\mathbf{x}_{it}'}\ \underset{K\times 1}{\boldsymbol{\beta}}+\alpha_i+\lambda_t+u_{it},\\
&i=1,\ \cdots,\ N\\
&t=1,\ \cdots,\ T
\end{aligned}\tag{3.6.8}
$$

其中 $\mathbf{r}_t$ 和 λ_t 表示 $l\times 1$ 和 1×1 的时间特征变量和时间特异效应项。关于 i 和 t 堆积模型（3.6.8），得到

$$
\underset{NT\times 1}{Y}=\begin{bmatrix}\mathbf{y}_1\\ \mathbf{y}_2\\ \vdots\\ \mathbf{y}_N\end{bmatrix}=\begin{bmatrix}\mathbf{e} & Z_1 & R & X_1\\ \mathbf{e} & Z_2 & R & X_2\\ \vdots & \vdots & \vdots & \vdots\\ \mathbf{e} & Z_N & R & X_N\end{bmatrix}\begin{bmatrix}\mu\\ \boldsymbol{\gamma}\\ \boldsymbol{\rho}\\ \boldsymbol{\beta}\end{bmatrix}
$$

① 这是因为 Q 清除了模型（3.6.1）中的 α_i。

$$(I_N \otimes \mathbf{e})\boldsymbol{\alpha} + (\mathbf{e}_N \otimes I_T)\boldsymbol{\lambda} + \begin{bmatrix} \mathbf{u}_1 \\ \mathbf{u}_2 \\ \vdots \\ \mathbf{u}_N \end{bmatrix} \tag{3.6.9}$$

其中 $\boldsymbol{\alpha}'=(\alpha_1, \cdots, \alpha_N)$，$\boldsymbol{\lambda}'=(\lambda_1, \cdots, \lambda_T)$，$R'=(\mathbf{r}_1, \mathbf{r}_2, \cdots, \mathbf{r}_T)$，$\mathbf{e}_N$ 表示所有元素为 1 的 $N\times 1$ 的向量，$\otimes$表示矩阵的 Kronecker 积。

模型本应包含 α_i 和 λ_t，但估计时忽略了 λ_t，由此导出的估计量在 T 固定时，不管 N 有多大都是不一致的。看一个简单的例子，当 $\mathbf{z}_i\equiv 0$，$\mathbf{r}_t\equiv 0$ 时，如
62 果忽略了 λ_t，则 $\boldsymbol{\beta}$ 的 CV 估计量（3.2.8）为

$$\begin{aligned}\hat{\boldsymbol{\beta}}_{\mathrm{CV}} &= \Big[\sum_{i=1}^{N}\sum_{t=1}^{T}(\mathbf{x}_{it}-\bar{\mathbf{x}}_i)(\mathbf{x}_{it}-\bar{\mathbf{x}}_i)'\Big]^{-1}\Big[\sum_{i=1}^{N}\sum_{t=1}^{T}(\mathbf{x}_{it}-\bar{\mathbf{x}}_i)(y_{it}-\bar{y}_i)\Big] \\ &= \boldsymbol{\beta} + \Big[\frac{1}{NT}\sum_{i=1}^{N}\sum_{t=1}^{T}(\mathbf{x}_{it}-\bar{\mathbf{x}}_i)(\mathbf{x}_{it}-\bar{\mathbf{x}}_i)'\Big]^{-1} \\ &\quad\times\Big\{\frac{1}{NT}\Big[\sum_{i=1}^{N}\sum_{t=1}^{T}(\mathbf{x}_{it}-\bar{\mathbf{x}}_i)(\lambda_t-\bar{\lambda}) + \sum_{i=1}^{N}\sum_{t=1}^{T}(\mathbf{x}_{it}-\bar{\mathbf{x}}_i)(u_{it}-\bar{u}_i)\Big]\Big\}\end{aligned} \tag{3.6.10}$$

其中 $\bar{\lambda}=\frac{1}{T}\sum_{t=1}^{T}\lambda_t$。$\mathbf{x}_{it}$ 和 u_{it} 不相关时，第二个等式中的最后一项收敛于 0。但仅当 λ_t 与 $\bar{\mathbf{x}}_t$ 不相关，且 $T\to\infty$时，

$$\frac{1}{NT}\sum_{i=1}^{N}\sum_{t=1}^{T}(\mathbf{x}_{it}-\bar{\mathbf{x}}_i)(\lambda_t-\bar{\lambda}) = \frac{1}{T}\sum_{t=1}^{T}(\bar{\mathbf{x}}_t-\bar{\mathbf{x}})(\lambda_t-\bar{\lambda}) \tag{3.6.11}$$

收敛于 0，其中 $\bar{\mathbf{x}}_t=\frac{1}{N}\sum_{i=1}^{N}\mathbf{x}_{it}$，$\bar{\mathbf{x}}=\frac{1}{N}\sum_{i=1}^{N}\bar{\mathbf{x}}_i=\frac{1}{NT}\sum_{i=1}^{N}\sum_{t=1}^{T}\mathbf{x}_{it}$。$\lambda_t$ 和 $\bar{\mathbf{x}}_t$ 相关时，即便 $E(\lambda_t\mathbf{x}_{it}')=0$，但当 T 固定时，不管 N 有多大，式（3.6.11）都不会收敛于 0。所以，要导出 $\boldsymbol{\beta}$ 的一致估计，α_i 和 λ_t 都需要考虑。

如果将 $\boldsymbol{\alpha}$ 和 $\boldsymbol{\lambda}$ 当作固定常数，则模型存在多重共线性问题，理由如模型（3.6.1）中所述。此时我们无法分别估计系数 $\boldsymbol{\alpha}$，$\boldsymbol{\lambda}$，$\boldsymbol{\gamma}$，$\boldsymbol{\rho}$ 和 μ，但仍可用协方差方法估计系数 $\boldsymbol{\beta}$。我们用 $NT\times NT$ 的（协方差）转换矩阵

$$\tilde{Q} = I_{NT} - I_N \otimes \frac{1}{T}\mathbf{e}\mathbf{e}' - \frac{1}{N}\mathbf{e}_N\mathbf{e}_N' \otimes I_T + \frac{1}{NT}J \tag{3.6.12}$$

清除 μ，$\mathbf{z}_i$，$\mathbf{r}_t$，α_i 和 λ_t（其中 J 是所有元素为 1 的 $NT\times NT$ 矩阵），并将

$$\bar{\boldsymbol{\beta}}_{\mathrm{CV}} = [(X_1', \cdots, X_N')\tilde{Q}(X_1', \cdots, X_N')']^{-1}[(X_1', \cdots, X_N')\tilde{Q}Y] \tag{3.6.13}$$

作为 $\boldsymbol{\beta}$ 的估计。

换句话说，用最小二乘法估计模型

$$\begin{aligned}(y_{it}-\bar{y}_i-\bar{y}_t+\bar{y}) &= (\mathbf{x}_{it}-\bar{\mathbf{x}}_i-\bar{\mathbf{x}}_t+\bar{\mathbf{x}})'\boldsymbol{\beta} \\ &\quad + (u_{it}-\bar{u}_i-\bar{u}_t+\bar{u})\end{aligned} \tag{3.6.14}$$

可得到 $\bar{\boldsymbol{\beta}}$，其中 $\bar{y}_t=\frac{1}{N}\sum_{i=1}^{N}y_{it}$，$\bar{y}=\frac{1}{N}\sum_{i=1}^{N}\bar{y}_i=\frac{1}{T}\sum_{t=1}^{T}\bar{y}_t=\frac{1}{NT}\sum_{i=1}^{N}\sum_{t=1}^{T}y_{it}$，$\bar{u}_i$，$\bar{u}_t$，

$\bar{u}$ 有类似的定义。

u_{it} 独立同分布且方差为常数 σ_u^2 时，CV 估计量（3.6.13）的协方差矩阵为

$$\text{Cov}(\hat{\boldsymbol{\beta}}_{\text{CV}})=\sigma_u^2[(X_1', \cdots, X_N')\tilde{Q}(X_1', \cdots, X_N')']^{-1} \tag{3.6.15}$$

估计 μ，$\boldsymbol{\gamma}$ 和 $\boldsymbol{\rho}$ 时，我们知道个体均值（同一个体在时间上的）和时间均值（不同个体在同一时间上的）方程为 63

$$\bar{y}_i-\bar{\mathbf{x}}_i'\boldsymbol{\beta}=\mu_c^*+\mathbf{z}_i'\boldsymbol{\gamma}+\alpha_i+\bar{u}_i, \quad i=1, \cdots, N \tag{3.6.16}$$

$$\bar{y}_t-\bar{\mathbf{x}}_t'\boldsymbol{\beta}=\mu_T^*+\mathbf{r}_t'\boldsymbol{\rho}+\lambda_t+\bar{u}_t, \quad t=1, \cdots, T \tag{3.6.17}$$

其中

$$\mu_c^*=\mu+\bar{\mathbf{r}}'\boldsymbol{\rho}+\bar{\lambda} \tag{3.6.18}$$

$$\mu_T^*=\mu+\bar{\mathbf{z}}'\boldsymbol{\gamma}+\bar{\alpha} \tag{3.6.19}$$

且

$$\bar{\mathbf{r}}=\frac{1}{T}\sum_{t=1}^{T}\mathbf{r}_t, \quad \bar{\mathbf{z}}=\frac{1}{N}\sum_{i=1}^{N}\mathbf{z}_i, \ \bar{\lambda}=\frac{1}{T}\sum_{t=1}^{T}\lambda_t, \quad \bar{\alpha}=\frac{1}{N}\sum_{i=1}^{N}\alpha_i,$$

$$\bar{y}_t=\frac{1}{N}\sum_{i=1}^{N}y_{it}, \ \bar{\mathbf{x}}_t=\frac{1}{N}\sum_{i=1}^{N}\mathbf{x}_{it}, \quad \bar{u}_t=\frac{1}{N}\sum_{i=1}^{N}u_{it}$$

如果 α_i，λ_t 与 $\mathbf{z}_i$，$\mathbf{r}_t$，$\mathbf{x}_{it}$ 不相关，则用 $\hat{\boldsymbol{\beta}}_{\text{CV}}$ 代替 $\boldsymbol{\beta}$ 后，我们可通过对所有的 i 和 t 分别对方程（3.6.16）和（3.6.17）使用 OLS 来估计（μ_c^*，$\boldsymbol{\gamma}'$）和（μ_T^*，$\boldsymbol{\rho}'$）。估计 μ 时，可将 $\boldsymbol{\gamma}$，$\boldsymbol{\rho}$ 和 $\boldsymbol{\beta}$ 的估计值代入下面的任何一个方程

$$\hat{\mu}=\hat{\mu}_c^*-\bar{\mathbf{r}}'\hat{\boldsymbol{\rho}} \tag{3.6.20}$$

$$\hat{\mu}=\hat{\mu}_T^*-\bar{\mathbf{z}}'\hat{\boldsymbol{\gamma}} \tag{3.6.21}$$

$$\hat{\mu}=\bar{y}-\bar{\mathbf{z}}'\hat{\boldsymbol{\gamma}}-\bar{\mathbf{r}}'\hat{\boldsymbol{\rho}}-\bar{\mathbf{x}}'\hat{\boldsymbol{\beta}} \tag{3.6.22}$$

或者对联合方程（3.6.20）～（3.6.22）使用最小二乘法。当 N 和 T 都趋于无穷时，$\hat{\mu}$ 是一致的。

α_i 和 λ_t 是随机变量时，仍可以用 CV 估计量（3.6.13）作为 $\boldsymbol{\beta}$ 的估计。但如果 α_i 和 λ_t 与 $\mathbf{z}_i$，$\mathbf{r}_t$，$\mathbf{x}_{it}$ 无关，则 BLUE 就是 GLS 估计量。假定 α_i 和 λ_t 满足式（3.3.4），则误差项 $\mathbf{u}+(I_N\otimes\mathbf{e})\alpha+(\mathbf{e}_N\otimes I_T)\boldsymbol{\lambda}$ 的 $NT\times NT$ 的协方差矩阵是

$$\tilde{V}=\sigma_u^2 I_{NT}+\sigma_\alpha^2 I_N\otimes\mathbf{ee}'+\sigma_\lambda^2\mathbf{e}_N\mathbf{e}_N'\otimes I_T \tag{3.6.23}$$

它的逆矩阵［参见 Henderson（1971）；Nerlove（1971b）；Wallace 和 Hussain（1969）］（参见附录 3B）是

$$\tilde{V}^{-1}=\frac{1}{\sigma_u^2}[I_{NT}-\eta_1 I_N\otimes\mathbf{ee}'-\eta_2\mathbf{e}_N\mathbf{e}_N'\otimes I_T+\eta_3 J] \tag{3.6.24}$$

其中 64

$$\eta_1=\frac{\sigma_\alpha^2}{\sigma_u^2+T\sigma_\alpha^2}, \quad \eta_2=\frac{\sigma_\lambda^2}{\sigma_u^2+N\sigma_\lambda^2},$$

$$\eta_3=\frac{\sigma_\alpha^2\sigma_\lambda^2}{(\sigma_u^2+T\sigma_\alpha^2)(\sigma_u^2+N\sigma_\lambda^2)}\ \frac{2\sigma_u^2+T\sigma_\alpha^2+N\sigma_\lambda^2}{\sigma_u^2+T\sigma_\alpha^2+N\sigma_\lambda^2}$$

当 $N\to\infty$，$T\to\infty$，且比率 N/T 趋于某个非零的常数时，Wallace 和

Hussain（1969）证明 GLS 估计量收敛于 CV 估计量。应指出的是，与常见的没有特异效应项的线性回归模型不同，$\hat{\boldsymbol{\beta}}_{\text{GLS}}$收敛于 $\boldsymbol{\beta}$ 的速度为（NT）$^{1/2}$，而 $\hat{\mu}$ 收敛于 μ 的速度是 $N^{1/2}$。因为随机成分的影响仅仅由随机成分分摊。细节详见 Kelejian 和 Stephan（1983）。

对两种类型误差成分模型 MLE 的讨论，参见 Baltagi（1995）以及 Baltagi 和 Li（1992）。

3.7　异方差与自相关

3.7.1　异方差

到目前为止，我们都是在“不同个体误差项的方差都相同”的假设下进行讨论。但很多面板研究包含不同类型的横截面单元。在误差成分模型中，由于 α_i 的方差 $\sigma_{\alpha i}^2$ 随着 i 变化［参见 Baltagi 和 Griffin（1983）；Mazodier 和 Trognon（1978）］，或者 u_{it} 的方差 σ_{ui}^2 随着 i 变化，或者 $\sigma_{\alpha i}^2$ 和 σ_{ui}^2 都随着 i 变化，便产生异方差问题。所以

$$E\mathbf{v}_i\mathbf{v}_i' = \sigma_{ui}^2 I_T + \sigma_{\alpha i}^2 \mathbf{e}\mathbf{e}' = V_i \tag{3.7.1}$$

用 σ_{ui}^2 和 $\sigma_{\alpha i}^2$ 替代 σ_u^2 和 σ_α^2 后，V_i^{-1} 的表达式与式（3.3.5）相同。在式（3.3.7）中用 V_i 替换 V 后可得到 $\boldsymbol{\delta}$ 的 GLS 估计量。

当 σ_{ui}^2 和 $\sigma_{\alpha i}^2$ 未知时，用它们的估计量替换未知参数的真实值，可求出可行（或两步）GLS 估计。遗憾的是，因只有 α_i 的单个实现值，故即使 $T\to\infty$ 时也无法得到 $\sigma_{\alpha i}^2$ 的一致估计。一般情况下

$$\hat{\sigma}_{\alpha i}^2 = \hat{\bar{v}}_i^2 - \frac{1}{T}\hat{\sigma}_{ui}^2, \quad i=1, \cdots, N \tag{3.7.2}$$

收敛于 α_i^2 而不是 $\sigma_{\alpha i}^2$，其中 $\hat{v}_{it}$ 是 v_{it} 的初始估计（譬如模型（3.3.3）的最小二乘残差或 CV 估计残差）。但 T 趋于无穷时，可用

65

$$\hat{\sigma}_{ui}^2 = \frac{1}{T-1}\sum_{t=1}^{N}(\hat{v}_{it} - \hat{\bar{v}}_i)^2 \tag{3.7.3}$$

一致地估计 σ_{ui}^2。如果对所有的 i 都有 $\sigma_{\alpha i}^2 = \sigma_\alpha^2$，则可用式（3.7.2）关于所有 i 的均值估计 σ_α^2。

应指出的是，当 T 有限时，即使 N 趋于无穷也无法得到 σ_{ui}^2 和 $\sigma_{\alpha i}^2$ 的一致估计，这就是经典的伴生参数问题［由 Neyman 和 Scott（1948）发现］。但如果对所有的 i 都有 $\sigma_{\alpha i}^2 = \sigma_\alpha^2$，则当 N 和 T 都趋于无穷时可得到 σ_{ui}^2 和 σ_α^2 的一致估计。在 V_i 中用 $\hat{\sigma}_{ui}^2$ 和 $\hat{\sigma}_\alpha^2$ 替换 σ_{ui}^2 和 σ_α^2 后，我们得到估计的 $\hat{V}_i$。或者，在考虑异方差 $\sigma_{\alpha i}^2$ 的一致估计时，我们可以假设 α_i 在 $\mathbf{x}_i$ 下的条件方差对所有的个体有相同的表达式 $\text{Var}(\alpha_i \mid \mathbf{x}_i) = \sigma^2(\mathbf{x}_i)$。当 N 和 T 都趋于无穷时，$\boldsymbol{\delta}$ 的可行 GLS 估计量

$$\hat{\boldsymbol{\delta}}_{\text{FGLS}} = \left[\sum_{i=1}^{N}\widetilde{X}_i'\hat{V}_i^{-1}\widetilde{X}_i\right]^{-1}\left[\sum_{i=1}^{N}\widetilde{X}_i'\hat{V}_i^{-1}\mathbf{y}_i\right] \tag{3.7.4}$$

与 GLS 估计量渐近等价，其渐近方差-协方差矩阵可由 $\left(\sum_{i=1}^{N}\widetilde{X}_i'\hat{V}_i^{-1}\widetilde{X}_i\right)^{-1}$ 近似。

在 $\sigma_{\alpha i}^2$ 和 σ_{ui}^2 都随 i 变化的情形下，估计模型的另一种方法是将 α_i 当作固定常数，通过协方差转换消除 α_i 的影响，然后应用可行加权最小二乘法。也就是说，首先用 σ_{ui} 的倒数加权个体观测值，$\mathbf{y}_i^* = \frac{1}{\sigma_{ui}}\mathbf{y}_i$，$X_i^* = \frac{1}{\sigma_{ui}}X_i$，然后对转换后的数据应用协方差估计得到

$$\hat{\boldsymbol{\beta}}_{\mathrm{CV}} = \left[\sum_{i=1}^{N} X_i^{*\prime} Q X_i^*\right]^{-1}\left[\sum_{i=1}^{N} X_i^{*\prime} Q \mathbf{y}_i^*\right] \tag{3.7.5}$$

3.7.2 误差项序列相关的模型

“控制个体效应项 α_i 后误差项序列无关”是对变截距模型的一个基本假设。但也存在非观测变量的影响随时间规则变化的情形，譬如，遗漏了序列相关的变量或影响持续不止一期的转换变量。如果假定误差项在各时期是固定常数或是独立分布的随机变量，则不能确当地描述这类变量的影响。放松 u_{it} 序列无关的约束后，我们可给出更为一般的自回归方法［参见 Lillard 和 Weiss (1979)；Lillard 和 Willis (1978)］。[①] Anderson 和 Hsiao (1982) 考虑了 u_{it} 是一阶自回归过程 66

$$u_{it} = \rho u_{i,t-1} + \epsilon_{it} \tag{3.7.6}$$

时模型 (3.3.5) 的 MLE，其中 ϵ_{it} 是独立同分布的随机变量，其均值为零，方差为 σ_ϵ^2。MLE 的计算很复杂。如果知道 ρ 的值，我们便可将模型转换成标准的方差成分模型，

$$y_{it} - \rho y_{i,t-1} = \mu(1-\rho) + \boldsymbol{\beta}'(\mathbf{x}_{it} - \rho\mathbf{x}_{i,t-1}) + (1-\rho)\alpha_i + \epsilon_{it} \tag{3.7.7}$$

所以我们可由下面的步骤得到 $\boldsymbol{\beta}$ 的渐近有效估计量：

第 1 步：式 (3.3.5) 减去个体均值，消除个体效应 α_i，得到

$$y_{it} - \bar{y}_i = \boldsymbol{\beta}'(\mathbf{x}_{it} - \bar{\mathbf{x}}_i) + (u_{it} - \bar{u}_i) \tag{3.7.8}$$

第 2 步：使用模型 (3.7.8) 的最小二乘残差估计序列相关系数 ρ，或利用 Durbin (1960) 法，做 $(y_{it}-\bar{y}_i)$ 关于 $(y_{i,t-1}-\bar{y}_{i,-1})$ 和 $(\mathbf{x}_{i,t-1}-\bar{\mathbf{x}}_{i,-1})$ 的回归，将 $(y_{i,t-1}-\bar{y}_{i,-1})$ 的系数作为 ρ 的估计，其中 $\bar{y}_{i,-1} = (1/T)\sum_{t=1}^{T} y_{i,t-1}$，$\bar{\mathbf{x}}_{i,-1} = (1/T)\sum_{t=1}^{T}\mathbf{x}_{i,t-1}$。（为简单起见，我们假定 y_{i0} 和 x_{i0} 可观测。）

第 3 步：用

$$\hat{\sigma}_\epsilon^2 = \frac{1}{NT}\sum_{i=1}^{N}\sum_{t=1}^{T}\{(y_{it}-\bar{y}_i) - \hat{\rho}(y_{i,t-1}-\bar{y}_{i,-1}) - \hat{\boldsymbol{\beta}}'[(\mathbf{x}_{it}-\bar{\mathbf{x}}_i) - (\mathbf{x}_{i,t-1}-\bar{\mathbf{x}}_{i,-1})\hat{\rho}]\}^2 \tag{3.7.9}$$

---

① 对误差项中的序列相关是由个体特异效应的时恒成分引起还是由冲击的惯性引起的检验，参见 Li 和 Hsiao (1998)，而对未知形式序列相关的检验，参见 Hong 和 Kao (2004)。

和

$$\hat{\sigma}_\alpha^2 = \frac{1}{(1-\hat{\rho})^2}\left\{\frac{1}{N}\sum_{i=1}^{N}\left[\bar{y}_i - \hat{\mu}(1-\hat{\rho}) - \hat{\rho}\,\bar{y}_{i,-1} - \hat{\boldsymbol{\beta}}'(\bar{\mathbf{x}}_i - \bar{\mathbf{x}}_{i,-1}\hat{\rho})\right]^2 - \frac{1}{T}\hat{\sigma}_\epsilon^2\right\} \tag{3.7.10}$$

作为 σ_ϵ^2 和 σ_α^2 的估计。

第 4 步：在 $\epsilon_{it}+(1-\rho)\alpha_i$ 的协方差矩阵中用 $\hat{\rho}$，式（3.7.9）和（3.7.10）替换 ρ，σ_ϵ^2 和 σ_α^2 后，用 GLS 法估计模型（3.7.7）。

上述过程（或可行广义最小二乘法）将初始 u_{i1} 当作固定常数。而可行 GLS
67 将 u_{i1} 当作均值为零、方差为 $\sigma_\epsilon^2/(1-\rho^2)$ 的随机变量，所得估计量的效率更高，但计算也更烦琐［参见 Baltagi 和 Li（1991）］。式（3.3.5）左乘 $T\times T$ 的转换矩阵

$$R = \begin{pmatrix} (1-\rho^2)^{1/2} & 0 & 0 & \cdot & \cdot & 0 \\ -\rho & 1 & 0 & \cdot & \cdot & \cdot \\ 0 & -\rho & 1 & \cdot & \cdot & \cdot \\ \cdot & \cdot & \cdot & \cdot & \cdot & \cdot \\ 0 & \cdot & \cdot & \cdot & -\rho & 1 \end{pmatrix}$$

将 $\mathbf{u}_i$ 转换为序列无关且方差相同的误差项，但同时将 $\mathbf{e}_T\alpha_i$ 转换成 $(1-\rho)\ell_T\alpha_i$，其中 $\ell_T=\left[\left(\frac{1+\rho}{1-\rho}\right)^{1/2}, 1, \cdots, 1\right]'$。所以转换后误差项的协方差矩阵为

$$V^* = \sigma_\epsilon^2 I_T + (1-\rho)^2\sigma_\alpha^2\,\ell_T\,\ell_T' \tag{3.7.11}$$

该矩阵的逆为

$$V^{*-1} = \frac{1}{\sigma_\epsilon^2}\left[I_T - \frac{(1-\rho)^2\sigma_\alpha^2}{[T-(T-1)\rho-\rho^2]\sigma_\alpha^2+\sigma_\epsilon^2}\,\ell_T\,\ell_T'\right] \tag{3.7.12}$$

将 ρ，σ_α^2 和 σ_ϵ^2 的初始估计代入式（3.7.12）后，再利用式（3.7.12）用 GLS 法估计 $\boldsymbol{\delta}$。

当 T 趋于无穷时，$\boldsymbol{\beta}$ 的 GLS 估计量收敛于转换模型（3.7.7）的协方差估计量。换句话说，找到 ρ 的一致估计后，对模型进行转换以消除序列相关，然后对转换模型（3.7.7）应用协方差方法便得到 $\boldsymbol{\beta}$ 的渐近有效估计量。

当模型（3.3.5）中的 u_{it} 是更一般的时序过程时，MaCurdy（1982）考虑了类似的估计方法。他的主要步骤包括：先用一阶差分法清除 α_i，并将 $(y_{it}-y_{i,t-1})$ 当作因变量。然后用标准的 Box-Jenkins（1970）方法求 $(u_{it}-u_{i,t-1})$ 的最小二乘预测，得到 $\mathbf{u}_i$ 的协方差矩阵，并用高效算法估计参数。

Kiefer（1980）考虑了模型（3.2.1）的 u_{it} 任意跨期相关时固定效应模型的估计。由于 T 固定时，不能一致地估计个体效应项，他建议先用转换矩阵 $Q=I_T-(1/T)\mathbf{e}\mathbf{e}'$ 对模型进行转换，消除个体效应项后使之变成式（3.7.8）的形式。然后用

$$\hat{\Sigma}^* = \frac{1}{N}\sum_{i=1}^{N}[Q(\mathbf{y}_i - X_i\hat{\boldsymbol{\beta}})][Q(\mathbf{y}_i - X_i\hat{\boldsymbol{\beta}})]' \tag{3.7.13}$$

68 估计 $Q\mathbf{u}_i$ 的跨期协方差矩阵，其中 $\hat{\boldsymbol{\beta}}$ 是 $\boldsymbol{\beta}$ 的任意一致估计（如 $\boldsymbol{\beta}$ 的 CV 估计量）。

已知 $\hat{\Sigma}^*$ 的估计后，就可用 GLS 法估计 $\boldsymbol{\beta}$，得到

$$\boldsymbol{\beta}^* = \left[\sum_{i=1}^{N} X_i' Q \hat{\Sigma}^{*-} Q X_i\right]^{-1} \left[\sum_{i=1}^{N} X_i' Q \hat{\Sigma}^{*-} Q \mathbf{y}_i\right] \tag{3.7.14}$$

其中 $\hat{\Sigma}^{*-}$ 是 $\hat{\Sigma}^*$ 的广义逆（因为 $\hat{\Sigma}^*$ 的秩仅为 $T-1$）。$\hat{\boldsymbol{\beta}}^*$ 的渐近协方差矩阵是

$$\mathrm{Var}(\hat{\boldsymbol{\beta}}^*) = \left[\sum_{i=1}^{N} X_i' Q \hat{\Sigma}^{*-} Q X_i\right]^{-1} \tag{3.7.15}$$

虽然 $\hat{\Sigma}^*$ 的任何广义逆都可使用，但最好选择

$$\hat{\Sigma}^{*-} = \begin{bmatrix} \hat{\Sigma}_{T-1}^{*-1} & \mathbf{0} \\ \mathbf{0}' & 0 \end{bmatrix} \tag{3.7.16}$$

其中 $\hat{\Sigma}_{T-1}^*$ 是删除 $\hat{\Sigma}^*$ 的最后一行和最后一列后得到的 $(T-1)\times(T-1)$ 的满秩子矩阵。简单说来，该广义逆等价于从转换后的观测值 $Q\mathbf{y}_i$ 和 QX_i 中删除第 T 个观测值，然后对剩下的子样本应用 GLS 方法。但应指出的是，如果 $\mathbf{u}_i$ 的方差-协方差矩阵已知，则不能用 GLS 估计。

3.7.3　CV 估计量协方差矩阵的异方差自相关一致估计

前两节讨论了模型的异方差或自相关结构已知时的估计方法。当误差项 u_{it}（对不同个体和不同时期）的异方差或自相关结构未知时，我们仍可以用 CV 估计（3.2.5）或（3.6.13）导出 $\boldsymbol{\beta}$ 的一致估计。但 $\boldsymbol{\beta}$ 的 CV 估计量的协方差矩阵不再是式（3.2.11）或 $\sigma_u^2(X'\tilde{Q}X)^{-1}$[其中 $X'=(X_1', \cdots, X_N')$]。例如，当 u_{it} 的异方差结构未知时，$\sqrt{NT}(\hat{\boldsymbol{\beta}}_{\mathrm{CV}}-\boldsymbol{\beta})$ 的极限分布是均值为 0、方差为［参见 Arellano (2003)］

$$\left(\frac{1}{NT}\sum_{i=1}^{N}\sum_{t=1}^{T}\tilde{\mathbf{x}}_{it}\tilde{\mathbf{x}}_{it}'\right)^{-1}\Omega\left(\frac{1}{NT}\sum_{i=1}^{N}\sum_{t=1}^{T}\tilde{\mathbf{x}}_{it}\tilde{\mathbf{x}}_{it}'\right)^{-1} \tag{3.7.17}$$

的正态分布，对于模型（3.2.1），有

$$\tilde{\mathbf{x}}_{it} = \mathbf{x}_{it} - \bar{\mathbf{x}}_i \tag{3.7.18}$$

对模型（3.6.8），有

$$\tilde{\mathbf{x}}_{it} = \mathbf{x}_{it} - \bar{\mathbf{x}}_i - \bar{\mathbf{x}}_t + \bar{\mathbf{x}} \tag{3.7.19}$$

且

$$\Omega = \frac{1}{T}\sum_{t=1}^{T} E(\tilde{\mathbf{x}}_{it}\tilde{\mathbf{x}}_{it}' u_{it}^2) \tag{3.7.20}$$

Stock 和 Watson (2008) 证明，N 或 T 以任意方式趋于∞时，

$$\hat{\Omega} = \left(\frac{T-1}{T-2}\right)\left\{\frac{1}{NT-N-K}\sum_{i=1}^{N}\sum_{t=1}^{T}\tilde{\mathbf{x}}_{it}\tilde{\mathbf{x}}_{it}'\hat{\tilde{u}}_{it}^2 - \frac{1}{N}\sum_{i=1}^{N}\left(\frac{1}{T}\sum_{t=1}^{T}\tilde{\mathbf{x}}_{it}\tilde{\mathbf{x}}_{it}'\right)\left(\frac{1}{T-1}\sum_{s=1}^{T}\hat{\tilde{u}}_{is}^2\right)\right\} \tag{3.7.21}$$

是 Ω 的一致估计。其中 $\hat{\tilde{u}}_{it}=\tilde{y}_{it}-\tilde{\mathbf{x}}_{it}'\hat{\boldsymbol{\beta}}_{\mathrm{CV}}$，$\tilde{y}_{it}-\bar{y}_i$ 或 $\tilde{y}_{it}=y_{it}-\bar{y}_i-\bar{y}_t+\bar{y}$。

当 N 和 T 都很大时，对于 $\boldsymbol{\beta}$ 的 CV 估计量的协方差矩阵，Vogelsang（2012）提出一个稳健估计量

$$T\Big(\sum_{i=1}^{N}\sum_{t=1}^{T}\tilde{\mathbf{x}}_{it}\tilde{\mathbf{x}}_{it}'\Big)^{-1}\Big(\sum_{i=1}^{N}\hat{\Omega}_i\Big)\Big(\sum_{i=1}^{N}\sum_{t=1}^{T}\tilde{\mathbf{x}}_{it}\tilde{\mathbf{x}}_{it}'\Big)^{-1} \tag{3.7.22}$$

其中

$$\hat{\Omega}_i=\frac{1}{T}\Big[\sum_{t=1}^{T}\hat{u}_{it}^2\tilde{\mathbf{x}}_{it}\tilde{\mathbf{x}}_{it}'+\sum_{t=2}^{T}\sum_{j=1}^{t-1}k\Big(\frac{j}{m}\Big)\hat{u}_{it}\,\hat{u}_{i,\,t-j}\,(\tilde{\mathbf{x}}_{it}\tilde{\mathbf{x}}_{i,\,t-j}'+\tilde{\mathbf{x}}_{i,\,t-j}\tilde{\mathbf{x}}_{it}')\Big] \tag{3.7.23}$$

这里，$k\left(\frac{j}{m}\right)$表示核，当$\left|\frac{j}{m}\right|\leqslant 1$ 时，$k\left(\frac{j}{m}\right)=1-\frac{j}{m}$；当$\left|\frac{j}{m}\right|\geqslant 1$ 时，$k\left(\frac{j}{m}\right)=0$。如果 $M=T$，则式（3.7.23）用到了所有的样本自相关。如果 $M<T$，使用的是截断的核。

3.8　任意误差结构的模型——Chamberlain π-法

本章重点讨论遗漏时间恒定或个体恒定（潜）变量后线性回归模型的设定和估计问题。在 3.1～3.7 节我们都是假定误差项的方差-协方差矩阵的结构已知。事实上，当 N 趋于无穷时，短面板的特点允许我们研究误差过程的未知结构。Chamberlain（1982，1984）建议在每个时期设定一个多元方程构成方程组，
70 将包含两个维度（横截面和时间序列）的单方程模型的估计问题转换成 T 个不同横截面数据回归模型的估计问题。该方法无须对方差-协方差矩阵进行先验约束，所以误差过程存在序列相关和某些类型的异方差［包括一些随机系数模型的异方差问题（见第 6 章）］时都可用该方法。这种多元方程组（multivariate setup）还是联系单方程模型与联立方程模型的桥梁（见第 5 章）。此外，还可根据第 4 章中即将讨论的广义矩法（GMM）［参见 Crépon 和 Mairesse（1996）］对推广的 Chamberlain 法重新加以解释。

为简单起见，考虑下面的模型：

$$y_{it}=\alpha_i^*+\boldsymbol{\beta}'\mathbf{x}_{it}+u_{it},\qquad i=1,\cdots,N;\quad t=1,\cdots,T \tag{3.8.1}$$

且

$$E(u_{it}\mid\mathbf{x}_{i1},\cdots,\mathbf{x}_{iT},\alpha_i^*)=0 \tag{3.8.2}$$

当 T 固定而 N 趋于无穷时，将第 i 个个体属性的 T 观测值堆积成向量（$\mathbf{y}_i'$，$\mathbf{x}_i'$），其中 $\mathbf{y}_i'=(y_{i1},\cdots,y_{iT})$ 和 $\mathbf{x}_i'=(\mathbf{x}_{i1}',\cdots,\mathbf{x}_{iT}')$ 分别是 $1\times T$ 和 $1\times KT$ 的向量。假定（$\mathbf{y}_i'$，$\mathbf{x}_i'$）是从具有某（未知的）多元分布函数的总体中独立抽取的，该分布函数的四阶矩有限，且 $E\mathbf{x}_i\mathbf{x}_i'=\sum_{xx}$是正定矩阵。因此每个个体的观测向量对应一个包含 T 个方程的回归方程组

$$\underset{T\times 1}{\mathbf{y}_i}=\mathbf{e}\alpha_i^*+(I_T\otimes\boldsymbol{\beta}')\mathbf{x}_i+\mathbf{u}_i,\qquad i=1,\cdots,N \tag{3.8.3}$$

在讨论 α_i^* 和 $\mathbf{x}_i$ 之间可能的相关性时，Chamberlain 根据 Mundlak（1978a）的思路，假定

$$E(\alpha_i^* \mid \mathbf{x}_i)=\mu+\sum_{t=1}^{T}\mathbf{a}_t'\mathbf{x}_{it}=\mu+\mathbf{a}'\mathbf{x}_i \tag{3.8.4}$$

其中 $\mathbf{a}'=(\mathbf{a}_1', \cdots, \mathbf{a}_T')$。对线性模型来说，假定 $E(\mathbf{y}_i \mid \mathbf{x}_i, \alpha_i^*)$ 是线性函数时，可以放松“$E(\alpha_i^* \mid \mathbf{x}_i)$ 是线性函数”的假设。$E(\alpha_i^* \mid \mathbf{x}_i)$ 是非线性函数时，Chamberlain (1984) 用

$$E^*(\alpha_i^* \mid \mathbf{x}_i)=\mu+\mathbf{a}'\mathbf{x}_i \tag{3.8.5}$$

替代式 (3.8.4)，符号 $E^*(\alpha_i^* \mid \mathbf{x}_i)$ 表示 α_i^* 在 $\mathbf{x}_i$ 上的（最小均方误差）线性预测（或投影）。所以① 71

$$\begin{aligned}E^*(\mathbf{y}_i \mid \mathbf{x}_i)&=E^*\{E^*(\mathbf{y}_i \mid \mathbf{x}_i, \alpha_i^*) \mid \mathbf{x}_i\}\\&=E^*\{\mathbf{e}\alpha_i^*+(I_T\otimes\boldsymbol{\beta}')\mathbf{x}_i \mid \mathbf{x}_i\}\\&=\mathbf{e}\mu+\Pi\mathbf{x}_i\end{aligned} \tag{3.8.6}$$

其中

$$\underset{T\times KT}{\Pi}=I_T\otimes\boldsymbol{\beta}'+\mathbf{e}\mathbf{a}' \tag{3.8.7}$$

将方程 (3.8.3) 和 (3.8.6) 重写为

$$\mathbf{y}_i=\mathbf{e}\mu+[I_T\otimes\mathbf{x}_i']\boldsymbol{\pi}+\mathbf{v}_i, \quad i=1, \cdots, N \tag{3.8.8}$$

其中 $\mathbf{v}_i=\mathbf{y}_i-E^*(\mathbf{y}_i \mid \mathbf{x}_i)$，而 $\boldsymbol{\pi}'=\text{vec}\,(\Pi^{*'})'=[\pi_1', \cdots, \pi_T']$ 是 $1\times KT^2$ 的向量，$\boldsymbol{\pi}_t'$表示 Π'的第 t 行。假定模型 (3.8.8) 的系数不受其他约束，做 $(\mathbf{y}_i-\bar{\mathbf{y}})$ 关于 $[I_T\otimes(\mathbf{x}_i-\bar{\mathbf{x}}^*)']$ 的回归，得到 $\boldsymbol{\pi}$ 的最小二乘估计②

$$\begin{aligned}\hat{\boldsymbol{\pi}}&=\left\{\sum_{i=1}^{N}[I_T\otimes(\mathbf{x}_i-\bar{\mathbf{x}}^*)][I_T\otimes(\mathbf{x}_i-\bar{\mathbf{x}}^*)']\right\}^{-1}\\&\quad\times\left\{\sum_{i=1}^{N}[I_T\otimes(\mathbf{x}_i-\bar{\mathbf{x}}^*)](\mathbf{y}_i-\bar{\mathbf{y}}^*)\right\}\\&=\boldsymbol{\pi}+\left\{\frac{1}{N}\sum_{i=1}^{N}[I_T\otimes(\mathbf{x}_i-\bar{\mathbf{x}}^*)][I_T\otimes(\mathbf{x}_i-\bar{\mathbf{x}}^*)']\right\}^{-1}\\&\quad\times\left\{\frac{1}{N}\sum_{i=1}^{N}[I_T\otimes(\mathbf{x}_i-\bar{\mathbf{x}}^*)]\mathbf{v}_i\right\}\end{aligned} \tag{3.8.9}$$

其中 $\bar{\mathbf{y}}=(1/N)\sum_{i=1}^{N}\mathbf{y}_i$，$\bar{\mathbf{x}}^*=(1/N)\sum_{i=1}^{N}\mathbf{x}_i$。

由构造可知，$E(\mathbf{v}_i \mid \mathbf{x}_i)=0$ 且 $E(\mathbf{v}_i\otimes\mathbf{x}_i)=0$。大数定律表明，当 T 固定而 N 趋于无穷时，$\hat{\boldsymbol{\pi}}$是 $\boldsymbol{\pi}$ 的一致估计 [Rao (1973)，第 2 章]。此外，因

$$\begin{aligned}\operatorname*{plim}_{N\to\infty}\frac{1}{N}\sum_{i=1}^{N}(\mathbf{x}_i-\bar{\mathbf{x}}^*)(\mathbf{x}_i-\bar{\mathbf{x}}^*)'&=E[\mathbf{x}_i-E\mathbf{x}_i][\mathbf{x}_i-E\mathbf{x}_i]'\\&=\Sigma_{xx}-(E\mathbf{x})(E\mathbf{x})'=\Phi_{xx}\end{aligned}$$

所以 $\sqrt{N}(\hat{\boldsymbol{\pi}}-\boldsymbol{\pi})$ 依分布收敛于 [Rao (1973)，第 2 章] 72

① 如果 $E(\alpha_i^* \mid \mathbf{x}_i)$ 是线性函数，则 $E^*(\mathbf{y}_i \mid \mathbf{x}_i)=E(\mathbf{y}_i \mid \mathbf{x}_i)$。

② 当然，约束条件“所有的 T 个方程都有相同的截距 μ”可让我们得到 π 的最小二乘估计。但这样做仅使最小二乘估计的代数方程更复杂，却并未获得对未知参数的相应了解。

$$[I_T \otimes \Phi_{xx}^{-1}]\left\{\frac{1}{\sqrt{N}}\sum_{i=1}^{N}[I_T \otimes (\mathbf{x}_i - \bar{\mathbf{x}}^*)]\mathbf{v}_i\right\}$$
$$=[I_T \otimes \Phi_{xx}^{-1}]\left\{\frac{1}{\sqrt{N}}\sum_{i=1}^{N}[\mathbf{v}_i \otimes (\mathbf{x}_i - \bar{\mathbf{x}}^*)]\right\} \quad (3.8.10)$$

故由中心极限定理可知，$\sqrt{N}(\hat{\boldsymbol{\pi}}-\boldsymbol{\pi})$ 的渐近分布是均值为零、协方差矩阵为 Ω 的正态分布，其中①

$$\Omega = E[(\mathbf{y}_i - \mathbf{e}\mu - \Pi\mathbf{x}_i)(\mathbf{y}_i - \mathbf{e}\mu - \Pi\mathbf{x}_i)' \otimes \Phi_{xx}^{-1}(\mathbf{x}_i - E\mathbf{x})(\mathbf{x}_i - E\mathbf{x})'\Phi_{xx}^{-1}] \quad (3.8.11)$$

利用相应的样本矩容易导出 Ω 的一致估计量

$$\hat{\Omega} = \frac{1}{N}\sum_{i=1}^{N}\{[(\mathbf{y}_i - \bar{\mathbf{y}}) - \hat{\Pi}(\mathbf{x}_i - \bar{\mathbf{x}}^*)][(\mathbf{y}_i - \bar{\mathbf{y}}) - \hat{\Pi}(\mathbf{x}_i - \bar{\mathbf{x}}^*)]' \otimes S_{xx}^{-1}(\mathbf{x}_i - \bar{\mathbf{x}}^*)(\mathbf{x}_i - \bar{\mathbf{x}}^*)'S_{xx}^{-1}\} \quad (3.8.12)$$

其中

$$S_{xx} = \frac{1}{N}\sum_{i=1}^{N}(\mathbf{x}_i - \bar{\mathbf{x}}^*)(\mathbf{x}_i - \bar{\mathbf{x}}^*)'$$

方程（3.8.7）隐含着 Π 需要满足的约束条件。令 $\boldsymbol{\theta}=(\boldsymbol{\beta}', \mathbf{a}')$，则对 Π 的约束条件［方程（3.8.7）］可以表示为

$$\boldsymbol{\pi} = \mathbf{f}(\boldsymbol{\theta}) \quad (3.8.13)$$

然后通过最小距离估计添加该约束条件，即选择最小化

$$[\hat{\boldsymbol{\pi}} - \mathbf{f}(\boldsymbol{\theta})]'\hat{\Omega}^{-1}[\hat{\boldsymbol{\pi}} - \mathbf{f}(\boldsymbol{\theta})] \quad (3.8.14)$$

中的 $\boldsymbol{\theta}$。

假设 $\mathbf{f}$ 有连续的二阶偏导数，且一阶偏导矩阵

$$F = \frac{\partial \mathbf{f}}{\partial \boldsymbol{\theta}'} \quad (3.8.15)$$

在参数 $\boldsymbol{\theta}$ 真实值的某个开领域内列满秩，则式（3.8.14）的最小距离估计量 $\hat{\boldsymbol{\theta}}$ 是
73 一致的，且 $\sqrt{N}(\hat{\boldsymbol{\theta}}-\boldsymbol{\theta})$ 的渐近分布是均值为零、方差-协方差矩阵为

$$(F'\Omega^{-1}F)^{-1} \quad (3.8.16)$$

的正态分布，而二次型

$$N[\hat{\boldsymbol{\pi}} - \mathbf{f}(\boldsymbol{\theta})]'\hat{\Omega}^{-1}[\hat{\boldsymbol{\pi}} - \mathbf{f}(\boldsymbol{\theta})] \quad (3.8.17)$$

收敛于自由度为 $KT^2-K(1+T)$ 的 χ^2 分布。②

方程组方法的优点在于我们仅需假定各横截面单元的 T 期观测独立分布，且四阶矩有限，而不必对误差过程做具体的假设，也不需要假定 $E(\alpha_i^* \mid \mathbf{x}_i)$ 是线性函数。③在约束条件更强的情形下，譬如 $E(\alpha_i^* \mid \mathbf{x}_i)$ 确实是线性函数［从而回归函数是线性的，即 $E(\mathbf{y}_i \mid \mathbf{x}_i)=\mathbf{e}\mu+\Pi\mathbf{x}_i$］，且 $\mathrm{Var}(\mathbf{y}_i \mid \mathbf{x}_i)$ 与 $\mathbf{x}_i\mathbf{x}_i'$ 无关，

---

① 细节详见 White（1980）或 Chamberlain（1982）。

② 证明参见附录 3A，或 Chamberlain（1982），Chiang（1956），或 Malinvaud（1970）。

③ 如果 $E(\alpha_i^* \mid \mathbf{x}_i) \neq E^*(\alpha_i^* \mid \mathbf{x}_i)$，则异方差存在，因为残差中包含了 $E(\alpha_i^* \mid \mathbf{x}_i)-E^*(\alpha_i^* \mid \mathbf{x}_i)$。

则式（3.8.12）收敛于

$$E[\mathrm{Var}(\mathbf{y}_i \mid \mathbf{x}_i)] \otimes \Phi_{xx}^{-1} \tag{3.8.18}$$

如果样本还是同方差的，即$\mathrm{Var}(\mathbf{y}_i \mid \mathbf{x}_i)=\Sigma$与 $\mathbf{x}_i$ 无关，则式（3.8.12）收敛于

$$\Sigma \otimes \Phi_{xx}^{-1} \tag{3.8.19}$$

将单个个体的 T 个方程组成方程组，得到无约束线性预测的系数矩阵，然后在这些约束条件下求最小距离估计量的 Chamberlain 法在线性联立方程模型中也有类似的应用。对于线性联立方程模型，我们可用最小距离法估计约简型并导出有效估计量［Malinvaud（1970，第 19 章）］。利用时序数据的标准联立方程模型①

$$\Gamma\mathbf{y}_t + B\mathbf{x}_t = \mathbf{u}_t, \quad t=1, \cdots, T \tag{3.8.20}$$

和它的约简型

$$\mathbf{y}_t = \Pi\,\mathbf{x}_t + \mathbf{v}_t, \quad \Pi = -\Gamma^{-1}B, \quad \mathbf{v}_t = \Gamma^{-1}\mathbf{u}_t \tag{3.8.21}$$

我们便可证明上面的结论，其中 Γ，B 和 Π 是 $G\times G$，$G\times K$ 和 $G\times K$ 的系数矩阵，$\mathbf{y}_t$ 和 $\mathbf{u}_t$ 分别是 $G\times 1$ 的可观测内生变量向量和不可观测的扰动项向量，$\mathbf{x}_t$ 是 $K\times 1$ 的可观测外生变量向量。假定 $\mathbf{u}_t$ 序列独立，方差和协方差有限。

通常情况下存在对 Γ 和 B 的约束条件，但这里我们假定在零约束条件下就 74
可识别模型（3.8.20）［参见 Hsiao（1983）］，此时第 g 个结构方程为

$$y_{gt} = \mathbf{w}'_{gt}\boldsymbol{\theta}_g + \nu_{gt} \tag{3.8.22}$$

其中 $\mathbf{w}_{gt}$ 的分量是 $\mathbf{y}_t$ 和 $\mathbf{x}_t$ 中的元素，它们出现在第 g 个方程中，且系数未知。令 $\Gamma(\boldsymbol{\theta})$ 和 $B(\boldsymbol{\theta})$ 是 Γ 和 B 的满足零约束条件且正则化后的参数表达式，其中 $\boldsymbol{\theta}'=(\boldsymbol{\theta}_1', \cdots, \boldsymbol{\theta}_G')$。则 $\boldsymbol{\pi}=\mathbf{f}(\boldsymbol{\theta})=\mathrm{vec}\{[-\Gamma^{-1}(\boldsymbol{\theta})B(\boldsymbol{\theta})]'\}$。

令 $\hat{\Pi}$ 是 Π 的最小二乘估计，且

$$\tilde{\Omega} = \frac{1}{T}\sum_{t=1}^{T}[(\mathbf{y}_t - \hat{\Pi}\mathbf{x}_t)(\mathbf{y}_t - \hat{\Pi}\mathbf{x}_t)' \otimes S_x^{*-1}(\mathbf{x}_t\mathbf{x}_t')S_x^{*-1}] \tag{3.8.23}$$

其中 $S_x^* = (1/T)\sum_{t=1}^{T}\mathbf{x}_t\mathbf{x}_t'$。推广的 Malinvaud（1970）最小距离估计法是选择满足

$$\min[\hat{\boldsymbol{\pi}} - \mathbf{f}(\boldsymbol{\theta})]'\tilde{\Omega}^{-1}[\hat{\boldsymbol{\pi}} - \mathbf{f}(\boldsymbol{\theta})] \tag{3.8.24}$$

的 $\hat{\boldsymbol{\theta}}$。然后我们可证明 $\sqrt{T}(\hat{\boldsymbol{\theta}}-\boldsymbol{\theta})$ 的渐近分布是均值为零、方差-协方差矩阵为 $(F'\tilde{\Omega}^{-1}F)^{-1}$ 的正态分布，其中 $F=\partial\mathbf{f}(\boldsymbol{\theta})/\partial\boldsymbol{\theta}'$。

Rothenberg（1973，第 69 页）给出了 $\partial\pi/\partial\boldsymbol{\theta}'$ 的表达式：

$$F = \frac{\partial\pi}{\partial\boldsymbol{\theta}'} = -(\Gamma^{-1} \otimes I_K)[\Sigma_{wx}(I_G \otimes \Sigma_{xx}^{-1})]' \tag{3.8.25}$$

其中 Σ_{wx} 是分块对角矩阵：$\Sigma_{wx} = \mathrm{diag}\{E(\mathbf{w}_{1t}\mathbf{x}'_t), \cdots, E(\mathbf{w}_{Gt}\mathbf{x}'_t)\}$，$\Sigma_{xx} = E(\mathbf{x}_t\mathbf{x}_t')$。所以

$$(F'\tilde{\Omega}^{-1}F)^{-1} = \{\Sigma_{wx}[E(\mathbf{u}_t\mathbf{u}_t' \otimes \mathbf{x}_t\mathbf{x}_t')]^{-1}\Sigma'_{wx}\}^{-1} \tag{3.8.26}$$

① 用模型（3.8.20）拟合面板数据，见第 5 章。

如果 $\mathbf{u}_t\mathbf{u}_t'$ 和 $\mathbf{x}_t\mathbf{x}_t'$ 无关，则式（3.8.26）可化简为

$$\{\sum_{wx}[[E(\mathbf{u}_t\mathbf{u}_t')]^{-1}\otimes\sum_{xx}^{-1}]\sum_{wx}'\}^{-1} \tag{3.8.27}$$

该矩阵就是通常的三阶段最小二乘估计量（3SLS）的渐近协方差矩阵［Zellner 和 Theil（1962）］。如果 $\mathbf{u}_t\mathbf{u}_t'$ 和 $\mathbf{x}_t\mathbf{x}_t'$ 相关，则 $\hat{\boldsymbol{\theta}}$ 的最小距离估计量渐近等价于 Chamberlain（1982）的广义 3SLS 估计量

$$\hat{\boldsymbol{\theta}}_{\text{G3SLS}}=(S_{wx}\ \hat{\boldsymbol{\Psi}}^{-1}S_{wx}')^{-1}(S_{wx}\ \hat{\boldsymbol{\Psi}}^{-1}\mathbf{s}_{xy}) \tag{3.8.28}$$

其中

$$S_{wx}=\text{diag}\left\{\frac{1}{T}\sum_{t=1}^{T}\mathbf{w}_{1t}\mathbf{x}_t',\ \cdots,\ \frac{1}{T}\sum_{t=1}^{T}\mathbf{w}_{Gt}\mathbf{x}_t'\right\},$$

$$\hat{\boldsymbol{\Psi}}=\frac{1}{T}\sum_{t=1}^{T}\{\hat{\mathbf{u}}_t\ \hat{\mathbf{u}}_t'\otimes\mathbf{x}_t\mathbf{x}_t'\},\qquad \mathbf{s}_{xy}=\frac{1}{T}\sum_{t=1}^{T}\mathbf{y}_t\otimes\mathbf{x}_t$$

75 而

$$\hat{\mathbf{u}}_t=\hat{\Gamma}\mathbf{y}_t+\hat{B}\mathbf{x}_t$$

其中 $\hat{\Gamma}$ 和 $\hat{B}$ 是 Γ 与 B 的一致估计量。某个方程恰可识别时，则像通常的 3SLS 一样，对方程组使用广义 3SLS 估计法，排除恰可识别方程，得到渐近协方差矩阵，该协方差矩阵和对全部 G 个方程应用广义 3SLS 估计法得到的协方差矩阵估计量相同。①

但与任何推广的方法一样，使用该方法也伴随一定的代价。最小距离估计量只是相对于没有对误差过程的方差-协方差矩阵添加先验约束的一类估计量有效。如果像上一节那样假设误差过程的误差成分结构已知，则 Π 的最小二乘估计就不是有效的（见 5.2 节），因此，在没有假设误差过程的具体结构时得到的最小距离估计量虽然是一致的，却不是有效的。②此时的有效估计量是 GLS 估计量。此外，最小距离估计量的计算相当繁杂，而两步 GLS 估计法相对容易实现。

附录 3A　最小距离估计量的一致性和渐近正态性

本附录简要概述最小距离估计量的一致性和渐近正态性的证明。③为表述完整，我们以一般的形式陈述它们所包含的一系列条件和性质。

令

$$S_N=[\hat{\boldsymbol{\pi}}_N-\mathbf{f}(\boldsymbol{\theta})]'A_N[\hat{\boldsymbol{\pi}}_N-\mathbf{f}(\boldsymbol{\theta})] \tag{3A.1}$$

---

① 验证式（3.8.25）的分块矩阵的逆可得到该结果。

② 如果 $\hat{\boldsymbol{\pi}}^*$ 是 $\boldsymbol{\pi}$ 的另一个具有渐近方差-协方差矩阵 Ω^* 的估计量，则通过选择 $\hat{\boldsymbol{\theta}}^*$ 来最小化 $[\hat{\boldsymbol{\pi}}^*-\mathbf{f}(\boldsymbol{\theta})]'\Omega^{*-1}\cdot[\hat{\boldsymbol{\pi}}^*-\mathbf{f}(\boldsymbol{\theta})]$ 而得到的 $\boldsymbol{\theta}$ 的最小距离估计量具有渐近方差-协方差矩阵 $(F'\Omega^{*-1}F)^{-1}$。假设 $\Omega-\Omega^*$ 是正半定的，则 $F'\Omega^{*-1}F-F'\Omega^{-1}F=F'(\Omega^{*-1}-\Omega^{-1})F$ 是正半定的。因此，最小距离估计量的效率主要取决于 $\boldsymbol{\pi}$ 的（不受限）估计量的效率。

③ 关于 Chamberlain π-法的完整讨论和广义矩法（GMM），参见 Crépon 和 Mairesse（1996）。

假设 3A.1　向量 $\hat{\boldsymbol{\pi}}_N$ 依概率收敛于 $\boldsymbol{\pi}=\mathbf{f}(\boldsymbol{\theta})$。① 矩阵 A_N 依概率收敛于正定矩阵 Ψ。

假设 3A.2　向量 $\boldsymbol{\theta}$ 是 p 维空间的某个紧子集中的元素。函数 $\mathbf{f}(\boldsymbol{\theta})$ 有连续的二阶偏导数，且一阶偏导矩阵［方程（3.8.15）］在参数 $\boldsymbol{\theta}$ 真实值的某个开邻域内满列秩，即秩为 p。 76

假设 3A.3　$\sqrt{N}[\hat{\boldsymbol{\pi}}_N-\mathbf{f}(\boldsymbol{\theta})]$的渐近分布是均值为零、方差-协方差矩阵为 Δ 的正态分布。

最小距离估计法是选择使 S_N 最小的$\hat{\boldsymbol{\theta}}$。

命题 3A.1　如果假设 3A.1 和假设 3A.2 成立，则 $\hat{\boldsymbol{\theta}}$ 依概率收敛于 $\boldsymbol{\theta}$.

证明：假设 3A.1 表明 S_N 收敛于 $S=[\mathbf{f}(\boldsymbol{\theta})-\mathbf{f}(\hat{\boldsymbol{\theta}})]'\Psi[\mathbf{f}(\boldsymbol{\theta})-\mathbf{f}(\hat{\boldsymbol{\theta}})]=h\geqslant 0$。因为 $\min S=0$，且秩条件［假设 3A.2 或方程（3.8.15）］表明在 $\boldsymbol{\theta}$ 真实值的某个开邻域内，当且仅当 $\boldsymbol{\theta}=\boldsymbol{\theta}^*$ 时，$\mathbf{f}(\boldsymbol{\theta})=\mathbf{f}(\boldsymbol{\theta}^*)$［Hsiao（1983），第 256 页］，$\hat{\boldsymbol{\theta}}$ 必定依概率收敛于 $\boldsymbol{\theta}$。（证毕）

命题 3A.2　如果假设 3A.1～3A.3 都成立，则 $\sqrt{N}(\hat{\boldsymbol{\theta}}-\boldsymbol{\theta})$ 的渐近分布是均值为零、方差-协方差矩阵为

$$(F'\Psi F)^{-1}F'\Psi\Delta\Psi F(F'\Psi F)^{-1} \tag{3A.2}$$

的正态分布。

证明：$\hat{\boldsymbol{\theta}}$ 是

$$\mathbf{d}_N(\hat{\boldsymbol{\theta}})=\frac{\partial S_N}{\partial\boldsymbol{\theta}}\bigg|_{\boldsymbol{\theta}=\hat{\boldsymbol{\theta}}}=-2\left(\frac{\partial\mathbf{f}'}{\partial\boldsymbol{\theta}}\right)A_N[\hat{\boldsymbol{\pi}}_N-\mathbf{f}(\hat{\boldsymbol{\theta}})]=\mathbf{0} \tag{3A.3}$$

的解。

中值定理表明

$$\mathbf{d}_N(\hat{\boldsymbol{\theta}})=\mathbf{d}_N(\boldsymbol{\theta})+\left(\frac{\partial\mathbf{d}_N(\boldsymbol{\theta}^*)}{\partial\boldsymbol{\theta}'}\right)(\hat{\boldsymbol{\theta}}-\boldsymbol{\theta}) \tag{3A.4}$$

其中 $\boldsymbol{\theta}^*$ 是连接$\hat{\boldsymbol{\theta}}$和 $\boldsymbol{\theta}$ 的线段上的点。因 $\hat{\boldsymbol{\theta}}$ 收敛于 $\boldsymbol{\theta}$，直接计算后可知 $\partial\mathbf{d}_N(\boldsymbol{\theta}^*)/\partial\boldsymbol{\theta}'$收敛于

$$\frac{\partial\mathbf{d}_N(\boldsymbol{\theta})}{\partial\boldsymbol{\theta}'}=2\left(\frac{\partial\mathbf{f}(\boldsymbol{\theta})}{\partial\boldsymbol{\theta}'}\right)'\Psi\left(\frac{\partial\mathbf{f}(\boldsymbol{\theta})}{\partial\boldsymbol{\theta}'}\right)=2F'\Psi F$$

故 $\sqrt{N}(\hat{\boldsymbol{\theta}}-\boldsymbol{\theta})$ 的极限分布与

$$-\left[\frac{\partial\mathbf{d}_N(\boldsymbol{\theta})}{\partial\boldsymbol{\theta}'}\right]^{-1}\cdot\sqrt{N}\mathbf{d}_N(\boldsymbol{\theta})=(F'\Psi F)^{-1}F'\Psi\cdot\sqrt{N}[\hat{\boldsymbol{\pi}}_N-\mathbf{f}(\boldsymbol{\theta})] \tag{3A.5}$$

的极限分布相同。假设 3A.3 说明 $\sqrt{N}[\hat{\boldsymbol{\pi}}_N-\mathbf{f}(\boldsymbol{\theta})]$的渐近分布是均值为零、方

---

① 事实上，如果$\hat{\boldsymbol{\pi}}$几乎处处收敛于 π，则可得到一个更强的结果。在本书中我们不打算对依概率收敛和几乎处处收敛的概念［Rao（1973），2.c 节］进行区分，因为更强的结果要求一些更为严格的假设和推导，但直觉上却没有太多受益。

差-协方差矩阵为 Δ 的正态分布。因此 $\sqrt{N}(\hat{\boldsymbol{\theta}}-\boldsymbol{\theta})$ 的渐近分布是均值为零、方差-协方差矩阵为式（3A.2）的正态分布。（证毕）

77 **命题 3A.3** 如果 Δ 是正定矩阵，则

$$(F'\Psi F)^{-1}F'\Psi\Delta\Psi F(F'\Psi F)^{-1}-(F'\Delta^{-1}F)^{-1} \tag{3A.6}$$

是正半定矩阵，故 Ψ 的最优解是 Δ^{-1}。

证明：因为 Δ 是正定矩阵，则存在非退化矩阵 $\tilde{C}$ 使 $\Delta=\tilde{C}\tilde{C}'$。令 $\tilde{F}=\tilde{C}^{-1}F$，$\tilde{B}=(F'\Psi F)^{-1}F'\Psi\tilde{C}$，则式（3A.6）变为 $\tilde{B}[I-\tilde{F}(\tilde{F}'\tilde{F})^{-1}\tilde{F}']\tilde{B}'$，它是正半定矩阵。（证毕）

命题 3A.4 如果假设 3A.1～3A.3 都成立，Δ 是正定矩阵，且 A_N 依概率收敛于 Δ^{-1}，则

$$N[\hat{\boldsymbol{\pi}}_N-\mathbf{f}(\hat{\boldsymbol{\theta}})]'A_N[\hat{\boldsymbol{\pi}}_N-\mathbf{f}(\hat{\boldsymbol{\theta}})] \tag{3A.7}$$

收敛于自由度为 KT^2-p 的 χ^2 分布。

证明：将 $\mathbf{f}(\hat{\boldsymbol{\theta}})$ 在 $\boldsymbol{\theta}$ 处 Taylor 展开，得到

$$\mathbf{f}(\hat{\boldsymbol{\theta}})\simeq\mathbf{f}(\boldsymbol{\theta})+\frac{\partial\mathbf{f}(\boldsymbol{\theta})}{\partial\boldsymbol{\theta}'}(\hat{\boldsymbol{\theta}}-\boldsymbol{\theta}) \tag{3A.8}$$

因此，对充分大的 N，$\sqrt{N}[\mathbf{f}(\hat{\boldsymbol{\theta}})-\mathbf{f}(\boldsymbol{\theta})]$ 和 $F\cdot\sqrt{N}(\hat{\boldsymbol{\theta}}-\boldsymbol{\theta})$ 的极限分布相同。所以

$$\sqrt{N}[\hat{\boldsymbol{\pi}}_N-\mathbf{f}(\hat{\boldsymbol{\theta}})]=\sqrt{N}[\hat{\boldsymbol{\pi}}_N-\mathbf{f}(\boldsymbol{\theta})]-\sqrt{N}[\mathbf{f}(\hat{\boldsymbol{\theta}})-\mathbf{f}(\boldsymbol{\theta})] \tag{3A.9}$$

依分布收敛于 $Q^*\tilde{C}u^*$，其中 $Q^*=I_{KT^2}-F(F'\Delta^{-1}F)^{-1}F'\Delta^{-1}$，$\tilde{C}$ 是使 $\tilde{C}\tilde{C}'=\Delta$ 的非退化矩阵，$\mathbf{u}^*$ 服从正态分布，其均值为零，方差-协方差矩阵为 I_{KT^2}。则二次型（3A.7）依分布收敛于 $\mathbf{u}^{*\prime}\tilde{C}'Q^{*\prime}\Delta^{-1}\tilde{C}\mathbf{u}^*$。令 $\tilde{F}=\tilde{C}^{-1}F$，$M=I_{KT^2}-\tilde{F}(\tilde{F}'\tilde{F})^{-1}\tilde{F}'$，则 M 是秩为 KT^2-p 的对称幂等矩阵，且 $\tilde{C}'Q^{*\prime}\Delta^{-1}Q^*\tilde{C}=M^2=M$；因此式（3A.7）依分布收敛于 $\mathbf{u}^{*\prime}M\mathbf{u}^*$，$\mathbf{u}^{*\prime}M\mathbf{u}^*$ 服从自由度为 KT^2-p 的 χ^2 分布。（证毕）

附录 3B 三成分模型的方差-协方差矩阵的特征向量和逆

在本附录中我们利用矩阵的特征根和特征向量导出三成分模型（3.6.23）的方差-协方差矩阵的逆。这部分内容来自 Nerlove（1971b）的工作。

矩阵（3.6.23）有 3 项，一项包含 I_{NT}，一项包含 $I_N\otimes\mathbf{ee}'$，还有一项包含 $\mathbf{e}_N\mathbf{e}_N'\otimes I_T$。故向量 $(\mathbf{e}_N/\sqrt{N})\otimes(\mathbf{e}/\sqrt{T})$ 是属于特征根 $\sigma_u^2+T\sigma_\alpha^2+N\sigma_\lambda^2$ 的特征向量。在寻找另外的 $NT-1$ 个特征向量时，我们总可找到 $N-1$ 个 $N\times1$ 的向量 $\boldsymbol{\Psi}_j$，$j=1$，…，$N-1$，它们相互正交且与 $\mathbf{e}_N$ 正交：

78

$$\mathbf{e}_N'\boldsymbol{\Psi}_j=0$$

$$\boldsymbol{\Psi}_j'\boldsymbol{\Psi}_{j'}=\begin{cases}1, & \text{如果 } j=j',\\ 0, & \text{如果 } j\neq j',\ j=1,\cdots,N-1\end{cases} \tag{3B.1}$$

总可找到 $T-1$ 个 $T\times 1$ 的向量 Φ_k，$k=1$，…，$T-1$，它们相互正交且与 $\mathbf{e}$ 正交：

$$\mathbf{e}'\Phi_k=0$$

$$\Phi_k'\Phi_{k'}=\begin{cases}1, & \text{如果 } k=k' \\ 0, & \text{如果 } k\neq k',\ k=1,\cdots,T-1\end{cases} \tag{3B.2}$$

则 $(N-1)\times(T-1)$ 个向量 $\Psi_j\otimes\Phi_k$，$j=1$，…，$N-1$，$k=1$，…，$T-1$，$N-1$ 个向量 $\Psi_j\otimes(\mathbf{e}/\sqrt{T})$，$j=1$，…，$N-1$ 和 $T-1$ 个向量 $\mathbf{e}_N/\sqrt{N}\otimes\Phi_k$，$k=1$，…，$T-1$ 是分别属于 $\tilde{V}$ 的特征根 σ_u^2，$\sigma_u^2+T\sigma_\alpha^2$ 和 $\sigma_u^2+N\sigma_\lambda^2$ 的特征向量，这些特征根的重数分别为 $(N-1)\times(T-1)$，$(N-1)$ 和 $(T-1)$。

令

$$C_1=\frac{1}{\sqrt{T}}[\Psi_1\otimes\mathbf{e},\cdots,\Psi_{N-1}\otimes\mathbf{e}]$$

$$C_2=\frac{1}{\sqrt{N}}[\mathbf{e}_N\otimes\Phi_1,\cdots,\mathbf{e}_N\otimes\Phi_{T-1}]$$

$$C_3=[\Psi_1\otimes\Phi_1,\Psi_1\otimes\Phi_2,\cdots,\Psi_{N-1}\otimes\Phi_{T-1}] \tag{3B.3}$$

$$C_4=(\mathbf{e}_N/\sqrt{N})\otimes(\mathbf{e}/\sqrt{T})=\frac{1}{\sqrt{NT}}\mathbf{e}_{NT}$$

并令

$$C=[C_1\quad C_2\quad C_3\quad C_4] \tag{3B.4}$$

则

$$CC'=C_1C_1'+C_2C_1'+C_3C_3'+C_4C_4'=I_{NT} \tag{3B.5}$$

$$C\tilde{V}C'=\begin{bmatrix}(\sigma_u^2+T\sigma_\alpha^2)I_{N-1} & \mathbf{0} & \mathbf{0} & \mathbf{0}\\ \mathbf{0} & (\sigma_u^2+N\sigma_\lambda^2)I_{T-1} & \mathbf{0} & \mathbf{0}\\ \mathbf{0} & \mathbf{0} & \sigma_u^2 I_{(N-1)(T-1)} & \mathbf{0}\\ \mathbf{0} & \mathbf{0} & \mathbf{0} & \sigma_u^2+T\sigma_\alpha^2+N\sigma_\lambda^2\end{bmatrix}$$

$$=\lambda \tag{3B.6}$$

且

$$\hat{V}=C\Lambda C'$$

令 $A=I_N\otimes\mathbf{e}\mathbf{e}'$，$D=\mathbf{e}_N\mathbf{e}_N'\otimes I_T$，及 $J=\mathbf{e}_{NT}\mathbf{e}_{NT}'$。因为 79

$$C_4C_4'=\frac{1}{NT}J \tag{3B.7}$$

Nerlove (1971b) 证明，式 (3B.5) 左乘 A 后可得

$$C_1C_1'=\frac{1}{T}A-\frac{1}{NT}J \tag{3B.8}$$

式 (3B.5) 左乘 D 得到

$$C_2C_2'=\frac{1}{N}D-\frac{1}{NT}J \tag{3B.9}$$

式 (3B.5) 左乘 A 和 D 后再利用关系式 (3B.5)、(3B.7)、(3B.8) 和 (3B.9)，可得

$$C_3C_3'=I_{NT}-\frac{1}{T}A-\frac{1}{N}D+\frac{1}{NT}J=\widetilde{Q} \tag{3B. 10}$$

由于 $\widetilde{V}^{-1}=C\Lambda^{-1}C'$，所以

$$\begin{aligned}\widetilde{V}^{-1}=&\frac{1}{\sigma_u^2+T\sigma_\alpha^2}\left(\frac{1}{T}A-\frac{1}{NT}J\right)+\frac{1}{\sigma_u^2+N\sigma_\lambda^2}\left(\frac{1}{N}D-\frac{1}{NT}J\right)\\&+\frac{1}{\sigma_u^2}\widetilde{Q}+\frac{1}{\sigma_u^2+T\sigma_\alpha^2+N\sigma_\lambda^2}\left(\frac{1}{NT}J\right)\end{aligned} \tag{3B. 11}$$

第4章 变截距动态模型

4.1 引言 80

在第 3 章中我们讨论了将线性静态模型

$$y_{it}=\mathbf{x}_{it}\boldsymbol{\beta}'+\alpha_i^*+\lambda_t+u_{it},\qquad \begin{array}{l} i=1,\cdots,N \\ t=1,\cdots,T \end{array} \tag{4.1.1}$$

的特异效应项当作固定常数或随机变量时的含义以及相应的估计方法，其中 $\mathbf{x}_{it}$ 是 $K\times1$ 的解释变量向量（包含常数项）；$\boldsymbol{\beta}$ 是 $K\times1$ 的常数向量；α_i^* 和 λ_t 分别是（不可观测的）个体特异效应项和时间特异效应项，假定对给定的个体 i，α_i^* 在各时期保持不变，在给定的时期 t，λ_t 对所有个体的影响相同；u_{it} 表示随着 i 和 t 变化但不可观测的影响因素。很多时候我们也希望用面板数据估计具有动态特征的行为关系，即包含滞后因变量的模型，譬如①

$$y_{it}=\gamma y_{i,t-1}+\mathbf{x}_{it}\boldsymbol{\beta}'+\alpha_i^*+\lambda_t+u_{it},\qquad \begin{array}{l} i=1,\cdots,N \\ t=1,\cdots,T \end{array} \tag{4.1.2}$$

其中 $Eu_{it}=0$，且当 $i=j$，$t=s$ 时 $Eu_{it}u_{js}=\sigma_u^2$，在其他情形下，$Eu_{it}u_{js}=0$。大量研究结果表明，从模型估计的角度来说，在动态情形下选择固定效应模型还是随机效应模型，与在静态情形下有着本质的不同。

大致说来，文献对线性静态模型的效应项 α_i^* 和 λ_t 是随机变量还是固定常数的讨论引出了两个问题：其一是估计的有效性，另一个是效应项与回归元的独立性［比如回归元严格外生性假设的合理性［方程（3.4.1）］；参见 Maddala (1971a)，Mundlak (1978a) 和第 3 章］。当所有解释变量都是固定常数或外生变量（就与扰动项 u 的关系而言）时，协方差估计量在固定效应假设下是最优线性无偏估计量，在随机效应假设下，虽然不是有效估计，但仍是无偏的一致估计。但有 81
与所包含外生变量相关的个体属性遗漏时，协方差估计量也不会因遗漏这些个体

---

① 我们将关于滞后分布模型估计的讨论放到第 11 章。

属性而产生偏误，因为对数据差分时清除了这些属性的影响；但随机效应模型的广义最小二乘估计量是有偏的，因为它错误地假设效应项和解释变量不相关。此外，如果线性静态模型的效应项和解释变量的均值有关，只要随机效应模型设定正确，导出的协方差估计量（CV）就与固定效应模型的相同［Mundlak（1978a），也可参见第 3 章的 3.4 节］。故一般认为固定效应模型在实证研究中更加重要［参见 Ashenfelter（1978）；Hausman（1978）；Kiefer（1979）］。

但若滞后因变量作为解释变量出现在模型中，则回归元的严格外生性假设不再成立。动态过程的初始值将导致新的问题。研究表明，在随机效应假设下，对模型的解释与对初值的假设密切相关。在固定效应假设下，对包含大量个体但仅有少数几个时期的典型面板数据，最大似然估计或固定效应模型的 CV 不再是一致估计。本章将要讨论的多种固定效应估计量的一致性和大样本性质与时序观测期数 T、横截面单元数 N 趋向无穷的方式有关。

为表述方便，我们先假定模型中没有时间特异效应项 λ_t。我们将在 4.2 节讨论 CV（或最小二乘虚拟变量）估计量的性质。4.3 节讨论随机效应模型。我们讨论各种模型的含义和估计方法，并证明普通最小二乘估计量是不一致估计，但 MLE、工具变量估计量（IV）、广义矩法估计量（GMM）是一致估计。此外我们还讨论检验初始条件的方法。在 4.4 节，我们借助 Balestra 和 Nerlove（1966）的天然气需求模型阐述待估参数在不同假设下的结果。4.5 节讨论固定效应动态模型的估计。我们将证明，虽然在 T 固定而 N 趋于无穷时 MLE 和 CV 估计量通常是不一致的，但存在一种不会引入伴生参数的转换似然法，在初始条件正确设定时是一致的、有效的。我们还讨论了无须设定初始条件的 GMM 估计量和 IV 估计量。此外我们还给出了检验固定效应模型和随机效应模型的方法。在 4.6 节我们放宽误差项具有具体序列相关结构的假设，并提出估计动态模型的系统方法。同时包含个体特异效应项和时间特异效应项的模型将在 4.7 节中讨论。

82
4.2 协方差估计量

协方差变换从模型中消除了个体特异效应项，故不存在该使用随机效应模型还是固定效应模型的问题。对于静态模型，当 N 或 T 增大时，CV 估计量是一致的。对于动态模型，CV（或 LSDV）估计量的性质取决于 N 或 T 以何种方式趋于无穷。

考虑模型①

---

① 假设 $|\gamma|<1$ 是为了建立自回归过程的（弱）平稳性［Anderson（1971），第 5 章、第 7 章］。随机过程 $\{\xi_t\}$ 是平稳的，如果它的概率结构不随时间变化。随机过程是弱平稳的，如果它的均值 $E\xi_t=m$ 是与时间无关的常数，且任意两个随机变量的协方差 $E(\xi_t-E\xi_t)(\xi_s-E\xi_s)=\sigma_\xi(t-s)$ 仅取决于它们之间的时间长度。动态模型的最小二乘估计量的统计性质取决于当 $T\to\infty$ 时是否有 $|\gamma|<1$［Anderson（1959）］。当 T 固定而 $N\to\infty$ 时，不必为得到最小二乘估计量的渐近正态性而假定 $|\gamma|<1$［Anderson（1978），Goodrich 和 Caines（1979）］。我们保留了这一常规的假设，既是为了表述的方便，也因为它允许我们对 4.3 节中所讨论的各种关于初始条件的假设给出一种统一的方法。

$$y_{it}=\gamma y_{i,t-1}+\alpha_i^*+u_{it},\quad |\gamma|<1,\quad \begin{array}{l} i=1,\cdots,N \\ t=1,\cdots,T \end{array} \tag{4.2.1}$$

为简单起见，令 $\alpha_i^*=\alpha_i+\mu$，这样可避免添加约束条件 $\sum_{i=1}^{N}\alpha_i=0$。我们还假定 y_{i0}可观测，$Eu_{it}=0$，且当 $i=j$，$t=s$ 时 $Eu_{it}u_{js}=\sigma_u^2$，而其他情形下 $Eu_{it}u_{js}=0$。

令 $\bar{y}_i=\sum_{t=1}^{T}y_{it}/T$，$\bar{y}_{i,-1}=\sum_{t=1}^{T}y_{i,t-1}/T$，$\bar{u}_i=\sum_{t=1}^{T}u_{it}/T$。则 α_i^* 和γ 的 LS-DV（CV）估计量是

$$\hat{\alpha}_i^*=\bar{y}_i-\hat{\gamma}_{\mathrm{CV}}\,\bar{y}_{i,-1},\quad i=1,\cdots,N \tag{4.2.2}$$

$$\begin{aligned}\hat{\gamma}_{\mathrm{CV}}&=\frac{\sum_{i=1}^{N}\sum_{t=1}^{T}(y_{it}-\bar{y}_i)(y_{i,t-1}-\bar{y}_{i,-1})}{\sum_{i=1}^{N}\sum_{t=1}^{T}(y_{i,t-1}-\bar{y}_{i,-1})^2}\\&=\gamma+\frac{\sum_{i=1}^{N}\sum_{t=1}^{T}(y_{i,t-1}-\bar{y}_{i,-1})(u_{it}-\bar{u}_i)/NT}{\sum_{i=1}^{N}\sum_{t=1}^{T}(y_{i,t-1}-\bar{y}_{i,-1})^2/NT}\end{aligned} \tag{4.2.3}$$

如果式（4.2.3）中第二项的分母不为零，则 CV 估计量存在。如果式（4.2.3）中第二项的分子在样本容量增加时收敛于零，则它是一致的。

对式（4.2.1）连续迭代后，可得到

$$y_{it}=u_{it}+\gamma u_{i,t-1}+\cdots+\gamma^{t-1}u_{i1}+\frac{1-\gamma^t}{1-\gamma}\alpha_i^*+\gamma^t y_{i0} \tag{4.2.4}$$

对 $y_{i,t-1}$关于 t 求和，我们有 83

$$\begin{aligned}\sum_{t=1}^{T}y_{i,t-1}=&\frac{1-\gamma^T}{1-\gamma}y_{i0}+\frac{(T-1)-T\gamma+\gamma^T}{(1-\gamma)^2}\alpha_i^*\\&+\frac{1-\gamma^{T-1}}{1-\gamma}u_{i1}+\frac{1-\gamma^{T-2}}{1-\gamma}u_{i2}+\cdots+u_{i,T-1}\end{aligned} \tag{4.2.5}$$

在 u_{it}与α_i^* 无关，且独立同分布的假设下，根据大数定律［Rao（1973）］，并利用式（4.2.5），我们可证明当 N 趋于无穷时，

$$\begin{aligned}&\operatorname*{plim}_{N\to\infty}\frac{1}{NT}\sum_{i=1}^{N}\sum_{t=1}^{T}(y_{i,t-1}-\bar{y}_{i,-1})(u_{it}-\bar{u}_i)\\&\quad=-\operatorname*{plim}_{N\to\infty}\frac{1}{N}\sum_{i=1}^{N}\bar{y}_{i,-1}\bar{u}_i\\&\quad=-\frac{\sigma_u^2}{T^2}\cdot\frac{(T-1)-T\gamma+\gamma^T}{(1-\gamma)^2}\end{aligned} \tag{4.2.6}$$

类似地，我们可以证明式（4.2.3）的分母在 $N\to\infty$时收敛于

$$\frac{\sigma_u^2}{1-\gamma^2}\left\{1-\frac{1}{T}-\frac{2\gamma}{(1-\gamma)^2}\cdot\frac{(T-1)-T\gamma+\gamma^T}{T^2}\right\} \tag{4.2.7}$$

如果 T 固定，则式（4.2.6）是非零常数，此时无论 N 有多大，估计量（4.2.2）和（4.2.3）都不是一致估计。γ 的 CV 估计量的渐近偏误为

$$\underset{N\to\infty}{\text{plim}}(\hat{\gamma}_{\text{CV}}-\gamma)=-\frac{1+\gamma}{T-1}\left(1-\frac{1}{T}\frac{1-\gamma^T}{1-\gamma}\right)\times\left\{1-\frac{2\gamma}{(1-\gamma)(T-1)}\left[1-\frac{1-\gamma^T}{T(1-\gamma)}\right]\right\}^{-1} \quad (4.2.8)$$

由于必须从每个观测中消除未知个体效应项 α_i^*，而消除该项使得在转换后的模型 $(y_{it}-\bar{y}_i)=\gamma(y_{i,t-1}-\bar{y}_{i,-1})+(u_{it}-\bar{u}_i)$ 中解释变量和残差之间存在$(1/T)$阶的相关性，因而导致了 $\hat{\gamma}_{\text{CV}}$的偏误。T 较小时，如果$\gamma>0$，则偏误总为负。γ趋向于零时该偏误也不会随之趋于零。因为典型的面板数据通常包含的时序观测数比较少，故一般不可忽略该偏误。譬如 $T=2$ 时渐近偏误等于$-(1+\gamma)/2$，$T=3$ 时等于$-(2+\gamma)(1+\gamma)/2$。即使 $T=10$ 且 $\gamma=0.5$ 时，渐近偏误也有-0.167。T 较小时，在动态固定效应模型中引入外生变量后，它的 CV 估计量
84 仍存在偏误；详细推导，参见 Anderson 和 Hsiao (1982)；Nickell (1981)；相关的 Monte Carlo 研究，参见 Nerlove (1971a)。

消除个体效应项 α_i 的过程导致了阶为 T^{-1} 的估计偏误。当 T 增大时，$(y_{i,t-1}-\bar{y}_{i,-1})$ 和 $(u_{it}-\bar{u}_i)$ 渐近无关，式（4.2.6）收敛于 0，式（4.2.7）收敛于非零常数 $\sigma_u^2/(1-\gamma^2)$。故 $T\to\infty$时，CV 估计量是一致的。还可证明，当 N 固定、T 增大时，$\sqrt{T}(\hat{\gamma}_{\text{CV}}-\gamma)$ 的渐近分布是均值为 0、方差为 $1-\gamma^2$ 的正态分布。当 N 和 T 都增大时，CV 估计量还是一致的。但 CV 估计量标准误的阶变成了$\left(\frac{1}{\sqrt{NT}}\right)$。

因 $(y_{i,t-1}-\bar{y}_i)$ 和 $(u_{it}-\bar{u}_i)$ 之间阶为$\left(\frac{1}{T}\right)$的相关性被 N 放大，故 t 统计量

$$\frac{(\hat{\gamma}_{\text{CV}}-\gamma)}{\hat{\gamma}_{\text{CV}}\text{的标准差}} \quad (4.2.9)$$

并不以 0 为中心。当 $T\to\infty$时，如果$\frac{N}{T}=c\neq0<\infty$，则$\sqrt{NT}=\sqrt{c}\,T$，$(\hat{\gamma}_{\text{CV}}-\gamma)$除以自己的标准误等价于用 T 乘以 $(\hat{\gamma}_{\text{CV}}-\gamma)$。不管 T 多大，T 乘以式（4.2.6）后都不会收敛于 0。Hahn 和 Kuersteiner (2002) 已证明$\sqrt{NT}(\hat{\gamma}_{\text{CV}}-\gamma)$ 依分布收敛于均值为$-\sqrt{c}(1+\gamma)$、方差为$1-\gamma^2$ 的正态分布。换句话说，平常基于$\hat{\gamma}_{\text{CV}}$构造的 t 统计量并不以 0 中心，当 $T\to\infty$时，N 也随 T 增大，且$\frac{N}{T}\to c\neq0$ 时，该 t 统计量还可能遇到严重的尺度变形 [参见 Hsiao 和 Zhang (2013)]。

4.3 随机效应模型

将特异效应项被当作随机变量时，效应项可以与解释变量相关，也可以与它们不相关。它们相关时，如果忽略该相关性并简单地使用协方差估计，则不能得到如静态回归模型的良好性质。故当前让我们更感兴趣的方法是令 $\alpha_i=\mathbf{a}'\bar{\mathbf{x}}_i+\omega_i$，

再明确考察效应项和外生变量之间的线性关系 [Mundlak (1978a)] (见 3.4 节),并使用随机效应模型

$$\mathbf{y}_i = \mathbf{y}_{i,-1}\gamma + X_i\boldsymbol{\beta} + \mathbf{e}\bar{\mathbf{x}}_i'\mathbf{a} + \mathbf{e}\omega_i + \mathbf{u}_i \tag{4.3.1}$$

其中 $E(\mathbf{x}_{it}\omega_i)=\mathbf{0}$ 且 $E(\mathbf{x}_{it}u_{it})=\mathbf{0}$。但由于 $\bar{\mathbf{x}}_i$ 是时恒变量,且假设 $E\alpha_i\mathbf{x}_{it}'=\mathbf{0}'$ 成立时,(余下的)个体效应 ω_i 和 α_i 的性质相同,故对模型 (4.3.1) 的估计在形式上等价于对模型

$$\mathbf{y}_i = \mathbf{y}_{i,-1}\gamma + X_i\boldsymbol{\beta} + \mathbf{e}\mathbf{z}_i'\boldsymbol{\rho} + \mathbf{e}\alpha_i + \mathbf{u}_i \tag{4.3.2}$$

的估计,这里 X_i 表示 $T\times K_1$ 的时变解释变量矩阵,$\mathbf{z}_i'$ 是由时恒解释变量(包含截距项)组成的 $1\times K_2$ 向量,还假定 $E\alpha_i=0$,$E\alpha_i\mathbf{z}_i'=\mathbf{0}'$ 和 $E\alpha_i\mathbf{x}_{it}'=\mathbf{0}'$。同样,为便于表述,本节我们假定效应项和外生变量无关。① 85

我们首先证明动态误差成分模型的普通最小二乘 (OLS) 估计量是有偏的,然后再讨论关于初始观测的假设如何影响对模型的解释,最后讨论在各种关于初始条件和抽样方式的假设下的估计方法及其渐近性质。

4.3.1 OLS 估计量的偏误

在所有解释变量是外生变量且与效应项无关的静态情形下,我们可以不用考虑误差成分结构并直接使用 OLS 法。OLS 估计量虽不是有效的,但仍是无偏的、一致的。该结论对动态误差成分模型却不再成立,因为滞后因变量和个体效应项相关,OLS 估计量将存在严重的偏误。下面我们借助一个简单模型研究偏误的程度。令

$$y_{it} = \gamma y_{i,t-1} + \alpha_i + u_{it}, \qquad |\gamma|<1, \qquad \begin{array}{l} i=1, \cdots, N \\ t=1, \cdots, T \end{array} \tag{4.3.3}$$

其中 u_{it} 对所有的 i 和 t 是独立同分布的。γ 的 OLS 估计量为

$$\hat{\gamma}_{\mathrm{LS}} = \frac{\sum_{i=1}^{N}\sum_{t=1}^{T} y_{it}\cdot y_{i,t-1}}{\sum_{i=1}^{N}\sum_{t=1}^{T} y_{i,t-1}^2} = \gamma + \frac{\sum_{i=1}^{N}\sum_{t=1}^{T}(\alpha_i + u_{it})\, y_{i,t-1}}{\sum_{i=1}^{N}\sum_{t=1}^{T} y_{i,t-1}^2} \tag{4.3.4}$$

式 (4.3.4) 等号右边第二项的概率极限就是 OLS 估计量的渐近偏误。用类似于 4.2 节的方法,我们可以证明

$$\operatorname*{plim}_{N\to\infty}\frac{1}{NT}\sum_{i=1}^{N}\sum_{t=1}^{T}(\alpha_i + u_{it})\, y_{i,t-1} = \frac{1}{T}\,\frac{1-\gamma^T}{1-\gamma}\operatorname{Cov}(y_{i0}, \alpha_i) + \frac{1}{T}\,\frac{\sigma_\alpha^2}{(1-\gamma)^2}\left[(T-1) - T\gamma + \gamma^T\right] \tag{4.3.5}$$

① 这并不表明我们已解决效应项与外生变量是否相关的问题。此处仅表明出于估计的目的,我们可让 α_i 代表 ω_i 并将模型 (4.3.1) 当作模型 (4.3.2) 的一种特殊情形。

86

$$\underset{N\to\infty}{\text{plim}}\frac{1}{NT}\sum_{i=1}^{N}\sum_{t=1}^{T}y_{i,t-1}^{2}$$
$$=\frac{1-\gamma^{2T}}{T(1-\gamma^{2})}\cdot\underset{N\to\infty}{\text{plim}}\frac{\sum_{i=1}^{N}y_{i0}^{2}}{N}+\frac{\sigma_{\alpha}^{2}}{(1-\gamma)^{2}}\cdot\frac{1}{T}\left(T-2\frac{1-\gamma^{T}}{1-\gamma}+\frac{1-\gamma^{2T}}{1-\gamma^{2}}\right)$$
$$+\frac{2}{T(1-\gamma)}\left(\frac{1-\gamma^{T}}{1-\gamma}-\frac{1-\gamma^{2T}}{1-\gamma^{2}}\right)\text{Cov}(\alpha_{i},\ y_{i0})$$
$$+\frac{\sigma_{u}^{2}}{T(1-\gamma^{2})^{2}}[(T-1)-T\gamma^{2}+\gamma^{2T}] \tag{4.3.6}$$

一般假定 y_{i0} 是任意常数，或由生成其他 y_{it} 的过程生成，故 $\text{Cov}(\alpha_i，y_{i0})$ 或者等于零或者是正数。[①]在初始值有界（即 $\text{plim}_{N\to\infty}\sum_{i=1}^{N}y_{i0}^{2}/N$ 有限）的假设下，当 N 或 T 或二者都趋于无穷时，OLS 法高估了真实的自相关系数 γ。个体效应的方差 σ_α^2 越大，高估越明显。Nerlove（1967）的 Monte Carlo 研究（$N=25$，$T=10$）表明，该渐近结论在有限样本情形下通常也成立。

在一阶自回归过程中增加外生变量后，滞后因变量系数估计量的偏误程度可能会减小，但偏误方向不会改变。滞后因变量系数的估计量仍然存在正的偏误，且外生变量系数有负的偏误。

Trognon（1978）导出了 p 阶自回归过程和包含外生变量的 p 阶自回归模型的 OLS 估计量的渐近偏误公式。但一般很难事先辨识更高阶自回归过程的渐近偏误方向。

4.3.2 模型分析

考虑模型[②]

$$y_{it}=\gamma y_{i,t-1}+\boldsymbol{\rho}'\mathbf{z}_i+\boldsymbol{\beta}'\mathbf{x}_{it}+v_{it},\qquad i=1,\cdots,N;\ t=1,\cdots,T \tag{4.3.7}$$

87

其中 $|\gamma|<1$，$v_{it}=\alpha_i+u_{it}$

$$\begin{aligned}&E\alpha_i=Eu_{it}=0\\&E\alpha_i\mathbf{z}_i'=\mathbf{0}',\quad E\alpha_i\mathbf{x}_{it}'=\mathbf{0}'\\&E\alpha_iu_{jt}=0\\&E\alpha_i\alpha_j=\begin{cases}\sigma_\alpha^2 & \text{如果 } i=j,\\ 0 & \text{其他}\end{cases}\\&Eu_{it}u_{js}=\begin{cases}\sigma_u^2 & \text{如果 } i=j,\ t=s\\ 0 & \text{其他}\end{cases}\end{aligned} \tag{4.3.8}$$

其中 $\mathbf{z}_i$ 是由诸如常数项、个体性别、种族等时恒外生变量构成的 $K_2\times1$ 向量，

① 更多内容详见第 4 章 4.3.2 节或 Sevestre 和 Trognon（1982）。

② $\boldsymbol{\beta}'\mathbf{x}_{it}$ 的出现表明，$\{y_{it}\}$ 通常都不是平稳过程。但是当 $T\to\infty$ 时，过程 $\{y_{it}\}$ 的统计性质基本上取决于序列 $\mathbf{x}_i$ 一致地等于零时 $\{y_{it}\}$ 是否收敛到平稳序列。如 4.2 节的脚注中所述，我们总是通过令 $|\gamma|<1$ 而采用第一种情形。

$\mathbf{x}_{it}$是由时变外生变量构成的 $K_1\times1$ 向量，γ 是 1×1 的参数，ρ 和 $\boldsymbol{\beta}$ 分别是 $K_2\times1$和 $K_1\times1$ 的参数向量。方程（4.3.7）也可表示成

$$w_{it}=\gamma\, w_{i,\ t-1}+\boldsymbol{\rho}'\mathbf{z}_i+\boldsymbol{\beta}'\mathbf{x}_{it}+u_{it} \tag{4.3.9}$$

$$y_{it}=w_{it}+\eta_i \tag{4.3.10}$$

其中

$$\alpha_i=(1-\gamma)\eta_i,\ E\eta_i=0,\ \mathrm{Var}(\eta_i)=\sigma_\eta^2=\sigma_\alpha^2/(1-\gamma)^2 \tag{4.3.11}$$

从数学上来说，模型（4.3.7）与模型（4.3.9）、（4.3.10）等价。但对 y_{it}如何生成的解释却不同。模型（4.3.7）表明，每个个体过程除了受滞后因变量和外生变量的相同影响外，还受到不可观测属性 α_i 的影响（不同个体的这些属性不同）。模型（4.3.9）和（4.3.10）表明，动态过程 $\{w_{it}\}$ 与个体效应项 η_i 独立。控制外生变量后，个体受相同的随机过程驱动，这些随机过程包含相互独立（且不同）的冲击，且这些冲击是从同一总体中随机抽取的［式（4.3.9）］。个体时恒随机变量 η_i 影响的是潜变量 w_{it}的观测值 y_{it}［式（4.3.10）］。均值的差异可以解释为个体禀赋的差异或第 i 个过程中的共同测量误差。

如果能观测到 w_{it}，则我们可以区分模型（4.3.7）和模型（4.3.9）、（4.3.10）。遗憾的是 w_{it}不可观测。但对初始观测值的了解提供了区分这两个过程的信息。“初始值是固定常数”或“初始值是随机变量”是对初始观测值的标准假设。如果将式（4.3.7）看作我们的模型，则存在两种基本情形：（Ⅰ）y_{i0}是固定常数和（Ⅱ）y_{i0}是随机变量。如果将式（4.3.9）和（4.3.10）视为基本模型，则有（Ⅲ）w_{i0}是固定常数和（Ⅳ）w_{i0}是随机变量。

情形Ⅰ：y_{i0}是固定常数。横截面单元可从任意位置 y_{i0}开始，并逐渐接近水平值 $(\alpha_i+\boldsymbol{\rho}'\mathbf{z}_i)/(1-\gamma)+\boldsymbol{\beta}'\sum\limits_{j=0}\mathbf{x}_{i,\ t-j}\gamma^j$。该水平值由非观测效应项（属性）$\alpha_i$， 88
可观测时恒属性 $\mathbf{z}_i$，以及时变变量 $\mathbf{x}_{it}$联合确定。个体效应 α_i 从均值为零、方差为 σ_α^2的总体中随机抽取。该模型可能合理。但如果是随意决定何时开始抽样，并不考虑 y_{i0}的值，那么将 y_{i0}当作固定常数可能存在争议，因为假设 $E\alpha_i y_{i0}=0$ 表明，个体效应项 α_i 在 0 时期没有进入模型，但在时期 1 及以后各期中影响该过程。如果该过程已经进行了一段时间，则没有特殊的理由认为 y_{i0}与 y_{it}不同。

情形Ⅱ：y_{i0}是随机变量。我们假定初始观测是随机变量，它们有共同的均值 μ_{y0}和方差 σ_{y0}^2。即

$$y_{i0}=\mu_{y0}+\epsilon_i \tag{4.3.12}$$

该假设的合理性在于我们可将 y_{it}视作一种状态。我们只需知道初始状态的分布（该分布的均值和方差有限），而无须关心它如何实现。换种说法，我们可认为 ϵ_i 代表了初始个体禀赋的效应（对均值修正之后）。根据对 y_{i0}和 α_i 之间相关性的假设，我们将这种情形分成两种子情形：

情形Ⅱa：y_{i0}与 α_i 独立，即$\mathrm{Cov}(\epsilon_i,\ \alpha_i)=0$。在这种情形下，初始禀赋的影响随着时间推移逐渐减弱并最终消失。该模型与初始值和效应项 α_i 相互独立的情形Ⅰ类似，只不过这里的初始观测不是固定常数，而是从均值为 μ_{y0}、方差为 σ_{y0}^2的总体中随机抽取的。

情形Ⅱb：y_{i0}和 α_i 相关。用 $\phi\sigma_{y0}^2$表示 y_{i0}和 α_i 的协方差。则随着时间的推移，初始禀赋 ϵ_i 通过它与α_i 的相关性影响y_{it}所有将来的值，并且最终会达到水平值 $\phi\epsilon_i/(1-\gamma)=\lim_{t\to\infty}E[y_{it}-\boldsymbol{\rho}'\mathbf{z}_i/(1-\gamma)-\boldsymbol{\beta}'\sum_{j=0}^{t-1}\mathbf{x}_{i,\ t-j}\gamma^j\mid\epsilon_i]$。在 $\phi\sigma_{y0}^2=\sigma_\alpha^2$（即 $\epsilon_i=\alpha_i$）的特殊情形下，可认为初始禀赋之间的差异完全体现了个体效应。初始禀赋的最终影响等于 $\alpha_i/(1-\gamma)=\eta_i$。

情形Ⅲ：w_{i0}是固定常数。此时不可观测的个体过程 $\{w_{it}\}$ 有任意的初始值。这方面和情形Ⅰ相似。但可观测的横截面单元 y_{it}与个体效应η_i 相关。也就是说，每个可观测的横截面单元可从任意位置 y_{i0}开始，并逐渐靠近水平值 $\eta_i+\boldsymbol{\rho}'\mathbf{z}_i/(1-\gamma)+\boldsymbol{\beta}'\sum_{j=0}^{t-1}\mathbf{x}_{i,\ t-j}\gamma^j$。然而，如果允许个体效应 η_i 影响所有的样本观测值（包括 y_{i0}），我们也就允许样本观测的起始时期不必和随机过程的起点一致。

89 情形Ⅳ：w_{i0}是随机变量。依据 w_{i0}是否有共同均值讨论 4 种子情形：

情形Ⅳa：w_{i0}是随机变量，有共同的均值 μ_w 和方差$\sigma_u^2/(1-\gamma^2)$。

情形Ⅳb：w_{i0}是随机变量，有共同的均值 μ_w 和任意的方差σ_{w0}^2。

情形Ⅳc：w_{i0}是随机变量，有均值 θ_{i0}和方差 $\sigma_u^2/(1-\gamma^2)$。

情形Ⅳd：w_{i0}是随机变量，有均值 θ_{i0}和任意的方差 σ_{w0}^2。

4 种子情形都允许 y_{i0}和 η_i 相关。换句话说，η_i 在所有的时期都影响 y_{it}（包括 y_{i0}）。情形Ⅳa 和Ⅳb 类似于情形Ⅱa 中讨论的状态空间情形，其中的初始状态是从均值有限的分布中随机抽取的。情形Ⅳa 假定初始状态和后面的状态有相同的方差。情形Ⅳb 允许初始状态是非平稳的（有任意方差）。情形Ⅳc 和Ⅳd 的观点又不同，它们假设个体状态是从均值各异的不同总体中随机抽取的。对式（4.3.9）进行连续代入后，我们得到

$$w_{i0}=\frac{1}{1-\gamma}\boldsymbol{\rho}'\mathbf{z}_i+\boldsymbol{\beta}'\sum_{j=0}^{\infty}\mathbf{x}_{i,\ -j}\gamma^j+u_{i0}+\gamma u_{i,\ -1}+\gamma^2u_{i,\ -2}+\cdots \tag{4.3.13}$$

通过上式便可理解这种观点的合理性。因 $\mathbf{x}_{i0}$，$\mathbf{x}_{i,-1}$，…不可观测，故我们可将第 i 个个体非随机变量的综合累积效应当成一个未知参数，并令

$$\theta_{i0}=\frac{1}{1-\gamma}\boldsymbol{\rho}'\mathbf{z}_i+\boldsymbol{\beta}'\sum_{j=0}^{\infty}\mathbf{x}_{i,\ -j}\gamma^j \tag{4.3.14}$$

情形Ⅳc 假定过程 $\{w_{it}\}$ 是从无穷远的过去生成的，且控制外生变量后是二阶矩平稳的（即 w_{i0}和其他 w_{it}的方差相同）。情形Ⅳd 允许 w_{i0}有任意的方差，从而放宽了该假设。

4.3.3　随机效应模型的估计

估计未知参数的方法很多，这里我们讨论四种：MLE 法、GLS 法、IV 法和 GMM 法。

4.3.3.1　最大似然估计量

对初始条件的假设不同，相应的似然函数也不同。在 α_i 和 u_{it}正态分布的假

设下，情形Ⅰ的似然函数是[①] 90

$$
\begin{aligned}
L_1 = &(2\pi)^{-\frac{NT}{2}}\ |V|^{-\frac{N}{2}} \\
&\times \exp\left\{-\frac{1}{2}\sum_{i=1}^{N}(\mathbf{y}_i - \mathbf{y}_{i,-1}\gamma - Z_i\boldsymbol{\rho}\right. \\
&\left. - X_i\boldsymbol{\beta})' V^{-1}(\mathbf{y}_i - \mathbf{y}_{i,-1}\gamma - Z_i\boldsymbol{\rho} - X_i\boldsymbol{\beta})\right\}
\end{aligned}
\tag{4.3.15}
$$

其中 $\mathbf{y}_i=(y_{i1}, \cdots, y_{iT})'$，$\mathbf{y}_{i,-1}=(y_{i0}, \cdots, y_{i,T-1})'$，$Z_i=\mathbf{e}\mathbf{z}_i'$，$\mathbf{e}=(1, \cdots, 1)'$，$X_i=(\mathbf{x}_{i1}, \cdots, \mathbf{x}_{iT})'$，而 $V=\sigma_u^2 I_T+\sigma_\alpha^2\mathbf{e}\mathbf{e}'$。情形Ⅱa 的似然函数为

$$
L_{2a} = L_1 \cdot (2\pi)^{-\frac{N}{2}}(\sigma_{y0}^2)^{-\frac{N}{2}}\exp\left\{-\frac{1}{2\sigma_{y0}^2}\sum_{i=1}^{N}(y_{i0}-\mu_{y0})^2\right\}
\tag{4.3.16}
$$

情形Ⅱb 的似然函数为

$$
\begin{aligned}
L_{2b} = &(2\pi)^{-\frac{NT}{2}}(\sigma_u^2)^{-\frac{N(T-1)}{2}}(\sigma_u^2+Ta)^{-\frac{N}{2}} \\
&\times \exp\left\{-\frac{1}{2\sigma_u^2}\sum_{i=1}^{N}\sum_{t=1}^{T}[y_{it}-\gamma y_{i,t-1}-\boldsymbol{\rho}'\mathbf{z}_i-\boldsymbol{\beta}'\mathbf{x}_{it}-\phi(y_{i0}-\mu_{y0})]^2\right. \\
&+\frac{a}{2\sigma_u^2(\sigma_u^2+Ta)} \\
&\left.\times \sum_{i=1}^{N}\left\{\sum_{t=1}^{T}[y_{it}-\gamma y_{i,t-1}-\boldsymbol{\rho}'\mathbf{z}_i-\boldsymbol{\beta}'\mathbf{x}_{it}-\phi(y_{i0}-\mu_{y0})]\right\}^2\right\} \\
&\times (2\pi)^{-\frac{N}{2}}(\sigma_{y0}^2)^{-\frac{N}{2}}\exp\left\{-\frac{1}{2\sigma_{y0}^2}\sum_{i=1}^{N}(y_{i0}-\mu_{y0})^2\right\}
\end{aligned}
\tag{4.3.17}
$$

其中 $a=\sigma_\alpha^2-\phi^2\sigma_{y0}^2$。情形Ⅲ的似然函数是

$$
\begin{aligned}
L_3 = &(2\pi)^{-\frac{NT}{2}}(\sigma_u^2)^{-\frac{NT}{2}} \\
&\times \exp\left\{-\frac{1}{2\sigma_u^2}\sum_{i=1}^{N}\sum_{t=1}^{T}[(y_{it}-y_{i0}+w_{i0})-\gamma(y_{i,t-1}-y_{i0}+w_{i0})\right. \\
&\left.-\boldsymbol{\rho}'\mathbf{z}_i-\boldsymbol{\beta}'\mathbf{x}_{it}]^2\right\} \cdot (2\pi)^{-\frac{N}{2}}(\sigma_\eta^2)^{-\frac{N}{2}} \\
&\times \exp\left\{-\frac{1}{2\sigma_\eta^2}\sum_{i=1}^{N}(y_{i0}-w_{i0})^2\right\}
\end{aligned}
\tag{4.3.18}
$$

对情形Ⅳa，似然函数是 91

$$
\begin{aligned}
L_{4a} = &(2\pi)^{-\frac{N(T+1)}{2}}\ |\Omega|^{-\frac{N}{2}} \\
&\times \exp\left\{-\frac{1}{2}\sum_{i=1}^{N}(y_{i0}-\mu_w,\ y_{i1}-\gamma y_{i0}-\boldsymbol{\rho}'\mathbf{z}_i-\boldsymbol{\beta}'\mathbf{x}_{i1},\ \cdots,\ y_{iT}\right. \\
&-\gamma y_{i,T-1}-\boldsymbol{\rho}'\mathbf{z}_i-\boldsymbol{\beta}'\mathbf{x}_{iT}) \\
&\left.\times \Omega^{-1}(y_{i0}-\mu_w,\ \cdots,\ y_{iT}-\gamma y_{i,T-1}-\boldsymbol{\rho}'\mathbf{z}_i-\boldsymbol{\beta}'\mathbf{x}_{iT})'\right\}
\end{aligned}
\tag{4.3.19}
$$

其中

$$
\underset{(T+1)\times(T+1)}{\Omega} = \sigma_u^2\begin{bmatrix}\frac{1}{1-\gamma^2} & \mathbf{0}' \\ \mathbf{0} & I_T\end{bmatrix} + \sigma_\alpha^2\begin{bmatrix}\frac{1}{1-\gamma} \\ \mathbf{e}\end{bmatrix}\left(\frac{1}{1-\gamma},\ \mathbf{e}'\right)
$$

---

① V 和式（3.3.4）中一样。

$$|\Omega|=\frac{\sigma_u^{2T}}{1-\gamma^2}\left(\sigma_u^2+T\sigma_\alpha^2+\frac{1+\gamma}{1-\gamma}\sigma_\alpha^2\right)$$

$$\Omega^{-1}=\frac{1}{\sigma_u^2}\left[\begin{bmatrix}1-\gamma^2 & \mathbf{0}' \\ \mathbf{0} & I_T\end{bmatrix}-\left(\frac{\sigma_u^2}{\sigma_\alpha^2}+T+\frac{1+\gamma}{1-\gamma}\right)^{-1}\begin{bmatrix}1+\gamma \\ \mathbf{e}\end{bmatrix}(1+\gamma\ ,\ \mathbf{e}')\right] \tag{4.3.20}$$

情形Ⅳb 的似然函数 L_{4b} 也是式（4.3.19），不过要用 λ 替换 Ω，λ 与 Ω 仅第一项左上角元素不同，用 σ_{w0}^2/σ_u^2 替换了 $1/(1-\gamma^2)$。情形Ⅳc 的似然函数与情形Ⅳa 的似然函数类似，但指数项中的均值 y_{i0} 用 θ_{i0} 替换。情形Ⅳd 的似然函数 L_{4d} 是式（4.3.16），但要分别用 θ_{i0}，$(1-\gamma)\sigma_\eta^2/(\sigma_\eta^2+\sigma_{w0}^2)$ 和 $\sigma_\eta^2+\sigma_{w0}^2$ 替换 μ_{y0}，ϕ 和 σ_{y0}^2。

关于未知参数最大化似然函数得到 MLE。MLE 的一致性与初始条件，与时序观测期数（T）和横截面单元数（N）趋于无穷的方式有关。情形Ⅲ和情形Ⅳd 的 MLE 不存在。令 y_{i0} 等于 w_{i0} 或 θ_{i0}，各种情形中似然函数的第二个函数的指数项变成了 1。如果方差 σ_η^2 或 $\sigma_\eta^2+\sigma_{w0}^2$ 趋于零，则似然函数无界。但我们仍然可求这些似然函数的偏导数并求解一阶条件。为表述简单，我们将其内部解作为 MLE，并像 MLE 存在的其他情形一样检验它们的一致性（见表 4.1）。

92 **表 4.1　动态随机效应模型 MLE 的一致性**[a]

情形		N 固定，$T\to\infty$	T 固定，$N\to\infty$
情形Ⅰ：y_{i0} 是固定的	γ，$\boldsymbol{\beta}$，σ_u^2	一致	一致
	$\boldsymbol{\rho}$，σ_α^2	不一致	一致
情形Ⅱ：y_{i0} 是随机的			
Ⅱa：y_{i0} 独立于 α_i	γ，$\boldsymbol{\beta}$，σ_u^2	一致	一致
	μ_{y0}，$\boldsymbol{\rho}$，σ_α^2，σ_{y0}^2	不一致	一致
Ⅱb：y_{i0} 与 α_i 相关	γ，$\boldsymbol{\beta}$，σ_u^2	一致	一致
	μ_{y0}，$\boldsymbol{\rho}$，σ_α^2，σ_{y0}^2，ϕ	不一致	一致
情形Ⅲ：w_{i0} 是 固定的	γ，$\boldsymbol{\beta}$，σ_u^2	一致	不一致
	w_{i0}，$\boldsymbol{\rho}$，σ_η^2	不一致	不一致
情形Ⅳ：w_{i0} 是随机的			
Ⅳa：均值为 μ_w，	γ，$\boldsymbol{\beta}$，σ_u^2	一致	一致
方差为 $\sigma_u^2/(1-\gamma^2)$	μ_w，$\boldsymbol{\rho}$，σ_η^2	不一致	一致
Ⅳb：均值为 μ_w，	γ，$\boldsymbol{\beta}$，σ_u^2	一致	一致
方差为 σ_{w0}^2	σ_{w0}^2，$\boldsymbol{\rho}$，σ_η^2，μ_w	不一致	一致
Ⅳc：均值为 θ_{i0}，	γ，$\boldsymbol{\beta}$，σ_u^2	一致	不一致
方差为 $\sigma_u^2/(1-\gamma^2)$	θ_{i0}，$\boldsymbol{\rho}$，σ_η^2	不一致	不一致
Ⅳd：均值为 θ_{i0}，	γ，$\boldsymbol{\beta}$，σ_u^2	一致	不一致
方差为 σ_{w0}^2	θ_{i0}，σ_η^2，σ_{w0}^2	不一致	不一致

[a] 如果某个 MLE 不存在，则我们用内部解代替它。

资料来源：Anderson 和 Hsiao（1982，表 1）。

当 N 固定时，识别 $\boldsymbol{\rho}$ 的必要条件是 $N \geqslant K_2$。否则模型将存在严重的多重共线性。然而，当 T 趋于无穷时，即使 N 比 K_2 大，但由于个体间的变异不充分，$\boldsymbol{\rho}$ 和 σ_α^2 的 MLE 仍是不一致的。另一方面，在所有情形下，γ，$\boldsymbol{\beta}$ 和 σ_u^2 的 MLE 是一致的。当 T 变大时，初始观测的权重逐渐变得无足轻重，各种情形的 MLE 都收敛于相同的协方差估计量。

在情形Ⅳc 和Ⅳd 下，w_{i0} 的均值为 θ_{i0}，此时引起了伴生参数问题。伴生参数存在时的 MLE 是不一致的。围绕开伴生参数问题，Bhargava 和 Sargan (1983) 建议用所有可观测的 $\mathbf{x}_{it}$ 和 $\mathbf{z}_i$ 预测 θ_{i0}。①如果 $\mathbf{x}_{it}$ 由相同的随机过程

$$\mathbf{x}_{it} = \mathbf{c} + \sum_{j=1}^{\infty} \mathbf{b}_j \boldsymbol{\xi}_{i,\ t-j} \tag{4.3.21}$$

生成，其中 $\boldsymbol{\xi}_{it}$ 独立同分布，则用 $\mathbf{x}_{it}$ 对 $\mathbf{x}_{i,-j}$ 的最小均方误差预测对所有的 i 是同样的。将这些预测表达式代入式（4.3.14），得到 93

$$y_{i0} = \sum_{t=1}^{T} \boldsymbol{\pi}_{0t}' \mathbf{x}_{it} + \boldsymbol{\rho}^{*\prime} \mathbf{z}_i + v_{i0} \tag{4.3.22}$$

和

$$v_{i0} = \epsilon_{i0} + u_{i0}^* + \eta_i, \qquad i = 1, \cdots, N \tag{4.3.23}$$

对不同的 i 系数 $\boldsymbol{\pi}_{0t}$ 相同［Hsiao，Pesaran 和 Tahmiscioglu (2002)］。误差项 v_{i0} 是 3 个成分之和：θ_{i0} 的预测误差 ϵ_{i0}，零时期前的累积冲击 $u_{i0}^* = u_{i0} + \gamma u_{i,-1} + \gamma^2 u_{i,-2} + \cdots$，以及个体效应 η_i。预测误差 ϵ_{i0} 与 u_{it} 和 η_i 独立，其均值为零、方差为 $\sigma_{\epsilon 0}^2$。根据 w_{i0} 在外生变量下的误差过程是否到达稳定状态（例如 w_{i0} 的误差过程是否和任何其他 w_{it} 的相同），我们有情形Ⅳc′②，

$$\begin{aligned} \operatorname{Var}(v_{i0}) &= \sigma_{\epsilon 0}^2 + \frac{\sigma_u^2}{1-\gamma^2} + \frac{\sigma_\alpha^2}{(1-\gamma)^2} \\ \operatorname{Cov}(v_{i0},\ v_{it}) &= \frac{\sigma_\alpha^2}{1-\gamma}, \qquad t = 1, \cdots, T \end{aligned} \tag{4.3.24}$$

或情形Ⅳd′，

$$\operatorname{Var}(v_{i0}) = \sigma_{w0}^2, \qquad \operatorname{Cov}(v_{i0},\ v_{it}) = \sigma_\tau^2, \qquad t = 1, \cdots, T \tag{4.3.25}$$

情形Ⅳc′和Ⅳd′对情形Ⅳc 和情形Ⅳd 进行了转换，原来是参数数量随观测数增加，转换后则是 N 个独立分布的 $T+1$ 维成分向量仅与固定数量的参数有关。故 $N \to \infty$ 或 $T \to \infty$ 或 N，T 都趋于 ∞ 时，MLE 是一致的。此外，不管 N 或 T

---

① Bhargava 和 Sargan (1983) 在 α_i 和 $\mathbf{x}_i$ 无关的假设下，将 y_{i0} 投影到 $\mathbf{x}_i$ 上，从而避开了与初始值 y_{i0} 相关的伴生参数问题。Chamberlain (1984) 和 Mundlak (1978a) 假定效应 α_i 与 $\mathbf{x}_i$ 相关，并假定对所有的 i，$(\alpha_i,\ \mathbf{x}_i')$ 独立同分布，然后将 α_i 投影到 $\mathbf{x}_i$ 上，也避开了伴生参数问题。

② 严格说来，据式（4.3.21），非平稳类型Ⅳd 表明

$$\operatorname{Var}(v_{i0}) = \sigma_{\omega 0}^2 + \frac{\sigma_\alpha^2}{(1-\gamma)^2}$$

和

$$\operatorname{Cov}(v_{i0},\ v_{it}) = \frac{\sigma_\alpha^2}{1-\gamma}, \qquad t = 1, \cdots, T$$

但只要预测误差项 ϵ_{i0} 存在，则仅依赖 y_{i0} 的信息无法将该情形与情形Ⅳc′中区分开来。故我们按照 Bhargava 和 Sargan (1983) 的方法将情形Ⅳd′当作情形Ⅳd 的非平稳类型。

以什么样的方式趋于无穷，$\sqrt{NT}$ 与 MLE 的乘积都收敛于真实值［详见 Hsiao 和 Zhang（2013）］。

求解似然函数关于未知参数的一阶条件得到 MLE。如果偏微分方程组有唯一解且 $\sigma_\alpha^2>0$，则该解就是 MLE。但与 3.3 节讨论的静态情形一样，动态误差
94 成分模型也可能产生边界解 $\sigma_\alpha^2=0$。Anderson 和 Hsiao（1981）讨论了边界解在各种情形下产生的条件。Trognon（1978）基于时期数趋于无穷时的渐近逼近给出了分析解释。Nerlove（1967，1971a）为研究 MLE 的性质进行了 Monte Carlo 模拟实验。这些研究结果表明外生变量的自相关结构是边界解存在的决定因素。一般情况下，外生变量自相关程度越强或者外生变量的权重越大，产生边界解的可能性越小。

求解 MLE 非常复杂。我们可用 Newton-Raphson 迭代法或由 Anderson 和 Hsiao（1982）提出的序列迭代法求解。或者，因为我们有容量为 N 的连续重复了 T 期的横截面数据，所以我们可认为模型（4.3.7）的估计（或检验）问题类似于一个联立方程组的估计（或检验）问题，该方程组有 T 或 $T+1$ 个结构方程，每个方程中有 N 个可用观测。也就是说，在给定时期的动态关系（4.3.7）可写成联立方程组

$$\Gamma Y'+BX'+PZ'=U' \tag{4.3.26}$$

中的一个方程，其中①

$$\underset{N\times(T+1)}{Y}=\begin{bmatrix} y_{10} & y_{11} & \cdots & y_{1T} \\ y_{20} & y_{21} & \cdots & y_{2T} \\ \vdots & \vdots & \vdots & \\ y_{N0} & y_{N1} & \cdots & y_{NT} \end{bmatrix}$$

$$\underset{N\times TK_1}{X}=\begin{bmatrix} \mathbf{x}_{11}' & \mathbf{x}_{12}' & \cdots & \mathbf{x}_{1T}' \\ \mathbf{x}_{21}' & \mathbf{x}_{22}' & \cdots & \mathbf{x}_{2T}' \\ \vdots & \vdots & \vdots & \\ \mathbf{x}_{N1}' & \mathbf{x}_{N2}' & \cdots & \mathbf{x}_{NT}' \end{bmatrix}$$

$$\underset{N\times K_2}{Z}=\begin{bmatrix} \mathbf{z}_1' \\ \mathbf{z}_1' \\ \vdots \\ \mathbf{z}_N' \end{bmatrix}, \qquad i=1,\ \cdots,\ N$$

如果将初始值 y_{i0} 当作常数，则 U 是 $N\times T$ 的误差矩阵，如果将初始值当作随机变量，则 U 是 $N\times(T+1)$ 的误差矩阵。结构型系数矩阵 $A=[\Gamma\quad B\quad P]$
95 的维数是 $T\times[(T+1)+TK_1+K_2]$ 或 $(T+1)\times[(T+1)+TK_1+K_2]$（取决于是将初始值当作固定常数还是随机变量）。前面的序列协方差矩阵［如式（3.3.4）、（4.3.20）、（4.3.24）或（4.3.25）］在这里成了 T 或 $T+1$ 个结构方程误差项的方差-协方差矩阵。然后我们利用求解完全信息的最大似然估计量的

① 此前因为常数的 MLE 的性质和时变外生变量系数的 MLE 的性质一样，所以我们把截距项和时变外生变量并入向量 $\mathbf{x}_{it}$。现在我们将常数项作为一个元素并入时恒变量 $\mathbf{z}_i$ 中以避免在式（4.3.21）中常数项出现多次。

算法得到 MLE。

对结构型系数矩阵的跨方程线性约束和对方差-协方差矩阵的约束是存在的。譬如，在将 y_{i0} 当作固定常数的情形Ⅰ下，我们有

$$A=\begin{bmatrix} -\gamma & 1 & 0 & \cdot & \cdot & 0 & \boldsymbol{\beta}' & \mathbf{0}' & \cdot & \cdot & \cdot & \cdot & \cdot & \mathbf{0}' & \boldsymbol{\rho}' \\ 0 & -\gamma & 1 & \cdot & \cdot & \cdot & \mathbf{0}' & \boldsymbol{\beta}' & \cdot & \cdot & \cdot & \cdot & \cdot & \cdot & \boldsymbol{\rho}' \\ \cdot & \cdot & \cdot & \cdot & \cdot & \cdot & \cdot & \cdot & \cdot & \cdot & \cdot & \cdot & \cdot & \cdot & \\ \cdot & \cdot & \cdot & \cdot & \cdot & \cdot & \cdot & \cdot & \cdot & \cdot & \cdot & \cdot & \cdot & \cdot & \boldsymbol{\rho}' \\ \cdot & \cdot & \cdot & \cdot & \cdot & 0 & \cdot & \cdot & \cdot & \cdot & \cdot & \cdot & \cdot & \cdot & \\ 0 & 0 & 0 & \cdot & -\gamma & 1 & \mathbf{0}' & \mathbf{0}' & \cdot & \cdot & \cdot & \cdot & \cdot & \boldsymbol{\beta}' & \boldsymbol{\rho}' \end{bmatrix} \tag{4.3.27}$$

U 的方差-协方差矩阵是分块对角矩阵，对角线上的子块等于 V［式（3.3.4)］。在将 y_{i0} 当作随机变量的情形Ⅳd′下，结构型系数矩阵 A 是 $(T+1)\times[(T+1)+TK_1+K_2]$ 矩阵

$$A=\begin{bmatrix} 1 & 0 & \cdot & \cdot & \cdot & 0 & \boldsymbol{\pi}_{01}' & \boldsymbol{\pi}_{02}' & \cdot & \cdot & \cdot & \boldsymbol{\pi}_{0T}' & \boldsymbol{\rho}^{*\prime} \\ -\gamma & 1 & \cdot & \cdot & \cdot & \cdot & \boldsymbol{\beta}' & \mathbf{0}' & \cdot & \cdot & \cdot & \mathbf{0}' & \boldsymbol{\rho}' \\ 0 & -\gamma & \cdot & \cdot & \cdot & \cdot & \mathbf{0}' & \boldsymbol{\beta}' & \cdot & \cdot & \cdot & \mathbf{0}' & \\ \cdot & \cdot & \cdot & \cdot & \cdot & \cdot & \cdot & \cdot & \cdot & \cdot & \cdot & \cdot & \\ 0 & \cdot & \cdot & \cdot & -\gamma & 1 & \mathbf{0}' & \mathbf{0}' & \cdot & \cdot & \cdot & \boldsymbol{\beta}' & \boldsymbol{\rho}' \end{bmatrix} \tag{4.3.28}$$

且 U 的方差-协方差矩阵是分块对角矩阵，对角线上的每个子块是 $(T+1)\times(T+1)$ 矩阵

$$\tilde{V}=\begin{bmatrix} \sigma_{w0}^2 & \sigma_\tau^2\mathbf{e}' \\ \sigma_\tau^2\mathbf{e} & V \end{bmatrix} \tag{4.3.29}$$

Bhargava 和 Sargan (1983) 建议最大化式（4.3.26）的似然函数时，直接将约束条件代入结构型系数矩阵 A 和 U'的方差-协方差矩阵。

我们也可以忽略对方差-协方差矩阵 U'的约束条件而使用三阶段最小二乘法（3SLS）。因为对 A 的约束条件是线性的，故比较容易从无约束 3SLS 估计量中得到 γ，$\boldsymbol{\beta}$，$\boldsymbol{\rho}$ 和 $\boldsymbol{\rho}^*$ 的约束 3SLS 估计量。[①]我们还可用 Chamberlain (1982, 1984) 最小距离估计法，首先得到无约束约简型系数矩阵 Π，然后求解结构型参数（见 3.9 节）。Chamberlain 最小距离估计量的极限分布与约束广义 3SLS 估计量的极限分布相同（见第 5 章）。但由于模型中的保有假设隐含着协方差矩阵 U'是受约束的，且在有些情形与结构型中出现的参数 γ 有关，故与（完全信息）MLE 相比，约束 3SLS 或约束广义 3SLS 缺乏效率。[②]但如果对方差-协方差矩阵的约束条件不真，则添加错误约束后的（完全信息）MLE 通常是不一致的。而（约束）3SLS 或 Chamberlain 最小距离估计量因没有对 U'的协方差矩阵添加任何约束条件，所以仍是一致的，且在未对协方差矩阵添加约束条件的一类估计量中是有效的。 96

① 关于受限估计量的公式，参见 Theil (1971)，第 285 页，方程（8.5）。

② 见第 5 章。

4.3.3.2 广义最小二乘估计量

我们知道除情形Ⅲ、Ⅳc 和Ⅳd 外，似然函数仅与固定数量的参数有关。此外，控制 Ω 或控制 σ_u^2，σ_α^2，σ_{y0}^2 和 ϕ 后，MLE 与 GLS 估计量等价。譬如，在情形Ⅰ下，（y_{i1}，…，y_{iT}）的协方差矩阵就是常见的误差成分协方差矩阵（3.3.4）。在情形Ⅱa、b，还有情形Ⅳa、b 或情形Ⅳc、d 下，θ_{i0} 的条件均值可表示成式（4.3.22）时，$\mathbf{v}_i=(v_{i0}, v_{i1}, \cdots, v_{iT})$ 的协方差矩阵 $\tilde{V}$ 和式（4.3.29）相似。因此，$\boldsymbol{\delta}'=(\pi', \boldsymbol{\rho}^{*\prime}, \gamma, \boldsymbol{\beta}', \boldsymbol{\rho}')$ 的一个 GLS 估计量是

$$\hat{\boldsymbol{\delta}}_{\mathrm{GLS}}=\Big(\sum_{i=1}^{N}\tilde{X}_i'\tilde{V}^{-1}\tilde{X}_i\Big)^{-1}\Big(\sum_{i=1}^{N}\tilde{X}_i'\tilde{V}^{-1}\bar{\mathbf{y}}_i\Big) \tag{4.3.30}$$

其中 $\bar{\mathbf{y}}_i'=(y_{i0}, \cdots, y_{iT})$，

$$\tilde{X}_i=\begin{pmatrix} \mathbf{x}_{i1}' & \mathbf{x}_{i2}' & \cdots & \mathbf{x}_{iT}' & \mathbf{z}_i' & 0 & \mathbf{0}' & \mathbf{0}' \\ \mathbf{0}' & \cdots & \cdots & \cdots & \mathbf{0}' & y_{i0} & \mathbf{x}_{i1}' & \mathbf{z}_i' \\ \vdots & & & & \vdots & y_{i1} & \mathbf{x}_{i2}' & \mathbf{z}_i' \\ & & \ddots & & & & & \\ \vdots & & & & \vdots & \vdots & \vdots & \vdots \\ \mathbf{0}' & \cdots & \cdots & \cdots & \mathbf{0}' & y_{i,T-1} & \mathbf{x}_{iT}' & \mathbf{z}_i' \end{pmatrix}$$

当 $N\rightarrow\infty$ 时该估计量是一致的，且渐近分布是正态分布。

97 Blundell 和 Smith（1991）将 $v_{i0}=y_{i0}-E(y_{i0}\mid \mathbf{x}_i', \mathbf{z}_i)$ 作为（y_{i1}，…，y_{iT}）的条件，提出条件 GLS 法①：

$$\mathbf{y}_i=\mathbf{y}_{i,-1}\gamma+Z_i\boldsymbol{\rho}+X_i\boldsymbol{\beta}+\boldsymbol{\tau}v_{i0}+\mathbf{v}_i^* \tag{4.3.31}$$

其中 $\mathbf{v}_i^*=(v_{i1}^*, \cdots, v_{iT}^*)'$，$\boldsymbol{\tau}$ 是 $T\times 1$ 的常数向量，它的值与 y_{i0} 和 α_i 之间的相关方式有关。在情形Ⅱa 下，$\boldsymbol{\tau}=\mathbf{0}$，在情形Ⅱb 下，$\boldsymbol{\tau}=\mathbf{e}_T\cdot\phi$。而当 y_{i0} 与（y_{i1}，…，y_{iT}）的协方差是任意值时，$\boldsymbol{\tau}$ 是 $T\times 1$ 的任意常数向量。当 $N\rightarrow\infty$ 时，式（4.3.31）的 GLS 估计量是一致的。

当 $\mathbf{v}_i$ 或 $\mathbf{v}_i^*$ 的协方差矩阵未知时，则可用可行 GLS 估计。第一步，用已估计的 $\mathbf{v}_i$ 或 $\mathbf{v}_i^*$ 导出协方差矩阵的一致估计。譬如，我们可用在 4.3.3.3 节中讨论的 IV 估计导出 γ 和 $\boldsymbol{\beta}$ 的一致估计，然后将它们代入 $y_{it}-\gamma y_{i,t-1}-\boldsymbol{\beta}'\mathbf{x}_{it}$，再利用所有的个体做该结果的值对 $\mathbf{z}_i$ 的回归，得到 $\boldsymbol{\rho}$ 的一致估计。将估计的 γ，$\boldsymbol{\beta}$ 和 $\boldsymbol{\rho}$ 代入模型（4.3.2），得到 v_{it}（$t=1$，…，T）的估计值。模型（4.3.22）横截面回归的残差可作为 v_{i0} 的估计值，然后再用第 3 章讨论的方法估计 $\mathbf{v}_i$ 的协方差矩阵。$\mathbf{y}_i-\mathbf{y}_{i,-1}\gamma-X_i\boldsymbol{\beta}$ 对 Z_i 和 $\mathbf{e}\hat{v}_{i0}$ 的横截面回归的残差可作为 $\mathbf{v}_i^*$ 的估计。第二步，将估计的 $\mathbf{v}_i$ 或 $\mathbf{v}_i^*$ 的协方差矩阵当成已知的，对由式（4.3.2）和（4.3.22）组成的方程组或条件方程组（4.3.31）应用 GLS 法。

应指出的是，如果 $\mathrm{Cov}(y_{i0}, \alpha_i)\neq 0$，则模型（4.3.2）的 GLS 在 T 固定而 $N\rightarrow\infty$ 时是不一致的。因为控制 y_{i0} 后，该模型就是模型（4.3.31）。所以用 GLS 估计模型（4.3.2）将产生遗漏变量偏误。但模型（4.3.2）的 GLS 估计量

① 需要指出的是，因为 $E(y_{i0})=\theta_{i0}$，故已知 $y_{i,t-1}$ 和 y_{i0} 后的 y_{it} 不能给出一致估计。换句话说，也就是残差的均值不等于 0 且均值随着 i 变化将导致伴生参数问题。

的渐近偏误仍比它的 OLS 估计量或组内估计量的偏误小［Sevestre 和 Trognon (1982)］。当 T 趋于无穷时，模型（4.3.2）的 GLS 也是一致的，因为 GLS 估计量收敛于组内估计量（LSDV），此时组内估计量是一致的。

还要指出的是，与静态情形不同，可行 GLS 与真实协方差矩阵已知时的 GLS 相比是渐近缺乏效率的，因为滞后因变量作为回归元出现在方程中时，斜率系数的估计不再渐近独立于协方差矩阵参数的估计［Amemiya 和 Fuller (1967)；Hsiao，Pesaran 和 Tahmiscioglu (2002)；或附录 4A］。

4.3.3.3　工具变量估计量 98

在讨论时期较少、各时期观测的个体相对较多的面板时，因在不同初始条件下的似然函数不同，所以错误选择初始条件后产生的估计量不再渐近等价于正确的估计量，因此是不一致的。选择初始条件时，有时很少有可靠的信息保证我们作出正确选择。独立于初始条件的简单一致估计量理所当然地引起我们的重视，而且它还可以用作求 MLE 迭代过程的初值。该估计方法的主要步骤如下①：

第 1 步：求模型（4.3.7）的一阶差分，得到

$$y_{it}-y_{i,t-1}=\gamma(y_{i,t-1}-y_{i,t-2})+\boldsymbol{\beta}'(\mathbf{x}_{it}-\mathbf{x}_{i,t-1})+u_{it}-u_{i,t-1} \tag{4.3.32}$$

因为 $y_{i,t-2}$ 或（$y_{i,t-2}-y_{i,t-3}$）与（$y_{i,t-1}-y_{i,t-2}$）相关，但与（$u_{it}-u_{i,t-1}$）无关，所以它们可用作（$y_{i,t-1}-y_{i,t-2}$）的工具变量，并用工具变量法估计 γ 和 $\boldsymbol{\beta}$。估计量

$$\begin{aligned}\begin{pmatrix}\hat{\gamma}_{iv}\\ \hat{\boldsymbol{\beta}}_{iv}\end{pmatrix}=&\Bigg[\sum_{i=1}^{N}\sum_{t=3}^{T}\\ &\begin{pmatrix}(y_{i,t-1}-y_{i,t-2})(y_{i,t-2}-y_{i,t-3}) & (y_{i,t-2}-y_{i,t-3})(\mathbf{x}_{it}-\mathbf{x}_{i,t-1})'\\ (\mathbf{x}_{it}-\mathbf{x}_{i,t-1})(y_{i,t-1}-y_{i,t-2}) & (\mathbf{x}_{it}-\mathbf{x}_{i,t-1})(\mathbf{x}_{it}-\mathbf{x}_{i,t-1})'\end{pmatrix}\Bigg]^{-1}\\ &\times\left[\sum_{i=1}^{N}\sum_{t=3}^{T}\begin{pmatrix}y_{i,t-2}-y_{i,t-3}\\ \mathbf{x}_{it}-\mathbf{x}_{i,t-1}\end{pmatrix}(y_{it}-y_{i,t-1})\right]\end{aligned} \tag{4.3.33}$$

和

$$\begin{aligned}\begin{pmatrix}\tilde{\gamma}_{iv}\\ \tilde{\boldsymbol{\beta}}_{iv}\end{pmatrix}=&\Bigg[\sum_{i=1}^{N}\sum_{t=2}^{T}\\ &\begin{pmatrix}y_{i,t-2}(y_{i,t-1}-y_{i,t-2}) & y_{i,t-2}(\mathbf{x}_{it}-\mathbf{x}_{i,t-1})'\\ (\mathbf{x}_{it}-\mathbf{x}_{i,t-1})(y_{i,t-1}-y_{i,t-2}) & (\mathbf{x}_{it}-\mathbf{x}_{i,t-1})(\mathbf{x}_{it}-\mathbf{x}_{i,t-1})'\end{pmatrix}\Bigg]^{-1}\\ &\times\left[\sum_{i=1}^{N}\sum_{t=2}^{T}\left(\frac{y_{i,t-2}}{\mathbf{x}_{it}-\mathbf{x}_{i,t-1}}\right)(y_{it}-y_{i,t-1})\right]\end{aligned} \tag{4.3.34}$$

是一致的。

估计量（4.3.33）和（4.3.34）都可通过总体矩 $E[\mathbf{q}_{it}(u_{it}-u_{i,t-1})]=\mathbf{0}$ 对

---

① 另一种方法见第 3 章 3.5 节。

应的样本矩 $\frac{1}{N(T-1)}\sum_{i=1}^{N}\sum_{t=2}^{T}\mathbf{q}_{it}(u_{it}-u_{i,\ t-1})=0$ 导出（估计式（4.3.33）时 $\mathbf{q}_{it}=[(y_{i,t-2}-y_{i,t-3}),\ (\mathbf{x}_{it}-\mathbf{x}_{i,t-1})']'$，估计式（4.3.34）时$\mathbf{q}_{it}=[y_{i,t-2},\ (\mathbf{x}_{it}-$
99 $\mathbf{x}_{i,t-1})']$）。因此式（4.3.33）和（4.3.34）是一致估计，且不管 N 还是 T 趋于无穷或二者都趋于无穷，$\sqrt{NT}[(\hat{\gamma}_{IV}-\gamma),\ (\hat{\boldsymbol{\beta}}-\boldsymbol{\beta})']'$的极限分布都是均值为 0 的正态分布（也就是说不存在渐近偏误）。

估计量（4.3.34）要求最小时期数是 2，而估计量（4.3.33）要求 $T\geqslant 3$，故估计量（4.3.34）优于估计量（4.3.33）。实际上，$T\geqslant 3$ 时，选择估计量（4.3.34）还是估计量（4.3.33）需要考虑（$y_{i,t-1}-y_{i,t-2}$）和 $y_{i,t-2}$或（$y_{i,t-2}-y_{i,t-3}$）之间的相关性。对工具变量 $y_{i,t-2}$或（$y_{i,t-2}-y_{i,t-3}$）渐近效率的比较，参见 Anderson 和 Hsiao（1981）。

第 2 步：将估计的 $\boldsymbol{\beta}$ 和 γ 代入方程

$$\bar{y}_i-\gamma\bar{y}_{i,\ -1}-\boldsymbol{\beta}'\overline{\mathbf{x}}_i=\boldsymbol{\rho}'\mathbf{z}_i+\alpha_i+\bar{u}_i,\qquad i=1,\ \cdots,\ N \tag{4.3.35}$$

其中 $\bar{y}_i=\sum_{t=1}^{T}y_{it}/T$，$\bar{y}_{i,\ -1}=\sum_{t=1}^{T}y_{i,\ t-1}/T$，$\overline{\mathbf{x}}_i=\sum_{t=1}^{T}\mathbf{x}_{it}/T$，$\bar{u}_i=\sum_{t=1}^{T}u_{it}/T$。然后用 OLS 法估计 $\boldsymbol{\rho}$。

第 3 步：用

$$\hat{\sigma}_u^2=\frac{\sum_{i=1}^{N}\sum_{t=2}^{T}[(y_{it}-y_{i,\ t-1})-\hat{\gamma}(y_{i,\ t-1}-y_{i,\ t-2})-\hat{\boldsymbol{\beta}}'(\mathbf{x}_{it}-\mathbf{x}_{i,\ t-1})]^2}{2N(T-1)} \tag{4.3.36}$$

$$\hat{\sigma}_\alpha^2=\frac{\sum_{i=1}^{N}(\bar{y}_i-\hat{\gamma}\,\bar{y}_{i,\ -1}-\hat{\boldsymbol{\rho}}'\mathbf{z}_i-\hat{\boldsymbol{\beta}}'\overline{\mathbf{x}}_i)^2}{N}-\frac{1}{T}\hat{\sigma}_u^2 \tag{4.3.37}$$

作为 σ_u^2 和 σ_α^2的估计量。

这些估计量的一致性与初始条件无关。当 N 或 T 或二者都趋于无穷时 γ，$\boldsymbol{\beta}$ 和 σ_u^2 的工具变量估计量是一致的。$\boldsymbol{\rho}$ 和 σ_α^2估计量仅当 N 趋于无穷时是一致的，而当 N 固定、T 趋于无穷时是不一致的。工具变量法相对容易实现。但如果我们还希望在随机效应模型中检验关于初始条件的保有假设，则最大似然法更可靠。

4.3.3.4 广义矩法估计量

我们知道，除 $y_{i,t-2}$和（$y_{i,t-2}-y_{i,t-3}$）外，（$y_{i,t-1}-y_{i,t-2}$）的工具变量还有很多。Amemiya 和 MaCurdy（1986），Arellano 和 Bond（1991），Breusch，Mizon 和 Schmidt（1989）等都发现所有的 $y_{i,t-2-j}(j=0,\ 1,\ \cdots)$ 都满足条件 $E[y_{i,t-2-j}(y_{i,t-1}-y_{i,t-2})]\neq 0$ 和 $E[y_{i,t-2-j}(u_{it}-u_{i,t-1})]=0$。所以它们都是（$y_{i,t-1}-y_{i,t-2}$）的合理工具变量。令$\mathbf{q}_{it}=(y_{i0},\ y_{i1},\ \cdots,\ y_{i,t-2},\ \mathbf{x}_i')'$，其中 $\mathbf{x}_i'=(\mathbf{x}_{i1}',\ \cdots,\ \mathbf{x}_{iT}')$，我们有

$$E\mathbf{q}_{it}\Delta u_{it}=0,\qquad t=2,\ \cdots,\ T \tag{4.3.38}$$

100 将式（4.3.32）的（$T-1$）个一阶差分方程堆积成矩阵的形式，可得

$$\Delta \mathbf{y}_i = \Delta \mathbf{y}_{i,-1}\gamma + \Delta X_i \boldsymbol{\beta} + \Delta \mathbf{u}_i, \quad i=1, \cdots, N \tag{4.3.39}$$

其中 $\Delta \mathbf{y}_i$，$\Delta \mathbf{y}_{i,-1}$ 和 $\Delta \mathbf{u}_i$ 分别是 $(T-1)\times 1$ 的向量 $(y_{i2}-y_{i1}, \cdots, y_{iT}-y_{i,T-1})'$，$(y_{i1}-y_{i0}, \cdots, y_{i,T-1}-y_{i,T-2})'$，$(u_{i2}-u_{i1}, \cdots, u_{iT}-u_{i,T-1})'$，$\Delta X_i$ 是 $(T-1)\times K_1$ 的矩阵 $(\mathbf{x}_{i2}-\mathbf{x}_{i1}, \cdots, \mathbf{x}_{iT}-\mathbf{x}_{i,T-1})'$。式（4.3.38）的 $T(T-1)\left[K_1+\frac{1}{2}\right]$ 个正交条件（或矩条件）可表示为

$$EW_i\Delta \mathbf{u}_i = \mathbf{0} \tag{4.3.40}$$

其中

$$W_i = \begin{pmatrix} \mathbf{q}_{i2} & \mathbf{0} & \cdots & \mathbf{0} \\ \mathbf{0} & \mathbf{q}_{i3} & \cdots & \mathbf{0} \\ \vdots & \vdots & \ddots & \vdots \\ \mathbf{0} & \mathbf{0} & \cdots & \mathbf{q}_{iT} \end{pmatrix} \tag{4.3.41}$$

是 $\left[T\ (T-1)(K_1+\frac{1}{2})\right]\times(T-1)$ 维矩阵。式（4.3.41）的维数一般远远大于 (K_1+1)。因此 Arellano 和 Bond（1991）提出广义矩法（GMM）估计量。

标准的矩估计方法是让总体矩和相应的样本矩（或估计）相等，再求解未知参数向量 $\boldsymbol{\theta}$。譬如，假设 $\mathbf{m}$（$\mathbf{y}$，$\mathbf{x}$；$\boldsymbol{\theta}$）表示 $\mathbf{y}$ 和/或 $\mathbf{x}$ 的某些总体矩（比如说一阶矩和二阶矩），它们是未知参数向量 $\boldsymbol{\theta}$ 的函数，并假定它们等于某已知常数，比如零。令 $\hat{\mathbf{m}}(\mathbf{y}, \mathbf{x}; \boldsymbol{\theta}) = \frac{1}{N}\sum_{i=1}^{N}\mathbf{m}(\mathbf{y}_i, \mathbf{x}_i; \boldsymbol{\theta})$ 是它们基于 N 个独立样本 $(\mathbf{y}_i, \mathbf{x}_i)$ 的样本估计。那么 $\boldsymbol{\theta}$ 的矩估计量 $\hat{\boldsymbol{\theta}}_{mm}$ 满足

$$\mathbf{m}(\mathbf{y}, \mathbf{x}; \boldsymbol{\theta}) = \hat{\mathbf{m}}(\mathbf{y}, \mathbf{x}; \hat{\boldsymbol{\theta}}_{mm}) = \mathbf{0} \tag{4.3.42}$$

譬如固定效应的线性静态模型（3.2.2），由 QX_i 和 $Q\mathbf{u}_i$ 之间的正交条件 $E(X_i'Q\mathbf{u}_i)=E[X_i'Q\ (\mathbf{y}_i-\mathbf{e}\alpha_i^*-X_i\boldsymbol{\beta})]=0$ 可导出 LSDV 估计量（3.2.8）。在此意义上，Ⅳ法就是一种矩法估计。

如果式（4.3.42）中方程的个数等于 $\boldsymbol{\theta}$ 的维数，一般可求出唯一解 $\hat{\boldsymbol{\theta}}_{mm}$。如果方程个数大于 $\boldsymbol{\theta}$ 的维数，则式（4.3.42）通常没有解。所以有必要最小化 $\hat{\mathbf{m}}(\mathbf{y}, \mathbf{x}; \boldsymbol{\theta})-\mathbf{m}(\mathbf{y}, \mathbf{x}; \boldsymbol{\theta})$ 的某个范数（或最小距离），比方说

$$[\hat{\mathbf{m}}(\mathbf{y}, \mathbf{x}; \boldsymbol{\theta})-\mathbf{m}(\mathbf{y}, \mathbf{x}; \boldsymbol{\theta})]'A[\hat{\mathbf{m}}(\mathbf{y}, \mathbf{x}; \boldsymbol{\theta})-\mathbf{m}(\mathbf{y}, \mathbf{x}; \boldsymbol{\theta})] \tag{4.3.43}$$

其中 A 是某个正定矩阵。

由此导出的估计量的性质与 A 有关。A 的最优选择（Hansen（1982））是 101

$$A^* = \{E[\hat{\mathbf{m}}(\mathbf{y}, \mathbf{x}; \boldsymbol{\theta})-\mathbf{m}(\mathbf{y}, \mathbf{x}; \boldsymbol{\theta})][\hat{\mathbf{m}}(\mathbf{y}, \mathbf{x}; \boldsymbol{\theta})-\mathbf{m}(\mathbf{y}, \mathbf{x}; \boldsymbol{\theta})]'\}^{-1} \tag{4.3.44}$$

$\boldsymbol{\theta}$ 的 GMM 估计就是 $A=A^*$ 时最小化式（4.3.43）的 $\hat{\boldsymbol{\theta}}_{GMM}$。

$\boldsymbol{\theta}=(\gamma, \boldsymbol{\beta}')'$ 的 Arellano-Bond（1991）型 GMM 估计量可通过关于 $\boldsymbol{\theta}$ 最小化

$$\left(\frac{1}{N}\sum_{i=1}^{N}\Delta \mathbf{u}_i' W_i'\right)\Psi^{-1}\left(\frac{1}{N}\sum_{i=1}^{N}W_i\Delta \mathbf{u}_i\right) \tag{4.3.45}$$

得到，其中 $\Psi = E[1/N^2 \sum_{i=1}^{N} W_i \Delta\mathbf{u}_i \mathbf{u}'_i W'_i]$。在"$u_{it}$独立同分布，且均值为零、方差为 σ_u^2"的假设下，可用 $\frac{\sigma_u^2}{N^2}\sum_{i=1}^{N} W_i \widetilde{A} W'_i$ 来逼近 Ψ，其中

$$\underset{(T-1)\times(T-1)}{\widetilde{A}} = \begin{bmatrix} 2 & -1 & 0 & \cdot & 0 \\ -1 & 2 & -1 & \cdot & 0 \\ 0 & \ddots & \ddots & & \\ 0 & \ddots & \ddots & \cdot & -1 \\ 0 & & \cdot & -1 & 2 \end{bmatrix} \tag{4.3.46}$$

因此，Arellano-Bover 型 GMM 估计量为

$$\hat{\boldsymbol{\theta}}_{\mathrm{GMM,\ AB}} = \left\{\left[\sum_{i=1}^{N}\begin{pmatrix}\Delta\mathbf{y}'_{i,\ -1}\\ \Delta X'_i\end{pmatrix} W'_i\right]\left[\sum_{i=1}^{N} W_i \widetilde{A}\ W'_i\right]^{-1}\left[\sum_{i=1}^{N} W_i(\Delta\mathbf{y}_{i,\ -1},\ \Delta X_i)\right]\right\}^{-1}$$
$$\times\left\{\left[\sum_{i=1}^{N}\begin{pmatrix}\Delta\mathbf{y}'_{i,\ -1}\\ \Delta X'_i\end{pmatrix} W'_i\right]\left[\sum_{i=1}^{N} W_i \widetilde{A}\ W'_i\right]^{-1}\left[\sum_{i=1}^{N} W_i \Delta\mathbf{y}_i\right]\right\} \tag{4.3.47}$$

它的渐近协方差矩阵为

$$\mathrm{Cov}(\hat{\boldsymbol{\theta}}_{\mathrm{GMM,\ AB}})$$
$$=\sigma_u^2\left\{\left[\sum_{i=1}^{N}\begin{pmatrix}\Delta\mathbf{y}'_{i,\ t-1}\\ \Delta X'_i\end{pmatrix} W'_i\right]\left[\sum_{i=1}^{N} W_i \widetilde{A}\ W'_i\right]^{-1}\left[\sum_{i=1}^{N} W_i(\Delta\mathbf{y}_{i,\ t-1},\ \Delta X_i)\right]\right\}^{-1} \tag{4.3.48}$$

102 除矩条件（4.3.38）外，Arellano 和 Bover（1995）还发现 $E\bar{\nu}_i = 0$，其中 $\bar{\nu}_i = \bar{y}_i - \bar{y}_{i,-1}\gamma - \bar{\mathbf{x}}'_i\boldsymbol{\beta} - \boldsymbol{\rho}'\mathbf{z}_i$。①因此，如果工具变量 $\mathbf{q}_i$ 存在（譬如常数 1 就是一个合理的工具变量）且满足

$$E\tilde{\mathbf{q}}_i\bar{\nu}_i = \mathbf{0} \tag{4.3.49}$$

则结合这些新增的矩条件可导出更有效的 GMM 估计量。

除线性矩条件（4.3.40）和（4.3.49）外，Ahn 和 Schmidt（1995）还发现关于 $E(\nu_{it}^2)$ 的同方差条件蕴含着之后的 $T-2$ 个线性矩条件：

$$E(y_{it}\Delta u_{i,\ t+1} - y_{i,\ t+1}\Delta u_{i,\ t+2}) = 0,\qquad t = 1,\ \cdots,\ T-2 \tag{4.3.50}$$

综合式（4.3.40）、（4.3.49）和（4.3.50），关于 $\boldsymbol{\theta}$ 最小化②

$$\left(\frac{1}{N}\sum_{i=1}^{N}\mathbf{u}_i^{+\prime} W_i^{+\prime}\right)\ \Psi^{+-1}\left(\frac{1}{N}\sum_{i=1}^{N} W_i^{+}\ \mathbf{u}_i^{+}\right) \tag{4.3.51}$$

导出的 GMM 估计量更有效，其中 $\mathbf{u}_i^{+} = (\Delta\mathbf{u}'_i,\ \bar{\nu}_i)'$，$\Psi^{+} = E\left(\frac{1}{N^2}\sum_{i=1}^{N} W_i^{+}\mathbf{u}_i^{+} \times \mathbf{u}_i^{+\prime} W_i^{+\prime}\right)$，而

$$W_i^{+\prime} = \begin{pmatrix} W'_i & W_i^{*\prime} & \mathbf{0} \\ \mathbf{0}' & \mathbf{0}' & \tilde{\mathbf{q}}'_i \end{pmatrix}$$

---

① 注意，令 $\mathbf{z}_i = 0$ 只是为了方便表述。当有 $\mathbf{z}_i$ 的时候，一阶差分模型（4.3.38）将 $\mathbf{z}_i$ 从模型中消除，因此式（4.3.39）的矩条件仍成立。但要使 $E\bar{\nu}_i = 0$ 成立，需要关于均值的平稳性假设［Blundell 和 Bond（1998）］。

② 为易于标识，我们再次假定 $\mathbf{z}_i = \mathbf{0}$。

其中

$$\underset{(T-2)\times(T-1)}{W_i^*}=\begin{pmatrix} y_{i1} & -y_{i2} & 0 & 0 & \cdots & 0 \\ 0 & y_{i2} & -y_{i3} & 0 & \cdots & \cdot \\ & & & & & \\ & & & & & 0 \\ & & & 0 & y_{i,T-2} & -y_{i,T-1} \end{pmatrix}$$

但由于协方差矩阵（4.3.50）与未知参数 $\boldsymbol{\theta}$ 有关，所以不可用 GMM 估计。一个效率较低但计算可行的 GMM 估计是忽略 Ψ^+ 与 $\boldsymbol{\theta}$ 之间的相关性，并在目标函数（4.3.51）中简单地用 Ψ^+ 的一致估计量

$$\hat{\Psi}^+=\left(\frac{1}{N^2}\sum_{i=1}^{N} W_i^+\,\hat{\mathbf{u}}_i^+\,\hat{\mathbf{u}}_i^{+\prime}W_i^{+\prime}\right) \tag{4.3.52}$$

替换 Ψ，然后导出估计量（4.3.47），其中 $\hat{\mathbf{u}}_i^+$ 是简单地将 γ 和 $\boldsymbol{\beta}$ 的某个一致估 103
计量，譬如 4.3.3.3 节讨论的 IV，代入式（4.3.39）和 $\hat{\nu}_i$ 的方程后得到的。

从理论上来说，我们可利用更多的矩条件提高 GMM 估计的渐近效率。譬如，Ahn 和 Schmidt（1995）发现，除线性矩条件（4.3.40）、（4.3.49）和（4.3.50）之外，还存在（$T-1$）个非线性矩条件 $E[(\bar{y}_i-\boldsymbol{\beta}'\bar{x}_i)\Delta u_{it}]=0$，$t=2$，…，$T$，这些非线性矩条件隐含在约束条件"$E\nu_{it}^2$ 相等"中。增加"$E(\alpha_i\, y_{it})$ 对所有的 t 都相等"的假设后，该条件和条件（4.3.50）可转换成（$2T-2$）个线性矩条件

$$E[(y_{iT}-\boldsymbol{\beta}'\mathbf{x}_{iT})\Delta y_{it}]=0,\quad t=1,\ \cdots,\ T-1 \tag{4.3.53}$$

和

$$E[(y_{it}-\boldsymbol{\beta}'\mathbf{x}_{it})\,y_{it}-(y_{i,t-1}-\boldsymbol{\beta}'\mathbf{x}_{i,t-1})\,y_{i,t-1}]=0,\qquad t=2,\ \cdots,\ T \tag{4.3.54}$$

虽然增加矩条件提高 GMM 的渐近效率理论上可行，但在有限样本中使用大量的矩条件到底提高了多少效率令人感到怀疑。此外，使用高阶矩条件时，估计量可能对异常观测非常敏感。Ziliak（1997）的模拟研究表明，GMM 的向下偏误随着矩条件数量的增多变得非常严重，甚至超过效率上的提高。事实上，在有限样本情形的面板数据应用中，因存在偏误的原因，而并不提倡使用全部矩条件求估计量的做法。偏误的大小与各方程中工具变量的数量成比例。此外，γ 靠近 1 时，滞后变量 $y_{i,t-2-j}$（$j\geqslant 0$）是弱工具变量。用来估计参数的矩条件个数还会引起估计量偏误与方差间的此消彼长。Koenken 和 Machado（1999）证明普通的大样本理论仅在矩条件个数少于样本容量的 3 次方根时才成立。Okui（2009）建议通过最小化近似均方误差（Nagar 1959）选择矩条件。一般情况下，当 T 较小时，使用所有的矩是最好的。当 T 不是非常小时 $\left(\frac{T^2}{N\log T}\to\infty\right)$，选取的矩条件数量最好是 $O((NT)^{1/3})$，假定对每个（$y_{i,t-1}-y_{i,t-2}$），都有自然排序的工具变量，譬如按升序排列的（y_{i0}，y_{i1}，…，$y_{i,t-2}$）。[事实上，Okui（2009）利用 Arellano 和 Bover（1995）的前向正交偏误算子导出了一种据选择方法。] 当 σ_α^2 相对 $\sigma_u{}^2$ 比较大时，使用较多的矩条件是

合适的。更多讨论，见 Judson 和 Owen（1999），Kiviet（1995），以及 Wansbeek 和 Bekker（1996）。

104 为提高 γ 接近 1 时 GMM 估计的效率，Hahn、Hausman 和 Kuersteiner（2007）建议不要用类似式（4.3.32）中的一阶差分方程，而是使用长距差分（long difference，LD）$y_{iT}-y_{i1}$。在一阶自回归过程（4.3.3）情形下，有

$$y_{iT}-y_{i1}=\gamma(y_{i,T-1}-y_{i0})+(u_{iT}-u_{i1}) \tag{4.3.55}$$

则 y_{i0}，$y_{i,T-1}-\gamma y_{i,T-2}$，…，$y_{i,2}-\gamma y_{i1}$是有效工具变量。其 LD 估计等价于对矩条件

$$E\begin{bmatrix} y_{i0} \\ y_{i,T-1}-\gamma y_{i,T-2} \\ \vdots \\ y_{i,2}-\gamma y_{i1} \end{bmatrix}[(y_{iT}-y_{i1})-\gamma(y_{i,T-1}-y_{i0})]=\mathbf{0} \tag{4.3.56}$$

的压缩集使用 GMM 估计。

工具变量 $y_{it}-\gamma y_{i,t-1}$（$t=2$，…，$T-1$）需要知道 γ 的值。我们可用 Arellano-Bond GMM 估计（4.3.47）得到初始一致估计 $\hat{\gamma}_{\text{GMM,AB}}$，再将 y_{i0}，$y_{i,T-1}-y_{i,T-2}\hat{\gamma}_{\text{GMM,AB}}$，…，$y_{i,2}-y_{i1}\hat{\gamma}_{\text{GMM,AB}}$用作工具变量，即可导出可行 LD 估计。

LD 估计之所以能提高基于一阶差分方程（4.3.3）的 GMM 估计的效率，是因为可将 GMM 法看作两阶段最小二乘估计（Theil 1958）。正如 Donald 和 Newey（2001）所证，2SLS（GMM）估计的偏误取决于 4 个要素：第一阶段约简型方程能“被解释”的方差、结构方程随机扰动项与约简型方程间的“协方差”、工具变量数量以及样本容量，

$$E[\hat{\gamma}_{\text{2SLS}}-\gamma]\simeq\frac{1}{n}a \tag{4.3.57}$$

其中 n 表示样本容量，而

$$a=\frac{\text{工具变量数量}\times\text{协方差}}{\text{第一阶段约简型方程中能被解释的方差}} \tag{4.3.58}$$

Hahn，Hausman 和 Kuersteiner（2007）以该公式为基础，证明了 $T=3$ 时 Arellano-Bond（1991）GMM 估计的 $a=-\frac{1+\gamma}{1-\gamma}$。当 $\gamma=0.9$ 时，$a=-19$。当 $N=100$ 时，偏误约为-105.56 乘以一个比率。另一方面，利用 LD 估计得到 $a=-0.37$，其绝对值比-19 的绝对值小得多。

注 4.3.1：对不同个体 i 以及不同时期 t，假定 u_{it}独立同分布，则我们可以导出 MLE（或 GLS），或者 GMM 估计（4.3.47）。如果 u_{it}序列相关，则 $j\geqslant 2$ 时 $E(y_{i,t-2}\Delta u_{it})\neq 0$。则式（4.3.30）和（4.3.47）都不是一致估计。另一方面，用分块对角工具变量矩阵 $\widetilde{W}_i^*$ 代替式（4.3.47）中的 W_i，得到的估计量

105 $\hat{\boldsymbol{\theta}}^*$ 仍是一致的［如果 $\mathbf{x}_{it}$是严格外生的，即对所有的 s，$E\mathbf{x}_{it}u_{is}=0$，则 $\widetilde{W}_i^*$ 的第 t 块子矩阵由 $\mathbf{x}_i$ 给定。如果 $\mathbf{x}_{it}$ 是弱外生的，即 $j\geqslant 0$ 时，$E(\mathbf{x}_{i,t+j+1}u_{it})\neq 0$ 且 $E(u_{it}\mathbf{x}_{i},t-j)=0$，则第 t 块子矩阵由（$\mathbf{x}_{it}'$，$\mathbf{x}_{i,t-1}'$，…，$\mathbf{x}_{i1}'$）$'$给定］。故可以构

建一个 Hausman (1978) 型检验统计量，通过比较差值 $(\hat{\boldsymbol{\theta}}_{\text{GMM,AB}}-\hat{\boldsymbol{\theta}}^{*})$ 来检验 u_{it} 是否序列无关。

Arellano-Bond (1991) 发现，u_{it} 序列无关时有 $E(\Delta u_{it}\Delta u_{i,t-2})=0$。他们证明当 $T\geqslant 5$ 且 $N\rightarrow\infty$ 时，统计量

$$\frac{\sum_{i=1}^{N}\sum_{t=4}^{T}\Delta\hat{u}_{it}\Delta\hat{u}_{i,t-2}}{\hat{s}} \tag{4.3.59}$$

的极限分布是均值为 0、方差为 1 的正态分布，且

$$\begin{aligned}\hat{s}^2 =& \sum_{i=1}^{N}\Big(\sum_{t=4}^{T}\Delta\hat{u}_{it}\Delta\hat{u}_{i,t-2}\Big)^2-2\Big(\sum_{i=1}^{N}\sum_{t=4}^{T}\Delta\hat{u}_{i,t-2}\Delta\mathbf{x}_{it}'\Big)\\ &\times\left\{\left[\sum_{i=1}^{N}\begin{pmatrix}\Delta\mathbf{y}_{i,-1}'\\ \Delta X_i'\end{pmatrix}W_i'\right]\Big(\frac{1}{N}\sum_{i=1}^{N}W_i\tilde{A}W_i'\Big)^{-1}\left[\sum_{i=1}^{N}W_i(\Delta\mathbf{y}_{i,-1},\ \Delta X_i)\right]\right\}^{-1}\\ &\times\left[\sum_{i=1}^{N}\begin{pmatrix}\Delta\mathbf{y}_{i,-1}'\\ \Delta X_i'\end{pmatrix}W_i'\right]\Big(\frac{1}{N}\sum_{i=1}^{N}W_i\tilde{A}W_i'\Big)^{-1}\left[\sum_{i=1}^{N}W_i\,\Delta\hat{\mathbf{u}}_i\Big(\sum_{t=4}^{T}\Delta\hat{u}_{it}\Delta\hat{u}_{i,t-2}\Big)\right]\\ &+\Big(\sum_{i=1}^{N}\sum_{t=4}^{T}\Delta\hat{u}_{i,t-2}\Delta\mathbf{x}_{it}'\Big)\,\mathrm{Cov}(\hat{\boldsymbol{\theta}}_{\text{GMM,AB}})\Big(\sum_{i=1}^{N}\sum_{t=1}^{T}\Delta\mathbf{x}_{it}\Delta\hat{u}_{i,t-2}\Big)\end{aligned} \tag{4.3.60}$$

其中 $\Delta\hat{u}_{it}=\Delta y_{it}-(\Delta y_{i,t-1},\ \Delta\mathbf{x}_{it}')\hat{\boldsymbol{\theta}}_{\text{GMM,AB}}$，$\Delta\hat{\mathbf{u}}_i=(\Delta\hat{u}_{i2},\ \cdots,\ \Delta\hat{u}_{iT})'$。

该统计量可以代替 Hausman 型检验统计量，用来检验模型 (4.3.7) 中不存在外生解释变量时是否存在序列相关。仅当 $T\geqslant 5$ 时，统计量 (4.3.59) 才有定义。当 $T<5$ 时，Arellano-Bond (1991) 建议使用 Sargan (1958) 过度识别检验统计量

$$\Big(\sum_{i=1}^{N}\Delta\hat{\mathbf{u}}_i'W_i^{*\prime}\Big)\Big(\sum_{i=1}^{N}W_i^{*}\Delta\hat{\mathbf{u}}_i\Delta\hat{\mathbf{u}}_i'W_i^{*\prime}\Big)^{-1}\Big(\sum_{i=1}^{N}W_i^{*}\Delta\hat{\mathbf{u}}_i\Big) \tag{4.3.61}$$

其中 W_i^* 可以是 W_i，或者是任意数量满足正交条件 $E(W_i^*\Delta\mathbf{u}_i)=0$ 的工具变量。在“序列无关”的原假设下，估计量 (4.3.61) 的极限分布是自由度为 $p-(K+1)$ 的 χ^2 分布，其中 p 表示 W_i^* 的行数，且 $p>(K+1)$。

注 4.3.2：因个体特异效应项 α_i 是时恒变量，对保持 α_i 时恒属性的 y_{it} 方程进行任意变换，求取个体 y_{it} 方程的偏差，即可消除 α_i。譬如，Alvarez 和 Arellano (2003) 使用了将 y_{it} 方程变换成 106

$$c_t\left[y_{it}-\frac{1}{T-t}(y_{i,t+1}+\cdots+y_{iT})\right],\quad t=1,\ \cdots,\ T-1 \tag{4.3.62}$$

的转换方法，其中 $c_t^2=\dfrac{T-t}{T-t+1}$。使用式 (4.3.62) 对应的变换方法，其优点是残差 $u_{it}^*=c_t\left[u_{it}-\dfrac{1}{T-t}(u_{i,t+1}+\cdots+u_{iT})\right](t=1,\ \cdots,\ T-1)$ 正交，即 $t\neq s$ 时 $Eu_{it}^*u_{is}^*=0$，且 $Eu_{it}^{*2}=\sigma_u^2$。但如果使用变换 (4.3.62) 消除 α_i，则应用 GMM 法时，工具变量 $\mathbf{q}_{it}$ 为 $(y_{i0},\ \cdots,\ y_{i,t-1},\ \mathbf{x}_i')$。

4.3.4　检验关于初始条件的保有假设

正如 4.3.2 节和 4.3.3 节中的讨论，对随机效应模型 MLE 与 GLS 的解释以及一致性讨论都与初始条件有关。但现实中我们很少有关于初始观测特征的信息。因为有些假设是嵌套的，故 Bhargava 和 Sargan（1983）建议利用似然原理对它们进行检验。譬如，y_{i0}是外生变量时（情形Ⅰ），我们可最大化 L_1 来检验误差成分表达式的合理性（对 L_1 的协方差矩阵 V 有没有约束条件都可以）。令 L_1^* 表示满足模型（4.3.7）约束条件的 $\log L_1$ 的最大值，并令 L_1^{**} 表示 V 为任意正定矩阵时 $\log L_1$ 的最大值。在原假设下，得到的检验统计量 $2(L_1^{**}-L_1^*)$ 服从自由度为 $[T(T+1)/2-2]$ 的 χ^2 分布。

类似地，我们可在 y_{i0}是内生变量的假设下检验误差成分表达式的合理性。用 L_{4a}^* 和 $L_{4c'}^*$ 分别表示情形Ⅳa 和 Ⅳc′中对数似然函数的最大值。用 L_{4a}^{**} 和 $L_{4c'}^{**}$ 分别表示情形Ⅳa 和Ⅳc′中没有约束条件（4.3.20）或（4.3.24）时［即（$T+1)\times(T+1$）的协方差矩阵是任意的］对数似然函数的最大值。则在原假设下，$2(L_{4a}^{**}-L_{4a}^*)$ 和 $2(L_{4c'}^{**}-L_{4c'}^*)$ 分别服从自由度为 $[(T+1)(T+2)/2-2]$ 和 $[(T+1)(T+2)/2-3]$ 的 χ^2 分布。

检验平稳性假设时，我们用 L_{4b}^* 和 $L_{4d'}^*$ 分别表示情形Ⅳb 和情形Ⅳd′中对数似然函数的最大值。则 $2(L_{4b}^*-L_{4a}^*)$ 和 $2(L_{4d'}^*-L_{4c'}^*)$ 都服从自由度为 1 的 χ^2 分布。统计量 $2(L_{4a}^{**}-L_{4b}^*)$ 和 $2(L_{4c'}^{**}-L_{4d'}^*)$ 也可用来分别检验情形Ⅳb 和Ⅳd′的合理性。它们的渐近分布分别是自由度为 $[(T+1)(T+2)/2-3]$ 和 $[(T+1)(T+2)/2-4]$ 的 χ^2 分布。

在关于误差过程的各种假设下，我们还可用推广的 Bhargava-Sargan 法检验初始观测“有共同均值 μ_w”或“有不同均值 θ_{i0}”的假设。统计量 $2(L_{4c'}^*-L_{4a}^*)$，$2(L_{4c'}^{**}-L_{4a}^*)$ 和 $2(L_{4d'}^*-L_{4b}^*)$ 的渐近分布分别是自由度为 q，$(q-1)$
107 和 $(q-1)$ 的 χ^2 分布，其中 q 是模型（4.3.22）中未知系数的个数。我们还可利用统计量 $2(L_{4c'}^{**}-L_{4a}^*)$ 或 $2(L_{4c'}^{**}-L_{4b}^*)$ 检验共同均值和方差成分式子的联合假设，这两个统计量的渐近分布分别是自由度为 $[q+(T+1)(T+2)/2-3]$ 和 $[q+(T+1)(T+2)/2-4]$ 的 χ^2 分布。

检验 y_{i0}的外生性时，我们不能直接比较 L_1 和情形Ⅳ中各种形式的似然函数，因为在前一种情形中我们假定 y_{i0}是外生变量并考察（y_{i1}，…，y_{iT}）的密度，而在后一种情形中考察的是（y_{i0}，…，y_{iT}）的联合密度。但我们可以在“v_{i0}与 η_i（或 α_i）独立，且方差为 $\sigma_{\epsilon0}^2$”的约束条件下导出模型（4.3.7）和（4.3.22）的联合似然函数。即我们在（y_{i0}，…，y_{iT}）的 $(T+1)\times(T+1)$ 的协方差矩阵上添加约束条件 $\mathrm{Cov}(v_{i0}, v_{it})=0$，$t=1$，…，$T$。我们用 L_5 表示该似然函数。令 L_5^{**} 表示（v_{i0}，…，v_{iT}）的协方差矩阵不受约束时 $\log L_5$ 的最大值，则我们可以用 $2(L_{4c'}^{**}-L_5^{**})$ 检验 y_{i0} 的外生性，在原假设下，$2(L_{4c'}^{**}-L_5^{**})$的渐近分布是自由度为 T 的 χ^2 分布。

我们还可以利用误差项的误差成分结构检验 y_{i0}的外生性。不妨假定（v_{i1}，…，

v_{iT}）的方差-协方差矩阵为 V [式 (3.3.4)]。令 $L_5{}^*$ 表示似然函数 L_5 的对数在该约束条件下的最大值。令 $L_{4d'}^*$ 表示（y_{i0}，…，y_{iT}）的对数似然函数在约束条件"$E\mathbf{v}_i\mathbf{v}_i'=\widetilde{V}^*$，但 v_{i0} 的方差和 v_{i0} 与 v_{it}（$t=1$，…，T）的协方差是任意常数 σ_{w0}^2 和 σ_τ^2"下的最大值。如果 y_{i0} 是外生变量，则统计量 $2(L_{4d'}^*-L_5^*)$ 的渐近分布是自由度为 1 的 χ^2 分布。但实际应用中不需要计算 $L_{4d'}^*$，因为 $L_{4d'}^*\geqslant L_{4c'}^*$，如果 $2(L_{4c'}^*-L_5^*)$ 与自由度为 1 的 χ^2 分布的临界值比较后拒绝了原假设，则 $2(L_{4d'}^*-L_5^{**})$ 也一定会拒绝原假设。

4.3.5　模拟证据

为研究最大似然估计量在关于初始条件的各种假设下的功效，Bhargava 和 Sargan (1983) 进行了 Monte Carlo 模拟研究。他们的真实数据由

$$y_{it}=1+0.5y_{i,t-1}-0.16z_i+0.35x_{it}+\alpha_i+u_{it},\qquad i=1,\cdots,100;\ t=1,\cdots,20 \tag{4.3.63}$$

生成，其中 α_i 和 u_{it} 是独立正态分布的，均值都是零，方差分别为 0.09 和 0.422 5，时变外生变量 x_{it} 由 108

$$x_{it}=0.1t+\phi_i x_{i,t-1}+\omega_{it},\qquad i=1,\cdots,100;\ t=1,\cdots,20 \tag{4.3.64}$$

生成，ϕ_i 和 ω_{it} 是独立正态分布的，均值都为零，方差分别为 0.01 和 1。时恒外生变量 z_i 由

$$z_i=-0.2x_{i4}+\omega_i^*,\qquad i=1,\cdots,100 \tag{4.3.65}$$

生成，ω_i^* 是独立正态分布的，均值为零，方差为 1。在重复试验中固定 z 和 x，且丢弃最初 10 个观测。故 y_{i0} 事实上是随机的且与个体效应项 α_i 相关。表 4.2 列出了 50 次重复实验中各种模型估计量的偏误。

表 4.2　对动态随机效应模型 MLE 偏误的模拟结果 109

系数	y_{i0} 是外生的，且对协方差矩阵无约束	y_{i0} 是外生的，且误差项具有误差成分	y_{i0} 是内生的，且对协方差矩阵无约束	y_{i0} 是内生的，且误差项具有误差成分
截距	−0.199 3	−0.115 6	−0.022 1	0.004 5
	(0.142)[a]	(0.115 5)	(0.158 2)	(0.105)
z_i	0.020 3	0.010 8	0.000 7	−0.003 6
	(0.036 5)	(0.035 4)	(0.039 8)	(0.039 2)
x_{it}	0.002 8	0.004 4	0.004 6	0.004 4
	(0.021 4)	(0.021 4)	(0.021 0)	(0.021 4)
$y_{i,t-1}$	0.067 4	0.037 7	0.007 2	−0.002 8
	(0.046 3)	(0.035 5)	(0.050 7)	(0.031 2)
$\sigma_\alpha{}^2/\sigma_u^2$		−0.049 9		0.001 1
		(0.059 1)		(0.058 8)

[a] 括号内是估计的标准误的均值。

资料来源：Bhargava 和 Sargan (1983)。

将 y_{i0} 当作内生变量时，MLE 的表现非常好，参数中的偏误几乎可以忽略不计。但将 y_{i0} 当作外生变量时，MLE 就差多了，偏误大约是一个标准误。在大量重复试验中，对误差成分表达式的检验还产生了 $\sigma_\alpha^2=0$ 的边界解。利用检验统计量 $2(L_{4c'}^{**}-L_5^{**})$ 和 $2(L_{4c'}^{*}-L_5^{*})$，似然比统计量也分别 46 次和 50 次拒绝了 y_{i0} 的外生性假设。在内生性假设下，似然比统计量 $2(L_{4c'}^{**}-L_{4c'}^{*})$ 拒绝误差成分表达式 4 次（总共 50 次），但在外生性假设下，统计量 $2(L_1^{**}-L_1^{*})$ 拒绝误差成分表达式 7 次。[①]

4.4 案例

我们已讨论了包含个体特异效应的动态模型各种估计量的性质。本节我们介绍 Balestra 和 Nerlove（1966）的天然气需求研究结果，并分析使用面板数据估计动态模型时的特殊问题。

Balestra 和 Nerlove（1966）假定对天然气的新增需求（包括因天然气设备更换导致的需求和设备存货的净增长导致的需求）G^* 是天然气相对价格 P 和对所有类型燃料总的新需求 F^* 的线性函数。设天然气设备的折旧率为 r，并假定设备存货的利用率是常数，在年度 t 对天然气的新增需求和天然气的消费量 G_t 满足关系

$$G_t^*=G_t-(1-r)G_{t-1} \tag{4.4.1}$$

110 他们还假设对所有类型燃料总的新增需求和总的燃料消费量 F 之间也有类似关系，F 由一个关于总人数 N 和人均收入 I 的线性函数近似。将这些关系代入式（4.4.1），他们得到

$$G_t=\beta_0+\beta_1 P_t+\beta_2\Delta N_t+\beta_3 N_{t-1}+\beta_4\Delta I_t+\beta_5 I_{t-1}+\beta_6 G_{t-1}+v_t \tag{4.4.2}$$

其中 $\Delta N_t=N_t-N_{t-1}$，$\Delta I_t=I_t-I_{t-1}$，以及 $\beta_6=1-r$。

Balestra 和 Nerlove 用美国 36 个州在 1957—1967 年期间的年度数据估计民用和商用天然气需求模型（4.4.2）。因为在此期间天然气设备存货的平均使用寿命相当短，所以预期滞后的天然气消费量的系数 β_6 将小于 1，但不会小很多。表 4.3 中的第二列是模型（4.4.2）的 OLS 估计结果。G_{t-1} 的系数估计值是 1.01。该结果表明天然气设备的折旧率是一个负数，这显然与前面的理论预期不符。

综合横截面数据和时序数据估计模型（4.4.2）时，可能因各州的特异效应也包含在数据中，故产生了之前的估计结果。为研究这些效应，他们在模型中引入与 36 个州对应的虚拟变量。表 4.3 的第 3 列就是由此导出的虚拟变量估计结果。滞后内生变量系数的估计值急剧减小；事实上，该值降到了一个非常低的水平，它表明天然气设备的折旧率超过 30%——同样极不合理。

---

① Bhargava 和 Sargan（1983）没有报告他们检验的显著性水平。大概他们使用的是常用的 5% 的显著性水平。

表 4.3　**Balestra 和 Nerlove 由混合样本导出的天然气需求模型（4.4.2）中参数的各种估计（1957—1962 年）**

系数	OLS	LSDV	GLS
β_0	−3.650	—	−4.091
	(3.316)[a]		(11.544)
β_1	−0.045 1	−0.202 6	−0.087 9
	(0.027 0)	(0.053 2)	(0.046 8)
β_2	0.017 4	−0.013 5	−0.001 22
	(0.009 3)	(0.021 5)	(0.019 0)
β_3	0.001 11	0.032 7	0.003 60
	(0.000 41)	(0.004 6)	(0.001 29)
β_4	0.018 3	0.013 1	0.017 0
	(0.008 0)	(0.008 4)	(0.008 0)
β_5	0.003 26	0.004 4	0.003 54
	(0.001 97)	(0.010 1)	(0.006 22)
β_6	1.010	0.679 9	0.954 6
	(0.014)	(0.063 3)	(0.037 2)

[a]括号里的数据是对应系数的标准误。

资料来源：Balestra 和 Nerlove (1966)。

重新估计模型（4.4.2）时他们不再假定地区效应是固定常数，而是明确地将各州的效应项并入误差项，即 $v_{it}=\alpha_i+u_{it}$，其中 α_i 和 u_{it} 是独立随机变量。表 4.3 的第 4 列是在“初始观测是固定常数”假设下的两步 GLS 估计结果。滞后消费量系数的估计值是 0.954 6。该值表明折旧率大约是 4.5%，和之前的理论预期吻合。 111

前面的讨论表明，确当地考虑面板数据中的非观测异质性后，Balestra 和 Nerlove 得到了与之前理论分析一致的合理结果，试图在模型中引入其他变量的常规方法是无法得到这些结果的。此外，滞后天然气消费量系数的最小二乘估计和最小二乘虚拟变量估计分别是 1.01 和 0.679 9。我们在前面的小节中已证明，对于包含个体特异效应的动态模型，当 T 比较小时，滞后因变量系数的最小二乘估计存在正的偏误，最小二乘虚拟变量估计存在向下的偏误。他们的估计结果和前面的理论分析也是吻合的。①

① 将初始观测当作内生变量时，我们不知道 GLS 估计值是多少。我猜想该值可能接近包含固定初始观测的两步 GLS 估计。如第 4 章 4.3 节提到过的，Sevestre 和 Trognon (1982) 已证明，即使初始值与效应相关，在固定初始观测假设下的两步 GLS 估计量的渐近偏误仍比 OLS 或组内估计量的小。此外，如果 Bhargava 和 Sargan 的模拟结果具有某种指导意义，则因关于初始观测的错误假设而导致的偏误的阶在 T 大于 10 时大约有一个标准误大小。此处，对包含固定初始值的两步 GLS 估计来说，滞后因变量的标准误仅为 0.037。

4.5　固定效应模型

如果将个体效应项当作互不相同的固定常数，则个体效应项和其他时恒变量之间存在严重的多重共线性，我们将无法区分个体特异效应项与其他时恒变量的影响。因此我们假定 $\mathbf{z}_i \equiv \mathbf{0}$。当 T 趋于无穷时，虽然滞后的 y 不满足回归元的严格外生性条件，但它确实满足弱外生条件 $E(u_{it} \mid y_{i,t-1}, y_{i,t-2}, \cdots; \alpha_i)=0$；因此，$y_{it}$ 关于滞后的 $y_{i,t-1}$ 和 $\mathbf{x}_{it}$ 以及个体特异常数的最小二乘回归可得到未知参数的一致估计。当 T 固定而 N 趋于无穷时，固定效应模型中的参数数
112 量随着横截面观测数增长。这又是典型的伴生参数问题［Neyman 和 Scott (1948)］。在严格外生性假设下的静态模型中，个体特异常数的出现不会影响斜率系数的 CV 估计量或 MLE 估计量的一致性（见第 3 章）。但如果滞后因变量也作为解释变量出现在模型中，则该结论不再成立，因为它背离了 MLE 一致性的正则性条件。事实上，如果 u_{it} 是正态分布的，y_{i0} 是已知常数，则模型 (4.2.1) 的 MLE 就是 CV 估计量 (4.2.2) 和 (4.2.3)。渐近偏误由式 (4.2.8) 给出。

虽然模型 (4.2.1) 的 MLE 在 T 固定、N 增大时是不一致的，但当它包含固定的 α_i^* 时，模型 (4.3.32) 的 IV 估计量或 GMM 估计量 (4.3.43) 仍是一致且渐近正态分布的。转换方程 (4.3.39) 不包含伴生参数 α_i^*，正交条件 (4.3.40) 仍然成立。

除 IV 型估计量外，以**转换似然函数**（transformed likelihood function）为基础的**基准似然方法**（likelihood-based approach）也可导出一致且渐近正态分布的估计量。

4.5.1　转换似然法

在能够获取初始观测 y_{i0} 和 $\mathbf{x}_{i0}$ 的假设下，一阶差分方程 (4.3.32) 不包含个体效应项 α_i^*，且 $t=2, \cdots, T$ 时定义良好。但由于没有 Δy_{i0} 和 $\Delta \mathbf{x}_{i0}$ 的值，故模型 (4.3.32) 没有定义 $\Delta y_{i1}=(y_{i1}-y_{i0})$。连续代入该式后，我们可将 Δy_{i1} 记为

$$\Delta y_{i1}=a_{i1}+\sum_{j=0}^{\infty}\gamma^j \Delta u_{i,1-j} \tag{4.5.1}$$

其中 $a_{i1}=\boldsymbol{\beta}'\sum_{j=0}^{\infty}\Delta \mathbf{x}_{i,1-j}\gamma^j$。因为我们无法获得 $\Delta \mathbf{x}_{i,1-j}$，$j=1, 2, \cdots$ 的值，所以 a_{i1} 是未知的。如果将 a_{i1} 当作需要估计的自由参数，则我们将再次面临伴生参数问题。为避免该问题，我们要求控制可观测变量后，a_{i1} 的条件期望必须是有限个参数的函数，即

$$E(a_{i1} \mid \Delta \mathbf{x}_i)=c^* + \boldsymbol{\pi}'\Delta \mathbf{x}_i, \quad i=1, \cdots, N \tag{4.5.2}$$

其中 $\boldsymbol{\pi}$ 是 $TK_1 \times 1$ 的常数向量，$\Delta \mathbf{x}_i$ 是 $TK_1 \times 1$ 的向量 $(\Delta \mathbf{x}_{i1}', \cdots, \Delta \mathbf{x}_{iT}')'$。Hsiao，Pesaran 和 Tahmiscioglu (2002) 已证明，如果 $\mathbf{x}_i$ 由

$$\mathbf{x}_{it}=\boldsymbol{\mu}_i+\mathbf{g}t+\sum_{j=0}^{\infty}\mathbf{b}_j'\boldsymbol{\xi}_{i,\,t-j}\quad\sum_{j=0}^{\infty}\mid\mathbf{b}_j\mid<\infty \tag{4.5.3}$$

生成，其中 $\boldsymbol{\xi}_{it}$ 是独立同分布的，具有零均值和常数协方差矩阵，则式（4.5.2）成立。外生变量 $\mathbf{x}_{it}$ 的数据生成过程（4.5.3）允许截距项 $\boldsymbol{\mu}_i$ 是随 i 变化的固定常 113
数，也允许 $\boldsymbol{\mu}_i$ 是均值相同的随机变量。但如果在 $\mathbf{x}_{it}$ 的数据生成过程中存在趋势项，则对所有的 i，$\boldsymbol{\mu}_i$ 必须相同。

已知式（4.5.2）后，可将 Δy_{i1} 记为

$$\Delta y_{i1}=c^*+\boldsymbol{\pi}'\Delta\mathbf{x}_i+v_{i1}^* \tag{4.5.4}$$

其中 $v_{i1}^*=\sum_{j=0}^{\infty}\gamma^j\,\Delta u_{i,\,1-j}+[a_{i1}-E(a_{i1}\mid\Delta\mathbf{x}_i)]$。由 v_{i1}^* 的构造可知，$E(v_{i1}^*\mid\Delta\mathbf{x}_i)=0$，$E(v_{i1}^{*2})=\sigma_{v^*}^2$，$E(v_{i1}^*\Delta u_{i2})=-\sigma_u^2$，以及 $E(v_{i1}^*\Delta u_{it})=0$，$t=3$，…，$T$。因此 $\Delta\mathbf{u}_i^*=(v_{i1}^*,\ \Delta\mathbf{u}_i')'$ 的协方差矩阵为

$$\Omega^*=\sigma_u^2\begin{bmatrix}h & -1 & 0 & \cdots & 0\\ -1 & 2 & -1 & & \\ 0 & \ddots & \ddots & & \\ \vdots & \ddots & \ddots & & \\ 0 & & & -1 & 2\end{bmatrix}=\sigma_u^2\widetilde{\Omega}^* \tag{4.5.5}$$

其中 $h=\sigma_{v^*}^2/\sigma_u^2$。

如果 $\Delta\mathbf{u}_i^*$ 是正态分布的，则联合模型（4.3.32）和（4.5.4），我们可将 $\Delta\mathbf{y}_i^*=(\Delta y_{i1},\ \cdots,\ \Delta y_{iT})'$，$i=1$，…，$N$ 的似然函数表示为

$$(2\pi)^{-\frac{NT}{2}}\mid\Omega^*\mid^{-\frac{N}{2}}\exp\left\{-\frac{1}{2}\sum_{i=1}^{N}\Delta\mathbf{u}_i^{*\prime}\Omega^{*-1}\Delta\mathbf{u}_i^*\right\} \tag{4.5.6}$$

其中

$$\begin{aligned}\Delta\mathbf{u}_i^*=[&\Delta y_{i1}-c^*-\boldsymbol{\pi}'\Delta\mathbf{x}_i,\ \Delta y_{i2}-\gamma\Delta y_{i1}\\ &-\boldsymbol{\beta}'\Delta\mathbf{x}_{i2},\ \cdots,\ \Delta y_{iT}-\gamma\Delta y_{i,\,T-1}-\boldsymbol{\beta}'\Delta\mathbf{x}_{iT}]'\end{aligned} \tag{4.5.7}$$

此时似然函数仅与固定数量的参数有关，并满足标准正则化条件，所以 $N\to\infty$ 时，MLE 是一致的且渐近分布是正态分布。

因为 $\mid\widetilde{\Omega}^*\mid=1+T(h-1)$，且

$$\begin{aligned}\widetilde{\Omega}^{*-1}=&[1+T(h-1)]^{-1}\\ &\times\begin{bmatrix}T & T-1 & \cdots & 2 & 1\\ T-1 & (T-1)h & \cdots & 2h & h\\ \vdots & \vdots & & \vdots & \vdots\\ 2 & 2h & \cdots & 2[(T-2)h-(T-3)] & (T-2)h-(T-3)\\ 1 & h & \cdots & (T-2)h-(T-3) & (T-1)h-(T-2)\end{bmatrix}\end{aligned} \tag{4.5.8}$$

所以似然函数（4.5.6）的对数是 114

$$\ln L=-\frac{NT}{2}\log 2\pi-\frac{NT}{2}\log\sigma_u^2-\frac{N}{2}\log[1+T(h-1)]$$

$$-\frac{1}{2}\sum_{i=1}^{N}\left[(\Delta\mathbf{y}_i^* - H_i\boldsymbol{\psi})'\Omega^{*-1}(\Delta\mathbf{y}_i^* - H_i\boldsymbol{\psi})\right] \tag{4.5.9}$$

其中$\psi=(c^*,\ \boldsymbol{\pi}',\ \gamma,\ \boldsymbol{\beta}')'$，而

$$H_i=\begin{bmatrix}1 & \Delta\mathbf{x}_i' & 0 & \mathbf{0}' \\ 0 & \mathbf{0}' & \Delta y_{i1} & \Delta\mathbf{x}'_{i2} \\ \vdots & \vdots & \vdots & \vdots \\ 0 & \mathbf{0}' & \Delta y_{i,T-1} & \Delta\mathbf{x}'_{iT}\end{bmatrix}$$

求解下面的联立方程

$$\hat{\boldsymbol{\psi}}=\left(\sum_{i=1}^{N}H_i'\hat{\widetilde{\Omega}}^{*-1}H_i\right)^{-1}\left(\sum_{i=1}^{N}H_i'\hat{\widetilde{\Omega}}^{*-1}\Delta\mathbf{y}_i^*\right) \tag{4.5.10}$$

$$\hat{\sigma}_u^2=\frac{1}{NT}\sum_{i=1}^{N}\left[(\Delta\mathbf{y}_i^* - H_i\hat{\boldsymbol{\psi}})'(\hat{\widetilde{\Omega}}^*)^{-1}(\Delta\mathbf{y}_i^* - H_i\hat{\boldsymbol{\psi}})\right] \tag{4.5.11}$$

$$\hat{h}=\frac{T-1}{T}+\frac{1}{\hat{\sigma}_u^2NT^2}\sum_{i=1}^{N}\left[(\Delta\mathbf{y}_i^* - H_i\hat{\boldsymbol{\psi}})'(\mathbf{J}\mathbf{J}')(\Delta\mathbf{y}_i^* - H_i\hat{\boldsymbol{\psi}})\right] \tag{4.5.12}$$

可得到 MLE，其中$\mathbf{J}'=(T,\ T-1,\ \cdots,\ 2,\ 1)$。我们可以以其他参数的前一轮估计为条件，在式（4.5.10）～（4.5.12）之间循环迭代直到解收敛从而解得 MLE，也可用 Newton-Raphson 迭代法求解［Hsiao，Pesaran 和 Tahmiscioglu（2002)］。

在 N 有限的情形下，偶尔会出现失效的 MLE，譬如估计的 γ 大于 1、方差估计量为负值。但该问题在 N 增大时快速消失。当 $\gamma=1$ 或接近 -1 或发散时，对转换 MLE 性质的深入讨论，见 Han 和 Phillips（2013）以及 Kruiniger（2009）。

4.5.2　最小距离估计量

控制 Ω^* 后，MLE 是满足

$$\min\sum_{i=1}^{N}\Delta\mathbf{u}_i^{*\prime}\Omega^{*-1}\Delta\mathbf{u}_i^* \tag{4.5.13}$$

115 的**最小距离估计量**（minimum-distance estimator，MDE）。Ω^* 未知时，我们可用两步可行 GLS 法求解 MDE。第一步先求出 σ_u^2 和 $\sigma_{v^*}^2$ 的一致估计量。譬如先用所有个体的数据做模型（4.5.4）的回归，得到最小二乘残差 $\hat{v}_{i1}^*$，再估计

$$\hat{\sigma}_{v^*}^2=\frac{1}{N-TK_1-1}\sum_{i=1}^{N}\hat{v}_{i1}^{*2} \tag{4.5.14}$$

类似地，我们可对模型（4.3.32）应用 IV 法得到估计的残差 $\Delta\hat{u}_{it}$，以及

$$\hat{\sigma}_u^2=\frac{1}{N(T-1)}\sum_{i=1}^{N}\Delta\hat{\mathbf{u}}_i'\widetilde{A}^{-1}\Delta\hat{\mathbf{u}}_i \tag{4.5.15}$$

其中 $\widetilde{A}$ 如式（4.3.46）所定义。

第二步，将估计的 σ_u^2 和 $\sigma_{v^*}^2$ 代入式（4.5.5）中，并将它们当成已知量，利用式（4.5.10）得到 $\boldsymbol{\psi}$ 的 MDE 估计量 $\hat{\boldsymbol{\psi}}_{\text{MDE}}$。

用 Ω^* 的真值作为加权矩阵时，MDE 的渐近协方差矩阵 $\text{Var}(\hat{\boldsymbol{\psi}}_{MDE})$ 等于

$\left(\sum_{i=1}^{N} H_i' \Omega^{*-1} H_i\right)^{-1}$。使用 Ω^* 的一致估计量时，可行 MDE 的渐近协方差矩阵 $\mathrm{Var}(\hat{\boldsymbol{\psi}}_{\mathrm{FMDE}})$与在静态情形下时不同，它等于［Hsiao，Pesaran 和 Tahmiscioglu（2002）］

$$\left(\frac{1}{N}\sum_{i=1}^{N} H_i' \Omega^{*-1} H_i\right)^{-1} + \left(\frac{1}{N}\sum_{i=1}^{N} H_i' \Omega^{*-1} H_i\right)^{-1} \begin{bmatrix} 0 & \mathbf{0}' & 0 & \mathbf{0}' \\ \mathbf{0} & \mathbf{0} & \mathbf{0} & \mathbf{0} \\ 0 & \mathbf{0}' & d & \mathbf{0}' \\ \mathbf{0} & \mathbf{0} & \mathbf{0} & \mathbf{0} \end{bmatrix} \left(\frac{1}{N}\sum_{i=1}^{N} H_i' \Omega^{*-1} H_i\right)^{-1} \tag{4.5.16}$$

其中

$$d = \frac{[\gamma^{T-2} + 2\gamma^{T-3} + \cdots + (T-1)]^2}{[1+T(h-1)]^2\,\hat{\sigma}_u^4} \times [\hat{\sigma}_u^4 \mathrm{Var}(\hat{\sigma}_{v^*}^2) + \hat{\sigma}_{v^*}^4\ \mathrm{Var}(\hat{\sigma}_u^2) - 2\,\hat{\sigma}_u^2 \hat{\sigma}_{v^*}^2\ \mathrm{Cov}(\hat{\sigma}_{v^*}^2, \hat{\sigma}_u^2)]$$

因滞后因变量作为回归元时 $\boldsymbol{\psi}$ 和 Ω^* 的估计不是渐近独立的，所以会出现式（4.5.16）的第二项。

4.5.3　基于似然估计 GMM 的关系 116

虽然推导转换 MLE 和 MDE 时有正态性假设，但正态性假设不是必需的。即使误差项不是正态分布时，两类估计量仍是一致的且渐近分布是正态分布。在正态性假设下，转换 MLE 可达到转换模型的 Cramér-Rao 下界，因此是最有效估计。即使没有正态性假设，转换 MLE（或 Ω^* 已知时的 MDE）也比仅用二阶矩约束条件的 GMM 更有效。

利用分块矩阵求逆公式［如 Amemiya（1985）］，(γ，$\boldsymbol{\beta}$）的 MDE 的协方差矩阵为

$$\mathrm{Cov}\begin{pmatrix}\hat{\boldsymbol{\gamma}}_{MDE} \\ \hat{\boldsymbol{\beta}}_{MDE}\end{pmatrix} = \sigma_u^2 \left[\sum_{i=1}^{N} \begin{pmatrix}\Delta \mathbf{y}_{i,\,t-1}' \\ \Delta X_i'\end{pmatrix} \left(\tilde{A} - \frac{1}{h}\mathbf{g}\mathbf{g}'\right)^{-1} (\Delta \mathbf{y}_{i,\,-1},\ \Delta X_i)\right]^{-1} \tag{4.5.17}$$

其中$\mathbf{g}' = (-1, 0, \cdots, 0)$。

在两个矩阵之差是非正半定阵的意义上，因 $\tilde{A} - (\tilde{A} - \frac{1}{h}\mathbf{g}g')$ 是正半定阵，所以协方差矩阵（4.5.17）比

$$\sigma_u^2 \left[\sum_{i=1}^{N} \begin{pmatrix}\Delta \mathbf{y}_{i,\,t-1}' \\ \Delta X_i'\end{pmatrix} \tilde{A}^{-1} (\Delta \mathbf{y}_{i,\,-1},\ \Delta X_i)\right]^{-1} \tag{4.5.18}$$

小。此外，

$$\sum_{i=1}^{N} \begin{pmatrix}\Delta \mathbf{y}_{i,\,-1}' \\ \Delta X_i'\end{pmatrix} \tilde{A}^{-1} (\Delta \mathbf{y}_{i,\,-1},\ \Delta X_i) - \left[\sum_{i=1}^{N} \begin{pmatrix}\Delta \mathbf{y}_{i,\,-1}' \\ \Delta X_i'\end{pmatrix} W_i'\right] \left(\sum_{i=1}^{N} W_i \tilde{A} W_i'\right)^{-1} \left[\sum_{i=1}^{N} W_i (\Delta \mathbf{y}_{i,\,-1},\ \Delta X_i)\right]$$

$$=D'[I-Q(Q'Q)^{-1}Q]D \qquad (4.5.19)$$

是正半定阵，其中 $D=(D'_1,\ \cdots,\ D'_N)'$，$Q=(Q'_1,\ \cdots,\ Q'_N)'$，$D_i=\Lambda'(\Delta\mathbf{y}_{i,-1},\ \Delta X_i)$，$Q_i=\Lambda^{-1}W_i$，以及 $\Lambda\Lambda'=\widetilde{A}^{-1}$。因此，在两个协方差矩阵之差是正半定阵的意义上，GMM 估计量（4.3.47）的渐近协方差矩阵（4.3.48）比矩阵（4.5.18）大，矩阵（4.5.18）又比协方差矩阵（4.5.17）大。

$\widetilde{\Omega}^*$ 未知时，估计量（4.3.47）的渐近协方差矩阵仍是矩阵（4.3.48）。但可行 MDE 的渐近协方差矩阵是矩阵（4.5.16）。虽然矩阵（4.5.16）的第一项比矩阵（4.3.47）小，但加上第二项后是否仍比矩阵（4.3.48）小尚不清楚。它很可能还是
117 要小一些，原因有几点。第一，因为可利用 Δy_{i1} 方程提供的额外信息，这些信息可能很重要［参见 Hahn (1999)］。第二，对 Δy_{it} 方程（$t=2$，…，T），GMM 法使用了（$t-1$）个工具变量（y_{i0}，…，$y_{i,t-2}$）。基于似然法使用了 t 个工具变量（y_{i0}，y_{i1}，…，$y_{i,t-1}$）。第三，似然法利用条件 $E(H_i'\Omega^{*-1}\Delta\mathbf{u}_i^*)=\mathbf{0}$，而 GMM 法利用条件 $E\left(\frac{1}{N}\sum_{i=1}^{N}W_i\Delta\mathbf{u}_i\right)=\mathbf{0}$。对观测值进行分组一般会导致信息的损失。①

尽管 GMM 和基于似然法的估计量都是一致估计，但消除动态模型中个体特异效应项的过程引起了（$y_{i,t}-y_{i,t-1}$）和（$u_{it}-u_{i,t-1}$）之间的 1 阶［$O(1)$］相关性。似然法使用了所有的 NT 个观测来近似总体矩 $E(H_i'\Omega^{*-1}\Delta\mathbf{u}_i^*)=0$，因此不管 N 或 T 以哪种方式趋于∞，基于似然法的估计量都是渐近无偏的［Hsiao 和 Zhang (2013)］。GMM（或工具变量）法将（$y_{i,t}-y_{i,t-1}$）与（$u_{it}-u_{i,t-1}$）之间的相关性转换成 $\frac{1}{N}\sum_{i=1}^{N}q_{it}(y_{i,t}-y_{i,t-1})$ 和 $\frac{1}{N}\sum_{i=1}^{N}q_{it}(u_{i,t}-u_{i,t-1})$ 之间阶为 $\frac{1}{N}$ 的相关性$\left[O\left(\frac{1}{N}\right)\right]$。因此，当 T 固定、N 增大时，GMM 估计是一致的，且 $\sqrt{N}\ (\hat{\gamma}_{GMM}-\gamma)$ 极限分布的均值为 0。但用作 GMM 估计［譬如式(4.3.40)］的矩条件个数以 T^2 的速度增长。这将产生有限样本偏误［参见 Ziliak (1997)］。当 N 和 T 都增大且 $\frac{T}{N}\rightarrow c$（$N\rightarrow\infty$）时（$0<c<\infty$），因 $\frac{1}{N}\sum_{i=1}^{N}q_{it}(y_{i,t}-y_{i,t-1})$ 和 $\frac{1}{N}\sum_{i=1}^{N}q_{it}(u_{i,t}-u_{i,t-1})$ 相关而产生的影响将会放大。Alvarez 和 Arellano (2003) 证明 $\sqrt{NT}\hat{\gamma}_{GMM}$ 的渐近偏误为 $-\sqrt{c}\,(1+\gamma)$。另一方面，基于似然法的估计量是渐近无偏的［参见 Hsiao 和 Zhang (2013)］。也就是说，$\sqrt{NT}$ 乘以 GMM 估计量后并不是概率收敛于 $\sqrt{NT}\gamma$，但基于似然法的估计量却不然。②不管估计量是否渐近有偏，在进行统计推断时都有重要影响，因为在假

① 其他关于初始观测贡献的讨论，参见 Blundell 和 Bond (1998) 以及 Hahn (1999)。

② 事实上，Alvarez 和 Arellano (2003) 证明，当 $0<c<2$ 时，最小方差比估计（the least variance ratio estimator）［文献中他们称之为“有限信息最大似然估计”（the limited information maximum likelihood estimator）］存在阶为 $\frac{1}{2N-T}$ 的偏误。但他们的正向偏误方法似乎仅在固定初值条件下成立。将初值被当作随机变量时，MLE 将不存在渐近偏误［参见 Hsiao 和 Zhang (2013)］。

设检验中，典型的做法是通过乘以标准误的倒数而正态化估计的 γ，这等价于 $\sqrt{NT}$ 乘以估计量。Hsiao 和 Zhang（2013）的 Monte Carlo 实验结果表明，MLE 或简单 IV 估计［式（4.3.33）和（4.3.34）］不存在容量畸变，但 N 和 T 同阶递增时，GMM 估计存在明显的容量畸变。在名义显著性水平为 5%的检验中，当 N 和 T 按不同的值同阶增大时，实际水平可能在 $\gamma=0.5$ 时为 40%，而在 $\gamma=0.8$ 时为 80%。

当 T 较小且 N 有限时，Hsiao，Pesaran 和 Tahmiscioglu（2002）用 Monte Carlo 方法比较了模型（4.3.34）的 IV、模型（4.3.47）的 GMM 以及 MLE 和 MDE 的功效。他们用 118

$$y_{it}=\alpha_i+\gamma y_{i,t-1}+\beta x_{it}+u_{it} \tag{4.5.20}$$

生成 y_{it}，而误差项 u_{it} 有两种生成方法。一种是由正态分布 $N(0,\sigma_u^2)$ 生成，另一种是由均值调整后自由度为 2 的 χ^2 分布生成。回归元 x_{it} 由

$$x_{it}=\mu_i+gt+\xi_{it} \tag{4.5.21}$$

生成，其中 ξ_{it} 是自回归移动平均过程

$$\xi_{it}-\phi\xi_{i,t-1}=\epsilon_{it}+\theta\epsilon_{i,t-1} \tag{4.5.22}$$

其中 $\epsilon_{it}\sim N(0,\sigma_\epsilon^2)$。固定效应 μ_i 和 α_i 有多种生成方法，譬如与 x_{it} 相关，或者与 x_{it} 无关但来自不同分布的混合分布。表 4.4 简要列出了多个 Monte Carlo 实验的模拟结果。

表 4.4　Monte Carlo 实验

实验次数	γ	β	ϕ	θ	g	$R^2_{\Delta y}$	σ_ϵ
1	0.4	0.6	0.5	0.5	0.01	0.2	0.800
2	0.4	0.6	0.9	0.5	0.01	0.2	0.731
3	0.4	0.6	1	0.5	0.01	0.2	0.711
4	0.4	0.6	0.5	0.5	0.01	0.4	1.307
5	0.4	0.6	0.9	0.5	0.01	0.4	1.194
6	0.4	0.6	1	0.5	0.01	0.4	1.161
7	0.8	0.2	0.5	0.5	0.01	0.2	1.875
8	0.8	0.2	0.9	0.5	0.01	0.2	1.302
9	0.8	0.2	1	0.5	0.01	0.2	1.104
10	0.8	0.2	0.5	0.5	0.01	0.4	3.062
11	0.8	0.2	0.9	0.5	0.01	0.4	2.127
12	0.8	0.2	1	0.5	0.01	0.4	1.803

资料来源：Hsiao，Pesaran 和 Tahmiscioglu（2002，表 1）。

生成 y_{it} 和 x_{it} 时，假定它们都是从零开始的，但丢弃最初的 50 个观测值。当 $T=5$ 且 $N=50$ 时进行了 2 500 次重复实验，γ 和 β 的各种估计量的偏误和均方根误（RMSE）分别报告在表 4.5 和表 4.6 中。如果用偏误对真值的百分比表

示偏误，则该结果表明 γ 的 MLE 的偏误大多低于 1%。对某些数据生成过程，γ 的 IV 存在显著偏误。特别是 γ 接近 1 时，GMM 法可能面临弱 IV 问题［严谨的分析讨论，参见 Kruiniger（2009）］。在所有实验中，γ 的 MDE 和 GMM 都有严重的向下偏误。γ 的 GMM 估计量的偏误在许多情形下达到了 15%～20%，
119 比 MDE 的偏误要大。RMSE 也数 MLE 的最小，次之是 MDE，然后是 GMM，而 IV 的 RMSE 最大。

表 4.5　估计量的偏误（$T=5$，$N=50$）

实验次数	系数	偏误			
		IVE	MDE	MLE	GMM
1	$\gamma=0.4$	0.007 620 1	-0.050 757	-0.000 617	-0.069 804
	$\beta=0.6$	-0.001 426	0.012 081 2	0.002 360 5	0.016 164 5
2	$\gamma=0.4$	0.022 003 8	-0.052 165	-0.004 063	-0.072 216
	$\beta=0.6$	-0.007 492	0.023 261 2	0.002 794 6	0.032 121 2
3	$\gamma=0.4$	1.398 669 1	-0.054 404	-0.003 206	-0.075 655
	$\beta=0.6$	-0.386 998	0.025 739 3	0.000 299 7	0.036 594 2
4	$\gamma=0.4$	0.004 063 7	-0.026 051	-0.001 936	-0.036 16
	$\beta=0.6$	0.000 422 9	0.006 616 5	0.001 921 8	0.008 736 9
5	$\gamma=0.4$	0.125 325 7	-0.023 365	-0.000 211	-0.033 046
	$\beta=0.6$	-0.031 759	0.0113 724	0.001 638 8	0.015 583 1
6	$\gamma=0.4$	-0.310 397	-0.028 377	-0.003 51	-0.040 491
	$\beta=0.6$	0.064 060 5	0.0146 638	0.002 227 4	0.020 905 4
7	$\gamma=0.8$	-0.629 171	-0.108 539	0.009 826	-0.130 115
	$\beta=0.2$	-0.018 477	0.000 792 3	0.002 659 3	0.000 796 2
8	$\gamma=0.8$	-1.724 137	-0.101727	0.002 766 8	-0.128 013
	$\beta=0.2$	0.061 243 1	0.010 986 5	-0.000 011	0.013986
9	$\gamma=0.8$	-0.755 159	-0.102 658	0.006 24	-0.133 843
	$\beta=0.2$	-0.160 613	0.022 020 8	0.000 262 4	0.028 460 6
10	$\gamma=0.8$	0.155 044 5	-0.045 889	0.001 683	-0.055 37
	$\beta=0.2$	0.009 687 1	0.000 014 8	0.000 788 9	-0.000 041
11	$\gamma=0.8$	-0.141 257	-0.038216	-0.000 313	-0.050 427
	$\beta=0.2$	0.020 733 8	0.004 882 8	0.000 762 1	0.006 322 9
12	$\gamma=0.8$	0.545 873 4	-0.039 023	0.000 570 2	-0.053 747
	$\beta=0.2$	-0.069 023	0.007 962 7	0.000 326 3	0.010 902

资料来源：Hsiao，Pesaran 和 Tahmiscioglu（2002，表 2）。

表 4.6　均方根误（$T=5$，$N=50$） 120

实验次数	系数	均方根误			
		IVE	MDE	MLE	GMM
1	$\gamma=0.4$	0.186 103 5	0.086 524	0.076 862 6	0.112 446 5
	$\beta=0.6$	0.103 275 5	0.078 400 7	0.077 817 9	0.080 011 9
2	$\gamma=0.4$	0.538 609 9	0.087 766 9	0.076 798 1	0.115 12
	$\beta=0.6$	0.151 423 1	0.085 534 6	0.083 869 9	0.091 124
3	$\gamma=0.4$	51.487 282	0.088 948 3	0.078 710 8	0.117 714 1
	$\beta=0.6$	15.089 928	0.086 743 1	0.084 871 5	0.094 689 1
4	$\gamma=0.4$	0.161 190 8	0.060 795 7	0.057 251 5	0.072 642 2
	$\beta=0.6$	0.063 350 5	0.049 031 4	0.048 928 3	0.049 732 3
5	$\gamma=0.4$	2.322 645 6	0.059 707 6	0.057 431 6	0.071 180 3
	$\beta=0.6$	0.609 737 8	0.052 913 1	0.052 343 3	0.055 670 6
6	$\gamma=0.4$	14.473 198	0.062 004 5	0.057 165 6	0.076 776 7
	$\beta=0.6$	2.917 062 7	0.056 202 3	0.055 068 7	0.060 758 8
7	$\gamma=0.8$	27.299 614	0.132 760 2	0.116 387	0.165 440 3
	$\beta=0.2$	1.242 437 2	0.033 100 8	0.034 068 8	0.033 244 9
8	$\gamma=0.8$	65.526 156	0.125 499 4	0.104 146 1	0.163 198 3
	$\beta=0.2$	3.297 459 7	0.043 206	0.043 569 8	0.045 014 3
9	$\gamma=0.8$	89.836 69	0.127 116 9	0.104 646	0.170 603 1
	$\beta=0.2$	5.225 201 4	0.053 536 3	0.052 347 3	0.058 253 8
10	$\gamma=0.8$	12.201 019	0.074 464	0.071 566 5	0.088 438 9
	$\beta=0.2$	0.672 993 4	0.020 319 5	0.020 523	0.020 362 1
11	$\gamma=0.8$	17.408 874	0.066 182 1	0.064 297 1	0.082 245 4
	$\beta=0.2$	1.254 124 7	0.026 898 1	0.026 975	0.027 567 42
12	$\gamma=0.8$	26.439 613	0.067 467 8	0.064 525 3	0.085 281 4
	$\beta=0.2$	2.827 890 1	0.032 335 5	0.032 340 2	0.033 871 6

资料来源：Hsiao，Pesaran 和 Tahmiscioglu（2002，表 5）。

4.5.4　随机效应模型与固定效应模型的对比

不管 α_i 是固定常数还是随机变量，转换似然函数（4.5.6）的 GMM 或 MLE 以及 MDE（4.5.10）仍是一致的且渐近分布是正态分布。但 α_i 是随机变量且与 $\mathbf{x}_{it}$ 无关时，形如式（4.3.19）的似然函数使用水平值，而似然函数（4.5.6）使用一阶差分值。通常情况下，个体间的波动大于个体内的波动。此外，一阶差分使每个横截面单元少了一期时序观测；因此，α_i 确实是随机变量时，最大化似然函数（4.5.6）得到的估计量不如似然函数（4.3.19）的 MLE

有效。但 α_i 是固定常数或与 $\mathbf{x}_{it}$ 相关时，似然函数（4.3.19）的 MLE 不是一致估计量。

在 $\mathbf{x}_{it}$ 的数据生成过程比似然函数（4.3.19）的 MLE 或 GLS 估计量（4.3.30）更为一般的情形下，转换 MLE 或 MDE 是一致的。要使随机效应模型的 Bhargava-Sargan（1983）型 MLE 是一致的，我们必须假定 $\mathbf{x}_{it}$ 是严格外生的且由均值相同的平稳过程［式（4.3.21）］生成。否则，$E(y_{i0} \mid \mathbf{x}_i) = \mathbf{c}_i + \boldsymbol{\pi}_i' \mathbf{x}_i$（这里 $\mathbf{c}_i$ 和 $\boldsymbol{\pi}_i$ 随着 i 变化），我们将再次面临伴生参数问题。另一方面，转换似然法允许 $\mathbf{x}_i$ 与个体特异效应项 α_i 相关，且有不同的均值（或截距）［式（4.5.3）］。因此，如果我们不能明确作出关于效应项 α_i 的假设，或关于 $\mathbf{x}_{it}$ 数据
121 生成过程相同的假设，则显然应使用转换似然函数（4.5.6）或 MDE（4.5.10），尽管在理想条件下这样做存在效率的损失。

使用转换似然法之后，我们就可以用 Hausman（1978）检验对固定效应模型或随机效应模型进行检验，以及在"α_i 是随机变量"的假设下检验 $\mathbf{x}_{it}$ 生成过程的同质性和平稳性。在随机效应和 $\mathbf{x}_{it}$ 生成过程同质性的原假设下，模型（4.3.19）的 MLE 渐近有效。似然函数（4.5.6）的转换 MLE 是一致的，但不是有效的。另一方面，如果 α_i 是固定常数或 $\mathbf{x}_{it}$ 由满足式（4.5.3）的不同过程生成的，则似然函数（4.5.6）的转换 MLE 是一致的，但模型（4.3.19）的 MLE 是不一致的。因此，我们可用两个估计量的差构造 Hausman 型检验统计量（3.5.2）。

4.6 残差任意相关时动态模型的估计

前几节我们在 u_{it} 序列无关的假设下讨论了动态模型

$$y_{it} = \gamma y_{i,t-1} + \boldsymbol{\beta}' \mathbf{x}_{it} + \alpha_i^* + u_{it}, \qquad \begin{array}{l} i = 1, \cdots, N \\ t = 1, \cdots, T \end{array} \tag{4.6.1}$$

的估计问题，这里我们仍然用 $\mathbf{x}_{it}$ 表示 $K \times 1$ 的时变外生变量。当 T 固定而 N 趋于无穷时，我们放宽对 u_{it} 序列相关结构的约束后，仍可得到 γ 和 $\boldsymbol{\beta}$ 的有效估计量。

求式（4.6.1）的一阶差分，消除个体效应项 α_i^*，并堆积每个个体的所有方程，我们得到包含（$T-1$）个方程的方程组，

$$\begin{aligned} y_{i2} - y_{i1} &= \gamma(y_{i1} - y_{i0}) + \boldsymbol{\beta}'(\mathbf{x}_{i2} - \mathbf{x}_{i1}) + (u_{i2} - u_{i1}) \\ y_{i3} - y_{i2} &= \gamma(y_{i2} - y_{i1}) + \boldsymbol{\beta}'(\mathbf{x}_{i3} - \mathbf{x}_{i2}) + (u_{i3} - u_{i2}) \\ &\vdots \\ y_{iT} - y_{i,T-1} &= \gamma(y_{i,T-1} - y_{i,T-2}) + \boldsymbol{\beta}'(\mathbf{x}_{iT} - \mathbf{x}_{i,T-1}) \\ &\quad + (u_{iT} - u_{i,T-1}), \qquad i = 1, \cdots, N \end{aligned} \tag{4.6.2}$$

用恒等式

$$y_{i0} = E^*(y_{i0} \mid \mathbf{x}_{i1}, \cdots, \mathbf{x}_{iT}) + [y_{i0} - E^*(y_{i0} \mid \mathbf{x}_{i1}, \cdots, \mathbf{x}_{iT})]$$

$$=a_0+\sum_{t=1}^{T}\boldsymbol{\pi}'_{0t}\mathbf{x}_{it}+\epsilon_{i0} \tag{4.6.3}$$

和 122

$$y_{i1}=E^*(y_{i1}\mid\mathbf{x}_{i1},\cdots,\mathbf{x}_{iT})+[y_{i1}-E^*(y_{i1}\mid\mathbf{x}_{i1},\cdots,\mathbf{x}_{iT})]$$
$$=a_1+\sum_{t=1}^{T}\boldsymbol{\pi}'_{1t}\mathbf{x}_{it}+\epsilon_{i1},\quad i=1,\cdots,N \tag{4.6.4}$$

将方程组（4.6.2）补充完整，其中 E^* 表示投影算子。因为式（4.6.3）和式（4.6.4）是恒等式，故我们可以不用考虑它们，仅对方程组（4.6.2）应用三阶段最小二乘（3SLS）或广义 3SLS（见第 5 章）。至于方程组（4.6.2）中的跨方程约束条件，我们可直接代入这些条件来消除它们，或先忽略跨方程线性约束条件来得到每个方程非零的未知系数，然后添加这些约束条件并使用约束估计方法［Theil（1971），第 281 页，方程（8.5）］。

因为方程组（4.6.2）不包含个体效应 α_i^*，估计方法也与对 u_{it} 序列相关结构的具体约束无关，所以无论将 α_i^* 当作固定常数还是随机变量，或者 α_i^* 还与 $\mathbf{x}_{it}$ 相关，该方法都适用。但要在没有对 u_{it} 序列相关结构添加约束条件时使用联立方程方法估计方程组（4.6.2），则必须存在满足

$$E(u_{it}\mid\mathbf{x}_{i1},\cdots,\mathbf{x}_{iT})=0 \tag{4.6.5}$$

的严格外生变量 $\mathbf{x}_{it}$。否则，我们无法将系数 γ 和 u_{it} 的序列相关性分解开来［参见 Binder，Hsiao 和 Pesaran（2005）］。

4.7 同时包含个体和时间特异效应项的模型

为表示方便又不失一般性，在论述个体和时间特异效应项累加的动态模型的基本问题时，我们在模型（4.1.2）中添加约束条件 $\boldsymbol{\beta}=\mathbf{0}$，由此模型简化为

$$y_{it}=\gamma y_{i,t-1}+v_{it} \tag{4.7.1}$$

$$v_{it}=\alpha_i+\lambda_t+u_{it},\quad i=1,\cdots,N;\ t=1,\cdots,T \tag{4.7.2}$$

假定 y_{i0} 可观测。

在 4.3～4.6 节中讨论面板数据估计量时，假定模型中没有 λ_t（即对任意的 t，$\lambda_t=0$）。模型中确实存在 λ_t 时，如果 T 有限，则当 $N\to\infty$ 时，估计量不是一致估计。譬如，GMM 估计（4.3.47）的一致性的理论基础是：$\frac{1}{N}\sum_{i=1}^{N}y_{i,t-j}\Delta v_{it}$ 收敛于值为 0 的总体矩（4.3.40）。但如果 λ_t 同时出现在模型（4.7.2）中时，上述条件无法满足。为说清这一点，取式（4.7.1）的一阶差分，得到 123

$$\Delta y_{it}=\gamma\Delta y_{i,t-1}+\Delta v_{it}$$
$$=\gamma\Delta y_{i,t-1}+\Delta\lambda_t+\Delta u_{it},\quad i=1,\cdots,N;\ t=2,\cdots,T \tag{4.7.3}$$

尽管在“对所有的 t，λ_t 相互独立且均值为 0”的假设下，对 $j=2, \cdots, t$，有

$$E(y_{i,\,t-j}\Delta v_{it})=0 \tag{4.7.4}$$

成立，但 $N\rightarrow\infty$时，相应的样本矩

$$\frac{1}{N}\sum_{i=1}^{N} y_{i,\,t-j}\Delta v_{it}=\frac{1}{N}\sum_{i=1}^{N} y_{i,\,t-j}\Delta\lambda_t+\frac{1}{N}\sum_{i=1}^{N} y_{i,\,t-j}\Delta u_{it} \tag{4.7.5}$$

收敛于$\bar{y}_{t-j}\Delta\lambda_t$，一般情况下，该极限值不等于 0，特别是 y_{it}的均值不等于 0 时更是如此①，这里的 $\bar{y}_t=\frac{1}{N}\sum_{i=1}^{N} y_{it}$。

要导出 γ 的一致估计量，模型中除了 α_i 外，还需明确考虑 λ_t。当 α_i 和λ_t 都是固定常数时，在 u_{it}相互独立且呈正态分布、y_{i0}是固定常数的假设下，FE 模型（4.7.1）的 MLE 为

$$\tilde{\gamma}_{\mathrm{CV}}=\frac{\sum_{i=1}^{N}\sum_{t=1}^{T} y_{i,\,t-1}^{*}y_{it}^{*}}{\sum_{i=1}^{N}\sum_{t=1}^{T} y_{i,\,t-1}^{*2}} \tag{4.7.6}$$

其中 $y_{it}^{*}=y_{it}-\bar{y}_i-\bar{y}_t+\bar{y}$，$\bar{y}_i=\frac{1}{T}\sum_{t=1}^{T}y_{it}$，$\bar{y}_t=\frac{1}{N}\sum_{i=1}^{N} y_{it}$，$\bar{y}=\frac{1}{NT}\sum_{i=1}^{N}\sum_{t=1}^{T}y_{it}$。类似地，可以定义 $\bar{y}_t$、$\bar{y}_{i,-1}$、$\bar{\mathbf{x}}_i$、$\bar{\mathbf{x}}_t$、$\mathbf{x}_{it}^{*}$、v_{it}^{*}、$\bar{v}_i$、$\bar{v}_t$ 以及$\bar{v}$。固定效应模型中 γ 的 MLE 被称为协方差估计量，因为它等价于先利用协方差变换消除 α_i 和 λ_t，得到

$$y_{it}^{*}=\gamma y_{i,\,t-1}{}^{*}+v_{it}^{*} \tag{4.7.7}$$

再导出式（4.7.7）的最小二乘估计。

$\tilde{\gamma}_{\mathrm{CV}}$的概率极限就是 $\lambda_t\equiv 0$（对任意 t）时的结果（4.2.8）［参见 Hahn 和 Moon (2006)；Hsiao 和 Tahmiscioglu (2008)］。偏误的阶为 $1/T$，且该偏误与
124 α_i 和λ_t 是固定的还是随机的完全没有关系，与 λ_t 是否出现在模型中没有关系［参见 Hahn 和 Moon (2006)；Hsiao 和 Tahmiscioglu (2008)］。当 $T\rightarrow\infty$时，固定效应模型的 MLE 是一致估计。但如果 N 也趋于无穷，且$\lim\left(\frac{N}{T}\right)=c>0$，Hahn 和 Moon (2006) 证明$\sqrt{NT}\,(\tilde{\gamma}_{\mathrm{CV}}-\gamma)$的渐近分布是均值为$-\sqrt{c}\,(1+\gamma)$、方差为 $1-\gamma^2$ 的正态分布。换句话说，除非 T 增长的速度比 N 快，否则基于$\tilde{\gamma}_{\mathrm{CV}}$构造的 t 统计量将面临容量畸变问题。

如果 α_i 和λ_t 都是随机变量且满足条件（4.3.8），则因 $Ey_{i0}v_{it}\neq 0$，我们要么将式（4.7.1）表示成关于 y_{i0}的表达式，要么推导 y_{i0}的边际分布并将其补充进方程组（4.7.1）。假定该过程是从$-m$ 期开始的，连续代入后，有

$$\begin{aligned} y_{i0}&=\frac{1-\gamma^m}{1-\gamma}\alpha_i+\sum_{j=0}^{m-1}\lambda_{i,\,-j}\gamma^j+\sum_{j=0}^{m-1}\epsilon_{i,\,-j}\gamma^j \\ &=v_{i0} \end{aligned} \tag{4.7.8}$$

---

① 例如，如式（4.1.2）一样，y_{it}还是关于外生变量的函数，其中 $\bar{y}_t=\frac{1}{N}\sum_{i=1}^{N}y_{it}$。

在条件（4.3.8）下，有 $Ey_{i0}=Ev_{i0}=0$，$\mathrm{Var}(y_{i0})=\sigma_0^2$，$E(v_{i0}v_{it})=\frac{1-\gamma^m}{1-\gamma}\times\sigma_\alpha{}^2=c^*$，$Ev_{it}v_{jt}=d^*$，将个体 i 的 $T+1$ 期观测表示成向量 $\mathbf{y}_i=(y_{i0},\ \cdots,\ y_{i,T})'$ 和 $\mathbf{y}_{i,-1}=(0,\ y_{i1},\ \cdots,\ y_{i,T-1})'$，$\mathbf{v}_i=(v_{i0},\ \cdots,\ v_{i,T})'$。令 $\mathbf{y}=(\mathbf{y}_1',\ \cdots,\ \mathbf{y}_N')'$，$\mathbf{y}_{-1}=(\mathbf{y}_{1,-1}',\ \cdots,\ \mathbf{y}_{N,-1}')'$，$\mathbf{v}=(\mathbf{v}_1',\ \cdots,\ \mathbf{v}_N')'$，则有

$$\mathbf{y}=\mathbf{y}_{-1}\gamma+\mathbf{v} \tag{4.7.9}$$

$$E\mathbf{v}=\mathbf{0}$$

$$\begin{aligned}E\mathbf{v}\mathbf{v}'&=\sigma_u^2 I_N\otimes\begin{pmatrix}\omega & \mathbf{0}'\\ \mathbf{0} & I_T\end{pmatrix}+\sigma_\alpha^2 I_N\otimes\begin{pmatrix}0 & c^*\mathbf{e}'_T\\ c^*\mathbf{e}_T & \mathbf{e}_T\mathbf{e}'_T\end{pmatrix}\\ &\quad+\sigma_\lambda^2\,\mathbf{e}_N\,\mathbf{e}_N\otimes\begin{pmatrix}d^* & \mathbf{0}'\\ \mathbf{0} & I_T\end{pmatrix}\end{aligned} \tag{4.7.10}$$

其中$\otimes$表示 Kronecker 积，ω 等于 v_{i0}的方差除以 σ_u^2。当 N 与 T 增大时，方程组（4.7.9）中有固定数量的未知参数（γ，σ_u^2，σ_α^2，σ_λ^2，σ_0^2，c^*，d^*）。因此，MLE［或（4.7.9）的 QMLE 或 GLS］是一致估计且渐近分布为正态分布。

当 α_i 和λ_t 都是常数时，一阶差分仅仅消除了模型中的 α_i，时间特异效应项 $\Delta\lambda_t$ 仍保留在式（4.7.3）中。在进一步消除 $\Delta\lambda_t$ 时，我们发现 $\Delta y_t=\frac{1}{N}\sum_{i=1}^{N}\Delta y_{it}$ 等于

$$\Delta y_t=\gamma\Delta y_{t-1}+\Delta\lambda_t+\Delta u_t \tag{4.7.11}$$

其中 $\Delta u_t=\frac{1}{N}\sum_{i=1}^{N}\Delta u_{it}$。式（4.7.3）减去式（4.7.11）可得 125

$$\begin{aligned}\Delta y_{it}^*=\gamma\Delta y_{i,\,t-1}^*+\Delta u_{it}^*,\quad i&=1,\ \cdots,\ N\\ t&=1,\ \cdots,\ T\end{aligned} \tag{4.7.12}$$

其中 $\Delta y_{it}^*=\Delta y_{it}-\Delta y_t$，$\Delta u_{it}^*=\Delta u_{it}-\Delta u_t$。方程组（4.7.12）中不再包含 α_i 和 λ_t。

因对 $t=2,\ \cdots,\ T$，$j=2,\ \cdots,\ t$，有

$$E[y_{i,\,t-j}\Delta u_{it}^*]=0 \tag{4.7.13}$$

上述$\frac{1}{2}T(T-1)$ 个正交条件也可表示为

$$E(W_i\Delta\tilde{\mathbf{u}}_i^*)=\mathbf{0} \tag{4.7.14}$$

其中 $\Delta\tilde{\mathbf{u}}_i^*=(\Delta u_{i,2}{}^*,\ \cdots,\ \Delta u_{iT}{}^*)'$，

$$W_i=\begin{bmatrix}\mathbf{q}_{i2} & \mathbf{0} & \cdots & \mathbf{0}\\ \mathbf{0} & \mathbf{q}_{i3} & & \mathbf{0}\\ \vdots & \vdots & \ddots & \vdots\\ \mathbf{0} & \mathbf{0} & \cdots & \mathbf{q}_{iT}\end{bmatrix},\qquad i=1,\ 2,\ \cdots,\ N$$

以及$\mathbf{q}_{it}=(y_{i0},\ y_{i1},\ \cdots,\ y_{i,t-2})'$，$t=2,\ 3,\ \cdots,\ T$。依据 Arellano 和 Bond（1991），可导出 GMM 估计量①

① 为表述方便，我们仅考虑利用正交条件导出的 GMM。至于别的矩条件，譬如同方差或初始观测等，参见 Ahn 和 Schmidt（1995）、Blundell 和 Bond（1998）。

$$\tilde{\gamma}_{\mathrm{GMM}}=\left\{\left[\frac{1}{N}\sum_{i=1}^{N}\Delta\,\bar{\mathbf{y}}_{i,-1}^{*\prime}W_i'\right]\hat{\Psi}^{-1}\left[\frac{1}{N}\sum_{i=1}^{N}W_i\Delta\,\tilde{\mathbf{y}}_{i,-1}^{*}\right]\right\}^{-1}$$
$$\times\left\{\left[\frac{1}{N}\sum_{i=1}^{N}\Delta\,\bar{\mathbf{y}}_{i,-1}^{*\prime}W_i'\right]\hat{\Psi}^{-1}\left[\frac{1}{N}\sum_{i=1}^{N}W_i\Delta\,\tilde{\mathbf{y}}_{i}^{*}\right]\right\} \tag{4.7.15}$$

其中 $\Delta\,\tilde{\mathbf{y}}_i^*=(\Delta y_{i2}^*,\ \cdots,\ \Delta y_{iT}^*)'$，$\Delta\,\tilde{\mathbf{y}}_{i,-1}^*=(\Delta y_{i1}^*,\ \cdots,\ \Delta y_{i,T-1}^*)'$，以及

$$\hat{\Psi}=\frac{1}{N^2}\left[\sum_{i=1}^{N}W_i\Delta\,\hat{\mathbf{u}}_i^*\right]\left[\sum_{i=1}^{N}W_i\Delta\,\hat{\mathbf{u}}_i^*\right] \tag{4.7.16}$$

这里，$\Delta\,\hat{\mathbf{u}}_i^*=\Delta\,\tilde{\mathbf{y}}_i^*-\Delta\,\tilde{\mathbf{y}}_{i,-1}^*\tilde{\gamma}$，$\tilde{\gamma}$ 表示 γ 的某个初始一致估计，比如简单工具变量估计量。

126 $\tilde{\gamma}_{\mathrm{GMM}}$的渐近协方差矩阵可由

$$\mathrm{Asy\ Cov}(\tilde{\gamma}_{GMM})=\left\{\left[\sum_{i=1}^{N}\Delta\,\bar{\mathbf{y}}_{i,-1}^{*\prime}W_i'\right]\hat{\Psi}^{-1}\left[\sum_{i=1}^{N}W_i\Delta\,\bar{\mathbf{y}}_{i,-1}^{*}\right]\right\} \tag{4.7.17}$$

逼近。

要导出似然估计量，我们需通过连续代入得到 Δy_{i1}^* 的边际分布，并将其补充进方程组（4.7.12）中，得到

$$\begin{aligned}\Delta y_{i1}^*&=\sum_{i=1}^{m-1}\Delta u_{i,1-j}^*\gamma^j\\&=\Delta u_{i1}^*,\qquad i=1,\ \cdots,\ N\end{aligned} \tag{4.7.18}$$

令 $\Delta\mathbf{y}_i^*=(\Delta y_{i1}^*,\ \cdots,\ \Delta y_{iT}^*)'$，$\Delta\mathbf{y}_{i,-1}^*=(0,\ \Delta y_{i1}^*,\ \cdots,\ \Delta y_{i,T-1}{}^*)'$，$\Delta\mathbf{u}_i^*=(\Delta u_{i1}^*,\ \cdots,\ \Delta u_{iT}^*)'$，则方程组

$$\Delta\mathbf{y}_i^*=\Delta\mathbf{y}_{i,-1}^*\gamma+\Delta u_i^* \tag{4.7.19}$$

不再包含 α_i 和 λ_t。基于 $\omega=\dfrac{\mathrm{Var}(\Delta y_{i1}^*)}{\sigma_u{}^2}$ 的 MLE 等于 GLS

$$\hat{\gamma}_{\mathrm{GLS}}=\left[\sum_{i=1}^{N}\Delta\mathbf{y}_{i,-1}^{*\prime}\tilde{A}^{*-1}\Delta\mathbf{y}_{i,-1}^{*}\right]^{-1}\left[\sum_{i=1}^{N}\Delta\mathbf{y}_{i,-1}^{*\prime}\tilde{A}^{*-1}\Delta\mathbf{y}_{i}^{*}\right] \tag{4.7.20}$$

其中 $\tilde{A}^*$ 是 $T\times T$ 矩阵，即

$$\tilde{A}^*=\begin{bmatrix}\omega&-1&0&0&\cdots&0&0\\-1&2&-1&0&\cdots&\vdots&\vdots\\0&-1&2&-1&\cdots&\vdots&\vdots\\\vdots&\vdots&\vdots&\vdots&&2&-1\\0&\cdots&\cdots&\cdots&\cdots&-1&2\end{bmatrix} \tag{4.7.21}$$

GLS 是一致估计，且渐近分布是协方差矩阵为

$$\mathrm{Var}(\hat{\gamma}_{\mathrm{GLS}})=\sigma_u^2\left[\sum_{i=1}^{N}\Delta\mathbf{y}_{i,-1}^{*\prime}\tilde{A}^{*-1}\Delta\mathbf{y}_{i,-1}^{*}\right]^{-1} \tag{4.7.22}$$

的正态分布。

注 4.7.1：存在 $\Delta\boldsymbol{\lambda}$ 时的 GLS 和没有时间特异效应（即 $\Delta\boldsymbol{\lambda}=\mathbf{0}$）时的 GLS（4.5.10）基本上一样［Hsiao，Pesaran 和 Tahmiscioglu（2002）］。但二者之间存在重大差异。估计量（4.7.20）将 $\Delta y_{i,t-1}^*$ 用作式（4.7.19）中 $\Delta y_{i,t}^*$ 的回归元，而不是将 $\Delta y_{i,t-1}$ 用作式（4.7.3）中 Δy_{it} 的回归元。如果确实存在影响所

有横截面单元的公共冲击，则估计量（4.5.10）是不一致的，但估计量（4.7.20）是一致估计［参见 Hsiao 和 Tahmiscioglu（2008）］。请注意，即使不存在时间特异效应项，估计量（4.7.20）仍是一致估计，但不及估计量（4.5.10）有效。 127

注 4.7.2：效应项是随机变量时，估计量（4.7.20）和估计量（4.7.15）仍是一致估计，且其极限分布都是正态分布，因为变换（4.7.11）有效地将个体和时间特异效应项从模型中消除了。但是，如果效应项确实是随机变量，且与 $\mathbf{x}_{it}$ 无关，则模型（4.7.7）的 MLE 或 GLS 更有效。

注 4.7.3：GLS（4.7.20）假定 ω 是已知的。如果 ω 未知，则可用它的某个一致估计 $\hat{\omega}$ 代替，然后导出可行 GLS。但在动态模型中，GLS 和可行 GLS 存在重大差异。当 T 有限时，可行 GLS 并不是渐近等价于 GLS。但如果 N、T 都趋于 ∞，且满足 $\lim\left(\frac{N}{T}\right)=c>0$，则 FGLS 渐近等价于 GLS［Hsiao 和 Tahmiscioglu（2008）］。

注 4.7.4：将方程组（4.7.3）中的 $\Delta\lambda_t$ 当作固定参数，也可导出 MLE 或 GLS（4.7.20）。通过连续代入，得到

$$\Delta y_{i1}=\lambda_1^* + \Delta\tilde{u}_{i1} \tag{4.7.23}$$

其中 $\lambda_1^*=\sum_{j=0}^{m}\gamma^j\Delta\lambda_{1-j}$，$\tilde{u}_{i1}=\sum_{j=0}^{m}\gamma^j\Delta u_{i,1-j}$。令 $\Delta\mathbf{y}'=(\Delta y_{i1},\cdots,\Delta y_{iT})$，$\Delta\mathbf{y}'_{i,-1}=(0,\Delta y_{i1},\cdots,\Delta y_{i,T-1})$，$\Delta\mathbf{u}'_i=(\Delta\tilde{u}_{i1},\cdots,\Delta\tilde{u}_{iT})$，以及 $\Delta\boldsymbol{\lambda}'=(\lambda_1^*,\Delta\lambda_2,\cdots,\Delta\lambda_T)$，则有

$$\begin{aligned}\underset{NT\times 1}{\Delta\mathbf{y}}&=\begin{pmatrix}\Delta\mathbf{y}_1\\ \vdots\\ \Delta\mathbf{y}_N\end{pmatrix}=\begin{pmatrix}\Delta\mathbf{y}_{1,-1}\\ \vdots\\ \Delta\mathbf{y}_{N,-1}\end{pmatrix}\gamma+(\mathbf{e}_N\otimes I_T)\Delta\boldsymbol{\lambda}+\begin{pmatrix}\Delta\mathbf{u}_1\\ \vdots\\ \Delta\mathbf{u}_N\end{pmatrix}\\ &=\Delta\mathbf{y}_{-1}\gamma+(\mathbf{e}_N\otimes I_T)\Delta\boldsymbol{\lambda}+\Delta\mathbf{u}\end{aligned} \tag{4.7.24}$$

如果 u_{it} 独立同分布，且均值为 0，方差为 σ_u^2，则对所有的 i，$\Delta\mathbf{u}'_i$ 相互独立，且极限分布是均值为 $\mathbf{0}$、协方差矩阵为 $\sigma_u^2\widetilde{A}^*$ 且 $\omega=\frac{\mathrm{Var}(\Delta\tilde{u}_{i1})}{\sigma_u^2}$ 的正态分布。

$\Delta\mathbf{y}$ 的对数似然函数为

$$\begin{aligned}\log L=&-\frac{NT}{2}\log\sigma_u^2-\frac{N}{2}\log|\widetilde{A}^*|-\frac{1}{2\sigma_u^2}[\Delta\mathbf{y}-\Delta\mathbf{y}_{-1}\gamma-(\mathbf{e}_N\otimes I_T)\Delta\boldsymbol{\lambda}]'\\ &\times(I_N\otimes\widetilde{A}^{*-1})[\Delta\mathbf{y}-\Delta\mathbf{y}_{-1}\gamma-(\mathbf{e}_N\otimes I_T)\Delta\boldsymbol{\lambda}]\end{aligned} \tag{4.7.25}$$

求式（4.7.25）关于 $\Delta\boldsymbol{\lambda}$ 的偏导数，并求解关于 $\Delta\boldsymbol{\lambda}$ 的方程组，可得

$$\Delta\hat{\boldsymbol{\lambda}}=(N^{-1}\mathbf{e}'_N\otimes I_T)(\Delta\mathbf{y}-\Delta\mathbf{y}_{-1}\gamma) \tag{4.7.26}$$

将式（4.7.26）代入式（4.7.25），可得 128

$$\begin{aligned}\log L_c=&-\frac{NT}{2}\log\sigma_\epsilon^2-\frac{N}{2}\log|\widetilde{A}^*|\\ &-\frac{1}{2\sigma_\lambda{}^2}(\Delta\mathbf{y}^*-\Delta\mathbf{y}^*_{-1}\gamma)'(I_N\otimes\widetilde{A}^{*-1})(\Delta\mathbf{y}^*-\Delta\mathbf{y}^*_{-1}\gamma)\end{aligned} \tag{4.7.27}$$

在 ω 已知的条件下，最大化式（4.7.27）即可导出估计量（4.7.20）。

注 4.7.5：当 γ 接近 1，且 $\sigma_{\alpha}{}^2$ 相对 σ_u^2 较大时，形如式（4.3.47）的 GMM 估计将面临弱工具变量问题，估计量的性质也不好［参见 Bond，Hsiao 和 Pesaran（2005）］。另一方面，似然估计量或 GLS 估计量却不存在类似的问题。

注 4.7.6：Hahn 和 Moon（2006）提出了形如

$$\tilde{\gamma}_b = \tilde{\gamma}_{\mathrm{CV}} + \frac{1}{T}(1+\tilde{\gamma}_{\mathrm{CV}}) \tag{4.7.28}$$

的偏误修正估计量。他们证明，当 N、T 都趋于无穷，且 $N/T \to c\,(0<c<\infty)$ 时，有

$$\sqrt{NT}(\tilde{\gamma}-\gamma) \Rightarrow N(0,\ 1-\gamma^2) \tag{4.7.29}$$

Hsiao 和 Tahmiscioglu（2008）进行了有限 Monte Carlo 研究，用来分析 GLS（FGLS）、GMM、Hahn 和 Moon（2006）的偏误修正（bias-corrected，BC）估计量，结论表明，从偏误和 RMSEs 的角度来看，FGLS 最优。但 T 增大时，BC 的性质快速改进。从估计值对真实值的接近程度来看，FGLS 还是最优的，且 N 或 T 增大时，FGLS 快速逼近真实值。当 T 固定、N 增大时，除 γ 接近 1（试验中的 $\gamma=0.8$）的情形外，GMM 估计值与真实值也很接近。但 N 和 T 同阶 $\left(\frac{N}{T}=c\neq 0\right)$ 增大时，容量畸变的问题比较常见［Hsiao 和 Zhang（2013）］。他们推测 BC 的容量畸变主要是因为使用渐近协方差矩阵引起的，在有限样本情形下，渐近协方差矩阵有显著的负偏误。

注 4.7.7：Hsiao 和 Tahmiscioglu（2008）在同时存在个体与时间特异效应以及仅存在个体特异效应两种情形下，分别比较了有时间特异效应修正和无时间特异效应修正时的 FGLS 和 GMM。他们发现，当个体和时间特异效应都存在时，如果假定不存在时间特异效应，则估计量的偏误和 RMSEs 都较大；但如果时间特异效应独立于回归元，则 T 增大时偏误减小。另一方面，即使不存在时间特异效应，假定了时间特异效应存在并对 FGLS 或 GMM 进行修正，此时几乎没
129 有任何效率的损失。因此，如果研究人员不确定横截面个体相互独立的假设是否成立，则 T 有限时，建议使用考虑了个体和时间特异效应的估计量。

附录 4A　可行 MDE 的渐近协方差矩阵的推导

$\hat{\boldsymbol{\psi}}_{MDE}$ 的估计误差等于

$$\sqrt{N}(\hat{\boldsymbol{\psi}}_{MDE}-\boldsymbol{\psi}) = \left(\frac{1}{N}\sum_{i=1}^{N} H_i'\hat{\tilde{\Omega}}^{*-1}H_i\right)^{-1}\left(\frac{1}{\sqrt{N}}\sum_{i=1}^{N} H_i'\hat{\tilde{\Omega}}^{*-1}\Delta\mathbf{u}_i^*\right) \tag{4A.1}$$

当 $N\to\infty$ 时，

$$\frac{1}{N}\sum_{i=1}^{N} H_i'\hat{\tilde{\Omega}}^{*-1}H_i \to \frac{1}{N}\sum_{i=1}^{N} H_i'\tilde{\Omega}^{*-1}H_i \tag{4A.2}$$

但

$$\frac{1}{\sqrt{N}}\sum_{i=1}^{N}H'_i\hat{\widetilde{\Omega}}^{*-1}\Delta\mathbf{u}_i^* \simeq \frac{1}{\sqrt{N}}\sum_{i=1}^{N}H'_i\widetilde{\Omega}^{*-1}\Delta\mathbf{u}_i^* + \left[\frac{1}{N}\sum_{i=1}^{N}H'_i\left(\frac{\partial}{\partial h}\widetilde{\Omega}^{*-1}\right)\Delta\mathbf{u}_i^*\right]\cdot\sqrt{N}(\hat{h}-h) \tag{4A.3}$$

上式等号右边通过取$\hat{\widetilde{\Omega}}^{*-1}$在 $\widetilde{\Omega}^{*-1}$处的 Taylor 展开式得来。根据式（4.5.8），

$$\frac{\partial}{\partial h}\widetilde{\Omega}^{*-1} = \frac{-T}{[1+T(h-1)]^2}\widetilde{\Omega}^{*-1} + \frac{1}{1+T(h-1)}\begin{bmatrix} 0 & 0 & \cdots & 0 & 0 \\ 0 & T-1 & \cdots & 2 & 1 \\ \vdots & \vdots & & \vdots & \vdots \\ 0 & 2 & \cdots & 2(T-2) & T-2 \\ 0 & 1 & \cdots & T-2 & T-1 \end{bmatrix} \tag{4A.4}$$

我们有

$$\frac{1}{N}\sum_{i=1}^{N}H'_i\widetilde{\Omega}^{*-1}\Delta\mathbf{u}_i^* \rightarrow \mathbf{0}$$

$$\frac{1}{N}\sum_{i=1}^{N}\begin{bmatrix} 1 & \Delta\mathbf{x}'_i & \mathbf{0}' \\ \mathbf{0} & \mathbf{0} & \Delta X_i \end{bmatrix}'\frac{\partial}{\partial h}\widetilde{\Omega}^{*-1}\Delta\mathbf{u}_i^* \rightarrow \mathbf{0}$$

$$\frac{1}{N}\sum_{i=1}^{N}\Delta\mathbf{y}'_{i,-1}\begin{bmatrix} T-1 & \cdots & 1 \\ \vdots & & \vdots \\ 2 & \cdots & T-2 \\ 1 & \cdots & T-1 \end{bmatrix}\Delta\mathbf{u}_i^* \rightarrow [\gamma^{T-2}+2\gamma^{T-3}+\cdots+(T-1)]\sigma_u^2$$ 130

因为$\text{plim}\hat{\sigma}_u^2=\sigma_u^2$，且

$$\sqrt{N}(\hat{h}-h) = \sqrt{N}\left[\frac{\hat{\sigma}_{v^*}^2}{\hat{\sigma}_u^2}-\frac{\sigma_{v^*}^2}{\sigma_u^2}\right] = \sqrt{N}\,\frac{\sigma_u^2(\hat{\sigma}_{v^*}^2-\sigma_{v^*}^2)-\sigma_{v^*}^2(\hat{\sigma}_u^2-\sigma_u^2)}{\hat{\sigma}_u^2\sigma_u^2}$$

所以可行 MDE 的极限分布收敛于

$$\sqrt{N}(\hat{\boldsymbol{\psi}}_{\text{MDE}}-\boldsymbol{\psi}) \rightarrow \left(\frac{1}{N}\sum_{i=1}^{N}H'_i\Omega^{*-1}H_i\right)^{-1}\left\{\frac{1}{\sqrt{N}}\sum_{i=1}^{N}H'_i\Omega^{*-1}\Delta\mathbf{u}_i^* - \begin{bmatrix} 0 \\ \mathbf{0} \\ 1 \\ \mathbf{0} \end{bmatrix}\frac{[\gamma^{T-2}+2\gamma^{T-3}+\cdots+(T-1)]}{[1+T(h-1)]\sigma_u^2} \times\left[\sigma_u^2\cdot\sqrt{N}(\hat{\sigma}_{v^*}^2-\sigma_{v^*}^2)-\sigma_{v^*}^2\sqrt{N}(\hat{\sigma}_u^2-\sigma_u^2)\right]\right\} \tag{4A.5}$$

其渐近协方差矩阵等于式（4.5.16）。

附录 4B　N 与 T 增大时的渐近性分析

在 N 固定、T 增大或 T 固定、N 增大的情形下，标准的一维渐近分析法都适用。但在有些面板数据情形下，横截面个数和时序长度是同阶的，譬如佩恩表（Penn-World table）。对这些 N 与 T 都很大的面板数据，需要使用 N 与 T 同时增大时的渐近分析方法，而只有 N 增大时的渐近分析是不合适的。此外，当 T 很大时，通常还需考虑弱相依和强持续性之类的序列相关问题。在诸如佩恩表之类的很多面板数据集中，时序数据的非平稳特征非常明显。研究表明，在此情形下，面板数据相对单纯的时序数据或横截面数据，往往有助于研究人员揭示更多有关数据生成过程的信息。

在 N 与 T 都很大的面板数据回归中，对多数重要检验统计量和估计量的渐近分析不可避免地依赖 N 和 T 这两个指标同时趋于无穷的方式。一般有如下几种分析方法：

(a) 二次极限。二次极限法是固定其中一个指标，譬如 N，让另一个指标，譬如 T 趋于无穷，导出一个中间极限。再令 N 趋于无穷，这便是二次极限分析。

131 (b) 对角线路径极限。该方法允许指标 N 和 T 在二维阵列中沿着指定的对角线路径趋于无穷，譬如，令 $T=T(N)$，当 $N\to\infty$时，有$\frac{N}{T}\to c\neq 0<\infty$成立。该方法可将二维渐近分析简化为单指标渐近分析。

(c) 二重极限。二重极限理论允许 N 和 T 同时趋于无穷，但没有设定任何具体的对角线路径，不过为导出有意义的结论，还是有必要对两个指标增长的速度进行适当控制。

本书中的双指标分析中一般采用如下形式：

$$X_{N,T}=\frac{1}{k_N}\sum_{i=1}^{N}Y_{i,T} \tag{4B.1}$$

其中 k_N 是指标 N 的某个标准化因子，$Y_{i,T}$ 表示个体 i 在 T 时期内 m 个独立分量构成的可积随机向量，其定义为

$$Y_{i,T}=\frac{1}{d_T}\sum_{t=1}^{T}f(Z_{i,t}) \tag{4B.2}$$

$Z_{i,t}$ 表示 4 阶矩存在的 h 维独立同分布随机向量，$f(\cdot)$ 表示从 R^h 到 R^m 的连续函数，d_T 是指标 T 标准化因子。二次极限理论较容易推导，一般会快速得到结论。但在两个指标同时趋于无穷的情形下，其渐近结论可能存在误导。二重极限方法导出的结论，相对二次极限法和对角线路径法都更稳健，但推导过程的难度大得多，且只在更强的条件（譬如更高阶矩存在）下成立，此时还需考虑收敛参数的一致性。Phillips 和 Moon（1999）给出了将二重收敛转换为二次

收敛的条件：

(i) 当 $T\to\infty$ 时，对所有的 N，$X_{N,T}$ 依概率一致收敛于 X_N，而当 $N\to\infty$ 时，X_N 依概率收敛于 X。则当且仅当对任意的 $\varepsilon>0$，有

$$\lim_{T\to\infty}\sup\sup_{N}P\{\|X_{N,T}-X_N\|>\varepsilon\}=0 \tag{4B.3}$$

成立时，$X_{N,T}$ 依概率二重收敛于 X。

(ii) 对任意的 N，当 $T\to\infty$ 时 $X_{N,T}$ 依分布收敛于 X_N，而当 $N\to\infty$ 时，X_N 依分布收敛于 X。则当且仅当对 R^m 上所有有界连续实值函数，有

$$\lim\sup_{N,T}|E(f(X_{N,T}))-E(f(X))|=0 \tag{4B.4}$$

成立时，$X_{N,T}$ 的二重极限依分布收敛。

假定 $T\to\infty$ 时，$Y_{i,T}$ 依分布收敛于 Y_i，Phillips 和 Moon（1999）给出了如 132
下若干条件，确保二次极限等价于二重极限：

(i) $\lim\sup_{N,T}\left(\frac{1}{N}\right)\sum_{i=1}^{N}E\|Y_{i,T}\|<\infty$；

(ii) $\lim\sup_{N,T}\left(\frac{1}{N}\right)\sum_{i=1}^{N}\|EY_{i,T}-EY_i\|=0$；

(iii) 对 $\forall\varepsilon>0$，$\lim\sup_{N,T}\left(\frac{1}{N}\right)\sum_{i=1}^{N}E\|Y_{i,T}\|\mathbf{1}\{\|Y_{i,T}\|>N\varepsilon\}=0$；

(iv) 对 $\forall\varepsilon>0$，$\lim\sup_{N}\left(\frac{1}{N}\right)\sum_{i=1}^{N}E\|Y_i\|\mathbf{1}\{\|Y_i\|>N\varepsilon\}=0$，

其中 $\|A\|$ 表示欧氏范数 $[\mathrm{tr}(A'A)]^{\frac{1}{2}}$，$\mathbf{1}\{\cdot\}$ 表示示性函数。

一般情况下，如果估计量类似式（4B.1），且 $y_{i,T}$ 对所有的 T 可积，同时估计量在 T 固定、N 增大时是连续的，则只要 N 和 T 趋于无穷，而不管 N 与 T 以哪种方式趋于无穷，估计量都是一致估计。此外，即使在 T 固定而 N 增大时估计量是不一致估计［譬如固定效应动态模型（4.2.1）的 CV 估计量］，当 T 也趋于无穷时，也可能是一致估计。估计量的概率极限一般就是我们所取的极限序列，但与之独立。但分量的极限分布，可能因指标 N 与 T 趋于无穷的方式各异而有所不同。考虑如下双指标序列

$$X_{N,T}=\frac{1}{N}\sum_{i=1}^{N}Y_{i,T} \tag{4B.5}$$

假定对个体 i 及所有的 T，$Y_{i,T}$ 独立同分布，且 $E(Y_{i,T})=\frac{1}{\sqrt{T}}b$，$\mathrm{Var}(Y_{i,T})\leqslant B<\infty$。对固定的 N，当 $T\to\infty$ 时，$X_{N,T}$ 依概率收敛于 $X_N(E(X_N)=0)$。因为 $\mathrm{Var}(Y_{i,N})$ 有界，由大数定律可知，当 $N\to\infty$ 时，X_N 依概率收敛于 0。因为式（4B.5）满足条件（4B.3），所以当 N、$T\to\infty$ 时，二次极限就等于二重极限。由式

$$\begin{aligned}X_{N,T}&=\frac{1}{N}\sum_{i=1}^{N}[Y_{i,T}-E(Y_{i,T})]+\frac{1}{N}\sum_{i=1}^{N}E(Y_{i,T})\\&=\frac{1}{N}\sum_{i=1}^{N}[Y_{i,T}-E(Y_{i,T})]+\frac{b}{\sqrt{T}}\end{aligned} \tag{4B.6}$$

即可发现该关系。因 $Y_{i,T}$ 的方差一致有界，且界限可由 b 表示，则当 N、$T\to$

∞时，有

$$E(X_{N,T}^2)=\frac{1}{N}\mathrm{Var}(Y_{i,T})+\frac{b^2}{T}\to 0 \tag{4B.7}$$

方程（4B.7）表明当 N、$T\to\infty$时，$X_{N,T}$的二重极限为 0。

133 另一方面，如果令

$$X_{N,T}=\frac{1}{\sqrt{N}}\sum_{i=1}^{N}Y_{i,T} \tag{4B.8}$$

则二次极限表明 $X_{N,T}$是渐近正态分布的，且 $E(X_{N,T})=0$。但式（4B.8）却不满足条件（4B.3）。当 $N\to\infty$时，二重极限按照某个对角线极限路径$\frac{N}{T}\to c\neq 0$，有

$$EX_{N,T}=\frac{\sqrt{c}}{N}\sum_{i=1}^{N}b\to\sqrt{c}b \tag{4B.9}$$

成立。此时，要使$\sqrt{N}$标准化的偏误之和足够小，T 增大的速度必须比 N 更快，譬如$\frac{N}{T}\to 0$，才能让偏误在该标准化表达式的渐近结果中不会产生决定性的影响［参见 Alvarez 和 Arellano（2003）；Hahn 和 Kuersteiner（2002）］。

如果时序数据是（非平稳）可积过程，则 T 和 N 都很大时的面板数据回归可能与时序数据回归存在巨大差别。譬如，考虑线性回归模型

$$y=E(y\mid x)+v=\beta x+v \tag{4B.10}$$

如果 v_t 是平稳的［或是 $I(0)$ 过程］，则不管 y 和 x 是平稳的还是一阶可积过程 $I(1)$［即变量的一阶差分过程是平稳的，或是 $I(0)$ 过程］，β 的最小二乘估计$\hat{\beta}$都有相同的解释。但如果 y_{it}和 x_{it}都是 $I(1)$ 过程但不是协整的，则 v_{it}也是 $I(1)$ 过程。Phillips（1986）的研究表明，时序回归系数 $\hat{\beta}_i$ 在 $T\to\infty$时具有非退化分布。如果 y_{it}对 x_{it}的时序回归没有揭示任何 y_{it}与 x_{it}之间的长期关系，则估计值 $\hat{\beta}_i$ 可能没有任何意义。另一方面，若使用面板数据，这些回归事实上揭示了 y_{it}与 x_{it}之间的一般关系，回归结果是可信的。理论上说来，考虑 y 和 x 服从二元正态分布 $N(\mathbf{0},\ \Sigma)$ 的情形，其中

$$\Sigma=\begin{pmatrix}\Sigma_{yy} & \Sigma_{yx}\\ \Sigma_{xy} & \Sigma_{yy}\end{pmatrix} \tag{4B.11}$$

则$\mathrm{plim}\hat{\beta}=\Sigma_{yx}\Sigma_{xx}^{-1}$。在形如

$$\begin{pmatrix}y_t\\ x_t\end{pmatrix}=\begin{pmatrix}y_{t-1}\\ x_{t-1}\end{pmatrix}+\begin{pmatrix}u_{yt}\\ u_{xt}\end{pmatrix} \tag{4B.12}$$

的单位根情形下，若 $\mathbf{u}_t=(u_{yt},\ u_{xt})'$是平稳的，则横截面单元独立假设下的面板数据回归有如下结论：

$$\mathrm{plim}\,\hat{\beta}=\Omega_{yx}\Omega_{xx}^{-1} \tag{4B.13}$$

134 这可视为 y 与 x 之间的长期一般关系，其中 Ω_{yx}和 Ω_{xx}表示 u_{yt}和 u_{xt}的长期协方

差矩阵，x_t 的长期协方差矩阵为

$$\Omega=\lim_{T\to\infty}E\left[\left(\frac{1}{\sqrt{T}}\sum_{t=1}^{T}\mathbf{u}_t\right)\left(\frac{1}{\sqrt{T}}\sum_{t=1}^{T}\mathbf{u}'_t\right)\right]$$
$$=\sum_{\ell=-\infty}^{\infty}E(\mathbf{u}_0\mathbf{u}_\ell{}')=\begin{pmatrix}\Omega_{yy} & \Omega_{yx}\\ \Omega_{xy} & \Omega_{xx}\end{pmatrix} \tag{4B. 14}$$

如果对（y_{it}，x_{it}）（$i=1$，…，N），横截面单元具有不同的长期协方差矩阵 Ω_i，但 $E\Omega_i=\Omega$，Phillips 和 Moon（1999）将横截面单元间长期一般关系的概念拓展为

$$\beta=E(\Omega_{yx,\ i})(E\Omega_{xx,\ i})^{-1}=\Omega_{yx}\Omega_{xx}^{-1} \tag{4B. 15}$$

并证明当 N、$T\to\infty$时最小二乘估计收敛于式（4B. 15）。

横截面单元间一般关系的广义概念既包含了协整关系［Engle 和 Grange（1987)］（此时如果存在某个特殊的线性组合，使得 $y_t-\beta x_t$ 是平稳的，则称 β 为协整系数)，又包含了相关但不是协整的关系（对单列时序数据是不存在这种关系的)。为更清楚地理解这一点，假定两个非平稳时序变量，它们的关系如下：

$$\begin{aligned}y_t&=f_t+w_t\\ x_t&=f_t\end{aligned} \tag{4B. 16}$$

且

$$\begin{pmatrix}w_t\\ f_t\end{pmatrix}=\begin{pmatrix}w_{t-1}\\ f_{t-1}\end{pmatrix}+\begin{pmatrix}u_{wt}\\ u_{ft}\end{pmatrix} \tag{4B. 17}$$

其中对所有的 t 和 s，u_{wt} 与 u_{ft} 相互独立，且有非零的长期协方差。则 f_t 是 y 与 x 的非平稳公共因子，u_w 是非平稳特异因子。由于 w_t 总是非平稳的，很显然 y_t 与 x_t 之间不存在协整关系。但两个非平稳变量 y_t 和 x_t 共享源自 u_{ft} 的非平稳因子，我们仍可预期找到 y_t 与 x_t 之间长期关系的证据，这部分关系由式（4B. 13）中的回归系数 β 度量。

Phillips 和 Moon（1999，2000）证明，对于 N 和 T 都很大的面板数据，回归系数 β 收敛于上面定义的长期一般关系。但如果 N 固定而 $T\to\infty$，则 β 的最小二乘估计是一个非退化的随机变量，它是关于布朗运动的函数且不收敛于 β［Phillips（1986)］。换句话说，使用单列时序数据或固定列数的时序数据时，如果只是 $T\to\infty$，则回归系数$\hat{\beta}$不会收敛于式（4B. 13）定义的长期一般关系。

因此，如果将伪回归定义为导出了两个独立变量间非零的 β，则与两个线 135
性的、独立的 $I(1)$ 变量的时序回归不同［Phillips（1986)］，当 $N\to\infty$时面板数据的伪回归问题不会出现［参见 McCoskey 和 Kao（1998)］。

当数据在横截面维度相依时，相应的极限理论非常复杂。如果在横截面维度上存在强相关，则相关性较强时几乎没有相应的大数定律或中心极限定理成立。这些结论仅在横截面维度上相关性较弱时成立［在横截面维度上时序数据混入条件的意义，参见 Conley（1999)；Phillips 和 Tosetti（2010)］。

第5章 静态联立方程模型

136 5.1 引言

第 3 章和第 4 章估计面板数据的单方程模型时，我们讨论了对因变量有影响的多种因素的影响的分解方法，作为一种研究面板数据非观测异质性的方法，对大量影响因变量却没有作为解释变量明确出现在模型中的因素，我们将其影响分解为个体单元的特异效应、时期的特异效应以及对个体单元和时期都特异的效应。但前几章讨论的各种估计量的一致性或渐近效率与对单方程模型假设的合理性有关。如果这些假设不成立，则相应的估计方法可能顾此失彼，在解决某个问题的同时却使其他问题更严重。

譬如，考虑收入-教育模型

$$y = \beta_0 + \beta_1 S + \beta_2 A + u \tag{5.1.1}$$

其中 y 是收入、薪水或者薪酬率的度量，S 表示受教育程度，A 表示不可度量的能力，一般与 S 正相关。假定系数 β_1 和 β_2 是正值。在“S 和 A 都与 u 无关”的假设下，如果模型忽略了 A，则 β_1 的最小二乘估计存在正的偏误。标准遗漏变量公式计算的偏误大小为

$$E(\hat{\beta}_{1,\mathrm{LS}}) = \beta_1 + \beta_2 \frac{\sigma_{AS}}{\sigma_S^2} \tag{5.1.2}$$

其中 σ_S^2 表示 S 的方差，σ_{AS} 表示 A 与 S 的协方差。

如果遗漏变量 A 纯粹是“家庭因素”变量[①]，譬如说，一个家庭中的同辈成员有相同的 A，则用家庭成员数据（比如兄弟间收入的差异和教育的差异）估计 β_1 可消除该偏误。但如果能力除包含家庭因素外，还包含个体因素，且该
137 个体因素与教育变量不独立，则家庭内估计不一定减少了偏误。

---

① 也就是说，家庭影响 A_i 与第 3、4 章中 α_i 的意义相同。

假设

$$A_{it}=\alpha_i+\omega_{it} \tag{5.1.3}$$

其中 i 表示家庭，t 表示家庭成员。如果 ω_{it} 与 S_{it} 无关，则式（5.1.1）和（5.1.3）联合起来与模型（3.2.10）基本相同。组内估计量（或 LSDV）的期望值是无偏的。另一方面，如果 A 和 S 之间的家庭内协方差 $\sigma_{s\omega}$ 不等于 0，则组内估计量的期望值为

$$E(\hat{\beta}_{1,\omega})=\beta_1+\beta_2\frac{\sigma_{S\omega}}{\sigma^2_{S|\omega}} \tag{5.1.4}$$

其中 $\sigma^2_{S|\omega}$ 表示 S 的家庭内方差，该估计量仍存在偏误。此外，如果 A 与 S 的相关性主要由个体而不是因家庭所导致，则继续使用家庭内数据会在 σ_{AS}（或 $\sigma_{S\omega}$）变化不大时大幅降低 $\sigma^2_{S|\omega}$ 的值，这将使偏误变得更严重。

此外，如果 S 还是一个关于 A 和其他社会经济变量的函数，则式（5.1.1）只是联立方程模型中的一个行为方程。那么最小二乘估计量 $\hat{\beta}_{1,\text{LS}}$ 的概率极限不再是式（5.1.2），而是

$$\text{plim}\,\hat{\beta}_{1,\text{LS}}=\beta_1+\beta_2\frac{\sigma_{AS}}{\sigma^2_S}+\frac{\sigma_{uS}}{\sigma^2_S} \tag{5.1.5}$$

其中 σ_{uS} 表示 u 和 S 的协方差。如果按照 Griliches（1977，1979）的观点，教育至少在一定程度上是个体与其家庭行为的优化结果，则 σ_{uS} 应该是负的。这使教育系数的最小二乘估计可能存在向下（而不是向上）的偏误。此外，如果主要是因个体而不是家庭使 σ_{uS} 的值为负，且 A 和 S 之间的家庭内协方差导致 σ_{AS} 大致按照 $\sigma^2_{S|\omega}$ 对 σ^2_S 的比例下降，则 $\hat{\beta}_{1,\omega}$ 相对于 $\hat{\beta}_{1,LS}$ 有显著的下降。下降的程度由能力和“家庭背景”的重要性决定，但事实上这不过是反映了与教育变量本身有关的联立性问题。简言之，联立性问题可能推翻单方程模型的结论。

本章我们重点关注给定 K 个外生变量 $\mathbf{x}_{it}=(x_{1,it},\ x_{2,it},\ \cdots,\ x_{K,it})'$ 后由 G 个内生变量 $\mathbf{y}_{it}=(y_{1,it},\ y_{2,it},\ \cdots,\ y_{G,it})'$ 的联合相依性导致的相关问题。考虑如下静态联立方程模型① 138

$$\Gamma\mathbf{y}_{it}+\mathbf{B}\mathbf{x}_{it}+\boldsymbol{\mu}=\mathbf{v}_{it},\qquad i=1,\ \cdots,\ N,\quad t=1,\ \cdots,\ T \tag{5.1.6}$$

其中 Γ 和 $\mathbf{B}$ 是 $G\times G$ 和 $G\times K$ 的系数矩阵；$\boldsymbol{\mu}$ 是 $G\times 1$ 的截距向量。假定 $G\times 1$ 的误差向量 $\mathbf{v}_{it}$ 的组成结构为

$$\mathbf{v}_{it}=\boldsymbol{\alpha}_i+\boldsymbol{\lambda}_t+\mathbf{u}_{it} \tag{5.1.7}$$

其中 $\boldsymbol{\alpha}_i$ 和 $\boldsymbol{\lambda}_t$ 分别表示个变时恒和个恒时变的 $G\times 1$ 向量，$\mathbf{u}_{it}$ 表示随着 i 和 t 变化的 $G\times 1$ 随机向量，且与 $\mathbf{x}_{it}$ 无关，

$$E(\mathbf{x}_{it}\mathbf{u}'_{js})=\mathbf{0} \tag{5.1.8}$$

动态相依的问题将在第 10 章的 10.4 节中讨论。

---

① 固定效应线性联立方程模型的渐近性质与单方程固定效应线性静态模型（见第 3 章）一样。$\boldsymbol{\alpha}_i$ 的 MLE 仅当 T 趋于无穷时是一致的。$\boldsymbol{\lambda}_t$ 的 MLE 仅当 N 趋于无穷时是一致的。但是，正如在线性静态模型中一样，Γ 和 $\mathbf{B}$ 的 MLE 与 $\boldsymbol{\alpha}_i$ 和 $\boldsymbol{\lambda}_t$ 的 MLE 无关。它们仅当 N 或 T 或二者都趋于无穷时是一致的［Schmidt (1984)］。

模型（5.1.6）指出了方程中回归元和误差项产生相关性的两个根源：（1）个体特异效应项 $\boldsymbol{\alpha}_i$ 与时间特异效应项 $\boldsymbol{\lambda}_t$ 分别与 $\mathbf{x}_{it}$ 之间潜在的相关性；（2）联合因变量与误差项之间的相关性。第一种相关源可通过对初始变量进行某种线性变换而消除掉。譬如，对 $\mathbf{y}_{it}$ 和 $\mathbf{x}_{it}$ 进行协方差转换，

$$\dot{\mathbf{y}}_{it} = \mathbf{y}_{it} - \bar{\mathbf{y}}_i - \bar{\mathbf{y}}_t + \bar{\mathbf{y}} \tag{5.1.9}$$

$$\dot{\mathbf{x}}_{it} = \mathbf{x}_{it} - \bar{\mathbf{x}}_i - \bar{\mathbf{x}}_t + \bar{\mathbf{x}} \tag{5.1.10}$$

得到

$$\Gamma\dot{\mathbf{y}}_{it} + \mathbf{B}\dot{\mathbf{x}}_{it} = \dot{\mathbf{v}}_{it} \tag{5.1.11}$$

其中 $\dot{\mathbf{v}}_{it} = \mathbf{v}_{it} - \bar{\mathbf{v}}_i - \bar{\mathbf{v}}_t + \bar{\mathbf{v}}$，$(\bar{\mathbf{y}}_i,\ \bar{\mathbf{x}}_i,\ \bar{\mathbf{v}}_i)$，$(\bar{\mathbf{y}}_t,\ \bar{\mathbf{x}}_t,\ \bar{\mathbf{v}}_t)$，$(\bar{\mathbf{y}},\ \bar{\mathbf{x}},\ \bar{\mathbf{v}})$ 分别表示第 i 个个体的各变量的时序均值、第 t 期的各变量的横截面均值以及各变量的全局均值，譬如，$\bar{\mathbf{y}}_i = \frac{1}{T}\sum_{t=1}^{T}\mathbf{y}_{it}$，$\bar{\mathbf{y}}_t = \frac{1}{N}\sum_{i=1}^{N}\mathbf{y}_{it}$，$\bar{\mathbf{y}} = \frac{1}{NT}\sum_{i=1}^{N}\sum_{t=1}^{T}\mathbf{y}_{it}$。

假设式（5.1.8）成立，则有

$$E(\dot{\mathbf{x}}_{it}\dot{\mathbf{v}}_{js}') = \mathbf{0} \tag{5.1.12}$$

139 在考尔斯委员会（Cowles Commission）结构方程中使用的标准识别与估计方法可用于模型（5.1.11），且可得到一致的、渐近正态分布的估计量［参见 Hood 和 Koopmans（1953）；Hsiao（1983）；Intriligator，Bodkin 和 Hsiao（1996）］。但利用成分结构对模型（5.1.6）进行推断比基于两阶段或三阶段最小二乘对模型（5.1.11）进行推断更有效。

假定 $\boldsymbol{\alpha}_i$，$\boldsymbol{\lambda}_t$ 和 $\mathbf{u}_{it}$ 都是均值为 0 的 $G\times 1$ 随机向量，它们相互独立且

$$\begin{aligned}
&E\mathbf{x}_{it}\mathbf{v}_{js}' = \mathbf{0}\\
&E\,\boldsymbol{\alpha}_i\,\boldsymbol{\alpha}_j' = \begin{cases}\Omega_\alpha = (\sigma_{\alpha g\ell}^2) & \text{如果 } i=j\\ \mathbf{0} & \text{如果 } i\neq j\end{cases}\\
&E\,\boldsymbol{\lambda}_t\,\boldsymbol{\lambda}_s' = \begin{cases}\Omega_\lambda = (\sigma_{\lambda g\ell}^2) & \text{如果 } t=s\\ \mathbf{0} & \text{如果 } t\neq s\end{cases}\\
&E\mathbf{u}_{it}\mathbf{u}_{js}' = \begin{cases}\Omega_u = (\sigma_{u g\ell}^2) & \text{如果 } i=j \text{ 且 } t=s\\ \mathbf{0} & \text{其他}\end{cases}
\end{aligned} \tag{5.1.13}$$

模型（5.1.6）左乘 Γ^{-1}，得到**约简型**（reduced form）

$$\mathbf{y}_{it} = \boldsymbol{\mu}^* + \Pi\mathbf{x}_{it} + \boldsymbol{\epsilon}_{it} \tag{5.1.14}$$

其中 $\boldsymbol{\mu}^* = -\Gamma^{-1}\boldsymbol{\mu}$，$\Pi = -\Gamma^{-1}\mathbf{B}$，$\boldsymbol{\epsilon}_{it} = \Gamma^{-1}\mathbf{v}_{it}$. **约简型误差**（reduced-form error）项 $\boldsymbol{\epsilon}_{it}$ 也有误差成分结构①

$$\boldsymbol{\epsilon}_{it} = \boldsymbol{\alpha}_i^* + \boldsymbol{\lambda}_t^* + \mathbf{u}_{it}^* \tag{5.1.15}$$

且满足

$$E\boldsymbol{\alpha}_i^* = E\,\boldsymbol{\lambda}_t^* = E\mathbf{u}_{it}^* = \mathbf{0},\quad E\boldsymbol{\alpha}_i^*\,\boldsymbol{\lambda}_t^{*\prime} = E\boldsymbol{\alpha}_i^*\,\mathbf{u}_{it}^{*\prime} = E\,\boldsymbol{\lambda}_t^*\,\mathbf{u}_{it}^{*\prime} = \mathbf{0}$$

$$E\boldsymbol{\alpha}_i^*\,\boldsymbol{\alpha}_j^{*\prime} = \begin{cases}\Omega_\alpha{}^* = (\sigma_{\alpha g\ell}^{*2}) & \text{如果 } i=j\\ \mathbf{0} & \text{如果 } i\neq j\end{cases}$$

① 注意，这些星号的意义与前面章节中星号的意义不一样。

$$E\boldsymbol{\lambda}_t^* \boldsymbol{\lambda}_s^{*\prime} = \begin{cases} \Omega_\lambda^* = (\sigma_{\lambda g\ell}^{*2}) & \text{如果 } t=s \\ \mathbf{0} & \text{如果 } t \neq s \end{cases} \tag{5.1.16}$$

$$E\mathbf{u}_{it}^* \mathbf{u}_{js}^{*\prime} = \begin{cases} \Omega_u^* = (\sigma_{ug\ell}^{*2}) & \text{如果 } i=j \text{ 且 } t=s \\ \mathbf{0} & \text{其他} \end{cases}$$

如果 $G \times G$ 协方差矩阵 Ω_α，Ω_λ 和 Ω_u 不受约束，则方差-协方差矩阵也不受约束。通常的阶条件和秩条件就是识别方程组中某一特殊方程的必要条件和充 140 分条件［参见 Hsiao (1983)］。如果存在对 Ω_α，Ω_λ 和 Ω_u 的约束，则我们可综合这些协方差约束条件和对系数矩阵的约束条件识别模型并得到参数的有效估计。我们首先在没有对方差-协方差矩阵的约束条件，但识别方程的秩条件成立的假设下讨论联立方程模型的估计问题。5.2 节讨论约简型或**堆积方程**（stacked equations），5.3 节讨论结构型的估计问题。然后 5.4 节讨论存在对方差-协方差的约束时模型的识别与估计问题。因纵列微观数据广泛应用三角形结构［参见 Chamberlain (1976，1977a，1977b)；Chamberlain 和 Griliches (1975)］，故我们将以这种特殊结构为例描述如何利用协方差约束条件识别在其他情形下不能识别的方程并提高估计效率。

5.2　联合广义最小二乘估计法

我们将约简型 (5.1.14) 中的方程表示为更一般的形式，

$$\mathbf{y}_g = \mathbf{e}_{NT}\boldsymbol{\mu}_g^* + X_g\boldsymbol{\pi}_g + \boldsymbol{\epsilon}_g, \qquad g = 1, \cdots, G \tag{5.2.1}$$

其中 $\mathbf{y}_g$ 和 $\mathbf{e}_{NT}$ 是 $NT \times 1$ 的向量，X_g 是 $NT \times K_g$ 的矩阵，$\boldsymbol{\mu}_g^*$ 是第 g 个方程 1×1 的截距项，$\boldsymbol{\pi}_g$ 是 $K_g \times 1$ 的向量，$\boldsymbol{\epsilon}_g = (I_N \otimes \mathbf{e}_T)\boldsymbol{\alpha}_g^* + (\mathbf{e}_N \otimes I_T)\boldsymbol{\lambda}_g^* + \mathbf{u}_g^*$，这里 $\boldsymbol{\alpha}_g^* = (\boldsymbol{\alpha}_{1g}^*, \boldsymbol{\alpha}_{2g}^*, \cdots, \boldsymbol{\alpha}_{Ng}^*)'$，$\boldsymbol{\lambda}_g^* = (\lambda_{1g}^*, \lambda_{2g}^*, \cdots, \lambda_{Tg}^*)'$，以及 $\mathbf{u}_g^* = (u_{11g}^*, u_{12g}^*, \cdots, u_{1Tg}^*, u_{21g}^*, \cdots, u_{NTg}^*)'$ 分别是 $N \times 1$，$T \times 1$ 和 $NT \times 1$ 的随机向量。在每个这种形式的方程中，解释变量可以不一样。①将这 G 个方程组的集合堆积起来，我们得到

$$\underset{GNT \times 1}{\mathbf{y}} = (I_G \otimes \mathbf{e}_{NT})\boldsymbol{\mu}^* + X\boldsymbol{\pi} + \boldsymbol{\epsilon} \tag{5.2.2}$$

其中

$$\underset{GNT \times 1}{\mathbf{y}} = \begin{bmatrix} \mathbf{y}_1 \\ \vdots \\ \mathbf{y}_G \end{bmatrix}, \qquad \underset{GNT \times (\sum_{g=1}^{G} K_g)}{X} = \begin{bmatrix} X_1 & \mathbf{0} & \cdots & \mathbf{0} \\ \mathbf{0} & X_2 & & \vdots \\ \vdots & & \ddots & \mathbf{0} \\ \mathbf{0} & \cdots & \mathbf{0} & X_G \end{bmatrix}$$

$$\underset{G \times 1}{\boldsymbol{\mu}^*} = \begin{bmatrix} \boldsymbol{\mu}_1^* \\ \boldsymbol{\mu}_2^* \\ \vdots \\ \boldsymbol{\mu}_G^* \end{bmatrix}, \qquad \underset{(\sum_{g=1}^{G} K_g) \times 1}{\boldsymbol{\pi}} = \begin{bmatrix} \boldsymbol{\pi}_1 \\ \vdots \\ \boldsymbol{\pi}_G \end{bmatrix}, \qquad \boldsymbol{\epsilon} = \begin{bmatrix} \boldsymbol{\epsilon}_1 \\ \vdots \\ \boldsymbol{\epsilon}_G \end{bmatrix}$$

① 如果允许 X 不同，则约简型方程估计的讨论可在更一般的似乎无关回归模型框架内进行［Avery (1977)；Baltagi (1980)］。

141 以及

$$V=E(\epsilon\epsilon')=[V_{g\ell}] \tag{5.2.3}$$

这里 $V_{g\ell}$ 表示 V 的第 $g\ell$ 分块子矩阵，该子矩阵的表达式为

$$\underset{NT\times NT}{V_{g\ell}}=E(\epsilon_g\epsilon'_\ell)=\sigma^{*2}_{\alpha g\ell}A+\sigma^{*2}_{\lambda g\ell}D+\sigma^{*2}_{ug\ell}I_{NT} \tag{5.2.4}$$

其中 $A=I_N\otimes \mathbf{e}_T\mathbf{e}'_T$，$D=\mathbf{e}_N\mathbf{e}'_N\otimes I_T$。方程（5.2.4）还可记为

$$V_{g\ell}=\sigma^{*2}_{1g\ell}\left(\frac{1}{T}A-\frac{1}{NT}J\right)+\sigma^{*2}_{2g\ell}\left(\frac{1}{N}D-\frac{1}{NT}J\right)$$
$$+\sigma^{*2}_{ug\ell}\tilde{Q}+\sigma^{*2}_{4g\ell}\left(\frac{1}{NT}J\right) \tag{5.2.5}$$

其中 $J=\mathbf{e}_{NT}\mathbf{e}'_{NT}$，$\tilde{Q}=I_{NT}-(1/T)A-(1/N)D+(1/NT)J$，$\sigma^{*2}_{1g\ell}=\sigma^{*2}_{ug\ell}+T\sigma^{*2}_{\alpha g\ell}$，$\sigma^{*2}_{2g\ell}=\sigma^{*2}_{ug\ell}+N\sigma^{*2}_{\lambda g\ell}$，以及 $\sigma^{*2}_{4g\ell}=\sigma^{*2}_{ug\ell}+T\sigma^{*2}_{\alpha g\ell}+N\sigma^{*2}_{\lambda g\ell}$。附录 3B 证明了 $\sigma^{*2}_{1g\ell}$，$\sigma^{*2}_{2g\ell}$，$\sigma^{*2}_{ug\ell}$ 和 $\sigma^{*2}_{4g\ell}$ 是 $V_{g\ell}$ 的重数分别为 $N-1$，$T-1$，$(N-1)(T-1)$ 以及 1 的特征根，C_1，C_2，C_3 以及 C_4 是它们的相应特征向量的矩阵。

我们还可将 V 重新表示为

$$V=V_1\otimes\left(\frac{1}{T}A-\frac{1}{NT}J\right)+V_2\otimes\left(\frac{1}{N}D-\frac{1}{NT}J\right)$$
$$+\Omega^*_u\otimes\tilde{Q}+V_4\otimes\left(\frac{1}{NT}J\right) \tag{5.2.6}$$

其中 $V_1=(\sigma^{*2}_{1g\ell})$，$V_2=(\sigma^{*2}_{2g\ell})$ 和 $V_4=(\sigma^{*2}_{4g\ell})$ 都是 $G\times G$ 的矩阵。因为 $[(1/T)A-(1/NT)J]$，$[(1/N)D-(1/NT)J]$，$\tilde{Q}$ 和 $[(1/NT)J]$ 是对称幂等矩阵，相互正交，且它们的和是单位矩阵 I_{NT}，故我们可明确地求出 V 的逆矩阵［Avery (1977)；Baltagi (1980)］①

$$V^{-1}=V_1^{-1}\otimes\left(\frac{1}{T}A-\frac{1}{NT}J\right)$$
$$+V_2^{-1}\otimes\left(\frac{1}{N}D-\frac{1}{NT}J\right)$$
$$+\Omega^{*-1}_u\otimes\tilde{Q}+V_4^{-1}\otimes\left(\frac{1}{NT}J\right) \tag{5.2.7}$$

142 最小化距离函数

$$[\mathbf{y}-(I_G\otimes\mathbf{e}_{NT})\boldsymbol{\mu}^*-X\boldsymbol{\pi}]'V^{-1}[\mathbf{y}-(I_G\otimes\mathbf{e}_{NT})\boldsymbol{\mu}^*-X\boldsymbol{\pi}] \tag{5.2.8}$$

得到 $\boldsymbol{\mu}^*$ 和 $\boldsymbol{\pi}$ 的 GLS 估计量。求目标函数（5.2.8）关于 $\boldsymbol{\mu}^*$ 和 $\boldsymbol{\pi}$ 的偏导数，可得到一阶条件

$$-(I_G\otimes\mathbf{e}_{NT})'V^{-1}[\mathbf{y}-(I_G\otimes\mathbf{e}_{NT})\boldsymbol{\mu}^*-X\boldsymbol{\pi}]=\mathbf{0} \tag{5.2.9}$$

$$-X'V^{-1}[\mathbf{y}-(I_G\otimes\mathbf{e}_{NT})\boldsymbol{\mu}^*-X\boldsymbol{\pi}]=\mathbf{0} \tag{5.2.10}$$

求解式（5.2.9），并利用关系式 $[(1/T)A-(1/NT)J]\mathbf{e}_{NT}=\mathbf{0}$，$[(1/N)D-(1/NT)J]\mathbf{e}_{NT}=\mathbf{0}$，$\tilde{Q}\mathbf{e}_{NT}=\mathbf{0}$ 以及 $(1/NT)J\mathbf{e}_{NT}=\mathbf{e}_{NT}$，可得

① 通过重复使用 Kronecker 积：$(B+C)\otimes A=B\otimes A+C\otimes A$，$(A\otimes B)(C\otimes D)=AC\otimes BD$（只要这些矩阵的积存在）［Theil (1971，7.2 节)］，即可验证式（5.2.7）确实是式（5.2.6）的逆。

$$\hat{\boldsymbol{\mu}}^* = \left(I_G \otimes \frac{1}{NT}\mathbf{e}'_{NT}\right)(\mathbf{y} - X\boldsymbol{\pi}) \tag{5.2.11}$$

将估计量（5.2.11）代入式（5.2.10），我们可导出 $\boldsymbol{\pi}$ 的 GLS 估计量①

$$\hat{\boldsymbol{\pi}}_{\text{GLS}} = [\mathbf{X}'\widetilde{V}^{-1}X]^{-1}(\mathbf{X}'\widetilde{V}^{-1}\mathbf{y}) \tag{5.2.12}$$

其中

$$\widetilde{V}^{-1} = V_1^{-1} \otimes \left(\frac{1}{T}A - \frac{1}{NT}J\right) + V_2^{-1} \otimes \left(\frac{1}{N}D - \frac{1}{NT}J\right) + \Omega_u^{*-1} \otimes \widetilde{Q} \tag{5.2.13}$$

如果 $g \neq l$ 时 $E(\boldsymbol{\epsilon}_g\ \boldsymbol{\epsilon}'_l) = \mathbf{0}$，则 V 是分块对角矩阵，此时估计量（5.2.12）可通过对每个方程分别用 GLS 估计得到。如果 N 和 T 都趋于无穷且 N/T 趋于某个非零常数，则 $\lim V_1^{-1} = \mathbf{0}$，$\lim V_2^{-1} = \mathbf{0}$ 且 $\lim V_4^{-1} = \mathbf{0}$。在**似无关回归**（seemingly unrelated regression，SUR）情形下，估计量（5.2.12）就是最小二乘虚拟变量（或固定效应）估计量， 143

$$\operatorname{plim} \hat{\boldsymbol{\pi}}_{\text{GLS}} = \underset{\substack{T \to \infty \\ N \to \infty}}{\operatorname{plim}} \left[\frac{1}{NT}X'(\Omega_u^{*-1} \otimes \widetilde{Q})X\right]^{-1} \times \left[\frac{1}{NT}X'(\Omega_u^{*-1} \otimes \widetilde{Q})\mathbf{y}\right] \tag{5.2.14}$$

在标准约简型情形下，$X_1 = X_2 = \cdots = X_G = \widetilde{X}$，

$$\begin{aligned}\hat{\boldsymbol{\pi}}_{\text{GLS}} = & \Big[V_1^{-1} \otimes \overline{X}'\left(\frac{1}{T}A - \frac{1}{NT}J\right)\overline{X} \\ & + V_2^{-1} \otimes \overline{X}'\left(\frac{1}{N}D - \frac{1}{NT}J\right)\overline{X} + \Omega_u^{*-1} \otimes \overline{X}'\widetilde{Q}\overline{X}\Big]^{-1} \\ & \times \left\{\left[V_1^{-1} \otimes \overline{X}'\left(\frac{1}{T}A - \frac{1}{NT}J\right)\right]\mathbf{y}\right. \\ & \left. + \left[V_2^{-1} \otimes \overline{X}'\left(\frac{1}{N}D - \frac{1}{NT}J\right)\right]\mathbf{y} + [\Omega_u^{*-1} \otimes \overline{X}'\widetilde{Q}]\mathbf{y}\right\}\end{aligned} \tag{5.2.15}$$

我们知道，通常情形下，在没有对约简型系数向量 $\boldsymbol{\pi}$ 的约束条件时，用最小二乘法估计每个方程将得到最优线性无偏估计。估计量（5.2.15）表明，在包含误差成分的似无关回归模型中，每个方程有相同的解释变量集也不是整个方程组的 GLS 与分别估计每个方程等价的充分条件。

直觉上看来，我们将不同的方程堆积在一起可提高估计的效率，因为方程间的协方差不为零时，知道第 l 个方程的残差有助于预测第 g 个方程。譬如，如果残差项呈正态分布，则 $E(\boldsymbol{\epsilon}_g \mid \boldsymbol{\epsilon}_l) = \operatorname{Cov}(\boldsymbol{\epsilon}_g, \boldsymbol{\epsilon}_l)\operatorname{Var}(\boldsymbol{\epsilon}_l)^{-1}\boldsymbol{\epsilon}_l \neq \mathbf{0}$。不妨做 $\mathbf{y}_g$

---

① 如果 G 个方程中仅前 M 个存在非零截距，则我们用 $\{[I_M, (V_4^{MM})^{-1}V_4^{M(G-M)}] \otimes (1/NT)\mathbf{e}'NT\}(\mathbf{y} - X\boldsymbol{\pi})$ 估计前 M 个截距，并用 $[X'V^{*-1}X]^{-1}[X'V^{*-1}\mathbf{y}]$ 估计 $\boldsymbol{\pi}$，其中 I_M 是 M 行的单位矩阵，V_4^{MM} 和 $V_4^{M(G-M)}$ 是

$$V_4^{-1} = \begin{bmatrix} V_4^{MM} & V_4^{M(G-M)} \\ V_4^{(G-M)M} & V_4^{(G-M)(G-M)} \end{bmatrix}$$

和

$$V^{*-1} = \widetilde{V}^{-1} + \begin{bmatrix} \mathbf{0} & \mathbf{0} \\ \mathbf{0} & V_4^{(G-M)(G-M)} - V_4^{(G-M)M}(V_4^{MM})^{-1}V_4^{M(G-M)} \end{bmatrix} \otimes \frac{1}{NT}J$$

中相应的 $M \times M$ 和 $M \times (G-M)$ 分块矩阵。细节参见 Prucha (1983)。

$-\mathrm{Cov}(\boldsymbol{\epsilon}_g, \boldsymbol{\epsilon}_\ell)\mathrm{Var}(\boldsymbol{\epsilon}_\ell)^{-1}\boldsymbol{\epsilon}_\ell$对（$\mathbf{e}_{NT}$，$X_g$）的回归对该非零均值进行调整。虽然一般情况下 $\boldsymbol{\epsilon}_\ell$未知，但如果我们用最小二乘残差 $\hat{\boldsymbol{\epsilon}}_\ell$代替它，也几乎没有差异。但如果各方程中的解释变量相同，即 $X_g=X_\ell=\bar{X}$，则方程间的协方差不受约束时，将不同的方程堆积在一起不会提高估计的效率；因为 $\mathrm{Cov}(\boldsymbol{\epsilon}_g, \boldsymbol{\epsilon}_\ell)=\sigma_{\epsilon g\ell}I_{NT}$，$\mathrm{Var}(\boldsymbol{\epsilon}_\ell)=\sigma_{\epsilon\ell\ell}I_{NT}$，且由构造可知$\hat{\boldsymbol{\epsilon}}_\ell$与（$\mathbf{e}_{NT}$，$X_g$）正交，所以从 $\mathbf{y}_g$ 中减掉变量 $\sigma_{\epsilon g\ell}\sigma_{\epsilon\ell\ell}^{-1}\hat{\boldsymbol{\epsilon}}_\ell$后对（$\mu_g$，$\boldsymbol{\pi}_g'$）的估计没有影响。但在误差成分情形下却不同，因为 $\mathrm{Cov}(\boldsymbol{\epsilon}_g, \boldsymbol{\epsilon}_\ell)\mathrm{Var}(\boldsymbol{\epsilon}_\ell)^{-1}$并不与单位矩阵成比例。权变量 $\mathrm{Cov}(\boldsymbol{\epsilon}_g, \boldsymbol{\epsilon}_\ell)\mathrm{Var}(\boldsymbol{\epsilon}_\ell)^{-1}\hat{\boldsymbol{\epsilon}}_\ell$不再和（$\mathbf{e}_{NT}$，$\bar{X}$）正交。故在误差成分情形下，利用方程间的协方差来提高估计的精度仍是富有成效的。

V_1，V_2 和 Ω_u^* 未知时，我们可用它们的一致估计代替。在第 3 章我们讨论了估计协方差成分的方法。这些技术也可直接应用于多方程模型［Avery (1977)；Baltagi (1980)］。

前面讨论的模型假定个体效应和时间效应都存在。如果我们认为某些成分间的协方差为 0，则同样的方法也可用于稍做修改后更为简单的模型。譬如，如果方程 g 和 ℓ 的残差协方差仅包含两个成分（个体效应和全局效应），则 $\sigma_{\lambda g\ell}^2=0$。因此 $\sigma_{1g\ell}^{*2}=\sigma_{4g\ell}^{*2}$，且 $\sigma_{2g\ell}^{*2}=\sigma_{ug\ell}^{*2}$。将调整的根代入式（5.2.6）和（5.2.7）中相应的位置后，我们可直接由式（5.2.12）得到系数估计量。

144 # 5.3 结构方程的估计

5.3.1 结构方程中单个方程的估计

如式（5.2.12）所示，对关于全部样本的均值中心化后的数据，斜率系数的 GLS 估计量不变；因此，为方便表述，我们假定模型中存在截距项，且所有样本观测值用它们偏离整体均值的离差来度量，考虑第 g 个结构方程

$$\begin{aligned}\underset{NT\times 1}{\mathbf{y}_g}&=Y_g\gamma_g+X_g\boldsymbol{\beta}_g+\mathbf{v}_g\\&=W_g\boldsymbol{\theta}_g+\mathbf{v}_g,\qquad g=1,\cdots,G\end{aligned}\tag{5.3.1}$$

其中 Y_g 是由联合因变量中 G_g-1 个变量的 NT 个观测值构成的 $NT\times(G_g-1)$ 矩阵，X_g 是由外生变量中 K_g 个变量的 NT 个观测值构成的 $NT\times K_g$ 矩阵，$W_g=(Y_g, X_g)$，$\boldsymbol{\theta}_g=(\gamma_g', \boldsymbol{\beta}_g')'$，$\mathbf{v}_g$ 是独立于 $\mathbf{x}$ 的 $NT\times 1$ 的误差项向量，

$$\mathbf{v}_g=(I_N\otimes\mathbf{e}_T)\alpha_g+(\mathbf{e}_N\otimes I_T)\lambda_g+\mathbf{u}_g\tag{5.3.2}$$

其中$\boldsymbol{\alpha}_g=(\alpha_{1g}, \cdots, \alpha_{Ng})'$，$\boldsymbol{\lambda}_g=(\lambda_{1g}, \cdots, \lambda_{Tg})'$，$\mathbf{u}_g=(u_{11g}, \cdots, u_{1Tg}, u_{21g}, \cdots, u_{NTg})'$满足假设（5.1.13）。故结构方程 j 和结构方程 ℓ 的协方差矩阵为

$$\begin{aligned}\Sigma_{g\ell}&=E(\mathbf{v}_g\mathbf{v}_\ell')=\sigma_{\alpha g\ell}^2A+\sigma_{\lambda g\ell}^2D+\sigma_{ug\ell}^2I_{NT}\\&=\sigma_{1g\ell}^2\left(\frac{1}{T}A-\frac{1}{NT}J\right)+\sigma_{2g\ell}^2\left(\frac{1}{N}D-\frac{1}{NT}J\right)\end{aligned}$$

$$+\sigma_{3_{g\ell}}^2\tilde{Q}+\sigma_{4_{g\ell}}^2\left(\frac{1}{NT}J\right) \tag{5.3.3}$$

其中 $\sigma_{1_{g\ell}}^2=\sigma_{u_{g\ell}}^2+T\sigma_{\alpha_{g\ell}}^2$，$\sigma_{2_{g\ell}}^2=\sigma_{u_{g\ell}}^2+N\sigma_{\lambda_{g\ell}}^2$，$\sigma_{3_{g\ell}}^2=\sigma_{u_{g\ell}}^2$，$\sigma_{4_{g\ell}}^2=\sigma_{u_{g\ell}}^2+T\sigma_{\alpha_{g\ell}}^2+N\sigma_{\lambda_{g\ell}}^2$。 *145*
我们还假定模型（5.3.1）中的每个方程都满足识别的秩条件 $K\geqslant G_g+K_g-1$，$g=1$，…，G。

我们首先考虑结构模型中单个方程的估计问题。估计第 g 个方程时，我们可忽略影响所有其他方程的约束条件而只考虑影响该方程的先验约束条件。因此，不妨假定我们对第一个方程的估计感兴趣。估计该方程的有限信息方法等价于方程组

$$\begin{aligned}
y_{1it}&=\mathbf{w}'_{1it}\boldsymbol{\theta}_1+v_{1it}\\
y_{2it}&=\mathbf{x}'_{it}\boldsymbol{\pi}_2+\boldsymbol{\epsilon}_{2it}\\
&\vdots\\
y_{Git}&=\mathbf{x}'_{it}\boldsymbol{\pi}_G+\boldsymbol{\epsilon}_{Git}, \qquad i=1,\cdots,N\\
&\qquad\qquad\qquad\qquad\quad t=1,\cdots,T
\end{aligned} \tag{5.3.4}$$

的完全信息估计，这里没有关于 $\boldsymbol{\pi}_2$，…，$\boldsymbol{\pi}_G$ 的约束条件。

我们可用两阶段最小二乘法（2SLS）估计模型（5.3.4）中的第一个方程，2SLS 估计量是一致的。但如果 v_{1it} 对所有的 i 和 t 不是独立同分布的，则即使在有限信息情形下 2SLS 估计量也不是有效的。考虑误差项的异方差和序列相关时，我们可推广 Chamberlain（1982，1984）最小距离估计或广义 2SLS 估计。

首先考虑最小距离估计。假设 T 固定而 N 趋于无穷。将个体的 T 期行为方程构成方程组，我们得到一个包含 GT 个方程的模型，

$$\begin{aligned}
\underset{T\times 1}{\mathbf{y}_{1i}}&=W_{1i}\boldsymbol{\theta}_1+\mathbf{v}_{1i}\\
\underset{T\times 1}{\mathbf{y}_{2i}}&=X_i\boldsymbol{\pi}_2+\boldsymbol{\epsilon}_{2i},\\
&\vdots\\
\mathbf{y}_{Gi}&=X_i\boldsymbol{\pi}_G+\boldsymbol{\epsilon}_{Gi}, \qquad i=1,\cdots,N
\end{aligned} \tag{5.3.5}$$

令 $\mathbf{y}'_i=(\mathbf{y}'_{1i},\cdots,\mathbf{y}'_{Gi})$。则 $\mathbf{y}_i$ 的约简型为

$$\mathbf{y}_i=\begin{bmatrix}\mathbf{y}_{1i}\\ \mathbf{y}_{2i}\\ \vdots\\ \mathbf{y}_{Gi}\end{bmatrix}=(I_G\otimes\tilde{X}_i)\tilde{\boldsymbol{\pi}}+\boldsymbol{\epsilon}_i, \qquad i=1,\cdots,N \tag{5.3.6}$$

其中 *146*

$$\underset{T\times TK}{\tilde{X}_i}=\begin{bmatrix}\mathbf{x}'_{i1} & & & \mathbf{0}\\ & \mathbf{x}'_{i2} & & \\ & & \ddots & \\ \mathbf{0} & & & \mathbf{x}'_{iT}\end{bmatrix}$$

$$\tilde{\boldsymbol{\pi}}=\operatorname{vec}(\tilde{\Pi}') \tag{5.3.7}$$

$$\underset{GT\times K}{\tilde{\Pi}}=\Pi\otimes\mathbf{e}_T, \qquad 而\Pi=E(\mathbf{y}_{it}\mid\mathbf{x}_{it}) \tag{5.3.8}$$

$\mathbf{y}_i$ 对$(I_G\otimes\widetilde{\mathbf{X}}_i)$的无约束最小二乘回归可导出 $\tilde{\boldsymbol{\pi}}$ 的一致估计量$\hat{\tilde{\boldsymbol{\pi}}}$。如果 $\boldsymbol{\epsilon}_i$ 对所有的 i 是独立的，则$\sqrt{N}\,(\hat{\tilde{\boldsymbol{\pi}}}-\tilde{\boldsymbol{\pi}})$的渐近分布是均值为 0，方差-协方差矩阵为

$$\underset{GTK\times GTK}{\widetilde{\Omega}}=(I_G\otimes\Phi_{xx}^{-1})\widetilde{V}(I_G\otimes\Phi_{xx}^{-1}) \tag{5.3.9}$$

的正态分布，其中 $\Phi_{xx}=E\widetilde{X}_i'\widetilde{X}_i=\text{diag}\,\{E(\mathbf{x}_{i1}\mathbf{x}_{i1}'),\ \cdots,\ E(\mathbf{x}_{iT}\mathbf{x}_{iT}')\}$，$\widetilde{V}$ 是 $GTK\times GTK$ 的矩阵，它的第 $g\ell$ 子块是 $TK\times TK$ 矩阵

$$\widetilde{V}_{g\ell}=E\begin{bmatrix}\boldsymbol{\epsilon}_{gi1}\ \boldsymbol{\epsilon}_{\ell i1}\ \mathbf{x}_{i1}\mathbf{x}_{i1}' & \boldsymbol{\epsilon}_{gi1}\ \boldsymbol{\epsilon}_{\ell i2}\ \mathbf{x}_{i1}\mathbf{x}_{i2}' & \cdots & \boldsymbol{\epsilon}_{gi1}\ \boldsymbol{\epsilon}_{\ell iT}\ \mathbf{x}_{i1}\mathbf{x}_{iT}' \\ \boldsymbol{\epsilon}_{gi2}\ \boldsymbol{\epsilon}_{\ell i1}\ \mathbf{x}_{i2}\mathbf{x}_{i1}' & \boldsymbol{\epsilon}_{gi2}\ \boldsymbol{\epsilon}_{\ell i2}\ \mathbf{x}_{i2}\mathbf{x}_{i2}' & \cdots & \boldsymbol{\epsilon}_{gi2}\ \boldsymbol{\epsilon}_{\ell iT}\ \mathbf{x}_{i2}\mathbf{x}_{iT}' \\ \vdots & \vdots & & \vdots \\ \boldsymbol{\epsilon}_{giT}\ \boldsymbol{\epsilon}_{\ell i1}\ \mathbf{x}_{iT}\mathbf{x}_{i1}' & \boldsymbol{\epsilon}_{giT}\ \boldsymbol{\epsilon}_{\ell i2}\ \mathbf{x}_{iT}\mathbf{x}_{i2}' & \cdots & \boldsymbol{\epsilon}_{giT}\ \boldsymbol{\epsilon}_{\ell iT}\ \mathbf{x}_{iT}\mathbf{x}_{iT}'\end{bmatrix} \tag{5.3.10}$$

用样本矩替代 $\widetilde{\Omega}$ 中相应的总体矩（譬如用 $\sum_{i=1}^{N}\mathbf{x}_{i1}\mathbf{x}'_{i1}/N$ 替代 $E\mathbf{x}_{i1}\mathbf{x}_{i1}'$）后可求出 $\widetilde{\Omega}$ 的一致估计量。

令 $\boldsymbol{\theta}'=(\boldsymbol{\theta}_1',\ \pi_2',\ \cdots,\ \pi_G')$，并用 $\tilde{\boldsymbol{\pi}}=\tilde{\mathbf{f}}(\boldsymbol{\theta})$ 表示对 $\tilde{\boldsymbol{\pi}}$ 的约束条件。选择最小化距离函数

$$[\hat{\tilde{\boldsymbol{\pi}}}-\tilde{\mathbf{f}}(\boldsymbol{\theta})]'\,\hat{\widetilde{\Omega}}^{-1}\,[\hat{\tilde{\boldsymbol{\pi}}}-\tilde{\mathbf{f}}(\boldsymbol{\theta})] \tag{5.3.11}$$

的估计量$\hat{\boldsymbol{\theta}}$，则 $\sqrt{N}\,(\hat{\boldsymbol{\theta}}-\boldsymbol{\theta})$ 的渐近分布是均值为零、方差-协方差矩阵为$(\widetilde{F}'\widetilde{\Omega}^{-1}\widetilde{F})^{-1}$的正态分布，其中 $\widetilde{F}=\partial\tilde{\mathbf{f}}/\partial\boldsymbol{\theta}'$。因为 $\widetilde{\Pi}=\Pi\otimes\mathbf{e}_T$，我们计算分块矩阵的逆后可得到$\sqrt{N}\,(\hat{\boldsymbol{\theta}}_1-\boldsymbol{\theta}_1)$的渐近方差-协方差矩阵为

$$(\widetilde{\Phi}_{w1x}\Psi_{11}^{-1}\widetilde{\Phi}_{w1x}')^{-1} \tag{5.3.12}$$

147 其中 $\widetilde{\Phi}_{w1x}=[E(\mathbf{w}_{1i1}\mathbf{x}_{i1}'),\ E(\mathbf{w}_{1i2}\mathbf{x}_{i2}'),\ \cdots,\ E(\mathbf{w}_{1iT}\mathbf{x}_{iT}')]$，

$$\Psi_{11}=E\begin{bmatrix} v_{1i1}^2\ \mathbf{x}_{i1}\mathbf{x}_{i1}' & v_{1i1}v_{1i2}\ \mathbf{x}_{i1}\mathbf{x}_{i2}' & \cdots & v_{1i1}v_{1iT}\ \mathbf{x}_{i1}\mathbf{x}_{iT}' \\ v_{1i2}v_{1i1}\ \mathbf{x}_{i2}\mathbf{x}_{i1}' & v_{1i2}^2\ \mathbf{x}_{i2}\mathbf{x}_{i2}' & \cdots & v_{1i2}v_{1iT}\ \mathbf{x}_{i2}\mathbf{x}_{iT}' \\ \vdots & \vdots & & \vdots \\ v_{1iT}v_{1i1}\ \mathbf{x}_{iT}\mathbf{x}_{i1}' & v_{1iT}v_{1i2}\ \mathbf{x}_{iT}\mathbf{x}_{i2}' & \cdots & v_{1iT}^2\ \mathbf{x}_{iT}\mathbf{x}_{iT}'\end{bmatrix} \tag{5.3.13}$$

由式（5.3.11）导出的有限信息最小距离估计量渐近等价于推广的 2SLS 估计量

$$\hat{\boldsymbol{\theta}}_{1,\,\text{G2SLS}}=(\widetilde{\mathbf{S}}_{w1x}\ \hat{\Psi}_{11}^{-1}\widetilde{\mathbf{S}}_{w1x}')^{-1}(\widetilde{\mathbf{S}}_{w1x}\ \hat{\Psi}_{11}^{-1}\mathbf{s}_{xy1}) \tag{5.3.14}$$

其中

$$\widetilde{\mathbf{S}}_{w1x}=\left(\frac{1}{N}\sum_{i=1}^{N}\mathbf{w}_{1i1}\mathbf{x}_{i1}',\ \frac{1}{N}\sum_{i=1}^{N}\mathbf{w}_{1i2}\mathbf{x}_{i2}',\ \cdots,\ \frac{1}{N}\sum_{i=1}^{N}\mathbf{w}_{1iT}\mathbf{x}_{iT}'\right)$$

$$\mathbf{s}_{xy1}=\begin{bmatrix}\dfrac{1}{N}\sum_{i=1}^{N}\mathbf{x}_{i1}y_{1i1} \\ \dfrac{1}{N}\sum_{i=1}^{N}\mathbf{x}_{i2}y_{1i2} \\ \vdots \\ \dfrac{1}{N}\sum_{i=1}^{N}\mathbf{x}_{iT}y_{1iT}\end{bmatrix}$$

$$\hat{\Psi}_{11}=\frac{1}{N}\begin{bmatrix} \sum_{i=1}^{N}\hat{\nu}_{1i1}^{2}\mathbf{x}_{i1}\mathbf{x}_{i1}' & \sum_{i=1}^{N}\hat{\nu}_{1i1}\hat{\nu}_{1i2}\mathbf{x}_{i1}\mathbf{x}_{i2}' & \cdots & \sum_{i=1}^{N}\hat{\nu}_{1i1}\hat{\nu}_{1iT}\mathbf{x}_{i1}\mathbf{x}_{iT}' \\ \vdots & \vdots & & \vdots \\ \sum_{i=1}^{N}\hat{\nu}_{1iT}\hat{\nu}_{1i1}\mathbf{x}_{iT}\mathbf{x}_{i1}' & \sum_{i=1}^{N}\hat{\nu}_{1iT}\hat{\nu}_{1i2}\mathbf{x}_{iT}\mathbf{x}_{i2}' & \cdots & \sum_{i=1}^{N}\hat{\nu}_{1iT}^{2}\mathbf{x}_{iT}\mathbf{x}_{iT}' \end{bmatrix}$$

$\hat{\nu}_{1it}=y_{1it}-\mathbf{w}_{1it}'\hat{\boldsymbol{\theta}}_1$，$\hat{\boldsymbol{\theta}}_1$ 是 $\boldsymbol{\theta}_1$ 的任意一致估计量。如果 v_{1it} 对所有的 i 和 t 独立同分布，且 $E\mathbf{x}_{it}\mathbf{x}_{it}'=E\mathbf{x}_{is}\mathbf{x}_{is}'$，则广义 2SLS 收敛于 2SLS。但广义 2SLS 和式（5.3.11）的最小距离估计量一样，充分考虑了 v_{1it} 的异方差和任意结构的序列相关，而 2SLS 则不然。

当方差-协方差矩阵 Σ_{gg} 具有式（5.3.3）设定的误差成分结构时，虽然式（5.3.11）的 2SLS 估计量和最小距离估计量（或广义 2SLS 估计量）仍是一致的，但即使在有限信息框架下它们也不再是有效估计量，因为，如前一节所述，存在对方差-协方差矩阵的约束时，无约束 Π 的最小二乘估计量不如广义最小二乘估计量有效。[①]有效的估计方法必须充分利用对误差结构已知的约束条件。

Baltagi（1981a）建议用下面的**误差成分两阶段最小二乘**（error-component two-stage least-squares，EC2SLS）方法求第 g 个方程中未知参数的更有效估 *148*
计量。

用 Σ_{gg} 的特征向量 C_1'，C_1' 和 C_3' 变换（5.3.1），我们得到[②]

$$\mathbf{y}_g^{(h)}=Y_g^{(h)}\gamma_g+X_g^{(h)}\boldsymbol{\beta}_g+\mathbf{v}_g^{(h)}=W_g^{(h)}\boldsymbol{\theta}_g+\mathbf{v}_g^{(h)} \tag{5.3.15}$$

其中 $\mathbf{y}_g^{(h)}=C_h'\mathbf{y}_g$，$W_g^{(h)}=C_h'W_g$，$\mathbf{v}_g^{(h)}=C_h'\mathbf{v}_g\,(h=1,\ 2,\ 3)$，$C_1'$，$C_1'$ 和 C_3' 如附录 3B 中所定义。转换后的扰动项 $\mathbf{v}_g^{(h)}$ 相互正交，且协方差矩阵与单位矩阵成比例。故我们可将 $X^{(h)}=C_h'X$ 当作工具变量并用 Aitken 法估计方程组

$$\begin{bmatrix} X^{(1)'}\mathbf{y}_g^{(1)} \\ X^{(2)'}\mathbf{y}_g^{(2)} \\ X^{(3)'}\mathbf{y}_g^{(3)} \end{bmatrix}=\begin{bmatrix} X^{(1)'}W_g^{(1)} \\ X^{(2)'}W_g^{(2)} \\ X^{(3)'}W_g^{(3)} \end{bmatrix}\begin{bmatrix} \gamma_g \\ \boldsymbol{\beta}_g \end{bmatrix}+\begin{bmatrix} X^{(1)'}\mathbf{v}_g^{(1)} \\ X^{(2)'}\mathbf{v}_g^{(2)} \\ X^{(3)'}\mathbf{v}_g^{(3)} \end{bmatrix} \tag{5.3.16}$$

导出（γ_g'，$\boldsymbol{\beta}_g'$）的 Aitken 估计量为

$$\hat{\boldsymbol{\theta}}_{g,\ \mathrm{EC2SLS}}=\left\{\sum_{h=1}^{3}\left[\frac{1}{\sigma_{hgg}^2}W_g^{(h)'}P_X(h)W_g^{(h)}\right]\right\}^{-1}\left\{\sum_{h=1}^{3}\left[\frac{1}{\sigma_{hgg}^2}W_g^{(h)'}P_X(h)\mathbf{y}_g^{(h)}\right]\right\} \tag{5.3.17}$$

其中 $P_X(h)=X^{(h)}(X^{(h)'}X^{(h)})^{-1}X^{(h)'}$。该估计量是（$\gamma_g'$，$\boldsymbol{\beta}_g'$）的组间估计、时期间估计以及组内 2SLS 估计量的加权和。在通常的方差公式中代入转换后的 2SLS 残差可估计权重 σ_{hgg}^2，

---

① 见第 3 章脚注 72 页②。

② 如前面的说明，这里我们假定所有的变量是相对于它们各自全局均值的离差度量。这样的处理不失一般性，因为截距 μ_g 是用 $\hat{\mu}_g=(1/NT)\mathbf{e}_{NT}'(\mathbf{y}_g-W_g\hat{\boldsymbol{\theta}}_g)$ 来估计的。由于 $C_h'\mathbf{e}_{NT}=\mathbf{0}(h=1,\ 2,\ 3)$，仅与我们的讨论相关的项是 $C_h(h=1,\ 2,\ 3)$。

$$\hat{\sigma}^2_{hgg}=(\mathbf{y}_g^{(h)}-W_g^{(h)}\hat{\boldsymbol{\theta}}(h)_{g,\,2SLS})'(\mathbf{y}_g^{(h)}-W_g^{(h)}\hat{\boldsymbol{\theta}}_{g,\,2SLS}^{(h)})\Big/n(h) \tag{5.3.18}$$

其中 $\hat{\boldsymbol{\theta}}^{(h)}_{g,\,2SLS}=[W_g^{(h)\prime}P_X(h)W_g^{(h)}]^{-1}[W_g^{(h)\prime}P_X(h)\mathbf{y}_g^{(h)}]$，$n(1)=N-1$，$n(2)=T-1$，$n(3)=(N-1)(T-1)$。如果 $N\to\infty$，$T\to\infty$，且 N/T 趋于某个非零常数，则 EC2SLS 的概率极限收敛于基于组内变异的 2SLS 估计量。

在某些回归元与残差之间的相关源仅仅是不可观测的时恒个体效应的特殊情形，它们之间的相关性可通过从相应的变量中消除时恒部分而消除。因此，
149 内生回归元的工具变量可从方程内部选择，这与通常从方程外部选择工具变量的方法截然相反。Hausman 和 Taylor (1981) 发现，将与 α_{ig} 相关的时变变量转换成对时间均值的离差后提供了合适的工具变量，因为它们不再与 α_{ig} 相关。对于时恒变量，这些与 α_{ig} 无关的变量的时间均值可用作工具变量。因此，在单方程框架内识别所有参数的必要条件是与 α_{ig} 无关的时变变量的数量不少于与 α_{ig} 相关的时恒变量的数量。他们进一步证明，研究扰动项的方差成分结构时，按该方法选择工具变量后，工具变量估计量是单方程估计的有效估计量。

5.3.2 完全结构方程组的估计

前面讨论的单方程估计法只考虑结构方程组中对要估计方程的约束条件，而并不考虑对所有其他方程的约束条件。我们考虑包含在其他方程中的额外信息时，一般希望得到更有效估计量。在本小节中，我们考虑完全信息估计方法。

令 $\mathbf{y}=(\mathbf{y}_1',\cdots,\mathbf{y}_G')'$，$\mathbf{v}=(\mathbf{v}_1',\cdots,\mathbf{v}_g')'$，

$$W=\begin{bmatrix}W_1 & \mathbf{0} & \cdots & \mathbf{0}\\ \mathbf{0} & W_2 & \cdots & \mathbf{0}\\ \vdots & \vdots & & \vdots\\ \mathbf{0} & \mathbf{0} & \cdots & W_G\end{bmatrix} \quad 且 \quad \boldsymbol{\theta}=\begin{bmatrix}\boldsymbol{\theta}_1\\ \vdots\\ \boldsymbol{\theta}_G\end{bmatrix}$$

将这 G 组结构方程记为

$$\mathbf{y}=W\boldsymbol{\theta}+\mathbf{v} \tag{5.3.19}$$

我们可用三阶段最小二乘（3SLS）法估计方程组（5.3.19）。但与有限信息情形一样，当且仅当（v_{1it}，v_{2it}，…，v_{Git}）对所有的 i 和 t 是独立同分布时，3SLS 估计量才是有效的。如果考虑任意的异方差或序列相关，则我们可用完全信息最小距离估计量或广义 3SLS 估计量。

首先考虑最小距离估计量。当 T 固定而 N 趋于无穷时，我们将个体的 T
150 期行为方程构成一个方程组，从而构造一个包含 GT 个方程的模型，

$$\begin{aligned}\underset{T\times1}{\mathbf{y}_{1i}}&=W_{1i}\boldsymbol{\theta}_1+\mathbf{v}_{1i}\\ \mathbf{y}_{2i}&=W_{2i}\boldsymbol{\theta}_2+\mathbf{v}_{2i}\\ &\vdots\\ \mathbf{y}_{Gi}&=W_{Gi}\boldsymbol{\theta}_G+\mathbf{v}_{Gi},\qquad i=1,\cdots,N\end{aligned} \tag{5.3.20}$$

选择最小化 $[\hat{\boldsymbol{\pi}}-\mathbf{f}(\boldsymbol{\theta})]'\hat{\Omega}^{-1}[\hat{\boldsymbol{\pi}}-\mathbf{f}(\boldsymbol{\theta})]$ 的 $\hat{\boldsymbol{\theta}}$，得到 $\boldsymbol{\theta}$ 的最小距离估计量，其中 $\hat{\boldsymbol{\pi}}$ 是

$\mathbf{y}_i$ 对 $(I_G\otimes\widetilde{X}_i)$ 回归的无约束最小二乘估计，而 $\hat{\widetilde{\Omega}}$ 是 $\widetilde{\Omega}$ 的一致估计［式(5.3.9)］。因为对所有未知先验信息的 Γ 和 B，有 $\widetilde{\Pi}=\Pi\otimes\mathbf{e}_T$ 且 $\text{vec}(\Pi')=\boldsymbol{\pi}=\text{vec}[\Gamma^{-1}B]'$，再利用公式 $\partial\boldsymbol{\pi}/\partial\boldsymbol{\theta}'$［式(3.8.25)］，我们可证明如果 $\mathbf{v}_i$ 对所有的 i 独立同分布，则 $\sqrt{N}(\hat{\boldsymbol{\theta}}-\boldsymbol{\theta})$ 的渐近分布是均值为 0，方差-协方差矩阵为

$$(\Phi_{wx}\Psi^{-1}\Phi'_{wx})^{-1} \tag{5.3.21}$$

的正态分布，其中

$$\Phi_{wx}=\begin{bmatrix}\widetilde{\Phi}_{w1x} & \mathbf{0} & \cdots & \mathbf{0}\\ \mathbf{0} & \widetilde{\Phi}_{w2x} & & \mathbf{0}\\ \vdots & & \ddots & \vdots\\ \mathbf{0} & \mathbf{0} & \cdots & \widetilde{\Phi}_{wGx}\end{bmatrix}$$

$$\widetilde{\Phi}_{wgx}=[E(\mathbf{w}_{gi1}\mathbf{x}'_{i1}),\ E(\mathbf{w}_{gi2}\mathbf{x}'_{i2}),\ \cdots,\ E(\mathbf{w}_{giT}\mathbf{x}'_{iT})],$$

$$\underset{GTK\times GTK}{\Psi}=\begin{bmatrix}\Psi_{11} & \Psi_{12} & \cdots & \Psi_{1G}\\ \Psi_{21} & \Psi_{22} & \cdots & \Psi_{2G}\\ \vdots & \vdots & & \vdots\\ \Psi_{G1} & \Psi_{G2} & \cdots & \Psi_{GG}\end{bmatrix} \tag{5.3.22}$$

$$\underset{TK\times TK}{\Psi_{g\ell}}=E\begin{bmatrix}v_{gi1}v_{\ell i1}\mathbf{x}_{i1}\mathbf{x}'_{i1} & v_{gi1}v_{\ell i2}\mathbf{x}_{i1}\mathbf{x}'_{i2} & \cdots & v_{gi1}v_{\ell iT}\mathbf{x}_{i1}\mathbf{x}'_{iT}\\ \vdots & \vdots & & \vdots\\ v_{giT}v_{\ell i1}\mathbf{x}_{iT}\mathbf{x}'_{i1} & v_{giT}v_{\ell i2}\mathbf{x}_{iT}\mathbf{x}'_{i2} & \cdots & v_{giT}v_{\ell iT}\mathbf{x}_{iT}\mathbf{x}'_{iT}\end{bmatrix}$$

我们还可用广义 3SLS 估计法估计模型(5.3.20)，得到

$$\hat{\boldsymbol{\theta}}_{\text{G3SLS}}=(S_{wx}\hat{\Psi}^{-1}S'_{wx})^{-1}(S_{wx}\hat{\Psi}^{-1}S_{xy}) \tag{5.3.23}$$

其中 151

$$S_{wx}=\begin{bmatrix}\widetilde{S}_{w1x} & \mathbf{0} & \cdots & \mathbf{0}\\ \mathbf{0} & \widetilde{S}_{w2x} & & \mathbf{0}\\ \vdots & \vdots & \ddots & \vdots\\ \mathbf{0} & \mathbf{0} & \cdots & \widetilde{S}_{wGx}\end{bmatrix}$$

$$\widetilde{S}_{wgx}=\left[\frac{1}{N}\sum_{i=1}^{N}\mathbf{w}_{gi1}\mathbf{x}'_{i1},\ \frac{1}{N}\sum_{i=1}^{N}\mathbf{w}_{gi2}\mathbf{x}'_{i2},\ \cdots,\ \frac{1}{N}\sum_{i=1}^{N}\mathbf{w}_{giT}\mathbf{x}'_{iT}\right]$$

$$S_{xy}=\begin{bmatrix}\mathbf{s}_{xy1}\\ \mathbf{s}_{xy2}\\ \vdots\\ \mathbf{s}_{xyG}\end{bmatrix}$$

$$\underset{TK\times 1}{\mathbf{s}_{xyg}}=\begin{bmatrix}\frac{1}{N}\sum_{i=1}^{N}\mathbf{x}_{i1}y_{gi1}\\ \vdots\\ \frac{1}{N}\sum_{i=1}^{N}\mathbf{x}_{iT}y_{giT}\end{bmatrix}$$

$\hat{\Psi}$是 Ψ［方程（5.3.22)］中的 $\mathbf{v}_{it}$ 用$\hat{\mathbf{v}}_{it}=\hat{\Gamma}\mathbf{y}_{it}+\hat{B}\mathbf{x}_{it}$ 替换后得到的，$\hat{\Gamma}$和$\hat{B}$是 Γ 和 B 的任意一致估计。广义 3SLS 渐近等价于最小距离估计量。

3SLS 和广义 3SLS 都是一致的。但与有限信息情形一样，如果方差-协方差矩阵有误差成分结构，它们就不是充分有效的。为充分利用协方差矩阵的已知结构，Baltagi（1981a）提出下面的**误差成分三阶段最小二乘估计**（error-component three-stage least-squares estimator，EC3SLS）。

协方差矩阵Σ的第 $g\ell$ 个子块如式（5.3.3）所示。由附录 3B 可知，关键在于式（5.3.3）的特征向量组 C_1，C_2，C_3 以及 C_4 在参数 $\sigma^2_{\lambda g\ell}$，$\sigma^2_{\alpha g\ell}$ 和 $\sigma^2_{u g\ell}$ 变化时是不变的。因此模型（5.3.19）左乘 $I_G\otimes C'_h$ 后，我们得到[①]

$$\mathbf{y}^{(h)}=W^{(h)}\boldsymbol{\theta}+\mathbf{v}^{(h)},\quad h=1,2,3 \tag{5.3.24}$$

其中 $\mathbf{y}^{(h)}=(I_G\otimes C'_h)\mathbf{y}$，$W^{(h)}=(I_G\otimes C'_h)W$，$\mathbf{v}^{(h)}=(I_G\otimes C'_h)\mathbf{v}$，$E\mathbf{v}^{(h)}\mathbf{v}^{(h)\prime}=\Sigma^{(h)}\otimes I_n(h)$，这里$\Sigma^{(h)}=(\sigma^2_{hg\ell})$，$h=1$，2，3。因为 $W^{(h)}$ 包含与 $\mathbf{v}^{(h)}$ 相关的内生变量，所以我们首先用$(I_G\otimes X^{(h)})'$左乘式（5.3.24）来清除 $W^{(h)}$ 与 $\mathbf{v}^{(h)}$ 的相关
152 性。然后对导出方程的方程组使用 GLS 估计法得到

$$\begin{aligned}\hat{\boldsymbol{\theta}}_{\text{GLS}}=&\left[\sum_{h=1}^{3}\{W^{(h)\prime}[(\Sigma^{(h)})^{-1}\otimes P_X(h)]W^{(h)}\}\right]^{-1}\\&\times\left[\sum_{h=1}^{3}\{W^{(h)\prime}[(\Sigma^{(h)})^{-1}\otimes P_X(h)]\mathbf{y}^{(h)}\}\right]\end{aligned} \tag{5.3.25}$$

通常我们不知道$\Sigma^{(h)}$。因此可考虑用下面的三阶段方法：

1. 用 2SLS 估计$\hat{\boldsymbol{\theta}}^{(h)}_g$。
2. 用来自第 h 个 2SLS 估计的残差估计 $\sigma^2_{hg\ell}$［式（5.3.18)］。
3. 用估计的协方差矩阵替代$\Sigma^{(h)}$，再用式（5.3.25）估计 $\boldsymbol{\theta}$。

由此导出的估计量被称为 EC3SLS 估计量。它是 3 个 3SLS（结构参数的组内估计、组间估计和时期间估计量［Baltagi（1981a)］）的加权和。

EC3SLS 估计量渐近等价于完全信息的最大似然估计量。如果Σ是分块对角矩阵，则 EC3SLS 就是 EC2SLS。但与普通的联立方程模型不同，当误差项有误差成分结构时，即使所有的方程可恰好识别，EC3SLS 也不一定就是 EC2SLS。详细论述，参见 Baltagi（1981a）。

5.4 三角形方程组

在 α_i、λ_t、$\mathbf{u}_{it}$ 都与 $\mathbf{x}_{it}$ 独立的假设下，前面的讨论假定多方程模型中各方程残留项的方差-协方差结构不受约束。在该假设下，面板数据不过是因包含大量的样本观测而提高了估计精度，而并没有带来其他特别的优势。不过，因少量共同的遗漏变量或不可观测变量而引起残差相关也很常见［Chamberlain

---

① 因为我们已经假定每个方程有一个截距，并且 $C'_h\mathbf{e}_{NT}=\mathbf{0}(h=1,2,3)$，所以我们再次忽略 $C_4=\mathbf{e}_{NT}/\sqrt{NT}$。

(1976，1977a，1977b)；Chamberlain 和 Griliches (1975)；Goldberger (1972)；Zellner (1970)]。譬如，在估计收入与教育的关系或个体企业产出与要素需求的关系时，有时假定不同方程中的偏误是由于都遗漏了“能力”或“管理差异”等变量而引起的。使用面板数据时，还假定共同的遗漏变量具有某个组内和组间结构。因子分析框架与误差成分分析的结合设置了对残差协方差矩阵的约束条件，利用这些限制条件，我们可识别在其他情形下无法识别的模型并提高估计的效率。因三角形结构是一种广泛应用的纵列微观数据结构，且该结构与广义联立方程模型（其中的残差具有因子分析结构）一般都存在联系，故本节我们重点用三角形结构描述有多少信息可用来识别和估计模型。

5.4.1 识别 153

模型化方程间的相关性时，与模型化给定个体在不同时期（或给定组的不同成员）的相关性一样，利用潜变量建立残差间的联系是非常好用的方法。令 y_{git} 表示第 i 个个体（或第 i 组）在时期 t（或第 t 个成员）变量 y_g 的值。我们假定

$$v_{git}=d_g h_{it}+u_{git} \tag{5.4.1}$$

其中 u_g 在方程之间以及对所有的 i 和 t 都是无关的。方程之间的相关性因共同的遗漏变量 h 产生，我们假定它的方差成分结构为

$$h_{it}=\alpha_i+\omega_{it} \tag{5.4.2}$$

其中 α_i 在各时期 t 内是恒定的，但对每个个体（或组）i 是独立同分布的，其均值为 0，方差为 σ_α^2，ω_{it} 对所有的 i 和 t 是独立同分布的，其均值为 0，方差为 σ_ω^2，且与 α_i 无关。

在这类模型中，Γ 为下三角矩阵且 $\mathbf{v}$ 形如式 (5.4.1) 的一个例子是 [Chamberlain (1977a，1977b)；Chamberlain 和 Griliches (1975)；Griliches (1979)]模型

$$\begin{aligned}
y_{1it}&=\boldsymbol{\beta}_1'\mathbf{x}_{it}+d_1h_{it}+u_{1it}\\
y_{2it}&=-\gamma_{21}y_{1it}+\boldsymbol{\beta}_2'\mathbf{x}_{it}+d_2h_{it}+u_{2it}\\
y_{3it}&=-\gamma_{31}y_{1it}-\gamma_{32}y_{2it}+\boldsymbol{\beta}_3'\mathbf{x}_{it}+d_3h_{it}+u_{3it}
\end{aligned} \tag{5.4.3}$$

其中 y_1，y_2 以及 y_3 分别表示受教育的年数，最近的一次测验分数（成人教育）以及收入，$\mathbf{x}_{it}$ 是外生变量（因存在对 $\boldsymbol{\beta}_g$ 的约束，导致在不同方程中它们可能是不同的）。可将不可观测的 h 解释为前面提及的“能力”，u_2 是测试中的测量误差。下标 i 表示组（或家庭），t 表示不同组（或家庭）的成员。

如果没有变量 h，或 $d_g=0$，则模型 (5.4.3) 不过是一个简单的递归方程组，对其中每个方程分别应用最小二乘法便可估计该方程组。如果允许 $d_g\neq 0$，则模型将产生联立性问题。一般说来，如果只出现在第一个（教育）方程中的
外生变量足够多，则可用 2SLS 或 EC3SLS 方法估计该方程组。但在使用家庭同 154
辈成员数据 [参见 Griliches (1979) 的综述] 的收入-教育-能力模型中，通常没有足够多不同的 $\mathbf{x}$ 来识别所有的参数。因此，必须利用添加在残差的方差-协方

差矩阵上的约束条件。

因 h 不可观测，所以等式

$$d_g^2(\sigma_\alpha^2+\sigma_\omega^2)=cd_g^2\left(\frac{1}{c}\sigma_\alpha^2+\frac{1}{c}\sigma_\omega^2\right)\tag{5.4.4}$$

尚不确定。令 $\sigma_\alpha^2=1$ 后将 h 标准化。则有

$$E\mathbf{v}_{it}\mathbf{v}_{it}'=(1+\sigma_\omega^2)\,\mathbf{dd}'+\text{diag}(\sigma_1^2,\ \cdots,\ \sigma_G^2)=\Omega\tag{5.4.5}$$

$$E\mathbf{v}_{it}\mathbf{v}_{is}'=\mathbf{dd}'=\Omega_w\qquad \text{如果 } t\neq s\tag{5.4.6}$$

$$E\mathbf{v}_{it}\mathbf{v}_{js}'=\mathbf{0}\qquad \text{如果} i\neq j\tag{5.4.7}$$

其中 $\mathbf{d}=(d_1,\ \cdots,\ d_G)$，$\text{diag}(\sigma_1^2,\ \cdots,\ \sigma_G^2)$ 表示对角线元素为 σ_1^2，…，σ_G^2 的 $G\times G$ 的对角矩阵。

在 α_i，ω_{it} 和 u_{git} 呈正态分布的假设下，或者我们只限于考虑二阶矩，则关于 $\mathbf{y}$ 分布的所有信息都包含进

$$C_{ytt}=\mathbf{\Gamma}^{-1}\mathbf{B}C_{xtt}\mathbf{B}'\mathbf{\Gamma}'^{-1}+\mathbf{\Gamma}^{-1}\Omega\mathbf{\Gamma}'^{-1}\tag{5.4.8}$$

$$C_{yts}=\mathbf{\Gamma}^{-1}\mathbf{B}C_{xts}\mathbf{B}'\mathbf{\Gamma}'^{-1}+\mathbf{\Gamma}^{-1}\Omega_\omega\mathbf{\Gamma}'^{-1},\qquad t\neq s\tag{5.4.9}$$

$$C_{yxts}=-\mathbf{\Gamma}^{-1}\mathbf{B}C_{xts}\tag{5.4.10}$$

其中 $C_{yts}=E\mathbf{y}_{it}\mathbf{y}_{is}'$，$C_{yxts}=E\mathbf{y}_{it}\mathbf{x}_{is}'$ 以及 $C_{xts}=E\mathbf{x}_{it}\mathbf{x}_{is}'$。

将系数矩阵 $\mathbf{\Gamma}$ 和 $\mathbf{B}$ 堆积成 $1\times G(G+K)$ 的向量 $\boldsymbol{\theta}'=(\gamma_1',\ \cdots,\ \gamma_G',\ \boldsymbol{\beta}_1',\ \cdots,\ \boldsymbol{\beta}_G')$。假定 $\boldsymbol{\theta}$ 满足 M 个先验约束条件：

$$\Phi(\boldsymbol{\theta})=\boldsymbol{\phi}\tag{5.4.11}$$

其中 $\boldsymbol{\phi}$ 是 $M\times 1$ 的常数向量。则局部识别 $\mathbf{\Gamma}$，$\mathbf{B}$，$\mathbf{d}$，σ_ω^2 以及 σ_1^2，…，σ_G^2 的一个充分必要条件是式（5.4.8）～(5.4.11）对未知参数的偏导数构成的 Jacobian 矩阵的秩等于 $G(G+K)+2G+1$［参见 Hsiao（1983）］。

假设没有对矩阵 $\mathbf{B}$ 的约束条件。只要 $\mathbf{\Gamma}$ 可识别，则可利用式（5.4.10）的 GK 个方程识别 $\mathbf{B}$。因此，我们可重点考虑

$$\mathbf{\Gamma}(C_{ytt}-C_{yxtt}C_{xtt}^{-1}C_{yxtt}{}')\mathbf{\Gamma}'=\Omega\tag{5.4.12}$$

$$\mathbf{\Gamma}(C_{yts}-C_{yxts}C_{xts}^{-1}C_{yxts}{}')\mathbf{\Gamma}'=\Omega_w,\qquad t\neq s\tag{5.4.13}$$

155 我们已经知道 Ω 是对称的，且在式（5.4.12）中有 $G(G+1)/2$ 个独立方程。但 Ω_w 的秩是 1，因此，由式（5.4.13）我们仅能导出 G 个独立方程。假设 $\mathbf{\Gamma}$ 是下三角矩阵且 $\mathbf{\Gamma}$ 的对角线元素都已标准化为 1；则 $\mathbf{\Gamma}$ 中有 $G(G-1)/2$ 个未知参数，以及 $2G+1$ 个未知参数 $(d_1,\ \cdots,\ d_G)$，$(\sigma_1^2,\ \cdots,\ \sigma_G^2)$ 和 σ_ω^2。方程的个数比未知参数的个数还少一个。如果要由式（5.4.12）和（5.4.13）构成 Jacobian 矩阵，且先验约束非奇异，则我们至少需要增加一个先验约束。因此，对方程组

$$\mathbf{\Gamma}\mathbf{y}_{it}+\mathbf{B}\mathbf{x}_{it}=\mathbf{v}_{it}\tag{5.4.14}$$

其中 $\mathbf{\Gamma}$ 是下三角矩阵，$\mathbf{B}$ 不受约束，$\mathbf{v}_{it}$ 满足式（5.4.1）和（5.4.2），在排除性约束条件下，识别它的一个必要条件是 $g>l$ 时，至少有一个 $\gamma_{gl}=0$［详细内容，见 Chamberlain（1976）或 Hsiao（1983）］。

5.4.2　估计

前面讨论了方差-协方差矩阵中的约束条件如何帮助我们识别模型。现在我

们转到模型的估计问题。这里介绍两种估计方法：**净化工具变量法**（purged-instrumental-variable）［Chamberlain（1977a）］和最大似然法［Chamberlain 和 Griliches（1975）］。后者是有效估计，但是计算复杂。前者缺乏效率，但比较简单，而且是一致的。该法还有助于阐明前面关于识别的假设。

为简单起见，我们假定不存在对外生变量系数的约束条件。在该假设下，因为没有**排除性外生变量**（excluded exogenous variables）可用作方程中内生变量的合理工具变量，故不失一般性，我们可进一步忽略外生变量的存在。工具变量必须来自模型的组结构。我们用三角型方程组

$$
\begin{aligned}
y_{1it} &= +v_{1it} \\
y_{2it} &= \gamma_{21} y_{1it} + v_{2it} \\
&\vdots \\
y_{Git} &= \gamma_{G1} y_{1it} + \cdots + \gamma_{G,G-1} y_{G-1it} + v_{Git}
\end{aligned}
\tag{5.4.15}
$$

进行说明，其中 v_{git} 满足式（5.4.1）和（5.4.2）。为能识别模型，我们还假定对某个 ℓ 和 k，$\ell>k$ 时 $\gamma_{\ell k}=0$。

模型（5.4.15）的约简型为

$$
y_{git} = a_g h_{it} + \epsilon_{git}, \qquad g=1, \cdots, G \tag{5.4.16}
$$

其中 156

$$
\mathbf{a} = \begin{bmatrix} a_1 \\ a_2 \\ a_3 \\ \vdots \\ a_G \end{bmatrix} = \begin{bmatrix} d_1 \\ d_2 + \gamma_{21} d_1 \\ d_3 + \gamma_{31} d_1 + \gamma_{32}(d_2 + \gamma_{21} d_1) \\ \vdots \end{bmatrix} \tag{5.4.17}
$$

$$
\epsilon_{it} = \begin{bmatrix} \epsilon_{1it} \\ \epsilon_{2it} \\ \epsilon_{3it} \\ \vdots \\ \epsilon_{git} \\ \vdots \end{bmatrix} = \begin{bmatrix} u_{1it} \\ u_{2it} + \gamma_{21} u_{1it} \\ u_{3it} + \gamma_{31} u_{1it} + \gamma_{32}(u_{2it} + \gamma_{21} u_{1it}) \\ \vdots \\ u_{git} + \sum_{k=1}^{g-1} \gamma_{gk}^{*} u_{kit} \\ \vdots \end{bmatrix} \tag{5.4.18}
$$

这里，如果 $g>1$ 且 $k+1<g$，则 $\gamma_{gk}^{*} = \gamma_{gk} + \sum_{i=k+1}^{g-1} \gamma_{gi}\gamma_{ik}^{*}$，如果 $k+1=g$，则 $\gamma_{gk}^{*}=\gamma_{gk}$。

5.4.2.1 工具变量法

净化工具变量法的技巧在于将 h 放在残差中并构建与 h 无关的工具变量。在给出一般模型之前，我们借助几个简单的例子说明这类工具变量从何而来。

考虑 $G=3$ 的情形。假设 $\gamma_{21}=\gamma_{31}=0$。在 y_3 的方程中将 y_1 作为 h 的代理变量，则有

$$
y_{3it} = \gamma_{32} y_{2it} + \frac{d_3}{d_1} y_{1it} + u_{3it} - \frac{d_3}{d_1} u_{1it} \tag{5.4.19}
$$

如果 $T \geqslant 2$，则 $t \neq s$ 时 y_{1is} 是 y_{1it} 的合理工具变量，因为只要 $d_1\sigma_\alpha^2 \neq 0$，$y_{1is}$ 便与 $u_{3it}-(d_3/d_1)u_{1it}$ 无关而与 y_{1it} 相关。故我们可用（y_{2it}，y_{1is}）作为工具变量来估计方程（5.4.19）。

下面，假设只有 $\gamma_{32}=0$。则模型的约简型为

$$\begin{aligned}\begin{bmatrix} y_1 \\ y_2 \\ y_3 \end{bmatrix} &= \begin{bmatrix} d_1 \\ d_2+\gamma_{21}d_1 \\ d_3+\gamma_{31}d_1 \end{bmatrix} h_{it} + \begin{bmatrix} u_{1it} \\ u_{2it}+\gamma_{21}u_{1it} \\ u_{3it}+\gamma_{31}u_{1it} \end{bmatrix} \\ &= \begin{bmatrix} a_1 \\ a_2 \\ a_3 \end{bmatrix} h_{it} + \begin{bmatrix} \epsilon_{1it} \\ \epsilon_{2it} \\ \epsilon_{3it} \end{bmatrix}\end{aligned} \tag{5.4.20}$$

此时有效工具变量的构建更加复杂，需要分两个阶段来完成有效工具变量的构
157 造。第一阶段，在 y_2 的约简型方程中用 y_1 作为 h 的代理变量：

$$y_{2it}=\frac{a_2}{a_1}y_{1it}+\epsilon_{2it}-\frac{a_2}{a_1}\epsilon_{1it} \tag{5.4.21}$$

只要 $d_1\sigma_\alpha^2 \neq 0$，则 $s \neq t$ 时将 y_{1is} 作为 y_{1it} 工具变量即可估计方程（5.4.21）。然后得到残差，因而清除 y_2 与 h 的相关性：

$$z_{2it}=y_{2it}-\frac{a_2}{a_1}y_{1it}=\epsilon_{2it}-\frac{a_2}{a_1}\epsilon_{1it} \tag{5.4.22}$$

在第二阶段，在 y_3 的结构方程中将 z_2 用作 y_1 的工具变量：

$$y_{3it}=\gamma_{31}y_{1it}+d_3h_{it}+u_{3it} \tag{5.4.23}$$

只要 $d_2\sigma_\alpha^2 \neq 0$（如果 $d_2=0$，则 $z_2=y_2-\gamma_{21}y_1=u_2$。它不再与 y_1 相关），变量 z_2 就是合理的工具变量，因为它与 h 和 u_3 无关，但与 y_1 相关。因此，我们要求 h 直接出现在 y_2 的方程中且 y_1 不与 h 成比例，否则我们将不能分离 y_1 和 h 的影响。

识别 y_2 的方程

$$y_{2it}=\gamma_{21}y_{1it}+d_2h_{it}+u_{2it} \tag{5.4.24}$$

时，我们可交换 y_2 和 y_3 的约简型方程并重复这两个阶段。识别 γ_{21} 和 γ_{31} 后，在第 3 阶段我们得到残差

$$\begin{aligned} v_{2it}&=y_{2it}-\gamma_{21}y_{1it}=d_2h_{it}+u_{2it} \\ v_{3it}&=y_{3it}-\gamma_{31}y_{1it}=d_3h_{it}+u_{3it} \end{aligned} \tag{5.4.25}$$

然后将 y_1 当作 h 的代理变量：

$$\begin{aligned} v_{2it}&=\frac{d_2}{d_1}y_{1it}+u_{2it}-\frac{d_2}{d_1}u_{1it} \\ v_{3it}&=\frac{d_3}{d_1}y_{1it}+u_{3it}-\frac{d_3}{d_1}u_{1it} \end{aligned} \tag{5.4.26}$$

再次应用工具变量法，当 $s \neq t$ 时将 y_{1is} 当作 y_{1it} 的工具变量即可识别 d_2/d_1 和 d_3/d_1（注意，因潜变量不确定，故只能识别关于 d 的比率）。

现回到对一般方程组（5.4.15）～（5.4.18）的工具变量的构造。假定 $T \geqslant 2$。工具变量的构造需要几个不同的阶段。在第一阶段，令 y_1 是 h 的代理变量。

则 y_g 的约简型方程变成

$$y_{git}=\frac{a_g}{a_1}y_{1it}+\epsilon_{git}-\frac{a_g}{a_1}\epsilon_{1it}, \qquad g=2, \cdots, \ell-1 \tag{5.4.27}$$

如果 $T\geqslant 2$，则 $d_1\sigma_\alpha^2\neq 0$ 时，将同组中的其他元素（如 y_{1is} 和 y_{1it}，$t\neq s$）作为方程（5.4.27）中 y_g 的工具变量便可一致地估计 a_g/a_1。得到 a_g/a_1 的一致估计后，我们即可计算残差 158

$$z_{git}=y_{git}-\frac{a_g}{a_1}y_{1it}=\epsilon_{git}-\frac{a_g}{a_1}\epsilon_{1it}, \qquad g=2, \cdots, \ell-1 \tag{5.4.28}$$

z_g 与 h 无关。只要 $d_g\sigma_1^2\neq 0$，它们就是 y_g 的有效工具变量。排除第 ℓ 个结构方程中的 y_k 后，对仍在方程右边的 $\ell-2$ 个变量存在 $\ell-2$ 个工具变量。

为估计 y_ℓ 之后的方程，我们转换变量后得到

$$\begin{aligned} y_{2it}^* &= y_{2it}-\gamma_{21}y_{1it} \\ y_{3it}^* &= y_{3it}-\gamma_{31}y_{1it}-\gamma_{32}y_{2it} \\ &\vdots \\ y_{\ell it}^* &= y_{\ell it}-\gamma_{\ell 1}y_{1it}-\cdots-\gamma_{\ell,\ell-1}y_{\ell-1it} \end{aligned} \tag{5.4.29}$$

再将 $y_{\ell+1}$ 的方程表示为

$$\begin{aligned} y_{\ell+1it} = {} & \gamma_{\ell+1,1}^*y_{1it}+\gamma_{\ell+1,2}^*y_{2it}^*+\cdots+\gamma_{\ell+1,\ell-1}^*y_{\ell-1it}^*+\gamma_{\ell+1,\ell}y_{\ell it}^* \\ & +d_{\ell+1}h_{it}+u_{\ell+1it} \end{aligned} \tag{5.4.30}$$

其中 $j<\ell$ 时有 $\gamma_{\ell+1,j}^*=\gamma_{\ell+1,j}+\sum_{m=j+1}^{\ell}\gamma_{\ell+1,m}\gamma_{mj}^*$。将 y_1 当作 h 的代理变量，便得到

$$\begin{aligned} y_{\ell+1it} = {} & \gamma_{\ell+1,2}^*y_{2it}^*+\cdots+\gamma_{\ell+1,\ell}y_{\ell it}^* \\ & +\left(\gamma_{\ell+1,1}^*+\frac{d_{\ell+1}}{d_1}\right)y_{1it}+u_{\ell+1it}-\frac{d_{\ell+1}}{d_1}u_{1it} \end{aligned} \tag{5.4.31}$$

因 $2\leqslant g\leqslant \ell$ 时，u_1 与 y_g^* 无关，故 $s\neq t$ 时，我们可将 y_{git}^* 和 y_{1is} 一起作为工具变量识别 $\gamma_{\ell+1,j}$。识别 $\gamma_{\ell+1,j}$ 后，我们可得到 $\gamma_{\ell+1}^*=\gamma_{\ell+1}-\gamma_{\ell+1,1}y_1-\cdots-\gamma_{\ell+1,\ell}y_\ell$，再用类似的方法识别 $y_{\ell+2}$，以此类推。

识别所有的 γ 后，我们便可得到估计的残差 $\hat{\mathbf{v}}_{it}$。利用 $\hat{\mathbf{v}}_{it}$，我们可按与式（5.4.26）相同的步骤估计 d_g/d_1。我们还可得到残差的方差-协方差矩阵 $\hat{\Omega}$ 以及平均残差 $(1/T)\sum_{t=1}^{T}\hat{\mathbf{v}}_{it}$ 的方差-协方差矩阵 $\hat{\hat{\Omega}}$，然后利用

$$\hat{\Omega}=(1+\sigma_w^2)\mathbf{dd}'+\mathrm{diag}(\sigma_1^2, \cdots, \sigma_G^2) \tag{5.4.32}$$

$$\hat{\hat{\Omega}}=(1+\sigma_w^2)\mathbf{dd}'+\frac{1}{T}\mathrm{diag}(\sigma_1^2, \cdots, \sigma_G^2) \tag{5.4.33}$$

解出 $\mathbf{d}$，$(\sigma_1^2, \cdots, \sigma_G^2)$ 和 σ_w^2。

清除 IV 估计量是一致的。该方法通常还能迅速验明新模型可否被识别。譬如，识别前面的方程组时，为理解条件“$g>\ell$ 时至少有一个 $\gamma_{g\ell}=0$”的必要性，159 我们可验证用前面的方法得到的工具变量是否满足必需的秩条件。考虑 $G=3$ 且 $g>\ell$ 时 $\gamma_{g\ell}\neq 0$ 的例子。为采用“允许 h 保留在残差中”的方法，在第三个方程

中我们要求 y_1 和 y_2 的工具变量与 h 无关。如前所述，我们可用 $z_2=y_2-(a_2/a_1)y_1$ 清除 y_2 与 h 的相关性。相似的方法还可用来估计 y_1 的方程。我们将 y_2 作为 h 的代理变量，将 y_{2is} 作为 y_{2it} 的工具变量，然后得到残差 $z_1=y_1-(a_1/a_2)y_2$。z_1 同样与 h 和 u_3 无关。但 $z_1=-(a_1/a_2)z_2$，因此将 z_1 和 z_2 都作为工具变量时不能满足秩条件。

5.4.2.2 最大似然法

虽然清除 IV 法简单易行，但它可能缺乏效率，因为内生变量和清除 IV 之间的相关性可能非常弱。此外，如果矩阵（5.4.6）的秩等于 1，则约束条件不起作用。要得到未知参数的有效估计，则有必要在估计方程系数时同时估计协方差矩阵。在 α_i，ω_{it} 和 u_{it} 呈正态分布的假设下，最大化似然函数

$$\log L=-\frac{N}{2}\log|V| -\frac{1}{2}\sum_{i=1}^{N}(\mathbf{y}'_{1i},\ \mathbf{y}'_{2i},\ \cdots,\ \mathbf{y}'_{Gi})V^{-1}(\mathbf{y}'_{1i},\ \mathbf{y}'_{2i},\ \cdots,\ \mathbf{y}'_{Gi})' \tag{5.4.34}$$

可得到模型（5.4.15）的有效估计，其中

$$\underset{T\times1}{\mathbf{y}_{gi}}=(y_{gi1},\ \cdots,\ y_{giT})',\qquad g=1,\ \cdots,\ G$$

$$\underset{GT\times GT}{V}=\Lambda\otimes I_T+\mathbf{aa}'\otimes\mathbf{e}_T\mathbf{e}'_T \tag{5.4.35}$$

$$\underset{G\times G}{\Lambda}=E(\boldsymbol{\epsilon}_{it}\boldsymbol{\epsilon}'_{it})+\sigma_\omega^2\mathbf{aa}'$$

利用关系式①

$$V^{-1}=\Lambda^{-1}\otimes I_T-\mathbf{cc}'\otimes\mathbf{e}_T\mathbf{e}'_T \tag{5.4.36}$$

$$|V|=|\Lambda|^T|1-T\mathbf{c}'\Lambda\mathbf{c}|^{-1} \tag{5.4.37}$$

160 我们可将似然函数简化为②

$$\log L=-\frac{NT}{2}\log|\Lambda|+\frac{N}{2}\log(1-T\mathbf{c}'\Lambda\mathbf{c}) -\frac{NT}{2}\mathrm{tr}(\Lambda^{-1}R)+\frac{NT^2}{2}\mathbf{c}'\bar{R}\mathbf{c} \tag{5.4.38}$$

其中 $\mathbf{c}$ 是与 $\Lambda^{-1}\mathbf{a}$ 成比例的 $G\times1$ 的向量，R 是由残差的平方项与残差交叉乘积项除以 NT 后构成的矩阵，$\bar{R}$ 是平均残差（每个 i 关于 t 的平均）的平方项与交叉乘积项除以 N 后构成的矩阵。换句话说，我们利用 $\mathbf{c}$ 和 Λ 重新参数化似然函数（5.4.34）后，可简化该似然函数。

求对数似然函数（5.4.38）关于 Λ^{-1} 和 $\mathbf{c}$ 的偏导，我们得到一阶条件③

$$\frac{\partial\log L}{\partial\Lambda^{-1}}=\frac{NT}{2}\Lambda+\frac{NT}{2}\frac{1}{1-T\mathbf{c}'\Lambda\mathbf{c}}\Lambda\mathbf{cc}'\Lambda-\frac{NT}{2}R=\mathbf{0} \tag{5.4.39}$$

---

① 对式（5.4.36）和（5.4.37）的推导，参见附录 5A。

② 由 $V\cdot V^{-1}=I_{GT}$ 可得 $-\Lambda\mathbf{cc}'-T\mathbf{aa}'\mathbf{cc}'+\mathbf{aa}'\Lambda^{-1}=\mathbf{0}$。用 $\mathbf{c}'$ 左乘该方程，我们得到 $(b_1+Tb_2^2)\mathbf{c}'=b_2\mathbf{a}'\Lambda^{-1}$，其中 $b_1=\mathbf{c}'\Lambda\mathbf{c}$ 以及 $b_2=\mathbf{c}'\mathbf{a}$。在附录 5A 中我们根据 $|\mathbf{aa}'-\lambda\Lambda|=0$ 的特征根显式给出了 b_1 和 b_2 的值。

③ 利用公式 $\partial\log|\Lambda|/\partial\Lambda^{-1}=-\Lambda'$ 和 $\partial(\mathbf{c}'\Lambda\mathbf{c})/\partial\Lambda^{-1}=-\Lambda\mathbf{cc}'\Lambda$［Theil（1971，第 32～33 页)］。

$$\frac{\partial \log L}{\partial \mathbf{c}}=-\frac{NT}{1-T\mathbf{c}'\Lambda\mathbf{c}}\Lambda\mathbf{c}+NT^2\bar{R}\mathbf{c}=\mathbf{0} \tag{5.4.40}$$

用 $\mathbf{c}$ 右乘式（5.4.39）后移项，我们有

$$\Lambda\mathbf{c}=\frac{1-T\mathbf{c}'\Lambda\mathbf{c}}{1-(T-1)\mathbf{c}'\Lambda\mathbf{c}}R\mathbf{c} \tag{5.4.41}$$

综合式（5.4.40）和（5.4.41），我们得到

$$\left(\bar{R}-\frac{1}{T[1-(T-1)\mathbf{c}'\Lambda\mathbf{c}]}R\right)\mathbf{c}=\mathbf{0} \tag{5.4.42}$$

因此，$\mathbf{c}$ 的 MLE 是对应于

$$|\bar{R}-\lambda R|=0 \tag{5.4.43}$$

的某个根的特征向量。行列式方程（5.4.43）有 G 个根。为找到需要的根，将式（5.4.39）和（5.4.40）代入式（5.4.38）后得到

$$\begin{aligned}\log L&=-\frac{NT}{2}\log|\Lambda|+\frac{N}{2}\log(1-T\mathbf{c}'\Lambda\mathbf{c})\\&\quad-\frac{NT}{2}(G+T\operatorname{tr}(\mathbf{c}'\bar{R}\mathbf{c}))+\frac{NT^2}{2}\operatorname{tr}(\mathbf{c}'\bar{R}\mathbf{c})\\&=-\frac{NT}{2}\log|\Lambda|+\frac{N}{2}\log(1-T\mathbf{c}'\Lambda\mathbf{c})-\frac{NTG}{2}\end{aligned} \tag{5.4.44}$$

将对应于式（5.4.43）G 个根的 G 个特征向量记为 $\mathbf{c}_1(=\mathbf{c})$，$\mathbf{c}_2$，…，$\mathbf{c}_G$。这些特征向量仅由某个数来确定。选择满足 $\mathbf{c}_g^{*\prime}R\mathbf{c}_g^*=1$ 的标准化向量 $\mathbf{c}_g^*=$ 161
$(\mathbf{c}_g'R\mathbf{c}_g)^{-1/2}\mathbf{c}_g, g=1, \cdots, G$。再令 $C^*=[\mathbf{c}_1^*, \cdots, \mathbf{c}_g^*]$；则有 $C^{*\prime}RC^*=I_G$。由式（5.4.39）和式（5.4.41）我们得到

$$\begin{aligned}C^{*\prime}\Lambda C^*&=C^{*\prime}RC^*-\frac{1-T\mathbf{c}'\Lambda\mathbf{c}}{[1-(T-1)\mathbf{c}'\Lambda\mathbf{c}]^2}C^{*\prime}R\,\mathbf{c}\mathbf{c}'RC^*\\&=I_G-\frac{1-T\mathbf{c}'\Lambda\mathbf{c}}{[1-(T-1)\mathbf{c}'\Lambda\mathbf{c}]^2}\\&\quad\times\begin{bmatrix}(\mathbf{c}'R\mathbf{c})^{1/2}\\0\\\vdots\\0\end{bmatrix}[(\mathbf{c}'R\mathbf{c})^{1/2}\quad 0\quad\cdots\quad 0]\end{aligned} \tag{5.4.45}$$

方程（5.4.41）表明 $(\mathbf{c}'R\mathbf{c})=\{[1-(T-1)\mathbf{c}'\Lambda\mathbf{c}]/[1-T\mathbf{c}'\Lambda\mathbf{c}]\}\mathbf{c}'\Lambda\mathbf{c}$。因此式（5.4.45）的行列式为 $\{[1-T\mathbf{c}'\Lambda\mathbf{c}]/[1-(T-1)\mathbf{c}'\Lambda\mathbf{c}]\}$。因为 $C^{*\prime-1}C^{*-1}=R$，故有 $|\Lambda|=\{[1-T\mathbf{c}'\Lambda\mathbf{c}]/[1-(T-1)\mathbf{c}'\Lambda\mathbf{c}]\}|R|$。将其代入式（5.4.44），则对数似然函数变成

$$\begin{aligned}\log L&=-\frac{NT}{2}\{\log|R|+\log(1-T\mathbf{c}'\Lambda\mathbf{c})-\log[1-(T-1)\mathbf{c}'\Lambda\mathbf{c}]\}\\&\quad+\frac{N}{2}\log[1-T\mathbf{c}'\Lambda\mathbf{c}]-\frac{NTG}{2}\end{aligned} \tag{5.4.46}$$

它在容许范围（0，$1/T$）内与 $\mathbf{c}'\Lambda\mathbf{c}$ 正相关。①所以 $\mathbf{c}$ 的 MLE 是与式（5.4.43）

① 见附录 5A 中的方程（5A.7），其中 ψ_1 是正的。

最大的根对应的特征向量。一旦得到了 $\mathbf{c}$，根据附录 5A 和式（5.4.39）以及式（5.4.40），我们可用

$$\mathbf{a}' = T(1 + T^2 \mathbf{c}'\bar{R}\mathbf{c})^{-1/2}\mathbf{c}'\bar{R} \qquad (5.4.47)$$

和

$$\Lambda = R - \mathbf{a}\mathbf{a}' \qquad (5.4.48)$$

估计 $\mathbf{a}$ 和 Λ。知道 $\mathbf{a}$ 和 Λ 后，我们便可求解联合因变量 Γ 的系数。

162 方程中包含外生变量，且没有对外生变量系数的约束条件时，只需用

$$-\frac{1}{2}\sum_{i=1}^{N}(\mathbf{y}'_{1i} - \boldsymbol{\pi}'_1 X'_i, \cdots, \mathbf{y}'_{Gi} - \boldsymbol{\pi}'_G X'_i) \times V^{-1}(\mathbf{y}'_{1i} - \boldsymbol{\pi}'_1 X'_i, \cdots, \mathbf{y}'_{Gi} - \boldsymbol{\pi}'_G X'_i)'$$

替换似然函数（5.4.34）的指数项

$$-\frac{1}{2}\sum_{i=1}^{N}(\mathbf{y}'_{1i}, \cdots, \mathbf{y}'_{Gi})V^{-1}(\mathbf{y}'_{1i}, \cdots, \mathbf{y}'_{Gi})'$$

即可。$\mathbf{c}$，$\mathbf{a}$ 和 Λ 的 MLE 仍然是式（5.4.43），（5.4.47）和（5.4.48）的解。利用 Λ 和 $\mathbf{a}$ 的值我们可解出 Γ 和 σ_ω^2。控制 V 后，Π 的 MLE 是 Π 的 GLS。知道 Π 和 Γ 后，我们可解出 $B = -\Gamma\Pi$。

因此，Chamberlain 和 Griliches（1975）提出下面求 MLE 的迭代算法。从约简型的最小二乘估计开始，我们可得到 R 和 $\bar{R}$ 的一致估计。然后通过最大化①

$$\frac{\mathbf{c}'\bar{R}\mathbf{c}}{\mathbf{c}'R\mathbf{c}} \qquad (5.4.49)$$

估计 $\mathbf{c}$。一旦得到了 $\mathbf{c}$，我们就可用式（5.4.47）和（5.4.48）求解 Λ 和 $\mathbf{a}$。有了 Λ 和 $\mathbf{a}$ 的值后，约简型参数的 MLE 就是广义最小二乘估计。得到这些约简型参数的估计后，便可以得到新的 R 和 $\bar{R}$ 并继续迭代直到解收敛为止。利用收敛的约简型参数估计量可解出结构型参数的估计。

5.4.3 案例

Chamberlain 和 Griliches（1975）用美国印第安纳州的 156 对兄弟所受最高教育的 Gorseline（1932）数据（y_1），职业声望（Duncan 的 SES）的对数（y_2），1927 年收入的对数（y_3）拟合类似式（5.4.1）～（5.4.3）的模型。具体说来，他们令

$$\begin{aligned} y_{1it} &= \boldsymbol{\beta}'_1\mathbf{x}_{it} + d_1 h_{it} + u_{1it} \\ y_{2it} &= \gamma_{21} y_{1it} + \boldsymbol{\beta}'_2\mathbf{x}_{it} + d_2 h_{it} + u_{2it} \\ y_{3it} &= \gamma_{31} y_{1it} + \boldsymbol{\beta}'_3\mathbf{x}_{it} + d_3 h_{it} + u_{3it} \end{aligned} \qquad (5.4.50)$$

集合 X 包含常数、年龄、年龄的平方（该平方项只出现在收入方程中）。

---

① 寻找方程（5.4.43）最大的根等价于最大化式（5.4.49）。如果我们标准化 $\mathbf{c}'R\mathbf{c}=1$，那么为找到式（5.4.49）的最大值我们可用 Lagrange 乘子法并最大化 $\mathbf{c}'\bar{R}\mathbf{c}+\lambda(1-\mathbf{c}'R\mathbf{c})$。求关于 $\mathbf{c}$ 的偏导数得到 $(\bar{R}-\lambda R)\mathbf{c}=\mathbf{0}$。左乘 $\mathbf{c}'$，我们有 $\mathbf{c}'\bar{R}\mathbf{c}=\lambda$。因此，式（5.4.49）的最大值是 $|\bar{R}-\lambda R|=0$ 的最大的根，且 $\mathbf{c}$ 是属于最大特征根的特征向量。

模型（5.4.50）的约简型为 163

$$\mathbf{y}_{it}=\Pi\mathbf{x}_{it}+\mathbf{a}h_{it}+\boldsymbol{\epsilon}_{it} \tag{5.4.51}$$

其中

$$\Pi=\begin{bmatrix}\boldsymbol{\beta}'_1\\ \gamma_{21}\boldsymbol{\beta}'_1+\boldsymbol{\beta}'_2\\ \gamma_{31}\boldsymbol{\beta}'_1+\boldsymbol{\beta}'_3\end{bmatrix}$$

$$\mathbf{a}=\begin{bmatrix}d_1\\ d_2+\gamma_{21}d_1\\ d_3+\gamma_{31}d_1\end{bmatrix} \tag{5.4.52}$$

$$\boldsymbol{\epsilon}_{it}=\begin{bmatrix}u_{1it}\\ u_{2it}+\gamma_{21}u_{1it}\\ u_{3it}+\gamma_{31}u_{1it}\end{bmatrix}$$

因此，

$$E\,\boldsymbol{\epsilon}_{it}\,\boldsymbol{\epsilon}'_{it}=\begin{bmatrix}\sigma_{u1}^2 & \gamma_{21}\sigma_{u1}^2 & \gamma_{31}\sigma_{u1}^2\\ & \sigma_{u2}^2+\gamma_{21}{}^2\sigma_{u1}^2 & \gamma_{21}\gamma_{31}\sigma_{u1}^2\\ & & \sigma_{u3}^2+\gamma_{31}^2\sigma_{u1}^2\end{bmatrix} \tag{5.4.53}$$

且

$$\Lambda=\begin{bmatrix}\sigma_{11} & \sigma_{12} & \sigma_{13}\\ & \sigma_{22} & \sigma_{23}\\ & & \sigma_{33}\end{bmatrix}=E(\boldsymbol{\epsilon}_{it}\,\boldsymbol{\epsilon}'_{it})+\sigma_\omega^2\,\mathbf{aa}' \tag{5.4.54}$$

我们可证明，已知 $\mathbf{a}$ 和 Λ 的值后，可按如下步骤识别联合因变量的结构系数：已知 σ_ω^2 的值，我们可求出

$$\sigma_{u1}^2=\sigma_{11}-\sigma_\omega^2 a_1{}^2 \tag{5.4.55}$$

$$\gamma_{21}=\frac{\sigma_{12}-\sigma_\omega^2 a_1 a_2}{\sigma_{u1}^2} \tag{5.4.56}$$

$$\gamma_{31}=\frac{\sigma_{13}-\sigma_\omega^2 a_1 a_3}{\sigma_{u1}^2} \tag{5.4.57}$$

令

$$\gamma_{21}\gamma_{31}=\frac{\sigma_{23}-\sigma_\omega^2 a_2 a_3}{\sigma_{u1}^2} \tag{5.4.58}$$

等于式（5.4.56）和（5.4.57）的乘积，并利用式（5.4.55），我们得到

$$\sigma_\omega^2=\frac{\sigma_{12}\sigma_{13}-\sigma_{11}\sigma_{23}}{\sigma_{12}a_1a_3+\sigma_{13}a_1a_2-\sigma_{11}a_2a_3-\sigma_{23}a_1{}^2} \tag{5.4.59}$$

于是问题转化为 $\mathbf{a}$ 和 Λ 的估计问题。表 5.1 列出了将 σ_α^2 标准化为 1 后， 164
Chamberlain 和 Griliches（1975）模型中的在校教育和（不可观测的）能力变量系数的 MLE。他们的最小二乘估计没有考虑家庭信息，协方差估计同时也列在表 5.1 中，在协方差估计中每个兄弟的属性值（收入、职业、教育和年龄）用其相对自己的家庭均值来度量。

表 5.1 收入-职业-教育模型参数的估计及其标准误

	方法		
结构方程的系数	最小二乘估计	协方差估计	MLE
教育在：			
收入方程	0.082	0.080	0.088
	(0.010)[a]	(0.011)	(0.009)
职业方程	0.104	0.135	0.107
	(0.010)	(0.015)	(0.010)
“能力”在：			
收入方程			0.416
			(0.038)
职业方程			0.214
			(0.046)
教育方程			−0.092
			(0.178)

[a] 括号内是标准误。

资料来源：Chamberlain 和 Griliches (1975，第 429 页)。

收入方程中在校教育变量系数的 CV 估计小于最小二乘估计。但教育方程中能力变量系数的联立方程模型估计是负值。如 5.1 节所述，如果在校教育和能力负相关，那么在校教育变量系数的单方程家庭内估计可能小于最小二乘估计（这里是 0.080 比 0.082）。将这种下降归因为“能力”或“家庭背景”是错误的。事实上，对等地看待教育和能力时，在校教育系数变量（0.088）变得比最小二乘估计（0.082）要大。

附录 5A

令

$$V = \Lambda \otimes I_T + \mathbf{aa}' \otimes \mathbf{e}_T \mathbf{e}'_T \tag{5A.1}$$

165 因为 Λ 是正定矩阵，$\mathbf{aa}'$是正半定矩阵，故存在 $G \times G$ 的非奇异矩阵 F 使得 [Anderson (1958，第 341 页)]

$$F' \Lambda F = I_G \quad 和 \quad F' \mathbf{aa}' F = \begin{bmatrix} \psi_1 & & & \mathbf{0} \\ & 0 & & \\ & & \ddots & \\ \mathbf{0} & & & 0 \end{bmatrix}$$

其中 ψ_1 是多项式

$$|\mathbf{aa}'-\lambda\Lambda|=0 \tag{5A. 2}$$

的根。下一步，选择一个 $T\times T$ 的正交矩阵 E，它的第一列是向量（$1/\sqrt{T}$）$\mathbf{e}_T$。则有

$$E'E=I_T \quad 和 \quad E'\mathbf{e}_T\mathbf{e}'_TE=\begin{bmatrix}T & \mathbf{0}'\\ \mathbf{0} & \mathbf{0}\end{bmatrix} \tag{5A. 3}$$

现在可用 $F\otimes E$ 来对角化 V，

$$(F\otimes E)'V(F\otimes E)=I_{GT}+\begin{bmatrix}\psi_1 & \mathbf{0}'\\ \mathbf{0} & \mathbf{0}\end{bmatrix}_{G\times G}\otimes\begin{bmatrix}T & \mathbf{0}'\\ \mathbf{0} & \mathbf{0}\end{bmatrix}_{T\times T} \tag{5A. 4}$$

而 V 的逆矩阵 V^{-1} 为

$$\begin{aligned}V^{-1}&=\Lambda^{-1}\otimes I_T-F'\begin{bmatrix}\dfrac{\psi_1}{1+T\psi_1} & \mathbf{0}'\\ \mathbf{0} & \mathbf{0}\end{bmatrix}_{G\times G}F\otimes\mathbf{e}_T\mathbf{e}'_T\\ &=\Lambda^{-1}\otimes I_T-\mathbf{cc}'\otimes\mathbf{e}_T\mathbf{e}'_T\end{aligned} \tag{5A. 5}$$

其中 $\mathbf{c}'=[\psi_1/(1+T\psi_1)]^{1/2}\mathbf{f}'_1$，$\mathbf{f}_1$ 是 F 的第一列。

由式（5A. 4）我们得到 V 的行列式：

$$|V|=|\Lambda|^T\cdot(1+T\psi_1) \tag{5A. 6}$$

该式可用 $\mathbf{c}$ 和 Λ 表示，因为

$$\mathbf{c}'\Lambda\mathbf{c}=\frac{\psi_1}{1+T\psi_1} \tag{5A. 7}$$

所以有

$$1-T\mathbf{c}'\Lambda\mathbf{c}=\frac{1}{1+T\psi_1} \tag{5A. 8}$$

和

$$|V|=|\Lambda|^T\cdot|1-T\mathbf{c}'\Lambda\mathbf{c}|^{-1} \tag{5A. 9}$$

$V\cdot V^{-1}=I_{GT}$ 表明

$$-\Lambda\mathbf{cc}'+\mathbf{aa}'\Lambda^{-1}-T\,\mathbf{aa}'\,\mathbf{cc}'=0 \tag{5A. 10}$$

用 $\mathbf{c}'$ 左乘式（5A. 10），我们得到 166

$$\mathbf{a}=\frac{\mathbf{c}'\mathbf{a}}{\mathbf{c}'\Lambda\mathbf{c}+(\mathbf{c}'\mathbf{a})^2}\Lambda\mathbf{c} \tag{5A. 11}$$

此外，据 $\mathbf{f}'_1\mathbf{a}=\psi^{1/2}$，$\mathbf{a}$ 与 $\mathbf{c}_1$ 成比例［式（5A. 11）］，以及 $\mathbf{f}_1$，我们有

$$\mathbf{a}=\frac{\psi^{1/2}}{\mathbf{f}'_1\mathbf{f}_1}\mathbf{f}_1=\frac{1}{(1+T\psi_1)^{1/2}(\mathbf{c}'\mathbf{c})}\mathbf{c} \tag{5A. 12}$$

用 $\mathbf{c}'$ 左乘方程（5. 4. 40），我们得到

$$\mathbf{c}'\overline{R}\,\mathbf{c}=\frac{\mathbf{c}'\Lambda\mathbf{c}}{T(1-T\mathbf{c}'\Lambda\mathbf{c})}=\frac{1}{T}\psi_1 \tag{5A. 13}$$

综合方程（5. 4. 40）以及式（5A. 8），（5A. 12）和（5A. 13），并利用 $\Lambda\mathbf{f}_1=$

$(1/\mathbf{f}_1'\mathbf{f}_1)$ $\mathbf{f}_1$，我们得到

$$\begin{aligned}\bar{R}\mathbf{c} &= \frac{1}{T}(1+T\psi_1)\Lambda\mathbf{c} \\ &= \frac{1}{T}(1+T\psi_1)^{1/2}\mathbf{a} \\ &= \frac{1}{T}(1+T^2\mathbf{c}'\bar{R}\mathbf{c})^{1/2}\mathbf{a}\end{aligned} \tag{5A. 14}$$

由方程（5. 4. 39）和式（5A. 12），我们有

$$\begin{aligned}\Lambda &= R-\frac{1}{1-T\mathbf{c}'\Lambda\mathbf{c}}\Lambda\mathbf{c}\mathbf{c}'\Lambda \\ &= R-\mathbf{a}\mathbf{a}'\end{aligned} \tag{5A. 15}$$

第6章 变系数模型

6.1 引言 167

迄今为止，我们仅讨论遗漏变量的效应或是个体特异，或是时期特异，或二者兼具的模型。但如果经济结构正在发生变化，或社会经济与人口背景等非观测因素不同，则相关参数可能随着时间或横截面单元发生变化。譬如，在农业生产中，诸如土壤特性（如坡度、土壤肥力、储水量等）、气候条件等因素对施肥量的边际产出有影响，却没有引入模型中。在经济增长的实证研究中也存在类似的情况。一般假定人均产出增长率在同一时期与两组变量有关：一组包括初始单位资本产出、储蓄率、人口增长率，以及索洛（Solow）增长模型中的变量；另一组变量由若干控制变量组成，这些变量可以是由研究人员希望考察的任何其他增长决定因素［见 Durlauf(2001)；Durlauf 和 Quah（1999)］构成的。但经济增长理论绝不会引导人们认为高中生入学率的变化对人均产出增长的边际影响在美国和撒哈拉以南非洲国家是一样的。若在模型中纳入所有想到的影响因素，则相同斜率系数模型也许是合理的。但有些变量可能无法获取，或者难以准确观测。此外，模型也不是镜子，它只是为了刻画重要变量间的关系而对现实问题进行了简化。事实上，任何**简洁回归**（parsimonious regression）都不可避免地遗漏许多变量，虽然从经济理论的角度来看，这些被遗漏变量可能对模型中变量的系数有影响［见 Canova（1999)；Durlauf 和 Johnson（1995)］。在此情形下，相比仅包含个体特异或时间特异效应的（变截距）模型，变参数模型可能更能捕捉问题中的非观测异质性。

第 2 章我们介绍了对 60 家中小型生产资料生产企业在 1935—1955 年间［不包括战争年代（1942—1945 年)］投资支出的研究［Kuh (1963)］。在 Kuh 的 168
研究中，“所有企业的截距和斜率系数相同”的假设，以及“截距不同但斜率相同”的假设在多数场合都被拒绝（表 2.3 和表 2.4）。Swamy (1970) 基于 11 家美国企业在 1935—1954 年间的年度数据拟合 Grunfeld (1958) 投资方程时也发现了类似结果。在讨论企业年初发行股票的价值和该企业年初资本回报之间的关系时，对原假设“截距不同但斜率相同”和备择假设“截距不同且系数不同”的检验，他得到的 F 统计量的值为 14.452 1，该值远远大于自由度为 27 和 187 的 F 分布 5% 水平的临界值。[①]

如果研究员的兴趣在于发现因变量和主要条件变量间的基本关系，则允许参数对不同的截面单元或在不同时期变化，不管是为了便于分析，还是次要变量无法获取，作为一种考虑个体间或时期间异质性的办法，也是合理的。此时最一般的单方程模型为

$$y_{it}=\sum_{k=1}^{K}\beta_{kit}x_{kit}+u_{it},\qquad i=1,\cdots,N;\quad t=1,\cdots,T \tag{6.1.1}$$

与前几章不同，本章我们不再区别对待截距和其他解释变量并令 $x_{1it}=1$。但如果我们认为各时期不同横截面单元的所有系数是互不相同的固定常数，则我们有 NKT 个参数而仅有 NT 个观测值。显然我们无法得到 β_{kit} 的任何有意义的估计。这便引导我们寻求一种新的方法，该方法既允许存在不同的系数，又能提供将横截面单元当作组而不是个体进行建模的手段。

类似于最小二乘虚拟变量法，在模型中引入虚拟变量是可行的方法之一，我们可用虚拟变量标示不同个体单元之间或不同时期系数之间的差异。如果仅存在横截面差异，则该方法等价于为每个横截面单元设定一个单独的回归[②]

$$y_{it}=\boldsymbol{\beta}_i'\mathbf{x}_{it}+u_{it},\qquad i=1,\cdots,N;\quad t=1,\cdots,T \tag{6.1.2}$$

其中 $\boldsymbol{\beta}_i$ 和 $\mathbf{x}_{it}$ 是 $K\times1$ 参数向量和解释变量向量。

169 另一方法是将每个回归系数视为服从某概率分布的随机变量［参见 Hurwicz (1950)；Klein (1953)；Theil 和 Mennes (1959)；Zellner (1966)］。随机系数假设大幅减少了待估计参数的数量，同时又允许系数随横截面单元和/或时期变化。依据对参数波动的不同假设，还可以将随机系数设定进一步细分为两种类型：**平稳随机系数模型**（stationary random-coefficient models）和**非平稳随机系数模型**（nonstationary random-coefficient models）。

平稳随机系数模型认为所有系数向量的均值和方差-协方差矩阵相同。也就是说，可将 $K\times1$ 的参数向量 $\boldsymbol{\beta}_{it}$ 表示为

$$\boldsymbol{\beta}_{it}=\bar{\boldsymbol{\beta}}+\boldsymbol{\xi}_{it},\qquad i=1,\cdots,N;\quad t=1,\cdots,T \tag{6.1.3}$$

其中 $\bar{\boldsymbol{\beta}}$ 是 $K\times1$ 的常数向量，$\boldsymbol{\xi}_{it}$ 是 $K\times1$ 的平稳随机向量，其均值为零，方差-协方差矩阵为常数矩阵。对此类模型，我们的兴趣在于：(1) 估计平均系数向量 $\bar{\boldsymbol{\beta}}$；(2) 预测个体成分 $\boldsymbol{\xi}_{it}$；(3) 估计个体参数向量的离散程度；(4) 检验 $\boldsymbol{\xi}_{it}$ 的

---

① 另一个证明使用误差成分法处理异质性不是总能得到有经济意义结论的例子，参见 Mehta，Narasimhan 和 Swamy (1978)。

② 我们也可以为每个时期单独设定一个回归，即 $y_{it}=\boldsymbol{\beta}_t'\mathbf{x}_{it}+u_{it}$。

方差为 0 的假设。

非平稳随机系数模型认为系数向量的均值或方差不是常数。从一个观测到另一个观测，系数的变化可能是非平稳随机过程或外生变量函数实现的结果。此时我们的兴趣在于：(1) 估计刻画时间演化过程的参数；(2) 估计参数实现的初始值和历史；(3) 预测未来的演化；(4) 检验随机波动假设。

因计算复杂，变系数模型在实证研究中未能像变截距模型一样获得广泛接受。但这并不表明研究混合数据中的参数异质性没有必要。在本章中我们主要研究常用的单方程变系数模型。我们首先讨论系数变化与外生解释变量变化无关的模型。6.2 节讨论系数随个体变化的单方程模型。6.3 节讨论系数随个体和时期变化的模型。6.4 节关注具有时间演变系数的模型。6.5 节讨论系数是其他外生变量函数的模型。6.6 节提出一个固定系数和随机系数的混合模型，并将它作为各种控制非观测异质性的方法的统一分析框架。6.7 节讨论动态模型问题。6.8 节给出了两个针对混合异质性个体使用随机系数模型的案例。对系数变化与解释变量有关的一般模型的讨论放在 6.9 节。关于异方差存在时随机系数模型的分析见 Bresson 等 170
(2011)；残差相关的随机系数模型分析见 Bresson 和 Hsiao (2011)；联立方程的随机系数模型见 Chow (1983)，Kelejian (1977) 以及 Raj 和 Ullah (1981)。关于本章主题的更多讨论可参考 Amemiya (1983)、Chow (1983)、Hsiao 和 Pesaran (2008)、Judge 等 (1980) 以及 Raj 和 Ullah (1981)。

6.2　系数随横截面单元变化

如果认为回归系数不随时间但随个体变化，则我们可将模型记为

$$
\begin{aligned}
y_{it} &= \sum_{k=1}^{K} \beta_{ki} x_{kit} + u_{it} \\
&= \sum_{k=1}^{K} (\bar{\beta}_k + \alpha_{ki}) x_{kit} + u_{it}, \qquad i = 1, \cdots, N \\
&\qquad\qquad\qquad\qquad\qquad\qquad\quad t = 1, \cdots, T
\end{aligned}
\tag{6.2.1}
$$

可将 $\bar{\boldsymbol{\beta}} = (\hat{\beta}_1, \cdots, \hat{\beta}_K)'$ 当作共同均值系数向量，而将 $\boldsymbol{\alpha}_i = (\alpha_{1i}, \cdots, \alpha_{Ki})'$ 当作个体对共同均值 $\bar{\boldsymbol{\beta}}$ 的偏差。如果个体观测具有异质性，或我们对来自数据库的个体单元的行为感兴趣，则应将 $\boldsymbol{\alpha}_i$ 当作固定常数。如果控制 x_{kit} 后，我们可认为个体单元是从相同总体中随机抽取的，或者对总体特征感兴趣，则一般将 α_{ki} 当作均值为 0、方差与协方差是常数的随机变量。

6.2.1　固定系数模型

6.2.1.1　完全异质性

将 $\boldsymbol{\beta}_i$ 当作互不相同的固定常数时，我们可将这 NT 个观测值堆积成 Zellner

(1962) 的似无关回归（SUR）模型的形式

$$\begin{bmatrix}\mathbf{y}_1\\ \mathbf{y}_2\\ \vdots\\ \mathbf{y}_N\end{bmatrix}=\begin{bmatrix}X_1 & & & \mathbf{0}\\ & X_2 & & \\ & & \ddots & \\ \mathbf{0} & & & X_N\end{bmatrix}\begin{bmatrix}\boldsymbol{\beta}_1\\ \boldsymbol{\beta}_2\\ \vdots\\ \boldsymbol{\beta}_N\end{bmatrix}+\begin{bmatrix}\mathbf{u}_1\\ \mathbf{u}_2\\ \vdots\\ \mathbf{u}_N\end{bmatrix} \tag{6.2.2}$$

其中 $\mathbf{y}_i$ 和 $\mathbf{u}_i$ 是 $T\times 1$ 的向量 $(y_{i1},\cdots,y_{iT})'$ 和 $(u_{i1},\cdots,u_{iT})'$，X_i 是第 i 个体解释变量 $T\times K$ 的时序观测矩阵，它的第 t 行是 $\mathbf{x}'_{it}$。$\tilde{X}$ 是 $NT\times NK$ 的分块
171 对角矩阵，准对角线上第 i 个子块为 X_i；$\boldsymbol{\beta}$ 是 $NK\times 1$ 向量，$\boldsymbol{\beta}=(\boldsymbol{\beta}'_1,\cdots,\boldsymbol{\beta}'_N)'$。如果不同横截面单元的协方差不等于 0（即 $E\mathbf{u}_i\mathbf{u}'_j\neq\mathbf{0}$），则 $(\boldsymbol{\beta}'_1,\cdots,\boldsymbol{\beta}'_N)$ 的GLS 估计量比每个横截面单元 $\boldsymbol{\beta}_i$ 的单方程估计量更有效。如果 X_i 对所有的 i 都相同，或者 $E\mathbf{u}_i\mathbf{u}'_i=\sigma_i^2 I$，$E\mathbf{u}_i\mathbf{u}'_j=\mathbf{0}(i\neq j)$，则 $(\boldsymbol{\beta}'_1,\cdots,\boldsymbol{\beta}'_N)$ 的 GLS 估计量与分别对每个横截面单元的时序观测数据使用最小二乘法得到的估计量相同。

6.2.1.2 分组异质性

当 N 较大时，要求 $\boldsymbol{\beta}_i$ 随着 i 变化既不可行也无必要。另一种考虑个体异质性的方式是用分组异质性代替完全异质性。换句话说，假定总体是由 G 个不同的组构成的。属于某特定组的个体全都有相同的响应函数［见 Lin 和 Ng (2012)；Su，Shi 和 Phillips (2013)］。对第 g 组中的个体 i，有

$$y_{it,g}=\mathbf{x}'_{it}\boldsymbol{\beta}_g+u_{it,g} \tag{6.2.3}$$

如果分组条件基于某些外部信息［见 Bester 和 Hansen (2012)］，则可用 Zellner (1962) 的似无关回归方法对式 (6.2.3) 进行估计。但如果此类外部信息无法获取，则将产生两个问题：(1) 如何确定组数 G；(2) 如何识别每个个体属于哪个组。借鉴 LASSO (least absolute shrinkage and selection operator)［Tibshirani (1996)］的思想，SSP［Su，Shi 和 Phillips (2013)］在假定组数 G 已知的条件下，提出**修正惩罚最小二乘法** (modified penalized least-squares approach)

$$\min Q^G=Q+\frac{a}{N}\sum_{i=1}^{N}\prod_{g=1}^{G}\|\boldsymbol{\beta}_i-\boldsymbol{\beta}_g\| \tag{6.2.4}$$

将个体归入各组的同时估计参数 $\boldsymbol{\beta}_g$，其中 $\|\cdot\|$ 表示 Frobenius 范数，$\|A\|=[\mathrm{tr}(AA')]^{1/2}$，

$$Q=\frac{1}{NT}\sum_{i=1}^{N}\sum_{t=1}^{T}(y_{it}-\mathbf{x}'_{it}\boldsymbol{\beta}_i)^2$$

a 是细调常数。SSP 证明当 N 和 T 都比较大时，最小化式 (6.2.4)，一步即可将个体分类并导出 $\boldsymbol{\beta}_g$ 的一致估计。SSP 还进一步指出，可通过最小化

$$\log\hat{\sigma}_G^{\,2}+cGK \tag{6.2.5}$$

172 选择组数 G，其中

$$\hat{\sigma}_G^2=\frac{1}{NT}\sum_{g=1}^{G}\sum_{i\in g}\sum_{t=1}^{T}(y_{it}-\mathbf{x}'_{it}\hat{\boldsymbol{\beta}}_{g,G})^2$$

是基于式（6.2.3）中 G 个组估计量 $\hat{\boldsymbol{\beta}}_{g,G}$ 得到的平均残差平方和，c 是细调常数。

6.2.2　随机系数模型

6.2.2.1　模型

将 $\boldsymbol{\beta}_i=\bar{\boldsymbol{\beta}}+\boldsymbol{\alpha}_i$ 当作有共同均值 $\bar{\boldsymbol{\beta}}$ 的随机变量时，Swamy（1970）假定[①]

$$\begin{aligned}&E\boldsymbol{\alpha}_i=\mathbf{0}\\&\underset{K\times K}{E\boldsymbol{\alpha}_i\boldsymbol{\alpha}_j'}=\begin{cases}\Delta & \text{如果 } i=j\\ \mathbf{0} & \text{如果 } i\neq j\end{cases}\\&E\mathbf{x}_{it}\boldsymbol{\alpha}_j'=\mathbf{0},\quad E\boldsymbol{\alpha}_i\mathbf{u}_j'=\mathbf{0}\\&E\mathbf{u}_i\mathbf{u}_j'=\begin{cases}\sigma_i^2 I_T & \text{如果 } i=j\\ \mathbf{0} & \text{如果 } i\neq j\end{cases}\end{aligned}\tag{6.2.6}$$

堆积全部的 NT 个观测，我们得到

$$\mathbf{y}=X\bar{\boldsymbol{\beta}}+\tilde{X}\boldsymbol{\alpha}+\mathbf{u}\tag{6.2.7}$$

其中

$$\underset{NT\times 1}{\mathbf{y}}=(\mathbf{y}_1',\ \cdots,\ \mathbf{y}_N')'$$

$$\underset{NT\times K}{X}=\begin{bmatrix}X_1\\X_2\\\vdots\\X_N\end{bmatrix},$$

$$\underset{NT\times NK}{\tilde{X}}=\begin{bmatrix}X_1 & & & \mathbf{0}\\ & X_2 & & \\ & & \ddots & \\ \mathbf{0} & & & X_N\end{bmatrix}=\mathrm{diag}(X_1,\ X_2,\ \cdots,\ X_N)$$

$$\mathbf{u}=(\mathbf{u}_1',\ \cdots,\ \mathbf{u}_N')',\quad \boldsymbol{\alpha}=(\boldsymbol{\alpha}_1',\ \cdots,\ \boldsymbol{\alpha}_N')'$$

复合扰动项 $\tilde{X}\boldsymbol{\alpha}+\mathbf{u}$ 的协方差矩阵是分块对角矩阵，第 i 个对角子块为

$$\Phi_i=X_i\Delta X_i'+\sigma_i^2 I_T\tag{6.2.8}$$

6.2.2.2　估计 173

在 Swamy（1970）的假设下，如果 $(1/NT)X'X$ 收敛于非奇异常数矩阵，则 $\mathbf{y}$ 对 $\mathbf{x}$ 的简单回归可导出 $\bar{\boldsymbol{\beta}}$ 的无偏且一致的估计。但该估计量不是有效估计，且常用来计算估计量方差-协方差矩阵的最小二乘公式也不再正确，所以将产生误导性的统计推断。此外，当参数波动方式本身就值得研究时，忽略参数波动的估计量不能提供经济过程在这方面的启示。

---

① 用调控变量条件调控个体效应的 Mundlak-Chamberlain 方法在包含个体特有斜率（该斜率可能与调控变量相关）模型上的推广，参见 Chamberlain（1992）。在有限维矩法框架内提出了工具变量估计量。还可参见 6.9 节。

式（6.2.7）中 $\bar{\boldsymbol{\beta}}$ 的最优线性无偏估计是 GLS 估计量①

$$\hat{\bar{\boldsymbol{\beta}}}_{GLS}=\left(\sum_{i=1}^{N}X_i'\Phi_i^{-1}X_i\right)^{-1}\left(\sum_{i=1}^{N}X_i'\Phi_i^{-1}\mathbf{y}_i\right)$$
$$=\sum_{i=1}^{N}W_i\hat{\boldsymbol{\beta}}_i \qquad (6.2.9)$$

其中

$$W_i=\left\{\sum_{i=1}^{N}[\Delta+\sigma_i^2(X_i'X_i)^{-1}]^{-1}\right\}^{-1}[\Delta+\sigma_i^2(X_i'X_i)^{-1}]^{-1}$$

$$\hat{\boldsymbol{\beta}}_i=(X_i'X_i)^{-1}X_i'\mathbf{y}_i$$

式（6.2.9）最后一个等式表明该 GLS 估计量是每个横截面单元的最小二乘估计量的矩阵加权平均，权重与它们的协方差矩阵成反比。该式还表明 GLS 估计量仅要求 K 阶矩阵可逆，因此它并没有比计算简单的最小二乘估计复杂太多。

174 GLS 估计量的协方差矩阵是

$$\mathrm{Var}(\hat{\bar{\boldsymbol{\beta}}}_{GLS})=\left(\sum_{i=1}^{N}X_i'\Phi_i^{-1}X_i\right)^{-1}$$
$$=\left\{\sum_{i=1}^{N}[\Delta+\sigma_i^2(X_i'X_i)^{-1}]^{-1}\right\}^{-1} \qquad (6.2.10)$$

Swamy（1970）建议用最小二乘估计量 $\hat{\boldsymbol{\beta}}_i=(X_i'X_i)^{-1}X_i'\mathbf{y}_i$ 和残差 $\hat{\mathbf{u}}_i=\mathbf{y}_i-X_i\hat{\boldsymbol{\beta}}_i$ 得到 σ_i^2 和 Δ 的无偏估计量②，

$$\hat{\sigma}_i^2=\frac{\hat{\mathbf{u}}_i'\hat{\mathbf{u}}_i}{T-K}$$
$$=\frac{1}{T-K}\mathbf{y}_i'[I-X_i(X_i'X_i)^{-1}X_i']\mathbf{y}_i \qquad (6.2.11)$$

$$\hat{\Delta}=\frac{1}{N-1}\sum_{i=1}^{N}\left(\hat{\boldsymbol{\beta}}_i-N^{-1}\sum_{i=1}^{N}\hat{\boldsymbol{\beta}}_i\right)\left(\hat{\boldsymbol{\beta}}_i-N^{-1}\sum_{i=1}^{N}\hat{\boldsymbol{\beta}}_i\right)'$$
$$-\frac{1}{N}\sum_{i=1}^{N}\hat{\sigma}_i^2(X_i'X_i)^{-1} \qquad (6.2.12)$$

再次和误差成分模型一样，估计量（6.2.12）不一定是非负定的。如果出现负值情形，Swamy [还可见 Judge 等（1980）] 建议用

---

① 重复使用公式 $(A+BDB')^{-1}=A^{-1}-A^{-1}B(B'A^{-1}B+D^{-1})^{-1}B'A^{-1}$ [Rao (1973，第 1 章)]，我们有

$$X_i'\Phi_i^{-1}X_i=X_i'[\sigma_i^2I+X_i\Delta X_i']^{-1}X_i$$
$$=X_i'\left\{\frac{1}{\sigma_i^2}I_T-\frac{1}{\sigma_i^2}X_i[X_i'X_i+\sigma_i^2\Delta^{-1}]^{-1}X_i'\right\}X_i$$
$$=\frac{1}{\sigma_i^2}[X_i'X_i-X_i'X_i\{(X_i'X_i)^{-1}-(X_i'X_i)^{-1}$$
$$\times\left[(X_i'X_i)^{-1}+\frac{1}{\sigma_i^2}\Delta\right]^{-1}(X_i'X_i)^{-1}\}X_i'X_i\Big]$$
$$=[\Delta+\sigma_i^2(X_i'X_i)^{-1}]^{-1}$$

② 方程（6.2.9）可从 $\hat{\boldsymbol{\beta}}_i=\boldsymbol{\beta}_i+(X_i'X_i)^{-1}X_i'\mathbf{u}_i$ 和 $E(\hat{\boldsymbol{\beta}}_i-\boldsymbol{\beta})(\hat{\boldsymbol{\beta}}_i-\boldsymbol{\beta})'=\Delta+\sigma_i^2(X_i'X_i)^{-1}$ 导出。

$$\hat{\Delta}=\frac{1}{N-1}\sum_{i=1}^{N}\left(\hat{\boldsymbol{\beta}}_i-N^{-1}\sum_{i=1}^{N}\hat{\boldsymbol{\beta}}_i\right)\left(\hat{\boldsymbol{\beta}}_i-N^{-1}\sum_{i=1}^{N}\hat{\boldsymbol{\beta}}_i\right)' \tag{6.2.13}$$

代替估计量（6.2.12）。该估计量虽不是无偏的，但它是非负定的，且 N 和 T 趋于无穷时是一致的。我们还可假定 Δ^{-1} 服从自由度为 ρ、矩阵为 R 的 Wishart 分布，然后得到 Lindley 和 Smith（1972）与 Smith（1973）提出的 Bayes 估计量

$$\Delta^{*}=\frac{R+(N-1)\hat{\Delta}}{N+\rho-K-2} \tag{6.2.14}$$

其中 R 和 ρ 是先验参数。譬如，像 Hsiao，Pesaran 和 Tahmiscioglu（1999）一样，我们可令 $R=\hat{\Delta}$ 及 $\rho=2$。

Swamy（1970）证明，在式（6.2.9）中用 $\hat{\sigma}_i^2$ 和 $\hat{\Delta}$ 代替 σ_i^2 和 Δ 后，导出 $\bar{\boldsymbol{\beta}}$ 的估计量是渐近正态分布的有效估计量。该 GLS 估计量的协方差矩阵的逆是［式（6.2.10）］[①] 175

$$\begin{aligned}\operatorname{Var}(\hat{\bar{\boldsymbol{\beta}}}_{\mathrm{GLS}})^{-1}&=N\Delta^{-1}-\Delta^{-1}\left[\sum_{i=1}^{N}\left(\Delta^{-1}+\frac{1}{\sigma_i^2}X_i'X_i\right)^{-1}\right]\Delta^{-1}\\&=O(N)-O(N/T)\end{aligned} \tag{6.2.15}$$

故它的收敛速度是 $N^{1/2}$。

Swamy（1970）基于 11 家美国企业的年度数据，利用模型（6.2.6）和（6.2.7）重新估计了 Grunfeld 投资函数。他得到的企业年初发行股票的价值和股本的共同均值系数的 GLS 估计分别是 0.084 3 和 0.196 1，渐近标准误分别是 0.014 和 0.041 2。这些系数估计得到的协方差矩阵为

$$\hat{\Delta}=\begin{bmatrix}0.001\,1 & -0.000\,2\\ & 0.018\,7\end{bmatrix} \tag{6.2.16}$$

Zellner（1966）证明，当每个 $\boldsymbol{\beta}_i$ 是具有常数均值的随机变量，且 $\boldsymbol{\beta}_i$ 和 $\mathbf{x}_{it}$ 无关（即满足 Swamy 假设）时，模型没有加总偏误。在此意义上，我们还可将 Swamy（1970）估计理解为某种平均关系，该关系表示一般情况下企业已发行股票的价值是解释投资的重要变量。

6.2.2.3　预测个体系数

有时我们希望对个体系数向量 $\boldsymbol{\beta}_i$ 进行预测，因为该系数向量提供了个体行为的信息，同时它还是预测个体因变量未来值的基础。Swamy（1970，1971）证明，控制给定的 $\boldsymbol{\beta}_i$ 后，最优线性无偏预测就是最小二乘估计 $\hat{\boldsymbol{\beta}}_i$。但从不同时期对不同个体重复抽样的角度考察这类预测的抽样性质时，Lee 和 Griffiths（1979）［还可参见 Lindley 和 Smith（1972）以及 6.6 节］建议用

$$\hat{\boldsymbol{\beta}}_i^{*}=\hat{\bar{\boldsymbol{\beta}}}_{\mathrm{GLS}}+\Delta X_i'(X_i\Delta X_i'+\sigma_i^2I_T)^{-1}(\mathbf{y}_i-X_i\hat{\bar{\boldsymbol{\beta}}}_{\mathrm{GLS}}) \tag{6.2.17}$$

预测 $\boldsymbol{\beta}_i$。该预测在 $E(\hat{\boldsymbol{\beta}}_i^{*}-\boldsymbol{\beta}_i)=\mathbf{0}$（该数学期望是无条件期望）的意义上是最优

---

① 符号 $O(N)$ 表示序列 $\{N^{-1}a_N\}$ 有界［Theil（1971，第 358 页）］。

线性无偏估计量。

6.2.2.4 系数变异的检验

实证研究中有个重要问题：回归系数是否确实随横截面单元变化？由于引
176 入随机系数变异使因变量在每个观测点具有不同的方差，故此类模型可转换成特殊的异方差模型，且可用似然比统计量检验对不变参数假设的背离。但似然比检验统计量的计算比较复杂。求解全模型参数的最大似然估计时，为避免迭代计算，Breusch 和 Pagan（1979）提出异方差的 Lagrange 乘子检验。在标准情形下，他们的检验和似然比检验的渐近性质相同，但该法计算简单，只需重复用最小二乘回归即可计算该检验统计量。

用 σ_i 除个体关于时期的均值方程，我们得到

$$\frac{1}{\sigma_i}\bar{y}_i=\frac{1}{\sigma_i}\bar{\mathbf{x}}_i'\bar{\boldsymbol{\beta}}+\omega_i,\qquad i=1,\cdots,N \tag{6.2.18}$$

其中 $\bar{y}=\frac{1}{T}\sum_{i=1}^{N}y_{it}$，$\bar{\mathbf{x}}_i=\frac{1}{T}\sum_{i=1}^{N}\mathbf{x}_{it}$，$\bar{u}_i=\frac{1}{T}\sum_{i=1}^{N}u_{it}$，$\omega_i=\frac{1}{\sigma_i}\bar{\mathbf{x}}_i'\boldsymbol{\alpha}_i+\frac{1}{\sigma_i}\bar{u}_i$。

当假设（6.2.6）成立时，模型（6.2.18）是一个异方差模型，其方差为 $\mathrm{Var}(\omega_i)=(1/T)+(1/\sigma_i^2)\ \bar{\mathbf{x}}_i'\Delta\bar{\mathbf{x}}_i$，$i=1,\cdots,N$。在 $\Delta=\mathbf{0}$ 的原假设下，模型（6.2.18）具有相同的方差 $\mathrm{Var}(\omega_i)=1/T$，$i=1,\cdots,N$。所以，此处我们可推广 Breusch-Pagan（1979）异方差检验法对随机系数的变异进行检验。

利用 Rao（1973，第 418～419 页）的方法我们可证明检验原假设的转换 Lagrange 乘子统计量①是回归

$$(T\omega_i^2-1)=\frac{1}{\sigma_i^2}\Big[\sum_{k=1}^{K}\sum_{k'=1}^{K}\bar{x}_{ki}\bar{x}_{k'i}\sigma_{\alpha kk'}^2\Big]+\epsilon_i,\ i=1,\cdots,N \tag{6.2.19}$$

预测平方和的二分之一，其中 $\sigma_{\alpha kk'}^2=E(\alpha_{ki}\alpha_{k'i})$。②因 ω_i 和 σ_i^2 通常是未知的，故我们可用它们的估计值 $\hat{\omega}_i$ 和 $\hat{\sigma}_i^2$ 代替，其中 $\hat{\omega}_i$ 是回归方程（6.2.18）的最小二乘估计，$\hat{\sigma}_i^2$ 由式（6.2.11）给出。当 N 和 T 都趋于无穷时，在 $\Delta=\mathbf{0}$ 的原假设下，
177 转换 Lagrange 乘子统计量的极限分布是自由度为 $[K(K+1)]/2$ 的 χ^2 分布。

Breusch-Pagan（1979）的 Lagrange 乘子检验可纳入 White（1980）的信息矩阵检验框架中。Chesher（1984）证明，对于所考察的一般形式相同的变参数模型，可用统计量

---

① 我们称这为转换的 Lagrange 乘子检验，因为它是由最大化 $\bar{y}_i/\sigma_i$ 的对数似然函数而不是最大化 y_{it}/σ_{it} 的对数似然函数导出的。

② 令

$$(T\hat{\omega}_i^2-1)=\frac{1}{\sigma_i^2}\Big[\sum_{i=1}^{K}\sum_{i'=1}^{K}\bar{x}_{ki}\bar{x}_{k'i}\hat{\sigma}_{\alpha\, kk'}^2\Big]$$

是 $(T\hat{\omega}_i^2-1)$ 的最小二乘预测值；则预测平方和为

$$\sum_{i=1}^{N}(T\hat{\omega}_i^2-1)^2$$

$$D_N(\hat{\boldsymbol{\theta}}_N)=\frac{1}{N}\sum_{i=1}^{N}\sum_{t=1}^{T}\frac{\partial^2\log f(y_{it}\mid \mathbf{x}_{it},\hat{\boldsymbol{\theta}}_N)}{\partial\boldsymbol{\theta}\,\partial\boldsymbol{\theta}'}+\frac{1}{N}\sum_{i=1}^{N}\left[\sum_{t=1}^{T}\frac{\partial\log f(y_{it}\mid \mathbf{x}_{it},\hat{\boldsymbol{\theta}}_N)}{\partial\boldsymbol{\theta}}\right]\left[\sum_{t=1}^{T}\frac{\partial\log f(y_{it}\mid \mathbf{x}_{it};\hat{\boldsymbol{\theta}}_N)}{\partial\boldsymbol{\theta}'}\right] \tag{6.2.20}$$

检验它的许多变形，其中 $f(y_{it}\mid \mathbf{x}_{it},\boldsymbol{\theta})$ 表示在没有参数变异的原假设下已知 $\mathbf{x}_{it}$ 和 $\boldsymbol{\theta}$ 后 y_{it} 的条件密度，$\hat{\boldsymbol{\theta}}_N$ 表示 $\boldsymbol{\theta}$ 的最大似然估计量。在原假设下，$E\left(\frac{\partial^2\log f(\mathbf{y}\mid \mathbf{x},\boldsymbol{\theta})}{\partial\boldsymbol{\theta}\,\partial\boldsymbol{\theta}'}\right)=-E\left(\frac{\partial\log f(\mathbf{y}\mid \mathbf{x},\boldsymbol{\theta})}{\partial\boldsymbol{\theta}}\cdot\frac{\partial\log f(\mathbf{y}\mid \mathbf{x},\boldsymbol{\theta})}{\partial\boldsymbol{\theta}}'\right)$。因此，$\sqrt{N}D_N(\hat{\boldsymbol{\theta}}_N)$ 中元素联合分布的渐近分布是正态分布，该正态分布的均值为 0，协方差矩阵由 White (1980) 给出，并由 Chesher (1983) 和 Lancaster (1984) 简化。

因 i 给定时 $\boldsymbol{\alpha}_i$ 是固定常数，故我们也可通过检验固定系数向量 $\boldsymbol{\beta}_i$ 是否都相等而间接地检验随机变异。也就是说，我们有原假设

$$H_0:\ \boldsymbol{\beta}_1=\boldsymbol{\beta}_2=\cdots=\boldsymbol{\beta}_N=\bar{\boldsymbol{\beta}}$$

如果不同的横截面单元有相同的方差（$\sigma_i^2=\sigma^2$，$i=1,\cdots,N$），则可用常见的同方差协方差检验（F_3，见第 2 章中的讨论）。如果和 Swamy (1970, 1971) 一样假定 σ_i^2 不同，则我们可用修正的检验统计量

$$F_3^*=\sum_{i=1}^{N}\frac{(\hat{\boldsymbol{\beta}}_i-\hat{\bar{\boldsymbol{\beta}}}^*)'X_i'X_i(\hat{\boldsymbol{\beta}}_i-\hat{\bar{\boldsymbol{\beta}}}^*)}{\hat{\sigma}_i^2} \tag{6.2.21}$$

其中

$$\hat{\bar{\boldsymbol{\beta}}}^*=\left[\sum_{i=1}^{N}\frac{1}{\hat{\sigma}_i^2}X_i'X_i\right]^{-1}\left[\sum_{i=1}^{N}\frac{1}{\hat{\sigma}_i^2}X_i'\mathbf{y}_i\right]$$

在假设 H_0 下，当 N 固定而 T 趋于无穷时，统计量 (6.2.21) 的渐近分布是自由度为 $K(N-1)$ 的 χ^2 分布。

类似地，我们还可在个体特异效应给定的条件下检验斜率是否相同。记 $X_i=(\mathbf{e}_T,\tilde{X}_i)$，$\boldsymbol{\beta}'=(\boldsymbol{\beta}_{1i},\boldsymbol{\beta}_{2i}')$，其中 $\tilde{X}_i$ 表示 $T\times(K-1)$ 时变外生变量，$\tilde{x}_{2,it}$ 和 $\boldsymbol{\beta}_{2i}$ 表示 $\tilde{x}_{2,it}$ 的 $(K-1)\times 1$ 的系数。则 178

$$\tilde{F}_3^*=\sum_{i=1}^{N}(\hat{\boldsymbol{\beta}}_{2i}-\hat{\bar{\boldsymbol{\beta}}}_2^*)'\left[\frac{1}{\hat{\sigma}_i^2}\tilde{X}_i'Q\tilde{X}_i\right](\hat{\boldsymbol{\beta}}_{2i}-\hat{\bar{\boldsymbol{\beta}}}_{2i}^*) \tag{6.2.22}$$

其中 $Q=I_T-\frac{1}{T}\mathbf{e}\mathbf{e}'$，

$$\hat{\boldsymbol{\beta}}_{2i}=(\tilde{X}_i'Q\tilde{X}_i)^{-1}(\tilde{X}_i'Q\mathbf{y}_i) \tag{6.2.23}$$

$$\hat{\bar{\boldsymbol{\beta}}}_2^*=\left(\sum_{i=1}^{N}\frac{1}{\hat{\sigma}_i^2}\tilde{X}_i'Q\tilde{X}_i\right)^{-1}\left(\sum_{i=1}^{N}\frac{1}{\hat{\sigma}_i^2}\tilde{X}_i'Q\mathbf{y}_i\right) \tag{6.2.24}$$

以及

$$\hat{\sigma}_i^2=\frac{1}{T-K}(\mathbf{y}_i-\tilde{X}_i'\hat{\boldsymbol{\beta}}_{2i})'Q(\mathbf{y}_i-\tilde{X}_i'\hat{\boldsymbol{\beta}}_{2i}) \tag{6.2.25}$$

当 N 固定和 $T\to\infty$ 时，统计量 $\widetilde{F}_3^*$ 的渐近分布是自由度为（$K-1$）($N-1$）的 χ^2 分布。Pesaran 和 Yamagata (2008) 证明，当 N 和 T 都趋于无穷且由 $N\to\infty$ 得 $\frac{\sqrt{N}}{T}\to 0$ 时，则 $\frac{1}{\sqrt{N}}F_3^*$ 或 $\frac{1}{\sqrt{N}}\widetilde{F}_3^*$ 的渐近分布为均值 $N(0,1)$。此外，他们还证明，如果式（6.2.25）中的 $\hat{\sigma}_i^2$ 被统计量

$$\tilde{\sigma}_i^2=\frac{1}{T-1}(\mathbf{y}_i-\widetilde{X}'_i\hat{\boldsymbol{\beta}}_{2i})'Q(\mathbf{y}_i-\widetilde{X}'_i\bar{\boldsymbol{\beta}}_{2i})\tag{6.2.26}$$

替换，则相比使用 $\hat{\sigma}_i^2$ 的式（6.2.21）或（6.2.22），$\frac{1}{\sqrt{N}}F_3^*$ 或 $\frac{1}{\sqrt{N}}\widetilde{F}_3^*$ 具有更好的有限样本性质。

6.2.2.5　固定系数还是随机系数

假定 $\boldsymbol{\beta}_i$ 是互不相同的固定常数还是互不相同的随机变量的问题，与认为 $\boldsymbol{\beta}_i$ 来自异质性总体还是从同一总体中随机抽取有关，还与我们是控制个体特征后进行条件推断还是关于总体特征做无条件推断有关。如果 $\boldsymbol{\beta}_i$ 是异质的，或者我们是在控制个体特征后进行条件推断，则应该使用固定系数模型。如果认为 $\boldsymbol{\beta}_i$ 从同一总体中随机抽取并对总体特征进行推断，则应该使用随机系数模型。但 Mundlak (1978b) 推广他对变截距模型的研究后，提出了可变的系数是否与解释变量相关的问题。如果相关，则 Swamy 的随机系数模型假设就不合理，系数均值向量的 GLS 估计量也是有偏的。为修正该偏误，Mundlak (1978b) 建议将对 $f(\mathbf{y}_i\mid X_i,\boldsymbol{\beta})$ 的推断视为对 $\int f(\mathbf{y}_i\mid X_i,\bar{\boldsymbol{\beta}},\boldsymbol{\alpha}_i)f(\boldsymbol{\alpha}_i\mid X_i)\mathrm{d}\boldsymbol{\alpha}_i$ 的推断，其中 $f(\mathbf{y}_i\mid X_i,\bar{\boldsymbol{\beta}},\boldsymbol{\alpha}_i)$ 表示 y_i 在 X_i，$\bar{\boldsymbol{\beta}}$ 和 $\boldsymbol{\alpha}_i$ 下的条件密度，而 $f(\boldsymbol{\alpha}_i\mid X_i)$ 表示
179 $\boldsymbol{\alpha}_i$ 在 X_i 下的条件密度，该条件密度以第 i 个个体的可观测解释变量函数的形式给出了系数向量 $\boldsymbol{\alpha}_i$ 的辅助方程。因该框架可视为随机系数模型中系数是其他解释变量函数的特殊情形，故我们保留随机系数不与解释变量相关的假设，并将在 6.5 节讨论作为其他解释变量函数的随机系数的估计。

6.2.2.6　案例

当数据不支持“所有横截面单元的系数都相同”的假设时，为论述使用当期横截面观测估计行为方程中的特殊问题，我们报告由 Barth，Kraft 和 Kraft (1979) 完成的一项实证研究。他们用 17 家制造企业从 1959 年第一季度到 1971 年第二季度期间的产品价格、工资、原材料价格、投资和销售的季度观测数据估计美国制造业部门的价格方程。假定扰动项是异方差的，但所有的企业有相同的截距和斜率系数，利用两步 Aitken 估计，Barth 等 (1979) 得到

$$\hat{y}=\underset{(0.000\,3)}{0.000\,5}+\underset{(0.030\,4)}{0.285\,3}x_2+\underset{(0.005)}{0.006\,8}x_3+\underset{(0.001\,7)}{0.002\,4}x_4\tag{6.2.27}$$

其中 y_t 是产品价格的季度变化，x_2 是劳动力成本，x_3 是原材料投入价格，x_4 是需求的代理变量（用库存销售比构造）。括号内是估计值的标准误。

估计的回归方程（6.2.27）的意义与理论和现实情况不符。原材料投入成本的贡献极小，不足 1 个百分点。代理变量系数的符号也是错误的。正常情况下，库存销售比增长时，我们预期库存积压对价格形成向下的压力。

导致方程（6.2.27）出错的可能原因很多。譬如，不同企业的定价行为可能不同，因为投入组合不同，劳动力市场不同质，某家企业比另一家企业的需求更具弹性（或更缺乏弹性）。事实上，使用统计量（6.2.21）检验“截距和斜率系数相同”的假设

$$H_0: \boldsymbol{\beta}_1 = \boldsymbol{\beta}_2 = \cdots = \boldsymbol{\beta}_N, \quad N = 17$$

时，修正的单因素协方差分析检验得到的值是 449.28。该值远超过自由度为 64 $[(N-1)K]$ 的 χ^2 分布 1% 显著性水平的临界值 92.841。

拒绝“不同企业价格行为相同”的假设表明如果要考虑各企业的多样化行为，则有必要对该模型进行修正。但前期的研究发现产品价格主要受单位劳动力成本和原材料成本的影响，需求因素对它的影响只是次要的。因此，考虑（不同企业的）多样化行为时，我们可假定变量之间的关系是确定的，只是各企 180
业的系数不同。但如果将这些系数当作互不相同的固定常数，这又说明美国制造业部门的定价行为存在复杂的加总问题［参见 Theil（1954）］。另一方面，如果将系数当作有共同的均值随机变量，便不存在加总偏误［Zellner（1966）］。随机系数模型不仅允许加总价格方程更全面地捕获分散的企业行为，还为总量问题提供微观分析基础。因此，Barth，Kraft 和 Kraft（1979）用 Swamy 随机系数模型（6.2.6）和（6.2.7）重新估计价格方程。他们新的估计结果为（括号内是标准误）

$$\hat{y} = \underset{(0.0005)}{-0.0006} + \underset{(0.0432)}{0.3093}x_2 + \underset{(0.0577)}{0.2687}x_3 - \underset{(0.0101)}{0.0082}x_4 \tag{6.2.28}$$

这些系数估计的离差是

$$\hat{\Delta} = \begin{pmatrix} \beta_1 & \beta_2 & \beta_3 & \beta_4 \\ 0.0000 & -0.0002 & 0.0000 & -0.0001 \\ & 0.0020 & 0.0003 & 0.0081 \\ & & 0.0320 & 0.0030 \\ & & & 0.0014 \end{pmatrix} \tag{6.2.29}$$

从几个方面来看，Swamy 随机系数模型的估计结果可能比前面的价格加总模型［方程（6.2.27），它没有考虑不同企业的变化］更合理：（1）劳动力成本和原材料成本现在都成了确定产品价格的主导因素；（2）虽然需求的代理变量在确定制造品价格时影响微乎其微且并不显著，但它的系数有了正确的符号；（3）如截距项所示，生产率表现出增长。

该例表明，以总量数据或没有考虑个体异质性的混合估计为基础得出结论时必须谨慎。这类估计容易让人对系数的大小和变量的意义产生误解。

6.3 系数随时期和横截面单元变化

6.3.1 模型

与变截距模型一样，我们可假定解释变量的系数包含个体特异成分和时期
181 特异成分，此时模型为

$$y_{it}=\sum_{k=1}^{K}(\bar{\beta}_k+\alpha_{ki}+\lambda_{kt})x_{kit}+u_{it},\qquad \begin{aligned} i&=1,\cdots,N\\ t&=1,\cdots,T\end{aligned} \tag{6.3.1}$$

堆积所有的 NT 个观测后，我们将模型（6.3.1）重新表示为

$$\mathbf{y}=X\bar{\boldsymbol{\beta}}+\widetilde{X}\boldsymbol{\alpha}+\underline{\mathbf{X}}\boldsymbol{\lambda}+\mathbf{u} \tag{6.3.2}$$

其中 $\mathbf{y}$，X，$\widetilde{X}$，$\mathbf{u}$ 和 $\boldsymbol{\alpha}$ 如 6.2 节所定义，

$$\underset{NT\times TK}{\underline{\mathbf{X}}}=\begin{bmatrix}\underline{\mathbf{X}}_1\\ \underline{\mathbf{X}}_2\\ \vdots\\ \underline{\mathbf{X}}_N\end{bmatrix}$$

$$\underset{T\times TK}{\underline{\mathbf{X}}_i}=\begin{bmatrix}\mathbf{x}_{i1}' & & & \mathbf{0}'\\ & \mathbf{x}_{i2}' & & \\ & & \ddots & \\ \mathbf{0} & & & \mathbf{x}_{iT}'\end{bmatrix}$$

以及

$$\underset{KT\times 1}{\boldsymbol{\lambda}}=(\boldsymbol{\lambda}_1',\cdots,\boldsymbol{\lambda}_T')',\qquad \underset{K\times 1}{\boldsymbol{\lambda}_t}=(\boldsymbol{\lambda}_{1t},\cdots,\boldsymbol{\lambda}_{Kt})'$$

我们还可将式（6.3.2）重新记为

$$\begin{aligned}\mathbf{y}=&X\bar{\boldsymbol{\beta}}+U_1\boldsymbol{\alpha}_1+U_2\boldsymbol{\alpha}_2+\cdots+U_K\boldsymbol{\alpha}_K\\ &+U_{K+1}\boldsymbol{\lambda}_1+\cdots+U_{2K}\boldsymbol{\lambda}_K+U_{2K+1}\mathbf{u}\end{aligned} \tag{6.3.3}$$

其中

$$\underset{NT\times N}{U_k}=\begin{bmatrix}x_{k11} & & & \\ \vdots & & & \mathbf{0}\\ x_{k1T} & & & \\ & x_{k21} & & \\ & \vdots & & \\ & x_{k2T} & & \\ & & \ddots & \\ & & & x_{kN1}\\ \mathbf{0} & & & \vdots\\ & & & x_{kNT}\end{bmatrix},\quad k=1,\cdots,K$$

182

$$\underset{NT\times T}{U_{K+k}}=\begin{bmatrix} x_{k11} & & & \mathbf{0} \\ & x_{k12} & & \\ & & \vdots & \\ \mathbf{0} & & & x_{k1T} \\ x_{k21} & & & \mathbf{0} \\ & x_{k22} & & \\ & & \ddots & \\ \mathbf{0} & & & x_{k2T} \\ \cdot & \cdot & \cdots & \cdot \\ x_{kN1} & & & \mathbf{0} \\ & \ddots & & \\ \mathbf{0} & & & x_{kNT} \end{bmatrix}, \quad k=1, \cdots, K \tag{6.3.4}$$

$$U_{2K+1}=I_{NT}$$

$$\underset{N\times 1}{\boldsymbol{\alpha}_k}=(\alpha_{k1}, \cdots, \alpha_{kN})', \qquad \underset{T\times 1}{\boldsymbol{\lambda}_k}=(\lambda_{k1}, \cdots, \lambda_{kT})'$$

与 $\bar{\boldsymbol{\beta}}$ 一样，将 $\boldsymbol{\alpha}_k$ 和 $\boldsymbol{\lambda}_k$ 当作固定常数时，式（6.3.3）就是固定效应模型；将 $\boldsymbol{\alpha}_k$ 和 $\boldsymbol{\lambda}_k$ 当作随机变量，而 $\bar{\boldsymbol{\beta}}$ 是固定常数时，式（6.3.3）为**混合方差分析模型**（mixed analysis-of-variance model）[Hartley 和 Rao（1967）]。故模型（6.3.1）及其特殊形式（6.2.1）仍在广义方差分析框架内。

6.3.2　固定系数模型

如前所述，将 $\boldsymbol{\alpha}_k$ 和 $\boldsymbol{\lambda}_k$ 当作固定常数时，我们可将式（6.3.1）视为固定效应的方差分析模型。但解释变量矩阵是 $NT\times(T+N+1)K$ 的，而它的秩仅为 $(T+N-1)K$；所以要估计 $\bar{\boldsymbol{\beta}}$，$\boldsymbol{\alpha}$ 和 $\boldsymbol{\lambda}$，我们必须对系数 $\boldsymbol{\alpha}_k$ 和 $\boldsymbol{\lambda}_k$ 添加 $2K$ 个独立的线性约束条件。此时添加约束条件的自然途径是令①

$$\sum_{i=1}^{N}\alpha_{ik}=0 \tag{6.3.5}$$

和

$$\sum_{t=1}^{T}\lambda_{kt}=0, \qquad k=1, \cdots, K \tag{6.3.6}$$

则 $\bar{\boldsymbol{\beta}}$，$\boldsymbol{\alpha}$ 和 $\boldsymbol{\lambda}$ 的最优线性无偏估计（BLUE）是满足约束条件（6.3.5）和 183
（6.3.6）的优化问题

$$\min(\mathbf{y}-X\bar{\boldsymbol{\beta}}-\widetilde{X}\boldsymbol{\alpha}-\underline{\mathbf{X}}\boldsymbol{\lambda})'(\mathbf{y}-X\bar{\boldsymbol{\beta}}-\widetilde{X}\boldsymbol{\alpha}-\underline{\mathbf{X}}\boldsymbol{\lambda}) \tag{6.3.7}$$

的解。

6.3.3　随机系数模型

将 $\boldsymbol{\alpha}_i$ 和 $\boldsymbol{\lambda}_t$ 当作随机变量时，Hsiao（1974a，1975）假定

① 我们不必在第 6 章的 6.2.1 节中添加相似的约束条件，因为无须从 $\boldsymbol{\alpha}_i$ 中分离出 $\boldsymbol{\beta}$。

$$
\underset{K\times K}{E\boldsymbol{\alpha}_i\boldsymbol{\alpha}_j'}=\begin{cases}\Delta & \text{如果 } i=j\\ \mathbf{0} & \text{如果 } i\neq j\end{cases}
$$
$$
\underset{K\times K}{E\boldsymbol{\lambda}_t\boldsymbol{\lambda}_s'}=\begin{cases}\lambda & \text{如果 } t=s\\ \mathbf{0} & \text{如果 } t\neq s\end{cases} \tag{6.3.8}
$$
$$
E\boldsymbol{\alpha}_i\boldsymbol{\lambda}_t'=\mathbf{0},\quad E\boldsymbol{\alpha}_i\mathbf{x}_{it}'=\mathbf{0},\quad E\boldsymbol{\lambda}_t\mathbf{x}_{it}'=\mathbf{0}
$$

且

$$
E\mathbf{u}_i\mathbf{u}_j'=\begin{cases}\sigma_u^2 I_T & \text{如果}i=j\\ \mathbf{0} & \text{如果}i\neq j\end{cases}
$$

则复合误差项，

$$
\mathbf{v}=\widetilde{X}\boldsymbol{\alpha}+\underline{\mathbf{X}}\boldsymbol{\lambda}+\mathbf{u} \tag{6.3.9}
$$

的方差-协方差矩阵为

$$
\Omega=E\mathbf{v}\mathbf{v}'=\begin{bmatrix}X_1\Delta X_1' & & & \mathbf{0}\\ & X_2\Delta X_1' & & \\ & & \ddots & \\ \mathbf{0} & & & X_N\Delta X_N'\end{bmatrix}
$$
$$
+\begin{bmatrix}D(X_1\Lambda X_1') & D(X_1\Lambda X_2') & \cdots & D(X_1\Lambda X_N')\\ D(X_2\Lambda X_1') & D(X_2\Lambda X_2') & \cdots & D(X_2\Lambda X_N')\\ \vdots & \vdots & \ddots & \vdots\\ D(X_N\Lambda X_1') & D(X_N\Lambda X_2') & \cdots & D(X_N\Lambda X_N')\end{bmatrix}+\sigma_u^2 I_{NT} \tag{6.3.10}
$$

其中

$$
D(X_i\underset{T\times T}{\Lambda}X_j')=\begin{bmatrix}\mathbf{x}_{i1}'\Lambda\mathbf{x}_{j1} & & & \mathbf{0}\\ & \mathbf{x}_{i2}'\Lambda\mathbf{x}_{j2} & & \\ & & \ddots & \\ \mathbf{0} & & & \mathbf{x}_{iT}'\Lambda\mathbf{x}_{jT}\end{bmatrix}
$$

184 $\bar{\boldsymbol{\beta}}$ 的估计可由最小二乘法导出，但如 6.2.2.2 节中的讨论，它不是有效估计量。相关的抽样理论也具有误导性。如果 Ω 已知，则 $\bar{\boldsymbol{\beta}}$ 的 BLUE 就是它的 GLS 估计量，

$$
\hat{\bar{\boldsymbol{\beta}}}_{\text{GLS}}=(X'\Omega^{-1}X)^{-1}(X'\Omega^{-1}\mathbf{y}) \tag{6.3.11}
$$

GLS 估计量的方差-协方差矩阵为

$$
\text{Var}(\hat{\bar{\boldsymbol{\beta}}}_{\text{GLS}})=(X'\Omega^{-1}X)^{-1} \tag{6.3.12}
$$

Ω 未知时，我们可用最大似然法同时估计 $\bar{\boldsymbol{\beta}}$ 和 Ω。但由于计算复杂，一个自然的替代方法是先估计 Ω，然后将估计的 Ω 代入式（6.3.11）。

当 Δ 和 Λ 是对角矩阵时，由式（6.3.3）容易看出，Ω 是已知矩阵的线性组合（权重未知）。因此估计未知协方差矩阵的问题实际上是估计协方差成分的问题。估计方差（或协方差）成分的统计方法在这里都可应用［参见 Anderson（1969，1970）；Rao（1970，1972）］。本节我们仅阐述 Hildreth 和 Houck（1968）的方法。[①]

① Hsiao（1975）已证明 Hildreth-Houck 估计量是 Rao（1970）的最小范数二次无偏估计。

考虑第 i 个个体的时序方程，

$$\mathbf{y}_i = X_i(\bar{\boldsymbol{\beta}} + \boldsymbol{\alpha}_i) + \underline{\mathbf{X}}_i\boldsymbol{\lambda} + \mathbf{u}_i \tag{6.3.13}$$

我们可将 $\boldsymbol{\alpha}_i$ 当作常数向量。则式（6.3.13）是包含异方差的线性模型，误差项 $r_{it} = \sum_{k=1}^{K}\lambda_{kt}x_{kit} + u_{it}$ 的方差是

$$\theta_{it} = E[r_{it}^2] = \sum_{k=1}^{K}\sigma_{\lambda k}^2 x_{kit}^2 + \sigma_u^2 \tag{6.3.14}$$

令 $\boldsymbol{\theta}_i = (\theta_{i1}, \cdots, \theta_{iT})'$；则

$$\boldsymbol{\theta}_i = \dot{X}_i \boldsymbol{\sigma}_\lambda^2 \tag{6.3.15}$$

其中 $\mathbf{x}_{it}$ 的第一个分量等于 1，$\dot{X}_i$ 是 X_i 中每个元素的平方构成的矩阵，$\boldsymbol{\sigma}_\lambda^2 = (\sigma_{\lambda 1}^2 + \sigma_u^2, \sigma_{\lambda 2}^2, \cdots, \sigma_{\lambda K}^2)'$。

最小二乘残差 $\hat{\mathbf{r}}_i = \mathbf{y}_i - X_i\hat{\boldsymbol{\beta}}_i = M_i\mathbf{y}_i$ 可作为 $\mathbf{r}_i$ 的估计，其中 $\hat{\boldsymbol{\beta}}_i = (X_i'X_i)^{-1}\cdot X_i'\mathbf{y}_i$，$M_i = I_T - X_i(X_i'X_i)^{-1}X_i'$。将 $\hat{\mathbf{r}}_i$ 中每个元素的平方构成的向量记为 $\dot{\hat{\mathbf{r}}}_i$，我们有

$$E(\dot{\hat{\mathbf{r}}}_i) = \dot{M}_i\theta_i = F_i\boldsymbol{\sigma}_\lambda^2 \tag{6.3.16}$$

其中 $\dot{M}_i$ 是 M_i 的每个元素的平方构成的矩阵，且 $F_i = \dot{M}_i\dot{X}_i$。

对所有的 i 重复上述过程，可得到 185

$$E(\dot{\hat{\mathbf{r}}}) = F\boldsymbol{\sigma}_\lambda^2 \tag{6.3.17}$$

其中 $\dot{\hat{\mathbf{r}}} = (\dot{\hat{\mathbf{r}}}_1, \cdots, \dot{\hat{\mathbf{r}}}_N)'$，$F = (F_1', \cdots, F_N')'$。对式（6.3.17）应用最小二乘法得到 $\boldsymbol{\sigma}_\lambda^2$ 的一致估计

$$\hat{\boldsymbol{\sigma}}_\lambda^2 = (F'F)^{-1}F'\dot{\hat{\mathbf{r}}} \tag{6.3.18}$$

类似地，我们在各时期应用该方法可得到 $\boldsymbol{\sigma}_\alpha^2 = (\sigma_{\alpha 1}^2 + \sigma_u^2, \sigma_{\alpha 2}^2, \cdots, \sigma_{\alpha K}^2)'$ 的一致估计量。下面分别估计 σ_u^2，$\sigma_{\alpha 1}^2$ 和 $\sigma_{\lambda 1}^2$。我们知道 $E(\mathbf{x}_{it}'\boldsymbol{\alpha}_i + u_{it})(\mathbf{x}_{it}'\boldsymbol{\lambda}_t + u_{it}) = \sigma_u^2$。因此，用 $\hat{s}_{it}$ 表示分别对每个时期应用最小二乘法得到的残差，则我们可用

$$\hat{\sigma}_u^2 = \frac{1}{NT}\sum_{i=1}^{N}\sum_{t=1}^{T}\hat{r}_{it}\hat{s}_{it} \tag{6.3.19}$$

一致地估计 σ_u^2。从（$\sigma_{\alpha 1}^2 + \sigma_u^2$）和（$\sigma_{\lambda 1}^2 + \sigma_u^2$）的估计中减去式（6.3.19），可分别得到 $\sigma_{\alpha 1}^2$ 和 $\sigma_{\lambda 1}^2$ 的一致估计。

将 $\boldsymbol{\sigma}_\alpha^2$，$\boldsymbol{\sigma}_\lambda^2$ 和 σ_u^2 的一致估计值代入式（6.3.11），我们可证明当 N 和 T 都趋于无穷且 N/T 趋于非零常数时，两步 Aitken 估计量的渐近效率和 Ω 的真值已知时的效率一样。Kelejian 和 Stephan（1983）还指出，与通常的回归模型不同，这里 $\hat{\boldsymbol{\beta}}_{\mathrm{GLS}}$ 的收敛速度不是 $(NT)^{1/2}$，而是 $\max(N^{1/2}, T^{1/2})$。

如果我们对预测与个体有关的随机成分有兴趣，Lee 和 Griffiths（1979）已证明预测值

$$\hat{\boldsymbol{\alpha}} = (I_N \otimes \Delta)X'\Omega^{-1}(\mathbf{y} - X\hat{\boldsymbol{\beta}}_{\mathrm{GLS}}) \tag{6.3.20}$$

是 BLUE。

检验系数的随机波动时，我们可再次运用异方差的 Breusch-Pagan（1979）Lagrange 乘子检验。因为对给定的 i，$\boldsymbol{\alpha}_i$ 是固定常数，如果系数不随时间变化，则误差项 $\mathbf{x}'_{it}\boldsymbol{\lambda}_t+u_{it}$ 是同方差的。故在原假设下，回归①

$$\frac{\hat{u}_{it}^2}{\hat{\sigma}_u^2}=\dot{\mathbf{x}}'_{it}\boldsymbol{\sigma}_\lambda^2+\epsilon_{it}, \quad i=1, \cdots, N \\ t=1, \cdots, T \tag{6.3.21}$$

186 解释平方和的二分之一的渐近分布是自由度为 $K-1$ 的 χ^2 分布，其中 $\hat{u}_{it}=y_{it}-\hat{\boldsymbol{\beta}}'_i\mathbf{x}_{it}$，$\hat{\sigma}_u^2=\sum_{i=1}^N\sum_{t=1}^T(y_{it}-\hat{\boldsymbol{\beta}}'_i\mathbf{x}_{it})^2/NT$，而 $\dot{\mathbf{x}}_{it}$ 是 $\mathbf{x}_{it}$ 中每个元素平方后组成的向量。②

类似地，我们可通过对

$$\frac{\hat{u}_{it}^{*2}}{\hat{\sigma}_u^{*2}}=\dot{\mathbf{x}}'_{it}\boldsymbol{\sigma}_\alpha^2+\epsilon_{it}^*, \quad i=1, \cdots, N \\ t=1, \cdots, T \tag{6.3.22}$$

做回归来检验各横截面单元间的随机波动，其中，$\hat{u}_{it}^*=y_{it}-\hat{\boldsymbol{\beta}}'_t\mathbf{x}_{it}$，$\hat{\sigma}_u^{*2}=\sum_{i=1}^N\sum_{t=1}^T\hat{u}_{it}^{*2}/NT$，$\hat{\boldsymbol{\beta}}_t$ 是 $\boldsymbol{\beta}_t=\bar{\boldsymbol{\beta}}+\boldsymbol{\lambda}_t$ 在给定时期 t 利用不同横截面单元数据得到的最小二乘估计。在“横截面单元之间没有随机波动”的原假设下，模型（6.3.22）解释平方和的二分之一的渐近分布是自由度为 $K-1$ 的 χ^2 分布。

我们还可用经典的协方差分析检验间接检验随机变异。详细内容参见 Hsiao（1974a）。

允许 $E\boldsymbol{\lambda}_t\boldsymbol{\lambda}'_t=\Lambda_t$ 随时期 t 变化时，Swamy 和 Mehta（1977）提出了更一般形式的时变成分模型。但在实证研究中，系数在横截面单元之间和在各时期随机变化的模型还没有被广泛接受。部分原因是 Ω 逆矩阵的阶至少为 $\max(NK, TK)$ [Hsiao（1974a）]。对任何适度规模的面板数据，计算工作都是棘手的问题。

6.4 随时间演化的系数

6.4.1 模型

模型中的参数随着时间变化的经验证据很多。譬如，金融自由化或货币政策的调整可能使经济变量间的关系发生变化。一方面，如果使用固定参数模型，

---

① 令（$y_{it}-y$）是样本均值离差，并令（$\widehat{y_{it}-y}$）是其最小二乘预测。则解释平方和是 $\sum(\widehat{y_{it}-y})^2$。

② 注意，这里的第一项 $\dot{x}_{1it}=1$。因此原假设是（$\sigma_{\lambda 2}^2, \cdots, \sigma_{\lambda K}^2$）=（0，…，0）。

则将出现模型误设问题。另一方面，如果模型对参数变化的处理过于灵活，则可能出现过拟合或推断不准确。基于以上考虑，本节我们引入“时变参数模型”(time-varying-parameter models)。[①]

系数随时间演化的模型大多假设不存在个体异质性［参见 Zellner，Hong 和 Min (1991)］。在给定时期 t，系数向量 $\boldsymbol{\beta}_t$ 对所有的横截面单元都相同。因此，我们不妨讨论 $N=1$ 时变参数模型的主要问题，然后说明 $N>1$ 时我们如何对该分析进行调整。

Chow (1983，第 10 章) 证明，大量时变参数模型可表示为一般模型 187

$$y_t=\boldsymbol{\beta}_t'\mathbf{x}_t+u_t \tag{6.4.1}$$

而

$$\boldsymbol{\beta}_t=H\boldsymbol{\beta}_{t-1}+\boldsymbol{\eta}_t,\qquad t=1,\ \cdots,\ T \tag{6.4.2}$$

其中 $\mathbf{x}_t$ 是 $K\times 1$ 的外生变量向量，u_t 是独立正态分布的随机变量，其均值为 0，方差为 σ_u^2，$\boldsymbol{\eta}_t$ 是分量相互独立的 K 维正态随机向量，其均值为 0、协方差矩阵为 Ψ，且 $\boldsymbol{\eta}$ 和 u 相互独立。譬如，$H=I_K$ 时，该模型就是 Cooley 和 Prescott (1976) 的随机游走模型。当 $H=I_K$ 且 $\Psi=\mathbf{0}$ 时，该模型就是标准回归模型。

Rosenberg (1972，1973) 的模型也可表示成这种形式。将式 (6.4.2) 中的 $\boldsymbol{\beta}_t$ 和 $\boldsymbol{\beta}_{t-1}$ 分别用 $(\boldsymbol{\beta}_t-\boldsymbol{\beta})$ 和 $(\boldsymbol{\beta}_{t-1}-\boldsymbol{\beta})$ 替换，并要求 H 特征根的绝对值小于 1 便得到该模型。虽然这样处理使模型表达式产生了一些变化，但如果令 $\boldsymbol{\beta}_t^*=\boldsymbol{\beta}_t-\boldsymbol{\beta}$，$\bar{\boldsymbol{\beta}}_t=\boldsymbol{\beta}$，则该模型可重新表示为

$$y_t=(\mathbf{x}_t',\ \mathbf{x}_t')\begin{bmatrix}\bar{\boldsymbol{\beta}}_t\\ \boldsymbol{\beta}_t^*\end{bmatrix}+u_t$$

$$\begin{bmatrix}\bar{\boldsymbol{\beta}}_t\\ \boldsymbol{\beta}_t^*\end{bmatrix}=\begin{bmatrix}I & \mathbf{0}\\ \mathbf{0} & H\end{bmatrix}\begin{bmatrix}\bar{\boldsymbol{\beta}}_{t-1}\\ \boldsymbol{\beta}_{t-1}^*\end{bmatrix}+\begin{bmatrix}\mathbf{0}\\ \boldsymbol{\eta}_t\end{bmatrix} \tag{6.4.3}$$

它是模型 (6.4.1) 和 (6.4.2) 的一种特殊形式。

类似地，我们可允许 $\boldsymbol{\beta}_t$ 是平稳的，其均值为 $\boldsymbol{\beta}$ (Pagan (1980))。假设

$$y_t=\mathbf{x}_t'\boldsymbol{\beta}+\mathbf{x}_t'\boldsymbol{\beta}_t^*+u_t$$

$$\boldsymbol{\beta}_t^*=\boldsymbol{\beta}_t-\boldsymbol{\beta}=A^{-1}(\mathcal{L})\boldsymbol{\epsilon}_t \tag{6.4.4}$$

其中 $A(\mathcal{L})$ 是 p 阶和 q 阶滞后算子 $\mathcal{L}(\mathcal{L}\boldsymbol{\epsilon}_t=\boldsymbol{\epsilon}_{t-1})$ 多项式的比率，$\boldsymbol{\epsilon}_t$ 是分量相互独立的正态随机向量，因此 $\boldsymbol{\beta}_t^*$ 是一个自回归移动平均过程 ARMA (p，q)。因为 p 和 q 阶的 ARMA 可记为一阶自回归过程，所以该模型也可表示成模型 (6.4.1) 和 (6.4.2) 的形式。例如，

$$\boldsymbol{\beta}_t^*=B_1\boldsymbol{\beta}_{t-1}^*+B_2\boldsymbol{\beta}_{t-2}^*+\boldsymbol{\epsilon}_t+B_3\boldsymbol{\epsilon}_{t-1} \tag{6.4.5}$$

可记为

$$\tilde{\boldsymbol{\beta}}_t^*=\begin{bmatrix}\boldsymbol{\beta}_t^*\\ \boldsymbol{\beta}_{t-1}^*\\ \boldsymbol{\epsilon}_t\end{bmatrix}=\begin{bmatrix}B_1 & B_2 & B_3\\ I & \mathbf{0} & \mathbf{0}\\ \mathbf{0} & \mathbf{0} & \mathbf{0}\end{bmatrix}\begin{bmatrix}\boldsymbol{\beta}_{t-1}^*\\ \boldsymbol{\beta}_{t-2}^*\\ \boldsymbol{\epsilon}_{t-1}\end{bmatrix}+\begin{bmatrix}\boldsymbol{\epsilon}_t\\ \mathbf{0}\\ \boldsymbol{\epsilon}_t\end{bmatrix}=H\tilde{\boldsymbol{\beta}}_{t-1}^*+\boldsymbol{\eta}_t \tag{6.4.6}$$

---

① 本节大部分内容来自 Chow (1983，第 10 章) 的内容。

188 因此，我们可将 Pagan 模型表示为

$$y_t = (\mathbf{x}_t', \ \tilde{\mathbf{X}}_t') \begin{bmatrix} \bar{\boldsymbol{\beta}}_t \\ \bar{\boldsymbol{\beta}}_t^* \end{bmatrix} + u_t \tag{6.4.4a}$$

其中 $\tilde{\mathbf{X}}_t' = (\mathbf{x}_t', \ \mathbf{0}', \ \mathbf{0}')$。故模型（6.4.4a）在形式上与模型（6.4.3）等价。

Kalman 滤子［Kalman (1960)］是计算最大似然估计量和预测 $\boldsymbol{\beta}_t$ 的时间路径演化的基础。本节我们假定 σ_u^2，Ψ 和 H 已知，首先考虑用直到时刻 s 的信息 $\mathcal{I}_s$ 估计 $\boldsymbol{\beta}_t$ 的问题。我们将 $\boldsymbol{\beta}_t$ 在 $\mathcal{I}_s$ 下的条件期望记为 $E(\boldsymbol{\beta}_t \mid \mathcal{I}_s) = \boldsymbol{\beta}_{t\mid s}$。当 $t=s$ 时称 $\boldsymbol{\beta}_{t\mid s}$ 的估计值为**滤子**（filtering）；当 $s>t$ 时称之为**滤波**（smoothing）；当 $s<t$ 时称之为**预测**（prediction）。然后我们讨论用最大似然法估计 σ_u^2，Ψ 和 H 的问题。最后讨论参数恒定性的检验问题。

6.4.2 用 Kalman 滤子预测 $\boldsymbol{\beta}_t$

用 Y_t 表示（y_1，…，y_t）。据定义可知，$\boldsymbol{\beta}_t$ 在 Y_t 下的条件均值是

$$\begin{aligned} \boldsymbol{\beta}_{t\mid t} &= E(\boldsymbol{\beta}_t \mid y_t, \ Y_{t-1}) \\ &= E(\boldsymbol{\beta}_t \mid Y_{t-1}) + L_t[y_t - E(y_t \mid Y_{t-1})] \\ &= \boldsymbol{\beta}_{t\mid t-1} + L_t[y_t - \mathbf{x}_t'\boldsymbol{\beta}_{t\mid t-1}] \end{aligned} \tag{6.4.7}$$

其中 $y_t - E(y_t \mid Y_{t-1})$ 表示 y_t 的未包含在 Y_{t-1} 中的其他信息，而 L_t 表示 $\boldsymbol{\beta}_{t\mid t-1}$ 因该信息导致的调整。如果 L_t 已知，则我们可根据式（6.4.7），用估计的 $\beta_{t\mid t-1}$ 更新 $\boldsymbol{\beta}_{t\mid t}$。

为导出 L_t，据我们对 $\boldsymbol{\eta}_t$ 和 u_t 的假设可知，控制 $\mathbf{x}_t$ 后，y_t 和 $\boldsymbol{\beta}_t$ 的联合分布是正态分布。正态分布理论［Anderson (1958，第 2 章)］表明，给定 y_t 后，$\boldsymbol{\beta}_t$ 在 Y_{t-1}（和 X_t）下的均值为 $E(\boldsymbol{\beta}_t \mid Y_{t-1}) + \mathrm{Cov}(\boldsymbol{\beta}_t, \ y_t \mid Y_{t-1})\mathrm{Var}(y_t \mid Y_{t-1})^{-1}[y_t - E(y_t \mid Y_{t-1})]$。因此，

$$L_t = [E(\boldsymbol{\beta}_t - \boldsymbol{\beta}_{t\mid t-1})(y_t - y_{t\mid t-1})]\,\mathrm{Var}(y_t \mid Y_{t-1})^{-1} \tag{6.4.8}$$

其中 $y_{t\mid t-1} = E(y_t \mid Y_{t-1}) = \mathbf{x}_t'\boldsymbol{\beta}_{t\mid t-1}$。用 $\sum_{t\mid t-1}$ 表示协方差矩阵 $\mathrm{Cov}(\boldsymbol{\beta}_t \mid Y_{t-1}) = E(\boldsymbol{\beta}_t - \boldsymbol{\beta}_{t\mid t-1})(\boldsymbol{\beta}_t - \boldsymbol{\beta}_{t\mid t-1})'$，我们有

$$\begin{aligned} & E(\boldsymbol{\beta}_t - \boldsymbol{\beta}_{t\mid t-1})(y_t - y_{t\mid t-1}) \\ &= E\{(\boldsymbol{\beta}_t - \boldsymbol{\beta}_{t\mid t-1})[(\boldsymbol{\beta}_t - \boldsymbol{\beta}_{t\mid t-1})'\mathbf{x}_t + u_t]\} = \textstyle\sum_{t\mid t-1}\mathbf{x}_t \end{aligned} \tag{6.4.9}$$

和

$$\begin{aligned} \mathrm{Var}(y_t \mid Y_{t-1}) &= E[\mathbf{x}_t'(\boldsymbol{\beta}_t - \boldsymbol{\beta}_{t\mid t-1}) + u_t][(\boldsymbol{\beta}_t - \boldsymbol{\beta}_{t\mid t-1})'\mathbf{x}_t + u_t] \\ &= \mathbf{x}_t' \textstyle\sum_{t\mid t-1}\mathbf{x}_t + \sigma_u^2 \end{aligned} \tag{6.4.10}$$

189 故式（6.4.8）可表示为

$$L_t = \textstyle\sum_{t\mid t-1}\mathbf{x}_t(\mathbf{x}_t' \sum_{t\mid t-1}\mathbf{x}_t + \sigma_u^2)^{-1} \tag{6.4.11}$$

根据式（6.4.2），我们有

$$\boldsymbol{\beta}_{t\mid t-1} = H\boldsymbol{\beta}_{t-1\mid t-1} \tag{6.4.12}$$

所以我们可用递归方程

$$\begin{aligned} \textstyle\sum_{t\mid t-1} &= E(\boldsymbol{\beta}_t - H\boldsymbol{\beta}_{t-1\mid t-1})(\boldsymbol{\beta}_t - H\boldsymbol{\beta}_{t-1\mid t-1})' \\ &= E[H(\boldsymbol{\beta}_{t-1} - \boldsymbol{\beta}_{t-1\mid t-1}) + \boldsymbol{\eta}_t] \times [H(\boldsymbol{\beta}_{t-1} - \boldsymbol{\beta}_{t-1\mid t-1}) + \boldsymbol{\eta}_t]' \end{aligned}$$

$$=H\sum_{t-1|t-1}H'+\Psi \tag{6.4.13}$$

计算 $\sum_{t|t-1}$。

下一步，根据式（6.4.1）和（6.4.7）我们可记

$$\boldsymbol{\beta}_t-\boldsymbol{\beta}_{t|t}=\boldsymbol{\beta}_t-\boldsymbol{\beta}_{t|t-1}-L_t[\mathbf{x}_t'(\boldsymbol{\beta}_t-\boldsymbol{\beta}_{t|t-1})+u_t] \tag{6.4.14}$$

求式（6.4.14）与其转置乘积的期望，并利用式（6.4.11），我们得到

$$\begin{aligned}\sum_{t|t}&=\sum_{t|t-1}-L_t(\mathbf{x}_t'\sum_{t|t-1}\mathbf{x}_t+\sigma_u^2)L_t'\\&=\sum_{t|t-1}-\sum_{t|t-1}\mathbf{x}_t(\mathbf{x}_t'\sum_{t|t-1}\mathbf{x}_t+\sigma_u^2)^{-1}\mathbf{x}_t'\sum_{t|t-1}\end{aligned} \tag{6.4.15}$$

给定 $\sum_{0|0}$后，我们可重复使用式（6.4.13）和（6.4.15）计算 $\sum_{t|t}(t=1，2，\cdots)$。算出 $\sum_{t|t-1}$的估计值后，我们可用式（6.4.11）计算 L_t。给定 L_t，如果 $\boldsymbol{\beta}_{0|0}$已知，则可用式（6.4.7）和（6.4.12）由 $\boldsymbol{\beta}_{t-1|t-1}$算出 $\boldsymbol{\beta}_{t|t}$。

类似地，我们可用未来观测值 y_{t+1}，y_{t+2}，…，y_{t+n} 预测 $\boldsymbol{\beta}_t$。我们首先考虑控制 Y_t 后 $\boldsymbol{\beta}_t$ 对 y_{t+1}的回归。类似于式（6.4.7）和（6.4.11），我们有

$$\boldsymbol{\beta}_{t|t+1}=\boldsymbol{\beta}_{t|t}+F_{t|t+1}(y_{t+1}-y_{t+1|t}) \tag{6.4.16}$$

和

$$F_{t|t+1}=[E(\boldsymbol{\beta}_t-\boldsymbol{\beta}_{t|t})(y_{t+1}-y_{t+1|t})'][\mathrm{Cov}(y_{t+1}\mid Y_t)]^{-1} \tag{6.4.17}$$

为导出回归系数矩阵 $F_{t|t+1}$，我们用式（6.4.1）和（6.4.2）表示

$$\begin{aligned}y_{t+1}-y_{t+1|t}&=\mathbf{x}_{t+1}'(\boldsymbol{\beta}_{t+1}-\boldsymbol{\beta}_{t+1|t})+u_{t+1}\\&=\mathbf{x}_{t+1}'H(\boldsymbol{\beta}_t-\boldsymbol{\beta}_{t|t})+\mathbf{x}_{t+1}'\boldsymbol{\eta}_{t+1}+u_{t+1}\end{aligned} \tag{6.4.18}$$

综合式（6.4.17），（6.4.18），（6.4.10）和（6.4.11），我们有

$$\begin{aligned}F_{t|t+1}&=\sum_{t|t}H'\mathbf{x}_{t+1}(\mathbf{x}_{t+1}'\sum_{t+1|t}\mathbf{x}_{t+1}+\sigma_u^2)^{-1}\\&=\sum_{t|t}H'\sum_{t+1|t}^{-1}L_{t+1}\end{aligned} \tag{6.4.19}$$

所以，据式（6.4.19）和（6.4.14），我们可将式（6.4.16）重新表示为 190

$$\boldsymbol{\beta}_{t|t+1}=\boldsymbol{\beta}_{t|t}+\sum_{t|t}H'\sum_{t+1|t}^{-1}(\boldsymbol{\beta}_{t+1|t+1}-\boldsymbol{\beta}_{t+1|t}) \tag{6.4.20}$$

对方程（6.4.20）进行推广后，可用未来观测值 y_{t+1}，…，y_{t+n} 预测 $\boldsymbol{\beta}_t$：

$$\boldsymbol{\beta}_{t|t+n}=\boldsymbol{\beta}_{t|t+n-1}+F_t^*(\boldsymbol{\beta}_{t+1|t+n}-\boldsymbol{\beta}_{t+1|t+n-1}) \tag{6.4.21}$$

其中 $F_t^*=\sum_{t|t}H'\sum_{t+1|t}^{-1}$。Chow（1983，第 10 章）给出了该结论的证明。

当 H，Ψ 和 σ_u^2 已知时，式（6.4.7）和（6.4.21）勾勒出了 $\boldsymbol{\beta}_t$ 的时间路径，并在初始值 $\boldsymbol{\beta}_{0|0}$和 $\sum_{0|0}$已知后给出因变量未来值最小均方误差的预报。为得到 $\boldsymbol{\beta}_{0|0}$和 $\sum_{0|0}$的初始值，Sant（1977）建议对 y_t 和 $\mathbf{x}_t$ 的前 K 个观测值应用广义最小二乘法。因为

$$\begin{aligned}\boldsymbol{\beta}_t&=H\boldsymbol{\beta}_{t-1}+\boldsymbol{\eta}_t\\&=H^2\boldsymbol{\beta}_{t-2}+\boldsymbol{\eta}_t+H\boldsymbol{\eta}_{t-1}\\&=H^{t-j}\boldsymbol{\beta}_j+\boldsymbol{\eta}_t+H\boldsymbol{\eta}_{t-1}+\cdots+H^{t-j-1}\boldsymbol{\eta}_j\end{aligned} \tag{6.4.22}$$

并假定 H^{-1}存在，我们还可将 y_k 写成

$$\begin{aligned}y_k&=\mathbf{x}_k'\boldsymbol{\beta}_k+u_k\\&=\mathbf{x}_k'[H^{-K+k}\boldsymbol{\beta}_K-H^{-K+k}\boldsymbol{\eta}_K-\cdots-H^{-1}\boldsymbol{\eta}_{k+1}]+u_k\end{aligned}$$

因此，（y_1，…，y_K）可记为

$$\begin{bmatrix} y_1 \\ y_2 \\ \vdots \\ y_K \end{bmatrix} = \begin{bmatrix} \mathbf{x}_1' H^{-K+1} \\ \mathbf{x}_2' H^{-K+2} \\ \vdots \\ \mathbf{x}_K' \end{bmatrix} \boldsymbol{\beta}_K + \begin{bmatrix} u_1 \\ u_2 \\ \vdots \\ u_K \end{bmatrix} - \begin{bmatrix} \mathbf{x}_1' H^{-1} & \mathbf{x}_1' H^{-2} & \cdots & \mathbf{x}_1' H^{-K+1} \\ \mathbf{0} & \mathbf{x}_2' H^{-1} & \cdots & \mathbf{x}_2' H^{-K+2} \\ & & \ddots & \vdots \\ & & & \mathbf{x}_{K-1}' H^{-1} \\ & & & \mathbf{0}' \end{bmatrix} \begin{bmatrix} \boldsymbol{\eta}_2 \\ \boldsymbol{\eta}_3 \\ \vdots \\ \boldsymbol{\eta}_K \end{bmatrix} \tag{6.4.23}$$

用 GLS 法估计模型（6.4.23）得到

$$\Sigma_{K|K} = \sigma_u^2 \{ [H'^{-K+1}\mathbf{x}_1,\ H'^{-K+2}\mathbf{x}_2,\ \cdots,\ \mathbf{x}_K] \times [I_K + A_K(I_{K-1} \otimes P)A_K']^{-1} [H'^{-K+1}\mathbf{x}_1,\ \cdots,\ \mathbf{x}_K]' \}^{-1} \tag{6.4.24}$$

191 和

$$\boldsymbol{\beta}_{K|K} = \frac{1}{\sigma_u^2} \Sigma_{K|K} [H'^{-K+1}\mathbf{x}_1,\ H'^{-K+2}\mathbf{x}_2,\ \cdots,\ \mathbf{x}_K] \times [I_K + A_K(I_{K-1} \otimes P)A_K']^{-1} \begin{bmatrix} y_1 \\ y_2 \\ \vdots \\ y_K \end{bmatrix} \tag{6.4.25}$$

其中 $P = \sigma_u^{-2}\Psi$，A_K 是模型（6.4.23）中（$\boldsymbol{\eta}_2$，…，$\boldsymbol{\eta}_K$）$'$的系数矩阵。初始估计量 $\boldsymbol{\beta}_{K|K}$ 和 $\Sigma_{K|K}$ 是 σ_u^2，Ψ 以及 H 的函数。

6.4.3 最大似然估计

当 σ_u^2，Ψ 以及 H 未知时，式（6.4.7）开辟了无须反复求高维协方差矩阵的逆就可求出最大似然估计的途径。求似然函数时，因

$$y_t - y_{t|t} = \mathbf{x}_t'(\boldsymbol{\beta}_t - \boldsymbol{\beta}_{t|t-1}) + u_t = y_t - \mathbf{x}_t'\boldsymbol{\beta}_{t|t-1} \tag{6.4.26}$$

是正态分布且序列无关的，故我们可将（y_1，…，y_T）的联合分布表示成条件密度函数（y_{K+1}，…，$y_T \mid y_1$，…，y_K）和（y_1，…，y_K）的边际密度函数的乘积。给定（y_1，…，y_K）后，（y_{K+1}，…，y_T）的对数似然函数是

$$\log L = -\frac{T-K}{2}\log 2\pi - \frac{1}{2}\sum_{t=K+1}^{T}\log(\mathbf{x}_t'\Sigma_{t|t-1}\mathbf{x}_t + \sigma_u^2) - \frac{1}{2}\sum_{t=K+1}^{T}\frac{(y_t - \mathbf{x}_t'\boldsymbol{\beta}_{t|t-1})^2}{\mathbf{x}_t'\Sigma_{t|t-1}\mathbf{x}_t + \sigma_u^2} \tag{6.4.27}$$

利用前 K 个观测值计算 $\Sigma_{K|K}$ 和 $\boldsymbol{\beta}_{K|K}$（它们是关于 σ_u^2，Ψ 以及 H 的函数）[式（6.4.24）和（6.4.25）]。因此，如式（6.4.13）、（6.4.15）、（6.4.12）和（6.4.11）所示，估计 $\log L$ 所需的数据 $\boldsymbol{\beta}_{t|t-1}$ 和 $\Sigma_{t|t-1}$ 是关于 σ_u^2，Ψ 以及 H 的函数。求对数似然函数（6.4.27）的最大值必须使用数值方法。

用面板数据估计模型（6.4.1）和（6.4.2）时，我们用 $N\times 1$ 的向量 $\mathbf{y}_t=(y_{1t},\cdots,y_{Nt})'$ 和 $N\times K$ 的矩阵 $X_t=(\mathbf{x}_{1t},\cdots,\mathbf{x}_{NT})'$，$N\times 1$ 的向量 $\mathbf{u}_t=(u_{1t},\cdots,u_{Nt})'$ 以及 $\sigma_u^2 I_N$ 在适当的位置替换 y_t，$\mathbf{x}_t$，$\mathbf{u}_t$ 和 σ_u^2 后，6.4.2 节中的所有推导仍然成立。MLE 可按本节论述的方法导出，但要用 192

$$\begin{aligned}\log L=&\text{const}-\frac{1}{2}\sum\nolimits_t \log\mid X_t'\textstyle\sum_{t|t-1}X_t+\sigma_u^2 I_N\mid\\&-\frac{1}{2}\sum\nolimits_t(\mathbf{y}_t-X_t\boldsymbol{\beta}_{t|t-1})'\\&\times(X_t\textstyle\sum_{t|t-1}X_t'+\sigma_u^2 I_N)^{-1}(\mathbf{y}_t-X_t\boldsymbol{\beta}_{t|t-1})\end{aligned}\tag{6.4.27'}$$

替换似然函数（6.4.27）。不过我们不用从前 K 期观测值开始迭代。如果 $N>K$，我们只需用第一期横截面数据即可得到 $\boldsymbol{\beta}_{1|1}$ 和 $\sum_{1|1}$。有关计算的其他细节可参见 Harvey (1978)，Harvey 和 Philips (1982)。

6.4.4 参数恒定性检验

对原假设“回归系数在各时期恒定”的一个简单替换是令

$$\boldsymbol{\beta}_t=\boldsymbol{\beta}_{t-1}+\boldsymbol{\eta}_t\tag{6.4.28}$$

并假定 $\boldsymbol{\eta}_t$ 是独立正态分布的随机变量，其均值为 0，协方差矩阵为对角矩阵 Ψ。将 $\boldsymbol{\beta}_0$ 当作固定常数时，我们有

$$\boldsymbol{\beta}_t=\boldsymbol{\beta}_0+\sum_{s=1}^{t}\boldsymbol{\eta}_s\tag{6.4.29}$$

因此回归模型为

$$\begin{aligned}y_t&=\mathbf{x}_t'\boldsymbol{\beta}_t+u_t=\mathbf{x}_t'\boldsymbol{\beta}_0+u_t+\mathbf{x}_t'\Big(\sum_{s=1}^{t}\boldsymbol{\eta}_s\Big)\\&=\mathbf{x}_t'\boldsymbol{\beta}_0+u_t^*\end{aligned}\tag{6.4.30}$$

其中 $u_t^*=u_t+\mathbf{x}_t'\big(\sum_{s=1}^{t}\boldsymbol{\eta}_s\big)$ 的协方差为

$$Eu_t^{*2}=\sigma_u^2+t\mathbf{x}_t'\Psi\mathbf{x}_t\tag{6.4.31}$$

因 $\Psi=\text{diag}\{\psi_{kk}\}$，式（6.4.31）变成

$$Eu_t^{*2}=\sigma_u^2+t\sum_{k=1}^{K}x_{kt}^2\psi_{kk},\qquad t=1,\cdots,T\tag{6.4.32}$$

原假设是说 $\Psi=\mathbf{0}$。故此处的 Breusch-Pagan (1979) Lagrange 乘子检验是做 $\hat{u}_t^2/\hat{\sigma}_u^2$ 关于 $t(1,x_{2t}^2,\cdots,x_{Kt}^2)$，$t=1,\cdots,T$ 的回归，其中 $\hat{u}_t$ 是最小二乘残差，$\hat{u}_t=y_t-\hat{\boldsymbol{\beta}}'\mathbf{x}_t$，$\hat{\boldsymbol{\beta}}=\big(\sum_{t=1}^{T}\mathbf{x}_t\mathbf{x}_t'\big)^{-1}\big(\sum_{t=1}^{T}\mathbf{x}_t y_t\big)$，$\hat{\sigma}_u^2=\sum_{t=1}^{T}\hat{u}_t^2/T$。在原假设下，该回归解释平方和的一半是自由度为 K 的渐近 χ^2 分布。[①] 193

如果使用面板数据，则也可用经典的协方差分析检验间接检验参数的恒定性。根据“参数向量 $\boldsymbol{\beta}_t$ 在抽样周期内对不同的横截面单元是常数”的假设，间

---

① 注意，在备择假设下 u_t^* 序列相关。因此 Breusch-Pagan 检验对备择假设可能无效。

接检验方法是假定原假设为

$$H_0: \boldsymbol{\beta}_1=\boldsymbol{\beta}_2=\cdots=\boldsymbol{\beta}_T=\boldsymbol{\beta}$$

如果回归模型 $y_{it}=\boldsymbol{\beta}_t'\mathbf{x}_{it}+u_{it}$ 的扰动项对所有的 i 和 t 都是独立正态分布的，则在原假设下，第 2 章中的统计量 F_3'是自由度为（$T-1)K$ 和 $N(T-K)$ 的 F 分布。

如果拒绝了原假设，则我们可用在宽松的正则性条件 $\text{plim}_{N\to\infty}\hat{\boldsymbol{\beta}}_t=\boldsymbol{\beta}_t$，$t=1$，…，$T$ 下的信息来研究参数在不同时期波动的性质。我们可对 $\hat{\boldsymbol{\beta}}_t$ 应用 Box-Jenkins（1970）法来识别一个适当的随机过程，利用该过程可对参数波动进行建模。

6.5 系数是其他外生变量的函数

有时我们并不假定参数从同一分布中随机抽取，而是研究 $\boldsymbol{\beta}_{it}$ 与个体或时期属性可能相关这一有趣的问题［参见 Amemiya（1978b）；Hendricks，Koenker 和 Poirier（1979）；Singh 等（1976）；Swamy 和 Tinsley（1977）；Wachter（1970）］。在线性模型范围内，包含系统误差的随机参数模型有个一般形式。假定

$$\mathbf{y}_i=X_{i1}\boldsymbol{\beta}_1+X_{i2}\boldsymbol{\beta}_{2i}+\mathbf{u}_i,\qquad i=1,\ \cdots,\ N \tag{6.5.1}$$

和

$$\boldsymbol{\beta}_{2i}=Z_i\boldsymbol{\gamma}+\boldsymbol{\eta}_{2i} \tag{6.5.2}$$

其中 X_{i1}表示第 i 个个体前 K_1 个外生变量时序观测的 $T\times K_1$ 矩阵，X_{i2}表示后 $K_2(=K-K_1)$ 个外生变量时序观测的 $T\times K_2$ 矩阵。$\boldsymbol{\beta}_1$ 是 $K_1\times 1$ 的常数向量，$\boldsymbol{\beta}_{2i}$是按照式（6.5.2）变化的 $K_2\times 1$ 向量，Z_i 和γ分别是 $K_2\times M$ 的已知常数矩阵和$M\times 1$ 的未知常数向量，$\mathbf{u}_i$ 和 $\boldsymbol{\eta}_{2i}$是 $T\times 1$ 和 $K_2\times 1$ 的不可观测随机向量。譬如，Wachter（1970）用 $\mathbf{y}_i$ 表示产业 i 相对工资率对数的时序观测值向量。
194 X_{i1}由产业 i 的相对附加值和消费者价格变化等变量的对数组成，X_{i2}由失业人数对数的单个时序观测向量组成，而 Z_i 包含产业 i 的集中度和工会化程度两个变量。

为简单起见，我们假定 $\mathbf{u}_i$ 和 $\boldsymbol{\eta}_{2i}$不相关，且均值为零。$\mathbf{u}_i$ 和 $\boldsymbol{\eta}_{2i}$的方差-协方差矩阵是

$$E\mathbf{u}_i\mathbf{u}_j'=\sigma_{ij}I_T \tag{6.5.3}$$

和

$$E\boldsymbol{\eta}_{2i}\boldsymbol{\eta}_{2j}'=\begin{cases}\Lambda & \text{如果 } i=j\\ \mathbf{0} & \text{如果 } i\neq j\end{cases} \tag{6.5.4}$$

令 $\Sigma=(\sigma_{ij})$。我们可将 $\mathbf{u}=(\mathbf{u}_1',\ \cdots,\ \mathbf{u}_N')'$和 $\boldsymbol{\eta}_2=(\boldsymbol{\eta}_{21}',\ \cdots,\ \boldsymbol{\eta}_{2N}')'$的方差-协方差矩阵记为

$$E\mathbf{u}\mathbf{u}'=\Sigma\otimes I_T \tag{6.5.5}$$

并且

$$E\boldsymbol{\eta}_2\boldsymbol{\eta}'_1=\begin{bmatrix}\Lambda & & \mathbf{0}\\ & \ddots & \\ \mathbf{0} & & \Lambda\end{bmatrix}=\widetilde{\Lambda} \tag{6.5.6}$$

综合式（6.5.1）和（6.5.2），我们有

$$\mathbf{y}=X_1\boldsymbol{\beta}_1+\mathbf{W}\boldsymbol{\gamma}+\widetilde{X}_2\boldsymbol{\eta}_2+\mathbf{u} \tag{6.5.7}$$

其中

$$\underset{NT\times 1}{\mathbf{y}}=(\mathbf{y}'_1,\ \cdots,\ \mathbf{y}'_N)'$$

$$\underset{NT\times K_1}{X_1}=(X'_{11},\ \cdots,\ X'_{N1})'$$

$$\underset{NT\times M}{\mathbf{W}}=(Z'_1X'_{12},\ Z'_1X'_{22},\ \cdots,\ Z'_NX'_{N2})'$$

$$\underset{NT\times NK_2}{\widetilde{X}_2}=\begin{bmatrix}X_{12} & & & \mathbf{0}\\ & X_{22} & & \\ & & \ddots & \\ \mathbf{0} & & & X_{N2}\end{bmatrix}$$

以及

$$\underset{NK_2\times 1}{\boldsymbol{\eta}_2}=(\boldsymbol{\eta}'_{21},\ \cdots,\ \boldsymbol{\eta}'_{2N})'$$

模型（6.5.7）中 $\boldsymbol{\beta}_1$ 和 $\boldsymbol{\gamma}$ 的 BLUE 是 GLS 估计量 195

$$\begin{bmatrix}\hat{\boldsymbol{\beta}}_1\\ \hat{\boldsymbol{\gamma}}\end{bmatrix}_{\text{GLS}}=\left\{\begin{bmatrix}X'_1\\ W'\end{bmatrix}[\Sigma\otimes I_T+\widetilde{X}_2\widetilde{\Lambda}\widetilde{X}'_2]^{-1}(X_1,\ W)\right\}^{-1}$$

$$\times\left\{\begin{bmatrix}X'_1\\ W'\end{bmatrix}[\Sigma\otimes I_T+\widetilde{X}_2\widetilde{\Lambda}\widetilde{X}'_2]^{-1}\mathbf{y}\right\} \tag{6.5.8}$$

如果 Σ 是对角矩阵，则模型（6.5.7）中随机项的方差-协方差矩阵是分块对角矩阵，它的第 i 块为

$$\Omega_i=X_{i2}\Lambda X'_{i2}+\sigma_{ii}I_T \tag{6.5.9}$$

GLS 估计量（6.5.8）可化简为

$$\begin{bmatrix}\hat{\boldsymbol{\beta}}_1\\ \hat{\boldsymbol{\gamma}}\end{bmatrix}_{\text{GLS}}=\left[\sum_{i=1}^{N}\begin{bmatrix}X'_{i1}\\ Z'_iX'_{i2}\end{bmatrix}\Omega_i^{-1}(X_{i1},\ X_{i2}Z_i)\right]^{-1}$$

$$\times\left[\sum_{i=1}^{N}\begin{bmatrix}X'_{i1}\\ Z'_iX'_{i2}\end{bmatrix}\Omega_i^{-1}\mathbf{y}_i\right] \tag{6.5.10}$$

Amemiya（1978b）建议用如下方法估计 Λ 和 σ_{ij}。令

$$\begin{bmatrix}\mathbf{y}_1\\ \vdots\\ \mathbf{y}_N\end{bmatrix}=\begin{bmatrix}X_{11}\\ \vdots\\ X_{N1}\end{bmatrix}\boldsymbol{\beta}_1+\begin{bmatrix}X_{12}\\ \mathbf{0}\\ \vdots\\ \mathbf{0}\end{bmatrix}\boldsymbol{\beta}_{21}+\begin{bmatrix}\mathbf{0}\\ X_{22}\\ \vdots\\ \mathbf{0}\end{bmatrix}\boldsymbol{\beta}_{22}+\cdots+\begin{bmatrix}\mathbf{0}\\ \vdots\\ X_{N2}\end{bmatrix}\boldsymbol{\beta}_{2N}+\begin{bmatrix}\mathbf{u}_1\\ \vdots\\ \mathbf{u}_N\end{bmatrix} \tag{6.5.11}$$

用最小二乘法估计模型（6.5.11），并将导出的估计量用 $\hat{\boldsymbol{\beta}}_1$ 和 $\hat{\boldsymbol{\beta}}_{2i}$（$i=1,\ \cdots,\ N$）

表示。则我们可用

$$\hat{\sigma}_{ij}=\frac{1}{T}(\mathbf{y}_i-X_{i1}\hat{\boldsymbol{\beta}}_1-X_{i2}\hat{\boldsymbol{\beta}}_{2i})'(\mathbf{y}_j-X_{j1}\hat{\boldsymbol{\beta}}_1-X_{j2}\hat{\boldsymbol{\beta}}_{2j}) \tag{6.5.12}$$

估计 σ_{ij}，而用

$$\hat{\boldsymbol{\gamma}}=\left(\sum_{i=1}^{N}Z'_iZ_i\right)^{-1}\left(\sum_{i=1}^{N}Z'_i\hat{\boldsymbol{\beta}}_{2i}\right) \tag{6.5.13}$$

估计$\boldsymbol{\gamma}$。最后用

$$\hat{\lambda}=\frac{1}{N}\sum_{i=1}^{N}(\hat{\boldsymbol{\beta}}_{2i}-Z_i\hat{\boldsymbol{\gamma}})(\hat{\boldsymbol{\beta}}_{2i}-Z_i\hat{\boldsymbol{\gamma}})' \tag{6.5.14}$$

估计 Λ。

196 得到 σ_{ij} 和 Λ 的一致估计（当 N 和 T 都趋于无穷时）后，将它们代入估计量(6.5.8)，由此导出的（$\boldsymbol{\beta}'_1$，$\boldsymbol{\gamma}'$）的两步 Aitken 估计量是一致的，且一般条件下渐近分布是正态分布。对假设$\boldsymbol{\gamma}=\mathbf{0}$，可在通常的回归框架下用 $\hat{\boldsymbol{\gamma}}'_{GLS}\mathrm{Var}(\hat{\boldsymbol{\gamma}}_{GLS})^{-1}\hat{\boldsymbol{\gamma}}_{GLS}$，其中

$$\mathrm{Var}(\hat{\boldsymbol{\gamma}}_{GLS})=[W'\widetilde{\Omega}^{-1}W-W'\widetilde{\Omega}^{-1}X_1(X'_1\widetilde{\Omega}^{-1}X_1)^{-1}X'_1\widetilde{\Omega}^{-1}W]^{-1} \tag{6.5.15}$$

以及

$$\widetilde{\Omega}=\widetilde{X}_2\widetilde{\Lambda}\widetilde{X}'_2+\Sigma\otimes I_T$$

6.6 固定系数和随机系数的混合模型

6.6.1 模型分析

前面讨论的许多模型可认为是一般的固定系数和随机系数混合模型的特殊形式。为方便表述，我们假定只存在时恒的横截面异质性。

假设横截面单元之间存在差异，因此

$$y_{it}=\sum_{k=1}^{K}\beta_{ki}x_{kit}+\sum_{\ell=1}^{m}\gamma_{\ell i}w_{\ell it}+u_{it},\qquad i=1,\cdots,N;\quad t=1,\cdots,T \tag{6.6.1}$$

其中 $\mathbf{x}_{it}$ 和 $\mathbf{w}_{it}$ 分别是 $K\times1$ 和 $m\times1$ 的解释变量向量，这些解释变量都与方程的误差项 u_{it} 独立。将这 NT 个观测堆积在一起，我们有

$$\mathbf{y}=X\boldsymbol{\beta}+W\boldsymbol{\gamma}+\mathbf{u} \tag{6.6.2}$$

其中

$$\underset{NT\times NK}{X}=\begin{pmatrix}X_1 & \mathbf{0} & \cdots & \mathbf{0}\\ \mathbf{0} & X_2 & \cdots & \mathbf{0}\\ \vdots & & \ddots & \vdots\\ \mathbf{0} & & & X_N\end{pmatrix}$$

$$\underset{NT\times Nm}{W}=\begin{pmatrix}W_1 & \mathbf{0} & \cdots & \mathbf{0}\\ \mathbf{0} & W_2 & \cdots & \mathbf{0}\\ \vdots & & \ddots & \vdots\\ \mathbf{0} & & & W_N\end{pmatrix}$$

$$\underset{NT\times 1}{\mathbf{u}}=(\mathbf{u}_1',\ \cdots,\ \mathbf{u}_N')$$ 197

$$\underset{NK\times 1}{\boldsymbol{\beta}}=(\boldsymbol{\beta}_1',\ \cdots,\ \boldsymbol{\beta}_N')'$$

$$\underset{Nm\times 1}{\boldsymbol{\gamma}}=(\boldsymbol{\gamma}_1',\ \cdots,\ \boldsymbol{\gamma}_N')'$$

与模型（6.2.2）一样，模型（6.6.1）假定每个横截面单元有不同的行为方程。在此情形下，混合的唯一优点是将模型（6.6.2）纳入 Zellner（1962）的似无关回归分析框架，从而提高了个体行为方程估计的效率。

建立固定系数和随机系数混合模型的动机是当横截面单元之间可能存在基本差异时，控制这些个体特异效应，通过对 $\mathbf{x}_{it}$ 和 $\mathbf{w}_{it}$ 的系数添加先验约束条件，我们仍有可能对总体的某些属性作出推断。假定存在随机约束和固定约束两种条件［参见 Hsiao（1991a）；Hsiao 等（1993）］，则有如下情形：

A.6.6.1. 假定 $\mathbf{x}_{it}$ 的系数满足随机约束条件

$$\boldsymbol{\beta}=A_1\bar{\boldsymbol{\beta}}+\boldsymbol{\alpha} \tag{6.6.3}$$

其中 A_1 是元素已知的 $NK\times L$ 矩阵，$\bar{\boldsymbol{\beta}}$ 是 $L\times 1$ 的常数向量，并假定 $\boldsymbol{\alpha}$ 是均值为 $\mathbf{0}$，协方差矩阵为非奇异阵 C，且与 $\mathbf{x}_{it}$ 独立的随机向量（正态分布的）。

A.6.6.2. 假定 $\mathbf{w}_{it}$ 的系数满足

$$\boldsymbol{\gamma}=A_2\bar{\boldsymbol{\gamma}} \tag{6.6.4}$$

其中 A_2 是元素已知的 $Nm\times n$ 矩阵，$\bar{\boldsymbol{\gamma}}$ 是 $n\times 1$ 的常数向量。

因 A_2 是已知的，故可将式（6.6.4）代入模型（6.6.2），并将模型记为

$$\mathbf{y}=X\boldsymbol{\beta}+\widetilde{W}\bar{\boldsymbol{\gamma}}+\mathbf{u} \tag{6.6.5}$$

其中 $\widetilde{W}=WA_2$，它满足式（6.6.3）。

假设 A.6.6.2 包含了各种可能的固定参数结构。譬如，如果 $\boldsymbol{\gamma}$ 对所有的横截面单元都不同，则我们可令 $A_2=I_N\otimes I_m$。另一方面，如果我们希望限制 $\boldsymbol{\gamma}_i=\boldsymbol{\gamma}_j$，则可令 $A_2=\mathbf{e}_N\otimes I_m$。

许多包含不可观测时恒个体异质性的线性面板数据模型可认为是模型（6.6.2）～（6.6.4）的特殊情形。这类模型有：

（1）所有横截面单元有共同的模型。如果行为模式之间不存在个体差异，则可令 $X=\mathbf{0}$，$A_2=\mathbf{e}_N\otimes I_m$，故模型（6.6.2）变成 198

$$y_{it}=\mathbf{w}_{it}'\bar{\boldsymbol{\gamma}}+u_{it} \tag{6.6.6}$$

（2）不同的横截面单元有不同的模型。如果认为所有的个体互不相同，则 $X=\mathbf{0}$，$A_2=I_N\otimes I_m$，模型（6.6.2）变成

$$y_{it}=\mathbf{w}_{it}'\boldsymbol{\gamma}_i+u_{it} \tag{6.6.7}$$

（3）变截距模型［参见 Kuh（1963），或第 3 章的 3.2 节］。如果控制可观测外生变量后，个体间的差异在各时期保持恒定，则令 $X=\mathbf{0}$，且

$$A_2=(I_N \otimes \mathbf{i}_m \vdots \mathbf{e}_N \otimes I^*_{m-1}), \quad \bar{\boldsymbol{\gamma}}=(\gamma_{11}, \cdots, \gamma_{N1}, \bar{\boldsymbol{\gamma}}_2, \cdots, \bar{\boldsymbol{\gamma}}_m)'$$

此时 $W_i=(\mathbf{e}_T, \mathbf{w}_{i2}, \cdots, \mathbf{w}_{im})$，$i=1, \cdots, N$，$\mathbf{i}_m=(1, 0, \cdots, 0)'$，$\underset{m\times(m-1)}{I^*_{m-1}}=(\mathbf{0} \vdots I_{m-1})'$，则模型（6.6.2）变成

$$y_{it}=\gamma_{i1}+\bar{\gamma}_2 w_{it2}+\cdots+\bar{\gamma}_m w_{itm}+u_{it} \tag{6.6.8}$$

（4）误差成分模型［参见 Balestra 和 Nerlove（1966）；Wallace 和 Hussain（1969）；或第 3 章的 3.3 节］。将个体特异的时恒遗漏变量的效应，与假设中的其他遗漏变量的效应一样，当作随机变量时，我们可令 $X_i=\mathbf{e}_T$，$\boldsymbol{\alpha}'=(\alpha_1, \cdots, \alpha_N)$，$A_1=\mathbf{e}_N$，$C=\sigma^2_\alpha I_N$，$\bar{\beta}$ 是未知常数，

而 $\mathbf{w}_{it}$ 不包含截距项。则模型（6.4.2）变成

$$y_{it}=\bar{\beta}+\bar{\boldsymbol{\gamma}}'\mathbf{w}_{it}+\alpha_i+u_{it} \tag{6.6.9}$$

（5）随机系数模型［Swamy（1970），或第 6 章的 6.2.2 节］。令 $Z=\mathbf{0}$，$A_1=\mathbf{e}_N \otimes I_K$，和 $C=I_N \otimes \Delta$。则我们得到模型（6.2.7）。

6.6.2 Bayes 解

从 Bayes 的视角来看，我们可认为满足式（6.6.3）的模型（6.6.5）包含关于 $\boldsymbol{\beta}$ 的先验信息（6.6.3），但没有关于 $\bar{\boldsymbol{\gamma}}$ 的信息。在经典抽样方法中，通常是在“生成观测值 $\mathbf{y}$ 的概率律 $f(\mathbf{y}, \boldsymbol{\theta})$ 已知，而参数向量 $\boldsymbol{\theta}$ 未知”的假设下进行推断。参数 $\boldsymbol{\theta}$ 的估计量 $\hat{\boldsymbol{\theta}}(\mathbf{y})$ 是关于 $\mathbf{y}$ 的函数，因此，在重复实验中它们的抽样分布在某种意义上尽可能地向 $\boldsymbol{\theta}$ 的真值集中。Bayes 方法采用了不同的做法。首先，将所有的量，包括参数，都当作随机变量。其次，所有的概率命题是有条
199 件的，因此在给出概率命题时不仅考察概率已经讨论过的事件，还有必要考察作为条件的事件。所以，作为模型的一部分，我们需要引入参数 $\boldsymbol{\theta}$ 的先验分布 $p(\boldsymbol{\theta})$。先验分布表示在获取数据之前对 $\boldsymbol{\theta}$ 的认知（或忽略）的状况。已知概率模型 $f(\mathbf{y}; \boldsymbol{\theta})$，先验分布以及 $\mathbf{y}$ 的数据，则 $\boldsymbol{\theta}$ 的概率分布可表示为 $p(\boldsymbol{\theta} \mid \mathbf{y})$，在 Bayes 理论中，称它为 $\boldsymbol{\theta}$ 的后验分布［参见 Intriligator，Bodkin 和 Hsiao（1996）］[①]：

$$P(\boldsymbol{\theta} \mid \mathbf{y}) \propto P(\boldsymbol{\theta}) f(\mathbf{y} \mid \boldsymbol{\theta}) \tag{6.6.10}$$

这里符号∝表示“与……成比例”，其比例系数是规范化的常数。

假设

A.6.6.3. $\mathbf{u} \sim N(\mathbf{0}, \Omega)$

我们可将模型（6.6.5）写成如下形式：

A.1. 控制 X，$\widetilde{W}$，$\boldsymbol{\beta}$ 和 $\bar{\boldsymbol{\gamma}}$ 后，

$$\mathbf{y} \sim N(X\boldsymbol{\beta}+\widetilde{W}\bar{\boldsymbol{\gamma}}, \Omega) \tag{6.6.11}$$

A.2. $\boldsymbol{\beta}$ 和 $\bar{\boldsymbol{\gamma}}$ 的先验分布是独立的：

$$P(\boldsymbol{\beta}, \bar{\boldsymbol{\gamma}})=P(\boldsymbol{\beta}) \cdot P(\bar{\boldsymbol{\gamma}}) \tag{6.6.12}$$

---

① 根据 Bayes 定理，给定 B 在 A 下的条件概率，记为 $P(B \mid A)$，$P(B \mid A)=P(A \mid B)P(B)/P(A)$，与 $P(A \mid B)P(B)$ 成正比。

A. 3. $P(\boldsymbol{\beta}) \sim N(A_1\bar{\boldsymbol{\beta}},\ C)$

A. 4. 没有关于 $\bar{\boldsymbol{\beta}}$ 和 $\bar{\boldsymbol{\gamma}}$ 的信息；故 $P(\bar{\boldsymbol{\beta}})$ 和 $P(\bar{\boldsymbol{\gamma}})$ 相互独立，且

$P(\bar{\boldsymbol{\beta}}) \propto$ 常数

$P(\bar{\boldsymbol{\gamma}}) \propto$ 常数

控制 Ω 和 C 后，再多次应用附录 6A 中的公式得到［Hsiao 等（1993）］：

（1）给定 $\mathbf{y}$ 后，$\bar{\boldsymbol{\beta}}$ 和 $\bar{\boldsymbol{\gamma}}$ 后验分布是

$$N\left(\begin{pmatrix}\bar{\boldsymbol{\beta}}^*\\ \bar{\boldsymbol{\gamma}}^*\end{pmatrix},\ D_1\right) \tag{6.6.13}$$

其中

$$D_1=\left[\begin{pmatrix}A'_1X'\\ \widetilde{W}'\end{pmatrix}(\Omega+XCX')^{-1}(XA_1,\ \widetilde{W})\right]^{-1} \tag{6.6.14}$$

以及

$$\begin{pmatrix}\bar{\boldsymbol{\beta}}^*\\ \bar{\boldsymbol{\gamma}}^*\end{pmatrix}=D_1\begin{bmatrix}A'_1X'\\ \widetilde{W}'\end{bmatrix}(\Omega+XCX')^{-1}\mathbf{y} \tag{6.6.15}$$

（2）给定 $\bar{\boldsymbol{\beta}}$ 和 $\mathbf{y}$ 后，$\boldsymbol{\beta}$ 的后验分布是 $N(\boldsymbol{\beta}^*,\ D_2)$，其中 200

$$D_2=\{X'[\Omega^{-1}-\Omega^{-1}\widetilde{W}(\widetilde{W}'\Omega^{-1}\widetilde{W})^{-1}\widetilde{W}'\Omega^{-1}]X+C^{-1}\}^{-1} \tag{6.6.16}$$

$$\boldsymbol{\beta}^*=D_2\{X'[\Omega^{-1}-\Omega^{-1}\widetilde{W}(\widetilde{W}'\Omega^{-1}\widetilde{W})^{-1}\widetilde{W}'\Omega^{-1}]\mathbf{y}+C^{-1}A_1\bar{\boldsymbol{\beta}}\} \tag{6.6.17}$$

（3）$\boldsymbol{\beta}$ 的（无条件）后验分布是 N（$\boldsymbol{\beta}^{**}$，D_3），其中

$$\begin{aligned}D_3=\{&X'[\Omega^{-1}-\Omega^{-1}\widetilde{W}(\widetilde{W}'\ \Omega^{-1}\widetilde{W})^{-1}\widetilde{W}'\Omega^{-1}]X+C^{-1}\\ &-C^{-1}A_1(A'_1C^{-1}A_1)^{-1}A'_1C^{-1}\}^{-1}\end{aligned} \tag{6.6.18}$$

$$\begin{aligned}\boldsymbol{\beta}^{**}&=D_3\{X'[\Omega^{-1}-\Omega^{-1}\widetilde{W}(\widetilde{W}'\Omega^{-1}\widetilde{W})^{-1}\widetilde{W}'\Omega^{-1}]\mathbf{y}\ \}\\ &=D_2\{X'[\Omega^{-1}-\Omega^{-1}\widetilde{W}(\widetilde{W}'\Omega^{-1}\widetilde{W})^{-1}\widetilde{W}'\Omega^{-1}]X\hat{\boldsymbol{\beta}}+C^{-1}A_1\bar{\beta}^*\ \}\end{aligned} \tag{6.6.19}$$

其中 $\hat{\boldsymbol{\beta}}$ 是模型（6.6.5）的 GLS 估计

$$\begin{aligned}\hat{\boldsymbol{\beta}}=&\{X'[\Omega^{-1}-\Omega^{-1}\widetilde{W}(\widetilde{W}'\Omega^{-1}\widetilde{W})^{-1}\widetilde{W}'\Omega^{-1}]X\ \}^{-1}\\ &\times\{X'[\Omega^{-1}-\Omega^{-1}\widetilde{W}(\widetilde{W}'\Omega^{-1}\widetilde{W})^{-1}\widetilde{W}'\Omega^{-1}]\mathbf{y}\ \}\end{aligned} \tag{6.6.20}$$

给定误差估计的二次损失函数，Bayes 点估计就是后验均值。$\bar{\boldsymbol{\beta}}$ 和 $\bar{\boldsymbol{\gamma}}$ 的后验均值（6.6.15）是模型（6.6.5）代入限制条件（6.6.3）后，模型

$$\mathbf{y}=XA_1\bar{\boldsymbol{\beta}}+\widetilde{W}\bar{\boldsymbol{\gamma}}+\mathbf{v} \tag{6.6.21}$$

的 GLS 估计量，其中 $\mathbf{v}=X\alpha+\mathbf{u}$。但 $\boldsymbol{\beta}$ 的后验均值不是模型（6.6.5）的 GLS 估计量。它是 $\boldsymbol{\beta}$ 的 GLS 估计量和全局均值 $\bar{\boldsymbol{\beta}}$（6.6.17）或 $\bar{\boldsymbol{\beta}}^*$(6.6.19) 的加权平均，权重和各自估计精度的逆成比例。因为虽然模型（6.2.2）和（6.6.5）都允许系数随横截面单元不同，但式（6.6.3）增加了 $\boldsymbol{\beta}$ 是随机变量且均值为 $X_1\bar{\boldsymbol{\beta}}$ 的先验信息。对模型（6.2.2）来说，个体结果的最优线性预测是将个体系数的最优线性无偏估计量代入个体方程。对模型（6.6.5）和（6.6.3）来说，因为预期 $\boldsymbol{\beta}_i$ 对所有的 i 都相同，而实际差异是或然性结果，故关于 $\boldsymbol{\beta}_i$ 的其他信息可通过检

查其他个体的行为得到，譬如式（6.6.17）或（6.6.19）。

在误差成分模型（6.6.9）的特殊情形中，$X=I_N \otimes \mathbf{e}_T$。在 $\mathbf{w}_{it}$ 包含截距项（如$\hat{\beta}=0$）和 u_{it} 是独立同分布的假设下，$\bar{\boldsymbol{\gamma}}$ 的 Bayes 估计量（6.6.15）就是模型（6.6.21）的 GLS 估计量 $\bar{\boldsymbol{\gamma}}^*$。式（6.6.17）中 α_i 的 Bayes 估计量是

$$\alpha_i^{**}=\frac{T\sigma_\alpha^2}{T\sigma_\alpha^2+\sigma_u^2}\hat{\bar{v}}_i \tag{6.6.22}$$

201 其中 $\hat{\bar{v}}_i=\frac{1}{T}\sum_{t=1}^{T}\hat{v}_{it}$，而 $\hat{v}_{it}=y_{it}-\bar{\boldsymbol{\gamma}}^*\mathbf{w}_{it}$。用 $\bar{\boldsymbol{\gamma}}^*$ 和 α_i^{**} 代替模型（6.6.9）中未知的 $\bar{\boldsymbol{\gamma}}$ 和 α_i，Wansbeek 和 Kapteyn（1978）以及 Taub（1979）证明

$$\hat{y}_{i,t+s}=\bar{\boldsymbol{\gamma}}^{*\prime}\mathbf{w}_{i,t+s}+\alpha_i^{**} \tag{6.6.23}$$

是对 i 个个体提前 s 期的最优线性无偏预测（BLUP）。①

6.6.3 随机系数还是固定系数?

6.6.3.1 案例：个体与混合参数估计的对比

在经典分析框架内，预测独立抽取的随机变量 $\boldsymbol{\beta}_i$（或 $\boldsymbol{\alpha}_i$）毫无意义。但在面板数据中，我们事实上有两个可控制的维度——横截面维度和时序维度。即便对每个 i，$\boldsymbol{\beta}_i$ 是独立分布的随机变量，但抽取了某个特殊的 $\boldsymbol{\beta}_i$ 后，它在各时期保持恒定。因此，预测 $\boldsymbol{\beta}_i$ 是有意义的。对 $\boldsymbol{\beta}_i$ 的经典预测是模型（6.6.5）的广义最小二乘估计量。Bayes 预测（6.6.19）是模型（6.6.5）中 $\boldsymbol{\beta}$ 的广义最小二乘估计量和全局均值 $A_1\bar{\boldsymbol{\beta}}$（如果 $\bar{\boldsymbol{\beta}}$ 已知）或 $A_1\bar{\boldsymbol{\beta}}^*$（如果 $\bar{\boldsymbol{\beta}}$ 未知）的加权平均，权重和各自估计精度的逆成比例。个体系数 $\boldsymbol{\beta}_i$ 的 Bayes 估计量使得 $\boldsymbol{\beta}_i$ 的 GLS 估计量向全局均值 $\bar{\boldsymbol{\beta}}$ 或 $\bar{\boldsymbol{\beta}}^*$ "收缩"。这种观点的合理性源自 De Finetti（1964）的可交换性假设。推导单个 $\boldsymbol{\beta}_i$ 的精确估计时如果没有足够多的时序观测（即 T 很小时），则考察其他个体的行为可得到关于 $\boldsymbol{\beta}_i$ 的某些信息，因为假定该个体的预期反应与其他个体相同，而个体反应的实际差异是或然机制发生作用的结果。

利用 1980 年第一季度至 1989 年第四季度的季度数据，我们估计加拿大顾客对超过 920 英里的长途拨号（远程）服务需求的线路特异性，表 6.1 列出了估计的结果［Hsiao，Appelbe 和 Dineen（1993）］。价格和收入系数的某些点对点单线路估计（无约束模型）的符号可能因多重共线性而与预期不符。但是，如果我们使用代表性顾客的假定，那么顾客对价格和收入变化的反应将基本相同，因此假定各条线路的这些系数是从一个具有常数均值和方差-协方差矩阵的总体中随机抽取的，同时也假设截距和季度虚拟变量的系数对不同路线是互不
202 相同的固定常数而允许线路特异效应存在，则所有估计的线路特异价格和收入系数有正确的正负号（表 6.1，第 3 列）。

① 当 u_{it} 序列相关时，参见 Baltagi 和 Li（1992）。关于估计系数和误差成分参数时的渐近平方误差，参见 Baille 和 Baltagi（1999）。

表 6.1　长途运输模型回归系数[a]

价格系数		
线路	无约束时	混合系数
1	−0.071 2 (−0.15)	−0.287 5 (N/A)
2	0.169 4 (0.44)	−0.022 0 (N/A)
3	−1.014 2 (−5.22)	−0.774 3 (N/A)
4	−0.487 4 (−2.29)	−0.168 6 (N/A)
5	−0.319 0 (−2.71)	−0.292 5 (N/A)
6	0.036 5 (0.20)	−0.056 8 (N/A)
7	−0.399 6 (−3.92)	−0.388 1 (N/A)
8	−0.103 3 (−0.95)	−0.250 4 (N/A)
9	−0.396 5 (−4.22)	−0.282 1 (N/A)
10	−0.618 7 (−4.82)	−0.593 4 (N/A)
平均	N/A	−0.311 6
线路	收入系数	
1	1.430 1 (3.07)	0.474 0 (N/A)
2	−0.348 (−0.09)	0.267 9 (N/A)
3	0.369 8 (1.95)	0.339 4 (N/A)
4	0.249 7 (0.70)	0.314 5 (N/A)
5	0.555 6 (2.71)	0.350 1 (N/A)
6	0.111 9 (0.95)	0.134 4 (N/A)
7	0.919 7 (8.10)	0.534 2 (N/A)
8	0.388 6 (3.88)	0.525 5 (N/A)
9	0.668 8 (6.16)	0.564 8 (N/A)
10	0.192 8 (2.39)	0.257 4 (N/A)
平均	N/A	0.376 2

[a] 括号内是 t 统计量的值。

资料来源：Hsiao，Appelbe 和 Dineen（1993，表 3）。

6.6.3.2　案例：预测比较

利用面板数据建模时，如果数据拒绝了同质性（假设），则将不可观测的异质性当作固定常数还是随机变量至关重要。譬如，在一份对加拿大安大略地区

电力需求的研究中，Hsiao 等（1989）估计了模型

$$y_{it}=\gamma_i y_{i,t-1}+\boldsymbol{\delta}_i'\mathbf{d}_{it}+\boldsymbol{\beta}_i'\mathbf{x}_{it}+u_{it} \tag{6.6.24}$$

其中 y_{it} 表示地区 i 在时期 t 月度电力需求（千瓦/小时或千瓦）的对数，$\mathbf{d}_{it}$ 表示
203 12 个月的虚拟变量，$\mathbf{x}_{it}$ 表示气候因素和收入、电力价格、相近替代品的价格的对数（都是按实际价格度量）。考虑四个不同的设定：

1. 不同地区的系数 $\boldsymbol{\theta}'=(\gamma_i, \boldsymbol{\delta}_i', \boldsymbol{\beta}_i')$ 是互不相同的固定常数。

2. 对所有的 i，系数 $\boldsymbol{\theta}_i=\boldsymbol{\theta}'=(\gamma, \boldsymbol{\delta}', \boldsymbol{\beta}')$。

3. 系数向量 $\boldsymbol{\theta}_i$ 是随机向量，其均值为 $\boldsymbol{\theta}$，协方差矩阵为 Δ。

4. 系数 $\boldsymbol{\beta}_i$ 是随机变量，且共同均值为 $\bar{\boldsymbol{\beta}}$、协方差矩阵为 Δ_{11}，系数 γ_i 和 $\boldsymbol{\delta}_i$ 对所有 i 是互不相同的固定常数。

用哈密尔顿、基奇纳-滑铁卢、伦敦、渥太华、圣凯瑟琳、萨德伯里、桑德贝、多伦多和温莎等地区从 1967 年 1 月至 1982 年 12 月的月度数据来估计这四种不同的设定。从 1983 年 1 月至 1986 年 12 月的提前一期均方根预测误

$$\sqrt{\sum_{t=T+1}^{T+f}(y_{it}-\hat{y}_{it})^2/f}$$

的比较列在表 6.2 和表 6.3 中。从这些表可以看出，简单混合（数据）(模型 2）和随机系数（模型 3）模型对地域性需求在平均意义上的预测精度较差。固定系数和随机系数的混合模型（模型 4）表现最好。我们发现有意思的是，将各地区的信息综合在一起，并适当考虑地区特异因素后，得到的区域性需求预测比简单使用地区特异数据（模型 1）的方法更好。

表 6.2　千瓦/小时对数的均方根预测误（提前一期预报）

城市	均方根误			
	地区特异效应	混合数据	随机系数	混合模型
哈密尔顿	0.086 5	0.053 5	0.082 5	0.083 0
基奇纳-滑铁卢	0.040 6	0.038 2	0.040 9	0.039 5
伦敦	0.046 6	0.049 4	0.046 7	0.046 4
渥太华	0.069 7	0.052 3	0.066 9	0.068 0
圣凯瑟琳	0.079 6	0.072 4	0.068 0	0.080 2
萨德伯里	0.045 4	0.085 7	0.045 4	0.046 0
桑德贝	0.046 8	0.061 5	0.047 7	0.047 3
多伦多	0.036 2	0.049 7	0.063 1	0.035 9
温莎	0.050 6	0.065 0	0.050 1	0.043 8
无加权平均	0.055 8	0.058 6	0.056 8	0.054 5
加权平均[a]	0.049 9	0.052 5	0.062 8	0.048 7

[a] 权重是所在城市 1985 年 6 月需求的千瓦/小时。

资料来源：Hsiao 等（1989，第 584 页）。

表 6.3　千瓦对数的均方根预测误（提前一期预报） 204

城市	均方根误			
	地区特异效应	混合数据	随机系数	混合模型
哈密尔顿	0.078 3	0.047 4	0.089 3	0.076 8
基奇纳-滑铁卢	0.087 3	0.044 0	0.084 3	0.080 3
伦敦	0.058 8	0.074 7	0.063 9	0.058 6
渥太华	0.082 4	0.064 8	0.084 6	0.076 8
圣凯瑟琳	0.053 1	0.054 7	0.051 1	0.053 4
萨德伯里	0.060 7	0.094 3	0.060 8	0.061 4
桑德贝	0.052 4	0.059 7	0.052 1	0.053 0
多伦多	0.042 9	0.062 8	0.060 9	0.042 1
温莎	0.055 0	0.086 8	0.059 5	0.054 3
无加权平均	0.063 4	0.065 5	0.0674	0.061 9
加权平均[a]	0.055 8	0.062 3	0.067 3	0.054 0

[a]权重是所在城市 1985 年 6 月需求的千瓦/小时。

资料来源：Hsiao 等（1989，第 584 页）。

6.6.3.3　模型选择

上面的例子表明，对个体异质性的处理方法给推断的精确性带来了差异。迄今为止，我们讨论的大量估计方法都是假定我们事先知道应将哪些系数当作（互不相同的）固定常数，将哪些系数当作随机变量。然而在实际应用中，我们鲜有选择适当设定的先验信息。为选择适当的模型表达式，经济学家们提出了大量的统计检验方法［参见 Breusch-Pagan（1979）；Hausman（1978）；或第 6 章的 6.2.2.4 节］。但所有这些检验本质上都利用了具体模型在特定框架内的含义。检验统计量的分布是在特定的原假设下导出来的，但备择假设却是复合型的。拒绝原假设并不表明自动接受特定的备择假设。将固定系数模型、随机系数模型或固定系数和随机系数的混合模型当作不同的模型并用模型选择准则来选择适当的设定［Hsiao 和 Sun（2000）］。譬如，如果在 $j=1, \cdots, J$ 个不同的设定中，模型 H_j 能得到 205

$$-2\log f(\mathbf{y} \mid H_j)+2m_j, \qquad j=1, \cdots, J \tag{6.6.25}$$

或

$$-2\log f(\mathbf{y} \mid H_j)+m_j \log NT, \qquad j=1, \cdots, J \tag{6.6.26}$$

的最小值，则我们可以依据 Akaike（1973）信息准则或 Schwarz（1978）Bayes 信息准则等著名的模型选择准则选择模型 H_j，这里 $\log f(\mathbf{y} \mid H_j)$ 和 m_j 分别表示模型 H_j 中 $\mathbf{y}$ 的对数似然值和未知参数个数。或者，Hsiao（1995）以及 Min 和 Zellner（1993）建议选择得到最高预测密度的模型。该方法将时序观测分成两期：1 到 T_1，用 $\mathbf{y}^1$ 表示，T_1+1 到 T，用 $\mathbf{y}^2$ 表示。前 T_1 期观测用来得到与

H_j 相关的参数 $\boldsymbol{\theta}^j$ 的概率分布 $P(\boldsymbol{\theta}^j \mid \mathbf{y}^1)$。然后用

$$\int f(\mathbf{y}^2 \mid \boldsymbol{\theta}^j) p(\boldsymbol{\theta}^j \mid \mathbf{y}^1) \mathrm{d}\boldsymbol{\theta}^j \tag{6.6.27}$$

估算预测密度，其中 $f(\mathbf{y}^2 \mid \boldsymbol{\theta}^j)$ 是 $\mathbf{y}^2$ 在 $\boldsymbol{\theta}^j$ 下的条件密度。Bayes 方法的推论会受到先验信息选择的影响，使用式（6.6.27）的优点是模型的选择与先验信息无关。我们可用无讯息（或零散）的先验信息导出 $P(\boldsymbol{\theta}^j \mid \mathbf{y}^1)$。该方法与“对经济理论的严格检验是它的预测能力，该检验是唯一的且是最后的检验”[Klein (1988，第 21 页)；还可见 Friedman (1953)]的思想也是一致的。

当 $\mathbf{y}^2$ 仅包含有限个观测值时，根据预测密度选择模型可能产生严重的样本依赖性。如果在 $\mathbf{y}^2$ 中分配过多的观测，则大量的样本信息不能用来估计未知参数。修正式（6.6.27）的一个折中办法是利用递归方法更新估计，

$$\begin{aligned} &\int f(\mathbf{y}_T \mid \boldsymbol{\theta}^j, \mathbf{y}^{T-1}) P(\boldsymbol{\theta}^j, \mathbf{y}^{T-1}) \mathrm{d}\boldsymbol{\theta}^j \\ &\quad \times \int f(\mathbf{y}_{T-1} \mid \boldsymbol{\theta}^j, \mathbf{y}^{T-2}) P(\boldsymbol{\theta}^j, \mathbf{y}^{T-2}) \mathrm{d}\boldsymbol{\theta}^j \\ &\quad \times \cdots \times \int f(\mathbf{y}_{T_1+1} \mid \boldsymbol{\theta}^j, \mathbf{y}^1) P(\boldsymbol{\theta}^j, \mathbf{y}^1) \mathrm{d}\boldsymbol{\theta}^j \end{aligned} \tag{6.6.28}$$

其中 $P(\boldsymbol{\theta}^j \mid \mathbf{y}^T)$ 表示从 1 到 T 的观测已知后 $\boldsymbol{\theta}$ 的后验分布。虽然该式看起来比较复杂，但事实表明 Bayes 更新公式计算相当直接。譬如模型（6.6.5）。令 $\boldsymbol{\theta} = (\boldsymbol{\beta}, \bar{\boldsymbol{\gamma}})$，$\boldsymbol{\theta}_t$ 和 V_t 表示 $\boldsymbol{\theta}$ 基于前 t 期观测的后验均值和方差。则

$$\boldsymbol{\theta}_t = V_{t-1}(Q_t' \Omega^{-1} \mathbf{y}_t + V_{t-1}^{-1} \boldsymbol{\theta}_{t-1}), \tag{6.6.29}$$

$$V_t = (Q_t' \Omega^{-1} Q_t + V_{t-1}^{-1})^{-1}, \quad t = T_1 + 1, \cdots, T \tag{6.6.30}$$

206 和

$$\begin{aligned} P(\mathbf{y}_{t+1} \mid \mathbf{y}^t) &= \int P(\mathbf{y}_{t+1} \mid \boldsymbol{\theta}, \mathbf{y}^t) P(\boldsymbol{\theta} \mid \mathbf{y}^t) \mathrm{d}\boldsymbol{\theta} \\ &\sim N(Q_{t+1} \boldsymbol{\theta}_t, \Omega + Q_{t+1} V_t Q_{t+1}') \end{aligned} \tag{6.6.31}$$

其中 $\mathbf{y}_t' = (y_{1t}, y_{2t}, \cdots, y_{Nt})$，$Q_t = (\mathbf{x}_t', \mathbf{w}_t')$，$\mathbf{x}_t = (\mathbf{x}_{1t}, \cdots, \mathbf{x}_{Nt})$，$\mathbf{w}_t = (\mathbf{w}_{1t}, \cdots, \mathbf{w}_{Nt})$，$\Omega = E\mathbf{u}_t\mathbf{u}_t'$，而 $\mathbf{u}_t' = (u_{1t}, \cdots, u_{Nt})$ [Hsiao 等 (1993)]。

Hsiao 和 Sun (2000) 用有限 Monte Carlo 方法评估这些模型选择准则在选择随机系数、固定系数、随机系数与固定系数混合设定时的功效。它们在选择正确设定时都有很好的功效。

6.7 动态随机系数模型

为易于表述又不失一般性，本节我们不考虑将模型（6.6.5）推广为动态模型的问题，而是考虑将随机系数模型（6.2.1）推广为形如①

① 我们仅关注短期调整系数 γ 的估计。关于长期系数估计的讨论，参见 Pesaran 和 Smith (1995)，Pesaran 和 Zhao (1999)，Pesaran，Shin 和 Smith (1999)，以及 Phillips 和 Moon (1999，2000)。

$$y_{it}=\gamma_i y_{i,t-1}+\boldsymbol{\beta}_i'\mathbf{x}_{it}+u_{it}, \quad |\gamma_i|<1, \quad i=1,\cdots,N; \ t=1,\cdots,T \tag{6.7.1}$$

的动态模型，其中 $\mathbf{x}_{it}$ 是 $k\times1$ 的外生变量向量，同时假定误差项 u_{it} 对所有的 t 是独立同分布的，其均值为零，方差为 σ_{ui}^2，对不同的 i 是相互独立的。假定系数 $\boldsymbol{\theta}_i=(\gamma_i,\ \boldsymbol{\beta}_i')'$ 对所有的 i 是独立分布的，具有均值 $\bar{\boldsymbol{\theta}}=(\bar{\gamma}_i,\ \bar{\boldsymbol{\beta}}')'$ 和协方差矩阵 Δ。令

$$\boldsymbol{\theta}_i=\bar{\boldsymbol{\theta}}+\boldsymbol{\alpha}_i \tag{6.7.2}$$

其中 $\boldsymbol{\alpha}_i=(\boldsymbol{\alpha}_{i1},\ \boldsymbol{\alpha}_{i2}')$。我们有

$$E\boldsymbol{\alpha}_i=\mathbf{0}, \quad E\boldsymbol{\alpha}_i\boldsymbol{\alpha}_j'=\begin{cases}\Delta & \text{如果 } i=j\\ \mathbf{0} & \text{其他}\end{cases} \tag{6.7.3}$$

和① 207

$$E\boldsymbol{\alpha}_i\mathbf{x}_{jt}'=\mathbf{0} \tag{6.7.4}$$

将第 i 个个体的 T 期时序观测值堆积成矩阵的形式，得到

$$\underset{T\times1}{\mathbf{y}_i}=Q_i\boldsymbol{\theta}_i+\mathbf{u}_i, \quad i=1,\cdots,N \tag{6.7.5}$$

其中 $\mathbf{y}_i=(y_{i1},\ \cdots,\ y_{it})'$，$Q_i=(\mathbf{y}_{i,-1},\ X_i)$，$\mathbf{y}_{i,-1}=(y_{i0},\ \cdots,\ y_{i,T-1})'$，$X_i=(\mathbf{x}_{i1},\ \cdots,\ \mathbf{x}_{it})'$，$\mathbf{u}_i=(u_{i1},\ \cdots,\ u_{it})'$，为易于表述，我们假定 y_{i0} 可观测。②

我们知道，因 $y_{i,t-1}$ 与 γ_i 相关，所以 $EQ_i\boldsymbol{\alpha}_i'\neq\mathbf{0}$，即不满足解释变量和 $\boldsymbol{\alpha}_i$ 之间的独立性［式（6.2.6）］假设。将 $\boldsymbol{\theta}_i=\bar{\boldsymbol{\theta}}+\boldsymbol{\alpha}_i$ 代入式（6.7.5）得到

$$\mathbf{y}_i=Q_i\bar{\boldsymbol{\theta}}+\mathbf{v}_i, \quad i=1,\cdots,N \tag{6.7.6}$$

其中

$$\mathbf{v}_i=Q_i\boldsymbol{\alpha}_i+\mathbf{u}_i \tag{6.7.7}$$

由于 208

$$y_{i,t-1}=\sum_{j=0}^{\infty}(\bar{\gamma}+\alpha_{i1})^j\mathbf{x}_{i,t-j-1}'(\bar{\boldsymbol{\beta}}+\boldsymbol{\alpha}_{i2})+\sum_{j=0}^{\infty}(\bar{\gamma}+\alpha_{i1})^j u_{i,t-j-1} \tag{6.7.8}$$

---

① $\mathbf{x}_{it}$ 的严格外生性条件（6.7.4）在动态随机系数模型的识别中非常关键。Chamberlain (1993) 给出一个模型

$$y_{it}=\gamma y_{i,t-1}+\boldsymbol{\beta}_i x_{it}+\alpha_i+u_{it}$$

其中 x_{it} 取值 0 或 1，该模型中的 γ 不可识别，因为 $E(\alpha_i\mid\mathbf{x}_i,\ \mathbf{y}_{i,-1})$ 不受约束，与 γ 识别有关的矩只有

$$E(\Delta y_{it}-\gamma\Delta y_{i,t-1}\mid\mathbf{x}_i^{t-1},\ \mathbf{y}_i^{t-2})=E(\boldsymbol{\beta}_i\Delta x_{it}\mid\mathbf{x}_i^{t-1},\ \mathbf{y}_i^{t-2}), \quad t=2,\cdots,T$$

其中 $\mathbf{x}_i^t=(x_{i1},\ \cdots,\ x_{it})$，$\mathbf{y}_i^t=(y_{i0},\ \cdots,\ y_{it})$。令 $\mathbf{w}_i^t=(\mathbf{x}_i^t,\ \mathbf{y}_i^t)$，上面的表达式在下面的两个条件下是等价的：

$$E(\Delta y_{it}-\gamma\Delta y_{i,t-1}\mid\mathbf{w}_i^{t-2},\ x_{i,t-1}=0)$$
$$=E(\boldsymbol{\beta}_i\mid\mathbf{w}_i^{t-2},\ x_{i,t-1}=0)P_r(x_{it}=1\mid\mathbf{w}_i^{t-2},\ x_{i,t-1}=0)$$

和

$$E(\Delta y_{it}-\gamma\Delta y_{i,t-1}\mid\mathbf{w}_i^{t-2},\ x_{i,t-1}=1)$$
$$=-E(\boldsymbol{\beta}_i\mid\mathbf{w}_i^{t-2},\ x_{i,t-1}=1)P_r(x_{it}=0\mid\mathbf{w}_i^{t-2},\ x_{i,t-1}=1)$$

如果 $E(\boldsymbol{\beta}_i\mid\mathbf{w}_i^{t-2},\ x_{i,t-1}=0)$ 和 $E(\boldsymbol{\beta}_i\mid\mathbf{w}_i^{t-2},\ x_{i,t-1}=1)$ 不受限制且 T 固定，则自回归参数 γ 无法从上面的两个方程中识别出来。

② 我们假定 $T(>3)$ 大到足以识别 γ 和 β。关于在 $T=3$ 且 y_{it} 是二值变量时不可识别的例子，参见 Chamberlain (1993) 或 Arellano 和 Honoré (2001)；还可见第 7 章。

所以 $E(\mathbf{v}_i \mid Q_i)\neq\mathbf{0}$。因此，与静态情形不同，共同均值 $\bar{\boldsymbol{\theta}}$ 的最小二乘估计量是不一致的。

式（6.7.7）和（6.7.8）还表明 $\mathbf{v}_i$ 的协方差矩阵 V 很难导出。因此，用 $V^{-1/2}$左乘式（6.7.6）将模型转化为误差项序列无关的方法无法实施。工具变量方法也不可行，因为与 $\mathbf{v}_i$ 无关的工具变量极可能与 Q_i 也无关。

Pesaran 和 Smith（1995）注意到当 $T\to\infty$时，$\mathbf{y}_i$ 对 Q_i 的最小二乘回归可得到 $\boldsymbol{\theta}_i$ 的一致估计量 $\hat{\boldsymbol{\theta}}_i$。他们建议对所有的 i 取 $\hat{\boldsymbol{\theta}}_i$ 的平均值作为 $\bar{\boldsymbol{\theta}}$ 的平均组估计量

$$\hat{\bar{\boldsymbol{\theta}}}=\frac{1}{N}\sum_{i=1}^{N}\hat{\boldsymbol{\theta}}_i \tag{6.7.9}$$

只要 N 和 $T\to\infty$时，$\sqrt{N}/T\to 0$，平均组估计量（6.7.9）就是一致的且渐近分布是正态分布［Hsiao，Pesaran 和 Tahmiscioglu（1999）］。

经济学研究中 T 较大的面板数据很少。但在“y_{i0}是已知的固定常数，$\boldsymbol{\alpha}_i$ 与 u_{it}独立正态分布”的假设下，与 6.6 节讨论的混合模型一样，我们可利用公式（6.6.13）推导 $\bar{\boldsymbol{\theta}}$ 在 σ_i^2 和 Δ 下的 Bayes 估计量。控制 Δ 和 σ_i^2 后，Bayes 估计量等于

$$\begin{aligned}\hat{\bar{\boldsymbol{\theta}}}_B=&\left\{\sum_{i=1}^{N}[\sigma_i^2(Q_i'Q_i)^{-1}+\Delta]^{-1}\right\}^{-1}\\&\times\sum_{i=1}^{N}[\sigma_i^2(Q_i'Q_i)^{-1}+\Delta]^{-1}\hat{\boldsymbol{\theta}}_i\end{aligned} \tag{6.7.10}$$

它是各单元最小二乘估计量的加权平均，相应的权重与个体方差成反比。当 $T\to\infty$，$N\to\infty$且 $\sqrt{N}/T^{3/2}\to 0$ 时，Bayes 估计量渐近等价于平均组估计量（6.7.9）。

在实践中方差成分 σ_i^2 和 Δ 已知的情况不多，因此 Bayes 估计量（6.7.10）很少能计算出来。一种计算方法是将 σ_i^2 和 Δ 的一致估计量，譬如（6.2.11）和
209 （6.2.12），代入公式（6.7.10），然后将它们当作已知的量。为便于标识，σ_i^2 和 Δ 已知时，我们称式（6.7.10）为**不可行 Bayes 估计量**（infeasible Bayes estimator）。在式（6.7.10）中用 σ_i^2 和 Δ 的一致估计量，譬如（6.2.11）和（6.2.12），替换 σ_i^2 和 Δ 之后得到的估计量为**经验 Bayes 估计量**（empirical Bayes estimator）。

另一方法是仿效 Lindley 和 Smith（1972）的做法，假定 σ_i^2 和 Δ 的先验分布是独立的，且分布函数为

$$P(\Delta^{-1},\ \sigma_1^2,\ \cdots,\ \sigma_N^2)=W(\Delta^{-1}\mid(\rho R)^{-1},\ \rho)\prod_{i=1}^{N}\sigma_i^{-1} \tag{6.7.11}$$

其中 W 表示具有纯量矩阵（ρR）和自由度 ρ 的 Wishart 分布［参见 Anderson（1985）］。将该先验分布与模型（6.7.1）～（6.7.2）结合起来，我们可对联合后验密度函数求积分，去掉 σ_i^2 和 Δ 后得到重要参数的边际后验密度函数。但我们没有该积分的显式解。Hsiao，Pesaran 和 Tahmiscioglu（1999）建议用 Gibbs 抽样法计算边际密度。

Gibbs 抽样是一种只需知道参数向量完全条件密度的迭代 MCMC（Markov Chain Monte Carlo）方法［参见 Gelfand 和 Smith（1990）］。对参数向量 $\boldsymbol{\theta}=(\boldsymbol{\theta}_1, \cdots, \boldsymbol{\theta}_k)$，从某个任意的初始值，譬如 $(\boldsymbol{\theta}_1^{(0)}, \boldsymbol{\theta}_2^{(0)}, \cdots, \boldsymbol{\theta}_k^{(0)})$ 开始，以其他元素在最新迭代中的抽样值为条件，交替地从参数向量各元素的条件密度中抽取样本，即：

(1) 从 $P(\boldsymbol{\theta}_1 \mid \boldsymbol{\theta}_2^{(j)}, \boldsymbol{\theta}_3^{(j)}, \cdots, \boldsymbol{\theta}_k^{(j)}, \mathbf{y})$ 中抽取 $\boldsymbol{\theta}_1^{(j+1)}$ 的样本，

(2) 从 $P(\boldsymbol{\theta}_2 \mid \boldsymbol{\theta}_1^{(j+1)}, \boldsymbol{\theta}_3^{(j)}, \cdots, \boldsymbol{\theta}_k^{(j)}, \mathbf{y})$ 中抽取 $\boldsymbol{\theta}_2{}^{(j+1)}$ 的样本，

⋮

(k) 从 $P(\boldsymbol{\theta}_k \mid \boldsymbol{\theta}_1^{(j+1)}, \cdots, \boldsymbol{\theta}_{k-1}^{(j+1)}, \mathbf{y})$ 中抽取 $\boldsymbol{\theta}_k^{(j+1)}$ 的样本。

向量 $\boldsymbol{\theta}^{(0)}, \boldsymbol{\theta}^{(1)}, \cdots, \boldsymbol{\theta}^{(k)}$ 构成一个 Markov 链，从状态 $\boldsymbol{\theta}^{(j)}$ 到下一状态 $\boldsymbol{\theta}^{(j+1)}$ 的转换概率由

$$K(\boldsymbol{\theta}^{(j)}, \boldsymbol{\theta}^{(j+1)}) = P(\boldsymbol{\theta}_1 \mid \boldsymbol{\theta}_2^{(j)}, \cdots, \boldsymbol{\theta}_k^{(j)}, \mathbf{y})\, P(\boldsymbol{\theta}_2 \mid \boldsymbol{\theta}_1^{(j+1)}, \boldsymbol{\theta}_3^{(j)}, \cdots, \boldsymbol{\theta}_k^{(j)}, \mathbf{y}) \times \cdots \times P(\boldsymbol{\theta}_k \mid \boldsymbol{\theta}_1^{(j+1)}, \cdots, \boldsymbol{\theta}_{k-1}^{(j+1)}, \mathbf{y})$$

给定。迭代次数 j 趋于无穷时，我们可认为抽样值是从真实联合和边际后验分布中抽取的。此外，样本函数的遍历平均是它们期望值的一致估计。

假设 $\bar{\boldsymbol{\theta}}$ 的先验分布是 $N(\bar{\boldsymbol{\theta}}^*, \Psi)$，对模型（6.7.1）～（6.7.2）进行 Gibbs 抽样所需的条件分布易由 210

$$P(\boldsymbol{\theta}_i \mid \mathbf{y}, \bar{\boldsymbol{\theta}}, \Delta^{-1}, \sigma_1^2, \cdots, \sigma_N^2) \sim N\{A_i(\sigma_i^{-2}Q_i'\mathbf{y}_i + \Delta^{-1}\bar{\boldsymbol{\theta}}), A_i\} \quad i=1, \cdots, N$$

$$P(\bar{\boldsymbol{\theta}} \mid \mathbf{y}, \boldsymbol{\theta}_1, \cdots, \boldsymbol{\theta}_N, \Delta^{-1}, \sigma_1^2, \cdots, \sigma_N^2) \sim N\{D(N\Delta^{-1}\hat{\bar{\boldsymbol{\theta}}} + \Psi^{-1}\boldsymbol{\theta}^*), B\}$$

$$P(\Delta^{-1} \mid \mathbf{y}, \boldsymbol{\theta}_1, \cdots, \boldsymbol{\theta}_N, \bar{\boldsymbol{\theta}}, \sigma_1^2, \cdots, \sigma_N^2) \sim W\Big[\Big(\sum_{i=1}^N (\boldsymbol{\theta}_i - \bar{\boldsymbol{\theta}}) \times (\boldsymbol{\theta}_i - \bar{\boldsymbol{\theta}})' + \rho R\Big)^{-1}, \rho + N\Big]$$

$$P(\sigma_i^2 \mid \mathbf{y}_i, \boldsymbol{\theta}_1, \cdots, \boldsymbol{\theta}_N, \bar{\boldsymbol{\theta}}, \Delta^{-1}) \sim IG[T/2, (\mathbf{y}_i - Q_i\boldsymbol{\theta}_i)'(\mathbf{y}_i - Q_i\boldsymbol{\theta}_i)/2] \quad i=1, \cdots, N$$

得到，其中 $A_i=(\sigma_i^{-2}Q_i'Q_i + \Delta^{-1})^{-1}$，$D=(N\Delta^{-1} + \Psi^{-1})^{-1}$，$\hat{\bar{\boldsymbol{\theta}}}=\frac{1}{N}\sum_{i=1}^N \boldsymbol{\theta}_i$，而 IG 表示逆 Γ 分布。

Hsiao，Pesaran 和 Tahmiscioglu（1999）用 Monte Carlo 方法研究了不可行 Bayes 估计量（6.7.10）、通过 Gibbs 抽样分层 Bayes 估计量、组均值估计量（6.7.8）、误差修正的组均值估计量［利用 Kiviet（1995）以及 Kiviet 和 Phillips（1993）的公式直接修正最小二乘估计量 $\hat{\boldsymbol{\theta}}_i$ 的有限 T 偏误，然后取平均值］、混合（数据）最小二乘估计量的有限样本性质。表 6.4 列出了 $N=50$ 以及 $T=5$ 或 $T=20$ 时 $\bar{\gamma}$ 不同估计量的偏误。不可行 Bayes 估计量功效很好，即使 $T=5$ 时它的偏差也比较小。$T=5$ 时，它的偏误在 3% ～ 17% 的范围内。$T=20$ 时，

它的偏误最多为 2%。分层 Bayes 估计量的功效也不错①，T 较小时经验 Bayes 估计量的功效紧随其后，但它的偏误随着 T 的增加快速上升。经验 Bayes 估计量在 $T=5$ 的一些情形下给出了非常好的结果，但在某些其他情形下偏误显得相当大。当 T 越来越大时，它的偏误明显下降。当 T 较小时，平均组估计量和偏误修正的平均组估计量都有较大偏误，相比之下偏误修正估计量表现稍好一点。但二者的功效都随着 T 的增加得以改善，且仍都比最小二乘估计量好得多。最小二乘估计量具有显著的偏误，且其偏误在 T 增加时一直存在。

211 **表 6.4　短期系数 $\bar{\gamma}$ 的偏误**

T	$\bar{\gamma}$		偏误					
			混合数据的 OLS	组均值	偏误修正的组均值	不可行 Bayes	经验 Bayes	分层 Bayes
5	1	0.3	0.368 59	−0.236 13	−0.140 68	0.051 20	−0.120 54	−0.025 00
	2	0.3	0.411 16	−0.235 64	−0.140 07	0.047 40	−0.111 51	−0.015 00
	3	0.6	1.280 29	−0.179 24	−0.109 69	0.057 51	−0.028 74	0.028 84
	4	0.6	1.294 90	−0.183 39	−0.108 30	0.068 79	−0.007 04	0.064 65
	5	0.3	0.063 47	−0.260 87	−0.155 50	0.010 16	−0.187 24	−0.100 68
	6	0.3	0.083 52	−0.260 39	−0.154 86	0.011 41	−0.180 73	−0.095 44
	7	0.6	0.547 56	−0.287 81	−0.172 83	0.054 41	−0.127 31	−0.029 97
	8	0.6	0.576 06	−0.281 98	−0.169 35	0.062 58	−0.103 66	−0.010 12
20	9	0.3	0.442 68	−0.071 74	−0.013 65	0.003 40	−0.002 38	0.006 21
	10	0.3	0.490 06	−0.069 10	−0.012 30	0.004 98	−0.001 06	0.006 94
	11	0.35	0.257 55	−0.068 47	−0.012 09	−0.001 72	−0.010 04	−0.000 11
	12	0.35	0.258 69	−0.066 44	−0.011 89	−0.002 29	−0.008 42	0.001 16
	13	0.3	0.071 99	−0.079 66	−0.015 08	−0.000 54	−0.016 37	−0.004 94
	14	0.3	0.093 42	−0.076 59	−0.012 82	0.002 44	−0.012 62	−0.001 07
	15	0.55	0.269 97	−0.097 00	−0.022 24	−0.000 62	−0.016 30	0.000 11
	16	0.55	0.298 63	−0.094 48	−0.021 74	−0.000 53	−0.013 52	0.001 98

资料来源：Hsiao，Pesaran 和 Tahmiscioglu（1999）。

Bayes 估计量是在“初始观测值 y_{i0} 是固定常数”的假设下推导出来的。如第 4 章或 Anderson 和 Hsiao（1981，1982）的讨论，对 T 有限的面板，该假设
212 显然不合理。但是，与对初始观测的正确建模非常重要的抽样方法不同，即使将初始观测当作固定常数，Bayes 方法在动态随机模型平均系数的估计中的表现也相当好。Monte Carlo 方法还提醒我们，不要在估计量渐近性质的基础上评判它们的作用。在 T 很小的面板中，平均组估计量和修正的平均组估计量表现

① 可用 $\Psi^{-1}=0$，$\rho=2$ 以及 R 等于 Δ 的 Swamy 估计这些值推导分层 Bayes 估计量。

都很糟糕。如果面板的时间维度不是充分大，分层 Bayes 估计量比其他一致估计量要更好些。

6.8 两个案例

6.8.1 流动性限制和企业投资支出

经济学家们深入细致地讨论了财政限制对公司投资的影响。在一种极端情形下，Jorgenson（1971）宣称“证据明显支持 Modigliani-Miller 定理［Modigliani 和 Miller（1958，1961）］。给定产出水平和外部资金后，内部流动性不是投资的重要决定因素”。而在另一种极端情形下，Stiglitz 和 Weiss（1981）辩称因为资本市场的不完美，内部资金和外部资金的成本通常会分离，但内部资金和外部资金一般不能完全相互替代。Fazzari，Hubbard 和 Petersen（1988），Bond 和 Meghir（1994）等通过研究各种不同类型公司（譬如，根据公司保留业务区分）现金流的影响来验证内部资金的重要性。如果完美资本市场的原假设正确，则各组现金流变量的系数不会存在差异。但研究发现股息支付率低的公司的现金流系数较大。

但是，假定只有股息支付率低的公司受到财政限制没有合理的理论基础。“规模越大的公司现金流系数越大”这一发现与交易成本和流动性限制的不对称信息解释都不一致。按照某个指标对企业进行分组能否刻画企业异质性仍是个问题。

Hsiao 和 Tahmiscioglu（1997）利用制造业部门 561 家企业在 1971—1992 年期间的 COMPUSTAT 年度工业数据分别用流动性模型或不用流动性模型估计下面五个不同的投资支出模型：

$$\left(\frac{I}{K}\right)_{it}=\alpha_i^*+\gamma_i\left(\frac{I}{K}\right)_{i,t-1}+\beta_{i1}\left(\frac{LIQ}{K}\right)_{i,t-1}+\epsilon_{it} \tag{6.8.1}$$

$$\left(\frac{I}{K}\right)_{it}=\alpha_i^*+\gamma_i\left(\frac{I}{K}\right)_{i,t-1}+\beta_{i1}\left(\frac{LIQ}{K}\right)_{i,t-1}+\beta_{i2}q_{it}+\epsilon_{it} \tag{6.8.2}$$

213

$$\left(\frac{I}{K}\right)_{it}=\alpha_i^*+\gamma_i\left(\frac{I}{K}\right)_{i,t-1}+\beta_{i1}\left(\frac{LIQ}{K}\right)_{i,t-1}+\beta_{i2}\left(\frac{S}{K}\right)_{i,t-1}+\epsilon_{it} \tag{6.8.3}$$

$$\left(\frac{I}{K}\right)_{it}=\alpha_i^*+\gamma_i\left(\frac{I}{K}\right)_{i,t-1}+\beta_{i2}q_{it}+\epsilon_{it} \tag{6.8.4}$$

$$\left(\frac{I}{K}\right)_{it}=\alpha_i^*+\gamma_i\left(\frac{I}{K}\right)_{i,t-1}+\beta_{i2}\left(\frac{S}{K}\right)_{i,t-1}+\epsilon_{it} \tag{6.8.5}$$

其中 I_{it} 是第 i 家企业在时期 t 的资本投资；LIQ_{it} 是流动性变量（定义为现金流减去股息）；S_{it} 是销售额；q_{it} 是 Tobin q 值［Brainard 和 Tobin（1968）；Tobin（1969）］，它是企业市值对资本替代值的比率；而 K_{it} 是资本存量的初期值。三个模型中的系数 β_{i1} 度量了流动性变量对企业 i 投资的短期影响。模型 4 和 5［模型(6.8.4）和（6.8.5)]是投资方程两个常见的变形——Tobin q 模型［参见 Hayashi (1982)，Summers (1981)]和销售能力模型（sales capacity model)［参见 Kuh (1963) ］。这两个模型没有把流动性变量当作解释变量，而是将销售变量当作未来对企业产品需求的代理变量。q 理论将 q 定义为新投资品的市值对其替代物成本的比率，它把投资和边际 q 联系起来。如果某企业有尚未充分利用的盈利机会，则其资金存量 1 美元的增长对其市值的提升将超过 1 美元。因此，预期企业管理人员将增加投资直到边际 q 等于 1。所以投资是边际 q 的增函数。因边际 q 不可观测，在实证工作中常用平均值或 Tobin q 代替。

表 6.5 和表 6.6 列出了各家企业利用这五个模型进行回归的一些摘要信息。表 6.5 给出了单侧检验在 5% 的显著性水平显著系数的百分比。表 6.6 给出了被估系数 1/4 和 3/4 分位数。估计的系数随企业变化时大幅变化。允许企业截距不同而斜率相同的 F 检验也被拒绝（见表 6.5)。

214 **表 6.5　单个企业的回归（具有显著系数企业的百分比）**

	企业百分比				
	模型 1	模型 2	模型 3	模型 4	模型 5
变量：					
$(LIQ/K)_{t-1}$	46	36	31		
q		31		38	
$(S/K)_{t-1}$			27		44
具有显著自回归					
企业的百分比（%）	14	12	13	20	15
实际 F 值	2.47	2.98	2.01	2.66	2.11
F 分布的临界值	1.08	1.08	1.08	1.06	1.06

注：企业数量是 561 家。单侧检验的显著性水平是 5%。实际 F 是检验不同企业斜率系数是否相等的 F 统计量的值。进行 F 检验时选择的显著性水平是 5%。检验序列相关时，Durbin t 检验用的是 5% 的显著性水平。

资料来源：Hsiao 和 Tahmiscioglu (1997，表 1)。

表 6.6　系数相异：对 561 家企业构成的样本在 1/4 和 3/4 分位数的斜率估计

模型	斜率估计			
	$(I/K)_{i,t-1}$	$(LIQ/K)_{i,t-1}$	q_{it}	$(S/K)_{i,t-1}$
1	0.026，0.405	0.127，0.529		
2	−0.028，0.359	0.062，0.464	0，0.039	
3	0.100，0.295	0.020，0.488		−0.005，0.057
4	0.110，0.459		0.007，0.048	
5	−0.935，0.367			0.012，0.077

资料来源：Hsiao 和 Tahmiscioglu (1997，表 2)。

将 β_{i1} 的变异和诸如派息率、公司规模、销售增长、资本强度、保留利润的标准差、负债与自有资本比率、资产负债表中流动性股票的度量、股东人数、行业虚拟变量等企业属性相结合的方法没有获得成功。这些变量总体上没能很好地解释 β_{i1} 估计量的变异。最大的 $\bar{R}^2$ 仅有 0.113。许多估计的系数在多个设定下不显著。因为完全共线性问题，我们既不能将式（6.5.2）代入模型（6.8.1）～（6.8.5），也不能直接估计系数。所以 Hsiao 和 Tahmiscioglu（1997）用资本强度比 0.55 作为截止点，将企业归类为适度同质组。资本强度被定义为样本期间股本对销售额比率的最小值。它在不同的设定中都是统计上最显著且最稳定的变量。

表 6.7 列出了资本密集度较弱的企业组和资本密集度较强的企业组的变截距模型估计。在流动性模型的三个变形中流动性变量都高度显著。两个组的流动性变量的系数之间也有显著的差异。但表 6.7 还显示两个组的所有模型设定都明确拒绝了"控制企业特异效应后斜率系数相等"的原假设。换句话说，用资本强度比 0.55 作为截止点，组内仍存在重大异质性。

表 6.7　资本密集度较弱企业和资本密集度较强企业模型的可变截距估计 215

变量	可变截距估计					
	资本密集度较弱的企业			资本密集度较强的企业		
$(I/K)_{i,t-1}$	0.265	0.198	0.248	0.392	0.363	0.364
	(0.011)	(0.012)	(0.011)	(0.022)	(0.023)	(0.022)
$(LIQ/K)_{i,t-1}$	0.161	0.110	0.119	0.308	0.253	0.278
	(0.007)	(0.007)	(0.007)	(0.024)	(0.027)	(0.025)
$(S/K)_{i,t-1}$		0.023			0.025	
		(0.001)			(0.006)	
q_{it}			0.011			0.009
			(0.000 6)			(0.002)
实际 F 值	2.04	1.84	2.22	2.50	2.19	2.10
临界 F 值	1.09	1.07	1.07	1.20	1.17	1.17
分子的自由度	834	1 251	1 251	170	255	255
分母的自由度	6 592	6 174	6 174	1 368	1 282	1 282
企业总数	418	418	418	86	86	86

注：因变量是 $(I/K)_{it}$。资本密集度较弱的企业是在抽样周期内（K/S）的最小值在 0.15～0.55 之间的企业，对资本密集度较高的企业而言（K/S）的最小值是大于 0.55 的。回归模型包含公司特有的截距。实际 F 值是用来检验斜率系数同质性的 F 统计量的值。F 检验选用的是 5% 的显著性水平。估计时期是 1974—1992 年间。括号内是标准误。

资料来源：Hsiao 和 Tahmiscioglu（1997，表 5）。

既然解释变量集不能充分解释 β_{i1} 的变异，也不能通过将企业分组得到同质性，我们只能将 $\boldsymbol{\beta}_i$ 当作互不相同的固定常数，或者认为 $\boldsymbol{\beta}_i$ 是从共同分布中随机抽取的。在随机效应框架内，个体差异被看作是从一个具有常数均值和方差的总体中随机抽取的。因此，将数据混合并试图得到关于总体的某些一般性结论是恰当的。另一方面，如果个体差异反映了基本的异质性，或者如果个体的响应系数与所包含的解释变量的值有关，则通常基于随机效应模型参数的估计可能让人产生误解。要避免这一偏误，我们必须将个体间的异质性当作固定常数。换句话说，我们必须研究每家企业的投资行为，且混合（数据）后没有优势。如果不混合（数据），自由度的缺乏和多重共线性可能使导出的估计量毫无意义，且很难得到一般性结论。

假定控制公司特异效应后，余下的斜率系数在缺乏资本强度组和富有资本强度组内是围绕某确定的均值随机分布的，表 6.8 列出了固定系数和随机系数
216 混合模型（6.6.24）的估计。为评估这些模型的适用性，我们将样本分为 1989 年之前和 1989 年之后两个时期，并假定每个公司对这三种流动性模型有不同的系数，表 6.9 列出了固定系数和随机系数的混合模型与固定系数模型递归预测
217 密度的对比。表中报告的数据是式（6.6.28）的对数。结果表明，对两个组来说，固定系数和随机系数的混合模型都优于固定系数模型。对流动性模型，Tobin q 和销售加速模型类似的比较也支持将流动性当作重要的解释变量。

表 6.8 资本密集度较弱企业和资本密集度较强企业固定系数与随机系数的混合模型的估计

变量	估计					
	资本密集度较弱的企业			资本密集度较强的企业		
$(I/K)_{i,t-1}$	0.230	0.183	0.121	0.321	0.302	0.236
	(0.018)	(0.017)	(0.019)	(0.036)	(0.037)	(0.041)
$(LIQ/K)_{i,t-1}$	0.306	0.252	0.239	0.488	0.449	0.416
	(0.021)	(0.023)	(0.027)	(0.065)	(0.067)	(0.079)
$(S/K)_{i,t-1}$		0.024			0.038	
		(0.003)			(0.015)	
q_{it}		0.019			0.022	
		(0.003)			(0.008)	
企业总数	418	418	418	86	86	86

注：因变量是 $(I/K)_{it}$。回归模型包含固定企业特异效应。估计时期是 1974—1992 年间。括号内是标准误。
资料来源：Hsiao 和 Tahmiscioglu（1997，表 7）。

表 6.8 表明估计的流动性系数是高度显著的，且不同类型的公司差异显著。结果表明，资本密集度较强的企业组与资本密集度较弱的企业组相比，流动性变量的平均系数要高出 60%～80%。流动性变量和固定投资变量之间隐含的长期关系在统计上也是显著的。譬如，对于模型（6.8.1），流动资本率 10% 的增长导致资本密集度较弱的企业组长期固定投资资本比率 4% 的增长，相比之下资本密集度较强的企业组有 7%的增长。混合（系数）模型估计的流动性变量的系数也比变截距模型得到的系数估计量明显大很多。如果这

些系数确实是随机分布且解释变量是正自相关的，则这就是我们进行组内估计时所预期的［Pesaran 和 Smith（1995）］。

表 6.9　综合货币需求函数的最小二乘估计

因变量	样本期	变量	估计的参数	标准误
M2	1980 年第四季度—2000 年第四季度	截距	1.304 62	0.289 75
		实际 GDP	−0.154 25	0.045 38
		RM2(−1)	1.070 22	0.027 90
		债券利率	−0.001 86	0.000 69
	1992 年第一季度—2000 年第四季度	截距	−0.162 72	0.850 81
		实际 GDP	0.008 47	0.067 72
		RM2(−1)	1.002 95	0.022 48
		债券利率	−0.002 50	0.001 40
M1	1980 年第四季度—2000 年第四季度	截距	0.469 07	0.218 52
		实际 GDP	−0.018 57	0.017 00
		RM(−1)	0.989 64	0.012 49
		债券利率	−0.005 66	0.001 35
	1992 年第一季度—2000 年第四季度	截距	−0.687 83	2.102 28
		实际 GDP	0.084 14	0.148 98
		RM1(−1)	0.960 38	0.019 999
		债券利率	−0.010 05	0.002 83

资料来源：Hsiao，Shen 和 Fujiki（2005，表 5）。

简而言之，不同企业的投资行为差异很大。忽略这些企业间的差异而要求它们有相同的参数时，流动性变量对企业投资的影响将被严重低估。固定系数和随机系数的混合模型对这些数据拟合良好。混合（系数）模型可以综合利用数据，并允许对一组企业得到一般性结论。估计的结果和预测检验表明财政限制是影响实际投资支出的最重要因素，至少对部分美国制造业公司来说如此。

6.8.2　集计分析与非集计分析

模型是简化了的现实世界。建模的目的是找到影响结果的重要因素。“合适的”集合是简化现实世界细节的方法之一。但对于没有扭曲经纪人基本行为关系的集合，还需给微观个体添加某种“同质性”条件。很多经济学家都已发现，当微观个体间存在异质性时，对那些来自微观关系的宏观变量，集计分析可能导出很不一样的关系［参见 Lewbel（1992，1994）；Pesaran（2003）；Stoker（1993）；Theil（1954）；Trivedi（1985）］。

譬如，考虑如下的简单动态方程：

$$y_{it}=\gamma_i y_{i,\,t-1}+\mathbf{x}_{it}'\boldsymbol{\beta}_i+\alpha_i+u_{it},\qquad |\gamma_i|<1,\qquad i=1,\ \cdots,\ N \tag{6.8.6}$$

其中扰动项 u_{it} 是协方差平稳的。式（6.8.6）中隐含着 y_{it} 与 $\mathbf{x}_{it}$ 之间的长期 218

关系：

$$y_{it}-\mathbf{x}_{it}'\mathbf{b}_i-\eta_i=v_{it} \tag{6.8.7}$$

其中$\mathbf{b}_i=(1-\gamma_i)^{-1}\boldsymbol{\beta}_i$，$\eta_i=(1-\eta_i)^{-1}\alpha_i$，$v_{it}=(1-\gamma_i)^{-1}u_{it}$。

令 $y_t=\sum_{i=1}^{N}y_{it}$，$\mathbf{x}_t=\sum_{i=1}^{N}\mathbf{x}_{it}$；则 v_t 是平稳过程，当且仅当下面两个条件［Hsiao，Shen Fujiki（2005）］中的一个成立时，y_t 与 $\mathbf{x}_t$ 之间存在类似的长期关系：

$$y_t=\mathbf{x}_t'\mathbf{b}-c=v_t \tag{6.8.8}$$

这两个条件如下：

（1）对所有的 i 和 j，都有$\frac{1}{1-\gamma_i}\boldsymbol{\beta}_i=\frac{1}{1-\gamma_j}\boldsymbol{\beta}_j$；或者

（2）如果$\frac{1}{1-\gamma_i}\boldsymbol{\beta}_i\neq\frac{1}{1-\gamma_j}\boldsymbol{\beta}_j$，则对所有的 t，$\mathbf{x}_t'=(\mathbf{x}_{1t}',\cdots,\mathbf{x}_{Nt}')$ 必定在 D 的零空间内，其中 $D'=\left(\frac{1}{1-\gamma_1}\boldsymbol{\beta}_1'-\mathbf{b}',\cdots,\frac{1}{1-\gamma_N}\boldsymbol{\beta}_N'-\mathbf{b}'\right)$。

面板数据不仅提供微观个体的信息，还可用来检验两个聚集条件是否“合适”。譬如，Hsiao，Shen 和 Fujiki（2005）发现（真实的）货币需求量、（实际）GDP 和（5 年期）债券利率之间的集计关系不稳定，且对时期转移相当敏感（见表 6.9）。估计的关系可能出现错误的符号或者统计上不显著（与样本包含的时期数有关）。他们估计的对 M1 和 M2 的长期收入弹性分别为 75.23 和 11.04，这两个值大得难以置信。

Hsiao，Shen 和 Fujiki（2005）认为，是日本 47 个县之间的“异质性”导致基于综合数据分析的结果不可置信。微观关系“不同时”，方法之一是分别估计每种微观关系。但时序样本数可能不足以导出可靠的微观关系。此外，政策制定者关心的是一般关系，而不是个体关系。随机系数模型便是一种既考虑个体异质性，又能估计一般关系的巧妙方法。表 6.10 中列出了基于日本 40 个县的数据，使用随机系数模型估计的（真实的）货币需求量、（实际）GDP 和（5 年期）债券利率之间的一般关系。估计的 M1 和 M2 短期收入弹性分别为 0.88 和 0.47，长期收入弹性分别为 2.56 和 1.01。这样的估计结果比较符合经济理论，且与观察到的大量日本实际情况一致。20 世纪 80 年代 M2 的平均增长率约为 9.34%，通胀率为 1.98%，M2 的实际增长率约为 7.36%，同期 GDP 的实际增长率为 4.13%。考虑到 5 年期债券利率从 1980 年第一季度的 9.332%下降到 1989 年第四季度的 5.767%，这些结果事实上非常接近基于非集计数据分析估计的长期收入弹性。

“异质性”确实存在于微观个体中时，该用加总的（估计的）微观关系还是用估计的总量关系预测集计分析结果呢？遗憾的是，目前对该问题的研究还不够充分。在选择使用加总模型（H_a）还是个体模型（H_d）预测总量变量时，Griliches 和 Grunfeld（1960）建议可按如下准则进行：

表 6.10　日本县级区域货币需求方程的随机系数模型估计结果 219

	M1		M2	
	系数	标准差	系数	标准差
滞后货币需求量	0.656	0.034	0.533	0.069
收入	0.881	0.114	0.473	0.069
债券利率	−0.047 6	0.006	−0.009	0.003
常数	−2.125	0.038	0.043	0.239
	M1（γ_i，$\boldsymbol{\beta}'$）的方差-协方差矩阵			
	0.015			
	−0.001	0.177		
	0.001	−0.059	0.000 5	
	−0.024	−0.588	−0.023	2.017
	M2（γ_i，$\boldsymbol{\beta}_i'$）的方差-协方差矩阵			
	0.068			
	−0.031	0.062		
	0.002	−0.000 3	0.001 4	
	−0.13	−0.107	−0.009	0.838 5

资料来源：Hsiao，Shen 和 Fujiki（2005，表 1）。

$$\text{如果 } \mathbf{e}_d{}'\mathbf{e}_d < \mathbf{e}_a{}'\mathbf{e}_a\text{，选择 } H_d\text{；否则选择 } H_a$$

其中 $\mathbf{e}_d$ 和 $\mathbf{e}_a$ 分别是在 H_d 和 H_a 下，估计总量关系时产生的残差。Hsiao，Shen 和 Fujiki（2005）基于各县典型事件人工生成时序数据，并比较了模型实验结果。表 6.11 的第一行是样本内拟合结果的比较，第二行是后样本预测结果的比较。两种标准都明确地支持使用个体关系的加总结果预测总量关系。 220

表 6.11　集计数据和非集计数据的误差平方和（EES）与估计的误差平方和（PES）

	M1		M2	
	集计数据	非集计数据	集计数据	非集计数据
EES	3.78×10^{9}	1.35×10^{6}	3.59×10^{43}	7.45×10^{42}
PES	2.51×10^{10}	5.75×10^{7}	9.55×10^{45}	2.04×10^{43}

资料来源：Hsiao，Shen 和 Fujiki（2005，表Ⅷ）。

6.9　相依随机系数模型

6.9.1　简介

标准变系数模型假定系数的变化与回归元的波动无关［如第 6 章，6.2.1

节；或 Hsiao 和 Pesaran（2009）]。近些年来，**相依随机系数**（correlated random coefficients model）模型引起了大量关注［如 Card（1995）；Heckman 和 Vytlacil（1998）；Heckman，Urzua 和 Vytlacil（2006）；Heckman，Schmierer 和 Urzua（2010）]。度量政策的处理效应时常用到此类模型。譬如，分析教育回报时，个人能力、学习能动性等无法量化的因素既影响教育回报，又与教育水平相关，此时使用相依随机系数模型似乎更合理［Card（1995）；Heckman 和 Vytlacil（1998）]。事实上，Li 和 Tobias（2011）发现有力的证据表明，个人受教育水平部分是由自己的教育回归决定的。具体说来，教育回报 1 个百分点的增长伴随着多接受约 0.2 年的教育。

相依随机系数模型的一般表达式为

$$\boldsymbol{\beta}_i=\bar{\boldsymbol{\beta}}+\boldsymbol{\alpha}_i \tag{6.9.1}$$

将式（6.9.1）代入式（6.1.2），得到

$$y_{it}=\mathbf{x}_{it}'\bar{\boldsymbol{\beta}}+\mathbf{x}_{it}'\boldsymbol{\alpha}_i+u_{it} \tag{6.9.2}$$

其中

$$E\boldsymbol{\alpha}_i=\mathbf{0} \tag{6.9.3}$$

$$E\boldsymbol{\alpha}_i\boldsymbol{\alpha}_j'=\begin{cases}\Delta, & \text{如果 } i=j\\ \mathbf{0}, & \text{如果 } i\neq j\end{cases} \tag{6.9.4}$$

以及

$$E(u_{it}\mid \mathbf{x}_{it},\ \boldsymbol{\beta}_i)=0 \tag{6.9.5}$$

但此时还要假定

$$E\mathbf{x}_{it}\boldsymbol{\alpha}_i'\neq\mathbf{0} \tag{6.9.6}$$

令 $v_{it}=\mathbf{x}_{it}'\boldsymbol{\alpha}_i+u_{it}$，则

$$E(v_{it}\mid \mathbf{x}_{it})\neq 0 \tag{6.9.7}$$

221 ### 6.9.2 基于横截面数据的识别

如果仅有（y，$\mathbf{x}$）的横截面观测数据，则不可能识别 $\bar{\boldsymbol{\beta}}$。不可能存在满足条件

$$\mathrm{Cov}(\mathbf{z}_1,\ \mathbf{x})\neq\mathbf{0} \tag{6.9.8}$$

$$\mathrm{Cov}(\mathbf{z}_1,\ u)=\mathbf{0} \tag{6.9.9}$$

的可以用来识别 $\bar{\boldsymbol{\beta}}$ 的工具变量 $\mathbf{z}_1$，因为工具变量估计量为

$$\begin{aligned}\hat{\bar{\boldsymbol{\beta}}}_{iv}&=\Big[\Big(\sum_{i=1}^N\mathbf{x}_i\mathbf{z}_{1i}'\Big)\Big(\sum_{i=1}^N\mathbf{z}_{1i}\mathbf{z}_{1i}'\Big)^{-1}\Big(\sum_{i=1}^N\mathbf{z}_{1i}\mathbf{x}_i'\Big)\Big]^{-1}\\&\quad\times\Big[\Big(\sum_{i=1}^N\mathbf{x}_i\mathbf{z}_{1i}'\Big)\Big(\sum_{i=1}^N\mathbf{z}_{1i}\mathbf{z}_{1i}'\Big)^{-1}\Big(\sum_{i=1}^N\mathbf{z}_{1i}y_i\Big)\Big]\\&=\bar{\boldsymbol{\beta}}+\Big[\Big(\sum_{i=1}^N\mathbf{x}_i\mathbf{z}_{1i}'\Big)\Big(\sum_{i=1}^N\mathbf{z}_{1i}\mathbf{z}_{1i}'\Big)^{-1}\Big(\sum_{i=1}^N\mathbf{z}_{1i}\mathbf{x}_i'\Big)\Big]^{-1}\\&\quad\times\Big[\Big(\frac{1}{N}\sum_{i=1}^N\mathbf{x}_i\mathbf{z}_{1i}'\Big)\Big(\frac{1}{N}\sum_{i=1}^N\mathbf{z}_{1i}\mathbf{z}_{1i}'\Big)^{-1}\Big(\frac{1}{N}\sum_{i=1}^N\mathbf{z}_{1i}\mathbf{x}_i'\boldsymbol{\alpha}_i+\frac{1}{N}\sum_{i=1}^N\mathbf{z}_{1i}u_i\Big)\Big]\end{aligned} \tag{6.9.10}$$

虽然在条件（6.9.9）下，$\operatorname{plim}\frac{1}{N}\sum_{i=1}^{N}\mathbf{z}_{1i}u_i=\mathbf{0}$，但

$$
\begin{aligned}
&\operatorname{plim}\frac{1}{N}\sum_{i=1}^{N}\mathbf{z}_{1i}\mathbf{x}_i'\boldsymbol{\alpha}_i\\
&=E[\mathbf{z}_1E(\mathbf{x}'\ \boldsymbol{\alpha}\mid\mathbf{z}_1)]\\
&=E[\mathbf{z}_1E(\mathbf{x}'\mid\mathbf{z}_1)E(\boldsymbol{\alpha}\mid\mathbf{x}',\ \mathbf{z}_1)]
\end{aligned}
\tag{6.9.11}
$$

该式在条件（6.9.8）和假设 $E(\boldsymbol{\beta}\mid\mathbf{x})\neq\mathbf{0}$ 下不等于 0。

要识别 $\bar{\boldsymbol{\beta}}$，则 $\mathbf{x}_i$ 和 $\boldsymbol{\beta}_i$ 的波动变化在给定 $\mathbf{z}_{1i}$ 的条件下是相互独立的。换句话说，这里需要排除性约束条件。Heckman 和 Vytlacil（1998）假定存在满足条件

$$\mathbf{x}_i=\Pi\ \mathbf{z}_{1i}+\mathbf{v}_i \tag{6.9.12}$$

$$\boldsymbol{\beta}_i=\Phi\mathbf{z}_{2i}+\eta_i \tag{6.9.13}$$

的工具变量 $\mathbf{z}_i=(\mathbf{z}_{1i},\ \mathbf{z}_{2i})$ 时，讨论了估计 $\bar{\boldsymbol{\beta}}$ 的估计问题，其中 $\mathbf{z}_{1i}$ 和 $\mathbf{z}_{2i}$ 分别是 222
$m_1\times1$ 和 $m_2\times1$ 且满足条件

$$E(u_i\mid\mathbf{z}_i)=0 \tag{6.9.14}$$

$$E(\eta_i\mid\mathbf{z}_i)=\mathbf{0} \tag{6.9.15}$$

$$E(\mathbf{v}_i\mid\mathbf{z}_i)=\mathbf{0} \tag{6.9.16}$$

的工具变量向量，$\mathbf{z}_1$ 不包含 $\mathbf{z}_2$ 的分量。

故在假设（6.9.13）下，如果 Φ 已知，则由关系

$$E(\boldsymbol{\beta})=\bar{\boldsymbol{\beta}}=\Phi E(\mathbf{z}_2) \tag{6.9.17}$$

可导出 $\bar{\boldsymbol{\beta}}$ 的估计。

将式（6.9.12）和式（6.9.13）代入式（6.9.14），可得

$$
\begin{aligned}
y_i&=\mathbf{x}_i'\boldsymbol{\beta}_i+u_i\\
&=(\mathbf{z}_{1i}'\Pi'+\mathbf{v}_i')(\Phi\mathbf{z}_{2i}+\eta_i)+u_i\\
&=(\mathbf{z}_{1i}'\ \boldsymbol{\pi}_1\ \mathbf{z}_{2i}')\boldsymbol{\phi}_1+(\mathbf{z}_{1i}'\ \boldsymbol{\pi}_2\ \mathbf{z}_{2i}')\boldsymbol{\phi}_2\\
&\quad+\cdots+(\mathbf{z}_{1i}'\ \boldsymbol{\pi}_K\ \mathbf{z}_{2i}')\boldsymbol{\phi}_K+E(\mathbf{v}_i'\eta_i\mid\mathbf{z}_i)+\epsilon_i^*
\end{aligned}
\tag{6.9.18}
$$

其中 $\boldsymbol{\pi}_k'$ 和 $\boldsymbol{\phi}_k'$ 分别表示 Π 和 Φ 的第 k 行，而

$$\epsilon_i^*=\mathbf{z}_i'\Phi\mathbf{z}_{2i}+\eta_i'\Pi\mathbf{z}_{1i}+[\mathbf{v}_i'\eta_i-E(\mathbf{v}_i'\eta_i\mid\mathbf{z}_i)]+u_i \tag{6.9.19}$$

在假设（6.9.12）～（6.9.16）下，$E(\epsilon_i^*\mid\mathbf{z}_i)=0$。

因此，如果

$$E(\mathbf{v}_i\boldsymbol{\eta}_i'\mid\mathbf{z}_{1i},\ \mathbf{z}_{2i})=\sum\nolimits_{v\eta} \tag{6.9.20}$$

不是关于 $\mathbf{z}_{1i}$ 和 $\mathbf{z}_{2i}$ 的函数，且

$$\operatorname{rank}\left[\frac{1}{N}\sum_{i=1}^{N}(\mathbf{z}_{2i}\mathbf{z}_{1i}'\otimes\hat{\Pi})(\hat{\Pi}'\otimes\mathbf{z}_{1i}\mathbf{z}_{2i}')\right]=Km_2 \tag{6.9.21}$$

则 Φ 的一致估计存在。也就是说，对于相依随机系数模型（6.9.1）～（6.9.7）而言，如果仅有横截面数据，则识别 $E(\boldsymbol{\beta}_i)=\bar{\boldsymbol{\beta}}$ 的必要条件为“存在 $\mathbf{x}_i$ 的 m_1 个工具变量和 $\boldsymbol{\beta}_i$ 的 m_2 个非零工具变量，且这些工具变量满足假设（6.9.12）～（6.9.16），以及 $m_1^2>Km_2$，$m_2>0$，再就是式（6.9.20）成立或者 $E(\mathbf{v}_i'\boldsymbol{\eta}_i\mid\mathbf{z}_i)$ 已知。”

要求 $\mathbf{z}_1$ 和 $\mathbf{z}_2$ 非零，且 $m_1^2>Km_2$，以及式（6.9.20）成立等条件比通常的

工具变量估计量存在性条件更强。事实上，必要条件是 $\mathbf{z}_1$ 和 $\mathbf{z}_2$ 存在（即 $m_1>0$，$m_2>0$）。条件（6.9.20）可能也无伤大雅。据笔者所知，条件协方差与 $\mathbf{z}$ 无关也仅在 $\boldsymbol{\eta}$、$\mathbf{v}$ 和 $\mathbf{z}$ 是联合正态分布时成立。

223

6.9.3 基于面板数据的平均效应的估计

能处理的只有混合横截面数据时，对相依随机系数模型平均效应的识别条件非常严格，对很多数据集来说，识别效果也不理想。工具变量法要求估计$[(m_1+m_2)K]$ 个参数，数量太多。共线性和自由度不足的问题可能导致估计结果不可靠。另一方面，面板数据中包含了个体间差异信息和个体内动态差异信息，为解决系数与回归元之间相关性的困难提供了多种途径，且不用事先假设满足排除性约束的工具变量的存在。为简单起见，假定对每个个体 i，都有 T 期时序观测（y_{it}，$\mathbf{x}_{it}$）。令（$\mathbf{y}_i'$，$\mathbf{x}_i'$）表示个体 i 的 T 期观测 y_{it} 和 $\mathbf{x}_{it}'$ 构成的数据集。

6.9.3.1 组均值估计

我们知道，给定 $\mathbf{x}_i$ 后，$\boldsymbol{\beta}_i$ 是固定常数。对于个体 i，考虑模型

$$y_{it}=\mathbf{x}_{it}'\boldsymbol{\beta}_i+u_{it}, \quad t=1, 2, \cdots, T \tag{6.9.22}$$

如果不同时期 t 的 u_{it} 独立分布，则个体 i 的协方差矩阵为 $\sigma_i^2(X_i'X_i)^{-1}$（其中 X_i 表示由 $\mathbf{x}_{it}'$ 形成的 $T\times K$ 矩阵)，且在假设（6.9.5）下，用最小二乘法可得到 $\boldsymbol{\beta}_i$ 的无偏估计 $\hat{\boldsymbol{\beta}}_i$。如果对不同的个体 i，u_{it} 是独立分布的，则如 Hsiao，Pesaran 和 Tahmiscioglu（1999）所述，$\hat{\boldsymbol{\beta}}_i$ 的算术平均值

$$\hat{\bar{\boldsymbol{\beta}}}=\frac{1}{N}\sum_{i=1}^{N}\hat{\boldsymbol{\beta}}_i \tag{6.9.23}$$

当 $N\to\infty$ 时是 $\bar{\boldsymbol{\beta}}$ 的一致估计量。如果 $T>K$，则估计量（6.9.23）在 $N\to\infty$ 时是一致且渐近正态分布的，如果 u_{it} 对不同个体 i 和不同时期 t 都相互独立，且方差为 σ_i^2，则 $\sqrt{N}(\hat{\bar{\boldsymbol{\beta}}}-\bar{\boldsymbol{\beta}})$ 的渐近分布为均值为 $\mathbf{0}$，协方差矩阵为

$$\text{Asy Cov}(\hat{\bar{\boldsymbol{\beta}}})=\left[\Delta+\frac{1}{N}\sum_{i=1}^{N}\sigma_i^2(X'_iX_i)^{-1}\right] \tag{6.9.24}$$

的正态分布。

6.9.3.2 常规固定效应估计

估计量（6.9.23）容易得到。但 $T<K$ 时，用个体 i 的时序观测（y_i，$\mathbf{x}_i$）无法估计 $\boldsymbol{\beta}_i$。但在多数情形下，常规固定效应估计法仍可得到 $\bar{\boldsymbol{\beta}}$ 的一致估计。

令 $\bar{y}_i=\frac{1}{T}\sum_{t=1}^{T}y_{it}$，$\bar{\mathbf{x}}_i=\frac{1}{T}\sum_{t=1}^{T}\mathbf{x}_{it}$。常规固定效应估计法首先对各个体求每期

224 观测关于时序均值的离差值，然后做（$y_{it}-\bar{y}_i$）关于（$\mathbf{x}_{it}-\bar{\mathbf{x}}_i$）的回归（见第3章）。由式（6.9.2）可得

$$(y_{it}-\bar{y}_i)=(\mathbf{x}_{it}-\bar{\mathbf{x}}_i)'\bar{\boldsymbol{\beta}}+(\mathbf{x}_{it}-\bar{\mathbf{x}}_i)'\boldsymbol{\alpha}_i+(u_{it}-\bar{u}_i),\quad i=1,\cdots,N \quad t=1,\cdots,T \tag{6.9.25}$$

其中 $\bar{u}=\frac{1}{T}\sum_{t=1}^{T}u_{it}$。

只要

$$\operatorname{plim}\frac{1}{NT}\sum_{i=1}^{N}\sum_{t=1}^{T}(\mathbf{x}_{it}-\bar{\mathbf{x}}_i)(\mathbf{x}_{it}-\bar{\mathbf{x}}_i)'\boldsymbol{\alpha}_i=\mathbf{0} \tag{6.9.26}$$

且

$$\operatorname{plim}\frac{1}{NT}\sum_{i=1}^{N}\sum_{t=1}^{T}(\mathbf{x}_{it}-\bar{\mathbf{x}}_i)(u_{it}-\bar{u}_i)=\mathbf{0} \tag{6.9.27}$$

则式（6.9.25）的固定效应估计量将收敛于 $\bar{\boldsymbol{\beta}}$。在假设（6.9.5）下，结论（6.9.27）成立。在 $\mathbf{x}_{it}$ 和 $\boldsymbol{\alpha}_i$ 线性相关且方差有限的假设下，$\mathbf{x}_{it}-\bar{\mathbf{x}}_i$ 中不包含 $\boldsymbol{\alpha}_i$，故由大数定律可知，式（6.9.26）成立。所以，常规固定效应估计量在 $N\to\infty$ 时是 $\sqrt{N}$ 一致收敛且渐近正态分布的。常规固定效应估计量（3.2.5）的渐近协方差矩阵可用 Newey-West 异方差-自相关一致公式近似［Vogelsang（2012）］。

当（$\mathbf{x}_{it}$，$\boldsymbol{\alpha}_i$）的分布为椭圆分布①时［例如，Fang 和 Zhang（1990）；Gupta 和 Varga（1993）］，$\mathbf{x}_{it}$ 与 $\boldsymbol{\alpha}_i$ 是线性相关的，其他情形，譬如（$\mathbf{x}_{it}$，$\boldsymbol{\alpha}_i$）的联合分布是对称分布时，常规固定效应估计量也是一致估计。所以，即使 $\mathbf{x}_{it}$ 的均值不等于 0，$\frac{1}{NT}\sum_{i=1}^{N}\sum_{t=1}^{T}(\mathbf{x}_{it}-\bar{\mathbf{x}}_i)(\mathbf{x}_{it}-\bar{\mathbf{x}}_i)'\boldsymbol{\alpha}_i$ 仍收敛于 0。

6.9.3.3 面板混合最小二乘估计

在一定条件下，常规固定效应（FE）估计量（3.2.5）是 $\bar{\boldsymbol{\beta}}$ 的一致估计。但如果 $\bar{\boldsymbol{\beta}}$ 与 $\boldsymbol{\alpha}$ 不是线性相关的，该估计量是不一致的。此外，如果 $\mathbf{x}_{it}$ 中包含时恒变量，则常规固定效应估计法无法识别时恒变量的平均效应。不仅如此，FE 估计法仅利用组内变异信息。由于通常情况下组间变异比组内变异大很多，这也意味着 FE 估计将损失效率。为避免 FE 估计法的诸多弊端，同时也考虑到 $\boldsymbol{\alpha}_i$ 和 $\mathbf{x}_{it}$ 之间的非线性相关关系，Hsiao，Li，Liang 和 Xie（2012）提出一个修正的方法以得到均值效应的估计。

为阐明该方法的基本思想，我们先假定 $E(\boldsymbol{\alpha}_i\mid\mathbf{x}_i)$ 是关于 $\mathbf{x}_i$ 的线性函数。 225
后文再阐述当 $E(\boldsymbol{\alpha}_i\mid\mathbf{x}_i)$ 是关于 $\mathbf{x}_i$ 的高阶函数时，也可采用类似的方法。

A6.9.1：对所有的个体 i，（$\mathbf{x}_i'$，$\boldsymbol{\alpha}_i'$）是独立同分布的，且

$$E(\boldsymbol{\alpha}_i\mid\mathbf{x}_i)=\mathbf{a}+B\mathbf{x}_i \tag{6.9.28}$$

其中 $\mathbf{a}$ 是 $K\times1$ 的常数向量，B 是 $K\times TK$ 的常数矩阵。

根据式（6.9.3）和（6.9.28），可得

$$E_x[E(\boldsymbol{\alpha}_i\mid\mathbf{x}_i)]=\mathbf{a}+BE\mathbf{x}_i=\mathbf{0} \tag{6.9.29}$$

由此可得

① 许多常用的分布，譬如均匀分布、正态分布、t 分布、双指数分布等都属于椭圆分布簇。

$$E(\boldsymbol{\alpha}_i \mid \mathbf{x}_i)=B(\mathbf{x}_i-E\mathbf{x}_i) \tag{6.9.30}$$

将

$$\boldsymbol{\alpha}_i=E(\boldsymbol{\alpha}_i \mid \mathbf{x}_i)+\omega_i \tag{6.9.31}$$

和式（6.9.30）代入式（6.9.1），则有

$$y_{it}=\mathbf{x}_{it}'\bar{\boldsymbol{\beta}}+\mathbf{x}_{it}'B(\mathbf{x}_i-E\mathbf{x}_i)+v_{it}^* \tag{6.9.32}$$

其中

$$v_{it}^*=\mathbf{x}_{it}'\boldsymbol{\omega}_i+u_{it} \tag{6.9.33}$$

由上式的构造可知 $E(v_{it}^* \mid \mathbf{x}_i)=0$。因此，模型

$$\mathbf{y}_i=X_i\bar{\boldsymbol{\beta}}+X_i\otimes(\mathbf{x}_i-\bar{\mathbf{x}}')\,\mathrm{vec}(B')+\mathbf{v}_i \tag{6.9.34}$$

的最小二乘估计导出的 $\bar{\boldsymbol{\beta}}$ 的估计量，在 $N\to\infty$ 时，只要

$$\frac{1}{N}\sum_{i=1}^{N}\begin{bmatrix} X_i'X_i & X_i'X_i\otimes(\mathbf{x}_i'-\bar{\mathbf{x}}') \\ (\mathbf{x}_i-\bar{\mathbf{x}})\otimes X_i'X_i & (\mathbf{x}_i-\bar{\mathbf{x}})\otimes X_i'X_i\otimes(\mathbf{x}_i-\bar{\mathbf{x}})' \end{bmatrix} \tag{6.9.35}$$

是满秩矩阵，就是 $\sqrt{N}$ 一致收敛且渐近正态分布的，其中 $\bar{\mathbf{x}}=\frac{1}{N}\sum_{i=1}^{N}\mathbf{x}_i$，$\mathbf{v}_i^*=(v_{i1}^*,\cdots,v_{iT}^*)'$。

但是，因

$$E\mathbf{v}_i\mathbf{v}_i'=X_i\Delta^*X_i'+\sigma_i^2I_T \tag{6.9.36}$$

其中 $\Delta^*=E(\omega_i\omega_i')$，当 Δ^* 和 σ_i^2 已知时，$\bar{\beta}$ 的广义最小二乘估计量（GLS）效率更高。如果 Δ^* 和 σ_i^2 未知，则可用两步法导出可行 GLS（FGLS）。

当 $E(\boldsymbol{\alpha}_i \mid \mathbf{x}_i)$ 是关于 $\mathbf{x}_i$ 的多项式函数，譬如

$$E(\boldsymbol{\alpha}_i \mid \mathbf{x}_i)=\mathbf{a}+B\mathbf{x}_i+C\mathbf{x}_i\otimes\mathbf{x}_i \tag{6.9.37}$$

226 时，可用类似的分析。据 $E_x[E(\boldsymbol{\alpha}_i \mid \mathbf{x}_i)]=0$ 可知，模型

$$\begin{aligned} y_{it}=&\mathbf{x}_{it}'\bar{\boldsymbol{\beta}}+\mathbf{x}_{it}'\otimes(\mathbf{x}_i-E\mathbf{x}_i)\,\mathrm{vec}(B') \\ &+\mathbf{x}_i'\otimes[(\mathbf{x}_i\otimes\mathbf{x}_i)-E(\mathbf{x}_i\otimes\mathbf{x}_i)]'\,\mathrm{vec}(\widetilde{C}') \\ &+v_{it} \end{aligned} \tag{6.9.38}$$

的最小二乘估计在 $N\to\infty$ 时是一致估计，其中 $v_{it}=\mathbf{x}_{it}'\boldsymbol{\omega}_i+u_{it}$ 以及 $\boldsymbol{\omega}_i=\boldsymbol{\alpha}_i-E(\boldsymbol{\alpha}_i \mid \mathbf{x}_i)$。

模型（6.9.38）的 LS（或 FGLS）不仅需要估计大量的参数，还可能引发多重共线性问题。但如果 $\mathbf{x}_i$ 平稳，可得到更简单的近似结果，根据 Mundlak（1978a），只需用

$$E(\boldsymbol{\alpha}_i \mid \mathbf{x}_i)=\mathbf{a}+\widetilde{B}\bar{\mathbf{x}}_i+\widetilde{C}(\bar{\mathbf{x}}_i\otimes\bar{\mathbf{x}}_i) \tag{6.9.39}$$

替换式（6.9.37），并对

$$\begin{aligned} y_{it}=&\mathbf{x}_{it}'\bar{\boldsymbol{\beta}}+\mathbf{x}_{it}'\otimes(\bar{\mathbf{x}}_i-\bar{\mathbf{x}})\,\mathrm{vec}(\widetilde{B}') \\ &+\mathbf{x}_{it}'\otimes[(\bar{\mathbf{x}}_i\otimes\bar{\mathbf{x}}_i)-(\bar{\mathbf{x}}\otimes\bar{\mathbf{x}})]'\,\mathrm{vec}(\widetilde{C}') \\ &+v_{it} \end{aligned} \tag{6.9.40}$$

进行回归估计即可，其中 $\bar{\mathbf{x}}_i=\frac{1}{T}\sum_{t=1}^{T}\mathbf{x}_{it}$，$\bar{\mathbf{x}}=\frac{1}{N}\sum_{i=1}^{N}\mathbf{x}_i$，$(\bar{\mathbf{x}}\otimes\bar{\mathbf{x}})=\frac{1}{N}\sum_{i=1}^{N}[\bar{\mathbf{x}}_i\otimes\bar{\mathbf{x}}_i]$。

注 6.9.1. 当 $\mathbf{x}_{it}$ 包含截距项时，式（6.9.35）不是满秩矩阵。令 $\mathbf{x}_{it}'=(1,$

$\tilde{\mathbf{x}}_{it}$)，其中 $\tilde{\mathbf{x}}_{it}$ 表示 $1\times(K-1)$ 的时变解释变量。令 $\boldsymbol{\alpha}_i'=(\alpha_{1i},\tilde{\boldsymbol{\alpha}}_i')$，$\bar{\boldsymbol{\beta}}'=(\bar{\boldsymbol{\beta}}_1,\bar{\tilde{\boldsymbol{\beta}}})$是响应变量，将式（6.9.28）重新表示为

$$E\begin{pmatrix}\alpha_{1i}\\ \tilde{\boldsymbol{\alpha}}_i\end{pmatrix}\left|\mathbf{x}_{it}\right.\Bigg)=\begin{pmatrix}\tilde{\mathbf{b}}_1'\\ \tilde{B}\end{pmatrix}(\tilde{\mathbf{x}}_{it}-E\tilde{\mathbf{x}}_{it}) \tag{6.9.41}$$

则

$$\begin{aligned}E(\mathbf{y}_i\mid X_i)&=X_i\bar{\boldsymbol{\beta}}+\mathbf{e}(\mathbf{x}_i-E\,\bar{\tilde{\mathbf{x}}}_i)'\,\tilde{\mathbf{b}}_1^*\\&\quad+\tilde{X}_i\otimes[\tilde{X}_i-E(\tilde{X}_i)]'\,\mathrm{vec}(\hat{B}')\end{aligned} \tag{6.9.42}$$

其中 $\tilde{\mathbf{b}}_1^*=T\,\mathbf{b}_1$，$\tilde{X}_i$ 是由 $\tilde{\mathbf{X}}_{it}'$合成的 $T\times(K-1)$ 矩阵，$\mathbf{e}$ 是分量全部为 1 的 $T\times1$向量。

所以，通过求

$$\begin{aligned}y_{it}&=\bar{\beta}_1+\tilde{\mathbf{x}}_{it}'\bar{\tilde{\boldsymbol{\beta}}}+(\bar{\tilde{\mathbf{x}}}_i-\bar{\tilde{\mathbf{x}}})'\tilde{\mathbf{b}}_1^*\\&\quad+(\tilde{\mathbf{x}}_{it}'\otimes(\tilde{\mathbf{x}}_{it}-\bar{\tilde{\mathbf{x}}})')\,\mathrm{vec}(\tilde{B}')+v_{it},\qquad i=1,\cdots,N\\&\qquad\qquad\qquad\qquad\qquad\qquad\qquad\qquad\quad t=1,\cdots,T\end{aligned} \tag{6.9.43}$$

的最小二乘估计，可导出 $\bar{\boldsymbol{\beta}}'=(\bar{\boldsymbol{\beta}}_1,\bar{\tilde{\boldsymbol{\beta}}})$的一致估计。

6.9.3.4　半参数估计 227

导出组均值估计（6.9.23）需要条件 $T>K$。而 $T\leqslant K$ 时，如果存在 q 维随机变量 $\mathbf{z}_i$（$q<T\leqslant K$），使得给定 $\mathbf{z}_i$ 后 $\boldsymbol{\beta}_i$ 和 $\mathbf{x}_{it}$ 条件独立（$\boldsymbol{\beta}\perp\mathbf{x}_{it}\mid\mathbf{z}_i$）且 $E[\mathbf{x}_{it}\mathbf{x}_{it}'\mid\mathbf{z}_i]$ 是满秩矩阵，Hsiao，Li，Liang 和 Xie（2012）提出了一个半参数估计法。此时 $E(\boldsymbol{\alpha}_i\mid\mathbf{x}_i,\mathbf{z}_i)=E(\boldsymbol{\alpha}_i\mid\mathbf{z}_i)\equiv\mathbf{g}(\mathbf{z}_i)$。随机变量 $\mathbf{z}_i$ 可能包含 $\mathbf{x}_i$ 的分量，也可能是关于 $\mathbf{x}_i$ 的函数，譬如倾向评分法［Rosenbaum 和 Rubin（1983）］，或 $\mathbf{x}_{it}$ 和 $\boldsymbol{\beta}_i$ 的工具变量［Heckman 和 Vytlacil（2001，2005，2007）；Heckman，Schmierer 和 Urzua（2001）］，或更简单地，个体 i 的 $\mathbf{x}_{it}$ 的均值 $\bar{\mathbf{x}}_i$［Mundlak（1978a）］。

$$\begin{aligned}y_{it}&=\mathbf{x}_{it}'\bar{\boldsymbol{\beta}}+\mathbf{x}_{it}'\mathbf{g}(\mathbf{z}_i)+\epsilon_{it}\\&=\mathbf{x}_{it}'\,\boldsymbol{\theta}(\mathbf{z}_i)+\epsilon_{it}\end{aligned} \tag{6.9.44}$$

其中 $\boldsymbol{\theta}(\mathbf{z}_i)=\bar{\boldsymbol{\beta}}+\mathbf{g}(\mathbf{z}_i)$，且 $E\,\mathbf{g}(\mathbf{z}_i)=\mathbf{0}$。如果 $\boldsymbol{\theta}(\mathbf{z}_i)$ 且 $E\boldsymbol{\theta}(\mathbf{z}_i)=\bar{\boldsymbol{\beta}}$ 时，$\bar{\boldsymbol{\beta}}$ 的一致估计量为

$$\hat{\bar{\boldsymbol{\beta}}}_{\text{semi}}=\frac{1}{N}\sum_{i=1}^{N}\boldsymbol{\theta}(\mathbf{z}_i) \tag{6.9.45}$$

Hsiao，Li，Liang 和 Xie（2012）提出估计 $\boldsymbol{\theta}(\mathbf{z})$的两种半参数方法：局部常数法和局部多项式估计。$\boldsymbol{\theta}(\mathbf{z})$的局部常数估计量为

$$\hat{\boldsymbol{\theta}}_{LC}(\mathbf{z})=\Big(\sum_{j=1}^{N}\sum_{t=1}^{T}x_{js}x_{js}'K_{h,zjz}\Big)^{-1}\sum_{j=1}^{N}\sum_{t=1}^{T}x_{js}y_{js}K_{h,zjz} \tag{6.9.46}$$

其中 $K_{hzjz}=\Pi_{l=1}^{q}k\left(\dfrac{z_{jl}-z_l}{h_l}\right)$ 是乘积核，$k(\cdot)$ 是单变量核函数，z_{jl}和 z_l 分别是 $\mathbf{z}_j$ 和 $\mathbf{z}$ 的第 l 个分量。

对核加权的误差平方和

$$\sum_{j=1}^{N}\sum_{t=1}^{T}\left[y_{js}-\sum_{0\leqslant|k|\leqslant p}x'_{js}b_k(\mathbf{z})(\mathbf{z}_j-\mathbf{z})^k\right]^2K_{hzjz} \tag{6.9.47}$$

关于 $b_k(\mathbf{z})$ 最小化，可导出局部多项式估计 $\hat{b}_k(\mathbf{z})$，以及 $D^k\boldsymbol{\theta}(\mathbf{z})$ 的估计 $k\,\hat{b}_k(\mathbf{z})$。所以，$\hat{\boldsymbol{\theta}}_{LP}=\hat{\mathbf{b}}_0(\mathbf{z})$ 是 $\boldsymbol{\theta}(\mathbf{z})$ 的 p 阶局部多项式估计。

Hsiao 等（2012）实施的简单 Monte Carlo 实验表明，如果 $E(\alpha_i\mid\mathbf{x}_i)$ 的准确阶数已知，则面板混合最小二乘估计各方面都不错。当 $E(\alpha_i\mid\mathbf{x}_i)$ 未知时，对于 $(\alpha_i,\mathbf{x}_{it})$ 的多数联合分布，组均值估计量、半参数估计量［式（6.9.23）或式（6.9.45）］都是稳健的，但常规固定效应估计量则不然。

228 附录 6A　两个正态分布随机变量的联合分布

假定控制 X，$\boldsymbol{\beta}$ 后，我们有 $\mathbf{y}\sim N(X\boldsymbol{\beta},\Omega)$ 和 $\boldsymbol{\beta}\sim N(A\bar{\boldsymbol{\beta}},C)$。则对给定的 $\mathbf{y}$，$\boldsymbol{\beta}$ 和 $\bar{\boldsymbol{\beta}}$ 的后验分布是

$$P(\boldsymbol{\beta},\bar{\boldsymbol{\beta}}\mid\mathbf{y})\propto$$
$$\exp\left[-\frac{1}{2}\{(\mathbf{y}-X\boldsymbol{\beta})'\Omega^{-1}(\mathbf{y}-X\boldsymbol{\beta})+(\boldsymbol{\beta}-A\bar{\boldsymbol{\beta}})'C^{-1}(\boldsymbol{\beta}-A\bar{\boldsymbol{\beta}})\}\right] \tag{6A.1}$$

其中$\propto$表示成比例。利用恒等式［参见 Rao（1971，第 33 页）］

$$(D+BFB')^{-1}=D^{-1}-D^{-1}B(B'D^{-1}B+F^{-1})^{-1}B'D^{-1} \tag{6A.2}$$

和

$$(D+F)^{-1}=D^{-1}-D^{-1}(D^{-1}+F^{-1})^{-1}D^{-1} \tag{6A.3}$$

我们可计算二次型

$$\begin{aligned}&(\boldsymbol{\beta}-A\bar{\boldsymbol{\beta}})'C^{-1}(\boldsymbol{\beta}-A\bar{\boldsymbol{\beta}})+(\mathbf{y}-X\boldsymbol{\beta})'\Omega^{-1}(\mathbf{y}-X\boldsymbol{\beta})\\&=\boldsymbol{\beta}'C^{-1}\boldsymbol{\beta}+\bar{\boldsymbol{\beta}}'A'C^{-1}A\bar{\boldsymbol{\beta}}-2\boldsymbol{\beta}'C^{-1}A\bar{\boldsymbol{\beta}}\\&\quad+\mathbf{y}'\Omega^{-1}\mathbf{y}+\boldsymbol{\beta}'X'\Omega^{-1}X\boldsymbol{\beta}-2\boldsymbol{\beta}'X'\Omega^{-1}\mathbf{y}\end{aligned} \tag{6A.4}$$

令

$$\begin{aligned}Q_1=&[\boldsymbol{\beta}-(X'\Omega^{-1}X+C^{-1})^{-1}(X\Omega^{-1}\mathbf{y}+C^{-1}A\bar{\boldsymbol{\beta}})]'(C^{-1}+X'\Omega^{-1}X)\\&\times[\boldsymbol{\beta}-(X'\Omega^{-1}X+C^{-1})^{-1}(X'\Omega^{-1}\mathbf{y}+C^{-1}A\bar{\boldsymbol{\beta}})]\end{aligned} \tag{6A.5}$$

则

$$\begin{aligned}&\boldsymbol{\beta}'C^{-1}\boldsymbol{\beta}+\boldsymbol{\beta}'X'\Omega^{-1}X\boldsymbol{\beta}-2\boldsymbol{\beta}'C^{-1}A\bar{\boldsymbol{\beta}}-2\boldsymbol{\beta}'X'\Omega^{-1}\mathbf{y}\\&=Q_1-(X'\Omega^{-1}\mathbf{y}+C^{-1}A\bar{\boldsymbol{\beta}})'(X'\Omega^{-1}X+C^{-1})^{-1}\\&\quad\times(X'\Omega^{-1}\mathbf{y}+C^{-1}A\bar{\boldsymbol{\beta}})\end{aligned} \tag{6A.6}$$

将式（6A.6）代入式（6A.4）得到

$$\begin{aligned}&Q_1+\mathbf{y}'[\Omega^{-1}-\Omega^{-1}X(X'\Omega^{-1}X+C^{-1})^{-1}X'\Omega^{-1}]\mathbf{y}\\&\quad+\bar{\boldsymbol{\beta}}'A'[C^{-1}-C^{-1}(X'\Omega^{-1}X+C^{-1})^{-1}C^{-1}]A\bar{\boldsymbol{\beta}}\\&\quad-2\bar{\boldsymbol{\beta}}'A'C^{-1}(X'\Omega^{-1}X+C^{-1})^{-1}X'\Omega^{-1}\mathbf{y}\end{aligned}$$

$$=Q_1+\mathbf{y}'(XCX'+\Omega)^{-1}\mathbf{y}+\bar{\boldsymbol{\beta}}'A'X'(XCX'+\Omega)^{-1}XA\bar{\boldsymbol{\beta}}$$
$$-2\bar{\boldsymbol{\beta}}'A'X'(XCX'+\Omega)^{-1}\mathbf{y}$$
$$=Q_1+Q_2+Q_3 \tag{6A.7}$$

其中 229

$$Q_2=\{\bar{\boldsymbol{\beta}}-[A'X'(XCX'+\Omega)^{-1}XA]^{-1}[A'X'(XCX'+\Omega)^{-1}\mathbf{y}]\}'$$
$$\times[A'X'(XCX'+\Omega)^{-1}XA]$$
$$\times\{\bar{\boldsymbol{\beta}}-[A'X'(XCX'+\Omega)^{-1}XA]^{-1}[A'X'(XCX'+\Omega)^{-1}\mathbf{y}]\} \tag{6A.8}$$

$$Q_3=\mathbf{y}'\{(XCX'+\Omega)^{-1}-(XCX'+\Omega)^{-1}XA[A'X'(XCX'+\Omega)^{-1}XA]^{-1}$$
$$\times A'X'(XCX'+\Omega)^{-1}\}\mathbf{y} \tag{6A.9}$$

因 Q_3 是独立于 $\boldsymbol{\beta}$ 和 $\bar{\boldsymbol{\beta}}$ 的常数，故可将 $P(\boldsymbol{\beta},\bar{\boldsymbol{\beta}}\mid\mathbf{y})$ 记为 $P(\boldsymbol{\beta}\mid\bar{\boldsymbol{\beta}},\mathbf{y})P(\bar{\boldsymbol{\beta}}\mid\mathbf{y})$，所以

$$P(\boldsymbol{\beta},\bar{\boldsymbol{\beta}}\mid\mathbf{y})\propto\exp\left\{-\frac{1}{2}Q_1\right\}\exp\left\{-\frac{1}{2}Q_2\right\} \tag{6A.10}$$

其中 $\exp\left\{-\frac{1}{2}Q_1\right\}$ 与 $P(\boldsymbol{\beta}\mid\bar{\boldsymbol{\beta}},\mathbf{y})$ 成比例，而 $\exp\left\{-\frac{1}{2}Q_2\right\}$ 与 $P(\bar{\boldsymbol{\beta}}\mid\mathbf{y})$ 成比例。即 $P(\boldsymbol{\beta}\mid\bar{\boldsymbol{\beta}},\mathbf{y})$ 是 $N\{(X'\Omega^{-1}X+C^{-1})^{-1}(X\Omega^{-1}\mathbf{y}+C^{-1}A\bar{\boldsymbol{\beta}}),(C^{-1}+X'\Omega^{-1}X)^{-1}\}$，$P(\bar{\boldsymbol{\beta}}|\mathbf{y})$ 是 $N\{[A'X'(XCX'+\Omega)^{-1}XA]^{-1}[A'X'(XCX'+\Omega)^{-1}\mathbf{y}],[A'X'(XCX'+\Omega)^{-1}XA]^{-1}\}$。

为将 $P(\boldsymbol{\beta},\bar{\boldsymbol{\beta}}\mid\mathbf{y})$ 表示成 $P(\bar{\boldsymbol{\beta}}\mid\boldsymbol{\beta},\mathbf{y})P(\boldsymbol{\beta}\mid\mathbf{y})$，我们还可计算式（6A.4）左边的二次型

$$Q_4+\boldsymbol{\beta}'[X'\Omega^{-1}X+C^{-1}-C^{-1}A(A'CA)^{-1}A'C^{-1}]\boldsymbol{\beta}$$
$$-2\boldsymbol{\beta}'X'\Omega^{-1}\mathbf{y}+\mathbf{y}'\Omega^{-1}\mathbf{y}$$
$$=Q_4+Q_5+Q_3 \tag{6A.11}$$

其中

$$Q_4=[\bar{\boldsymbol{\beta}}-(A'C^{-1}A)^{-1}A'C^{-1}\boldsymbol{\beta}]'(A'C^{-1}A)$$
$$\times[\bar{\boldsymbol{\beta}}-(A'C^{-1}A)^{-1}A'C^{-1}\boldsymbol{\beta}], \tag{6A.12}$$
$$Q_5=[\boldsymbol{\beta}-D^{-1}X'\Omega^{-1}\mathbf{y}]'D[\boldsymbol{\beta}-D^{-1}X'\Omega^{-1}\mathbf{y}] \tag{6A.13}$$

和

$$D=X'\Omega^{-1}X+C^{-1}-C^{-1}A(A'C^{-1}A)^{-1}A'C^{-1} \tag{6A.14}$$

因此，$P(\bar{\boldsymbol{\beta}}\mid\boldsymbol{\beta},\mathbf{y})\sim N\{(A'C^{-1}A)^{-1}C^{-1}\boldsymbol{\beta},(A'C^{-1}A)^{-1}\}$，而 $P(\boldsymbol{\beta}\mid\mathbf{y})\sim N\{D^{-1}X'\Omega^{-1}\mathbf{y},D^{-1}\}$。

第7章 离散数据

230 7.1 引言

本章我们假定分析人员有可任意支配的随机样本，该样本由 N 个个体组成，记录了某事件在 T 个等距的离散时点发生或未发生的历史数据。内生随机变量取离散值的著名统计模型有**离散模型**（discrete model）、**分类模型**（categorical model）、**定性选择模型**（qualitative-choice model）或**量子响应模型**（quantal-response model）。与离散数据相关的文献，无论是应用方面的还是理论方面的，数量都非常庞大。Amemiya（1981），Maddala（1983）和 McFadden（1976，1984）对该问题给出了极好的综述。因此，本章仅重点讨论如何控制个体单元的非观测属性以避免设定偏误。在 7.2 节，我们简单回顾一些基于混合横截面数据的主流参数模型。7.3 节和 7.4 节分别讨论面板数据存在异质性时的静态参数模型和静态半参数模型。7.5 节讨论动态面板数据模型。7.6 节讨论识别状态相依的其他方法。

7.2 基于混合横截面数据的离散响应模型

本节我们简要回顾一些广泛应用的基于混合横截面数据的离散响应模型。假定我们的数据包含个体（y_i，$\mathbf{x}_i$）（$i=1$，…，N）的 $K+1$ 个变量，其中因变量 y_i 只能取两个不同的值，为讨论方便且不失一般性，如果事件发生了则 y_i 的值为 1，没有发生则 $y_i=0$。此类例子包括在某给定年份是否购买耐用品、是否参与劳动力市场、是否升入大学、是否结婚等。

可将 y_i 的离散结果视为某个潜在的连续随机变量通过阈值时的观测值。假定连续的潜随机变量 y_i^* 是解释变量向量 $\mathbf{x}_i$ 的线性函数，

$$y_i^* = \boldsymbol{\beta}'\mathbf{x}_i + v_i \tag{7.2.1}$$

其中误差项 v_i 与 $\mathbf{x}_i$ 独立且均值为零。假定观测到的是 y_i 而不是 y_i^*，其中 231

$$y_i=\begin{cases}1 & \text{如果} y_i^*>0\\ 0 & \text{如果} y_i^*\leqslant 0\end{cases} \tag{7.2.2}$$

则 y_i 的条件期望就是事件发生的概率，

$$\begin{aligned}E(y_i\mid\mathbf{x}_i)&=1\cdot\Pr(v_i>-\boldsymbol{\beta}'\mathbf{x}_i)+0\cdot\Pr(v_i\leqslant-\boldsymbol{\beta}'\mathbf{x}_i)\\&=\Pr(v_i>-\boldsymbol{\beta}'\mathbf{x}_i)\\&=\Pr(y_i=1\mid\mathbf{x}_i)\end{aligned} \tag{7.2.3}$$

当生成 v_i 的概率律是以概率 $\boldsymbol{\beta}'\mathbf{x}_i$ 和（$1-\boldsymbol{\beta}'\mathbf{x}_i$）取值（$1-\boldsymbol{\beta}'\mathbf{x}_i$）和（$-\boldsymbol{\beta}'\mathbf{x}_i$）的两点分布时，我们有线性概率模型

$$y_i=\boldsymbol{\beta}'\mathbf{x}_i+v_i \tag{7.2.4}$$

其期望 $Ev_i=\boldsymbol{\beta}'\mathbf{x}_i(1-\boldsymbol{\beta}'\mathbf{x}_i)+(1-\boldsymbol{\beta}'\mathbf{x}_i)(-\boldsymbol{\beta}'\mathbf{x}_i)=0$。$v_i$ 的概率密度函数是标准正态密度函数 $\frac{1}{\sqrt{2\pi}}\exp\left(\frac{-v^2}{2}\right)=\phi(v)$ 时，我们有 probit 模型

$$\begin{aligned}\Pr(y_i=1\mid\mathbf{x}_i)&=\int_{-\beta'\mathbf{x}_i}^{\infty}\phi(v_i)\mathrm{d}v_i\\&=\int_{-\infty}^{\beta'\mathbf{x}_i}\phi(v_i)\mathrm{d}v_i=\Phi(\boldsymbol{\beta}'\mathbf{x}_i)\end{aligned} \tag{7.2.5}$$

如果概率密度函数是标准 logistic 函数

$$\frac{\exp(v_i)}{(1+\exp(v_i))^2}=[(1+\exp(v_i))(1+\exp(-v_i))]^{-1}$$

我们有 logit 模型

$$\Pr(y_i=1\mid\mathbf{x}_i)=\int_{-\beta'\mathbf{x}_i}^{\infty}\frac{\exp(v_i)}{(1+\exp(v_i))^2}\mathrm{d}v_i=\frac{\exp(\boldsymbol{\beta}'\mathbf{x}_i)}{1+\exp(\boldsymbol{\beta}'\mathbf{x}_i)} \tag{7.2.6}$$

令 $F(\boldsymbol{\beta}'\mathbf{x}_i)=E(y_i\mid\mathbf{x}_i)$，则二值选择的三个常用参数模型可用单个指标 w 概括如下。

线性概率模型（linear-probability model）：

$$F(w)=w \tag{7.2.7}$$

probit 模型（probit model）：

$$F(w)=\int_{-\infty}^{w}\frac{1}{\sqrt{2\pi}}\mathrm{e}^{-\frac{u^2}{2}}\mathrm{d}u=\Phi(w) \tag{7.2.8}$$

logit 模型（logit model）：

$$F(w)=\frac{\mathrm{e}^w}{1+\mathrm{e}^w} \tag{7.2.9}$$

线性概率模型是异方差为 $\boldsymbol{\beta}'x_i(1-\boldsymbol{\beta}'\mathbf{x}_i)$ 的特殊线性回归模型。可用最小二乘法或加权最小二乘法估计该模型［Goldberger (1964)］。但这些方法存在明显的缺点：没有将 $\beta'\mathbf{x}_i$ 的取值限制在 0 与 1 之间，使其满足概率的基本性质。而在 probit 模型或 logit 模型中，事件发生的概率都在［0，1］内。probit 模型和 logit 模型的概率函数分别是标准正态分布和 logistic 分布。因在二值情形下，事件发生的概率依赖于 $\frac{1}{\sigma}\boldsymbol{\beta}'\mathbf{x}$（$\sigma$ 表示正态分布密度函数的标准差），故我们用累积标准正态 232

分布。logit 模型的概率密度函数关于 0 对称，且方差为 $\pi^2/3$。因为它们是分布函数，所以 probit 模型和 logit 模型的因变量只能在 0 与 1 之间取值。

累积正态分布和 logistic 分布非常接近，但 logistic 分布的尾稍重一点（Cox，1970）。此外，累积正态分布 Φ 在 0.3 和 0.7 之间时可用线性函数很好地逼近。Amemiya（1981）给出了这三个模型系数的近似换算规则。令 $\hat{\boldsymbol{\beta}}_{LP}$，$\hat{\boldsymbol{\beta}}_{\Phi}$，$\hat{\boldsymbol{\beta}}_{L}$ 分别表示线性概率模型、probit 模型和 logit 模型的系数。则除常数项外

$$\hat{\boldsymbol{\beta}}_{L} \simeq 1.6\,\hat{\boldsymbol{\beta}}_{\Phi}$$

$$\hat{\boldsymbol{\beta}}_{LP} \simeq 0.4\hat{\boldsymbol{\beta}}_{\Phi} \tag{7.2.10}$$

对常数项

$$\hat{\boldsymbol{\beta}}_{LP} \simeq 0.4\hat{\boldsymbol{\beta}}_{\Phi} + 0.5$$

对由 N 个个体组成的随机样本，这三个模型似然函数的一般形式为

$$L = \prod_{i=1}^{N} F(\boldsymbol{\beta}'\mathbf{x}_i)^{y_i}[1 - F(\boldsymbol{\beta}'\mathbf{x}_i)]^{1-y_i} \tag{7.2.11}$$

对似然函数的对数求导得到一阶偏导向量

$$\frac{\partial \log L}{\partial \boldsymbol{\beta}} = \sum_{i=1}^{N} \frac{y_i - F(\boldsymbol{\beta}'\mathbf{x}_i)}{F(\boldsymbol{\beta}'\mathbf{x}_i)[1 - F(\boldsymbol{\beta}'\mathbf{x}_i)]} F'(\boldsymbol{\beta}'\mathbf{x}_i)\mathbf{x}_i \tag{7.2.12}$$

$$\begin{aligned}\frac{\partial^2 \log L}{\partial \boldsymbol{\beta}\partial \boldsymbol{\beta}'} = \sum_{i=1}^{N} \Big\{ &- \left[\frac{y_i}{F^2(\boldsymbol{\beta}'\mathbf{x}_i)} + \frac{1 - y_i}{[1 - F(\boldsymbol{\beta}'\mathbf{x}_i)]^2}\right][F'(\boldsymbol{\beta}'\mathbf{x}_i)]^2 \\ &+ \left[\frac{y_i - F(\boldsymbol{\beta}'\mathbf{x}_i)}{F(\boldsymbol{\beta}'\mathbf{x}_i)[1 - F(\boldsymbol{\beta}'\mathbf{x}_i)]}\right] F''(\boldsymbol{\beta}'\mathbf{x}_i) \Big\} \mathbf{x}_i\mathbf{x}_i' \end{aligned} \tag{7.2.13}$$

233 其中 $F'(\boldsymbol{\beta}'\mathbf{x}_i)$ 和 $F''(\boldsymbol{\beta}'\mathbf{x}_i)$ 表示 $F(\boldsymbol{\beta}'\mathbf{x}_i)$ 关于 $\boldsymbol{\beta}'\mathbf{x}_i$ 的一阶和二阶导数。如果似然函数（7.2.11）是满足模型要求的凹函数［参见 Amemiya（1985，第 273 页）］，则可用 Newton-Raphson 法

$$\hat{\boldsymbol{\beta}}^{(j)} = \hat{\boldsymbol{\beta}}^{(j-1)} - \left(\frac{\partial^2 \log L}{\partial \boldsymbol{\beta}\partial \boldsymbol{\beta}'}\right)^{-1}\Bigg|_{\boldsymbol{\beta}=\hat{\boldsymbol{\beta}}^{(j-1)}} \left(\frac{\partial \log L}{\partial \boldsymbol{\beta}}\right)\Bigg|_{\boldsymbol{\beta}=\hat{\boldsymbol{\beta}}^{(j-1)}} \tag{7.2.14}$$

或得分法

$$\hat{\boldsymbol{\beta}}^{(j)} = \hat{\boldsymbol{\beta}}^{(j-1)} - \left[E\,\frac{\partial^2 \log L}{\partial \boldsymbol{\beta}\partial \boldsymbol{\beta}'}\right]^{-1}\Bigg|_{\boldsymbol{\beta}=\hat{\boldsymbol{\beta}}^{(j-1)}} \left(\frac{\partial \log L}{\partial \boldsymbol{\beta}}\right)\Bigg|_{\boldsymbol{\beta}=\hat{\boldsymbol{\beta}}^{(j-1)}} \tag{7.2.15}$$

从任意初值 $\hat{\boldsymbol{\beta}}^{(0)}$ 开始，通过迭代求出 $\boldsymbol{\beta}$ 的最大似然估计量，其中 $\hat{\boldsymbol{\beta}}^{(j)}$ 表示第 j 次迭代解。

在 $\mathbf{x}$ 的某个值处 y 有重复观测时，对属性 $\mathbf{x}$ 相同的个体，$y=1$ 的比例是 $p=F(\boldsymbol{\beta}'\mathbf{x})$ 的一致估计量。求该函数的反函数得到 $F^{-1}(p)=\boldsymbol{\beta}'\mathbf{x}$。用 $\hat{p}$ 代替 p，我们有 $F^{-1}(\hat{p})=\boldsymbol{\beta}'\mathbf{x}+\zeta$，其中 ζ 表示用 $F^{-1}(\hat{p})$ 代替 $F^{-1}(p)$ 的渐近误。因 ζ 的协方差矩阵不是纯量矩阵，故我们可用加权最小二乘法估计 $\boldsymbol{\beta}$。由此导出的估计量（一般称为最小 χ^2 估计）和 MLE 的渐近效率相同，且比计算 MLE 更简单。此外，在有限样本情形下，最小 χ^2 估计量甚至比 MLE 的均方误差更小［参见 Amemiya（1974，1976，1980a）；Berkson（1944，1955，1957，1980）；

Ferguson (1958)；Neyman (1949)]。尽管最小 χ^2 估计法有统计学上的优势，但分析实际调查数据与分析实验室环境产生的数据不同，该法可能不及最大似然估计法管用。最小 χ^2 估计法要求解释变量向量的每个值都有重复观测。在调查数据中，多数解释变量是连续的。调查数据要满足对解释变量的要求，则它的样本容量必定很大。此外，如果对给定的 $\mathbf{x}$，$y=1$ 的比例是 0 或 1，则对这些 $\mathbf{x}$ 值的最小 χ^2 估计法没有定义，但仍可用这些观测导出 MLE。因此，我们重点关注最大似然法。①

当第 i 个单元因变量 y_i 的取值不止两个，譬如可取 m_i+1 个值 0，1，2，…，m_i 时，则可引入 (m_i+1) 个二值变量

$$y_{ij}=\begin{cases}1, & \text{如果 } y_i=j\\ 0, & \text{其他}\end{cases} \tag{7.2.16}$$

$$i=1,\ \cdots,\ N,\ j=0,\ 1,\ \cdots,\ m_i$$

令 $\text{Prob}(y_{ij}=1\mid \mathbf{x}_i)=F_{ij}$。如果样本是简单随机子样，则似然函数记为 234

$$L=\prod_{i=1}^{N}\prod_{j=0}^{m_i}F_{ij}^{y_{ij}} \tag{7.2.17}$$

该式与二值情形的式 (7.2.11) 相似。问题的复杂性在于 F_{ij} 的设定。一旦设定了 F_{ij}，二分情形中的估计和推断方法在这里就都可应用。

如果可以对结果进行排序，譬如

$$y_i=\begin{cases}0, & \text{如果房屋购买价格} < 49\,999 \text{ 美元}\\ 1, & \text{如果房屋购买价格是 } 50\,000\sim 99\,999 \text{ 美元}\\ 2, & \text{如果房屋购买价格} > 100\,000 \text{ 美元}\end{cases}$$

则可用单潜响应函数

$$y_i^*=\mathbf{x}_i\boldsymbol{\beta}+v_i \tag{7.2.18}$$

描述有序结果

$$y_i=\begin{cases}0, & \text{如果 } y_i^*<c_1\\ 1, & \text{如果 } c_1<y_i^*<c_2\\ 2, & \text{如果 } c_2<y_i^*\end{cases} \tag{7.2.19}$$

如果结果是无序的，譬如

$$y_i=\begin{cases}1, & \text{如果交通工具是小汽车}\\ 2, & \text{如果交通工具是巴士}\\ 3, & \text{如果交通工具是火车}\end{cases}$$

则需要使用多元概率分布描述这些结果。对无序结果进行设定的方法之一是假定第 j 项被选中是因为它产生的效用比其他选项产生的效用要高。令第 i 个个体选择第 j 个选项获取的效用为

$$y_{ij}^*=\mathbf{x}_i'\beta_j+v_{ij},\quad j=0,\ 1,\ 2,\ \cdots,\ m_i \tag{7.2.20}$$

则

$$\text{Prob}(y_j=j\mid \mathbf{x}_i)=\text{Prob}(y_{ij}^*>y_{i\ell}^*,\ \forall \ell\neq j\mid \mathbf{x}_i)=F_{ij} \tag{7.2.21}$$

① 有关最小 χ^2 法的综述，参见 Hsiao (1985b)。

概率 F_{ij} 由（v_{i0}，…，v_{im}）的联合分布导出。如果（v_{i0}，…，v_{im}）服从多元正态分布，则式（7.2.21）导出一个多元 probit 值。如果误差项 v_{ij} 独立同分布，且具有Ⅰ型极值分布，则式（7.2.21）导出条件 logit 模型［McFadden (1974)］。但与单变量情形不同，probit 模型设定与 logit 模型设定的相似性不再成立。通常情况下，两个模型将导出不同的推断。多元 probit 模型的优点是允许选项间任意相关。缺点是对 $\text{Prob}(y_i=j)$ 的估计包含多重积分，计算上极
235 为困难。条件 logit 模型的优点是估计 $\text{Prob}(y_i=j)$ 时不用计算多重积分，缺点是两种选择间的相对优势与另一个选项是否出现无关（即所谓的无关选项的独立性）。如果各选项间的误差不是独立分布的，则该模型可能导致对结果的严重错误预测。关于模型设定检验的讨论，参见 Hausman 和 McFadden (1984)，Hsiao (1992b)，Lee (1982，1987)，以及 Small 和 Hsiao (1985)。

因多元响应模型多数可转换为由 $\sum_{i=1}^{N}(m_i+1)$ 个二值变量刻画的二分模型［譬如式（7.2.16）］[①]，故为表述的方便，我们重点讨论二分模型。[②]

生成 v_i 的概率律信息不足时，可用半参数方法估计满足某标准化准则的 $\boldsymbol{\beta}$［参见 Klein 和 Spady (1993)；Manski (1985)；Powell，Stock 和 Stoker (1989)］。但是，不管研究人员采用参数方法还是半参数方法，横截面模型都假定"潜在的响应函数（7.2.1）中的误差项 v_i 独立同分布，且与 $\mathbf{x}_i$ 独立"。换句话说，控制 $\mathbf{x}_i$ 后，事件发生的概率对每个人都相同。该模型没有考虑给定 $\mathbf{x}$ 后的平均行为（average behavior）可能与个体概率不同的问题，也就是说，它没有考虑 $\text{Prob}(y_i=1\mid\mathbf{x})\neq\text{Prob}(y_j=1\mid\mathbf{x})$ 的情况。利用面板数据，将误差项 v_{it} 分解为

$$v_{it}=\alpha_i+\lambda_t+u_{it} \tag{7.2.22}$$

就能区分个体行为和平均行为，其中 α_i 和 λ_t 分别表示遗漏的个体特异效应和时期特异效应。如果 $\alpha_i\neq\alpha_j$，则 $\text{Prob}(y_i=1\mid\mathbf{x},\alpha_i)\neq\text{Prob}(y_j=1\mid\mathbf{x},\alpha_j)$。本章我们阐述面板数据中因没有控制个体的非观测属性而可能产生的误设问题，并讨论相应的弥补措施。

7.3 个体存在异质性时静态模型的参数方法

分析横截面数据时建立的统计模型基本上没有考虑个体差异，它们将个体效应与随时间变化的被遗漏变量效应之和当成纯粹的或然事件。如第 1 章中的

---

① 因为变量 y_{i0} 由 $y_{i0}=1-\sum_{j=1}^{m}y_{ij}$ 确定，所以它有时候被模型设定省略。譬如，二分模型常用单个二值变量 y_i，$i=1$，…，N 进行区分。

② 需要指出的是，将二值情形的结论推广到多值响应情形时，我们应该考虑到如下事实：虽然 $i\neq i'$ 时，y_{ij} 与 $y_{i'j}$ 独立，但 y_{ij} 和 $y_{ij'}$ 却不独立，因为 $\text{Cov}(y_{it},y_{ij'})=-F_{ij}F_{ij'}$。

案例所示，研究一组年度平均劳动参与率为 50% 的已婚女性的就业情况时，这种模型可能导致完全相反的推断。其中一种极端观点是，所有已婚女性来自相同的总体，在任何给定年份，每位女性都有 50% 的概率正在工作；而另一种极端观点是，这些女性来自不同的总体，样本中有 50% 的女性一直在工作而另外 236
50% 却从未工作。各种解释都与基于给定横截面数据的研究结果一致。要区分各种解释，我们需要个体生命周期中不同时期的劳动力历史信息。而面板数据包含每个个体的多期动态信息，所以我们可利用这类数据将个体行为模型从一组个体的平均行为模型中分离出来。

假定样本观测为（y_{it}，$\mathbf{x}_{it}$）（$i=1$，…，N；$t=1$，…，T），其中 y_{it} 是二值变量，式（7.2.1）中的 y_{it}^* 大于 0 时，$y_{it}=1$，否则等于 0。为简单起见，我们假定各横截面单元的异质项是时恒的①，且个体特异效应是将式（7.2.1）中的误差项 v_{it} 分解为 α_i+u_{it} 后得到的。将 α_i 当作固定常数时，$\text{Var}(v_{it}\mid\alpha_i)=\text{Var}(u_{it})=\sigma_u^2$。将它当作随机变量时，我们假定 $E\alpha_i=E\alpha_i u_{it}=0$ 以及 $\text{Var}(v_{it})=\sigma_u^2+\sigma_\alpha^2$。但与前面的讨论一样，当因变量是二值变量时，纯量因子不可识别。因此，为易于表述，我们将 7.2 节中讨论的参数模型中 u 的方差 σ_u^2 标准化为 1。

因为个体存在这种非观测固定成分，故可观测属性都相同的个体可以有不同的响应概率 $F(\boldsymbol{\beta}'\mathbf{x}_{it}+\alpha_i)$。譬如，异质性表明，虽然一组已婚女性的数据 $\mathbf{x}$ 看起来相同，但其中某女性各期劳动参与行为 $F(\boldsymbol{\beta}'\mathbf{x}_{it}+\alpha_i)$ 规律性地与 $F(\boldsymbol{\beta}'\mathbf{x})$ 不同，或与该组女性的平均行为 $\int F(\boldsymbol{\beta}'\mathbf{x}+\alpha)\mathrm{d}H(\alpha\mid\mathbf{x})$ 不同，其中 $H(\alpha\mid\mathbf{x})$ 是 α 在 $\mathbf{x}$ 下的总体条件概率（或经验分布）。②本节我们基于参数化设定的 $F(\cdot)$ 讨论共同参数 $\boldsymbol{\beta}$ 的统计推断。

7.3.1 固定效应模型

7.3.1.1 最大似然估计量

如果假定个体特异效应 α_i 是固定常数③，则在模型 $Prob(y_{it}=1\mid\mathbf{x}_{it},\alpha_i)=F(\boldsymbol{\beta}'\mathbf{x}_{it}+\alpha_i)$ 中，α_i 和 $\boldsymbol{\beta}$ 都是需要估计的未知参数。当 T 有限时，只有有限数量的观测提供有关 α_i 的信息。因此，我们又面临熟知的伴生参数问题［Neyman 和 Scott (1948)］。如果我们用估计量的大样本性质评价它们，则 α_i 的任何估计 237
都毫无意义。所以，我们集中讨论共同参数 $\boldsymbol{\beta}$ 的估计。

但与通过诸如一阶差分的线性转换消除个体效应 α_i 的线性回归不同，我们通常没有从非线性模型中消除伴生参数的简单变换方法。在离散选择模型中，α_i 和 $\boldsymbol{\beta}$ 的 MLE 并不是相互独立的。当 T 固定时，$\hat{\alpha}_i$ 的不一致性会传递给 $\boldsymbol{\beta}$ 的

① 关于 probit 模型的随机系数方法，参见 Hausman 和 Wise (1978)。

② 注意，通常情况下 $\int F(\boldsymbol{\beta}'\mathbf{x}+\alpha)\mathrm{d}H(\alpha\mid\mathbf{x})\neq F[\boldsymbol{\beta}'\mathbf{x}+E(\alpha\mid\mathbf{x})]$。

③ 注意，我们将 α_i^* 和 α_i 都用 α_i 表示只是为了标记方便。读者应该记住，只要 α_i 被当作固定常数，则它就不是对共同均值 μ 的偏离。另一方面，将 α_i 当作随机变量时，都假定 $E\alpha_i=0$。

MLE。因此，即使对所有的 i 和 t，$\boldsymbol{\beta}$ 都相同，但无论 N 有多大，在 T 有限时 $\boldsymbol{\beta}$ 的 MLE 仍是不一致估计。

我们以 logit 模型为例说明 $\boldsymbol{\beta}$ 的 MLE 的不一致性。该模型的对数似然函数为

$$\log L=-\sum_{i=1}^{N}\sum_{t=1}^{T}\log[1+\exp(\boldsymbol{\beta}'\mathbf{x}_{it}+\alpha_i)]+\sum_{i=1}^{N}\sum_{t=1}^{T}y_{it}(\boldsymbol{\beta}'\mathbf{x}_{it}+\alpha_i) \tag{7.3.1}$$

为易于表述，我们考虑 $T=2$ 且只有一个解释变量的简单模型，其中 $x_{i1}=0$ 和 $x_{i2}=1$。则一阶偏导方程是

$$\begin{aligned}\frac{\partial\log L}{\partial\beta}&=\sum_{i=1}^{N}\sum_{t=1}^{2}\left[-\frac{e^{\beta x_{it}+\alpha_i}}{1+e^{\beta x_{it}+\alpha_i}}+y_{it}\right]X_{it}\\&=\sum_{i=1}^{N}\left[-\frac{e^{\beta+\alpha_i}}{1+e^{\beta+\alpha_i}}+y_{i2}\right]=0\end{aligned} \tag{7.3.2}$$

$$\frac{\partial\log L}{\partial\alpha_i}=\sum_{t=1}^{2}\left[-\frac{e^{\beta x_{it}+\alpha_i}}{1+e^{\beta x_{it}+\alpha_i}}+y_{it}\right]=0 \tag{7.3.3}$$

求解方程（7.3.3），我们有

$$\begin{aligned}&\hat{\alpha}_i=\infty &&\text{如果}\ y_{i1}+y_{i2}=2,\\&\hat{\alpha}_i=-\infty &&\text{如果}\ y_{i1}+y_{i2}=0,\\&\hat{\alpha}_i=-\frac{\beta}{2} &&\text{如果}\ y_{i1}+y_{i2}=1\end{aligned} \tag{7.3.4}$$

将解（7.3.4）代入方程（7.3.2），并令 n_1 表示满足 $y_{i1}+y_{i2}=1$ 的个体数，n_2 表示满足 $y_{i1}+y_{i2}=2$ 的个体数，我们有①

$$\sum_{i=1}^{N}\frac{e^{\beta+\alpha_i}}{1+e^{\beta+\alpha_i}}=n_1\frac{e^{\beta/2}}{1+e^{\beta/2}}+n_2=\sum_{i=1}^{N}y_{i2} \tag{7.3.5}$$

因此，

$$\hat{\beta}=2\left\{\log\left(\sum_{i=1}^{N}y_{i2}-n_2\right)-\log\left(n_1+n_2-\sum_{i=1}^{N}y_{i2}\right)\right\} \tag{7.3.6}$$

238 根据大数定律［Rao（1973，第 2 章）］可知，

$$\begin{aligned}\operatorname*{plim}_{N\to\infty}\frac{1}{N}\left(\sum_{i=1}^{N}y_{i2}-n_2\right)&=\frac{1}{N}\sum_{i=1}^{N}\text{Prob}(y_{i1}=0,\ y_{i2}=1\mid\beta,\ \alpha_i)\\&=\frac{1}{N}\sum_{i=1}^{N}\frac{e^{\beta+\alpha_i}}{(1+e^{\alpha_i})(1+e^{\beta+\alpha_i})}\end{aligned} \tag{7.3.7}$$

$$\begin{aligned}\operatorname*{plim}_{N\to\infty}\frac{1}{N}\left(n_1+n_2-\sum_{i=1}^{N}y_{i2}\right)&=\frac{1}{N}\sum_{i=1}^{N}\text{Prob}(y_{i1}=1,\ y_{i2}=0\mid\beta,\ \alpha_i)\\&=\frac{1}{N}\sum_{i=1}^{N}\frac{e^{\alpha_i}}{(1+e^{\alpha_i})(1+e^{\beta+\alpha_i})}\end{aligned} \tag{7.3.8}$$

将 $\hat{\alpha}_i=-\frac{\beta}{2}$ 代入式（7.3.7）和（7.3.8），我们得到

---

① 满足 $y_{i1}+y_{i2}=0$ 的个体数量为 $N-n_1+n_2$。

$$\operatorname*{plim}_{N\to\infty}\hat{\beta}=2\beta \tag{7.3.9}$$

所以该估计量不是一致估计。

7.3.1.2 一致估计量存在的条件

存在伴生参数 α_i 时，Neyman 和 Scott（1948）给出了求（结构）参数 $\boldsymbol{\beta}$ 一致估计量的一般方法。[①]假定 $\boldsymbol{\beta}$ 是 K 维的，他们的想法是找到 K 个独立于伴生参数 α_i 的函数

$$\Psi_{Nj}(\mathbf{y}_1, \cdots, \mathbf{y}_N \mid \boldsymbol{\beta}),\qquad j=1, \cdots, K \tag{7.3.10}$$

若$\boldsymbol{\beta}$是真值，则 N 趋于无穷时 $\Psi_{Nj}(\mathbf{y}_1, \cdots, \mathbf{y}_N \mid \beta)$ 依概率收敛于某个常数，譬如 0。然后求解 $\Psi_{Nj}(\mathbf{y}_1, \cdots, \mathbf{y}_N \mid \hat{\boldsymbol{\beta}})=0$，导出的估计量 $\hat{\boldsymbol{\beta}}$ 在确当的正则性条件下是一致的。譬如在前面的固定效应 logit 模型（7.3.1）～（7.3.3）中，$\hat{\beta}^*=\left(\frac{1}{2}\right)\hat{\beta}$就是这样的估计量。

在线性概率模型情形下，我们通过求关于时期的一阶差分或者求关于个体均值的差分可以消除个体特异效应。对差分方程的最小二乘回归得到 $\boldsymbol{\beta}$ 的估计量当 N 趋于无穷时是一致的。 239

但对一般的非线性模型，找到简单的函数 Ψ 并不容易。譬如，通常情况下我们并不知道固定效应 logit 模型 MLE 的概率极限。但如果伴生参数 α_i 的最小充分统计量 τ_i 存在，且与结构参数 $\boldsymbol{\beta}$ 无关，则当 $g(\tau_i \mid \boldsymbol{\beta}, \alpha_i)>0$ 时，条件密度函数

$$f^*(\mathbf{y}_i \mid \boldsymbol{\beta}, \tau_i)=\frac{f(\mathbf{y}_i \mid \boldsymbol{\beta}, \alpha_i)}{g(\tau_i \mid \boldsymbol{\beta}, \alpha_i)} \tag{7.3.11}$$

与 α_i 无关。[②] Andersen（1970，1973）证明，给定 $\tau_1, \cdots, \tau_N$ 后最大化 $\mathbf{y}_1, \cdots, \mathbf{y}_N$ 的条件密度函数

$$\prod_{i=1}^{N} f^*(\mathbf{y}_i \mid \boldsymbol{\beta}, \tau_i) \tag{7.3.12}$$

可得到一阶条件 $\Psi_{Nj}(\mathbf{y}_1, \cdots, \mathbf{y}_N \mid \hat{\boldsymbol{\beta}}, \tau_1, \tau_2, \cdots, \tau_N)=0$，$j=1, \cdots, K$。求解这些方程将得到宽松正则性条件下共同（结构）参数$\boldsymbol{\beta}$的一致估计量。[③]

我们以 logit 模型为例来阐述条件最大似然法。$\mathbf{y}_i$ 的联合概率为

$$\operatorname{Prob}(\mathbf{y}_i)=\frac{\exp\left\{\alpha_i\sum_{t=1}^{T} y_{it}+\boldsymbol{\beta}'\sum_{t=1}^{T}\mathbf{x}_{it}y_{it}\right\}}{\prod_{t=1}^{T}[1+\exp(\boldsymbol{\beta}'\mathbf{x}_{it}+\alpha_i)]} \tag{7.3.13}$$

---

① 我们称$\boldsymbol{\beta}$为结构参数是因为$\boldsymbol{\beta}$的值刻画了完整随机变量序列的结构。对所有的 i 和 t，它都是一样的。我们称 α_i 为伴生参数是为了强调当 i 变化时 α_i 的值可以改变。

② 假定可观测随机变量 $\mathbf{y}$ 有确定的属于某特定分布函数族 $\mathcal{J}$ 的联合分布函数。如果给定统计量 $S(\mathbf{y})$（一个关于可观测样本值 $\mathbf{y}$ 的函数）后任何其他统计量 $H(\mathbf{y})$ 的条件期望都独立于 $\mathcal{J}$，则称统计量 $S(\mathbf{y})$ 为充分统计量。如果统计量 $S^*(\mathbf{y})$ 是 $\mathcal{J}$中每个充分统计量的函数，则称它为最小充分统计量。更多相关讨论，参见 Zacks（1971，第 2 章）。

③ 当 u_{it}呈独立正态分布时，对线性静态模型，$\boldsymbol{\beta}$的 LSDV 估计量是条件 MLE［Cornwell 和 Schmidt（1984）］。

logit 函数的特点是不管 $y_{it}=1$ 还是 0，$\text{Prob}(\mathbf{y}_i)$ 的分母部分总是具有 $[1+\exp(\boldsymbol{\beta}'\mathbf{x}_{it}+\alpha_i)]$ 的形式。另一方面，对任何由虚拟变量 $d_{ijt}(d_{ijt}=0$ 或 $1)$ 构成的序列 $D_{ij}=(d_{ij1},\ d_{ij2},\ \cdots,\ d_{ijT})$，$\text{Prob}(D_{ij})$ 的分子总具有 $\exp\left(\alpha_i\sum_{t=1}^{T}d_{ijt}\right)\cdot\exp\left[\boldsymbol{\beta}'\sum_{t=1}^{T}\mathbf{x}_{it}d_{ijt}\right]$ 的形式。显然，$\sum_{t=1}^{T}y_{it}$ 是 α_i 的最小充分统计量。$\mathbf{y}_i$ 在 $\sum_{t=1}^{T}y_{it}$ 下的条件概率是

$$\text{Prob}\left(\mathbf{y}_i\,\middle|\,\sum_{t=1}^{T}y_{it}\right)=\frac{\exp\left[\boldsymbol{\beta}'\sum_{t=1}^{T}\mathbf{x}_{it}y_{it}\right]}{\sum_{D_{ij}\in\tilde{B}_i}\exp\left\{\boldsymbol{\beta}'\sum_{t=1}^{T}\mathbf{x}_{it}d_{ijt}\right\}} \tag{7.3.14}$$

其中 $\tilde{B}_i=\{D_{ij}=(d_{ij1},\ \cdots,\ d_{ijT})\mid d_{ijt}=0$ 或 1，且 $\sum_{t=1}^{T}d_{ijt}=\sum_{t=1}^{T}y_{it}$，$j=1,$
240 $2,\ \cdots,\ \frac{T!}{s!\,(T-s)!}\}$ 是所有满足 $\sum_{t=1}^{T}d_{ijt}=\sum_{t=1}^{T}y_{it}=s$ 的序列 $(d_{ij1},\ d_{ij2},\ \cdots,\ d_{ijT})$ 的集合。与 $\sum_{t=1}^{T}y_{it}=0,\ 1,\ \cdots,\ T$ 对应的是 $T+1$ 个不同的互斥集。满足 $\sum_{t=1}^{T}y_{it}=0$ 或 T 的组对似然函数的贡献为 0，因为此时的条件概率等于 1（这时 $\alpha_i=-\infty$ 或 ∞）。故仅有 $T-1$ 个互斥集有意义。满足 $\sum_{t=1}^{T}y_{it}=s$ 的组互斥集有 $\binom{T}{s}$ 个元素，对应着 T 次实验中有 s 次成功的不同序列。

方程（7.3.14）是条件 logit 方程［McFadden（1974）］，其互斥集（$\tilde{B}_i$）随观测对象 i 变化，与伴生参数 α_i 无关。因此，使用标准最大似然 logit 方法可得到 $\boldsymbol{\beta}$ 的条件最大似然估计量，且该估计量在宽泛的条件下是一致的。譬如，$T=2$ 时我们只对 $y_{i1}+y_{i2}=1$ 感兴趣。这时存在两种可能：如果 $(y_{i1},\ y_{i2})=(0,\ 1)$，则 $\omega_i=1$，如果 $(y_{i1},\ y_{i2})=(1,\ 0)$，则 $\omega_i=0$。

已知 $y_{i1}+y_{i2}=1$ 时，$\omega_i=1$ 的条件概率是

$$\begin{aligned}\text{Prob}(\omega_i=1\mid y_{i1}+y_{i2}=1)&=\frac{\text{Prob}(\omega_i=1)}{\text{Prob}(\omega_i=1)+\text{Prob}(\omega_i=0)}\\&=\frac{\exp[\boldsymbol{\beta}'(\mathbf{x}_{i2}-\mathbf{x}_{i1})]}{1+\exp[\boldsymbol{\beta}'(\mathbf{x}_{i2}-\mathbf{x}_{i1})]}\\&=F[\boldsymbol{\beta}'(\mathbf{x}_{i2}-\mathbf{x}_{i1})]\end{aligned} \tag{7.3.15}$$

方程（7.3.15）是二值 logit 函数，它的两个结果是（0，1）和（1，0），解释变量是 $(\mathbf{x}_{i2}-\mathbf{x}_{i1})$。条件对数似然函数是

$$\begin{aligned}\log L^*=\sum_{i\in\tilde{B}_1}\{&\omega_i\log F[\boldsymbol{\beta}'(\mathbf{x}_{i2}-\mathbf{x}_{i1})]\\&+(1-\omega_i)\log(1-F[\boldsymbol{\beta}'(\mathbf{x}_{i2}-\mathbf{x}_{i1})])\}\end{aligned} \tag{7.3.16}$$

其中 $\tilde{B}_1=\{i\mid y_{i1}+y_{i2}=1\}$。

虽然 $\tilde{B}_1$ 是指标的随机集合，但 Chamberlain（1980）证明信息矩阵（基于

条件似然函数得到）的逆是 N 趋于无穷时 $\boldsymbol{\beta}$ 的条件 MLE 的渐近协方差矩阵。在前面 $T=2$ 的情形中，如果 $y_{i1}+y_{i2}=1$，则令 $d_i=1$，否则令 $d_i=0$，这一点便可看得更清楚。于是我们有

$$J_{\tilde{B}_1}=\frac{\partial^2 \log L^*}{\partial\boldsymbol{\beta}\partial\boldsymbol{\beta}'}=-\sum_{i=1}^{N} d_i F[\boldsymbol{\beta}'(\mathbf{x}_{i2}-\mathbf{x}_{i1})] \times\{1-F[\boldsymbol{\beta}'(\mathbf{x}_{i2}-\mathbf{x}_{i1})]\}(\mathbf{x}_{i2}-\mathbf{x}_{i1})\cdot(\mathbf{x}_{i2}-\mathbf{x}_{i1})' \tag{7.3.17}$$

信息矩阵是 241

$$J=E(J_{\tilde{B}_1})=-\sum_{i=1}^{N} P_i F[\boldsymbol{\beta}'(\mathbf{x}_{i2}-\mathbf{x}_{i1})] \times\{1-F[\boldsymbol{\beta}'(\mathbf{x}_{i2}-\mathbf{x}_{i1})]\}(\mathbf{x}_{i2}-\mathbf{x}_{i1})\cdot(\mathbf{x}_{i2}-\mathbf{x}_{i1})' \tag{7.3.18}$$

其中 $P_i=E(d_i\mid\alpha_i)=F(\boldsymbol{\beta}'\mathbf{x}_{i1}+\alpha_i)[1-F(\boldsymbol{\beta}'\mathbf{x}_{i2}+\alpha_i)]+[1-F(\boldsymbol{\beta}'\mathbf{x}_{i1}+\alpha_i)]F(\boldsymbol{\beta}'\mathbf{x}_{i2}+\alpha_i)$。因为 d_i 是独立的，且 $Ed_i=P_i$，F 和 d_i 的方差都一致有界，则根据强大数定律，当 $N\to\infty$ 时，如果 $\sum_{i=1}^{N}\frac{1}{i^2}\mathbf{m}_i\mathbf{m}_i'<\infty$，则有

$$\frac{1}{N}J_{\tilde{B}_1}-\frac{1}{N}J\to 0 \tag{7.3.19}$$

其中$\mathbf{m}_i$ 是用（$\mathbf{x}_{i2}-\mathbf{x}_{i1}$）的每个元素的平方替换（$\mathbf{x}_{i2}-\mathbf{x}_{i1}$）的每个元素得到的向量。如果 $\mathbf{x}_{it}$一致有界，则收敛条件显然成立。

在 $T>2$ 的情形下，选择序列 $D_{i1}=(d_{i11},\cdots,d_{i1T})$，$\sum_{t=1}^{T}d_{i1t}=\sum_{t=1}^{T}y_{it}=s$，$1\leqslant s\leqslant T-1$ 时与正则化因子一样没有什么特殊性可言。因此我们可将条件概率（7.3.14）重记为

$$\mathrm{Prob}\left(\mathbf{y}_i\,\middle|\,\sum_{t=1}^{T}y_{it}\right)=\frac{\exp\left\{\boldsymbol{\beta}'\sum_{t=1}^{T}\mathbf{x}_{it}(y_{it}-d_{i1t})\right\}}{1+\sum_{D_{ij}\in(\tilde{B}_i-D_{i1})}\exp\left\{\boldsymbol{\beta}'\sum_{t=1}^{T}\mathbf{x}_{it}(d_{ijt}-d_{i1t})\right\}} \tag{7.3.20}$$

故条件对数似然函数为

$$\log L^*=\sum_{i\in C}\left\{\boldsymbol{\beta}'\sum_{t=1}^{T}\mathbf{x}_{it}(y_{it}-d_{i1t})-\log\left[1+\sum_{D_{ij}\in(\tilde{B}_i-D_{i1})}\exp\left\{\boldsymbol{\beta}'\sum_{t=1}^{T}\mathbf{x}_{it}(d_{ijt}-d_{i1t})\right\}\right]\right\} \tag{7.3.21}$$

其中 $C=\{i\mid\sum_{t=1}^{T}y_{it}\neq T,\ \sum_{t=1}^{T}y_{it}\neq 0\}$。

虽然我们能够给线性概率模型和 logit 模型找到满足 Neyman-Scott 准则的简单变换，但对 probit 模型，我们无法找到独立于冗余参数 α_i 的简单函数（是重要参数的函数）。也就是说，固定效应 probit 模型可能不存在 $\boldsymbol{\beta}$ 的一致估计量。

7.3.1.3 Monte Carlo 证据 242

我们知道固定效应 logit 模型$\boldsymbol{\beta}$的一致估计量存在，但固定效应 probit 模型

的却不存在，且 probit 模型和 logit 模型预测的结果相似，故支持 logit 设定的理由似乎更充分一些（因其结构参数 $\boldsymbol{\beta}$ 的一致估计量存在）。但在多元情形下，logit 模型和 probit 模型得到的结果差别很大。此时如果实际数据要求固定效应的 probit 设定，则知道偏误的程度很有用。

Heckman（1981b）用一组有限 Monte Carlo 实验研究了固定效应 probit 模型的 MLE 偏误的阶。他的数据由模型

$$y_{it}^{*}=\beta x_{it}+\alpha_{i}+u_{it},\quad i=1,\cdots,N,\ t=1,\cdots,T \tag{7.3.22}$$

和

$$y_{it}=\begin{cases}1 & \text{如果} y_{it}^{*}>0\\ 0 & \text{其他}\end{cases}$$

生成。外生变量 x_{it} 由 Nerlove（1971a）过程

$$x_{it}=0.1t+0.5x_{i,t-1}+\epsilon_{it} \tag{7.3.23}$$

生成，其中 ϵ_{it} 是在区间 $-1/2$ 到 $1/2$ 内均匀分布、均值为零的随机变量。方差 σ_u^2 设定为 1。固定效应波动的值 σ_α^2 在各次实验中不同。每次实验从 100 个个体（$N=100$）中选择 25 个样本并观察 8 期（$T=8$）。

表 7.1 列出了 Heckman 关于固定效应 probit 模型 MLE 的实验结果。$\beta=-0.1$ 时，固定效应估计量表现良好，估计值非常接近真实值。$\beta=-1$ 或 $\beta=1$ 时，估计量就不是很好，但偏误都没有超过 10% 且总是趋于零。而且随着固定效应波动值的下降，偏误也在下降。①

表 7.1　固定效应的 probit 模型 $\hat{\beta}$ 的平均值

σ_α^2	$\hat{\beta}$		
	$\beta=1$	$\beta=-0.1$	$\beta=-1$
3	0.90	−0.10	−0.94
1	0.91	−0.09	−0.95
0.5	0.93	−0.10	−0.96

资料来源：Heckman（1981b，表 4.1）。

7.3.2　随机效应模型

将个体特异效应 α_i 当作随机变量时，我们仍可用固定效应法估计结构参数 β。β的固定效应估计量的渐近性质仍保持不变。但如果 α_i 是随机变量，却被当作固定常数，则最好的结果是估计β时只有效率的损失，但也可能得到更糟的结
243 果，即导出的固定效应估计量可能是不一致的，如 7.3.1 节的讨论。

如果 α_i 独立于 $\mathbf{x}_i$，且是来自单变量分布 G（用维数有限的参数向量 $\boldsymbol{\delta}$ 标

① 对固定效应 logit 模型的 MLE，相似的结论也成立。Wright 和 Douglas（1976）用 Monte Carlo 方法研究 MLE 的性质，他们发现当 $T=20$ 时，MLE 实际上是无偏的，且它的极限分布可用一个正态分布很好地描述，该正态分布的逆方差-协方差矩阵可由估计的信息矩阵的逆导出。

示）的随机样本，则对数似然函数为

$$\log L=\sum_{i=1}^{N}\log\int\prod_{t=1}^{T}F(\boldsymbol{\beta}'\mathbf{x}_{it}+\alpha)^{y_{it}}[1-F(\boldsymbol{\beta}'\mathbf{x}_{it}+\alpha)]^{1-y_{it}}\mathrm{d}G(\alpha\mid\boldsymbol{\delta})\tag{7.3.24}$$

其中 $F(\cdot)$ 是误差项在 $\mathbf{x}_i$ 和 α_i 下的条件分布。对数似然函数（7.3.24）用关于 α 的边际概率函数代替 $\mathbf{y}$ 在 α 下的条件概率函数。它是参数（$\boldsymbol{\beta}'$，$\boldsymbol{\delta}'$）（参数个数有限）的函数。因此，只要 α 的分布（或条件分布）函数设定正确，则在弱正则条件下最大化对数似然函数（7.3.24），导出的 $\boldsymbol{\beta}$ 和 $\boldsymbol{\delta}$ 的估计量在 N 趋于无穷时是一致估计。如果 $G(\alpha)$ 误设，最大化式（7.3.24）导出的估计量在 T 固定时不是一致估计。但是，不管设定的个体效应分布是何种形式，$T\to\infty$ 时，随机效应估计量是一致估计。因为

$$\log f(\mathbf{y}_i\mid\mathbf{x}_i,\ \boldsymbol{\beta},\ \alpha_i)=\sum_{i=1}^{T}\log f(y_{it}\mid\mathbf{x}_{it},\ \boldsymbol{\beta},\ \alpha_i)$$

是 T 期观测值运算后得到的和，故对比似然函数，当时期数增加时，α 的分布不可忽略（Arellano 和 Bonhomme，2009）。

当 α_i 与 $\mathbf{x}_{it}$ 相关时，最大化对数似然函数（7.3.24）不能消除遗漏变量偏误。如果要研究 α 和 $\mathbf{x}$ 的相关性，则必须设定 α 在 $\mathbf{x}$ 下的条件分布 $G(\alpha\mid\mathbf{x})$，并考虑边际对数似然函数 244

$$\begin{aligned}\log L=\sum_{i=1}^{N}\log\int\prod_{t=1}^{T}&F(\boldsymbol{\beta}'\mathbf{x}_{it}+\alpha)^{y_{it}}\\&\times[1-F(\boldsymbol{\beta}'\mathbf{x}_{it}+\alpha)]^{1-y_{it}}\mathrm{d}G(\alpha\mid\mathbf{x})\end{aligned}\tag{7.3.24$'$}$$

Chamberlain（1980，1984）提出一个使用方便的设定：假定 $\alpha_i=\sum_{t=1}^{T}\mathbf{a}_t'\mathbf{x}_{it}+\eta_i=\mathbf{a}'\mathbf{x}_i+\eta_i$，其中 $\mathbf{a}'=(\mathbf{a}_1',\ \cdots,\ \mathbf{a}_T')$，$\mathbf{x}_i'=(\mathbf{x}_{i1}',\ \cdots,\ \mathbf{x}_{iT}')$，$\eta_i$ 是残差。但与线性情形相比，这里存在一个重大差异。在线性情形下，将 α_i 分解为在 $\mathbf{x}_i$ 上的投影和正交的残差时没有限制。现在我们假定回归函数 $E(\alpha_i\mid\mathbf{x}_i)$ 实际上就是线性的，η_i 与 $\mathbf{x}_i$ 独立，且 η_i 有具体的概率分布。

在这些假设下，随机效应设定的对数似然函数为

$$\begin{aligned}\log L=\sum_{i=1}^{N}\log\int\prod_{t=1}^{T}&F(\boldsymbol{\beta}'\mathbf{x}_{it}+\mathbf{a}'\mathbf{x}_i+\eta)^{y_{it}}\\&\times[1-F(\boldsymbol{\beta}'\mathbf{x}_{it}+\mathbf{a}'\mathbf{x}_i+\eta)]^{1-y_{it}}\mathrm{d}G^*(\eta)\end{aligned}\tag{7.3.25}$$

其中 G^* 是关于 η 的单变量分布函数。譬如，如果 F 是标准正态分布函数，且我们选择的 G^* 是均值为零、方差为 σ_η^2 的正态随机变量的分布函数，则我们的设定给出了一个多元 probit 模型：

$$y_{it}=\begin{cases}1 & \text{如果 } \boldsymbol{\beta}'\mathbf{x}_{it}+\mathbf{a}'\mathbf{x}_i+\eta_i+u_{it}>0\\0 & \text{如果 } \boldsymbol{\beta}'\mathbf{x}_{it}+\mathbf{a}'\mathbf{x}_i+\eta_i+u_{it}\leqslant 0\end{cases}\tag{7.3.26}$$

$$t=1,\ \cdots,\ T$$

其中 $\mathbf{u}_i+\mathbf{e}\eta_i$ 是独立正态分布的，其均值为 $\mathbf{0}$，方差-协方差矩阵为 $I_T+\sigma_\eta^2\mathbf{ee}'$。

对数似然函数（7.3.25）与（7.3.24）的差别仅在于是否包含于刻画伴生参

数 α_i 和 $\mathbf{x}_i$ 相依性的 $\mathbf{a}'\mathbf{x}_i$。因此，由对数似然函数（7.3.24）或（7.3.25）得到的估计量本质上是一样的。故我们仅讨论模型（7.3.24）的估计方法。

最大化对数似然函数（7.3.25）需要计算复杂的 T 维积分。我们可以将 MLE 的计算简化为单变量积分问题。因为控制 α_i 后，误差项 $v_{it}=\alpha_i+u_{it}$ 是独
245 立正态分布的，其均值为 α_i，方差为 1，用 $\phi(v_{it}\mid\alpha_i)$ 表示它的概率密度函数［Heckman (1981a)］，则有

$$\begin{aligned}\Pr(y_{i1},\cdots,y_{iT})&=\int_{c_{i1}}^{b_{i1}}\cdots\int_{c_{iT}}^{b_{iT}}\prod_{t=1}^{T}\phi(v_{it}\mid\alpha_i)G(\alpha_i\mid\mathbf{x}_i)\mathrm{d}\alpha_i\mathrm{d}v_{i1}\cdots\mathrm{d}v_{iT}\\&=\int_{-\infty}^{\infty}G(\alpha_i\mid\mathbf{x}_i)\prod_{t=1}^{T}[\Phi(b_{it}\mid\alpha_i)-\Phi(c_{it}\mid\alpha_i)]\mathrm{d}\alpha_i\end{aligned}\tag{7.3.27}$$

其中 $\Phi(\cdot\mid\alpha_i)$ 是由均值为 α_i、方差为 1 的正态密度函数 $\phi(\cdot\mid\alpha_i)$ 导出的累积分布函数，如果 $y_{it}=1$，则 $c_{it}=-\boldsymbol{\beta}'\mathbf{x}_{it}$，$b_{it}=\infty$，如果 $y_{it}=0$，则 $c_{it}=-\infty$，$b_{it}=-\boldsymbol{\beta}'\mathbf{x}_{it}$，$G(\alpha_i\mid\mathbf{x}_i)$ 是 α_i 在 $\mathbf{x}_i$ 下的条件概率密度函数。如果假定 $G(\alpha_i\mid\mathbf{x}_i)$ 是正态分布函数，且方差为 σ_α^2，则式（7.3.27）将 T 维积分压缩成一个单变量积分，该积分的被积函数是一个正态密度函数和 T 个正态累积分布函数差分（可得到它们的高精度逼近值）的乘积。譬如，Butler 和 Moffit (1982) 建议用 Gauss 求积法提高计算效率。对于必须计算的积分，其估值的 Gauss 求积公式是 Hermite 积分公式 $\int_{-\infty}^{\infty}e^{-z^2}g(z)\mathrm{d}z\simeq\sum_{j=1}^{l}w_jg(z_j)$，其中 l 是估值点的数量，w_j 是赋予第 j 个点的权重，而 $g(z_j)$ 是 $g(z)$ 在 z 的第 j 个点的估值。这些点和权重的获取可见 Abramowitz 和 Stegun (1965) 以及 Stroud 和 Secrest (1966)。

求精确近似值时，我们必须在一些估值点估算被积函数的值，而 Hermite 公式计算可行性的一个关键问题是如何确定估值点的数量。Butler 和 Moffit (1982) 用数据集中的任意四期数据和等号右边的变量系数计算的几个积分估计值表明，即使是两个点的积分，也有很高的精度。当然，由计算最大值的算法可知，在似然函数逼近最优值的过程中增加估值点的数量可提升精度。

虽然最大化对数似然函数（7.3.25）或（7.3.24）可导出 $\boldsymbol{\beta}$ 的一致且有效的估计量，但计算相当复杂。但如果 u_{it} 和 η（或 α_i）都是正态分布的，则我们有一个不用求数值积分的简单方法，只需充分利用 y_{it} 以 $\mathbf{x}_i$ 为条件的但以 α_i 为边际的分布也是 probit 形式

$$\mathrm{Prob}(y_{it}=1)=\Phi[(1+\sigma_\eta^2)^{-1/2}(\boldsymbol{\beta}'\mathbf{x}_{it}+\mathbf{a}'\mathbf{x}_i)]\tag{7.3.28}$$

的事实，用最大似然法估计所有 t 个横截面的单变量 probit 模型得到 $\mathbf{x}_{it}$ 和 $\mathbf{x}_i$ 估计的系数 $\hat{\boldsymbol{\pi}}_t\ (t=1,2,\cdots,T)$，当 N 趋于无穷时它们收敛于①

$$\Pi=(1+\sigma_\eta^2)^{-1/2}(I_T\otimes\boldsymbol{\beta}'+\mathbf{e}\mathbf{a}')\tag{7.3.29}$$

246 其中 Π 表示由 $\boldsymbol{\pi}_t'$ 构成的 $T\times(T+1)K$ 矩阵。因此，我们很容易由式（7.3.29）导出 $(1+\sigma_\eta^2)^{-1/2}\boldsymbol{\beta}'$ 和 $(1+\sigma_\eta^2)^{-1/2}\mathbf{a}'$ 的一致估计量，然后根据 Heckman

---

① α_i 与 $\mathbf{x}_i$ 无关时，我们有 $\mathbf{a}=\mathbf{0}$ 和 $\sigma_\eta^2=\sigma_\alpha^2$。

(1981a) 的方法，将这些估计值代入对数似然函数（7.3.25），并控制 $(1+\sigma_\eta^2)^{-1/2}\boldsymbol{\beta}$和 $(1+\sigma_\eta^2)^{-1/2}\mathbf{a}$ 后求函数关于 σ_η^2的最大值。

另一个也不用求数值积分但更有效的估计方法是对式（7.3.29）添加约束条件 $\boldsymbol{\pi}=\text{vec}(\boldsymbol{\Pi}')=\mathbf{f}(\boldsymbol{\theta})$，其中 $\boldsymbol{\theta}'=(\boldsymbol{\beta}', \mathbf{a}', \sigma_\eta^2)$，并像线性情形一样用广义矩法(GMM) 或最小距离估计法进行估计（见 3.9 节）。Chamberlain (1984) 建议选择最小化[①]

$$[\hat{\boldsymbol{\pi}}-f(\boldsymbol{\theta})]'\hat{\Omega}^{-1}[\hat{\boldsymbol{\pi}}-f(\boldsymbol{\theta})] \tag{7.3.30}$$

的$\hat{\boldsymbol{\theta}}$，其中$\hat{\Omega}$是

$$\Omega=J^{-1}\Delta J^{-1} \tag{7.3.31}$$

的一致估计量，而

$$J=\begin{bmatrix} J_1 & \mathbf{0} & \cdots & \mathbf{0} \\ \mathbf{0} & J_2 & & \\ \vdots & & \ddots & \\ \mathbf{0} & & & J_T \end{bmatrix}$$

$$J_t=E\left\{\frac{\phi_{it}^2}{\Phi_{it}(1-\Phi_{it})}\mathbf{x}_i\mathbf{x}_i'\right\}$$

$$\Delta=E[\Phi_i\otimes\mathbf{x}_i\mathbf{x}_i']$$

这里 $T\times T$ 的矩阵 Ψ_i 第 t 行第 s 列的元素是 $\psi_{it}=c_{it}c_{is}$，而

$$c_{it}=\frac{y_{it}-\Phi_{it}}{\Phi_{it}(1-\Phi_{it})}\phi_{it}, \qquad t=1, \cdots, T$$

在 $\boldsymbol{\pi}'\mathbf{x}_i$ 处估算标准正态分布函数 Φ_{it}和标准正态密度函数 ϕ_{it}。用样本均值代替数学期望并用 $\hat{\boldsymbol{\pi}}$代替 $\boldsymbol{\pi}$，我们可得到 Ω 的一致估计量。

7.4　静态模型的半参数方法

离散选择模型的参数估计方法有两大缺点：(1) 控制 $\mathbf{x}$ 后，生成 (u_{it}, α_i) 的概率律是已知的先验分布，或控制 $\mathbf{x}$ 和 α_i 后 u_{it} 的概率律是已知的先验分布。 247
(2) α_i 固定时，除 logit 模型和线性概率模型外，不存在可消除其他模型伴生参数的简单变换。而半参数方法不用假定 u_{it}服从某具体分布，且不管将 α_i 当作固定常数还是随机变量，都允许$\boldsymbol{\beta}$的一致估计取决于某个数值。

7.4.1　最大得分估计量

Manski (1975，1985，1987) 将满足标准化条件$\mathbf{b}'\mathbf{b}=1$ 的样本平均函数

① 当对 $T\times1$ 的正态随机向量 $\mathbf{u}_i+\mathbf{e}\eta_i$ 的方差-协方差矩阵没有添加约束条件时，Ω 是 $\hat{\boldsymbol{\pi}}$ 的渐近方差-协方差矩阵。我们可放松关于 u_{it}序列无关的假设并允许 $E\mathbf{u}_i\mathbf{u}_i'$除了标量标准项之外是任意的。在这种情况下，$\Pi=\text{diag}\{(\sigma_{u1}^2+\sigma_\eta^2)^{-1/2}, \cdots, (\sigma_{uT}^2+\sigma_\eta^2)^{-1/2}\}\ [I_T\otimes\boldsymbol{\beta}'+\mathbf{e}\mathbf{a}']$。

$$H_N(\mathbf{b})=\frac{1}{N}\sum_{i=1}^{N}\sum_{t=2}^{T}\operatorname{sgn}(\Delta\mathbf{x}'_{it}\mathbf{b})\Delta y_{it} \tag{7.4.1}$$

最大化，从而提出**最大得分估计量**（maximum score estimator），其中 $\Delta\mathbf{x}_{it}=\mathbf{x}_{it}-\mathbf{x}_{i,t-1}$，$\Delta y_{it}=y_{it}-y_{i,t-1}$，如果 $w>0$ 则$\operatorname{sgn}(w)=1$，如果 $w=0$ 则$\operatorname{sgn}(w)=0$，如果 $w<0$ 则 $\operatorname{sgn}(w)=-1$。因为式（7.4.1）在很一般的条件下一致收敛于

$$H(\mathbf{b})=E[\operatorname{sgn}(\Delta\mathbf{x}'_{it}\mathbf{b})\Delta y_{it}] \tag{7.4.2}$$

$H(\mathbf{b})$ 在$\mathbf{b}=\boldsymbol{\beta}^*$处取最大值，这里 $\boldsymbol{\beta}^*=\frac{\boldsymbol{\beta}}{\|\boldsymbol{\beta}\|}$，$\|\boldsymbol{\beta}\|$ 是欧氏范数 $\left(\sum_{k=1}^{K}\beta_k^2\right)^{1/2}$。

为阐明这一点，我们将二值选择模型记为

$$y_{it}=\begin{cases}1, & \text{如果}\, y_{it}^*>0\\ 0, & \text{如果}\, y_{it}^*\leqslant 0\end{cases} \tag{7.4.3}$$

这里 y_{it}^* 由式（7.2.1）给出，其中 $v_{it}=\alpha_i+u_{it}$。在“对给定的 i，u_{it}独立同分布且与 $\mathbf{x}_i$ 和 α_i 独立”的（即 $\mathbf{x}_{it}$是严格外生的）假设下，我们有

$$\begin{aligned}
\mathbf{x}'_{it}\boldsymbol{\beta}>\mathbf{x}'_{i,t-1}\boldsymbol{\beta}&\Leftrightarrow E(y_{it}\mid\mathbf{x}_{it})>E(y_{i,t-1}\mid\mathbf{x}_{i,t-1})\\
\mathbf{x}'_{it}\boldsymbol{\beta}=\mathbf{x}'_{i,t-1}\boldsymbol{\beta}&\Leftrightarrow E(y_{it}\mid\mathbf{x}_{it})=E(y_{i,t-1}\mid\mathbf{x}_{i,t-1})\\
\mathbf{x}'_{it}\boldsymbol{\beta}<\mathbf{x}'_{i,t-1}\boldsymbol{\beta}&\Leftrightarrow E(y_{it}\mid\mathbf{x}_{it})<E(y_{i,t-1}\mid\mathbf{x}_{i,t-1})
\end{aligned} \tag{7.4.4}$$

用一阶差分重新表示关系式（7.4.4），我们得到等价关系

$$\begin{aligned}
\Delta\mathbf{x}'_{it}\boldsymbol{\beta}>0&\Leftrightarrow E(y_{it}-y_{i,t-1}\mid\Delta\mathbf{x}_{it})>0\\
\Delta\mathbf{x}'_{it}\boldsymbol{\beta}=0&\Leftrightarrow E(y_{it}-y_{i,t-1}\mid\Delta\mathbf{x}_{it})=0\\
\Delta\mathbf{x}'_{it}\boldsymbol{\beta}<0&\Leftrightarrow E(y_{it}-y_{i,t-1}\mid\Delta\mathbf{x}_{it})<0
\end{aligned} \tag{7.4.5}$$

显然，对任何 $\tilde{\beta}=\beta c(c>0)$，关系式（7.4.5）都成立。因此，我们仅考虑标准化向量 $\boldsymbol{\beta}^*=\frac{\boldsymbol{\beta}}{\|\boldsymbol{\beta}\|}$。

248 因此，对于向量$\mathbf{b}$（满足$\mathbf{b}'\mathbf{b}=1$，且$\mathbf{b}\neq\boldsymbol{\beta}^*$），有

$$\begin{aligned}
H(\boldsymbol{\beta}^*)-H(\mathbf{b})&=E\{[\operatorname{sgn}(\Delta\mathbf{x}'_{it}\boldsymbol{\beta}^*)-\operatorname{sgn}(\Delta\mathbf{x}'_{it}\mathbf{b})](y_{it}-y_{i,t-1})\}\\
&=2\int_{W_b}\operatorname{sgn}(\Delta\mathbf{x}'_{it}\boldsymbol{\beta}^*)E[y_t-y_{t-1}\mid\Delta\mathbf{x}]\mathrm{d}F_{\Delta\mathbf{x}}
\end{aligned} \tag{7.4.6}$$

其中 $W_b=[\Delta\mathbf{x}:\ \operatorname{sgn}(\Delta\mathbf{x}'\boldsymbol{\beta}^*)\neq\operatorname{sgn}(\Delta\mathbf{x}'\mathbf{b})]$，$F_{\Delta\mathbf{x}}$表示 $\Delta\mathbf{x}$ 的分布。结合式（7.4.5），关系式（7.4.6）表明，对所有的 $\Delta\mathbf{x}$ 有

$$\operatorname{sgn}(\Delta\mathbf{x}'\boldsymbol{\beta}^*)E[y_t-y_{t-1}\mid\Delta\mathbf{x}]=|E[y_t-y_{t-1}\mid\Delta\mathbf{x}]|$$

因此，在 $\mathbf{x}$ 无界的假设下①，

$$H(\boldsymbol{\beta}^*)-H(\mathbf{b})=2\int_{W_b}|E[y_t-y_{t-1}\mid\Delta\mathbf{x}]|\mathrm{d}F_{\Delta\mathbf{x}}\geqslant 0 \tag{7.4.7}$$

Manski（1985，1987）证明，在很一般的条件下，最大化准则函数（7.4.1）可得到$\boldsymbol{\beta}^*$的强一致估计量。

正如第 3 章和本章前几节的讨论，如果 T 较小，则 N 趋于无穷时，线性模型（结构）参数 $\boldsymbol{\beta}$ 的 MLE 是一致的，但存在伴生参数 α_i 的非线性模型（结构）参数$\boldsymbol{\beta}$的 MLE 是不一致的，因为我们可通过差分消除线性模型的 α_i，却无法消除非线

---

① 如果 $\mathbf{x}$ 有界，则 u_{it}不服从 logistic 分布时，模型可能无法识别。

性模型的 α_i。因此，非线性中 α_i 的估计误差就被传递给 $\boldsymbol{\beta}$ 的估计量。Manski 半参数方法充分利用潜变量表达式（7.2.1）或（7.4.4）的线性结构。于是个体特异效应 α_i 也可以通过差分消除，因此不了解 α_i 也不会影响对 $\boldsymbol{\beta}$ 的估计。

即便 u_{it} 在 α_i，$\mathbf{x}_{it}$，$\mathbf{x}_{i,t-1}$ 给定后的条件分布位置，$N\to\infty$ 时 Manski 最大得分估计量仍是一致估计。但它收敛的阶是 $N^{1/3}$，比参数法通常的收敛速度 $N^{1/2}$ 慢。此外，Kim 和 Pollard（1990）证明，$N^{1/3}$ 乘以中心化的最大得分估计量后依分布收敛于最大化某个 Gauss 过程的随机变量。该结论表明最大得分估计在应用领域可能用处不大，因为最大得分估计量极限分布的性质还不得而知。

目标方程（7.4.1）等价于在约束条件 $\mathbf{b}'\mathbf{b}=1$ 下求解优化问题

$$\max_{\mathbf{b}} H_N^*(\mathbf{b}) = N^{-1}\sum_{i=1}^{N}\sum_{t=2}^{T}[2\cdot\mathbf{1}(\Delta y_{it}=1)-1]\mathbf{1}(\Delta\mathbf{x}_{it}'\mathbf{b}>0) \tag{7.4.8}$$

其中 $\mathbf{1}(A)$ 是事件 A 的示性函数，如果 A 发生则 $\mathbf{1}(A)=1$，否则等于 0。最大得分估计法的复杂性和它较慢的收敛速度是因函数 $H_N(\mathbf{b})$ 或 $H_N^*(\mathbf{b})$ 不连续引起的。Horowitz（1992）建议用一个充分光滑的函数 $\widetilde{H}_N(\mathbf{b})$ 代替 $H_N^*(\mathbf{b})$（当 $N\to\infty$ 时，$\widetilde{H}_N(\mathbf{b})$ 与 $H_N^*(\mathbf{b})$ 的收敛极限几乎相同）以避免这些问题。令 $K(\cdot)$ 是从实直线到自身的连续函数（$K: R\to R$），且满足 249

(i) 对 $(-\infty, \infty)$ 中的任意元素 v，存在某个有限值 M，使得 $|K(v)|<M$。

(ii) $\lim\limits_{v\to-\infty} K(v)=0$，$\lim\limits_{v\to\infty} K(v)=1$。

这里 $K(\cdot)$ 类似于累积分布函数。令 $\{h_N: N=1, 2, \cdots\}$ 是满足 $\lim\limits_{N\to\infty} h_N=0$ 的严格正的实数序列。定义

$$\widetilde{H}_N(\mathbf{b})=N^{-1}\sum_{i=1}^{N}\sum_{t=2}^{T}[2\cdot\mathbf{1}(\Delta y_{it}=1)-1]K(\mathbf{b}'\Delta\mathbf{x}_{it}/h_N) \tag{7.4.9}$$

Horowitz（1992）将最大化式（7.4.9）的解定义为**光滑最大得分估计量**（smoothed maximum score estimator）。与 Manski 估计量一样，$\boldsymbol{\beta}$ 的识别仅取决于一个数量。Horowitz（1992）发现将 $\Delta\mathbf{x}$ 中某个分量的系数标准化比标准化 $\|\boldsymbol{\beta}^*\|=1$ 更方便，譬如，如果 $\beta_1\neq 0$，且 Δx_1 在其他分量下的条件概率分布绝对连续（关于 Lebesgue 测度），则将 β_1 的绝对值标准化为 1。

在假设"$\Delta u_{it}=u_{it}-u_{i,t-1}$ 在 $\Delta\mathbf{x}_{it}$ 下的条件分布是均值等于 0 的对称分布"下，光滑最大得分估计量是强一致的。我们可以求一阶条件的 Taylor 展开式，利用渐近理论的 Taylor 级数法，并用相应的中心极限定理和大数定律，对估计量的渐近行为进行分析。$\boldsymbol{\beta}$ 的光滑估计量是一致的，且在中心化和确当的标准化后渐近分布是正态分布。它的收敛速度至少达到 $N^{-2/5}$，根据 u 和 $\boldsymbol{\beta}'\Delta\mathbf{x}$ 分布的光滑程度，该速度可任意接近 $N^{-1/2}$。

7.4.2 $\sqrt{N}$ 一致收敛的半参数估计量

光滑最大得分估计量的收敛速度与 $h_N\to 0$ 的收敛速度有关。Lee（1999）关于 $\mathbf{b}$ 最大化双重和

$$\{N(N-1)\}^{-1}\sum_{i\neq j}\sum_{t=2}^{T}\text{sgn}(\Delta\mathbf{x}_{it}'\mathbf{b}-\Delta\mathbf{x}_{jt}'\mathbf{b})(\Delta y_{it}-\Delta y_{jt})\Delta y_{it}^2\Delta y_{jt}^2$$

$$=\{N(N-1)\}^{-1}\sum_{\substack{i\\ i<j}}\ \sum_{\substack{j\\ \Delta y_{it}\neq\Delta y_{jt}}}\ \sum_{\substack{t=2\\ \Delta y_{it}\neq 0\\ \Delta y_{jt}\neq 0}}^{T}\operatorname{sgn}(\Delta\mathbf{x}_{it}'\mathbf{b}-\Delta\mathbf{x}_{jt}'\mathbf{b})(\Delta y_{it}-\Delta y_{jt}) \tag{7.4.10}$$

250 导出一个与光滑参数无关的$\sqrt{N}$一致收敛的半参数估计量。Lee 估计量$\hat{\mathbf{b}}$的一致性源自这样一个事实：虽然 $\Delta y_{it}-\Delta y_{jt}$可以取 5 个值（0，±1，±2），但事件（$\Delta y_{it}-\Delta y_{jt}$）$\Delta y_{it}^2\Delta y_{jt}^2\neq 0$ 排除了（0，±1），所以 $\Delta y_{it}-\Delta y_{jt}$事实上是二值的（2 或−2）。对于给定的 j，关于所有 i 和 t 的第一个平均值收敛于

$$E\{\operatorname{sgn}(\Delta\mathbf{x}'\mathbf{b}-\Delta\mathbf{x}_j'\mathbf{b})(\Delta y-\Delta y_j)\Delta y^2\,\Delta y_j^2\mid\Delta\mathbf{x}_j,\ \Delta y_j\} \tag{7.4.11}$$

$\sqrt{N}$的收敛速度因光滑函数（7.4.10）的第二个平均值得到。

标准化 $\beta_1=1$ 后，$\sqrt{N}(\tilde{\mathbf{b}}-\bar{\boldsymbol{\beta}})$ 的渐近协方差矩阵等于

$$4\cdot(E\nabla_2\tau)^{-1}(E\nabla_1\tau\,\nabla_1\tau')(E\nabla_2\tau)^{-1} \tag{7.4.12}$$

其中 $\bar{\boldsymbol{\beta}}=(\beta_2,\ \cdots,\ \beta_K)'$，$\tilde{\mathbf{b}}$ 是它的估计量，

$$\tau(\Delta y_j,\ \Delta\mathbf{x}_j,\ \tilde{\mathbf{b}})\equiv E_{i|j}\{\operatorname{sgn}(\Delta\mathbf{x}_i'\mathbf{b}-\Delta\mathbf{x}_j'\mathbf{b})(\Delta y_i-\Delta y_j)\Delta y_i^2\,\Delta y_j^2\},\ i\neq j$$

$E_{i\mid j}$表示（Δy_i，$\Delta\mathbf{x}_i'$）在（Δy_j，$\Delta\mathbf{x}_j'$）下的条件期望，而$\nabla_1\tau$和$\nabla_2\tau$分别表示$\tau(\Delta y_j,\Delta\mathbf{x}_j,\ \tilde{\mathbf{b}})$ 对 $\tilde{\mathbf{b}}$ 的一阶和二阶偏导数矩阵。

参数法要求设定 u 的分布。如果误设 u 的分布，则 $\boldsymbol{\beta}$ 的 MLE 是不一致的。半参数方法不要求设定 u 的分布，并允许它的分布以某种未知的方式与 $\mathbf{x}$ 相关（未知形式的异方差）。无论非观测个体效应被当作固定常数还是与 $\mathbf{x}$ 相关，半参数估计量除了一个比例常数外是一致的。但估计过程中对 $\mathbf{x}_{it}$ 的差分消除了时恒变量。Lee (1999) 的$\sqrt{N}$一致收敛估计量对个体取其他差分 $\Delta\mathbf{x}_i-\Delta\mathbf{x}_j$，并通过从设定中消除"周期性"个恒变量（例如时期虚拟变量和对所有个体共有的宏观经济冲击）进一步降低了待估计参数的维度。此外，u_{it}和 $u_{i,t-1}$在（α_i，$\mathbf{x}_{it}$，$\mathbf{x}_{i,t-1}$）下的条件分布相同的条件不允许 $\mathbf{x}_{it}$ 中存在滞后因变量。半参数方法与参数法一样，也不能用来得到在 $\mathbf{x}$ 下的条件预测概率。该方法只能估计解释变量的相对影响。

7.5 动态模型

7.5.1 一般模型

前几节讨论的静态模型假定个体进入（或停留）或离开某状态的概率与该事件以前是否发生无关。但大量问题，譬如交通事故发生率研究［Bates 和 Neyman（1951）］、品牌忠诚度研究［Chintagunta，Kyriazidou 和 Perktold
251 (2001)］、劳动力参与率研究［Heckman 和 Willis (1977)；Hyslop (1999)］以及失业率研究［Layton (1978)］等，却经常提到以前经历过某事件的个体与没有经历该类事件的个体相比，在将来更有可能经历该类事件。换句话说，个体在

将来经历此类事件的条件概率是以前经历的函数。

为研究离散变量间的跨期关系，Heckman（1978a，1981b）利用通过门槛的**连续型随机潜变量**（latent-continuous-random-variable）提出一个一般分析框架。他令连续型随机变量 y_{it}^* 是 $\mathbf{x}_{it}$ 和事件过去发生情况的函数：

$$y_{it}^* = \boldsymbol{\beta}'\mathbf{x}_{it} + \sum_{l=1}^{t-1}\gamma_l y_{i,\, t-l} + \phi \sum_{s=1}^{t-1}\prod_{l=1}^{s} y_{i,\, t-l} + v_{it}$$
$$i=1,\ \cdots,\ N,\ t=1,\ \cdots,\ T \qquad (7.5.1)$$

以及

$$y_{it} = \begin{cases} 1 & \text{如果}\, y_{it}^* > 0 \\ 0 & \text{如果}\, y_{it}^* \leqslant 0 \end{cases} \qquad (7.5.2)$$

假定误差项 v_{it} 与 $\mathbf{x}_{it}$ 独立，且对所有的 i 同分布，一般的跨期方差-协方差矩阵为 $E\mathbf{v}_i\mathbf{v}_i'=\Omega$。系数 γ_l 度量了 l 期前该事件的发生对 y_{it}^* 当前值的影响。如果从某时期 $s(s<t)$ 开始，随机变量 y_{is}^* 处于 $y_{is}^*>0$ 的状态，且该状态持续至 $t-1$ 期，则参数 ϕ 表示近期该状况持续发生对 y_{it}^* 值的累积影响。

模型设定（7.5.1）和（7.5.2）概括了文献中出现的大量随机模型。譬如，令 $\mathbf{x}_{it}=1$，且假定 v_{it} 独立同分布。如果 $\gamma_l=0$，$l=2$，…，$T-1$，且 $\phi=0$，则式（7.5.1）和（7.5.2）生成**一阶时齐 Markov 过程**（time-homogenous first-order Markov process）。如果 $\gamma_l=0$，$l=1$，…，$T-1$，且 $\phi\neq 0$，则生成**更新过程**（renewal process）。如果 $\gamma_l=0$，$l=1$，…，$T-1$，且 $\phi=0$，则导出简单的 Bernoulli 模型。如果假定 v_{it} 是自回归移动平均过程，并仍假设 $\gamma_l=0$，$l=1$，…,$T-1$，和 $\phi\neq 0$，则得到 Coleman（1964）的**潜** Markov **模型**（latent Markov model）。

如前所述，我们在不同时期对一组给定的个体进行重复观测后，可构建个体对经历某事件有不同偏好的模型。将误差项 v_{it} 分解为

$$v_{it}=\alpha_i+u_{it}, \qquad i=1,\ \cdots,\ N,\ t=1,\ \cdots,\ T \qquad (7.5.3)$$

后便容许这样的异质性存在，其中 u_{it} 可任意序列相关，但对不同的 i 是独立分布的，α_i 是个体特异效应项，我们可将它当作固定常数或随机变量。举例来说，如果前面关于 Markov 过程的假设

$$\gamma_l=0, \quad l=2,\ \cdots,\ T-1, \quad \text{且}\ \phi=0$$

成立，但 v_{it} 的方差成分是式（7.5.3），则得到与前面关于**移动者-滞留者模型** 252
（mover-stayer model）[Goodman（1961）；Singer 和 Spilerman（1976）]紧密相关的**一阶复合 Markov 过程**（compound first-order Markov process）。

模型设定（7.5.1）～（7.5.3）考虑了持续性存在的三种原因（控制可观测解释变量 $\mathbf{x}$ 之后）。持续性可能是误差项 u_{it} 序列相关的结果，或是非观测异质项 α_i 存在的结果，也可能是由 $\gamma y_{i,t-l}$ 或 $\phi\prod_{l=1}^{*} y_{i,\, t-l}$ 体现的真实状态的结果。区分产生持续性的原因非常重要，因为暂时性提高 $y=1$ 的概率的政策对将来经历该事件的概率有不同的意义。

个体停留在某状态的条件概率是以前经历的函数时，有两个新问题产生。一是如何处理初始观测值。二是怎样区分真实状态相依和伪状态相依，如果是

伪状态相依，则以前的 y_{it} 仅作为非观测个体效应 α_i 的代理变量出现在模型设定中。第一个问题在推导给定模型的一致估计量时很关键。第二个问题之所以很重要，是因为某事件的实际经历修正了个体的行为，或者非观测成分跨期相关，或者二者兼而有之导致观测到的事件之间产生时期相依性。

7.5.2 初始条件

考虑事件（按发生时间排序）的相依性时，与动态线性回归模型一样，在估计生成随机过程的参数之前必须解决似然问题求解的初始条件问题。为集中讨论初始条件及其解的本质问题，我们假定没有外生变量，且观测的数据由一阶 Markov 过程生成。即

$$y_{it}^* = \beta_0 + \gamma y_{i,t-1} + v_{it}$$
$$y_{it} = \begin{cases} 1 & \text{如果} y_{it}^* > 0 \\ 0 & \text{如果} y_{it}^* \leqslant 0 \end{cases} \tag{7.5.4}$$

为方便表述，我们假定 u_{it} 独立正态分布，且均值为零，方差 σ_u^2 等于 1。需要指出的是，下面讨论得到的一般结论对其他类型的分布也成立。

在社会科学的若干应用工作中，有两个对初始条件的典型假设：（1）假定初始条件或相关过程的观测前历史信息（presample history）确实是外生的；（2）假定随机过程处于均衡状态。在"个体 i 的 y_{i0} 是固定常数而非随机变量"
253 的假设下，给定 α_i 后 $\mathbf{y}_i' = (y_{i1}, \cdots, y_{iT})$ 的联合概率是

$$\prod_{t=1}^{T} F(y_{it} \mid y_{i,t-1}, \alpha_i) = \prod_{t=1}^{T} \Phi\{(\beta_0 + \gamma y_{i,t-1} + \alpha_i)(2y_{it} - 1)\} \tag{7.5.5}$$

其中 Φ 是标准正态累积分布函数。在"随机过程处于均衡状态"的假设下，对所有的 t，给定 α_i 后 $y_{i0}=1$ 的极限边际概率是［Karlin 和 Taylor (1975)］①

$$P_i = \frac{\Phi(\beta_0 + \alpha_i)}{1 - \Phi(\beta_0 + \gamma + \alpha_i) + \Phi(\beta_0 + \alpha_i)} \tag{7.5.6}$$

而 $y_{i0}=0$ 的极限概率是 $1-P_i$。故给定 α_i 后，$(y_{i0}, \cdots, y_{iT})$ 的联合概率是

$$\prod_{t=1}^{T} \Phi\{(\beta_0 + \gamma y_{i,t-1} + \alpha_i)(2y_{it} - 1)\} P_i^{y_{i0}} (1 - P_i)^{1-y_{i0}} \tag{7.5.7}$$

如果 α_i 是分布为 $G(\alpha)$ 的随机变量，则在第一个假设下随机效应模型的似然函数是

---

① 这里同质的两阶段 Markov 链的转换概率矩阵是

$$\mathcal{P} = \begin{bmatrix} 1 - \Phi(\beta_0 + \alpha_i) & \Phi(\beta_0 + \alpha_i) \\ 1 - \Phi(\beta_0 + \gamma + \alpha_i) & \Phi(\beta_0 + \gamma + \alpha_i) \end{bmatrix}$$

由数学推导可知，n 步转换矩阵为

$$\mathcal{P}^n = \frac{1}{1 - \Phi(\beta_0 + \gamma + \alpha_i) + \Phi(\beta_0 + \alpha_i)}$$
$$\times \left\{ \begin{bmatrix} 1 - \Phi(\beta_0 + \gamma + \alpha_i) & \Phi(\beta_0 + \alpha_i) \\ 1 - \Phi(\beta_0 + \gamma + \alpha_i) & \Phi(\beta_0 + \alpha_i) \end{bmatrix} + [\Phi(\beta_0 + \gamma + \alpha_i) - \Phi(\beta_0 + \alpha_i)]^n \right.$$
$$\left. \times \begin{bmatrix} \Phi(\beta_0 + \alpha_i) & -\Phi(\beta_0 + \alpha_i) \\ -[1 - \Phi(\beta_0 + \gamma + \alpha_i)] & 1 - \Phi(\beta_0 + \gamma + \alpha_i) \end{bmatrix} \right\}$$

$$L=\prod_{i=1}^{N}\int\prod_{t=1}^{T}\Phi\{(\beta_0+\gamma y_{i,t-1}+\alpha)(2y_{it}-1)\}\mathrm{d}G(\alpha) \tag{7.5.8}$$

在第二个假设下的似然函数是

$$L=\prod_{i=1}^{N}\int\prod_{t=1}^{T}\Phi\{(\beta_0+\gamma y_{i,t-1}+\alpha)(2y_{it}-1)\}$$
$$\times P_i^{y_{i0}}(1-P_i)^{1-y_{i0}}\mathrm{d}G(\alpha) \tag{7.5.9}$$

在关于初始条件的两个假设集下似然函数（7.5.8）和（7.5.9）都是显式的。将 α_i 当作随机变量时，β_0，γ 和 σ_α^2 的 MLE 在 N 趋于无穷或 N 与 T 都趋于无穷时是一致的。将 α_i 当作固定常数（7.5.5）时，β_0，γ 和 σ_α^2 的 MLE 仅在 T 254
趋于无穷时是一致的。如果 T 有限，则 MLE 存在偏误。此外，Monte Carlo 模拟结果表明，与静态情形不同，这里的偏误是显著的［Heckman（1981b）］。

但只有生成该过程的扰动项序列无关，且在抽样开始时偶然观测到一个全新的过程时，初始条件是固定常数的假设才是合适的。如果在抽样之前该过程已经在进行，或者模型的扰动项因包含个体特异的随机效应项而存在序列相依，则初始条件不是外生的。在许多应用中，过程处于均衡状态的假设也会产生很多问题，特别是由时变外生变量驱动的随机过程。

如果假定分析人员不能从一开始就可以观测该过程，则不能假设个体 i 的初始状态 y_{i0} 是固定常数。初始状态由生成样本面板数据的过程决定。固定效应模型的样本似然函数是

$$L=\prod_{i=1}^{N}\prod_{t=1}^{T}\Phi\{(\beta_0+\gamma y_{i,t-1}+\alpha_i)(2y_{it}-1)\}f(y_{i0}\mid\alpha_i) \tag{7.5.10}$$

随机效应模型的样本似然函数是

$$L=\prod_{i=1}^{N}\int_{-\infty}^{\infty}\prod_{t=1}^{T}\Phi\{(\beta_0+\gamma y_{i,t-1}+\alpha)(2y_{it}-1)\}f(y_{i0}\mid\alpha)\mathrm{d}G(\alpha) \tag{7.5.11}$$

其中 $f(y_{i0}\mid\alpha_i)$ 是 y_{i0} 在 α_i 下的边际概率密度函数。因此，除非 T 很大，否则最大化式（7.5.5）或（7.5.8）将导出不一致的估计量。①

因为 y_{i0} 是不可观测的过去值的函数，所以不仅推导边际分布 $f(y_{i0}\mid\alpha_i)$ 很困难，而且最大化式（7.5.10）或（7.5.11）也非常复杂。因此 Heckman（1981b）建议用下面的步骤逼近动态离散选择模型初始条件：

1. 用包含示性函数的 probit 模型

$$y_{i0}^*=Q(\mathbf{x}_i)+\epsilon_{i0} \tag{7.5.12}$$

以及

$$y_{i0}=\begin{cases}1 & \text{如果}\,y_{i0}^*>0\\ 0 & \text{如果}\,y_{i0}^*\leqslant 0\end{cases} \tag{7.5.13}$$

逼近样本初始状态 y_{i0} 的概率，其中 $Q(\mathbf{x}_i)$ 是关于 $\mathbf{x}_{it}(t=0,\cdots,T)$ 的普通函 255
数，一般假定它是关于 $\mathbf{x}_{it}$ 的线性函数，并假定 ϵ_{i0} 是正态分布的，其均值为 0，方差为 1。

① 这容易看出来，只需注意到当用似然函数（7.5.10）或（7.5.11）估计期望值时，联合概率分布函数（7.5.5）或（7.5.8）关于结构参数的一阶导数向量的数学期望在真实的参数中并没有消失。

2. 允许 ϵ_{i0} 与 v_{it}（$t=1$，…，T）任意相关。

3. 无须在结构参数和样本初始状态的近似约简型概率的参数之间添加任何约束条件，直接用最大似然法估计模型。

Heckman（1981b）用 Monte Carlo 方法比较了两种情形（一种是对 y_{i0} 和 α_i 的假设与真实的数据生成过程一致，且 y_{i0} 有一个近似约简型概率，另一种是对一阶 Markov 过程设定错误的固定常数 y_{i0} 和 α_i）下 MLE 的功效。他的实验数据由随机效应模型

$$y_{it}^{*}=\beta x_{it}+\gamma y_{i,t-1}+\alpha_i+u_{it}$$

$$y_{it}=\begin{cases}1 & \text{如果} y_{it}^{*}>0\\ 0 & \text{如果} y_{it}^{*}\leqslant 0\end{cases}\tag{7.5.14}$$

生成，外生变量 x_{it} 由式（7.3.23）生成。对每个参数集，他进行了 25 次实验，每次实验选取 100（$=N$）个个体的 8（$=T$）期数据（在抽样前让数据生成过程先运行 25 个周期）。表 7.2 列出了 Heckman 的 Monte Carlo 模拟结果。

256 **表 7.2　一阶 Markov 过程的 Monte Carlo 结果**

γ		$\sigma_\alpha^2=3$			$\sigma_\alpha^2=1$		
		$\beta=-0.1$	$\beta=1$	$\beta=0$	$\beta=-0.1$	$\beta=1$	$\beta=0$
具有已知初始条件时随机效应估计量 $\hat{\gamma}$ 和 $\hat{\beta}$ 的值[a]							
0.5	$\hat{\gamma}$	n. a.[c]	0.57	n. a.[c]			
	$\hat{\beta}$	n. a.[c]	0.94	—[d]			
0.1	$\hat{\gamma}$	0.13	0.12	0.14			
	$\hat{\beta}$	−0.11	1.10	—			
随机效应近似估计量 $\hat{\gamma}$ 和 $\hat{\beta}$ 的值[a]							
0.5	$\hat{\gamma}$	0.63	0.60	0.70	n. a.[c]	0.54	0.62
	$\hat{\beta}$	−0.131	0.91	—	n. a.[c]	0.93	—
0.1	$\hat{\gamma}$	0.14	0.13	0.17	0.11	0.11	0.13
	$\hat{\beta}$	−0.12	0.92	—	−0.12	0.95	—
固定效应近似估计量 $\hat{\gamma}$ 和 $\hat{\beta}$ 的值[b]							
0.5	$\hat{\gamma}$	0.14	0.19	0.03	n. a.[c]	0.27	0.17
	$\hat{\beta}$	−0.07	1.21	—	n. a.[c]	1.17	—
0.1	$\hat{\gamma}$	−0.34	−0.21	−0.04	−0.28	−0.15	−0.01
	$\hat{\beta}$	−0.06	1.14	—	−0.08	1.12	—

[a] $N=100$；$T=3$。

[b] $N=100$；$T=8$。

[c] 因模型无法估计而不能获取数据。

[d] 不可估计。

资料来源：Heckman（1981b，表 4.2）。

该结果表明，与静态模型不同，固定效应的 probit 估计量功效很差。个体效应方差（σ_α^2）越大，偏误也越大。基于估计的信息矩阵的 t 统计量也因在多数实验中没有拒绝错误的原假设 $\gamma=\beta=0$ 而导致错误的推断。

比较发现，Heckman 近似解的功效更强一些。虽然估计仍偏离真实值，但偏误并不显著，特别是它们与理想估计比较时。基于近似解的 t 统计量也比固定效应 probit 的模型中的 t 统计量更可靠，因为样本容量更大时，它们将导出正确的推断。

Heckman 的 Monte Carlo 结果还指出一个令人担忧的问题，即在正确设定似然函数的理想条件下，MLE 导出的估计量也是有偏的。因为由三期的 100 个观测值组成的面板数据并不少见，所以该问题需要进一步研究。

7.5.3　条件方法

如果个体效应项是固定常数，则它的似然估计量在 T 固定而 N 趋于无穷时是不一致的。如果个体效应项是与 $\mathbf{x}$ 独立的随机变量，则其 MLE 的一致性与正确设定效应项的概率分布和初始观测有关。半参数方法不能用来估计动态模型，因为滞后因变量作为解释变量时背离了解释变量的严格外生性条件。当解释变量的严格外生性不满足时，$E(\Delta u_{it} \mid \mathbf{x}_{it}, \mathbf{x}_{i,t-1}, y_{i,t-1}, y_{i,t-2}) \neq 0$。换句话说，背离了式（7.4.4）中的一一对应关系。故 Manski（1985）最大得分估计法也不能用。任何（无约束）条件方法都不可用。我们以 $T=2$ 为例进行说明。条件方法的基本思想是，控制两期中的解释变量和 $y_{i1}\neq y_{i2}$后，讨论 y_{i2}等于 1 或 0 的概率。如果$\text{Prob}(y_{i2}=1)$ 的解释变量包含 y_{i1}，则条件概率依据 y_{i1}等于 0 还是 1 而变动。

但在 $T\geqslant 3$ 且 $\mathbf{x}_{it}$ 满足一定特殊条件的情形下，Honoré 和 Kyriazidou（2000a）证明，可用推广的条件概率法一致地估计 logit 模型中的未知参数，或用推广的最大得分法（无须知道 α_i 的分布或初始观测的概率分布）一致地估计 257
某些类型的离散选择模型。但估计量收敛到真实值的速度比通常 $\sqrt{N}$ 的速度慢了很多。

假定模型（7.5.4）中的 u_{it}服从 logistic 分布。则（y_{i0}，…，y_{iT}）的分布函数满足

$$P(y_{i0}=1 \mid \alpha_i)=P_0(\alpha_i) \tag{7.5.15}$$

$$P(y_{it}=1 \mid \alpha_i, y_{i0}, \cdots, y_{i,t-1})=\frac{\exp(\gamma y_{i,t-1}+\alpha_i)}{1+\exp(\gamma y_{i,t-1}+\alpha_i)}, \quad t=1, 2, \cdots, T \tag{7.5.16}$$

当 $T\geqslant 3$ 时，Chamberlain（1993）证明可用独立于 α_i 的条件方法估计 γ。

为易于表述，我们假定 $T=3$（即对每个个体 i，都有 4 期观测值）。考虑事件

$$A=\{y_{i0}, y_{i1}=0, y_{i2}=1, y_{i3}\}$$

$$B=\{y_{i0}, y_{i1}=1, y_{i2}=0, y_{i3}\}$$

其中 y_{i0}和 y_{i3}可以是 1 或 0。则有

$$P(A)=P_0(\alpha_i)^{y_{i0}}[1-P_0(\alpha_i)]^{1-y_{i0}}\times\frac{1}{1+\exp(\gamma y_{i0}+\alpha_i)}$$
$$\times\frac{\exp(\alpha_i)}{1+\exp(\alpha_i)}\times\frac{\exp[(\gamma+\alpha_i)y_{i3}]}{1+\exp(\gamma+\alpha_i)}\qquad(7.5.17)$$

和

$$P(B)=P_0(\alpha_i)^{y_{i0}}[1-P_0(\alpha_i)]^{1-y_{i0}}\times\frac{\exp(\gamma y_{i0}+\alpha_i)}{1+\exp(\gamma y_{i0}+\alpha_i)}$$
$$\times\frac{1}{1+\exp(\gamma+\alpha_i)}\times\frac{\exp(\alpha_i y_{i3})}{1+\exp(\alpha_i)}\qquad(7.5.18)$$

因此，

$$\begin{aligned}P(A\mid A\cup B)&=P(A\mid y_{i0},\ y_{i1}+y_{i2}=1,\ y_{i3})\\&=\frac{\exp(\gamma y_{i3})}{\exp(\gamma y_{i3})+\exp(\gamma y_{i0})}\\&=\frac{1}{1+\exp[\gamma(y_{i0}-y_{i3})]}\end{aligned}\qquad(7.5.19)$$

和

$$\begin{aligned}P(B\mid A\cup B)&=P(B\mid y_{i0},\ y_{i1}+y_{i2}=1,\ y_{i3})\\&=1-P(A\mid A\cup B)\\&=\frac{\exp[\gamma(y_{i0}-y_{i3})]}{1+\exp[\gamma(y_{i0}-y_{i3})]}\end{aligned}\qquad(7.5.20)$$

258 式（7.5.19）和（7.5.20）是二值 logit 方程，且与 α_i 无关。条件对数似然函数

$$\begin{aligned}\log\tilde{L}=&\sum_{i=1}^{N}1(y_{i1}+y_{i2}=1)\\&\times\{y_{i1}[\gamma(y_{i0}-y_{i3})]-\log[1+\exp\gamma(y_{i0}-y_{i3})]\}\end{aligned}\qquad(7.5.21)$$

是条件 logit 函数。最大化条件对数似然函数（7.5.21）得到 γ 的 $\sqrt{N}$ 一致收敛估计量，其中如果 A 发生则 $1(A)=1$，否则 $1(A)=0$。

外生变量 $\mathbf{x}_{it}$ 也作为解释变量出现在潜响应函数

$$y_{it}^{*}=\boldsymbol{\beta}'\mathbf{x}_{it}+\gamma y_{i,t-1}+\alpha_i+u_{it}\qquad(7.5.22)$$

中时，我们可将模型记为

$$P(y_{i0}=1\mid\mathbf{x}_i,\ \alpha_i)=P_0(\mathbf{x}_i,\ \alpha_i)\qquad(7.5.23)$$

$$P(y_{it}=1\mid\mathbf{x}_i,\ \alpha_i,\ y_{i0},\ \cdots,\ y_{i,t-1})=\frac{\exp(\mathbf{x}_{it}'\boldsymbol{\beta}+\gamma y_{i,t-1}+\alpha_i)}{1+\exp(\mathbf{x}_{it}'\boldsymbol{\beta}+\gamma y_{i,t-1}+\alpha_i)}$$
$$t=1,\ 2,\ \cdots,\ T\qquad(7.5.24)$$

令 $P(y_{i0})=P_0(\mathbf{x}_i,\ \alpha_i)^{y_{i0}}[1-P_0(\mathbf{x}_i,\ \alpha_i)]^{1-y_{i0}}$。假定 $T=3$。由式（7.5.24）可知

$$\begin{aligned}P(A)=&P(y_{i0})\times\frac{1}{1+\exp(\mathbf{x}_{i1}'\boldsymbol{\beta}+\gamma y_{i0}+\alpha_i)}\\&\times\frac{\exp(\mathbf{x}_{i2}'\boldsymbol{\beta}+\alpha_i)}{1+\exp(\mathbf{x}_{i2}'\boldsymbol{\beta}+\alpha_i)}\\&\times\frac{\exp[(\mathbf{x}_{i3}'\boldsymbol{\beta}+\gamma+\alpha_i)y_{i3}]}{1+\exp(\mathbf{x}_{i3}'\boldsymbol{\beta}+\gamma+\alpha_i)}\end{aligned}\qquad(7.5.25)$$

$$P(B)=P(y_{i0})\times\frac{\exp(\mathbf{x}_{i1}'\boldsymbol{\beta}+\gamma y_{i0}+\alpha_i)}{1+\exp(\mathbf{x}_{i1}'\boldsymbol{\beta}+\gamma y_{i0}+\alpha_i)}$$
$$\times\frac{1}{1+\exp(\mathbf{x}_{i2}'\boldsymbol{\beta}+\gamma+\alpha_i)}\times\frac{\exp[(\mathbf{x}_{i3}'\boldsymbol{\beta}+\alpha_i)y_{i3}]}{1+\exp(\mathbf{x}_{i3}'\boldsymbol{\beta}+\alpha_i)}\tag{7.5.26}$$

$P(A)$ 和 $P(B)$ 的分母因序列是（$y_{i1}=0$，$y_{i2}=1$）或（$y_{i1}=1$，$y_{i2}=0$）而不同。因此，通常情况下，$P(A\mid\mathbf{x}_i,\ \alpha_i,\ A\cup B)$ 与 α_i 有关。但如果 $\mathbf{x}_{i2}=\mathbf{x}_{i3}$，则 $P(A)$ 和 $P(B)$ 的分母相同。Honoré 和 Kyriazidou（2000a）用相同的调控方法证明

$$P(A\mid\mathbf{x}_i,\ \alpha_i,\ A\cup B,\ \mathbf{x}_{i2}=\mathbf{x}_{i3})$$
$$=\frac{1}{1+\exp[(\mathbf{x}_{i1}-\mathbf{x}_{i2})'\boldsymbol{\beta}+\gamma(y_{i0}-y_{i3})]}\tag{7.5.27}$$

与 α_i 无关。如果 $\mathbf{x}_i$ 连续，则 $\mathbf{x}_{i2}=\mathbf{x}_{i3}$ 比较少见。Honoré 和 Kyriazidou（2000a） 259
提出，若 $P(\mathbf{x}_{i2}=\mathbf{x}_{i3})>0$，则可通过将 $\boldsymbol{\beta}$ 和 γ（在某个紧集上）最大化

$$\sum_{i=1}^{N}\mathbf{1}(y_{i1}+y_{i2}=1)K\left(\frac{\mathbf{x}_{i2}-\mathbf{x}_{i3}}{h_N}\right)$$
$$\times\ln\left\{\frac{\exp[(\mathbf{x}_{i1}-\mathbf{x}_{i2})'\boldsymbol{\beta}+\gamma(y_{i0}-y_{i3})]^{y_{i1}}}{1+\exp[(\mathbf{x}_{i1}-\mathbf{x}_{i2})'\boldsymbol{\beta}+\gamma(y_{i0}-y_{i3})]}\right\}\tag{7.5.28}$$

来估计 $\boldsymbol{\beta}$ 和 γ。这里的 $K(\cdot)$ 是赋予观测 i 适当权重的核密度函数，h_N 是带宽，当 N 趋向无穷时它收缩为 0。渐近理论要求选择的 $K(\cdot)$ 满足一些正则性条件，比如对某个常数 M，$|K(\cdot)|<M$，当 $|v|\to\infty$ 时 $K(v)\to 0$，以及 $\int K(v)\mathrm{d}v=1$。譬如，常设 $K(v)$ 是标准正态分布函数，$h_N=cN^{-1/5}$（c 是某个正的常数）。因子 $K\left(\frac{\mathbf{x}_{i2}-\mathbf{x}_{i3}}{h_N}\right)$ 的作用是对 $\mathbf{x}_{i2}$ 与 $\mathbf{x}_{i3}$ 接近的观测赋予更多的权重。尽管 Honoré 和 Kyriazidou（2000a）估计量的收敛速度仅为 $\sqrt{Nh_N{}^k}$（其中 k 是 $\mathbf{x}_{it}$ 的维数），比 $\sqrt{N}$ 慢得多，但这些估计量是一致的，且渐近分布是正态分布。

条件方法也可用来估计 logit 模型，但它并不适用于一般的非线性模型。如果非线性函数能够表示成单指标函数 $F(a)$（其中转换函数 F 是严格增的分布函数），则只需

$$P(A\mid\mathbf{x}_i,\ \alpha_i,\ \mathbf{x}_{i2}=\mathbf{x}_{i3})$$
$$=P_0(\mathbf{x}_i,\ \alpha_i)^{y_{i0}}[1-P_0(\mathbf{x}_i,\ \alpha_i)]^{1-y_{i0}}$$
$$\times[1-F(\mathbf{x}_{i1}'\boldsymbol{\beta}+\gamma y_{i0}+\alpha_i)]\times F(\mathbf{x}_{i2}'\boldsymbol{\beta}+\alpha_i)$$
$$\times[1-F(\mathbf{x}_{i2}'\boldsymbol{\beta}+\gamma+\alpha_i)]^{1-y_{i3}}\times F(\mathbf{x}_{i2}'\boldsymbol{\beta}+\gamma+\alpha_i)^{y_{i3}}\tag{7.5.29}$$

和

$$P(B\mid\mathbf{x}_i,\ \alpha_i,\ \mathbf{x}_{i2}=\mathbf{x}_{i3})$$
$$=P_0(\mathbf{x}_i,\ \alpha_i)^{y_{i0}}[1-P_0(\mathbf{x}_i,\ \alpha_i)]^{1-y_{i0}}$$
$$\times F(\mathbf{x}_{i1}'\boldsymbol{\beta}+\gamma y_{i0}+\alpha_i)\times[1-F(\mathbf{x}_{i2}'\boldsymbol{\beta}+\gamma+\alpha_i)]$$
$$\times[1-F(\mathbf{x}_{i2}'\boldsymbol{\beta}+\alpha_i)]^{1-y_{i3}}\times F(\mathbf{x}_{i2}'\boldsymbol{\beta}+\alpha_i)^{y_{i3}}\tag{7.5.30}$$

便可将静态情形的 Manski（1987）最大得分估计法推广到解释变量中包含滞后 260
因变量的情形。如果 $y_{i3}=0$，则

$$
\begin{aligned}
&\frac{P(A \mid \mathbf{x}_i, \alpha_i, \mathbf{x}_{i2}=\mathbf{x}_{i3})}{P(B \mid \mathbf{x}_i, \alpha_i, \mathbf{x}_{i2}=\mathbf{x}_{i3})} \\
&=\frac{1-F(\mathbf{x}'_{i1}\boldsymbol{\beta}+\gamma y_{i0}+\alpha_i)}{1-F(\mathbf{x}'_{i2}\boldsymbol{\beta}+\alpha_i)} \times \frac{F(\mathbf{x}'_{i2}\boldsymbol{\beta}+\alpha_i)}{F(\mathbf{x}'_{i1}\boldsymbol{\beta}+\gamma y_{i0}+\alpha_i)} \\
&=\frac{1-F(\mathbf{x}'_{i1}\boldsymbol{\beta}+\gamma y_{i0}+\alpha_i)}{1-F(\mathbf{x}'_{i2}\boldsymbol{\beta}+\gamma y_{i3}+\alpha_i)} \times \frac{F(\mathbf{x}'_{i2}\boldsymbol{\beta}+\gamma y_{i3}+\alpha_i)}{F(\mathbf{x}'_{i1}\boldsymbol{\beta}+\gamma y_{i0}+\alpha_i)}
\end{aligned}
\tag{7.5.31}
$$

其中第二个等式因 $y_{i3}=0$ 而成立。如果 $y_{i3}=1$，则

$$
\begin{aligned}
&\frac{P(A \mid \mathbf{x}_i, \alpha_i, \mathbf{x}_{i2}=\mathbf{x}_{i3})}{P(B \mid \mathbf{x}_i, \alpha_i, \mathbf{x}_{i2}=\mathbf{x}_{i3})} \\
&=\frac{1-F(\mathbf{x}'_{i1}\boldsymbol{\beta}+\gamma y_{i0}+\alpha_i)}{1-F(\mathbf{x}'_{i2}\boldsymbol{\beta}+\gamma+\alpha_i)} \times \frac{F(\mathbf{x}'_{i2}\boldsymbol{\beta}+\gamma+\alpha_i)}{F(\mathbf{x}'_{i1}\boldsymbol{\beta}+\gamma y_{i0}+\alpha_i)} \\
&=\frac{1-F(\mathbf{x}'_{i1}\boldsymbol{\beta}+\gamma y_{i0}+\alpha_i)}{1-F(\mathbf{x}'_{i2}\boldsymbol{\beta}+\gamma y_{i3}+\alpha_i)} \times \frac{F(\mathbf{x}'_{i2}\boldsymbol{\beta}+\gamma y_{i3}+\alpha_i)}{F(\mathbf{x}'_{i1}\boldsymbol{\beta}+\gamma y_{i0}+\alpha_i)}
\end{aligned}
\tag{7.5.32}
$$

其中第二个等式因 $y_{i3}=1$，故 $\gamma y_{i3}=\gamma$ 而成立。不论在何种情况下，F 的单调性都表明

$$
\frac{P(A)}{P(B)}\begin{cases} >1 & \text{如果}\ \mathbf{x}'_{i2}\boldsymbol{\beta}+\gamma y_{i3}>\mathbf{x}'_{i1}\boldsymbol{\beta}+\gamma y_{i0}, \\ <1 & \text{如果}\ \mathbf{x}'_{i2}\boldsymbol{\beta}+\gamma y_{i3}<\mathbf{x}'_{i1}\boldsymbol{\beta}+\gamma y_{i0}. \end{cases}
$$

所以，

$$
\begin{aligned}
&\operatorname{sgn}[P(A \mid \mathbf{x}_i, \alpha_i, \mathbf{x}_{i2}=\mathbf{x}_{i3})-P(B \mid \mathbf{x}_i, \alpha_i, \mathbf{x}_{i2}=\mathbf{x}_{i3})] \\
&=\operatorname{sgn}[(\mathbf{x}_{i2}-\mathbf{x}_{i1})'\boldsymbol{\beta}+\gamma(y_{i3}-y_{i0})]
\end{aligned}
\tag{7.5.33}
$$

Honoré 和 Kyriazidou（2000a）由此导出关于 $\boldsymbol{\beta}$ 和 γ 的最大化得分函数

$$
\sum_{i=1}^{N} K\left(\frac{\mathbf{x}_{i2}-\mathbf{x}_{i3}}{h_N}\right)(y_{i2}-y_{i1})\operatorname{sgn}[(\mathbf{x}_{i2}-\mathbf{x}_{i1})'\boldsymbol{\beta}+\gamma(y_{i3}-y_{i0})]
\tag{7.5.34}
$$

的最大得分估计量。如果（$\mathbf{x}_{i2}-\mathbf{x}_{i3}$）的密度函数 $f(\mathbf{x}_{i2}-\mathbf{x}_{i3})$ 在零点是严格正的［$f(0)>0$］（该假设对一致性来说是必要的），则 Honoré 和 Kyriazidou 的估计量是一致的（除一个比例常数外）。

我们已经讨论了 $T=3$ 时面板数据动态离散模型的估计问题。当 $T>3$ 时，只需交换个体中间 $T-1$ 期中的任意两期观测构造若干序列，最大化基于这些序列的目标函数，很容易对该方法进行推广：
261

$$
\begin{aligned}
&\sum_{i=1}^{N}\sum_{1\leqslant s<t\leqslant T-1}\mathbf{1}\{y_{is}+y_{it}=1\}K\left(\frac{\mathbf{x}_{i,t+1}-\mathbf{x}_{i,s+1}}{h_N}\right) \\
&\times\ln\left(\frac{\exp[(\mathbf{x}_{is}-\mathbf{x}_{it})'\boldsymbol{\beta}+\gamma(y_{i,s-1}-y_{i,t+1})+\gamma(y_{i,s+1}-y_{i,t-1})\mathbf{1}(t-s>3)]^{y_{is}}}{1+\exp[(\mathbf{x}_{is}-\mathbf{x}_{it})'\boldsymbol{\beta}+\gamma(y_{i,s-1}-y_{i,t+1})+\gamma(y_{i,s+1}-y_{i,t-1})\mathbf{1}(t-s>3)]}\right)
\end{aligned}
\tag{7.5.35}
$$

条件方法不要求模型化样本的初始观测值，也没有对个体效应与可观测解释变量或与初始条件的统计关系作出任何假设。但该方法也存在局限性，它要求$t\neq s$ 时，$\mathbf{x}_{is}-\mathbf{x}_{it}$ 在 0 的某领域内有支撑集，这就排除了时间虚拟变量作为解释变量的可能。① 个体效应不可估计的事实也表明无法在解释变量的具体值处对

① 估计动态随机效应 probit 模型的 GMM 方法，参见 Arellano 和 Carrasco（2003）。

个体进行预测或计算弹性。

7.5.4　状态相依与异质性的比较

以前经历过某事件的个体在未来更有可能经历该事件的经验规律在现实中常有体现，但对该经验规律却有两种截然相反的解释。一种解释认为，作为经历某事件的结果，偏好、价格或者有关未来选择的约束条件都发生了变化。第二种解释认为，个体的某些不可测量变量不同，这些不可测量变量影响个体经历某事件的概率，但不受该事件经历的影响。如果这些变量在各时期相关且不被适当控制，则以前的经历可能就是未来经历独一无二的决定因素，因为它是当前持续不可观测变量的代理变量。Heckman（1978a，1981a，1981c）将前一种情形定义为**真实状态相依**（true state dependence），将后一种情形定义为**伪状态相依**（spurious state dependence），因为在前一种情形下，对比其他情况都相同的两个个体，没有经历该事件的个体与经历过该事件的个体将来的行为不同，在此意义上，以前的经历确实影响了将来的行为。在后一种情形下，以前的经历是将来经历的唯一决定因素，因为它是决定个体选择的当前持续不可观测变量的代理变量。

区分真伪状态相依非常重要。我们以失业理论中的一些研究为例进行说明。Phelps（1972）认为当前失业对将来失业的概率有实际的持续的影响。因此， 262
缓解失业的短期经济政策通过防止工作经验的丧失最终将降低总的失业率。另一方面，Cripps 和 Tarling（1974）在分析失业影响和失业持续期时持相反观点。他们假定个体对经历失业的态度和失业持续期不同，且这些差异不能被可测量变量充分考虑。他们进一步假定，现在的失业经历或过去失业的持续时间不会影响将来失业的发生或持续时间。因此，在他们的模型中，短期经济政策对长期失业没有影响。

因非观测个体效应 α_i 在各期持续存在，故忽略不可测量变量（异质性）的影响将产生相关性很强的残差。这表明，如果我们知道过去的失业率不等于边际概率 $\text{Prob}(y_{it} \mid y_{i,t-s}, \mathbf{x}_{it}) \neq \text{Prob}(y_{it} \mid \mathbf{x}_{it})$，则不能用条件概率检验是真实状态相依还是伪状态相依，因为该不等式可能是 y 的历史信息中包含非观测特异效应信息的结果。对相依性的确当检验应该控制非观测个体特异效应。

如果控制个体效应 α_i 后误差项 u_{it} 序列无关，则通过控制个体效应并检验条件概率等于边际概率，即

$$\text{Prob}(y_{it} \mid y_{i,t-s}, \mathbf{x}_{it}, \alpha_i) = \text{Prob}(y_{it} \mid \mathbf{x}_{it}, \alpha_i) \tag{7.5.36}$$

我们很容易对状态相依进行检验。当 N 固定，$T \to \infty$ 时，可对式（7.5.36）使用似然比检验。[①] 但 T 有限时，通过控制 α_i 得到滞后因变量的系数估计量的方

---

① 令 $P_{it} = \text{Prob}(y_{it} \mid \mathbf{x}_{it}, \alpha_i)$，$P_{it}^* = \text{Prob}(y_{it} \mid y_{i,t-\ell}, \mathbf{x}_{it}, \alpha_i)$。令 $\hat{P}_{it}$ 和 $\hat{P}_{it}^*$ 是分别关于未知参数最大化 $\mathcal{L} = \Pi_i \Pi_t P_{it}^{y_{it}} (1-P_{it})^{1-y_{it}}$ 和 $\mathcal{L}^* = \Pi_i \Pi_t P_{it}^{*\,y_{it}} (1-P_{it}^*)^{1-y_{it}}$ 而得到的 MLE。原假设（7.5.36）的一个似然比检验统计量是 $-2\log[\mathcal{L}(\hat{P}_{it})/\mathcal{L}(\hat{P}_{it}^*)]$。如果控制 $\mathbf{x}_{it}$ 和 α_i 后存在重复观测，则我们还可用 Pesaran χ^2 拟合优度统计量检验假设（7.5.36）。细节详见 Bishop，Fienberg 和 Holland（1975，第 7 章）。但是，在 T 有限的情形下，由于所有的 $\alpha_i's$ 未知且不能一致地估计，所以该检验方法不可实施。

法对数据提出非常严格的条件，这些条件严重限制了检验的势，如 7.4 节所述。

如果将 α_i 当作随机变量，且 α_i 在 $\mathbf{x}_i$ 下的条件分布已知，则我们可用无条
263 件方法进行更优势检验。因此，我们可通过检验对数似然函数

$$\sum_{i=1}^{N} \log\int \prod_{t=1}^{T} \{F(\mathbf{x}_{it}'\boldsymbol{\beta}+\gamma y_{i,\ t-1}+\alpha_i)^{y_{it}}[1-F(\mathbf{x}_{it}'\boldsymbol{\beta}+\gamma y_{i,\ t-1}+\alpha_i)]^{1-y_{it}} \times P(\mathbf{x}_i,\ \alpha)^{y_{i0}}[1-P(\mathbf{x}_i,\ \alpha)]^{1-y_{i0}}\}G(\alpha \mid \mathbf{x}_i)\mathrm{d}\alpha_i \tag{7.5.37}$$

中 γ 的 MLE 的显著性来检验是真实状态相依还是伪状态相依。

如果控制个体效应 α_i 后误差项 u_{it} 序列相关，则问题将更复杂。因 y_{it} 中包含有关 u_{it} 的信息，故条件概率 $\mathrm{Prob}(y_{it} \mid y_{i,t-l},\ \alpha_i)$ 不等于边际概率 $\mathrm{Prob}(y_{it} \mid \alpha_i)$。对状态相依的检验不是只取决于序列（$y_{i1}$，…，$y_{iT}$）的多元正态分布。Heckman（1978a，1981a，1981b）提出的一般框架（7.5.1）和（7.5.2）对异方差和结构相依进行了大致的分类。它允许分析人员综合不同的模型，并在统一的框架内检验竞争性模型设定。但计算广义模型的最大似然估计量非常复杂。对具体的模型，在使用计算复杂的最大似然法之前不妨用简单方法对数据进行挖掘。

Chamberlain（1978b）曾提出一个区分真伪状态相依的简单方法。他发现和连续模型一样，状态相依和序列相关的关键区别在于对干预是否存在动态响应。审查模型（7.5.1）可找出二者的明显区别。如果 $\gamma=0$，则 $\mathbf{x}$ 变化时，它的全部影响在当期体现出来；反之，若 $\gamma\neq 0$，则我们得到一个对应 $\mathbf{x}$ 变化的滞后分布。将 y 与 $\mathbf{x}$ 联系起来的滞后结构与 u 的序列相关性无关。如果 $\mathbf{x}$ 在第 t 期增大，然后又回到之前的水平，则 $\gamma=0$ 时 $y_{i,t+1}=1$ 的概率不受影响，因为依据假设 u_{it} 的分布不受影响。如果 $\gamma\neq 0$，则 $\mathbf{x}$ 的一次变化将有持续影响。在第 t 期对 $y=1$ 的概率有影响的干预，虽然只出现在第 t 期，但仍将继续影响第 $t+1$ 期 $y=1$ 的概率。相比较之下，对序列相关的解释是冲击（u）通常持续多个时期，且 $y_{i,t-s}$ 仅提供有助于推断并预测 u_{it} 的信息。因此，对函数形式不敏感的检验仅包含一些滞后 $\mathbf{x}$ 而没有滞后的 y。控制个体特异效应 α_i 后可能存在两种结果。如果不存在状态相依，则

$$\mathrm{Prob}(y_{it}=1 \mid \mathbf{x}_{it},\ \mathbf{x}_{i,\ t-1},\ \cdots,\ \alpha_i)=\mathrm{Prob}(y_{it}=1 \mid \mathbf{x}_{it},\ \alpha_i) \tag{7.5.38}$$

如果存在状态相依，则

$$\mathrm{Prob}(y_{it}=1 \mid \mathbf{x}_{it},\ \mathbf{x}_{i,\ t-1},\ \cdots,\ \alpha_i)\neq \mathrm{Prob}(y_{it}=1 \mid \mathbf{x}_{it},\ \alpha_i) \tag{7.5.39}$$

264 虽然式（7.5.38）和（7.5.39）联合起来提供了区分纯粹异质性、状态相依以及序列相关的简单形式，但对不同形式的状态相依性、异质性以及序列相关无法进行更明确的区分。我们必须用模型（7.5.1）和（7.5.2）进一步减少可能的模型设定。

7.5.5 两个案例

区分真伪状态相依性时，对异质性的控制起着关键作用。忽略异质性和初始观测可能使系数估计值产生严重偏误。估计动态模型时，正确处理样本中的异质性非常重要。我们以 Heckman（1981c）估计的女性就业模型和

Chintagunta，Kyriazidou 和 Perktold（2001）估计的日用品品牌选择模型为例进行说明。

7.5.5.1 女性就业

Heckman（1981c）将密歇根大学的 PSID 中 1968 年年龄在 45～59 岁之间的女性前三年数据作为样本研究已婚女性的就业情况。他将抽样期间任何为收入工作的女性定义为市场参与者，解释变量包括：女性所受教育；家庭收入（不包括妻子的收入）；小于 6 岁的孩子数量；家庭中孩子的数量；女性所居住县的失业率；该县非熟练工人的工资（衡量女性将待在家中的时间用来工作所能获取的收入）；全国盛年期男子的失业率（总的劳动力市场紧张程度的度量）；两种类型的工作经验（样本期内的和抽样前的）。由于抽样前的工作经验与近期工作经验相比，在女性决定当前是否参与劳动力市场时的影响可能更弱一些，所以将以前工作经验的影响分成两部分。此外，因抽样前工作经验的数据是通过追溯得到的，可能包含测量误差，故 Heckman 用基于一组回归元的预测值替换这些数据。

Heckman 用了几个形如式（7.5.1）和（7.5.2）的多元 probit 模型拟合数据，研究工作经验是否提高了女性将来工作的概率（通过提高她们的工资率），并研究使用面板数据时控制异质性的重要性。在跨期协方差矩阵

$$\Omega=\begin{bmatrix}1 & \rho_{12} & \rho_{13}\\ & 1 & \rho_{23}\\ & & 1\end{bmatrix}$$

平稳，一阶 Markov 过程（$v_{it}=\rho v_{i,t-1}+u_{it}$），以及无异质性（$v_{it}=u_{it}$）的假设下，状态相依模型系数的最大似然估计分别列在表 7.3 的第 1、2、3 列。[①]无状态相依模型在一般的平稳跨期相关，一阶 Markov 过程，具有常见的误差成分 $v_{it}=\alpha_i+u_{it}$，等价于添加约束条件 $\rho_{12}=\rho_{13}=\rho_{23}=\sigma_\alpha^2/(\sigma_u^2+\sigma_\alpha^2)$，以及没有异质性时的系数估计值分别列在第 4、5、6、7 列。Heckman 还估计了包含时恒外生变量和常见误差成分的 Heckman-Willis（1977）模型，估计结果如第 8 列所示。 265

将“决定就业选择的不可观测变量服从一阶 Markov 过程”（表 7.3 第 2 列）作为保有假设，最一般模型（表 7.3 的第 1 列）的似然比检验统计量的值（对数似然值差的两倍）表明接受“近期劳动力市场经验是当前就业情况的重要决定因素”的结论，而且这些统计量明确拒绝了所有其他设定。换句话说，Heckman 研究发现，即使考虑了非常一般的序列相关后，工作经验作为一般而又具体的人力资本投资，也提升了女性将来工作的概率。该结果还认为存在影响劳动参与率的不可观测变量。不过，非观测变量中的初始差异一般随着时间的流逝而消失。但这一同质化的效应被先前工作经验的效应部分抵消，先前工作经验的效应通常强调工作倾向中的初始差异。

---

① Heckman（1981c）还估计了一个非平稳模型。但因为数据没有拒绝平稳性假设，所以我们将模型当作有平稳协方差对待。

266

表 7.3 1968 年年龄在 45～59 岁之间的女性就业模型的估计[a]

变量	(1)	(2)	(3)	(4)	(5)	(6)	(7)	(8)
截距	−2.576 (4.6)	1.653 (2.5)	0.227 (0.4)	−2.367 (6.4)	−2.011 (3.4)	−2.37 (5.5)	−3.53 (4.6)	−1.5 (0)
年龄小于 6 岁的孩子数量	−0.816 (2.7)	−0.840 (2.3)	−0.814 (2.1)	−0.742 (2.6)	−0.793 (2.1)	−0.70 (2.0)	−1.42 (2.3)	−0.69 (1.2)
县失业率（%）	−0.035 (1.5)	−0.027 (1.0)	−0.018 (0.57)	−0.030 (1.5)	−0.027 (1.2)	−0.03 (1.6)	−0.059 (1.3)	0.046 (11)
县工资率（美元/小时）	0.104 (0.91)	0.104 (0.91)	0.004 (0.02)	0.090 (0.93)	0.139 (1.5)	0.13 (1.4)	0.27 (1.1)	0.105 (0.68)
孩子总数	−0.146 (4.3)	−0.117 (2.2)	−0.090 (2.4)	−0.124 (4.9)	−0.116 (2.2)	−0.161 (4.9)	−0.203 (3.9)	−0.160 (6.1)
妻子所受教育（以年计）	0.162 (6.5)	0.105 (2.8)	0.104 (3.7)	0.152 (7.3)	0.095 (2.5)	0.077 (3)	0.196 (4.8)	0.105 (3.3)
不含妻子收入的家庭收入	-0.363×10^{-4} (4.8)	-0.267×10^{-4} (2.7)	-0.32×10^{-4} (3.6)	-0.312×10^{-4} (5.2)	0.207×10^{-4} (2.3)	-0.2×10^{-4} (2.6)	-0.65×10^{-4} (5.1)	-0.385×10^{-4} (20)
国家失业率	−0.106 (0.51)	−0.254 (1.4)	−1.30 (6)	−0.003 (0.38)	−0.021 (0.26)	0.02 (3)	1.03 (0.14)	−0.71 (0)
近期工作经验	0.143 (0.95)	0.273 (1.5)	1.46 (12.2)	—[b]	—	—	—	—
预测的抽样前工作经验	0.072 (5.8)	0.059 (3.4)	0.045 (3.4)	0.062 (0.38)	0.062 (3.5)	0.091 (7.0)	0.101 (5.4)	0.095 (11.0)
序列相关系数								
ρ_{12}	0.913	—	—	0.917	—	—	—	—
ρ_{13}	0.845	—	—	0.873	—	—	—	—
ρ_{23}	0.910	—	—	0.946	—	—	—	—
ρ	—	0.873 (14.0)	—	—	−0.942 (50)	—	—	—
$\sigma_\alpha^2/(\sigma_u^2+\sigma_\alpha^2)$	—	—	—	—	—	0.92 (4.5)	—	0.941 (4.1)
对数似然值	−237.74	−240.32	−263.65	−239.81	−243.11	−244.7	−367.3	−242.37

[a]括号内是渐近正态检验统计量的值；这些统计量从估计的信息矩阵中得来。

[b]不可估计。

资料来源：Heckman (1981c，表 3.2)。

比较保有假设的估计和其他模型的估计可以发现，在忽略异质性的模型中，近期工作经验对就业的影响被过分夸大。表 7.3 第 3 列所示的近期工作经验对当前就业状态影响的估计值将该影响放大了 9 倍（1.46 对 0.143）！如果没有考虑非观测变量的跨期相关，则以前工作经验作为一种就业决定因素显得过于重要。另一方面，忽略异质性的模型低估了孩子对就业的影响。

对各模型预测样本状态变化（当前就业状态）能力的比较列示在表 7.4 中。结果表明，忽略异质性的动态模型少报了一直在工作的个体数量，同时多报了从未工作的个体数量。该模型还高估了劳动力市场人员流动的频率。事实上，比较没有异质性的动态和静态模型预测运行模式的功效（表 7.3 的第 3 列和第 7 列，以及表 7.4 的第 3 列和第 4 列）发现，在模型中引入滞后就业状态虽然是一种对异质性更为谨慎的处理方法，但在这里却欠妥当。此时该方法比不用代理变量的方法更糟糕。具有方差成分的简单静态模型（表 7.3 第 8 列，表 7.4 第 5 列）也没见得更好。忽略异质性的动态模型（表 7.4 第 3 列）高估了劳动力市场的人员流动性，而具有一般方差成分的静态模型（表 7.4 第 5 列）高估了异质程度和跨期相关程度。它多报了三年中从未工作的人数并少报了一直在工作的人数。

表 7.4 使用运行数据的就业模型的比较：1968 年年龄在 45～59 岁之间的女性[a]

	(1)	(2)	(3)	(4)	(5)
工作情况[b]	实际人数	由具有异质性状态相依模型预测的人数（表 7.3 第 2 列）	忽略异质性的 probit 模型（表 7.3 第 3 列）	忽略异质性和近期样本状态相依的 probit 模型（表 7.3 第 7 列）	Heckman-Willis 模型预测的人数（表 7.3 第 8 列）
0，0，0	96	94.2	145.3	36.1	139.5
0，0，1	5	17.6	38.5	20.5	4.1
0，1，0	4	1.8	1.9	20.2	4.1
1，0，0	8	2.6	0.35	20.6	4.1
1，1，0	5	1.4	0.02	21.2	3.6
1，0，1	2	2.4	1.38	21.1	3.6
0，1，1	2	16.4	8.51	21.7	3.6
1，1，1	76	61.5	2.05	36.6	34.9
χ^2[c]	—	48.5	4 419	221.8	66.3

[a] 使用 1971 年、1972 年、1973 年连续三年的样本数据估计模型。

[b] 0 表示相应年份没有工作，1 表示相应年份在工作，比如，1，1，0 表示样本中的某女性前两年在工作，最后一年没有工作。

[c] 这是表示拟合优度的标准的 χ^2 统计量。该值越高，拟合效果越差。

资料来源：Heckman (1981c)。

该例表明利用面板数据区分状态相依、异质性以及序列相关时要非常谨慎。不恰当地控制异质性可能导致错误的参数估计，并过分夸大过去经验对当前工作选择的影响。

7.5.5.2 日用品品牌选择

Chintagunta，Kyriazidou 和 Perktold（2001）利用南达科他州苏福尔斯地区 1986 年 9 月 17 日—1988 年 8 月 1 日期间酸奶消费情况的 A. C. Nielson 数据研究酸奶品牌忠诚度。他们重点分析两个主要酸奶品牌 Yoplait 和 Nordica 6 盎
267 司包装的消费数据。这两个品牌按重量计分别占到了该地区酸奶购买量的 18.4% 和 19.5% 的份额。他们只考虑对任一品牌至少有两次连续购买的家庭，最终得到 737 户家庭以及 5 618 户次的消费数据，其中 2 718 户次购买 Yoplait，另外2 900 户次购买 Nordica。该数据是非平衡面板数据。[①]数据集中家庭购买次数的最小值是 2，最大值是 305。平均购买次数是 9.5，中位数是 5。

他们估计的模型是

$$\text{Prob}(y_{it}=1 \mid \mathbf{x}_{it}, y_{i0}, \cdots, y_{i,t-1}, \alpha_i)=\frac{\exp(\mathbf{x}_{it}'\boldsymbol{\beta}+\gamma y_{i,t-1}+\alpha_i)}{1+\exp(\mathbf{x}_{it}'\boldsymbol{\beta}+\gamma y_{i,t-1}+\alpha_i)} \tag{7.5.40}$$

其中如果家庭 i 在时期 t 选择了 Yoplait，则 $y_{it}=1$，如果家庭 i 在时期 t 选择了 Nor-
268 dica，则 $y_{it}=0$。$\mathbf{x}_{it}$ 中的外生变量是价格自然对数的差分（系数是 β_p）和用虚拟变量表示的两个品牌是否有专柜展示以及本周是否有特色推广活动（系数分别是 β_D 和 β_F）。在他们估计的若干模型中，表 7.5 列出了如下一些模型的估计结果：

表 7.5　用各种方法对品牌选择的估计（括号内是标准误）

模型	β_p	β_d	β_f	γ	μ_α	σ_α
CLL	−3.347	0.828	0.924	−0.068		
	(0.399)	(0.278)	(0.141)	(0.140)		
PLL	−3.049	0.853	1.392	3.458	−0.333	
	(0.249)	(0.174)	(0.091)	(0.084)	(0.102)	
PLLHET	−3.821	1.031	1.456	2.126	0.198	1.677
	(0.313)	(0.217)	(0.113)	(0.114)	(0.150)	(0.086)
PLLHETE	−4.053	0.803	1.401	1.598	0.046	1.770
	(0.274)	(0.178)	(0.115)	(0.115)	(0.133)	(0.102)
HK05	−3.477	0.261	0.782	1.223		
	(0.679)	(0.470)	(0.267)	(0.352)		
HK10	−3.128	0.248	0.759	1.198		
	(0.658)	(0.365)	(0.228)	(0.317)		
HK30	−2.644	0.289	0.724	1.192		
	(0.782)	(0.315)	(0.195)	(0.291)		
PLLHET-S[a]	−3.419	1.095	1.291	1.550	0.681	1.161
	(0.326)	(0.239)	(0.119)	(0.117)	(0.156)	(0.081)

[a] PLLHET 模型的估计是排除那些完全忠于一个品牌的家庭之后得到的。

资料来源：Chintagunta，Kyriazidou 和 Perktold（2001，表 3）。

① 我们可用 T_i 替换 T 来修正估计量（7.5.33）。

1. 假定没有个体特异效应，将滞后选择当作外生变量的混合（数据）logit 模型（PLL）。

2. 将滞后选择当作外生变量的 Chamberlain (1982) 条件 logit 法（CLL）。

3. 随机效应正态分布（均值为 μ，方差为 σ_α^2）并将初始选择当作外生变量的混合（数据）logit 模型（PLL-HET）。

4. 已知随机效应项正态分布和在稳定状态给定（$\mathbf{x}_i$，α_i）后选择 1 的初始概率的混合（数据）logit 方法。这里的初始概率由 269

$$\frac{F(\bar{\mathbf{x}}_i'\boldsymbol{\beta}+\alpha_i)}{1-F(\bar{\mathbf{x}}_i'\boldsymbol{\beta}+\gamma+\alpha_i)+F(\bar{\mathbf{x}}_i'\boldsymbol{\beta}+\alpha_i)} \tag{7.5.41}$$

近似，其中 $F(a)=\exp(a)/[1+\exp(a)]$，而 $\bar{\mathbf{x}}_i$ 表示 $\mathbf{x}_{it}$ 的个体时间均值（PLL-HETE）。

5. 根据 Honoré-Kyriazidou (2000a) 法，$\sigma_N=c\cdot N^{-1/5}$，$c=0.5$（HK05），1.0（HK10），3.0（HK30）。

表 7.5 表明几乎所有方法都得到了统计上显著且正负号符合预期的系数估计量。某品牌酸奶价格提高后消费者选择该品牌的可能性降低，如果有专柜展示或品牌的特色推广活动，则消费者购买该品牌酸奶的可能性增大。而且，除了 CLL 之外的所有方法都得到了 γ 为正的且统计上显著的估计，换言之，以前购买某品牌酸奶的经历提高了后期购买同一品牌酸奶的可能性。在假定没有异质性的混合方法中发现滞后选择项对品牌选择有较大的正面影响：PLL 估计的 γ 是 3.5。但引入异质性后该值大幅下降到 2.1（PLLHET）。将初始观测当作内生变量时，γ 的估计值更是下降到 1.598（PLLHETE），使用 Honoré-Kyriazidou (2000) 法时下降到 1.2 左右。但这些结果都表明，控制 α_i 的影响后，以前购买过某品牌酸奶的经历确实提高了后期购买同一品牌酸奶的可能性， 270
虽然它的影响从假定没有异质性的情形开始有很大的下降。估计结果还表明样本中存在较强的异质性。所有随机效应估计法对家庭效应的标准差 σ_α 给出了大约 1.7 的较高估计值（记住 $\sigma_u=1$）。

一般说来，使用不同的估计方法时，待估计参数的个数有较大变化。所有系数的 HK 点估计对带宽的选择比较敏感。为进一步研究该问题并辨识各种方法在什么状况下得到的点估计更可靠，Chintagunta，Kyriazidou 和 Perktold (2001) 用 Monte Carlo 方法进行了模拟。他们的模拟结果表明，条件似然法在估计外生变量的系数时最稳健，但明显低估了滞后因变量的系数。混合（数据）方法对模型误设非常敏感，常常对关键的经济参数产生偏误较大的估计。Honoré 和 Kyriazidou (2000a) 提出的估计量尽管有精度的损失，但表现令人满意，因为他们的方法使用了权重 $K\left(\frac{\mathbf{x}_{it}-\mathbf{x}_{is}}{h_N}\right)$，与其他方法相比实际上仅用了很少的观测值。

7.6　识别状态相依的其他方法

7.5 节重点讨论存在个体特异效应的动态面板离散选择模型一致估计量的获取方法。当个体特异效应项被当作随机变量时，要获取动态模型的一致估计量，要求个体 $K\times 1$ 个外生变量 $\mathbf{x}_{it}$ 在 T 个时期的观测值 $\mathbf{x}'_i=(\mathbf{x}'_{i1},\ \cdots,\ \mathbf{x}'_{iT})$ 给定后，个体特异效应项的条件分布 $G(\alpha_i \mid \mathbf{x}_i)$ 已知，以及给定 $\mathbf{x}_i$ 后初始值的分布 $P(y_{i0} \mid \mathbf{x}_i)$ 已知。如果 α_i 被当成固定常数，则 MLE 是一致估计量的条件是 $T\rightarrow\infty$。如果 T 有限，则能导出外生变量和滞后因变量系数一致估计量的条件对观测数据有严格的限制，在满足这些条件时，仅有极少量观测数据能被利用。本节讨论其他几种识别动态相依的方法，譬如固定效应模型的偏误压缩估计量(bias reduced estimator)，$G(\alpha \mid \mathbf{x})$ 和 $P(y_0 \mid \mathbf{x})$ 未知时随机效应模型的有界参数，以及近似模型。

7.6.1　偏误修正估计量

控制线性模型中非观测异质性的影响相对简单（见第 3 章和第 4 章）。控制
271 非线性模型中与解释变量相关的非观测异质性的影响则非常困难。当 T 有限时，不管 N 有多大，重要参数（结构参数）的估计量都不是一致估计。这种非一致性的产生，是因为估计每个个体效应项 α_i 时仅有有限观测值可以利用，而结构参数的估计与 α_i 有关。如果 T 增大时，N 也随着 T 增大，则增加观测期数不一定能完全解决问题［见 Alvarez 和 Arellano（2003）；Hahn 和 Newey（2004）］。本节我们介绍一种将估计量偏误的阶压缩为$\dfrac{1}{T^2}$的新方法。

令 $\boldsymbol{\theta}$ 表示要估计的参数（结构参数），α_i 表示非观测特异效应项（伴生参数）。令$\hat{\boldsymbol{\theta}}_T$ 表示基于 NT 个面板数据观测（y_{it}，$\mathbf{x}_{it}$）和 $\hat{\alpha}_i$(α_i 的估计量）得到的 $\boldsymbol{\theta}$ 的估计量，譬如静态 logit 模型的固定效应 MLE［见式（7.3.2）和式(7.3.3)］、动态 logit 模型（7.5.16）。通常情况下，当 $N\rightarrow\infty$ 而 T 固定时，因 α_i 的估计量存在误差，故$\hat{\boldsymbol{\theta}}_T\rightarrow\boldsymbol{\theta}_T$，其中

$$\boldsymbol{\theta}_T=\boldsymbol{\theta}+\frac{B}{T}+\frac{D}{T^2}+O\left(\frac{1}{T^3}\right) \tag{7.6.1}$$

上式中的 B 与 D 为某常数。当 T 很大时，该偏误较小。但如果 $T\rightarrow\infty$ 时，N 以相同的速度随 T 增长，则固定效应估计量 $\hat{\boldsymbol{\theta}}$ 是渐近有偏的。对于$\dfrac{N}{T}\rightarrow c\neq 0$，

$$\sqrt{NT}\,(\hat{\boldsymbol{\theta}}-\boldsymbol{\theta})=\sqrt{NT}\,(\hat{\boldsymbol{\theta}}-\boldsymbol{\theta})+\sqrt{NT}\cdot\frac{B}{T}+O\left(\sqrt{\frac{N}{T^3}}\right) \tag{7.6.2}$$

是渐近正态分布的，且均值为$\sqrt{c}B$［譬如，动态面板数据模型（4.2.3）的固定效应估计量］。

Hahn 和 Newey（2004）提出用刀切估计量降低偏误，

$$\tilde{\theta} \equiv T\hat{\boldsymbol{\theta}} - \frac{T-1}{T}\sum_{t=1}^{T}\hat{\boldsymbol{\theta}}(t) \tag{7.6.3}$$

其中$\hat{\boldsymbol{\theta}}(t)$表示基于去掉第 t 期观测后的子样导出的固定效应估计量。如果 $\boldsymbol{\theta}_T$ 如式（7.6.1）所示，则估计量 $\tilde{\boldsymbol{\theta}}$ 将依概率收敛于

$$\begin{aligned}&[T\boldsymbol{\theta}_T-(T-1)\boldsymbol{\theta}_{T-1}]\\&=\boldsymbol{\theta}+\left(\frac{1}{T}-\frac{1}{T-1}\right)D+O\left(\frac{1}{T^2}\right)\\&=\boldsymbol{\theta}+O\left(\frac{1}{T^2}\right)\end{aligned} \tag{7.6.4}$$

故刀切估计量将偏误的阶降到了$\frac{1}{T^2}$。但是，刀切估计量（7.6.3）不仅要估计 $T+1$ 个固定效应项，而且 $\tilde{\boldsymbol{\theta}}$ 的协方差矩阵，除同期和跨期的（y_{it}，$\mathbf{x}_{it}$）（不同的个体 i 在各个时期 t）都相互独立时外，都很难导出。 272

另一方法是先得到 B 的估计量$\hat{B}$，再构造偏误修正的估计量［类似式(4.7.28)］

$$\hat{\boldsymbol{\theta}}^* = \hat{\boldsymbol{\theta}} - \frac{\hat{B}}{T} \tag{7.6.5}$$

估计量（7.6.5）的优点是降低了偏误，而$\hat{\boldsymbol{\theta}}^*$的渐近协方差矩阵还是与$\hat{\boldsymbol{\theta}}$的相同，但导出$\hat{B}$比较复杂。

譬如，考虑如下面板动态二值选择模型

$$\begin{aligned}&y_{it}=1\{\mathbf{x}_{it}'\boldsymbol{\beta}+y_{i,\,t-1}\gamma+\alpha_i+u_{it}>0\}\\&y_{i0}\text{ 可观测，}\quad i=1,\ \cdots,\ N,\quad t=1,\ \cdots,\ T\end{aligned} \tag{7.6.6}$$

其中 A 发生时，$1\{A\}=1$，否则等于 0。假定 u_{it}独立同分布且均值为 0。则

$$\begin{aligned}E(y_{it}\mid y_{i,\,t-1},\ \mathbf{x}_{it},\ \alpha_i)&=\text{Prob}(y_{it}=1\mid y_{i,\,t-1},\ \mathbf{x}_{it},\ \alpha_i)\\&=F(\mathbf{x}_{it}'\boldsymbol{\beta}+y_{i,\,t-1}\gamma+\alpha_i)\\&=F_{it}\end{aligned} \tag{7.6.7}$$

其中 F 表示对 u_{it}的概率密度函数从$-(\mathbf{x}_{it}'\boldsymbol{\beta}+y_{i,t-1}\gamma+\alpha_i)$到$\infty$的积分。将 α_i 当作固定常数时，基于 y_{i0}的对数似然函数如下

$$\log L=\sum_{i=1}^{N}\sum_{t=1}^{T}[y_{it}\log F_{it}+(1-y_{it})\log(1-F_{it})] \tag{7.6.8}$$

求解由一阶条件联立的方程组

$$\left.\frac{\partial \log L}{\partial \alpha_i}\right|_{\hat{\alpha}_i}=0,\quad i=1,\ \cdots,\ N \tag{7.6.9}$$

$$\left.\frac{\partial \log L}{\partial \boldsymbol{\theta}}\right|_{\hat{\boldsymbol{\theta}}}=\mathbf{0} \tag{7.6.10}$$

可得 $\boldsymbol{\theta}'=(\boldsymbol{\beta}',\ \gamma)$和$\alpha_i$ 的 MLE。将式（7.6.9）的解表示成关于 $\boldsymbol{\theta}$ 的函数，再代入式（7.6.8）中，得到对数似然函数新的表达式

$$\log L^* = \sum_{i=1}^{N} \ell_i(\boldsymbol{\theta}, \hat{\alpha}_i(\boldsymbol{\theta})) \tag{7.6.11}$$

273 其中

$$\ell_i(\boldsymbol{\theta}, \hat{\alpha}_i(\boldsymbol{\theta})) = \sum_{t=1}^{T} \{y_{it} \log F(\mathbf{x}_{it}'\boldsymbol{\beta} + y_{i,t-1}\gamma + \hat{\alpha}_i(\boldsymbol{\theta})) + (1-y_{it})\log[1 - F(\mathbf{x}_{it}'\boldsymbol{\beta} + y_{i,t-1}\gamma + \hat{\alpha}_i(\boldsymbol{\theta}))]\}$$

则 $\boldsymbol{\theta}$ 的 MLE 就是一阶条件

$$\frac{1}{NT}\sum_{i=1}^{N}\left[\frac{\partial \ell_i(\boldsymbol{\theta}, \hat{\alpha}_i(\theta))}{\partial \boldsymbol{\theta}} + \frac{\ell_i(\boldsymbol{\theta}, \hat{\alpha}_i(\boldsymbol{\theta}))}{\partial \hat{\alpha}_i(\boldsymbol{\theta})} \times \frac{\hat{\alpha}_i(\boldsymbol{\theta})}{\partial \boldsymbol{\theta}}\right]_{\hat{\boldsymbol{\theta}}} = \mathbf{0} \tag{7.6.12}$$

的解。估计方程（7.6.12）与$\hat{\alpha}_i$ 有关。当 $T \to \infty$时，$\hat{\alpha}_i \to \alpha_i$，$\boldsymbol{\theta}$ 的 MLE 是一致估计。当 T 有限时，$\hat{\alpha}_i \neq \alpha_i$，式（7.6.12）在 $\boldsymbol{\theta}$ 处的值不收敛于 0。故 $\boldsymbol{\theta}$ 的 MLE $\hat{\boldsymbol{\theta}}$不是一致估计。MLE 偏误的阶为$\frac{1}{T}$。$\hat{B}_T$ 的解析式可通过对式（7.6.12）进行 Taylor 展开得到［可参见 Hahn 和 Kuersteiner（2011）］。

也可以先不直接解出 $\hat{B}_T$，Carro（2007）提出一种方法，对得分函数（7.6.12）关于 α_i 进行 Taylor 展开，并计算展开式在真值 $\boldsymbol{\theta}$ 处的值

$$d_{\theta i}(\boldsymbol{\theta}, \hat{\alpha}_i(\boldsymbol{\theta})) = d_{\theta i}(\boldsymbol{\theta}, \alpha_i) + d_{\theta\alpha ii}(\hat{\alpha}_i(\boldsymbol{\theta}) - \alpha_i) + \frac{1}{2} d_{\theta\alpha i\alpha ii}(\hat{\alpha}_i(\boldsymbol{\theta}) - \alpha_i)^2 + O_p(T^{-\frac{1}{2}}),\ i = 1, \cdots, N \tag{7.6.13}$$

从而得到偏误修正的 MLE，其中 $d_{\theta i}(\boldsymbol{\theta}, \hat{\alpha}_i(\boldsymbol{\theta})) = \frac{\partial \ell_i(\boldsymbol{\theta}, \hat{\alpha}_i(\boldsymbol{\theta}))}{\partial \boldsymbol{\theta}} = \frac{\partial \ell_i(\boldsymbol{\theta}, \hat{\alpha}_i(\boldsymbol{\theta}))}{\partial \boldsymbol{\theta}} + \frac{\ell_i(\boldsymbol{\theta}, \hat{\alpha}_i(\boldsymbol{\theta}))}{\partial \hat{\alpha}_i(\boldsymbol{\theta})} \times \frac{\partial \hat{\alpha}_i(\boldsymbol{\theta})}{\partial \boldsymbol{\theta}}$，$d_{\boldsymbol{\theta}\alpha ii} = \frac{\partial^2 \ell_i(\boldsymbol{\theta}, \hat{\alpha}_i(\boldsymbol{\theta}))}{\partial \boldsymbol{\theta} \partial \alpha_i}$，$d_{\theta\alpha i\alpha ii} = \frac{\partial^3 \ell_i(\boldsymbol{\theta}, \hat{\alpha}_i(\boldsymbol{\theta}))}{\partial \boldsymbol{\theta} \partial \alpha_i \partial \alpha_i}$。利用$(\hat{\alpha}_i(\boldsymbol{\theta}) - \alpha_i)$和$(\hat{\alpha}_i(\boldsymbol{\theta}) - \alpha_i)^2$ 的 McCullah（1987）展开式，Carro（2007）依据对 $d_{\theta i} = \frac{\partial \ell_i(\boldsymbol{\theta}, \hat{\alpha}_i(\boldsymbol{\theta}))}{\partial \boldsymbol{\theta}}$修正的得分函数，

$$\sum_{i=1}^{N} d_{\theta i}^* = \sum_{i=1}^{N}\left\{d_{\theta i}(\boldsymbol{\theta}, \hat{\alpha}_i(\boldsymbol{\theta})) - \frac{1}{2}\frac{1}{d_{\alpha i\alpha ii}(\boldsymbol{\theta}, \hat{\alpha}_i(\boldsymbol{\theta}))}\left(d_{\theta\alpha i\alpha ii}(\boldsymbol{\theta}, \hat{\alpha}_i(\boldsymbol{\theta})) + d_{\alpha i\alpha i\alpha ii}(\boldsymbol{\theta}, \hat{\alpha}_i(\boldsymbol{\theta}))\frac{\hat{\alpha}_i(\boldsymbol{\theta})}{\partial \boldsymbol{\theta}}\right) + \frac{\partial}{\partial \alpha_i}\left(\frac{1}{E[d_{\alpha i\alpha ii}(\boldsymbol{\theta}, \alpha_i)]}E[d_{\theta\alpha ii}(\boldsymbol{\theta}, \alpha_i)]\right)\Big|_{\hat{\alpha}_i(\theta)}\right\}_{\boldsymbol{\theta}^*} = \mathbf{0} \tag{7.6.14}$$

导出偏误修正的估计量，其中 $d_{\alpha i\alpha ii} = \frac{\partial^2 \ell_i(\boldsymbol{\theta}, \alpha_i(\boldsymbol{\theta}))}{\partial \alpha_i^2}$，$d_{\alpha i\alpha i\alpha ii} = \frac{\partial^3 \ell_i(\boldsymbol{\theta}, \hat{\alpha}_i(\boldsymbol{\theta}))}{\partial \hat{\alpha}_i{}^3(\boldsymbol{\theta})}$。

Carro（2007）证明修正 MLE，$\hat{\boldsymbol{\theta}}^*$ 偏误的阶是$\left(\frac{1}{T^2}\right)$，且与 MLE 具有相同的渐近方差。他的 Monte Carlo 模拟研究给出了 $T=8$ 时修正 MLE 的偏误，该偏误已经很小了。

7.6.2 有界参数 274

将 y_{i0} 和 α_i 当作随机变量时，联合似然函数 $f(\mathbf{y}_i, y_{i0} \mid \mathbf{x}_i)$ 可以表示成条件密度函数 $f(\mathbf{y}_i \mid y_{i0}, \mathbf{x}_i)$ 与边际密度函数 $f(y_{i0} \mid \mathbf{x}_i)$ 乘积的形式

$$f(\mathbf{y}_i, y_{i0} \mid \mathbf{x}_i) = \int f(\mathbf{y}_i \mid y_{i0}, \mathbf{x}_i, \alpha_i) f(y_{i0} \mid \mathbf{x}_i, \alpha_i) G(\alpha_i \mid \mathbf{x}_i) \mathrm{d}\alpha_i \qquad i=1, \cdots, N \tag{7.6.15}$$

其中 $\mathbf{y}_i=(y_{i1}, \cdots, y_{iT})'$，$\mathbf{x}_i=(\mathbf{x}'_{i1}, \cdots, \mathbf{x}'_{iT})$，$G(\alpha_i \mid \mathbf{x}_i)$ 表示 α_i 在给定 $\mathbf{x}_i$ 后的条件密度函数。对于模型（7.6.6），其扰动项 u_{it} 服从标准正态分布 $N(0, 1)$ 时

$$\begin{aligned} f(\mathbf{y}_i \mid y_{i0}, \mathbf{x}_i, \alpha_i) = \prod_{t=1}^{T} & [\Phi(\mathbf{x}'_{it}\boldsymbol{\beta} + y_{i,t-1}\gamma + \alpha_i)]^{y_{it}} \\ & \times [1 - \Phi(\mathbf{x}'_{it}\boldsymbol{\beta} + y_{i,t-1}\gamma + \alpha_i)]^{1-y_{it}} \\ & i=1, \cdots, N \end{aligned} \tag{7.6.16}$$

如果 u_{it} 服从 logistic 分布，则

$$f(\mathbf{y}_i \mid y_{i0}, \mathbf{x}_i, \alpha_i) = \prod_{t=1}^{T} \frac{\exp(\mathbf{x}'_{it}\boldsymbol{\beta} + y_{i,t-1}\gamma + \alpha_i)^{y_{it}}}{1 + \exp(\mathbf{x}'_{it}\boldsymbol{\beta} + y_{i,t-1}\gamma + \alpha_i)} \qquad i=1, \cdots, N \tag{7.6.17}$$

当 $G(\alpha \mid \mathbf{x})$ 和初始分布 $P(y_0 \mid \mathbf{x})$ 已知时，$\boldsymbol{\theta}=(\boldsymbol{\beta}, \gamma)$ 可用 MLE 估计。但 $G(\alpha \mid \mathbf{x})$ 和 $f(y_0 \mid \mathbf{x})$ 通常未知。虽原则上仍可对式（7.6.15）进行最大化求解，但 MLE 一致性需要的常规正则性条件［见 Kiefer 和 Wolfowitz（1956）］却是背离的，因为 $G(\alpha \mid \mathbf{x})$ 有无穷多维［Cosslett（1981）］。

如果 $\mathbf{x}$ 和 α 是离散的，Honoré 和 Tamer（2006）提出一个线性规划方法给出 $\boldsymbol{\theta}$ 的界。令 $A_j=(d_{j1}, \cdots, d_{jT})$ 是由二元变量 d_{jt} 构成的 $1\times T$ 序列，$\mathcal{A}$ 表示 2^T 个 0 和 1 可能的组合 A_j 构成的集合。令 $P(y_{i0} \mid \mathbf{x}_i, \alpha_i)$ 表示给定 $\mathbf{x}_i$ 和 α_i 后 $y_{i0}=1$ 的概率，$f_0(\alpha, \mathbf{x})$ 表示给定 $\mathbf{x}$ 和 α 后 y_{i0} 的分布。则基于 $P(y_{i0} \mid \mathbf{x}_i, \alpha_i)$，有

$$\begin{aligned} f(\mathbf{y}_i \mid \mathbf{x}_i, f_0(y_{i0} \mid \mathbf{x}_i, \alpha_i), \alpha_i) = {} & P(y_{i0} \mid \mathbf{x}_i, \alpha_i) f(\mathbf{y}_i \mid y_{i0}=1, \mathbf{x}_i, \alpha_i) \\ & + (1-P(y_{i0} \mid \mathbf{x}_i, \alpha_i)) f(\mathbf{y}_i \mid y_{i0}=0, \mathbf{x}_i, \alpha_i) \end{aligned} \tag{7.6.18}$$

和 275

$$f(\mathbf{y}_i \mid \mathbf{x}_i, f_0(\cdot, \cdot), \boldsymbol{\theta}) = \int f(\mathbf{y}_i \mid \mathbf{x}_i, \alpha, f_0(\cdot, \cdot), \boldsymbol{\theta}) \mathrm{d}G(\alpha \mid \mathbf{x}_i) \tag{7.6.19}$$

令 $\pi(A \mid \mathbf{x}, \alpha; f_0(\cdot, \cdot), \boldsymbol{\theta})$ 表示 $\mathcal{A}$ 中的事件 A 在给定 $(\mathbf{x}, \alpha)$ 后由模型预测的概率，$P(A \mid \mathbf{x})$ 表示给定 $\mathbf{x}$ 后事件 A 发生的概率。则 $\pi(A \mid \mathbf{x};$

$f_0(\cdot,\ \cdot),\ \boldsymbol{\theta})=\int \pi\ (A \mid \mathbf{x},\ \alpha;\ f_0(\cdot,\ \cdot),\ \boldsymbol{\theta})\mathrm{d}G(\alpha \mid \mathbf{x})$。定义与具有概率函数$\mathcal{P}$（$\mathcal{A} \mid \mathbf{x}$）的特定数据生成过程一致的（$f_0(\cdot,\ \cdot),\ \boldsymbol{\theta}$）构成的集合为

$$\Psi=\{(f_0(\cdot,\ \cdot),\ \boldsymbol{\theta}):\ P[\pi(\mathcal{A} \mid \mathbf{x};\ f_0(\cdot,\ \cdot),\ \boldsymbol{\theta})\ P(\mathcal{A} \mid \mathbf{x})]=1\} \tag{7.6.20}$$

则 $\boldsymbol{\theta}$ 的界就是

$$\ominus=\{\boldsymbol{\theta}:\ \exists\ f_0(\cdot,\ \cdot) \text{ 使得 } P[\pi(\mathcal{A} \mid \mathbf{x};\ f_0(\cdot,\ \cdot),\ \boldsymbol{\theta})=P(\mathcal{A} \mid \mathbf{x})]=1\} \tag{7.6.21}$$

假定 α 服从离散分布，支撑集中的最大值为 M。支撑集中的点用 a_m 表示，给定 $\mathbf{x}$ 后 $\alpha_i=a_m$ 的概率用ρ_{mx}表示。则有

$$\begin{aligned}\pi(\mathcal{A} \mid \mathbf{x},\ f_0(a_m,\ \mathbf{x}),\ \boldsymbol{\theta})=&\sum_{m=1}^{M}\rho_{mx}\,[f_0(a_m,\ \mathbf{x})\pi(\mathcal{A} \mid y_0=1,\ \boldsymbol{\theta},\ \mathbf{x};\ a_m)\\&+(1-f_0(a_m,\ \mathbf{x}))\pi(\mathcal{A} \mid y_0=0,\ \boldsymbol{\theta},\ \mathbf{x};\ a_m)]\\=&\sum_{m=1}^{M}z_{mx}\pi(\mathcal{A} \mid y_0=1,\ \boldsymbol{\theta},\ \mathbf{x};\ a_m)\\&+\sum_{m=1}^{M}z_{M+m,\ x}\pi(\mathcal{A} \mid y_0=0,\ \boldsymbol{\theta},\ \mathbf{x};\ a_m)\end{aligned} \tag{7.6.22}$$

其中 $z_{mx}=\rho_{mx}f_0(a_m,\ x)$，$z_{M+m,x}=\rho_{mx}[1-f_0(a_m,\ \mathbf{x})]$（$m=1,\ \cdots,\ M$）。已识别的边界值集合$\ominus$，由使方程组

$$\sum_{m=1}^{M}z_{mx}\pi(A \mid y_0=1,\ \mathbf{x},\ \boldsymbol{\theta};\ a_m)+\sum_{m=1}^{M}z_{M+m,\ x}\pi(A \mid y_0=0,\ \mathbf{x},\ \boldsymbol{\theta};\ a_m)=P(A \mid \mathbf{x}) \tag{7.6.23}$$

276 有关于 $\{z_{mx}\}_{m=1}^{2M}$的解的 $\boldsymbol{\theta}$ 组成，且对所有的 $A\in\mathcal{A}$，

$$\sum_{m=1}^{2M}z_{mx}=1,\ z_{mx}\geqslant 0 \tag{7.6.24}$$

方程（7.6.23）和（7.6.24）具有与线性规划问题及其约束条件完全相同的结构，故只要 $P(A \mid \mathbf{x})$ 能被一致地估计，则检验某个特定的 $\boldsymbol{\theta}$ 是否属于$\ominus$的问题，可以转换成检验线性规划可行解的问题。因此，Honoré 和 Tamer（2006）建议通过考虑线性规划问题：

$$\max_{\{z_{mx},\ \{v_{jx}\}\}}\sum_j(-v_{jx}) \tag{7.6.25}$$

找出 $\boldsymbol{\theta}$ 的界，这里对所有的 $A_j\in\mathcal{A}(j=1,\ \cdots,\ 2^T)$，

$$\begin{aligned}v_{jx}=&P(A_j \mid \mathbf{x})-\sum_{m=1}^{M}z_{mx}\pi(A_j \mid y_{i0}=1,\ \mathbf{x},\ \boldsymbol{\theta};\ a_m)\\&-\sum_{m=1}^{M}z_{M+m,\ x}\pi(A_j \mid y_{i0}=0,\ \mathbf{x},\ \boldsymbol{\theta};\ a_m)\end{aligned} \tag{7.6.26}$$

$$1-\sum_{m=1}^{2M}z_{mx}=v_{0x} \tag{7.6.27}$$

$$z_{mx}\geqslant 0 \tag{7.6.28}$$

$$v_{jx}\geqslant 0 \tag{7.6.29}$$

且仅当所有的 $v_{jx}=0$［也是方程组（7.6.23）和（7.6.24）有解］时，目标函数（7.6.25）的最大值为0。如果方程组（7.6.23）和（7.6.24）的解不存在，则目标函数（7.6.25）的最大值是负值。据 Manski 和 Tamer（2002），我们可证明，对给定的 $\boldsymbol{\theta}$，将 $P(A)$ 用其一致估计代替，再验证样本目标函数是否在0的 ϵ 领域内，以此来构造识别区域内边界值的一致估计。由于 $\mathbf{x}$ 是离散的，我们可以对 $\mathbf{x}_i$ 支撑集中的每个值进行参数调试，由此可得到线性规划问题的约束条件集合。

7.6.3 近似模型

由动态 logit 模型（7.6.24）可知，在给定 α_i、$\mathbf{x}_i$、y_{i0} 后，响应变量序列 $\mathbf{y}_i=(y_{i1},\ \cdots,\ y_{iT})'$ 的条件分布可表示为 277

$$P(\mathbf{y}_i \mid \mathbf{x}_i,\ \alpha_i,\ y_{i0})=\frac{\exp\left[\alpha_i\sum_{t=1}^{T} y_{it}+\sum_{t=1}^{T} y_{it}(\mathbf{x}_{it}'\boldsymbol{\beta})+y_{i*}\gamma\right]}{\sum_{t=1}^{T}\left[1+\exp(\mathbf{x}_{it}'\boldsymbol{\beta}+y_{i,\,t-1}\gamma+\alpha_i)\right]},\quad i=1,\ \cdots,\ N \tag{7.6.30}$$

其中 $y_{i*}=\sum_{t=1}^{T} y_{i,\,t-1}y_{it}$。

在7.5节讨论的 Honoré 和 Kyriazidou（2000a）的条件方法要求设定合适的核函数以及带宽参数，在外生解释变量（仅相互之间比较接近的外生变量获得较大权重）的基础上，赋予样本中每个观测值的响应变量权重，这也意味着估计量收敛到真实参数值的速度大幅下降。此外，基于某些设定产生的响应函数是关于协变量在时间上增量的函数，这就排除了不能估计时恒变量的效应。我们还发现，由动态 logit 模型（7.6.30）可知（y_{it}，$y_{i,t-1}$）之间的条件对数差异比等于

$$\log\frac{P(y_{it}=0\mid\alpha_i,\ \mathbf{x}_i,\ y_{i,\,t-1}=0)\cdot P(y_{it}=1\mid\alpha_i,\ \mathbf{x}_i,\ y_{i,\,t-1}=1)}{P(y_{it}=0\mid\alpha_i,\ \mathbf{x}_i,\ y_{i,\,t-1}=1)\cdot P(y_{it}=1\mid\alpha_i,\ \mathbf{x}_i,\ y_{i,\,t-1}=0)}=\gamma \tag{7.6.31}$$

Bartolucci 和 Nigro（2010）建议使用 Cox（1972）的二次指数模型近似式（7.6.30）[①]，

$$\begin{aligned}&P^*(\mathbf{y}_i \mid \mathbf{x}_i,\ y_{i0},\ \delta_i)\\&=\frac{\exp\left[\delta_i\left(\sum_{t=1}^{T} y_{it}\right)+\sum_{t=1}^{T} y_{it}(\mathbf{x}_{it}'\boldsymbol{\phi}_1)+y_{iT}(\psi+\mathbf{x}_{iT}'\boldsymbol{\phi}_2)+y_{i*}\tau\right]}{\sum_{d_i}\exp\left[\delta_i\left(\sum_{t=1}^{T} d_{ijt}\right)+\sum_{t=1}^{T} d_{ijt}(\mathbf{x}_{it}'\boldsymbol{\phi}_1)+d_{ijT}(\psi+\mathbf{x}_{iT}'\boldsymbol{\phi}_2)+d_{ij}^*\tau\right]}\end{aligned} \tag{7.6.32}$$

其中 $\mathbf{d}_{ij}=(d_{ij1},\ \cdots,\ d_{ijT})$ 表示第 j 个可能的二元响应变量序列，$\sum_{d_i}$ 表示对所

① 为对近似模型和动态 logit 模型（7.6.30）进行区分，在近似模型（7.6.32）中，我们用 Δ_j 表示个体特异效应项，用 $\boldsymbol{\phi}_1$ 表示 $\mathbf{x}_{it}$ 的系数。

有可能的响应变量序列 $\mathbf{d}_{ij}$ 求和，使得 $\sum_{t=1}^{T} d_{ijt}=\sum_{t=1}^{T} y_{it}$，以及 $d_{ij}^{*}=d_{ij1}y_{i0}+\sum_{t=1}^{T} d_{ijt}d_{ij,\,t-1}$。模型（7.6.32）表明

$$P^{*}(y_{it}\mid \mathbf{x}_i,\ \delta_i,\ y_{i0},\ \cdots,\ y_{i,\,t-1})=\frac{\exp\{y_{it}[\delta_i+\mathbf{x}_{it}'\boldsymbol{\phi}_1+y_{i,\,t-1}\tau+e_t^{*}(\delta_i,\ \mathbf{x}_i)]\}}{1+\exp[\delta_i+\mathbf{x}_{it}'\boldsymbol{\phi}_1+y_{i,\,t-1}\tau+e_t^{*}(\delta_i,\ \mathbf{x}_i)]} \qquad (7.6.33)$$

278 这里当 $t<T$ 时，

$$\begin{aligned} e_t^{*}(\delta_i,\ \mathbf{x}_i)&=\log\frac{1+\exp[\delta_i+\mathbf{x}_{i,\,t-1}'\boldsymbol{\phi}_1+e_{t+1}^{*}(\delta_i,\ \mathbf{x}_i)+\tau]}{1+\exp[\delta_i+\mathbf{x}_{i,\,t-1}'\boldsymbol{\phi}_1+e_{t+1}^{*}(\delta_i,\ \mathbf{x}_i)]}\\ &=\log\frac{P(y_{i,\,t+1}=0\mid \delta_i,\ \mathbf{x}_i,\ y_{it}=0)}{P(y_{i,\,t+1}=0\mid \delta_i,\ \mathbf{x}_i,\ y_{it}=1)} \end{aligned} \qquad (7.6.34)$$

修正项（7.6.34）依赖于未来的协变量。对最后一期，可用

$$e_T^{*}(\delta_i,\ \mathbf{x}_i)=\psi+\mathbf{x}_{it}'\boldsymbol{\phi}_2 \qquad (7.6.35)$$

近似。

模型（7.6.33）可视为形如

$$y_{it}^{*}=\mathbf{x}_{it}'\boldsymbol{\phi}_1+\delta_i+y_{i,\,t-1}\tau+e_t^{*}(\delta_i,\ \mathbf{x}_i)+\eta_{it} \qquad (7.6.36)$$

的潜响应变量模型，其中的扰动项 η_{it} 服从 logistic 分布。修正项 $e_t^{*}(\Delta_i,\ \mathbf{x}_i)$ 度量了当前选择 y_{it} 对（$t+1$）期期望效用（或消费倾向）的影响。表示状态相依的参数 τ，是在给定所有其他响应变量或关于这些变量边际效应的基础上，所有变量对（$y_{i,t-1}$，y_{it}）之间的对数差异比。

近似模型（7.6.32）与动态 logit 模型（7.6.30）之间的差别在于分母部分。前者不依赖真实序列 $\mathbf{y}_i$，而后者却与之有关。模型（7.6.32）或（7.6.33）的优点在于可通过调控响应变量在时间上的和消除非观测异质项参数 δ_i，这一点类似静态 logit 模型（7.3.14）。当 y_{i0} 可观测时，结构参数可通过调用最大似然估计量进行估计，类似于在式（7.3.21）中讨论的 $T\geqslant 2$ 的情形。

可通过动态 logit 模型（7.6.30）对数函数非线性项在 $\alpha_i=\tilde{\alpha}_i$、$\boldsymbol{\beta}=\tilde{\boldsymbol{\beta}}$、$\gamma=0$ 处的 Taylor 展开式

$$\begin{aligned} &\sum_{t=1}^{T}\{\log[1+\exp(\mathbf{x}_{it}'\boldsymbol{\beta}+y_{i,\,t-1}\gamma+\alpha_i)]\\ &\simeq\sum_{t=1}^{T}\{\log[1+\exp(\mathbf{x}_{it}'\tilde{\boldsymbol{\beta}}+\tilde{\alpha}_i)]+\tilde{q}_{it}\times[\mathbf{x}_{it}'(\boldsymbol{\beta}-\tilde{\boldsymbol{\beta}})+(\alpha_i-\tilde{\alpha}_i)]\}\\ &\quad+\tilde{q}_{i1}y_{i0}\gamma+\sum_{t=1}^{T}\tilde{q}_{it}y_{i,\,t-1}\gamma \end{aligned} \qquad (7.6.37)$$

发现式（7.6.32）和（7.6.30）之间的关系，其中

279

$$\tilde{q}_{it}=\frac{\exp(\tilde{\alpha}_i+\mathbf{x}_{it}'\tilde{\boldsymbol{\beta}})}{1+\exp(\tilde{\alpha}_i+\mathbf{x}_{it}'\tilde{\boldsymbol{\beta}})} \qquad (7.6.38)$$

将式（7.6.37）代入式（7.6.30）的对数函数中，并将计算结果重新正则化，得到模型（7.6.30）的近似模型

$$P^*(\mathbf{y}_i \mid \mathbf{x}_i, \alpha_i, y_{i0})$$
$$=\frac{\exp\left[\alpha_i\left(\sum_{t=1}^{T} y_{it}\right)+\sum_{t=1}^{T} y_{it}(\mathbf{x}_{it}'\boldsymbol{\beta})-\sum_{t=2}^{T}\tilde{q}_{it}y_{i,t-1}\gamma+y_{i*}\gamma\right]}{\sum_{d_i}\exp\left[\alpha_i\left(\sum_{t=1}^{T} d_{ijt}\right)+\sum_{t=1}^{T} d_{ijt}(\mathbf{x}_{it}'\boldsymbol{\beta})-\left(\sum_{t=2}^{T}\tilde{q}_{it}d_{i,t-1}\right)\gamma+d_{ij*}\gamma\right]}$$
$$i=1, \cdots, N \tag{7.6.39}$$

当 γ 确实等于 0 时，真实模型和近似模型是一样的，都变成了静态 logit 模型（7.3.13）。静态模型（7.6.32）或（7.6.39）表明，给定 $\mathbf{x}_i'$、α_i 以及 $y_{i0}, \cdots, y_{i,t-1}$后 y_{it}的条件 logit 函数为

$$\log\frac{P^*(y_{it}=1 \mid \mathbf{x}_i, \alpha_i, y_{i0}, \cdots, y_{i,t-1})}{P^*(y_{it}=0 \mid \mathbf{x}_i, \alpha_i, y_{i0}, \cdots, y_{i,t-1})}$$
$$=\begin{cases}\mathbf{x}_{it}'\boldsymbol{\beta}+y_{i,t-1}\gamma+\alpha_i+e_t(\alpha_i, \mathbf{x}_i)-\tilde{q}_{i,t+1}\gamma, & \text{如果 } t<T\\ \mathbf{x}_{it}'\boldsymbol{\beta}+y_{i,t-1}\gamma+\alpha_i, & \text{如果 } t=T\end{cases} \tag{7.6.40}$$

其中

$$e_t(\alpha_i, \mathbf{x}_i)=\log\frac{P^*(y_{i,t+1}=0 \mid \mathbf{x}_i, \alpha_i, y_{it}=0)}{P^*(y_{i,t+1}=0 \mid \mathbf{x}_i, \alpha_i, y_{it}=1)}$$
$$=\tilde{q}_{i,t+1}\gamma \tag{7.6.41}$$

式（7.6.40）表明

$$\log\frac{P^*(y_{it}=1 \mid \mathbf{x}_i, \alpha_i, y_{i,t-1}=1)}{P^*(y_{it}=0 \mid \mathbf{x}_i, \alpha_i, y_{i,t-1}=1)}-\log\frac{P^*(y_{it}=1 \mid \mathbf{x}_i, \alpha_i, y_{i,t-1}=0)}{P^*(y_{it}=0 \mid \mathbf{x}_i, \alpha_i, y_{i,t-1}=0)}=\gamma \tag{7.6.42}$$

与动态 logit 模型一样，近似模型表明给定 $\mathbf{x}_i$、α_i、$y_{i,t-1}(t=2, \cdots, T)$ 后，y_{it}独立于 $y_{i0}, \cdots, y_{i,t-2}$，给定 $\mathbf{x}_i$、α_i、$y_{i,t-1}$和 $y_{i,t+1}(t=2, \cdots, T-1)$ 后，独立于 $y_{i0}, \cdots, y_{i,t-2}, y_{i,t+2}, \cdots, y_{iT}$。但此时有利的是 α_i 的充分统计量为 $\sum_{t=1}^{T} y_{it}$。因此，给定 $\sum_{t=1}^{T} y_{it}\left(0<\sum_{t=1}^{T} y_{it}<T\right)$ 后 $\mathbf{y}_i$ 的条件分布为 280

$$P^*\left(\mathbf{y}_i \mid \mathbf{x}_i, \alpha_i, y_{i0}, \sum_{t=1}^{T} y_{it}\right)$$
$$=\frac{\exp\left\{\sum_{t=2}^{T} y_{it}(\mathbf{x}_{it}-\mathbf{x}_{i,t-1})'\boldsymbol{\beta}-\sum_{t=2}^{T}\tilde{q}_{it}y_{i,t-1}\gamma+y_{i*}\gamma\right\}}{\sum_{d_i}\exp\left\{\sum_{t=2}^{T} d_{ijt}(\mathbf{x}_{it}-\mathbf{x}_{i,t-1})'\boldsymbol{\beta}-\sum_{t=2}^{T}\tilde{q}_{it}d_{ij,t-1}\gamma+d_{ij*}\gamma\right\}} \tag{7.6.43}$$
$$i=1, \cdots, N$$

为从伪似然函数（7.6.43）导出伪条件 MLE，Bartolucci 和 Nigro（2010）建议首先假定不存在状态相依（$\gamma=0$），并对每个 i（满足 $0<\sum_{t=1}^{T} y_{it}<T$）最大化静态 logit 模型（7.3.21）的条件对数似然函数，导出预估的 $\tilde{\boldsymbol{\beta}}$。再将 $\tilde{\boldsymbol{\beta}}$ 代入

式（7.6.42），利用 Newton-Raphson 法进行迭代，导出 $\boldsymbol{\beta}$ 和 γ 新的伪条件 MLE。他们的 Monte Carlo 研究结果表明，对由动态 logit 模型生成的数据，伪条件 MLE 偏误很小。

第8章 样本断尾与样本选择

8.1 引言 281

在经济学研究中，因变量的取值范围常受到某种约束。譬如，在 Tobin (1958) 早期关于家庭耐用品支出的研究中，他使用的回归模型就明确考虑了支出（模型中的因变量）不能为负这一事实。Tobin 称这一类模型为受限因变量模型。这类模型及其各种推广形式因与 probit 模型相似而被统称为 Tobit 模型。① 统计学中称它们为**断尾回归模型**（truncated regression model）或**删失回归模型**（censored regression model）。如果模型对落在指定范围外的个体完全不可见，则称其为断尾模型；如果可以统计落在指定范围外个体的比例并能观测部分解释变量，则称其为删失模型。

借助潜变量响应函数

$$y^* = \mathbf{x}'\boldsymbol{\beta} + u \tag{8.1.1}$$

描述断尾或删失数据后观测到的样本 y 会比较方便，其中 $\mathbf{x}$ 是 $K\times 1$ 的外生变量向量，u 是独立同分布（i. i. d.）的误差项，其均值为 0，方差为 σ_u^2。不失一般性，假定观测到的 y 与 y^* 的关系为

$$y = \begin{cases} y^* & \text{如果 } y^* > 0 \\ 0 & \text{如果 } y^* \leqslant 0 \end{cases} \tag{8.1.2}$$

我们称模型（8.1.1）和（8.1.2）为截取回归模型，因为其数据由 $y_i^*>0$ 时的点（y_i^*，$\mathbf{x}_i$）和 $y_i^*\leqslant 0$ 时的点（0，$\mathbf{x}_i$）（$i=1$，…，N）组成。断尾数据仅由满足 $y_i^*>0$ 的点（y_i^*，$\mathbf{x}_i$）组成。

对于断尾数据，y 在 $\mathbf{x}$ 下的条件期望为 282

$$E(y \mid \mathbf{x}, y>0) = E(y^* \mid \mathbf{x}, y^*>0) = \mathbf{x}'\boldsymbol{\beta} + E(u \mid u > -\mathbf{x}'\boldsymbol{\beta}) \tag{8.1.3}$$

对于截取数据，y 在 $\mathbf{x}$ 下的条件期望为

---

① 关于各种 Tobit 模型的广泛探讨参见 Amemiya (1985) 和 Maddala (1983)。

$$\begin{aligned} E(y \mid \mathbf{x}) &= \text{Prob}(y=0)\cdot 0+\text{Prob}(y>0 \mid \mathbf{x})\cdot E(y \mid y>0,\ \mathbf{x}) \\ &= \text{Prob}(u \leqslant -\mathbf{x}'\boldsymbol{\beta})\cdot 0+\text{Prob}(u>-\mathbf{x}'\boldsymbol{\beta})E(y^* \mid \mathbf{x};\ u>-\mathbf{x}'\boldsymbol{\beta}) \\ &= \text{Prob}(u>-\mathbf{x}'\boldsymbol{\beta})[\mathbf{x}'\boldsymbol{\beta}+E(u \mid u>-\mathbf{x}'\boldsymbol{\beta})] \end{aligned} \tag{8.1.4}$$

如果 u 是独立正态分布的，且均值为 0，方差为 σ_u^2，则

$$\text{Prob}(u>-\mathbf{x}'\boldsymbol{\beta})=1-\Phi\left(\frac{-\mathbf{x}'\boldsymbol{\beta}}{\sigma_u}\right)=\Phi\left(\frac{\mathbf{x}'\boldsymbol{\beta}}{\sigma_u}\right) \tag{8.1.5}$$

以及

$$E(u \mid u>-\mathbf{x}'\boldsymbol{\beta})=\sigma_u\cdot\frac{\phi\left(\frac{\mathbf{x}'\boldsymbol{\beta}}{\sigma_u}\right)}{\Phi\left(\frac{\mathbf{x}'\boldsymbol{\beta}}{\sigma_u}\right)} \tag{8.1.6}$$

其中 $\phi(\cdot)$ 和 $\Phi(\cdot)$ 分别是标准正态密度函数和累积（或积分）正态分布函数。方程（8.1.3）和（8.1.4）表明，对因变量的断尾或截取导致模型

$$y=\mathbf{x}'\boldsymbol{\beta}+\epsilon \tag{8.1.7}$$

中误差项和回归元的相关性，它的误差项为

$$\epsilon=v+E(y \mid \mathbf{x})-\mathbf{x}'\boldsymbol{\beta} \tag{8.1.8}$$

虽然对 $v=y-E(y \mid \mathbf{x})$ 有 $E(v \mid \mathbf{x})=0$，但 $E(\epsilon \mid \mathbf{x})\neq 0$。因此模型（8.1.7）的最小二乘估计量是有偏且不一致的。

对于由 N 个独立个体组成的样本，断尾数据的似然函数是

$$L_1=\prod_1[\text{Prob}(y_i>0 \mid \mathbf{x}_i)]^{-1}f(y_i) \tag{8.1.9}$$

其中 $f(\cdot)$ 表示 y_i^*（或 u_i）的密度函数，$\prod_1$ 表示所有满足 $y_i>0$ 的个体 i 的
283 乘积。截取数据的似然函数是

$$\begin{aligned} L_2 &= \left\{\prod_0 \text{Prob}(y_i=0 \mid \mathbf{x}_i)\cdot\prod_1 \text{Prob}(y_i>0 \mid \mathbf{x}_i)\right\} \\ &\quad\times\left\{\prod_1[\text{Prob}(y_i>0 \mid \mathbf{x}_i)]^{-1}f(y_i)\right\} \\ &= \prod_0 \text{Prob}(y_i=0 \mid \mathbf{x}_i)\prod_1 f(y_i) \end{aligned} \tag{8.1.10}$$

其中 $\prod_0$ 表示所有满足 $y_i^*\leqslant 0$ 的个体 i 的乘积。如果 u_i 是独立正态分布，均值为 0，方差为 σ_u^2 的随机变量，则有 $f(y_i)=(2\pi)^{-\frac{1}{2}}\sigma_u{}^{-1}\exp\{-(1/2\sigma_u^2)(y_i-\mathbf{x}_i'\boldsymbol{\beta})^2\}$ 和 $\text{Prob}(y_i=0 \mid \mathbf{x}_i)=\Phi\left(-\frac{\mathbf{x}_i'\boldsymbol{\beta}}{\sigma_u}\right)=1-\Phi\left(\frac{\mathbf{x}_i'\boldsymbol{\beta}}{\sigma_u}\right)$。

关于 $\boldsymbol{\theta}'=(\boldsymbol{\beta}',\ \sigma_u^2)$ 最大化似然函数（8.1.9）或（8.1.10）可导出未知参数的最大似然估计量 $\hat{\boldsymbol{\theta}}$。该估计量是一致且渐近正态分布的，它的渐近协方差矩阵 asy cov $[\sqrt{N}(\hat{\boldsymbol{\theta}}-\boldsymbol{\theta})]$ 等于信息矩阵的逆 $\left[-E\frac{1}{N}\frac{\partial^2\log L_j}{\partial\boldsymbol{\theta}\partial\boldsymbol{\theta}'}\right]^{-1}$，该逆矩阵可用 $\left[-\frac{1}{N}\frac{\partial^2\log L_j}{\partial\boldsymbol{\theta}\partial\boldsymbol{\theta}'}\bigg|_{\boldsymbol{\theta}=\hat{\boldsymbol{\theta}}}\right]^{-1}$ $(j=1,\ 2)$ 近似。很显然 MLE 是非线性的，求解 MLE 必须使用 Newton-Raphson 迭代法。当 u 是正态分布时，我们还可导出 Heckman（1976a）提出的两步估计量（two-step estimator）：

1. 用 probit 模型的 MLE 关于$\boldsymbol{\delta}=\frac{1}{\sigma_u}\boldsymbol{\beta}$最大化似然函数（8.1.10）括号中的第一个因子，得到 $\hat{\boldsymbol{\delta}}$。

2. 对满足 $y_i>0$ 的个体 i，用$\hat{\boldsymbol{\delta}}$替代断尾模型

$$y_i=E(y_i \mid \mathbf{x}_i;\ y_i>0)+\eta_i=\mathbf{x}'_i\boldsymbol{\beta}+\sigma_u\cdot\frac{\phi(\mathbf{x}_i'\boldsymbol{\delta})}{\Phi(\mathbf{x}_i'\boldsymbol{\delta})}+\eta_i \tag{8.1.11}$$

中的$\boldsymbol{\delta}$，其中 $E(\eta_i \mid \mathbf{x}_i)=0$，$\mathrm{Var}(\eta_i \mid \mathbf{x}_i)=\sigma_u^2[1-(\mathbf{x}_i'\boldsymbol{\delta})\lambda_i-\lambda_i^2]$，这里 $\lambda_i=\frac{\phi(\mathbf{x}_i'\boldsymbol{\delta})}{\Phi(\mathbf{x}_i'\boldsymbol{\delta})}$。仅用 y_i 是正值的观测做 y_i 关于 $\mathbf{x}_i$ 和$\frac{\phi(\mathbf{x}_i'\hat{\boldsymbol{\delta}})}{\Phi(\mathbf{x}_i'\hat{\boldsymbol{\delta}})}$的最小二乘回归。

Heckman 两步估计量是一致的。Amemiya (1978b) 导出了 Heckman 估计量渐近方差-协方差矩阵的计算公式。但 Heckman 两步估计量不如 MLE 有效。

仅当 u 呈独立正态分布且方差恒定时，似然函数（8.1.10）的 MLE 和 Heckman 两步估计量（8.1.11）都是一致的。当然，如果（同分布的）u 的密度函数设定正确，则 MLE 和 Heckman 两步法的思想在适当修正之后仍可实施。但多数时候研究人员不知道 u 的密度函数，或 u 的不同分布。Powell (1986) 在“u 关于 0 对称分布”的假设下证明，基于对称截取或断尾的数据应用最小二乘法可得到一致估计量，该一致估计量对关于 u 的概率密度函数的假设和未知形式的异方差是稳健的。 284

截取或断尾面临的问题是，即使 u 关于 0 对称分布，但 y 在 $\mathbf{x}$ 下的条件分布却不是关于 $\mathbf{x}'\boldsymbol{\beta}$ 的对称分布。考虑 $\mathbf{x}_i'\boldsymbol{\beta}>0$ 以及 $y_i^*>0$ 时 $y_i=y_i^*$ 的情形。满足 $u_i\leqslant-\mathbf{x}_i'\boldsymbol{\beta}$ 的数据点或被截取或被删除。但我们截取或丢弃满足 $u_i\geqslant\mathbf{x}_i'\boldsymbol{\beta}$ 或 $y_i\geqslant2\mathbf{x}_i'\boldsymbol{\beta}$ 的观测值［因此余下的观测值都落在（0，$2\mathbf{x}'\boldsymbol{\beta}$）内］后，可重构数据的对称性，如图 8.1 所示。由于 u 的对称性，对应的因变量再次关于 $\mathbf{x}'\boldsymbol{\beta}$ 对称分布［Hsiao (1976)］。但所有 $\mathbf{x}_i'\boldsymbol{\beta}<0$ 对应的观测值都在 $\mathbf{x}'\boldsymbol{\beta}$ 的一侧，而在 $\mathbf{x}'\boldsymbol{\beta}$ 的另一侧却没有相应的观测值，故这些观测值必须丢弃。

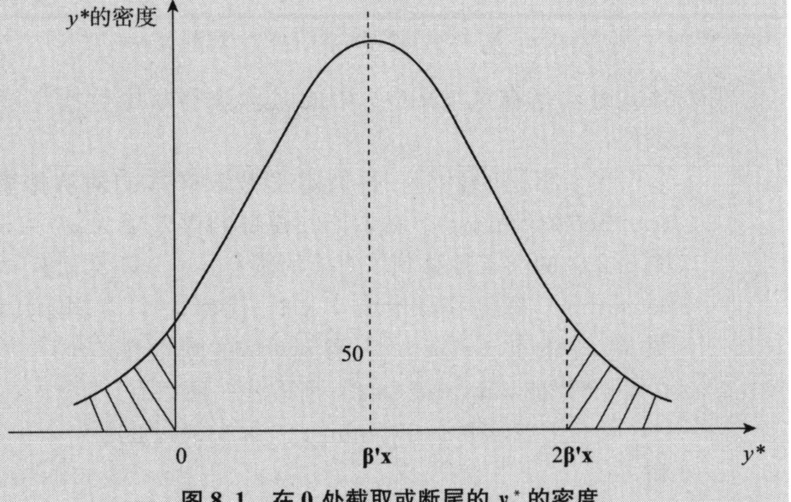

图 8.1　在 0 处截取或断尾的 y^* 的密度

为了更清楚地说明该方法，我们首先考虑因变量在零处被断尾的情形。在此断尾样本中，当 $\mathbf{x}_i'\boldsymbol{\beta}>0$ 时满足 $u_i\leqslant-\mathbf{x}_i'\boldsymbol{\beta}$ 的样本点被删除。但如果我们将满足 $u_i\geqslant\mathbf{x}_i'\boldsymbol{\beta}$ 的数据点也从样本中删除，则任何余下观测值的误差项都落在区间
285 $(-\mathbf{x}_i'\boldsymbol{\beta},\ \mathbf{x}_i'\boldsymbol{\beta})$ 内（所有满足 $\mathbf{x}_i'\boldsymbol{\beta}\leqslant 0$ 的观测值自动被删除）。由于 u 分布的对称性，对称断尾样本的残差也关于 0 对称分布。相应的因变量在 0 与 $2\mathbf{x}_i'\boldsymbol{\beta}$ 之间取值，如图 8.2 所示的区域 AOB。换句话说，图 8.2 中的点 b 和 c 被丢弃了（点 a 无法观测）。所以，矩条件

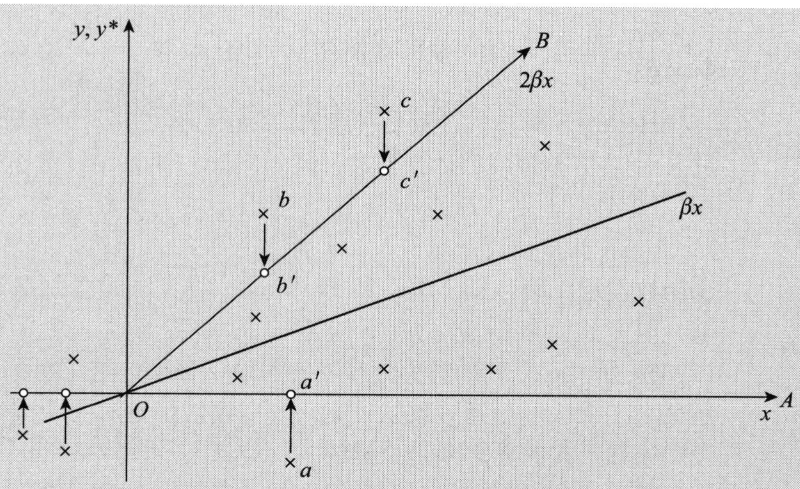

图 8.2　对称修整后 y 与 y^* 的分布

$$E[1(y<2\mathbf{x}'\boldsymbol{\beta})(y-\mathbf{x}'\boldsymbol{\beta})\mid\mathbf{x}]=0 \tag{8.1.12}$$

和

$$E[1(y<2\mathbf{x}'\boldsymbol{\beta})(y-\mathbf{x}'\boldsymbol{\beta})\mathbf{x}]=\mathbf{0} \tag{8.1.13}$$

成立，其中 $1(A)$是事件 A 的示性函数，如果 A 发生则取值 1，否则取值 0。

式（8.1.13）对应的样本矩为

$$\frac{1}{N}\sum_{i=1}^{N}1(y_i<2\mathbf{x}_i'\hat{\boldsymbol{\beta}})(\mathbf{y}_i-\mathbf{x}_i'\hat{\boldsymbol{\beta}})\mathbf{x}_i=0 \tag{8.1.14}$$

该式是对落在区域 AOB 中的对称修整断尾数据应用最小二乘法导出的一阶条件。

出于相同的目的，我们定义截取样本的**对称修整估计量**（symmetrically trimmed estimator）。截取回归模型的误差项为 $u_i^*=\max\{u_i,\ -\mathbf{x}_i'\boldsymbol{\beta}\}$（例如，图 8.2 中的点 a 被移到了对应的圆点 a'）。只要 $\mathbf{x}_i'\boldsymbol{\beta}>0$，**对称截取**（symmetric censoring）都会用 $\min\{u_i^*,\ \mathbf{x}_i'\boldsymbol{\beta}\}$ 代替 u_i^*，并删除其他观测值。也就是说，将图 8.2 中的点（a，b，c）移到对应的圆点（a'，b'，c'）时，因变量 $y_i=\max\{0,\ y_i^*\}$ 被 $\min\{y_i,\ 2\mathbf{x}_i'\boldsymbol{\beta}\}$ 所取代。所以有

$$E\{1(\mathbf{x}'\boldsymbol{\beta}>0)[\min(y,\ 2\mathbf{x}'\boldsymbol{\beta})-\mathbf{x}'\boldsymbol{\beta}]\mid\mathbf{x}\}=0 \tag{8.1.15}$$

和

$$E\{1(\mathbf{x}'\boldsymbol{\beta}>0)[\min(y,\ 2\mathbf{x}'\boldsymbol{\beta})-\mathbf{x}'\boldsymbol{\beta}]\mathbf{x}\}=\mathbf{0} \tag{8.1.16}$$

式（8.1.16）对应的样本矩为

$$\frac{1}{N}\sum_{i=1}^{N}1(\mathbf{x}_i'\hat{\boldsymbol{\beta}}>0)(\min\{y_i,\ 2\mathbf{x}_i'\hat{\boldsymbol{\beta}}\}-\mathbf{x}_i'\hat{\boldsymbol{\beta}})\mathbf{x}_i=\mathbf{0} \tag{8.1.17}$$

式（8.1.17）是对区域 AOB 内以及边界 OA 和 OB 上的观测值（图 8.2 中的圆点）进行对称截取后的数据应用最小二乘法导出的一阶条件。

但是，因存在条件 1（$\mathbf{x}_i'\boldsymbol{\beta}>0$），所以可能存在多个根满足式（8.1.14）和（8.1.17），比如 $\hat{\boldsymbol{\beta}}=\mathbf{0}$。为确保 $\hat{\boldsymbol{\beta}}$ 满足条件的同时还是唯一的，Powell（1986）提出**对称修整最小二乘估计**（symmetrically trimmed least-squares estimator），该 286
估计量 $\hat{\boldsymbol{\beta}}$ 在断尾数据情形下使得

$$R_N(\boldsymbol{\beta})=\sum_{i=1}^{N}\left\{y_i-\max\left(\frac{1}{2}y_i,\ \mathbf{x}'_i\boldsymbol{\beta}\right)\right\}^2 \tag{8.1.18}$$

最小化，在截取数据情形下使得

$$S_N(\boldsymbol{\beta})=\sum_{i=1}^{N}\left\{y_i-\max\left(\frac{1}{2}y_i,\ \boldsymbol{\beta}'\mathbf{x}_i\right)\right\}^2+\sum_{i=1}^{N}1(y_i>2\mathbf{x}'\boldsymbol{\beta})\left\{\left(\frac{1}{2}y_i\right)^2-[\max(0,\ \mathbf{x}'_i\boldsymbol{\beta})]^2\right\} \tag{8.1.19}$$

最小化。当 u_i 相互独立且单峰对称分布时，目标函数（8.1.18）是关于 $\boldsymbol{\beta}$ 的凸函数。我们用 $R_N(\boldsymbol{\beta})$ 不仅导出一阶条件（8.1.14），还用来和“全局”约束条件“与 $\mathbf{x}'\boldsymbol{\beta}>0$ 对应的观测值相比，$\mathbf{x}'\boldsymbol{\beta}\leqslant 0$ 对应观测值的 Ey_i^2 比较小”一起排除满足式（8.1.14）的不一致估计。因此，当 $\mathbf{x}'\boldsymbol{\beta}>0$ 时，如果 $\mathbf{x}'\hat{\boldsymbol{\beta}}<0$，$R_N(\boldsymbol{\beta})$ 中引入了惩罚项 $\left(\frac{1}{2}y_i\right)^2$。

式（8.1.19）中的 $S_N(\boldsymbol{\beta})$ 表明，对大于 $2\mathbf{x}_i'\boldsymbol{\beta}$ 的观测值，当 $\mathbf{x}_i'\boldsymbol{\beta}>0$ 时，$S_N(\boldsymbol{\beta})$ 的偏导数等于 $-2(\mathbf{x}'\boldsymbol{\beta})\mathbf{x}$；对那些 $\mathbf{x}_i'\boldsymbol{\beta}>0$ 的观测值，它们在一阶条件（8.1.17）中的权重为 0，与此同时，对那些 $\mathbf{x}_i'\boldsymbol{\beta}>0$ 但 $\mathbf{x}_i'\hat{\boldsymbol{\beta}}<0$ 的观测值，$S_N(\boldsymbol{\beta})$ 中引入了惩罚项 $\left(\frac{1}{2}y_i\right)^2$。但我们不再需要 u 是单峰分布的条件以确保在截取数据情形下 $S_N(\boldsymbol{\beta})$ 是关于 $\boldsymbol{\beta}$ 的凸函数。我们只要求 u 是独立对称分布的即可。 287
Powell（1986）证明，对式（8.1.18）或（8.1.19）最小化产生的估计量是 $\sqrt{N}$ 一致收敛且渐近正态分布的。

最小二乘法得到均值估计。最小绝对离差法得到中位数估计［Amemiya（1984）］。当 $E(y^*\mid\mathbf{x})=\mathbf{x}'\boldsymbol{\beta}$ 时，截取数据影响均值 $E(y\mid\boldsymbol{\beta})$，但不影响中位数；因此，Powell（1984）提出通过最小化

$$\tilde{S}=\frac{1}{N}\sum_{i=1}^{N}|y_i-\max(0,\ \mathbf{x}_i'\boldsymbol{\beta})| \tag{8.1.20}$$

导出 $\boldsymbol{\beta}$ 的最小绝对离差估计量。

对数据在 0 处截断时，被忽略的值 y^*（$u<-\mathbf{x}'\boldsymbol{\beta}$）观测不到。为恢复对称性，Powell（1984）建议对函数

$$\tilde{R}=\frac{1}{N}\sum_{i=1}^{N}\left|y_i-\max\left(\frac{1}{2}y_i,\ \mathbf{x}_i'\boldsymbol{\beta}\right)\right| \tag{8.1.21}$$

进行最小化。

对外生确定的受限因变量模型进行推广后，我们可讨论多种内生确定样本选择问题。譬如，在 Gronau（1976）和 Heckman（1976a）的女性劳动力供应模型中，只有那些决定参与劳动力市场的女性的工作小时数可以观测。换句话说，断尾或截取值并不是外生确定的，而是由选择方程

$$d_i^*=\mathbf{w}_i'\mathbf{a}+v_i,\quad i=1,\ \cdots,\ N \tag{8.1.22}$$

内生地随机确定，其中 $\mathbf{w}_i$ 是外生变量向量，$\mathbf{a}$ 是参数向量，v_i 是随机误差项，假定它是独立同分布的，其均值为 0、方差为 1（标准化方差）。样本（y_i，d_i），$i=1$，…，N 和 y_i^* 与 d_i^* 有如下关系

$$d=\begin{cases}1 & \text{如果 } d^*>0\\ 0 & \text{如果 } d^*\leqslant 0\end{cases} \tag{8.1.23}$$

$$y=\begin{cases}y^* & \text{如果 } d=1\\ 0 & \text{如果 } d=0\end{cases} \tag{8.1.24}$$

Amemiya（1985）称模型（8.1.1）、（8.1.16）～（8.1.18）为第Ⅱ型 Tobit 模型。故

$$E(y_i\mid d_i=1)=\mathbf{x}_i'\boldsymbol{\beta}+E(u_i\mid \nu_i)>-\mathbf{w}_i'\mathbf{a} \tag{8.1.25}$$

（y_i，d_i）的似然函数为

$$\begin{aligned}L&=\prod_{c}\mathrm{Prob}(d_i=0)\prod_{\bar{c}}f(y_i^*\mid d_i=1)\,\mathrm{Prob}(d_i=1)\\&=\prod_{c}\mathrm{Prob}(d_i=0)\cdot\prod_{\bar{c}}\mathrm{Prob}(d_i^*>0\mid y_i)f(y_i)\end{aligned} \tag{8.1.26}$$

288 其中 $c=\{i\mid d_i=0\}$，$\bar{c}$ 表示 c 的补集。如果（u，v）的联合分布已确定，则可用 MLE 估计该模型。譬如，如果（u，v）是联合正态分布的，其均值为（0，0），协方差矩阵为 $\begin{pmatrix}\sigma_u^2 & \sigma_{uv}\\ \sigma_{vu} & 1\end{pmatrix}$，则

$$E(u\mid v>-\mathbf{w}'\mathbf{a}=\sigma_{uv}\frac{\phi(\mathbf{w}'\mathrm{a})}{\Phi(\mathbf{w}'\mathbf{a})} \tag{8.1.27}$$

$$\mathrm{Prob}(d=0)=[1-\Phi(\mathbf{w}'\mathbf{a})]=\Phi(-\mathbf{w}'\mathbf{a}) \tag{8.1.28}$$

$$\mathrm{Prob}(d=1\mid y)=\Phi\left\{\mathbf{w}'\mathbf{a}+\frac{\sigma_{uv}}{\sigma_u}(y-\mathbf{x}'\boldsymbol{\beta})\right\} \tag{8.1.29}$$

我们还可用 Heckman（1979）的两阶段法：首先，用 $d_i(i=1,\ \cdots,\ N)$ 的 probit 型 MLE 估计 $\mathbf{a}$，用估计的 $\mathbf{a}$ 估算 $\phi(\mathbf{a}'\mathbf{w}_i)/\Phi(\mathbf{a}'\mathbf{w}_i)$。然后，仅用 $d_i=1$ 对应的数据做 y_i 关于 $\mathbf{x}_i$ 和 $\phi(\hat{\mathbf{a}}'\mathbf{w}_i)/\Phi(\hat{\mathbf{a}}'\mathbf{w}_i)$ 的回归。

与标准 Tobit 模型一样，对于内生确定选择模型，MLE 和 Heckman 两阶段估计量的一致性和渐近正态性与正确设定（u，v）的联合概率分布密切相关。（u，v）分布未知时，我们可用半参数方法估计 $\mathbf{x}$ 中不属于 $\mathbf{w}$ 的那些分量的系数。

为易于表述，我们假定没有变量同时是 $\mathbf{x}$ 和 $\mathbf{w}$ 的分量。则如 Robinson（1988b）所述，在 $d_i=1$ 的条件下，模型（8.1.1）、（8.1.23）、（8.1.24）变成

了部分线性模型

$$y_i=\boldsymbol{\beta}'\mathbf{x}_i+\lambda(\mathbf{w}_i)+\epsilon_i \tag{8.1.30}$$

其中 $\lambda(\mathbf{w}_i)$ 表示未知的选择因子。y_i 在 $\mathbf{w}_i$ 和 $d_i=1$ 下的条件期望等于

$$E(y_i\mid\mathbf{w}_i,\ d_i=1)=\boldsymbol{\beta}'E(\mathbf{x}_i\mid\mathbf{w}_i,\ d_i=1)+\lambda(\mathbf{w}_i) \tag{8.1.31}$$

从式（8.1.30）减去式（8.1.31），我们得到

$$y_i-E(y_i\mid\mathbf{w}_i,\ d_i=1)=\boldsymbol{\beta}'(\mathbf{x}_i-E(\mathbf{x}_i\mid\mathbf{w}_i,\ d_i=1))+\epsilon_i \tag{8.1.32}$$

其中 $E(\epsilon_i\mid\mathbf{w}_i,\ \mathbf{x}_i,\ d_i=1)=0$。故 Robinson（1988b）建议使用断尾样本时用

$$\hat{\boldsymbol{\beta}}=\{E[\mathbf{x}-E(\mathbf{x}\mid\mathbf{w})][\mathbf{x}-E(\mathbf{x}\mid\mathbf{w})]'\}^{-1}\times E[(\mathbf{x}-E(\mathbf{x}\mid\mathbf{w}))][y-E(y\mid\mathbf{w})] \tag{8.1.33}$$

作为 $\boldsymbol{\beta}$ 的估计。

估计量（8.1.31）第一阶段的条件期望可用非参数方法估计。譬如，我们可用核估计方法估计 y 在 y_a 处的密度［参见 Härdle（1990）；Robinson 289
（1989）］：

$$\hat{f}(y_a)=\frac{1}{Nh_N}\sum_{i=1}^{N}k\left(\frac{y_i-y_a}{h_N}\right) \tag{8.1.34}$$

其中 h_N 是被称为**带宽**（bandwidth）或**平滑参数**（smoothing parameter）的正数，当 $N\to\infty$ 时，它趋于零，$k(u)$ 是核函数，它是有界对称且积分等于 1 的概率密度函数。类似地，我们可用

$$\hat{f}(\mathbf{w}_a)=\frac{1}{N\mid H_m\mid}\sum_{i=1}^{N}k_m(H_m^{-1}(\mathbf{w}_i-\mathbf{w}_a)) \tag{8.1.35}$$

构造多元概率密度函数 $f(\mathbf{w}_a)$ 在 $\mathbf{w}_a$ 处的核估计量，其中 $\mathbf{w}$ 是 $m\times1$ 的随机向量，k_m 是 m 维空间中的核函数，H_m 是正定矩阵。譬如，$k_m(\mathbf{u})$ 可以是多元正态密度函数，或者我们可以令 $k_m(\mathbf{u})=\prod_{j=1}^{m}k(u_j)$，$\mathbf{u}'=(u_1,\ \cdots,\ u_m)$，$H_m=\mathrm{diag}(h_{1N},\ \cdots,\ h_{mN})$。

条件概率密度函数 $f(y_a\mid\mathbf{w}_a)$ 或条件期望 $Eg(y\mid\mathbf{w}_a)$ 的核估计可用联合概率密度函数和边际概率密度函数的核估计导出。因此，可用

$$\hat{f}(y_a\mid\mathbf{w}_a)=\frac{\hat{f}(y_a,\ \mathbf{w}_a)}{\hat{f}(\mathbf{w}_a)} \tag{8.1.36}$$

估计条件概率密度函数，而用

$$E\hat{g}(y\mid\mathbf{w}_a)=\frac{1}{N\mid H_m\mid}\sum_{i=1}^{N}g(y_i)k_m(H_m^{-1}(\mathbf{w}_i-\mathbf{w}_a))/\hat{f}(\mathbf{w}_a) \tag{8.1.37}$$

估计条件期望。

对于同时出现在回归方程 $\mathbf{x}$ 和选择方程 $\mathbf{w}$ 中的变量，Robinson（1988b）没有考虑它们的参数识别问题。存在变量同时出现在 $\mathbf{x}$ 和 $\mathbf{w}$ 中时，如果式（8.1.30）中的选择修正项 $\lambda(\mathbf{w}_i,\ d_i=1)$ 是单指标 $\mathbf{w}_i'\mathbf{a}$ 的函数：

$$\lambda(\mathbf{w},\ d=1)=E[u\mid v(\mathbf{w}'\mathbf{a}),\ d=1] \tag{8.1.38}$$

Newey（2009）建议用**两步级数法**（two-step series method）估计 $\boldsymbol{\beta}$。Newey 法

的第一步用第 7 章［或 Klein 和 Spady（1993）］讨论的与分布无关的方法估计 $\mathbf{a}$。第二步包括 d_iy_i 对 $d_i\mathbf{x}_i$ 的线性回归和对 $\lambda(\mathbf{w}_i)$ 的近似。Newey 建议用关于 $(\mathbf{w}_i'\hat{\mathbf{a}})$ 的多项式函数或样条函数 $\mathbf{P}_N^K(\mathbf{w}'\mathbf{a})=(P_{1K}(\mathbf{w}'\mathbf{a}), P_{2K}(\mathbf{w}'\mathbf{a}), \cdots, P_{KK}(\mathbf{w}'\mathbf{a}))'$ 逼近 $\lambda(\mathbf{w}_i)$，这里要求 K 较大时样条函数 $\mathbf{P}_N^K(\mathbf{w}'\mathbf{a})$ 的某个线性组合能够很好地逼近关于 $\lambda(\mathbf{w}'\mathbf{a})$ 的某未知函数。Newey（2009）证明，当 $N\to\infty$，$K\to\infty$，且 $\sqrt{N}K^{-s-t+1}\to 0$［如果 $\mathbf{P}_N^K(\mathbf{w}'\mathbf{a})$ 是幂级数，则 $s\geqslant 5$，$K^7/N\to 0$；
290 如果 $\mathbf{P}_N^K(\mathbf{w}'\mathbf{a})$ 是关于 $(\mathbf{w}'\mathbf{a})$ 的 m 次样条函数，则 $m\geqslant t-1$，$s\geqslant 3$，且 $K^4/N\to 0$］时，$\boldsymbol{\beta}$ 的两步级数估计是一致的且渐近分布是正态分布。[①]

如果选择因子 $\lambda(\mathbf{w}_i)$ 是关于**单指标**（single index）$\mathbf{w}_i'\mathbf{a}$ 的函数，且 $\mathbf{w}_i$ 的组成元素不构成 $\mathbf{x}_i$ 的子集，则无须用式（8.1.30）减去式（8.1.31）以消除未知选择因子 $\lambda(\mathbf{w}_i)$，Ahn 和 Powell（1993）发现，对满足 $\mathbf{w}_i'\mathbf{a}=\mathbf{w}_j'\mathbf{a}$ 的个体，有 $\lambda(\mathbf{w}_i'\mathbf{a})=\lambda(\mathbf{w}_j'\mathbf{a})$ 成立。因此，在 $\mathbf{w}_i'\mathbf{a}=\mathbf{w}_j'\mathbf{a}$，$d_i=1$，$d_j=1$ 的条件下，有

$$(y_i-y_j)=(\mathbf{x}_i-\mathbf{x}_j)'\boldsymbol{\beta}+(\epsilon_i-\epsilon_j) \tag{8.1.39}$$

其中误差项 $(\epsilon_i-\epsilon_j)$ 关于 0 对称分布。他们证明，如果 λ 是充分“光滑”的函数且 $\hat{\mathbf{a}}$ 是 $\mathbf{a}$ 的一致估计，则差值 $(\mathbf{w}_i-\mathbf{w}_j)'\hat{\mathbf{a}}$ 接近零的观测值满足 $\lambda(\mathbf{w}_i'\hat{\mathbf{a}})-\lambda(\mathbf{w}_j'\hat{\mathbf{a}})\simeq 0$。由此 Ahn 和 Powell（1993）提出一个两步法。第一步，先导出选择方程系数的一致半参数估计，再利用该结果导出指标方程中描述选择性偏误的单指标变量 $\mathbf{x}_i'\mathbf{a}$ 的估计；第二步，做样本中因变量的配对差分对相应解释变量差分的加权最小二乘（或工具变量）回归估计重要参数：

$$\hat{\boldsymbol{\beta}}_{AP}=\left[\sum_{i=1}^{N-1}\sum_{j=i+1}^{N}K\left(\frac{(\mathbf{w}_i-\mathbf{w}_j)'\hat{\mathbf{a}}}{h_N}\right)\cdot(\mathbf{x}_i-\mathbf{x}_j)(\mathbf{x}_i-\mathbf{x}_j)'d_id_j\right]^{-1}$$
$$\times\left[\sum_{i=1}^{N-1}\sum_{j=i+1}^{N}K\left(\frac{(\mathbf{w}_i-\mathbf{w}_j)'\hat{\mathbf{a}}}{h_N}\right)\cdot(\mathbf{x}_i-\mathbf{x}_j)(y_i-y_j)d_id_j\right] \tag{8.1.40}$$

其中 $K(\cdot)$ 是有界对称的核密度加权函数，且参数绝对值递增时趋于零，h_N 是正的常数（或带宽），它在 $N\to\infty$ 时递减至零并使 $N(h_N)^{\Delta}\to 0[\Delta\in(6, 8)]$。一般选择标准正态密度函数作为核函数。$K(\cdot)$ 的作用是给满足 $(1/h_N)(\mathbf{w}_i-\mathbf{w}_j)'\hat{\mathbf{a}}\simeq 0$ 的观测赋予更多的权重，而给 $\mathbf{w}_i'\hat{\mathbf{a}}$ 和 $\mathbf{w}_j'\hat{\mathbf{a}}$ 不同的观测赋予更少的权重，因此，对断尾数据，估计量（8.1.39）在极限情况下仅使用满足约束条件
291 件 $\mathbf{w}_i'\mathbf{a}=\mathbf{w}_j'\mathbf{a}$ 的观测值，且估计量（8.1.40）收敛于加权最小二乘估计量，

$$\hat{\boldsymbol{\beta}}_{AP}\to\{E\{f(\mathbf{w}'\mathbf{a})[\mathbf{x}-E(\mathbf{x}\mid\mathbf{w}'\mathbf{a})][\mathbf{x}-E(\mathbf{x}\mid\mathbf{w}'\mathbf{a})]'\}\}^{-1}$$
$$\times\{E\{f(\mathbf{w}'\mathbf{a})[\mathbf{x}-E(\mathbf{x}\mid\mathbf{w}'\mathbf{a})][y-E(y\mid\mathbf{w}'\mathbf{a})]\}\} \tag{8.1.41}$$

---

① 譬如，在 $(\mathbf{w}'\hat{\mathbf{a}})$ 中自由度为 m，在 $[-1, 1]$ 中有 L 个均匀节点的样条的基可以是

$$P_{kK}=(\mathbf{w}'\mathbf{a})^{k-1},\quad 1\leqslant k\leqslant m+1$$
$$=\left\{\left[\mathbf{w}'\mathbf{a}+1-2\frac{(k-m-1)}{L+1}\right]_+\right\}^m,\quad m+2\leqslant k\leqslant m+1+L\equiv K$$

其中 $b_+\equiv 1(b>0)\cdot b$。

其中 $f(\mathbf{w}'\mathbf{a})$ 表示 $\mathbf{w}'\mathbf{a}$ 的密度函数，并假定它是连续函数且有上界。

Robinson (1988b) 的半参数估计量和 Powell 型配对差分估计量都以速度 $N^{-1/2}$ 收敛于真值。但控制 $\mathbf{w}$ 或 $\mathbf{w}'\mathbf{a}$ 后对观测值进行差分，虽然消除了选择因子 $\lambda(\mathbf{w})$，但同时也消除了常数项，故这两种方法都没给出截距项的估计，即使 $\mathbf{x}$ 和 $\mathbf{w}$ 相同时也不能估计。Chen (1999) 发现，如果 (u, v) 的联合分布是对称的且 $\mathbf{w}$ 包含常数项，则

$$
\begin{aligned}
& E(u \mid v > -\mathbf{w}'\mathbf{a})\,\mathrm{Prob}(v > -\mathbf{w}'\mathbf{a}) - E(u \mid v > \mathbf{w}'\mathbf{a})\,\mathrm{Prob}(v > \mathbf{w}'\mathbf{a}) \\
&= \int_{-\infty}^{\infty}\int_{-\mathbf{w}'\mathbf{a}}^{\infty} u f(u, v)\,\mathrm{d}u\mathrm{d}v - \int_{-\infty}^{\infty}\int_{\mathbf{w}'\mathbf{a}}^{\infty} u f(u, v)\,\mathrm{d}u\mathrm{d}v \\
&= \int_{-\infty}^{\infty}\int_{-\mathbf{w}'\mathbf{a}}^{\mathbf{w}'\mathbf{a}} u f(u, v)\,\mathrm{d}u\mathrm{d}v = 0
\end{aligned}
\tag{8.1.42}
$$

不失一般性，我们可令 $\mathbf{w}'\mathbf{a}>0$。因此有

$$
\begin{aligned}
& E[d_i y_i - d_j y_j - (d_i \mathbf{x}_i - d_j \mathbf{x}_j)'\boldsymbol{\beta} \mid \mathbf{w}_i'\mathbf{a} = -\mathbf{w}_j'\mathbf{a}, \mathbf{w}_i, \mathbf{w}_j] \\
&= E[d_i u_i - d_j u_j \mid \mathbf{w}_i'\mathbf{a} = -\mathbf{w}_j'\mathbf{a}, \mathbf{w}_i, \mathbf{w}_j] = 0
\end{aligned}
\tag{8.1.43}
$$

因为 $E[d_i - d_j \mid \mathbf{w}_i'\mathbf{a} = -\mathbf{w}_j'\mathbf{a}, \mathbf{w}_i, \mathbf{w}_j] = 2\,\mathrm{Prob}(d_i = 1 \mid \mathbf{w}_i'\mathbf{a}) - 1 \neq 0$，并且是控制 $\mathbf{w}_i'\mathbf{a} = -\mathbf{w}_j'\mathbf{a}$ 而不是控制 $\mathbf{w}_i'\mathbf{a} = \mathbf{w}_j'\mathbf{a}$，所以无须添加“$\mathbf{x}$ 中至少有一个元素被排除在 $\mathbf{w}$ 之外”的排除性约束，利用矩条件 (8.1.43) 便可识别截距和斜率参数。由此 Chen (1999) 导出截距和斜率参数的 $\sqrt{N}$ 一致收敛的工具变量估计量

$$
\begin{aligned}
\hat{\boldsymbol{\beta}}_c = & \left[\sum_{i=1}^{N-1}\sum_{j=i+1}^{N} K\left(\frac{(\mathbf{w}_i + \mathbf{w}_j)'\hat{\mathbf{a}}}{h_N}\right)(d_i \mathbf{x}_i - d_j \mathbf{x}_j)(\mathbf{z}_i - \mathbf{z}_j)'\right]^{-1} \\
& \times \left[\sum_{i=1}^{N-1}\sum_{j=i+1}^{N} K\left(\frac{(\mathbf{w}_i + \mathbf{w}_j)'\hat{\mathbf{a}}}{h_N}\right)(\mathbf{z}_i - \mathbf{z}_j)'(d_i y_i - d_j y_j)\right]
\end{aligned}
\tag{8.1.44}
$$

其中 $\mathbf{z}_i$ 是 $d_i \mathbf{x}_i$ 的工具变量。如果 y 不可观测，但相应的 $\mathbf{x}$ 可观测时，$E(d \mid \mathbf{w}'\mathbf{a})\mathbf{x}$ 就是自然的工具变量。我们可用 Chen (2000) 提出的估计包含截距项的二值选择模型的有效方法得到 $\mathbf{a}$ 在第一阶段的估计。 292

8.2　案例：非随机缺失数据

8.2.1　简介

任何面板数据调查都可能面临**损耗** (attrition) 问题。譬如，到 1981 年为止，始于 20 世纪 60 年代的四个全国性纵列调查都至少失去了 1/4 的初始调查对象。在 Gary 的收入支持项目中，585 例黑人男性主导的家庭中有 206 例（或者 35.2%）没有完成实验。我们将在 11.1 节讨论处理随机缺失数据的方法。但计量经济学中的主要问题不是简单的数据缺失，而是可能导致数据缺失的各种自选择原因。譬如，在诸如新泽西州或 Gary 的负所得税等社会实验中，许多个体认为不值得为了获得实验报酬而按实验要求做详细的记录，还有些人可能搬往他处或入伍。在某些实验中，有些高收入人群因实验激励 (experimentaltreatment benefit）无效而完全退出实验。损耗可能导致初始实验方案中的随机性失效。如果损耗发生的概率与实验结果有关，则传统统计技术导出的实验结果是有偏且不一致的。本节我们阐述受限因变量模型［参见 Amemiya（1984）；Heckman（1976a）；Maddala（1983）的调查数据］如何为非随机缺失数据的分析提供理论支持和计算技术［Griliches，Hall 和 Hausman（1978）；Hausman 和 Wise（1979）］。①

8.2.2 损耗和选择偏误的概率模型

假设结构模型为

$$y_{it}=\boldsymbol{\beta}'\mathbf{x}_{it}+v_{it}, \quad i=1, \cdots, N \qquad (8.2.1)$$
$$t=1, \cdots, T$$

其中误差项 v_{it} 具有一般的误差成分 $v_{it}=\alpha_i+u_{it}$。为易于表述，我们假定 $T=2$。

如果损耗发生在第 2 期，则通常的做法是丢弃那些 y_{i2} 遗失的观测对象。但

293 如果假设观测到 y_{i2} 的概率除了随其他变量变化外还随着 y_{i2} 的值变化，则观测到 y_{i2} 的概率与 v_{i2} 有关。基于可观测的 y 对模型（8.2.1）应用最小二乘法将导出基本结构参数和实验结果的有偏估计。

为方便分析，如果 y_{i2} 在第 2 期可观测，则令示性变量 $d_i=1$；如果 y_{i2} 不可观测（即损耗发生了），则令 $d_i=0$。如果潜变量 d_i^* 满足

$$d_i^*=\gamma y_{i2}+\boldsymbol{\theta}'\mathbf{x}_{i2}+\boldsymbol{\delta}'\mathbf{w}_i+\epsilon_i^* \geqslant 0 \qquad (8.2.2)$$

则假定 y_{i2} 可观测（$d_i=1$），其中 $\mathbf{w}_i$ 是由没有进入 y 的条件期望但影响观测到 y 的概率的变量构成的向量；$\boldsymbol{\theta}$ 和 $\boldsymbol{\delta}$ 是参数向量；（v_i，ϵ_i^*）的联合分布是正态分布。替换 y_{i2} 得到约简型模型

$$\begin{aligned} d_i^* &=(\gamma\boldsymbol{\beta}'+\boldsymbol{\theta}')\mathbf{x}_{i2}+\boldsymbol{\delta}'\mathbf{w}_i+\gamma v_{i2}+\epsilon_i^* \\ &=\boldsymbol{\pi}'\mathbf{x}_{i2}+\boldsymbol{\delta}'\mathbf{w}_i+\epsilon_i \\ &=\mathbf{a}'R_i+\epsilon_i \end{aligned} \qquad (8.2.3)$$

其中 $\epsilon_i=\gamma v_{i2}+\epsilon_i^*$，$R_i=(\mathbf{x}_{i2}', \mathbf{w}_i')'$，以及 $\mathbf{a}'=(\boldsymbol{\pi}', \boldsymbol{\delta}')'$。我们将 ϵ_i 的方差 σ_ϵ^2 标准化为 1。则个体保留和损耗的概率分别是 probit 函数

$$\begin{aligned} \text{Prob}(d_i=1) &=\Phi(\mathbf{a}'R_i) \\ \text{Prob}(d_i=0) &=1-\Phi(\mathbf{a}'R_i) \end{aligned} \qquad (8.2.4)$$

其中 $\Phi(\cdot)$ 是标准正态分布函数。

假设我们仅用完全观测估计模型（8.2.1）。已知 y_{i2} 是可观测的，则其条件期望为

$$E(y_{i2} \mid \mathbf{x}_{i2}, \mathbf{w}_i, d_i=1)=\boldsymbol{\beta}'\mathbf{x}_{i2}+E(v_{i2} \mid \mathbf{x}_{i2}, \mathbf{w}_i, d_i=1) \qquad (8.2.5)$$

因为 $v_{i2}=\sigma_{2\epsilon}\epsilon_i+\eta_i$（其中 $\sigma_{2\epsilon}$ 是 v_{i2} 和 ϵ_i 的协方差），且 η_i 与 ϵ_i 独立［Anderson（1958，第 2 章）］，故我们有

---

① 另一个例子是事件历史分析，事件历史中的响应处在非均匀分布时间点上［如 Heckman 和 Singer（1984）；Lancaster（1990）］。有人选择用二元示性值序列来为离散时间的事件历史建模。则该问题变得非常像第 7 章中讨论的离散面板数据分析。

$$\begin{aligned}\mathrm{E}(v_{i2} \mid \mathbf{w}_i,\ d_i=1) &= \sigma_{2\epsilon} E(\epsilon_i \mid \mathbf{w}_i,\ d_i=1)\\ &= \frac{\sigma_{2\epsilon}}{\Phi(\mathbf{a}'R_i)} \int_{-\mathbf{a}'R_i}^{\infty} \epsilon \cdot \frac{1}{\sqrt{2\pi}} \mathrm{e}^{-\epsilon^2/2} \mathrm{d}\epsilon\\ &= \sigma_{2\epsilon} \frac{\phi(\mathbf{a}'R_i)}{\Phi(\mathbf{a}'R_i)} \end{aligned} \tag{8.2.6}$$

其中 $\phi(\cdot)$ 表示标准正态密度函数。由于标准正态密度函数 $\phi(\epsilon)$ 关于 ϵ 的导数是 $-\epsilon\phi(\epsilon)$，故式（8.2.6）的最后一个等式成立。所以，

$$E(y_{i2} \mid \mathbf{x}_{i2},\ \mathbf{w}_i,\ d_i=1) = \boldsymbol{\beta}'\mathbf{x}_{i2} + \sigma_{2\epsilon} \frac{\phi(\mathbf{a}'R_i)}{\Phi(\mathbf{a}'R_i)} \tag{8.2.7}$$

因此，除非 $\sigma_{2\epsilon}=0$，否则用完全观测估计模型（8.2.1）将导致估计的 $\boldsymbol{\beta}$ 有偏且 294
不一致。我们可用 Heckman（1979）的两阶段法（见 8.1 节）或最大似然法修正选择偏误。

当 $d_i=1$ 时，$d_i=1$，y_{i1}，y_{i2}的联合密度为

$$\begin{aligned} f(d_i=1,\ y_{i1},\ y_{i2}) &= \mathrm{Prob}(d_i=1 \mid y_{i1},\ y_{i2}) f(y_{i1},\ y_{i2})\\ &= \mathrm{Prob}(d_i=1 \mid y_{i2}) f(y_{i1},\ y_{i2})\\ &= \Phi\left\{\frac{\mathbf{a}'R_i + \left(\dfrac{\sigma_{2\epsilon}}{\sigma_u^2+\sigma_\alpha^2}\right)(y_{i2}-\boldsymbol{\beta}'\mathbf{x}_{i2})}{\left[1-\dfrac{\sigma_{2\epsilon}^2}{\sigma_u^2+\sigma_\alpha^2}\right]^{1/2}}\right\}\\ &\quad \times [2\pi\sigma_u^2(\sigma_u^2+2\sigma_\alpha^2)]^{-1/2}\\ &\quad \times \exp\left\{-\frac{1}{2\sigma_u^2}\left[\sum_{t=1}^{2}(y_{it}-\boldsymbol{\beta}'\mathbf{x}_{it})^2 - \frac{\sigma_\alpha^2}{\sigma_u^2+2\sigma_\alpha^2}\right.\right.\\ &\quad \left.\left.\times \left(\sum_{t=1}^{2}(y_{it}-\boldsymbol{\beta}'\mathbf{x}_{it})\right)^2\right]\right\} \end{aligned} \tag{8.2.8}$$

因条件密度函数 $f(\epsilon_i \mid v_{i2})$ 是正态密度函数，其均值为 $[\sigma_{2\epsilon}/(\sigma_u^2+\sigma_\alpha^2)]v_{i2}$，方差为 $1-\sigma_{2\epsilon}^2/(\sigma_u^2+\sigma_\alpha^2)$，故有上式中的第一个因子。$d_i=0$ 时，y_{i2}不可观测，须通过求联合密度函数关于 y_{i2}的积分将其排除。此时 $d_i=0$ 和 y_{i1}的联合密度函数为

$$\begin{aligned} f(d_i=0,\ y_{i1}) &= \mathrm{Prob}(d_i=0 \mid y_{i1}) f(y_{i1})\\ &= \left\{1-\Phi\left[\frac{\mathbf{a}'R_i + \dfrac{\sigma_{1\epsilon}}{\sigma_u^2+\sigma_\alpha^2}(y_{i1}-\boldsymbol{\beta}'\mathbf{x}_{i1})}{\left[1-\dfrac{\sigma_{1\epsilon}^2}{\sigma_u^2+\sigma_\alpha^2}\right]^{1/2}}\right]\right\}\\ &\quad \times [2\pi(\sigma_u^2+\sigma_\alpha^2)]^{-1/2}\\ &\quad \times \exp\left\{-\frac{1}{2(\sigma_u^2+\sigma_\alpha^2)}(y_{i1}-\boldsymbol{\beta}'\mathbf{x}_{i1})^2\right\} \end{aligned} \tag{8.2.9}$$

式（8.2.9）等号右边得自这样一个事实：$f(\epsilon_i \mid v_{i1})$ 是均值为 $[\sigma_{1\epsilon}/(\sigma_u^2+\sigma_\alpha^2)]\cdot v_{i1}$，方差为 $1-\sigma_{1\epsilon}^2/(\sigma_u^2+\sigma_\alpha^2)$ 的正态密度函数，其中 $\sigma_{1\epsilon}$是 v_{i1}和 ϵ_i 的协方差，它等于 $\sigma_{2\epsilon}=\sigma_\alpha^2/(\sigma_u^2+\sigma_\alpha^2)$。

根据联合密度函数（8.2.8）和（8.2.9）可导出损耗样本的似然函数。对观
295 测进行排序使得最前面的 N_1 个观测对应 $d_i=1$，而余下的 $N-N_1$ 个对应 $d_i=0$，则对数似然函数为

$$\begin{aligned}
\log L = & -N\log 2\pi - \frac{N_1}{2}\log\sigma_u^2 - \frac{N_1}{2}\log(\sigma_u^2+2\sigma_\alpha^2) \\
& - \frac{N-N_1}{2}\log(\sigma_u^2+\sigma_\alpha^2) \\
& - \frac{1}{2\sigma_u^2}\sum_{i=1}^{N_1}\left\{\sum_{t=1}^{2}(y_{it}-\boldsymbol{\beta}'\mathbf{x}_{it})^2 - \frac{\sigma_\alpha^2}{\sigma_u^2+2\sigma_\alpha^2}\left[\sum_{t=1}^{2}(y_{it}-\boldsymbol{\beta}'\mathbf{x}_{it})\right]^2\right\} \\
& + \sum_{i=1}^{N_1}\log\Phi\left\{\frac{\mathbf{a}'R_i+\dfrac{\sigma_{2\epsilon}}{\sigma_u^2+\sigma_\alpha^2}(y_{i2}-\boldsymbol{\beta}'\mathbf{x}_{i2})}{\left[1-\dfrac{\sigma_{2\epsilon}^2}{\sigma_u^2+\sigma_\alpha^2}\right]^{1/2}}\right\} \\
& - \frac{1}{2(\sigma_u^2+\sigma_\alpha^2)}\sum_{i=N_1+1}^{N}(y_{i1}-\boldsymbol{\beta}'\mathbf{x}_{i1})^2 \\
& + \sum_{i=N_1+1}^{N}\log\left\{1-\Phi\left[\frac{\mathbf{a}'R_i+\dfrac{\sigma_{1\epsilon}}{\sigma_u^2+\sigma_\alpha^2}(y_{i1}-\boldsymbol{\beta}'\mathbf{x}_{i1})}{\left[1-\dfrac{\sigma_{1\epsilon}^2}{\sigma_u^2+\sigma_\alpha^2}\right]^{1/2}}\right]\right\} \qquad (8.2.10)
\end{aligned}$$

损耗偏误中的关键参数是 $\sigma_{2\epsilon}$。如果 $\sigma_{2\epsilon}=0$，则 $\sigma_{1\epsilon}$ 也等于零。似然函数（8.2.10）分成两部分。一部分对应 y 的方差成分设定。另一部分对应损耗的 probit 设定。因此，如果没有损耗偏误，则这里的缺失数据就是随机缺失数据。我们用广义最小二乘法估计模型（8.2.1）可导出模型结构参数的一致且渐近有效估计。

如 8.2 节所讨论的，我们可将 Hausman-Wise 的两时期损耗模型直接推广到有选择偏误的多期情形以及联立方程模型。当 $T>2$ 时，我们对每个时期设定一个损耗方程。如果损耗发生，且个体没有再回到样本中，则导出一系列类似于式（8.2.8）和（8.2.9）的条件密度。个体在样本中出现的最后时期提供了损耗方程的随机项所受约束的信息。对个体仍在样本中的时期，我们可设定类似式（8.2.8）的函数作为无损耗和可观测因变量值的联合概率分布。

在联立方程模型中，所有导出的损耗模型只是简单地增加了一个样本中的个体可被观测到的概率方程。然后，给定联合因变量 **y** 以及 **y** 的边际密度，样本中连续观测个体的联合密度函数是前期样本中的个体下期可被观测的条件概
296 率的乘积。给定 **y** 离开样本前的值以及以前若干期 **y** 在样本中的边际密度，非完全观测个体的联合密度函数变成了个体离开样本的条件密度的乘积。似然函数是这两个联合密度的乘积；至于三方程模型，参见 Griliches，Hall 和 Hausman (1978)。

分析不同时期样本成分变化的一般问题时，利用概率方程设定个体状态非常有用，特别是在变化是关于个体特征的函数时。譬如，在青年男性的全国性纵列调查样本中除了损耗问题外，还存在样本增加的问题，譬如，以前是在校

学生的部分个体进入了劳动力市场。分析个体在不同时期状态的变化时，有关切换回归模型的内容可作为构建行为模型的基础。①

8.2.3　Gary 收入支持实验中的损耗

Gary 收入支持实验项目重点关注收入支持结构的互斥集对工作-休闲决定的影响。基本实验方案是：随机地将个体分成**控制组**（controls）和**实验组**（experimentals）。控制组成员不参与实验处理，但会因完成周期性询问而获得象征性的报酬。实验组成员被随机地分配一个收入支持计划。实验根据收入保证金和税率制定四个基本计划。对四口之家设定 4 300 美元和 3 300 美元两个保证金水平，并对规模较大的家庭调高这两个水平值，对规模较小的家庭调低这两个水平值。两个边际税率分别是 0.6 和 0.4。为得到估计的实验处理计划效应，还需调查实验组成员在实验开始前的追溯信息（正常情况下就在实验期开始前），以便比较他们在实验中和实验前的行为，以及与控制组成员实验前的行为进行比较。

Gary 实验主要研究两类庞大的家庭组：黑人女性主导的家庭组和黑人男性主导的家庭组。第一组几乎没有损耗，但男性主导的家庭组损耗严重。在 Hausman 和 Wise (1979) 的实验中，334 个家庭组成的实验组损耗率达 31.1%，251 个家庭组成的控制组中有 40.6% 未能完成该实验。

如果损耗的发生是随机的（9.2 节将讨论该问题），则它不是什么大问题。问题在于导致数据缺失的若干自选择原因。这些原因容易让人认为损耗与内生变量相关。如果超出收支平衡点，则实验组家庭不能从实验处理中获取任何收益。保证金减去为收入（工资率乘以工作时间）支付的税额等于零时就产生收支平衡点。高收入家庭得不到实验处理报酬，故他们留在实验中的动机可能与控制组成员很像。但高收入部分是由结构方程（8.2.1）中不可观测随机项引起的，所以损耗很可能与之相关。 297

Hausman 和 Wise (1979) 估计了有损耗修正和无损耗修正的收入结构模型。做收入的对数关于时间趋势、教育、经验、工会成员资格、健康状态以及非劳动所得家庭收入对数的回归。为控制实验处理的影响，他们还使用了虚拟变量，如果家庭在某期被分配了一个基本收入支持计划，则虚拟变量等于 1，否则等于 0。因为实验组和控制组的单位工资基本相同，所以该虚拟变量的系数是度量实验处理对工作时间的影响的合理指标。

因每个观测值都有一个月的观测周期，在实验期间仅能获得三个观测值，故他们重点关注两时期模型：一个时期获取实验前平均月收入，另一个时期获取实验期内三个月的平均收入。表 8.1 列出了他们的估计结果：结构参数未经过损耗修正时模型（8.2.1）的广义最小二乘估计和包含损耗影响的模型（8.2.3）的最大似然估计。

① 关于切换回归模型的研究参见 Quandt (1982)。

表 8.1 带损耗修正和不带损耗修正的收入方程结构模型的参数估计

变量	损耗修正模型：最大似然估计（标准误）		无损耗修正模型：广义最小二乘估计（标准误）：收入方程参数
	收入方程参数	损耗参数	
常数项	5.853 9	−0.634 7	5.891 1
	(0.090 3)	(0.335 1)	(0.082 9)
工作经验影响	−0.082 2	0.241 4	−0.079 3
	(0.040 2)	(0.121 1)	(0.039 0)
时间趋势	0.094 0	—[a]	0.084 1
	(0.052 0)	—	(0.035 8)
教育	0.020 9	−0.020 4	0.013 6
	(0.005 2)	(0.024 4)	(0.005 0)
经验	0.003 7	−0.003 8	0.002 0
	(0.001 3)	(0.006 1)	(0.001 3)
非劳动收入	−0.013 1	0.175 2	−0.011 5
	(0.005 0)	(0.047 0)	(0.004 4)
工会	0.215 9	1.429 0	0.285 3
	(0.036 2)	(0.125 2)	(0.033 0)
糟糕的健康状况	−0.060 1	0.248 0	−0.057 8
	(0.033 0)	(0.123 7)	(0.032 6)
	$\hat{\sigma}_u^2=\underset{(0.005\,7)}{0.183\,2}$		$\hat{\sigma}_u^2=0.123\,6$
	$\frac{\hat{\sigma}_\alpha^2}{\hat{\sigma}_u^2+\hat{\sigma}_\alpha^2}=\underset{(0.039\,1)}{0.259\,6}$	$\frac{\hat{\sigma}_{2\epsilon}}{\hat{\sigma}_u^2+\hat{\sigma}_\alpha^2}=\underset{(0.042\,9)}{-0.108\,9}$	$\frac{\hat{\sigma}_\alpha^2}{\hat{\sigma}_u^2+\hat{\sigma}_\alpha^2}=0.200\,3$

[a]不可估计。

资料来源：Hausman 和 Wise (1979，表Ⅳ)。

估计的损耗偏误参数 $\sigma_{2\epsilon}/(\sigma_u^2+\sigma_\alpha^2)$ 是−0.108 9。这表明收入和损耗概率之间存在较弱但显著的相关性。不管损耗偏误有没有被修正，实验效应的估计都非常接近。但估计的实验效应系数确实从−0.079 变到了−0.082，在数量上有 3.6% 的增长。有些其他系数变化更为显著。非劳动所得收入对（工资）收入的影响（由此影响工作时间）与广义最小二乘估计相比下降了 23%，而再多受一年教育的影响有 43% 的上升。这些结果表明在 Gary 实验中，损耗偏误是一个潜在的重要问题。其他案例，参见 Ridder (1990)，Nijman 和 Verbeek (1992)，以及 Verbeek 和 Nijman (1996)。

Hausman-Wise (H-W) 模型假定变量的当前值影响将来响应概率的大小。或者说，决定是否对实验作出回应可能与个体以往的经验有关——如果个体第一期响应热情较高，则第二期可能倾向于更少作出回应。当损耗概率依赖于滞后变量而不是同期变量，且 v_{it} 和 ϵ_i^* 相互独立时，个体是**随机缺失** (missing at random，MAR) [Little 和 Rubin (1987)；Rubin (1976)]的，且缺失数据可忽略 [有时将这种情形称为基于观测的选择，参见 Moffitt，Fitzgerald 和 Gottschalk (1997)]。

这两类模型都常用来处理面板数据中的损耗问题。但它们特别依赖损耗过程与变量时间路径相依性的不同约束条件，并可能导致截然不同的推断。如果对两时期模型没有特别可靠的分布函数假设，则我们不能为 MAR 模型引入与 y_{i2}的相依性，也不能为 HW 模型引入与 y_{i1}的相依性。但是，用从初始总体中随机抽取的新单元代替已经退出的单元 [Ridder (1992) 称其为更新样本] 加重 298
数据缺失时，除了估计更一般的模型之外，在这两种类型的模型之间进行非参数性的检验也是可行的 [参见 Hirano，Imbens，Ridder 和 Rubin (2001)]。

8.3 包含随机个体效应项的 Tobit 模型

在使用面板数据的实证工作中，最受关注的问题是出现了非观测异质项。[①] 因此，我们将线性潜变量响应函数常表示为

$$y_{it}^* = \alpha_i + \boldsymbol{\beta}'\mathbf{x}_{it} + u_{it}, \quad i=1, \cdots, N; \quad t=1, \cdots, T \tag{8.3.1}$$

这里假定误差项与 $\mathbf{x}_{it}$独立，且在任何时期和对所有的个体都是独立同分布的。如果 $y_{it}^*>0$，则观测到的 y_{it}等于 y_{it}^*，对于断尾数据，当 $y_{it}^*\leqslant 0$ 时，y_{it}不可观测；对于截取数据，当 $y_{it}^*\leqslant 0$ 时，y_{it}等于 0。在“α_i 是密度函数为 $g(\alpha)$ [或 $g(\alpha\mid\mathbf{x})$]的随机变量”的假设下，对于断尾数据，标准 Tobit 模型的似然函数是

$$\prod_{i=1}^{N}\int\Big[\prod_{t=1}^{T}[1-F(-\boldsymbol{\beta}'\mathbf{x}_{it}-\alpha_i)]^{-1}f(y_{it}-\boldsymbol{\beta}'\mathbf{x}_{it}-\alpha_i)\Big]g(\alpha_i)\mathrm{d}\alpha_i \tag{8.3.2}$$

其中 $f(\cdot)$ 表示 u_{it}的密度函数，且 $F(a)=\int_{-\infty}^{a}f(u)\mathrm{d}u$。对于截取数据，似然函数为

$$\prod_{i=1}^{N}\int\Big[\prod_{t\in c_i}F(-\boldsymbol{\beta}'\mathbf{x}_{it}-\alpha_i)\prod_{t\in\bar{c}_i}f(y_{it}-\alpha_i-\boldsymbol{\beta}'\mathbf{x}_{it})\Big]g(\alpha_i)\mathrm{d}\alpha_i \tag{8.3.3}$$

其中 $c_i=\{t \mid y_{it}=0\}$，$\bar{c}_i$ 表示 c_i 的补集。关于未知参数最大化似然函数 (8.3.2) 或 (8.3.3) 可导出一致且渐近正态分布的估计量。

类似地，对第Ⅱ型 Tobit 模型，我们可设定一个样本选择方程

$$d_{it}^* = \mathbf{w}'_{it}\mathbf{a}+\eta_i+v_{it} \tag{8.3.4}$$

观测到的 (y_{it}，d_{it}) 满足这样的规则：如果 $d_{it}^*>0$，则 $d_{it}=1$，否则 $d_{it}=0$，这与式 (8.1.23) 中一样；此外，如果 $d_{it}=1$，则 $y_{it}^*=y_{it}$，否则 y_{it}^* 未知，这与式 (8.1.24) 中一样。假设 (α_i，η_i) 的联合密度是 $g(\alpha,\eta)$。则第Ⅱ型 Tobit 299
模型的似然函数为

① 本章我们仅考虑涉及个体特异效应出现的情形。关于随机系数样本选择模型估计的一些推广，请参见 Chen (1999)。

$$\prod_{i=1}^{N}\int\Big[\prod_{t\in c_i}\text{Prob}(d_{it}=0\mid \mathbf{w}_{it},\ \alpha_i)\prod_{t\in\bar{c}_i}\text{Prob}(d_{it}=1\mid \mathbf{w}_{it},\ \alpha_i)$$
$$\times f(y_{it}\mid \mathbf{x}_{it},\ \mathbf{w}_{it},\ \alpha_i,\ \eta_i,\ d_{it}=1)\Big]g(\alpha_i,\ \eta_i)\mathrm{d}\alpha_i\mathrm{d}\eta_i$$
$$=\prod_{i=1}^{N}\int\Big[\prod_{t\in c_i}\text{Prob}(d_{it}=0\mid \mathbf{w}_{it},\ \alpha_i)\prod_{t\in\bar{c}_i}\text{Prob}(d_{it}=1\mid \mathbf{w}_{it},\ \eta_i,\ \alpha_i,\ y_{it},\ \mathbf{x}_{it})$$
$$\times f(y_{it}\mid \mathbf{x}_{it},\ \alpha_i)\Big]g(\alpha_i,\ \eta_i)\mathrm{d}\alpha_i\mathrm{d}\eta_i \tag{8.3.5}$$

关于未知参数最大化似然函数（8.3.2）、（8.3.3）或（8.3.5）可导出 $\boldsymbol{\beta}$ 的估计量，当 N 或 T 或二者都趋于无穷时，该估计量是一致且渐近正态分布的。但因需要计算多重积分，故即使对个体效应 α_i 和 η_i 的简单参数设定，计算工作都相当烦琐。[①]推广 Heckman（1976a）两阶段估计也存在困难［参见 Nijman 和 Verbeek（1992）；Ridder（1990）；Vella 和 Verbeek（1999）；Wooldridge（1999）］。而且 MLE 和 Heckman 两步估计都对误差分布的正确设定非常敏感。但如果随机效应 α_i 和 η_i 都独立于 $\mathbf{x}_i$，则用 Robinson（1988b）估计和 Newey（2009）估计［式（8.1.33）和（8.1.38）］可得到 $\boldsymbol{\beta}$ 的一致且渐近正态分布的估计量。我们还可忽略面板数据的截取或断尾回归模型中 α_i 和 η_i 的随机性，并用 Honoré（1992）固定效应的修整最小二乘法或最小绝对离差法，或 Kyriazidou（1997）的两步半参数法导出面板数据样本选择模型中 $\boldsymbol{\beta}$ 的估计（见 8.4 节）。

8.4 固定效应估计量

8.4.1 断尾和截取回归的配对修整最小二乘估计与最小绝对离差估计

效应项是固定常数且 $T\to\infty$ 时，我们可直接求 $\boldsymbol{\beta}'$ 和 α_i 的 MLE，且这些 MLE 是一致的。但常见的面板数据只包含少数几个时期，而每个时期有大量的观测值，因此，如第 7 章所述，一般情况下 MLE 是不一致的。本节我们考虑面板数据截取或断尾回归模型的**配对修整最小二乘**（pairwise trimmed least-squares）估计量和 Honoré（1992）的**最小绝对离差**（least-absolute-deviation，LAD）估计量，无须假定扰动项 u_{it} 分布的参数形式，也不管不同个体是否具有同方差性，这些估计量都是一致的。

301 8.4.1.1 断尾回归

假定我们讨论的模型是式（8.3.1）和（8.1.2），但这里假定个体效应是固定常数。再假定对所有的 i，扰动项 u_{it} 在 $\mathbf{x}_i$ 和 α_i 下的条件分布相同，对所有的 t 是独立同分布的。

---

① 一个潜在的在计算方面有吸引力的替代方法是模拟积分；参见 Gourieroux 和 Monfort（1996），Keane（1994），Richard（1996），或第 12 章的 12.4 节。

我们知道，当数据是断尾数据或截取数据时，一阶差分不能从模型设定中清除个体特异效应。为说明这一点，我们假定数据是断尾的。令

$$y_{it}=E(y_{it}\mid \mathbf{x}_{it},\ \alpha_i,\ y_{it}>0)+\epsilon_{it} \tag{8.4.1}$$

其中

$$E(y_{it}\mid \mathbf{x}_{it},\ \alpha_i,\ y_{it}>0)=\alpha_i+\mathbf{x}_{it}'\boldsymbol{\beta}+E(u_{it}\mid u_{it}>-\alpha_i-\mathbf{x}_{it}'\boldsymbol{\beta}) \tag{8.4.2}$$

由于 $\mathbf{x}_{it}\neq\mathbf{x}_{is}$，故一般有

$$\begin{aligned}&E(y_{it}\mid \mathbf{x}_{it},\ \alpha_i,\ y_{it}>0)-E(y_{is}\mid \mathbf{x}_{is},\ \alpha_i,\ y_{is}>0)\\&\quad=(\mathbf{x}_{it}-\mathbf{x}_{is})'\boldsymbol{\beta}+E(u_{it}\mid u_{it}>-\alpha_i-\mathbf{x}_{it}'\boldsymbol{\beta})\\&\qquad-E(u_{is}\mid u_{is}>-\alpha_i-\mathbf{x}_{is}'\boldsymbol{\beta})\end{aligned} \tag{8.4.3}$$

换句话说，

$$\begin{aligned}(y_{it}-y_{is})=&(\mathbf{x}_{it}-\mathbf{x}_{is})'\boldsymbol{\beta}+E(u_{it}\mid u_{it}>-\alpha_i-\mathbf{x}_{it}'\boldsymbol{\beta})\\&-E(u_{is}\mid u_{is}>-\alpha_i-\mathbf{x}_{is}'\boldsymbol{\beta})+(\epsilon_{it}-\epsilon_{is})\end{aligned} \tag{8.4.4}$$

断尾修正项 $E(u_{it}\mid u_{it}>-\alpha_i-\mathbf{x}_{it}'\boldsymbol{\beta})$ 是关于个体特异效应 α_i 的函数，一阶差分后仍保留在模型中。但如果我们只分析满足 $y_{it}>(\mathbf{x}_{it}-\mathbf{x}_{is})'\boldsymbol{\beta}$ 和 $y_{is}>-(\mathbf{x}_{it}-\mathbf{x}_{is})'\boldsymbol{\beta}$ 的观测值，则可用一阶差分清除断尾修正项。为说明这一点，我们假设 $(\mathbf{x}_{it}-\mathbf{x}_{is})'\boldsymbol{\beta}<0$。则

$$\begin{aligned}&E(y_{is}\mid \alpha_i,\ \mathbf{x}_{it},\ \mathbf{x}_{is},\ y_{is}>-(\mathbf{x}_{it}-\mathbf{x}_{is})'\beta)\\&=\alpha_i+\mathbf{x}_{is}'\boldsymbol{\beta}+E(u_{is}\mid u_{is}>-\alpha_i-\mathbf{x}_{is}'\boldsymbol{\beta}-(\mathbf{x}_{it}-\mathbf{x}_{is})'\boldsymbol{\beta})\end{aligned} \tag{8.4.5}$$

因假定 u_{it} 在 $\mathbf{x}_i$ 和 α_i 下是独立同分布的，故

$$E(u_{it}\mid u_{it}>-\alpha_i-\mathbf{x}_{it}'\boldsymbol{\beta})=E(u_{is}\mid u_{is}>-\alpha_i-\mathbf{x}_{is}'\boldsymbol{\beta}) \tag{8.4.6}$$

同理，如果 $(\mathbf{x}_{it}-\mathbf{x}_{is})'\boldsymbol{\beta}>0$，则

$$\begin{aligned}&E(u_{it}\mid u_{it}>-\alpha_i-\mathbf{x}_{it}'\boldsymbol{\beta}+(\mathbf{x}_{it}-\mathbf{x}_{is})'\boldsymbol{\beta})\\&=E(u_{it}\mid u_{it}>-\alpha_i-\mathbf{x}_{is}'\boldsymbol{\beta})\\&=E(u_{is}\mid u_{is}>-\alpha_i-\mathbf{x}_{is}'\boldsymbol{\beta})\end{aligned} \tag{8.4.7}$$

因此，仅分析满足 $y_{it}>(\mathbf{x}_{it}-\mathbf{x}_{is})'\boldsymbol{\beta}$，$y_{is}>-(\mathbf{x}_{it}-\mathbf{x}_{is})'\boldsymbol{\beta}$，$y_{it}>0$，$y_{is}>0$ 的断尾 302
观测时，我们有

$$(y_{it}-y_{is})=(\mathbf{x}_{it}-\mathbf{x}_{is})'\boldsymbol{\beta}+(\epsilon_{it}-\epsilon_{is}) \tag{8.4.8}$$

上式不包含伴生参数 α_i。因为 $E[(\epsilon_{it}-\epsilon_{is})\mid \mathbf{x}_{it},\ \mathbf{x}_{is}]=0$，故用最小二乘法估计模型（8.4.8）可导出 $\boldsymbol{\beta}$ 的一致估计量。

为理解通过丢弃满足 $y_{it}<(\mathbf{x}_{it}-\mathbf{x}_{is})'\boldsymbol{\beta}$ 和 $y_{is}<-(\mathbf{x}_{it}-\mathbf{x}_{is})'\boldsymbol{\beta}$ 的观测重构配对差分方程 $(y_{it}-y_{is})$ 误差项的对称性的思想，我们不妨假定 $T=2$，并结合后面的图形进行说明。假设 u_{it} 的概率密度函数如图 8.3 中的曲线所示。由于 u_{i1} 和 u_{i2} 在 $(\mathbf{x}_{i1},\ \mathbf{x}_{i2},\ \alpha_i)$ 下是独立同分布的，y_{i1}^* 和 y_{i2}^* 在 $(\mathbf{x}_{i1},\ \mathbf{x}_{i2},\ \alpha_i)$ 下的条件概率密度函数除位置不同外应该有相同的形状。假定图 8.4 的上图和下图分别是 y_{i1}^* 和 y_{i2}^* 在 $(\mathbf{x}_{i1},\ \mathbf{x}_{i2},\ \alpha_i)$ 下的条件概率密度函数，这里假设 $\Delta\mathbf{x}_i'\boldsymbol{\beta}<0$，其中 $\Delta\mathbf{x}_i=\Delta\mathbf{x}_{i2}=\mathbf{x}_{i2}-\mathbf{x}_{i1}$。断尾数据对应那些 y_{it}^* 或 $y_{it}>0$ 的样本点。因为 $\mathbf{x}_{i1}'\boldsymbol{\beta}\neq\mathbf{x}_{i2}'\boldsymbol{\beta}$，所以 y_{i1} 的概率密度函数与 y_{i2} 的概率密度函数不同。但如图 8.4 所示，已知 $y_{i1}^*>-\Delta\mathbf{x}_i'\boldsymbol{\beta}$ 后 y_{i1}^* 的概率密度函数（或已知 $y_{i1}>-\Delta\mathbf{x}_i'\boldsymbol{\beta}$ 后 y_{i1} 的概率密度函数）

303

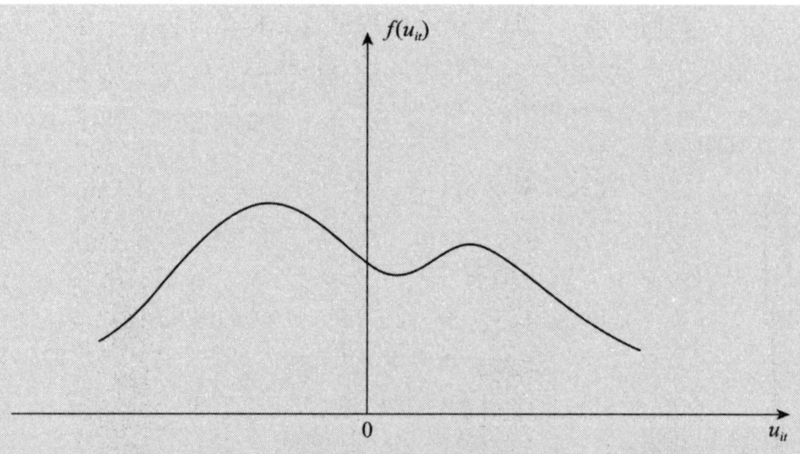

图 8.3 u_{it} 的概率密度

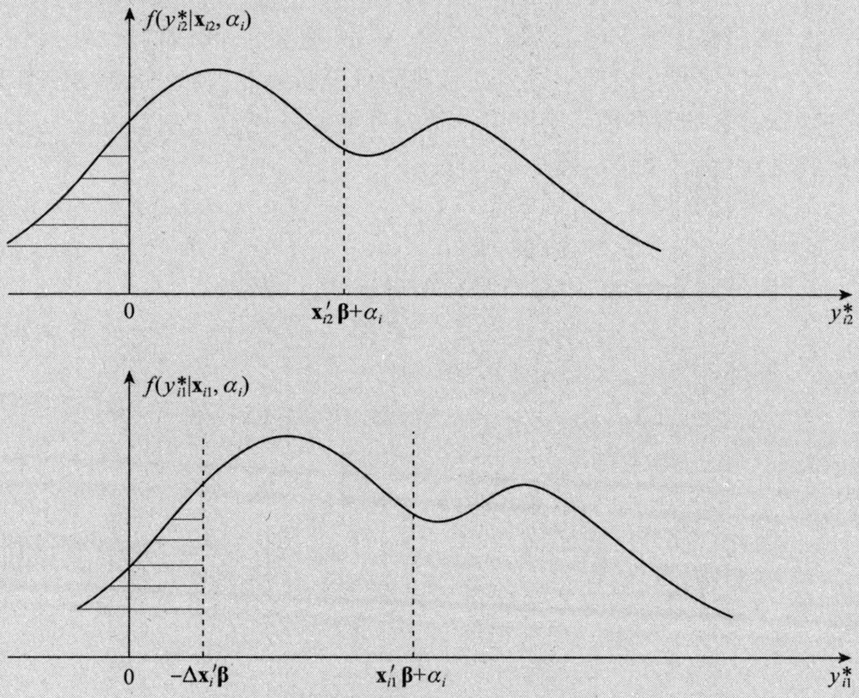

图 8.4 y_{i1}^* 和 y_{i2}^* 在给定（x_{i1}，x_{i2}，α_i）后的条件密度（假定 $\Delta\mathbf{x}_i'\boldsymbol{\beta}<0$）

与已知 $y_{i2}^*>0$ 后 y_{i2}^* 的概率密度函数（或已知 $y_{i2}>0$ 后 y_{i2} 的概率密度函数）相同。类似地，如果 $\Delta\mathbf{x}_i'\boldsymbol{\beta}>0$，则如图 8.5 所示，已知 $y_{i1}^*>0$ 后 y_{i1}^* 的概率密度函数（或已知 $y_{i1}>0$ 后 y_{i1} 的概率密度函数）与已知 $y_{i2}^*>\Delta\mathbf{x}_i'\boldsymbol{\beta}$ 后 y_{i2}^* 的概率密度函数相同。[①]换句话说，如图 8.6 或图 8.7 中（y_{i1}^*，y_{i2}^*）的二维图形，（y_{i1}^*，y_{i2}^*）

① 该部分的阐述受益于 J. L. Powell 的建议。

304

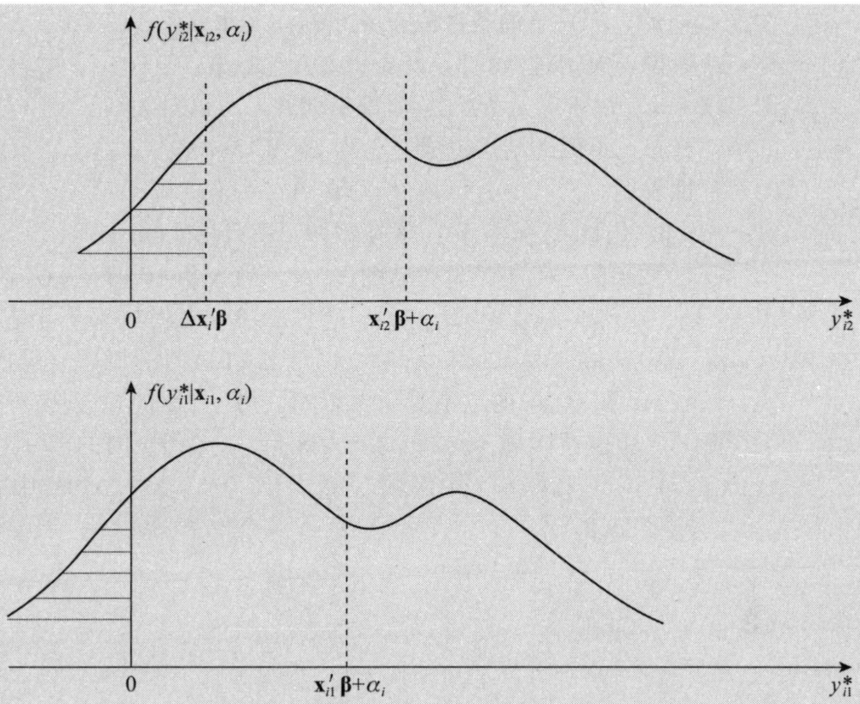

图 8.5　y_{i1}^* 和 y_{i2}^* 在给定（x_{i1}，x_{i2}，α_i）后的条件密度（假定 $\Delta\mathbf{x}_i'\boldsymbol{\beta}>0$）

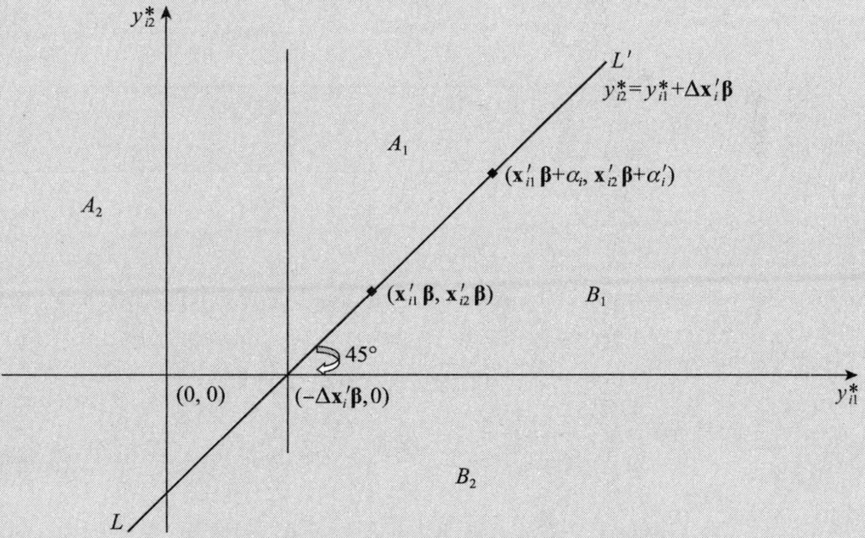

图 8.6　（y_{i1}^*，y_{i2}^*）的分布，假定 $\Delta\mathbf{x}_i'\boldsymbol{\beta}<0$

$A_1=\{(y_{i1}^*,\ y_{i2}^*):\ y_{i1}^*>-\Delta\mathbf{x}_i'\boldsymbol{\beta},\ y_{i2}^*>y_{i1}^*+\Delta\mathbf{x}_i'\boldsymbol{\beta}\}$，

$A_2=\{(y_{i1}^*,\ y_{i2}^*):\ y_{i1}^*\leqslant-\Delta\mathbf{x}_i'\boldsymbol{\beta},\ y_{i2}^*>0\}$，

$B_1=\{(y_{i1}^*,\ y_{i2}^*):\ y_{i1}^*>-\Delta\mathbf{x}_i'\boldsymbol{\beta},\ 0<y_{i2}^*<y_{i1}^*+\Delta\mathbf{x}_i'\boldsymbol{\beta}\}$，

$B_2=\{(y_{i1}^*,\ y_{i2}^*):\ y_{i1}^*>-\Delta\mathbf{x}_i'\boldsymbol{\beta},\ y_{i2}^*\leqslant 0\}$。

在（$\mathbf{x}_{i1}$，$\mathbf{x}_{i2}$，α_i）下的条件分布关于过（$\mathbf{x}'_{i1}\boldsymbol{\beta}+\alpha_i$，$\mathbf{x}'_{i2}\boldsymbol{\beta}+\alpha_i$）的 45 度直线对称，或者说，关于过（$\mathbf{x}'_{i1}\boldsymbol{\beta}$，$\mathbf{x}'_{i2}\boldsymbol{\beta}$）或（$-\Delta\mathbf{x}'_i\boldsymbol{\beta}$，0）的 45 度直线对称，该直线即直线 $L'L$。由于对 α_i 的任意值都是如此，所以对（y^*_{i1}，y^*_{i2}）在（$\mathbf{x}_{i1}$，$\mathbf{x}_{i2}$）下的条件分布，类似的结论也成立。当 $\Delta\mathbf{x}'_i\boldsymbol{\beta}<0$ 时，（y^*_{i1}，y^*_{i2}）的分布关于 $L'L$ 的对称性表明（y^*_{i1}，y^*_{i2}）落在区域 $A_1=\{(y^*_{i1},\ y^*_{i2}):\ y^*_{i1}>-\Delta\mathbf{x}'_i\boldsymbol{\beta},\ y^*_{i2}>y^*_{i1}+\Delta\mathbf{x}'_i\boldsymbol{\beta}\}$ 内的概率等于它落在区域 $B_1=\{(y^*_{i1},\ y^*_{i2}):\ y^*_{i1}>-\Delta\mathbf{x}'_i\boldsymbol{\beta},\ 0<y^*_{i2}<y^*_{i1}+\Delta\mathbf{x}'_i\boldsymbol{\beta}\}$ 内的概率（见图 8.6）。当 $\mathbf{x}'_i\boldsymbol{\beta}>0$ 时，（y^*_{i1}，y^*_{i2}）落在区域 $A_1=\{(y^*_{i1},\ y^*_{i2}):\ y^*_{i1}>0,\ y^*_{i2}>y^*_{i1}+\Delta\mathbf{x}'_i\boldsymbol{\beta}\}$ 内的概率等于它落在区域 $B_1=\{(y^*_{i1},\ y^*_{i2}):\ y^*_{i1}>0,\ \Delta\mathbf{x}'_i\boldsymbol{\beta}<y^*_{i2}<y^*_{i1}+\Delta\mathbf{x}'_i\boldsymbol{\beta}\}$ 内的概率（见图 8.7）。也就是说，区域 A_1 和 B_1 中的点不受断尾影响。另一方面，为重构对称性，我们必须丢弃图 8.6 中落在区域（$0<y^*_{i1}<-\Delta\mathbf{x}'_i\boldsymbol{\beta}$，$y^*_{i2}>0$）内的点［对应着点（$y_{i1}<-\Delta\mathbf{x}'_i\boldsymbol{\beta}$，$y_{i2}$）］和图 8.7 中区域（$y^*_{i1}>0$，$0<y^*_{i2}<\Delta\mathbf{x}'_i\boldsymbol{\beta}$）中的点［对应着点（$y_{i1}$，$y_{i2}<\Delta\mathbf{x}'_i\boldsymbol{\beta}$）］。

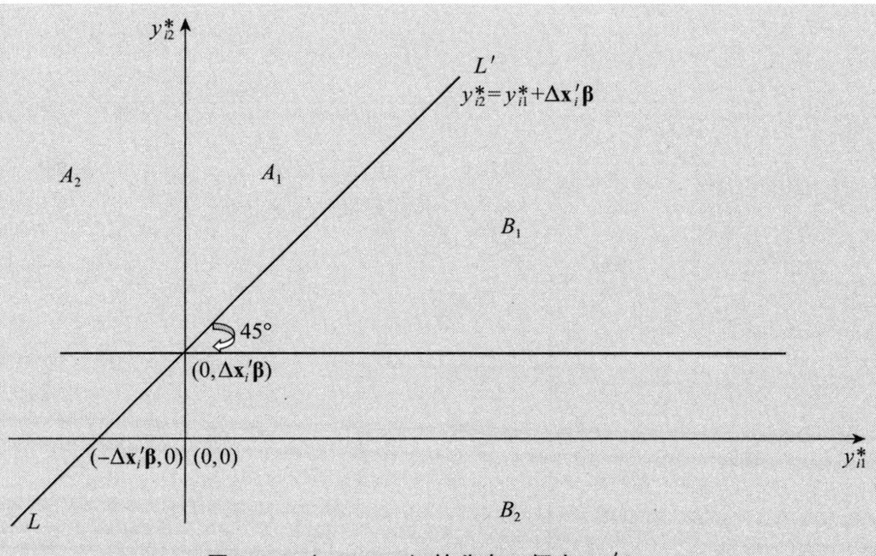

图 8.7　（y^*_{i1}，y^*_{i2}）的分布，假定 $\Delta\mathbf{x}'_i\boldsymbol{\beta}>0$

$A_1=\{(y^*_{i1},\ y^*_{i2}):\ y^*_{i1}>0,\ y^*_{i2}>y^*_{i1}+\Delta\mathbf{x}'_i\boldsymbol{\beta}\}$，

$A_2=\{(y^*_{i1},\ y^*_{i2}):\ y^*_{i1}\leqslant 0,\ y^*_{i2}>\Delta\mathbf{x}'_i\boldsymbol{\beta}\}$，

$B_1=\{(y^*_{i1},\ y^*_{i2}):\ y^*_{i1}>0,\ \Delta\mathbf{x}'_i\boldsymbol{\beta}<y^*_{i2}<y^*_{i1}+\Delta\mathbf{x}'_i\boldsymbol{\beta}\}$，

$B_2=\{(y^*_{i1},\ y^*_{i2}):\ y^*_{i1}>0,\ y^*_{i2}\leqslant\Delta\mathbf{x}'_i\boldsymbol{\beta}\}$。

令 $C=\{i\mid y_{i1}>-\Delta\mathbf{x}'_i\boldsymbol{\beta},\ y_{i2}>\Delta\mathbf{x}'_i\boldsymbol{\beta}\}$；则当 $i\in C$ 时，（$y_{i1}-\mathbf{x}'_{i1}\boldsymbol{\beta}-\alpha_i$）和（$y_{i2}-\mathbf{x}'_{i2}\boldsymbol{\beta}-\alpha_i$）关于 0 对称分布。因此 $E[(y_{i2}-y_{i1})-(\mathbf{x}_{i2}-\mathbf{x}_{i1})'\boldsymbol{\beta}\mid \mathbf{x}_{i1},\ \mathbf{x}_{i2},\ i\in C]=0$。换句话说，

$$
\begin{aligned}
&E[\Delta y_i-\Delta\mathbf{x}'_i\boldsymbol{\beta}\mid y_{i1}>-\Delta\mathbf{x}'_i\boldsymbol{\beta},\ y_{i2}>\Delta\mathbf{x}'_i\boldsymbol{\beta}]\\
&=E[\Delta y_i-\Delta\mathbf{x}'_i\boldsymbol{\beta}\mid y^*_{i1}>0,\ y^*_{i1}>-\Delta\mathbf{x}'_i\boldsymbol{\beta},\ y^*_{i2}>0,\\
&\quad y^*_{i2}>\Delta\mathbf{x}'_i\boldsymbol{\beta}]=0 \qquad (8.4.9\text{a})
\end{aligned}
$$

以及

$$E[(\Delta y_i - \Delta \mathbf{x}_i'\boldsymbol{\beta})\Delta \mathbf{x}_i \mid y_{i1} > -\Delta \mathbf{x}_i'\boldsymbol{\beta},\ y_{i2} > \Delta \mathbf{x}_i'\boldsymbol{\beta}] = \mathbf{0} \tag{8.4.9b}$$

其中 $\Delta y_i = \Delta y_{i2} = y_{i2} - y_{i1}$。但满足式（8.4.9b）的根可能很多。为确保 $\boldsymbol{\beta}$ 的唯一性，Honoré (1992) 通过最小化

305

$$\begin{aligned}
Q_N(\boldsymbol{\beta}) = \sum_{i=1}^{N} [&|\Delta y_i - \Delta \mathbf{x}_i'\boldsymbol{\beta}| 1\{y_{i1} > -\Delta \mathbf{x}_i'\boldsymbol{\beta},\ y_{i2} > \Delta \mathbf{x}_i'\boldsymbol{\beta}\} \\
&+ |y_{i1}| 1\{y_{i1} \geqslant -\Delta \mathbf{x}_i'\boldsymbol{\beta},\ y_{i2} < \Delta \mathbf{x}_i'\boldsymbol{\beta}\} \\
&+ |y_{i2}| 1\{y_{i1} < -\Delta \mathbf{x}_i'\boldsymbol{\beta},\ y_{i2} \geqslant \Delta \mathbf{x}_i'\boldsymbol{\beta}\}] \\
= \sum_{i=1}^{N} \psi&(y_{i1},\ y_{i2},\ \Delta \mathbf{x}_i'\boldsymbol{\beta})
\end{aligned} \tag{8.4.10}$$

导出修整 LAD 估计量 $\hat{\boldsymbol{\beta}}$，通过最小化

$$\begin{aligned}
R_N(\boldsymbol{\beta}) = \sum_{i=1}^{N} [&(\Delta y_i - \Delta \mathbf{x}_i'\boldsymbol{\beta})^2 1\{y_{i1} \geqslant -\Delta \mathbf{x}_i'\boldsymbol{\beta},\ y_{i2} > \Delta \mathbf{x}_i'\boldsymbol{\beta}\} \\
&+ y_{i1}^2 1\{y_{i1} > -\Delta \mathbf{x}_i'\boldsymbol{\beta},\ y_{i2} < \Delta \mathbf{x}_i'\boldsymbol{\beta}\} \\
&+ y_{i2}^2 1\{y_{i1} < -\Delta \mathbf{x}_i'\boldsymbol{\beta},\ y_{i2} > \Delta \mathbf{x}_i'\boldsymbol{\beta}\}] \\
= \sum_{i=1}^{N} \psi&(y_{i1},\ y_{i2},\ \Delta \mathbf{x}_i'\boldsymbol{\beta})^2
\end{aligned} \tag{8.4.11}$$

导出修整 LS 估计量 $\tilde{\boldsymbol{\beta}}$。对于 $w_1>0$ 和 $w_2>0$，定义函数 ψ（w_1，w_2，c）为

$$\psi(w_1,\ w_2,\ c) = \begin{cases} w_1 & \text{对于 } w_2 < c \\ w_2 - w_1 - c & \text{对于 } -w_1 < c < w_2 \\ w_2 & \text{对于 } w_1 < -c \end{cases}$$

它是关于 c 的凸函数。目标函数（8.4.10）和（8.4.11）的一阶条件分别是

$$\begin{aligned}
E\{[&P(y_{i1} > -\Delta \mathbf{x}_i'\boldsymbol{\beta},\ y_{i2} > y_{i1} + \Delta \mathbf{x}_i'\boldsymbol{\beta}) \\
&- P(y_{i1} > -\Delta \mathbf{x}_i'\boldsymbol{\beta},\ \Delta \mathbf{x}_i'\boldsymbol{\beta} < y_{i2} < y_{i1} + \Delta \mathbf{x}_i'\boldsymbol{\beta})]\Delta \mathbf{x}_i'\} = \mathbf{0}
\end{aligned} \tag{8.4.12}$$

和

$$\begin{aligned}
E\{&(\Delta y_i - \Delta \mathbf{x}_i'\boldsymbol{\beta})\Delta \mathbf{x}_i' \mid (y_{i1} > -\Delta \mathbf{x}_i'\boldsymbol{\beta},\ y_{i2} > y_{i1} + \Delta \mathbf{x}_i'\boldsymbol{\beta}) \\
&\cup (y_{i1} > -\Delta \mathbf{x}_i'\boldsymbol{\beta},\ \Delta \mathbf{x}_i'\boldsymbol{\beta} < y_{i2} < y_{i1} + \Delta \mathbf{x}_i'\boldsymbol{\beta})\} = 0
\end{aligned} \tag{8.4.13}$$

的样本矩。Honoré (1992) 证明，如果 u 的密度函数取对数后是严格凹的，则 $\hat{\boldsymbol{\beta}}$ 和 $\tilde{\boldsymbol{\beta}}$ 是一致的且渐近分布是正态分布。$\sqrt{N}$（$\hat{\boldsymbol{\beta}} - \boldsymbol{\beta}$）和 $\sqrt{N}$（$\tilde{\boldsymbol{\beta}} - \boldsymbol{\beta}$）的渐近协方差矩阵可由

$$\text{Asy Cov}(\sqrt{N}(\hat{\boldsymbol{\beta}} - \boldsymbol{\beta})) = \Gamma_1^{-1} V_1 \Gamma_1^{-1} \tag{8.4.14}$$

和 306

$$\text{Asy Cov}(\sqrt{N}(\tilde{\boldsymbol{\beta}} - \boldsymbol{\beta})) = \Gamma_2^{-1} V_2 \Gamma_2^{-1} \tag{8.4.15}$$

近似，其中 V_1，V_2，Γ_1 以及 Γ_2 可由

$$\hat{V}_1 = \frac{1}{N} \sum_{i=1}^{N} 1\{-y_{i1} < \Delta \mathbf{x}_i'\hat{\boldsymbol{\beta}} < y_{i2}\} \Delta \mathbf{x}_i \Delta \mathbf{x}_i', \tag{8.4.16}$$

$$\hat{V}_2 = \frac{1}{N} \sum_{i=1}^{N} 1\{-y_{i1} < \Delta \mathbf{x}_i'\tilde{\boldsymbol{\beta}} < y_{i2}\} (\Delta y_i - \Delta \mathbf{x}_i'\tilde{\boldsymbol{\beta}})^2 \Delta \mathbf{x}_i \Delta \mathbf{x}_i' \tag{8.4.17}$$

$$\begin{aligned}\hat{\Gamma}_1^{(j,k)}=\frac{1}{h_N}\Big[&\frac{1}{N}\sum_{i=1}^{N}(1\{\Delta y_i<\Delta\mathbf{x}'_i(\hat{\boldsymbol{\beta}}+h_N\,\mathbf{i}_k)<y_{i2}\}\\&-1\{-y_{i1}<\Delta\mathbf{x}'_i(\hat{\boldsymbol{\beta}}+h_N\,\mathbf{i}_k)<\Delta y_i\})\Delta\mathbf{x}_i^{(j)}\\&+\frac{1}{N}\sum_{i=1}^{N}(-1\{\Delta y_i<\Delta\mathbf{x}'_i\hat{\boldsymbol{\beta}}<y_{i2}\}\\&+1\{-y_{i1}<\Delta\mathbf{x}'_i\hat{\boldsymbol{\beta}}<\Delta y_i\})\Delta\mathbf{x}_i^{(j)}\Big]\end{aligned}\tag{8.4.18}$$

$$\begin{aligned}\hat{\Gamma}_2^{(j,k)}=\frac{1}{h_N}\Big[&\frac{1}{N}\sum_{i=1}^{N}1\{-y_{i1}<\Delta\mathbf{x}'_i(\tilde{\boldsymbol{\beta}}+h_N\,\mathbf{i}_k)<y_{i2}\}\\&\times(\Delta y_i-\Delta\mathbf{x}'_i(\tilde{\boldsymbol{\beta}}+h_N\,\mathbf{i}_k))\Delta\mathbf{x}_i^{(j)}\\&-\frac{1}{N}\sum_{i=1}^{N}1\{-y_{i1}<\Delta\mathbf{x}'_i\tilde{\boldsymbol{\beta}}<y_{i2}\}(\Delta y_i-\Delta\mathbf{x}'_i\tilde{\boldsymbol{\beta}})\,\Delta\mathbf{x}_i^{(j)}\Big]\end{aligned}\tag{8.4.19}$$

近似，其中 $\Gamma_\ell^{(j,k)}$ 表示 Γ_ℓ 处于（j，k）位置的元素（$\ell=1$，2），$\Delta\mathbf{x}_i^{(j)}$ 表示 $\Delta\mathbf{x}_i$ 的第 j 个坐标值，$\mathbf{i}_k$ 是第 k 个分量为 1 的单位向量，而 h_N 以 $N^{-\frac{1}{2}}$ 的速度趋于零。因 Γ_ℓ 是关于 y 的密度和条件期望的函数，所以带宽因子 h_N 出现在式（8.4.18）和（8.4.19）中［Honoré（1992）］。

8.4.1.2 截取回归

数据是截取数据时，我们可获得数据 $\{y_{it}, \mathbf{x}_{it}\}$，其中 $y_{it}=\max(0, y_{it}^*)$，（$i=1$，…，N，$t=1$，…，T）。换句话说，y_{it} 的值是 0 或某正数，这一点与 y_{it} 只是正数的断尾数据不同。当然，我们可丢弃对应 $y_{it}=0$ 的观测值（y_{it}，$\mathbf{x}_{it}$），并将该截取回归模型当作断尾回归模型，然后使用 8.4.1 节中的方法。但
307 这样的处理将导致信息的损失。在截取数据情形下，当 $\boldsymbol{\beta}'\Delta\mathbf{x}_i<0$ 时，除关系（8.4.9a）和（8.4.9b）外，$y_{i1}\leqslant-\boldsymbol{\beta}'\Delta\mathbf{x}_i$ 和 $y_{i2}>0$ 的联合概率等于 $y_{i1}>-\boldsymbol{\beta}'\Delta\mathbf{x}_i$ 和 $y_{i2}=0$ 的联合概率，两个概率分别如图 8.6 所示的区域 A_2 和 B_2 所示。$\boldsymbol{\beta}'\Delta\mathbf{x}_i>0$ 时，$y_{i1}=0$ 和 $y_{i2}>\boldsymbol{\beta}'\Delta\mathbf{x}_i$ 的联合概率等于 $y_{i1}>0$ 和 $y_{i2}\leqslant\boldsymbol{\beta}'\Delta\mathbf{x}_i$ 的联合概率，如图 8.7 所示。换句话说，控制（$\mathbf{x}_{i1}$，$\mathbf{x}_{i2}$，α_i）后，（y_{i1}^*，y_{i2}^*）的分布关于过（$\mathbf{x}'_{i1}\boldsymbol{\beta}+\alpha_i$，$\mathbf{x}'_{i2}\boldsymbol{\beta}+\alpha_i$）的 45 度直线对称，或者说，关于过（$-\Delta\mathbf{x}'_i\boldsymbol{\beta}$，0）的 45 度直线 $L'L$ 对称，如图 8.6 或图 8.7 所示。由于该结论对 α_i 的任何值都成立，所以对（y_{i1}^*，y_{i2}^*）在（$\mathbf{x}_{i1}$，$\mathbf{x}_{i2}$）下的条件分布，类似的结论仍成立。$\Delta\mathbf{x}'_i\boldsymbol{\beta}<0$ 时，（y_{i1}^*，y_{i2}^*）的分布关于 $L'L$ 对称表明（y_{i1}^*，y_{i2}^*）落在区域 $A_1=\{(y_{i1}^*, y_{i2}^*): y_{i1}^*>-\Delta\mathbf{x}'_i\boldsymbol{\beta}, y_{i2}^*>y_{i1}^*+\Delta\mathbf{x}'_i\boldsymbol{\beta}\}$ 中的概率等于它落在区域 $B_1=\{(y_{i1}^*, y_{i2}^*): y_{i1}^*>-\Delta\mathbf{x}'_i\boldsymbol{\beta}, 0<y_{i2}^*<y_{i1}^*+\Delta\mathbf{x}'_i\boldsymbol{\beta}\}$ 中的概率。类似地，（y_{i1}^*，y_{i2}^*）落在区域 $A_2=\{(y_{i1}^*, y_{i2}^*): y_{i1}^*<-\Delta\mathbf{x}'_i\boldsymbol{\beta}, y_{i2}^*>0\}$ 中的概率等于它落在区域 $B_2=\{(y_{i1}^*, y_{i2}^*): y_{i1}^*>-\Delta\mathbf{x}'_i\boldsymbol{\beta}, y_{i2}^*\leqslant0\}$ 中的概率，如图 8.6 所示。$\Delta\mathbf{x}'_i\boldsymbol{\beta}>0$ 时，（y_{i1}^*，y_{i2}^*）落在区域 $A_1=\{(y_{i1}^*, y_{i2}^*): y_{i1}^*>0, y_{i2}^*>y_{i1}^*+\Delta\mathbf{x}'_i\boldsymbol{\beta}\}$ 中的概率等于它落在区域 $B_1=\{(y_{i1}^*, y_{i2}^*): y_{i1}^*>0, \Delta\mathbf{x}'_i\boldsymbol{\beta}<y_{i2}^*<y_{i1}^*+\Delta\mathbf{x}'_i\boldsymbol{\beta}\}$ 中的概率，且它落在区域 $A_2=\{(y_{i1}^*, y_{i2}^*): y_{i1}^*\leqslant0, y_{i2}^*>\Delta\mathbf{x}'_i\boldsymbol{\beta}\}$ 中的概率等于它落在区

域 $B_2=\{(y_{i1}^*, y_{i2}^*): y_{i1}^*>0, y_{i2}^*\leqslant\Delta\mathbf{x}_i'\boldsymbol{\beta}\}$ 中的概率，如图 8.7 所示。因此，控制 $(\mathbf{x}_{i1}, \mathbf{x}_{i2})$ 后 (y_{i1}^*, y_{i2}^*) 落在 $A=(A_1\cup A_2)$ 中的概率等于它落在 $B=(B_1\cup B_2)$ 中的概率。由于这些概率都没有受到截取的影响，所以在截取样本中相同的结论仍成立。这表明

$$E[(1\{(y_{i1}, y_{i2})\in A\}-1\{(y_{i1}, y_{i2})\in B\})\Delta\mathbf{x}_i]=\mathbf{0} \tag{8.4.20}$$

换句话说，要重构截取观测关于其期望值的对称性，我们必须丢弃满足 $(y_{i1}=0, y_{i2}<\Delta\mathbf{x}_i'\boldsymbol{\beta})$ 或 $(y_{i1}<-\Delta\mathbf{x}_i'\boldsymbol{\beta}, y_{i2}=0)$ 的观测值。

同理，控制 $(\mathbf{x}_{i1}, \mathbf{x}_{i2})$ 后，从 A 中的点 (y_{i1}, y_{i2}) 到 A 边界垂直距离的期望值等于 B 中的点 (y_{i1}, y_{i2}) 到 B 边界水平距离的期望值。A_1 中的点 (y_{i1}, y_{i2}) 到 $L'L$ 的垂直距离是 $(\Delta y_i-\Delta\mathbf{x}_i'\boldsymbol{\beta})$。$B_1$ 中的点 (y_{i1}, y_{i2}) 到 $L'L$ 的水平距离是 $y_{i1}-(y_{i2}-\Delta\mathbf{x}_i'\boldsymbol{\beta})=-(\Delta y_i-\Delta\mathbf{x}_i'\boldsymbol{\beta})$。$A_2$ 中的点 (y_{i1}, y_{i2}) 到 A_2 边界的垂直距离是 $y_{i2}-\max(0, \Delta\mathbf{x}_i'\boldsymbol{\beta})$。$B_2$ 中的点 (y_{i1}, y_{i2}) 到 A_2 边界的水平距离是 $y_{i1}-\max(0, -\Delta\mathbf{x}_i'\boldsymbol{\beta})$。因此

$$\begin{aligned}E\,[(&1\{(y_{i1}, y_{i2})\in A_1\}(\Delta y_i-\Delta\mathbf{x}_i'\boldsymbol{\beta})+1\{(y_{i1}, y_{i2})\in A_2\}\\&\times(y_{i2}-\max(0, \Delta\mathbf{x}_i'\boldsymbol{\beta}))+1\{(y_{i1}, y_{i2})\in B_1\}(\Delta y_i-\Delta\mathbf{x}_i'\boldsymbol{\beta})\\&-1\{(y_{i1}, y_{i2})\in B_2\}(y_{i1}-\max(0, -\Delta\mathbf{x}_i'\boldsymbol{\beta})))\Delta\mathbf{x}_i]=\mathbf{0}\end{aligned} \tag{8.4.21}$$

最小化目标函数 309

$$\begin{aligned}Q_N^*(\boldsymbol{\beta})&=\sum_{i=1}^N[1-1\{y_{i1}\leqslant-\Delta\mathbf{x}_i'\boldsymbol{\beta}, y_{i2}\leqslant 0\}]\\&\quad\times[1-1\{y_{i2}\leqslant\Delta\mathbf{x}_i'\boldsymbol{\beta}, y_{i1}\leqslant 0\}]\,|\,\Delta y_i-\Delta\mathbf{x}_i'\boldsymbol{\beta}\,|\\&=\sum_{i=1}^N\psi^*(y_{i1}, y_{i2}, \Delta\mathbf{x}_i\boldsymbol{\beta})\end{aligned} \tag{8.4.22}$$

$$\begin{aligned}R_N^*(\boldsymbol{\beta})&=\sum_{i=1}^N\{[\max\{y_{i2}, \Delta\mathbf{x}_i'\boldsymbol{\beta}\}-\max\{y_{i1}, -\Delta\mathbf{x}_i'\boldsymbol{\beta}\}-\Delta\mathbf{x}_i'\boldsymbol{\beta}]^2\\&\quad-2\times1\{y_{i1}<-\Delta\mathbf{x}_i'\boldsymbol{\beta}\}(y_{i1}+\Delta\mathbf{x}_i'\boldsymbol{\beta})y_{i2}\\&\quad-2\times1\{y_{i2}<\Delta\mathbf{x}_i'\boldsymbol{\beta}\}(y_{i2}-\Delta\mathbf{x}_i'\boldsymbol{\beta})y_{i1}\}\\&=\sum_{i=1}^N\chi(y_{i1}, y_{i2}, \Delta\mathbf{x}_i'\boldsymbol{\beta})\end{aligned} \tag{8.4.23}$$

可导出 Honoré (1992) 估计截取回归模型时提出的配对修整 LAD 估计量 $\hat{\boldsymbol{\beta}}^*$ 和配对修整 LS 估计量 $\tilde{\boldsymbol{\beta}}^*$，其中

$$\psi^*(w_1, w_2, c)=\begin{cases}0, & \text{如果} w_1\leqslant\max\{0, -c\}\text{ 且 }w_2\leqslant\max\{0, c\}\\|\,w_2-w_1-c\,|, & \text{其他}\end{cases}$$

以及

$$\chi(w_1, w_2, c)=\begin{cases}w_1^2-2w_1(w_2-c) & \text{如果} w_2\leqslant c\\(w_2-w_1-c)^2 & \text{如果}-w_1<c<w_2\\{w_2}^2-2w_2(c+w_1) & \text{如果} c\leqslant-w_1\end{cases}$$

该函数是关于 c 的凸函数。目标函数 (8.4.22) 和 (8.4.23) 的一阶条件分别是矩条件 (8.4.20) 和 (8.4.21) 的样本矩。譬如，$(y_{i1}, y_{i2})\in(A_1\cup B_1)$ 时，

R_N^* 中相应的项是 $(\Delta y_i - \Delta\mathbf{x}_i'\boldsymbol{\beta})^2$。$(y_{i1}, y_{i2}) \in A_2$ 时，相应的项是 $y_{i2}{}^2 - 2 \times 1\{y_{i1} \leqslant -\Delta\mathbf{x}_i'\boldsymbol{\beta}\}(y_{i1} + \Delta\mathbf{x}_i'\boldsymbol{\beta})y_{i2}$。$(y_{i1}, y_{i2}) \in B_2$ 时，相应的项是 $y_{i1}^2 - 2 \times 1\{y_{i2} \leqslant \Delta\mathbf{x}_i'\boldsymbol{\beta}\}(y_{i2} - \Delta\mathbf{x}_i'\boldsymbol{\beta})y_{i1}$。第一项关于 $\boldsymbol{\beta}$ 的偏导收敛于 $E\{[1\{(y_{i1}, y_{i2}) \in A_1\}(\Delta y_i - \Delta\mathbf{x}_i'\boldsymbol{\beta}) - 1\{(y_{i1}, y_{i2}) \in B_1\}(\Delta y_i - \Delta\mathbf{x}_i'\boldsymbol{\beta})]\Delta\mathbf{x}_i\}$。第二项和第三项关于 $\boldsymbol{\beta}$ 的偏导是 $-2E[1\{(y_{i1}, y_{i2}) \in A_2\}y_{i2}\Delta\mathbf{x}_i - 1\{(y_{i1}, y_{i2}) \in B_2\}y_{i1}\Delta\mathbf{x}_i]$。因为 $Q_N^*(\boldsymbol{\beta})$ 是分段线性的凸函数，$R_N^*(\boldsymbol{\beta})$ 是连续可微的凸函数，且除有限数量的
310 点外二次可微，所以计算配对修整 LAD 估计量 $\hat{\boldsymbol{\beta}}^*$ 和配对修整 LS 估计量 $\tilde{\boldsymbol{\beta}}^*$ 比计算断尾估计量 $\hat{\boldsymbol{\beta}}$ 和 $\tilde{\boldsymbol{\beta}}$ 还要简单一些。

Honoré (1992) 证明 $\hat{\boldsymbol{\beta}}^*$ 和 $\tilde{\boldsymbol{\beta}}^*$ 是一致的且为渐近正态分布。$\sqrt{N}(\hat{\boldsymbol{\beta}}^* - \boldsymbol{\beta})$ 的渐近协方差矩阵等于

$$\text{Asy Cov}(\sqrt{N}(\hat{\boldsymbol{\beta}}^* - \boldsymbol{\beta})) = \Gamma_3^{-1}V_3\Gamma_3^{-1} \tag{8.2.24}$$

而 $\sqrt{N}(\tilde{\boldsymbol{\beta}}^* - \boldsymbol{\beta})$ 的渐近协方差等于

$$\text{Asy Cov}(\sqrt{N}(\tilde{\boldsymbol{\beta}}^* - \boldsymbol{\beta})) = \Gamma_4^{-1}V_4\Gamma_4^{-1} \tag{8.2.25}$$

其中 V_3，V_4，Γ_3 以及 Γ_4 可由

$$\begin{aligned}\hat{V}_3 = \frac{1}{N}\sum_{i=1}^{N} & 1\{[\Delta\mathbf{x}_i'\hat{\boldsymbol{\beta}}^* < \Delta y_i,\ y_{i2} > \max(0, \Delta\mathbf{x}_i'\hat{\boldsymbol{\beta}}^*)] \\ & \cup [\Delta y_i < \Delta\mathbf{x}_i'\hat{\boldsymbol{\beta}}^*,\ y_{i1} > \max(0, -\Delta\mathbf{x}_i'\hat{\boldsymbol{\beta}}^*)]\}\ \Delta\mathbf{x}_i\Delta\mathbf{x}_i'\end{aligned} \tag{8.4.26}$$

$$\begin{aligned}\hat{V}_4 = \frac{1}{N}\sum_{i=1}^{N} & [y_{i2}^2 1\{\Delta\mathbf{x}_i'\tilde{\boldsymbol{\beta}}^* \leqslant y_{i1}\} + y_{i2}^2 1\{y_{i2} \leqslant \Delta\mathbf{x}_i'\tilde{\boldsymbol{\beta}}^*\}] \\ & + (\Delta y_i - \Delta\mathbf{x}_i'\tilde{\boldsymbol{\beta}}^*)^2 1\{-y_{i1} < \Delta\mathbf{x}_i'\tilde{\boldsymbol{\beta}}^* < y_{i2}\}\Delta\mathbf{x}_i\Delta\mathbf{x}_i'\end{aligned} \tag{8.4.27}$$

$$\begin{aligned}\hat{\Gamma}_3^{(j,k)} = \frac{-1}{h_N}\Big\{ & \frac{1}{N}\sum_{i=1}^{N}[1\{y_{i2} > 0,\ y_{i2} > y_{i1} + \Delta\mathbf{x}_i'(\hat{\boldsymbol{\beta}}^* + h_N\mathbf{i}_k)\} \\ & - 1\{y_{i1} > 0,\ y_{i1} > y_{i2} - \Delta\mathbf{x}_i'(\hat{\boldsymbol{\beta}}^* + h_N\mathbf{i}_k)\}]\Delta\mathbf{x}_i^{(j)} \\ & - \frac{1}{N}\sum_{i=1}^{N}[1\{y_{i2} > 0,\ y_{i2} > y_{i1} + \Delta\mathbf{x}_i'\hat{\boldsymbol{\beta}}^*\} \\ & - 1\{y_{i1} > 0,\ y_{i1} > y_{i2} - \Delta\mathbf{x}_i'\hat{\boldsymbol{\beta}}^*\}]\Delta\mathbf{x}_i^{(j)}\Big\}\end{aligned} \tag{8.4.28}$$

和

$$\hat{\Gamma}_4 = \frac{1}{N}\sum_{i=1}^{N} 1\{-y_{i1} < \Delta\mathbf{x}_i'\tilde{\boldsymbol{\beta}}^* < y_{i2}\}\Delta\mathbf{x}_i\Delta\mathbf{x}_i' \tag{8.4.29}$$

近似，其中 · $\mathbf{i}_k$ 表示第 k 个分量为 1 的单位向量，h_N 以速度 $N^{-\frac{1}{2}}$ 缩减至 0。

我们已给出 $T=2$ 时的断尾和截取估计量，对它们稍做修改就可得到 $T>2$
311 时的估计量。譬如，当 $T>2$ 时，将目标函数（8.4.23）适当修改后可导出估计量

$$\tilde{\boldsymbol{\beta}}^* = \arg\min \sum_{i=1}^{N}\sum_{t=2}^{T} \chi(y_{i,t-1}, y_{it}, (\mathbf{x}_{it} - \mathbf{x}_{i,t-1})'\boldsymbol{\beta}) \tag{8.4.30}$$

8.4.2　内生确定样本选择模型的半参数两步估计量

本小节我们考虑内生确定样本选择模型的估计，在线性回归模型（8.3.1）中，样本选择规则由二值响应模型（8.3.4）或（8.1.22）确定，与模型（8.1.24）类似，如果 $d_{it}=1$ 则 $y_{it}=y_{it}^{*}$，如果 $d_{it}=0$ 则 y_{it}^{*} 是未知的。我们假定模型（8.3.1）和（8.3.4）都包含非观测固定的个体特异效应 α_i 和 η_i，它们可与解释变量任意相关。Kyriazidou（1997）为估计感兴趣的主要回归模型（8.3.4），利用 Heckman（1979）估计参数模型的两步估计法思想提出一个两步半参数法。第一步，用某个半参数方法一致地估计选择方程（8.3.4）的未知系数 $\mathbf{a}$。第二步，以 $d_{it}=1$ 为条件，将这些估计量代入感兴趣的模型（8.3.1），并用加权最小二乘法对它进行估计。对观测到的 y_{it} 求时间维度上的差分消除主方程中的固定效应。对满足 $\mathbf{w}_{it}'\hat{\mathbf{a}}\simeq\mathbf{w}_{is}'\hat{\mathbf{a}}$ 的观测，在时间维度上对 y_{it} 和 y_{is} 差分可清除选择效应，因为如果确定选择的可观测变量的影响在各时期保持不变，则选择效应的大小在各时期相同。

如果不存在样本选择（即对所有的 i 和 t 都有 $d_{it}=1$），或者控制 α_i 与 $\mathbf{x}_{it}$ 后 u_{it} 和 v_{it} 不相关，则模型（8.3.1）和（8.1.24）对应第 3 章讨论的平衡面板数据或随机缺失数据的变截距模型。[①]如果 u_{it} 和 v_{it} 相关，则因为 $E(u_{it}\mid\mathbf{x}_{it},\mathbf{w}_{it},\alpha_i,d_{it}=1)\neq 0$ 而产生样本选择问题。令 $\lambda(\cdot)$ 表示 u 在 $d=1$，$\mathbf{x}$，$\mathbf{w}$，α 和 η 下的条件期望；则以 $d_{it}=1$ 为条件，我们可将模型（8.3.1）和（8.1.24）记为

$$y_{it}=\alpha_i+\boldsymbol{\beta}'\mathbf{x}_{it}+\lambda(\eta_i+\mathbf{w}_{it}'\mathbf{a})+\epsilon_{it}\qquad(8.4.31)$$

其中 $E(\epsilon_{it}\mid\mathbf{x}_{it},d_{it}=1)=0$。选择函数 $\lambda(\cdot)$ 由 u 和 v 的联合分布确定。譬如，如果 u 和 v 是二元正态分布的，则我们有 Heckman 样本选择纠正函数 $\lambda(\eta_i+\mathbf{a}'\mathbf{w}_{it})=\dfrac{\sigma_{uv}}{\sigma_v}\dfrac{\phi\left(\dfrac{\eta_i+\mathbf{w}_{it}{}'\mathbf{a}}{\sigma_v}\right)}{\Phi\left(\dfrac{\eta_i+\mathbf{w}_{it}{}'\mathbf{a}}{\sigma_v}\right)}$。因此，如果短面板中存在样本选择或损耗问题，则由于模型中存在引起伴生参数问题的非观测效应 α_i，以及因　312

$$E(u_{it}\mid\mathbf{x}_{it},d_{it}=1)=\lambda(\eta_i+\mathbf{w}_{it}'\mathbf{a})$$

导致的选择性偏误，我们不可只基于可观测信息做 y_{it} 关于 $\mathbf{x}_{it}$ 的回归。

我们对 t 和 s 两个时期观测的个体（它们满足 $d_{it}=d_{is}=1$）做关于时间维度的差分，就很容易地清除了式（8.3.1）中出现的个体特异效应。但关于时间维度的差分不能清除样本选择因子。如果控制给定的 i 后，(u_{it},v_{it}) 是平稳的，且 $\mathbf{w}_{it}'\mathbf{a}=\mathbf{w}_{is}'\mathbf{a}$，则 $\lambda(\eta_i+\mathbf{w}_{it}'\mathbf{a})=\lambda(\eta_i+\mathbf{w}_{is}'\mathbf{a})$。所以，只要 y_{it} 和 y_{is} 都可观测，则模型（8.4.31）中第 t 期和第 s 期方程的差分

$$\Delta y_{its}=y_{it}-y_{is}=(\mathbf{x}_{it}-\mathbf{x}_{is})'\boldsymbol{\beta}+(\epsilon_{it}-\epsilon_{is})=\Delta\mathbf{x}_{its}'\boldsymbol{\beta}+\Delta\epsilon_{its}\qquad(8.4.32)$$

将不再包含个体特异效应 α_i 或选择因子 $\lambda(\eta_i+\mathbf{w}_{it}'\mathbf{a})$。

---

① 带有随机缺失数据的线性面板数据将在第 11 章的 11.1 节讨论。

Ahn 和 Powell（1993）证明，如果 λ 是充分光滑的函数，且$\hat{\mathbf{a}}$是 $\mathbf{a}$ 的一致估计，则差分 $(\mathbf{w}_{it}-\mathbf{w}_{is})'\hat{\mathbf{a}}$ 接近零的观测满足 $\lambda_{it}-\lambda_{is}\simeq 0$。因此，Kyriazidou（1997）推广了 Ahn 和 Powell（1993）的配对差分概念并建议分两步估计固定效应样本选择模型：第一步，用 Andersen（1970）和 Chamberlain（1980）的条件最大似然方法或者用 Horowitz（1992）和 Lee（1999）的光滑 Manski（1975）最大得分法（在第 7 章中讨论过）估计 $\mathbf{a}$。第二步，用估计的 $\hat{\mathbf{a}}$，基于满足 $d_{it}=d_{is}=1$ 的配对观测和 $(\mathbf{w}_{it}-\mathbf{w}_{is})'\hat{\mathbf{a}}$ 接近 0 的配对观测估计 $\boldsymbol{\beta}$。最后一个条件通过给各配对观测值赋予一个权重而实现，该权重与 $(\mathbf{w}_{it}-\mathbf{w}_{is})'\hat{\mathbf{a}}$ 的大小反向相关，因此选择效应差异越大的配对观测在估计时获得的权重越小。Kyriazidou（1997）估计量为

$$\hat{\boldsymbol{\beta}}_K=\left\{\sum_{i=1}^{N}\frac{1}{T_i-1}\sum_{1\leqslant s<t\leqslant T_i}(\mathbf{x}_{it}-\mathbf{x}_{is})(\mathbf{x}_{it}-\mathbf{x}_{is})'K\left[\frac{(\mathbf{w}_{it}-\mathbf{w}_{is})'\hat{\mathbf{a}}}{h_N}\right]d_{it}d_{is}\right\}^{-1}\times\left\{\sum_{i=1}^{N}\frac{1}{T_i-1}\sum_{1\leqslant s<t\leqslant T_i}(\mathbf{x}_{it}-\mathbf{x}_{is})(y_{it}-y_{is})K\left[\frac{(\mathbf{w}_{it}-\mathbf{w}_{is})'\hat{\mathbf{a}}}{h_N}\right]d_{it}d_{is}\right\}\tag{8.4.33}$$

其中 T_i 表示观测到第 i 个个体的 y_i 为正数的次数，$K(\cdot)$ 是随其参数的值递增时趋于 0 的核密度函数，h_N 是正值常数或带宽，当 $N\to\infty$时趋于 0。乘以核密度函数 $K(\cdot)$ 的作用赋予满足$\frac{1}{h_N}(\mathbf{w}_{it}-\mathbf{w}_{is})'\hat{\mathbf{a}}\simeq 0$ 的观测值更多权重，而赋予 $\mathbf{w}_{it}'\hat{\mathbf{a}}$和 $\mathbf{w}_{is}'\hat{\mathbf{a}}$不等的观测值更少权重，估计量（8.4.33）仅使用极限形式满足
313 $\mathbf{w}_{it}'\mathbf{a}=\mathbf{w}_{is}'\mathbf{a}$的观测值。在确当的正则性条件下，估计量（8.4.33）是一致的，但收敛的速度与$\sqrt{Nh_N}$成正比，比标准的样本容量平方根慢了很多。

$T=2$ 时，可用 Eicker（1963）和 White（1980）的公式（他们用该公式逼近异方差线性回归的最小二乘估计量的渐近协方差矩阵）逼近 Kyriazidou（1997）估计量（8.4.33）的渐近协方差矩阵

$$\left(\sum_{i=1}^{N}\hat{\mathbf{x}}_i\hat{\mathbf{x}}_i'\right)^{-1}\sum_{i=1}^{N}\hat{\mathbf{x}}_i\hat{\mathbf{x}}_i'\Delta\hat{e}_i^2\left(\sum_{i=1}^{N}\hat{\mathbf{x}}_i\hat{\mathbf{x}}_i'\right)^{-1}\tag{8.4.34}$$

其中，$\hat{\mathbf{x}}_i=K\left(\frac{\Delta\mathbf{w}_i'\hat{\mathbf{a}}}{h_N}\right)^{1/2}\Delta\mathbf{x}_i(d_{i2}d_{i1})$，$\Delta\hat{e}_i$ 是模型（8.4.32）估计的残差。

如果只有一个可观测的断尾样本，则 $\hat{\mathbf{a}}$ 的第一阶段估计无法实施。不过，在估计量（8.4.33）中用多元核密度函数 $K\left(\frac{\mathbf{w}_{it}-\mathbf{w}_{is}}{h_N}\right)$代替 $K\left[\frac{\Delta\mathbf{w}_{its}\hat{\mathbf{a}}}{h_N}\right]$后可确保仅使用满足 $\Delta\mathbf{w}_{its}'\mathbf{a}=0$ 的观测值。但估计量（8.4.33）收敛于真值 $\boldsymbol{\beta}$ 的速度是 $\sqrt{Nh_N{}^k}$（这里 k 表示 $\mathbf{w}_{it}$的维数）。由于当 $N\to\infty$时 h_N 收敛于零，所以这个速度比$\sqrt{Nh_N}$慢了很多。

8.5　案例：住房支出

Charlier 等（2001）利用荷兰社会经济面板（SEP）1987—1989 年间的波动

数据估计住房支出占总支出份额的内生切换回归模型：

$$d_{it}=1(\mathbf{w}'_{it}\mathbf{a}+\eta_i+v_{it}>0) \tag{8.5.1}$$

$$y_{1it}=\boldsymbol{\beta}'_1\mathbf{x}_{it}+\alpha_{1i}+u_{1it} \quad 如果\ d_{it}=1 \tag{8.5.2}$$

$$y_{2it}=\boldsymbol{\beta}'_2\mathbf{x}_{it}+\alpha_{2i}+u_{2it} \quad 如果\ d_{it}=0 \tag{8.5.3}$$

其中 d_{it} 表示拥有房产还是租房，对房产所有者取值为 1，对租房者取值为 0；y_{1it} 和 y_{2it} 分别是房产所有者和租房者用于住房的预算份额；$\mathbf{w}_{it}$ 和 $\mathbf{x}_{it}$ 是解释变量向量；η_i，α_{1i}，α_{2i} 是非观测家庭特异效应；v_{it}，u_{1it}，u_{2it} 是误差项。用于住房的预算份额被定义为住房支出占总支出的比例。租房者的住房支出是由家庭支付的租金。房产所有者的住房支出由质押的净利息成本、净支付租金（没有土地所有权时）、房产税、房屋保险成本、持有房屋的机会成本（这占到了房屋价值减去质押额的 4%）、维护成本，再减去房屋价值升值部分组成。其解释变量有户主的教育水平（DOP）、户主的年龄（AGE）、年龄的平方（AGE2）、婚姻状态（DMAR）、家庭月收入的对数（LINC）、家庭月收入对数的平方（L2INC）、月家庭总支出（EXP）、月家庭总支出的对数（LEXP）、月家庭总支 314
出对数的平方（L2EXP）、子女个数（NCH）、长期租房价格的对数（LRP）、自有房屋税后长期价格的对数（LOP），以及 LRP－LOP。排除在持有方式选择方程（8.5.1）之外的变量有 DOP、LEXP、L2EXP、LRP 和 LOP。排除在预算份额方程［(8.5.2）和（8.5.3)］之外的变量有 DOP、LINC、L2INC、EXP、NCH 和 LRP－LOP。

他们估计了有样本选择和无样本选择的随机效应和固定效应模型。但由于 $\mathbf{x}$ 包括 LEXP 和 L2EXP，且这两个变量可能是内生的，故 Charlier，Melenberg 和 van Soest (2001) 还用工具变量（Ⅳ）法估计了该模型。譬如，考虑到 LEXP 和 L2EXP 可能的内生性，他们将 Kyriazidou (1997) 加权最小二乘估计量修正为

$$\hat{\boldsymbol{\beta}}_{KN}=\left\{\sum_{i=1}^{N}\sum_{1\leqslant s<t\leqslant T_i}(\mathbf{x}_{it}-\mathbf{x}_{is})(\mathbf{z}_{it}-\mathbf{z}_{is})'K\left[\frac{(\mathbf{w}_{it}-\mathbf{w}_{is})'\hat{\mathbf{a}}}{h_N}\right]d_{it}d_{is}\right\}^{-1} \times\left\{\sum_{i=1}^{N}\sum_{1\leqslant s<t\leqslant T_i}(\mathbf{z}_{it}-\mathbf{z}_{is})(\mathbf{y}_{it}-\mathbf{y}_{is})K\left[\frac{(\mathbf{w}_{it}-\mathbf{w}_{is})'\hat{\mathbf{a}}}{h_N}\right]d_{it}d_{is}\right\} \tag{8.5.4}$$

其中 $\mathbf{z}_{it}$ 是工具变量向量。

表 8.2 和表 8.3 分别列出了无选择修正和有选择修正的预算份额方程的固定效应和随机效应估计结果。Kyriazidou (1997) 估计量是基于持有选择方程 (8.5.1) 的第一阶段 logit 估计得到的。随机效应估计基于 Newey (2009) 级数展开方法［Charlier，Melenberg 和 van Soest (2000)］得到。这些结果之间的差异非常大。譬如，AGE、AGE2、LEXP、L2EXP 对应的参数和价格就明显不同于基于Ⅳ的随机效应模型中相应变量的参数和价格。它们还会导致关于利率弹性截然不同的结论。租房者和房产所有者的平均价格弹性在随机效应模型中大约是－0.5，但在固定效应模型中房产所有者的弹性接近－1，而租房者的弹性接近－0.8。

对 LEXP 和 L2EXP 内生性的 Hausman 设定检验也缺乏说服力。但在基于 Kyriazidou Ⅳ估计和线性面板数据估计之差的选择性偏误的检验中，房产所有者检验统计量的值达 88.2，租房者的达 23.7，它们对自由度为 7 的 χ^2 分布在 5% 的水平上是显著的。这表明该模型没有考虑份额方程［(8.5.2) 和 (8.5.3)］中误差项与选择方程 (8.5.1) 中误差项或固定效应的相关性，可能是一个误设的模型。

315 **表 8.2　无选择修正的预算份额方程的估计结果（括号内是标准误）[a]**

变量	混合数据的随机效应	混合数据的Ⅳ随机效应	固定效应的线性模型	Ⅳ[b] 固定效应的线性模型
房产所有者				
常数项	4.102** (0.238)	4.939** (0.712)		
AGE	0.045** (0.009)	0.029** (0.010)	−0.073(0.041)	−0.063(0.044)
AGE2	−0.005** (0.001)	−0.003** (0.001)	0.009** (0.004)	0.009* (0.004)
LEXP	−0.977** (0.059)	−1.271** (0.178)	−0.769** (0.049)	−1.345** (0.269)
L2EXP	0.052** (0.003)	0.073** (0.011)	0.036** (0.003)	0.070** (0.016)
DMAR	0.036** (0.004)	0.027** (0.005)		
Dummy87			−0.001(0.003)	−0.000(0.004)
Dummy88			−0.002(0.001)	−0.001(0.002)
LOP	0.068** (0.010)	0.108** (0.010)	0.065** (0.016)	0.050** (0.018)
租房者				
常数项	2.914** (0.236)	3.056** (0.421)		
AGE	0.038** (0.007)	0.027** (0.007)	0.114** (0.034)	0.108** (0.035)
AGE2	−0.004** (0.000)	−0.003** (0.001)	−0.009* (0.004)	−0.009* (0.004)
LEXP	−0.772** (0.055)	−0.820** (0.106)	−0.800** (0.062)	−0.653** (0.219)
L2EXP	−0.040** (0.003)	0.045** (0.006)	0.039** (0.004)	0.031(0.014)
DMAR	0.011** (0.002)	0.001** (0.003)		
Dummy87			−0.004(0.003)	−0.003(0.003)
Dummy88			−0.002(0.002)	−0.002(0.002)
LRP	0.119* (0.017)	0.112** (0.017)	0.057** (0.020)	0.060** (0.020)

[a] * 表示在 5% 的水平上是显著的；** 表示在 1% 的水平上是显著的。

[b] 在Ⅳ估计中，AGE、AGE2、LINC、L2INC、Dummy87、Dummy88 和 LOP（对房产所有者）或 LRP（对租房者）被用作工具变量。

资料来源：Charlier，Melenberg 和 van Soest（2001，表 3）。

基于 Newey 工具变量估计和 Kyriazidou 工具变量估计差的家庭特异效应，以及各 **x** 不相关的 Hausman (1978) 设定检验，检验统计量的值对房产所有者达

232.1，对租房者达 37.8。它们对自由度为 5 的 χ^2 分布在 5% 的水平上是显著的，因此拒绝了没有考虑家庭特异效应和解释变量相关性的随机效应模型。这些结果表明仅考虑非常特殊的选择机制（二者都可用横截面数据来估计）的线性面板数据模型或随机效应线性模型有可能受到了过多限制。

表 8.3 有选择修正的预算份额方程的估计结果（括号内是标准误）[a] 316

变量	混合数据的随机效应[b]	混合数据的Ⅳ随机效应[c]	Kyriazidou OLS 估计	Kyriazidou Ⅳ[d] 估计
房产所有者				
常数项	2.595[e]	3.370[e]		
AGE	−0.040** (0.013)	−0.020(0.015)	0.083(0.083)	0.359** (0.084)
AGE2	0.004** (0.001)	0.002(0.001)	−0.008(0.008)	−0.033** (0.009)
LEXP	−0.594** (0.142)	−0.821(0.814)	−0.766** (0.102)	−0.801** (0.144)
L2EXP	0.026** (0.008)	0.042(0.050)	0.036** (0.006)	0.036** (0.008)
DMAR	0.006(0.007)	0.012(0.007)		
LOP	0.126** (0.012)	0.121** (0.011)	0.006(0.030)	0.001(0.029)
Dummy87			−0.006(0.007)	−0.013(0.007)
Dummy88			−0.004(0.004)	−0.008(0.004)
租房者				
常数项	2.679[d]	1.856[d]		
AGE	−0.037** (0.012)	−0.027* (0.012)	0.127* (0.051)	0.082(0.080)
AGE2	0.004** (0.001)	0.003* (0.001)	−0.018** (0.006)	−0.014(0.007)
LEXP	−0.601** (0.091)	−0.417(0.233)	−0.882** (0.087)	−0.898** (0.144)
L2EXP	0.027** (0.005)	0.016(0.015)	0.044** (0.005)	0.044** (0.009)
DMAR	−0.021** (0.005)	−0.019** (0.005)		
LRP	0.105** (0.016)	0.106** (0.016)	0.051(0.028)	0.024(0.030)
Dummy87			−0.024** (0.007)	−0.023(0.013)
Dummy88			−0.009* (0.004)	−0.012(0.007)

[a] * 表示在 5%的水平上是显著的；** 表示在 1% 的水平上是显著的。

[b] 估计选择方程时使用单指标 ML probit 序列近似。

[c] 在Ⅳ估计中，AGE、AGE2、LINC、L2INC、DMAR 和 LOP（对房产所有者）或 LRP（对租房者）被用作工具变量。

[d] 在Ⅳ估计中，AGE、AGE2、LINC、L2INC、Dummy87 和 Dummy88 被用作工具变量。

[e] 在序列逼近中，估计包含对常数项的估计。

资料来源：Charlier，Melenberg 和 van Soest（2001，表 4）。

317 8.6 动态 Tobit 模型

8.6.1 动态截取模型

本节我们考虑**动态 Tobit 模型**（dynamic Tobit model），模型中观测到的 y_{it} 具有以下形式①

$$y_{it}=\begin{cases} y_{it}^{*}, & 如果 y_{it}^{*}>0 \\ 0, & 如果 y_{it}^{*}\leqslant 0 \end{cases} \tag{8.6.1}$$

而与 y_{it}^{*} 存在动态相依关系的形式可能有如下两种：

$$y_{it}^{*}=\gamma y_{i,t-1}^{*}+\boldsymbol{\beta}'\mathbf{x}_{it}+\alpha_i+u_{it} \tag{8.6.2}$$

或

$$y_{it}^{*}=\gamma y_{i,t-1}+\boldsymbol{\beta}'\mathbf{x}_{it}+\alpha_i+u_{it} \tag{8.6.3}$$

假定 u_{it} 对所有的 i 是相互独立的，对所有 t 是独立同分布的［譬如，$\mathrm{Var}(u_{it})=\sigma_i^2$］。

对模型（8.6.2）来说，当 $y_{i,t-1}=0$ 时，$y_{i,t-1}^{*}$ 可以是 $-\infty$ 与 0 之间的任何值。如果没有个体特异效应 α_i（或对所有的 i 都有 $\alpha_i=0$），则面板数据实际上在集中研究满足 $y_{i,t-1}>0$ 的子样，从而允许忽略滞后因变量中的截取效应。因为 $y_{i,t-1}>0$ 时 $y_{i,t-1}=y_{i,t-1}^{*}$，所以当 $\alpha_i=0$ 时，模型（8.6.1）和（8.6.2）变成了

$$\begin{aligned} y_{it}^{*}&=\gamma y_{i,t-1}^{*}+\boldsymbol{\beta}'\mathbf{x}_{it}+u_{it} \\ &=\gamma y_{i,t-1}+\boldsymbol{\beta}'\mathbf{x}_{it}+u_{it} \end{aligned} \tag{8.6.4}$$

因此，将 $y_{i,t-1}$ 和 $\mathbf{x}_{it}$ 当作与 u_{it} 独立的前定变量，对满足模型（8.6.4）的子样可应用在 8.1 节讨论的静态模型的截取估计方法。

模型（8.6.1）中存在随机个体特异效应 α_i 时，即使假定 α_i 和 $\mathbf{x}_i$ 无关，y_{is}^{*} 和 α_i 对所有的 s 也是相关的。如果要应用 MLE 方法，则我们不仅要对个体特异效应和初始观测分布作出假设，而且计算也非常烦琐。为降低计算的复杂度，
318 Arellano，Bover 和 Labeaga (1999) 提出了一个两步法。第一步将 y_{it}^{*} 在所有前期的 y_{i0}^{*}，y_{i1}^{*}，…，$y_{i,t-1}^{*}$ 和 $\mathbf{x}_{i1}$，…，$\mathbf{x}_{it}$ 上进行投影，估计 y_{it}^{*} 的约简型。第二步由 y_{it}^{*} 方程的约简型参数 $\boldsymbol{\pi}_t$ 利用类似（3.8.14）的最小距离估计法估计（γ，$\boldsymbol{\beta}'$）。为避免第一步中的截取问题，他们建议，对第 i 个个体仅使用满足 $y_{i0}>0$，…，$y_{i,s-1}>0$ 的数据（y_{is}，$y_{i,s-1}$，…，y_{i0}）。但为导出 $\boldsymbol{\pi}_t$ 的估计，必须设定 y_{it}^{*} 在 y_{i0}^{*}，y_{i1}^{*}，…，$y_{i,t-1}^{*}$ 下的条件分布。此外，约简型参数 $\boldsymbol{\pi}_t$ 以一种高度非线性的方式与（γ，$\boldsymbol{\beta}'$）相关。因此，第二步的估计量不容易导出。所以，本节我们避开 α_i 是固定常数还是随机变量的问题，仅讨论由 Honoré (1993) 和 Hu (1999) 提出的修整估计量。

---

① 对模型 $y_{it}^{*}=\gamma y_{i,t-1}+\boldsymbol{\beta}'\mathbf{x}_{it}+\alpha_i+u_{it}$ 的讨论参见 Honoré (1993)。

对模型（8.6.2）来说，如果 $y_{i,t-1}=0$（即 $y_{i,t-1}^*<0$），则模型就是第 8.5 节中讨论的静态模型。如果 $y_{i,t-1}=0$，则给定（$y_{i,t-1}$，$\mathbf{x}_{it}$，α_i）后，u_{it} 和 y_{it}^* 之间不存在一一对应的关系。另一方面，对于模型（8.6.3）来说，给定（$y_{i,t-1}$，$\mathbf{x}_{it}$，α_i）后，不管 $y_{i,t-1}=0$ 还是大于 0，u_{it} 和 y_{it}^* 之间都仍存在一一对应的关系。故对于模型（8.6.2），我们将观测到的样本分为两组。对 $y_{i,t-1}=0$ 的组，第 8.5 节中讨论的方法可用来估计 $\boldsymbol{\beta}$。对 $y_{i,t-1}\neq 0$ 的组，可按模型（8.6.3）处理。但为了估计 γ，我们需要考虑 $y_{i,t-1}>0$ 的情形。如果我们考虑 $y_{i,t-1}=y_{i,t-1}^*>0$ 时的修正样本，则不管是哪种实际意图，这两个模型都是相同的。

为便于展示对称条件，考虑 $T=2$ 时，y_{i0} 可获取且 $y_{i1}^*>0$，$y_{i0}^*>0$ 的情形。在图 8.8 和图 8.9 中，纵轴表示 $y_{i2}^*-\gamma y_{i1}^*=\tilde{y}_i^*(\gamma)$ 的值，横轴表示 y_{i1}^* 的值。如果 u_{i1} 和 u_{i2} 在（y_{i0}^*，$\mathbf{x}_{i1}$，$\mathbf{x}_{i2}$，α_i）下是独立同分布的，则 y_{i1}^* 和 $y_{i2}^*-\gamma y_{i1}^*=\tilde{y}_{i2}^*(\gamma)$ 的分布关于直线（1）对称，直线（1）对应的函数为 $\tilde{y}_{i2}^*(\gamma)=y_{i1}^*-\gamma y_{i0}^*+\boldsymbol{\beta}'\Delta\mathbf{x}_{i2}$（它是过（$\gamma y_{i0}^*+\boldsymbol{\beta}'\mathbf{x}_{i1}+\alpha_i$，$\boldsymbol{\beta}'\mathbf{x}_{i2}+\alpha_i$）和（$\gamma y_{i0}^*-\boldsymbol{\beta}'\Delta\mathbf{x}_{i2}$，0）的 45 度直线）。但截取破坏了这种对称性。我们仅观测到

$$\begin{aligned}y_{i1}&=\max(0,\ y_{i1}^*)\\&=\max(0,\ \gamma y_{i0}^*+\boldsymbol{\beta}'\mathbf{x}_{i1}+\alpha_i+u_{i1})\end{aligned}$$

以及

$$y_{i2}=\max(0,\ \gamma y_{i1}^*+\boldsymbol{\beta}'\mathbf{x}_{i2}+\alpha_i+u_{i2})$$

或

$$\tilde{y}_{i2}(\gamma)=\max(-\gamma y_{i1}^*,\ y_{i2}^*-\gamma y_{i1}^*)$$

也就是说，纵轴左边的观测值被截取，且对任何 $y_{i1}=y_{i1}^*>0$，$y_{i2}=y_{i2}^*>0$ 表明 $y_{i2}^*-\gamma y_{i1}^*>-\gamma y_{i0}^*+\boldsymbol{\beta}'\Delta\mathbf{x}_{i2}$ 且 $y_{i2}^*-\gamma y_{i1}^*>-\gamma y_{i1}^*$。换句话说，直线 $\tilde{y}_{i2}(\gamma)=-\gamma y_{i1}$ 下的观测值被截取，如图 8.8 和图 8.9 中的直线（2）所以。如图 8.8 所示，控制（$\mathbf{x}_{i1}$，$\mathbf{x}_{i2}$，y_{i0}^*）后，y_{i1}^* 和 $y_{i2}^*-\gamma y_{i1}^*$ 的可观测范围在区域 GOH 内。

319

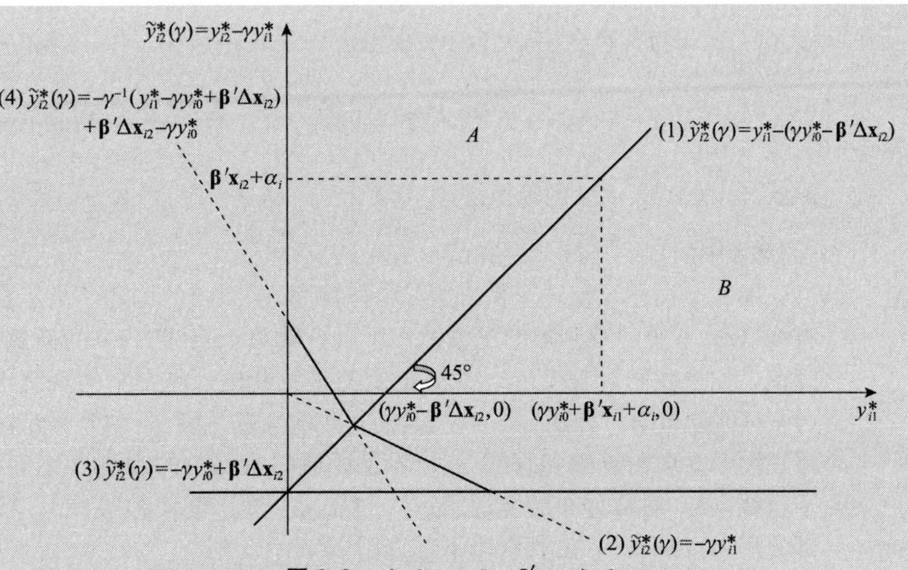

图 8.8　$\gamma>0$，$\gamma y_{i0}^*-\boldsymbol{\beta}'\Delta\mathbf{x}_{i2}>0$

320

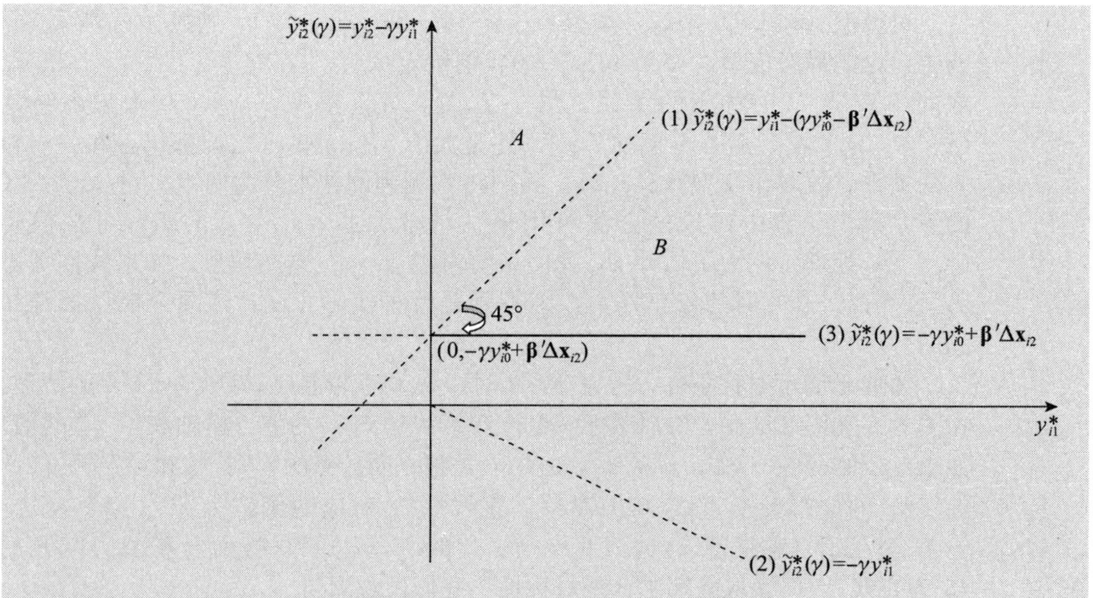

图 8.9　$\gamma>0$，$\gamma y_{i0}^* - \boldsymbol{\beta}'\Delta\mathbf{x}_{i2}>0$

321 该区域不是关于直线（1）对称的，直线（1）是我们在 $\gamma\geqslant 0$，$\gamma y_{i0}^* - \boldsymbol{\beta}'\Delta\mathbf{x}_{i2}>0$ 时画出来的。为重构对称性，我们必须找到边界［纵轴和直线（2）］关于直线（1）的镜像，然后对落在两条新的直线外的观测对称断尾。

纵轴关于直线（1）的镜像是水平线 $\tilde{y}_{i2}^*(\gamma) = -\gamma y_{i0}^* + \boldsymbol{\beta}'\Delta\mathbf{x}_{i2}$［图 8.8 中的直线（3）］。直线（2）关于直线（1）的镜像的斜率等于直线（2）斜率的倒数 $-\dfrac{1}{\gamma}$。故直线（2）的镜像是过直线（1）和直线（2）交点的直线 $\tilde{y}_{i2}^*(\gamma) = -\dfrac{1}{\gamma} y_{i1}^* + c$。直线（1）和直线（2）的交点由 $\bar{\tilde{y}}_{i2}^*(\gamma) = \bar{y}_{i1}^* - (\gamma y_{i0}^* - \boldsymbol{\beta}'\Delta\mathbf{x}_{i2}) = -\gamma\bar{y}_{i1}^*$ 确定。求解 $(\bar{y}_{i1}^*, \bar{\tilde{y}}_{i2}^*(\gamma))$，可得 $\bar{y}_{i1}^* = \dfrac{1}{1+\gamma}(\gamma y_{i0}^* - \boldsymbol{\beta}'\Delta\mathbf{x}_{i2})$，$\bar{\tilde{y}}_{i2}^*(\gamma) = -\dfrac{\gamma}{1+\gamma}(\gamma y_{i0}^* - \boldsymbol{\beta}'\Delta\mathbf{x}_{i2})$。将 $\tilde{y}_{i2}^*(\gamma) = \bar{\tilde{y}}_{i2}^*(\gamma)$ 和 $y_{i1}^* = \bar{y}_{i1}^*$ 代入方程 $\tilde{y}_{i2}^*(\gamma) = -\dfrac{1}{\gamma} y_{i1}^* + c$，得到 $c = \dfrac{1-\gamma}{\gamma}(\gamma y_{i0}^* - \boldsymbol{\beta}'\Delta\mathbf{x}_{i2})$。故直线（2）的镜像是 $\tilde{y}_{i2}^*(\gamma) = -\dfrac{1}{\gamma}(y_{i1}^* - \gamma y_{i0}^* + \boldsymbol{\beta}'\Delta\mathbf{x}_{i2}) - (\gamma y_{i0}^* - \boldsymbol{\beta}'\Delta\mathbf{x}_{i2})$［图 8.8 中的直线（4）］。

图 8.9 描述了 $\gamma y_{i0}^* - \boldsymbol{\beta}'\Delta\mathbf{x}_{i2}<0$ 时对称断尾回归的构建。由于在纵轴左边和直线（2）下边的观测被断尾去掉，所以纵轴关于直线（1）的镜像是直线（3）。因此，如果我们对直线（3）之下的观测进行断尾，则余下的观测仍是关于直线（1）对称分布的。在图 8.8 中，落在由直线（2）、（3）、（4）界定区域的东北角或在图 8.9 中由纵轴和直线（3）界定区域的东北角的观测 $(y_{i1}, \tilde{y}_{i2}(\gamma))$ 是关于直线（1）对称分布的［过 $(\gamma y_{i0}^* - \boldsymbol{\beta}'\Delta\mathbf{x}_{i2}, 0)$ 的 45 度直线］。45 度直线以上部分用 A 表示，45 度直线以下部分用 B 表示。则

$$A \cup B \equiv \{(y_{i1}, \tilde{y}_{i2}(\gamma)):\ y_{i1}>0,\ \tilde{y}_{i2}(\gamma) > -\gamma y_{i1},$$

$$y_{i1} > \gamma y_{i0}^* - \boldsymbol{\beta}'\Delta\mathbf{x}_{i2} - \gamma(\tilde{y}_{i2}(\gamma) + \gamma y_{i0}^* - \boldsymbol{\beta}'\Delta\mathbf{x}_{i2}),$$
$$\tilde{y}_{i2}(\gamma) > -\gamma y_{i0}^* + \boldsymbol{\beta}'\Delta\mathbf{x}_{i2}\}$$
$$= \{(y_{i1},\ \tilde{y}_{i2}(\gamma)):\ y_{i1} > 0,\ y_{i2} > 0,$$
$$y_{i1} > \gamma y_{i0}^* - \boldsymbol{\beta}'\Delta\mathbf{x}_{i2} - \gamma(\tilde{y}_{i2}(\gamma) + \gamma y_{i0}^* - \boldsymbol{\beta}'\Delta\mathbf{x}_{i2}),$$
$$\tilde{y}_{i2}(\gamma) > -\gamma y_{i0}^* + \boldsymbol{\beta}'\Delta\mathbf{x}_{i2}\} \tag{8.6.5}$$

对称性表明，以 $y_{i0}>0$，$y_{i1}>0$，$y_{i2}>0$ 为条件并控制 $\mathbf{x}_{i1}$，$\mathbf{x}_{i2}$后，观测值落在区域 A 中的概率等于它落在区域 B 中的概率，即 322

$$E\{(y_{i1},\ \tilde{y}_{i2}(\gamma)) \in A \cup B\} \cdot [1\{y_{i1} - \tilde{y}_{i2}(\gamma) - \gamma y_{i0} + \boldsymbol{\beta}'\Delta\mathbf{x}_{i2} > 0\}$$
$$-1\{y_{i1} - \tilde{y}_{i2}(\gamma) - \gamma y_{i0} + \boldsymbol{\beta}'\Delta\mathbf{x}_{i2} < 0\}] = 0 \tag{8.6.6}$$

对称性的另一个含义是以 $y_{i0}>0$，$y_{i1}>0$，$y_{i2}>0$ 为条件并控制 $\mathbf{x}_{i1}$，$\mathbf{x}_{i2}$后，A 中的点到直线（1）的垂直距离的期望值$\tilde{y}_{i2}(\gamma)-y_{i1}+\gamma y_{i0}-\boldsymbol{\beta}'\Delta\mathbf{x}_{i2}$等于 B 中的点到直线 $y_{i1}-\tilde{y}_{i2}(\gamma)-\gamma y_{i0}+\boldsymbol{\beta}'\Delta\mathbf{x}_{i2}=-(\tilde{y}_{i2}(\gamma)-y_{i1}+\gamma y_{i0}-\boldsymbol{\beta}'\Delta\mathbf{x}_{i2})$ 的水平距离的期望值。因此

$$E[1\{(y_{i1},\ \tilde{y}_{i2}(\gamma)) \in A \cup B\}(y_{i1} - \tilde{y}_{i2}(\gamma) - \gamma y_{i0} + \boldsymbol{\beta}'\Delta\mathbf{x}_{i2})] = 0 \tag{8.6.7}$$

更一般地，对所有的（e_1，e_2）都满足 $\xi(e_1,\ e_2)=-\xi(e_2,\ e_1)$ 的任意函数 $\xi(\cdot,\ \cdot)$，以及任意函数 $h(\cdot)$，我们都有正交条件

$$E[1\{(y_{i1},\ \tilde{y}_{i2}(\gamma)) \in A \cup B\} \cdot \xi(y_{i1} - \gamma y_{i0} + \boldsymbol{\beta}'\Delta\mathbf{x}_{i2},\ \tilde{y}_{i2}(\gamma))$$
$$\times h(y_{i0},\ \mathbf{x}_{i1},\ \mathbf{x}_{i2})] = 0 \tag{8.6.8}$$

其中

$$1\{(y_{i1},\ \tilde{y}_{i2}(\gamma)) \in A \cup B\} \equiv 1\{y_{i0} > 0,\ y_{i1} > 0,\ y_{i2} > 0\}$$
$$\times [1\{\gamma y_{i0} - \boldsymbol{\beta}'\Delta\mathbf{x}_{i2} > 0\}$$
$$\times 1\{y_{i1} > \gamma y_{i0} - \boldsymbol{\beta}'\Delta\mathbf{x}_{i2} - \gamma(\tilde{y}_{i2}(\gamma) + \gamma y_{i0} - \boldsymbol{\beta}'\Delta\mathbf{x}_{i2})\}$$
$$\times 1\{\tilde{y}_{i2}(\gamma) > -\gamma y_{i0} + \boldsymbol{\beta}'\Delta\mathbf{x}_{i2}\}$$
$$+ 1\{\gamma y_{i0} - \boldsymbol{\beta}'\Delta\mathbf{x}_{i2} < 0\} \cdot 1\{\tilde{y}_{i2}(\gamma) > -\gamma y_{i0} + \boldsymbol{\beta}'\Delta\mathbf{x}_{i2}\}] \tag{8.6.9}$$

如果我们选择的 $h(\cdot)$ 是一个常数，则 $\xi(e_1,\ e_2)=\mathrm{sgn}(e_1-e_2)$ 的情形对应式（8.6.6），而 $\xi(e_1,\ e_2)=e_1-e_2$ 的情形对应式（8.6.7）。

如果 $T\geqslant 4$，我们还可考虑满足 $y_{i,t-1}>0$，$y_{it}>0$，$y_{i,s-1}>0$ 和 $y_{is}>0$ 的观测 y_{it}，y_{is}的任何配对。请注意，变量（α_i+u_{it}）和（α_i+u_{is}）在 $\mathbf{x}_{it}$，$\mathbf{x}_{is}$下的条件分布相同。因此，令

$$W_{its}(\boldsymbol{\beta}',\ \gamma) = \max\{0,\ (\mathbf{x}_{it} - \mathbf{x}_{is})'\boldsymbol{\beta},\ y_{it} - \gamma y_{i,\ t-1}\} - \mathbf{x}'_{it}\boldsymbol{\beta}$$
$$= \max\{-\mathbf{x}'_{it}\boldsymbol{\beta},\ -\mathbf{x}'_{is}\boldsymbol{\beta},\ \alpha_i + u_{it}\} \tag{8.6.10}$$

以及 323

$$W_{ist}(\boldsymbol{\beta}',\ \gamma) = \max\{0,\ (\mathbf{x}_{is} - \mathbf{x}_{it})'\boldsymbol{\beta},\ y_{is} - \gamma y_{i,\ s-1}\} - \mathbf{x}'_{is}\boldsymbol{\beta}$$
$$= \max\{-\mathbf{x}'_{is}\boldsymbol{\beta},\ -\mathbf{x}'_{it}\boldsymbol{\beta},\ \alpha_i + u_{is}\} \tag{8.6.11}$$

那么控制（$\mathbf{x}_{it}$，$\mathbf{x}_{is}$）后，$W_{its}(\boldsymbol{\beta}',\ \gamma)$ 和 $W_{ist}(\boldsymbol{\beta}',\ \gamma)$ 的分布关于 45 度直线对称。这表明对任意函数 $h(\cdot)$ 都满足正交条件

$$E[1\{y_{i,\ t-1} > 0,\ y_{it} > 0,\ y_{i,\ s-1} > 0,\ y_{is} > 0\}$$

$$\times \xi(W_{its}(\boldsymbol{\beta}', \gamma), W_{ist}(\boldsymbol{\beta}', \gamma)) \cdot h(\mathbf{x}_{it}, \mathbf{x}_{is})] = 0 \qquad (8.6.12)$$

当 $T \geqslant 3$ 时，与基于三个连续的非截取观测的方法相比，对称修整法（8.6.12）要求的假设更弱，因为作为条件的变量不包含 y_{i0}。但该法将导致更为严格的修整。

在正交条件（8.6.8）或（8.6.12）的基础上，Hu（1999）建议通过最小化 $\mathbf{m}_N(\boldsymbol{\theta})'A_N\mathbf{m}_N(\boldsymbol{\theta})$ [这里 $\mathbf{m}_N(\boldsymbol{\theta})$ 是矩条件（8.6.8）或（8.6.12）的样本矩，A_N 是 $N \to \infty$ 时收敛于某常数矩阵 A 的正定矩阵] 导出 $\boldsymbol{\theta} = (\boldsymbol{\beta}', \gamma)'$ 的 GMM 估计量。该 GMM 估计量的极限分布为

$$\sqrt{N}(\hat{\boldsymbol{\theta}}_{\mathrm{GMM}} - \boldsymbol{\theta}) \to N(\mathbf{O}, (\Gamma'A\Gamma)^{-1}[\Gamma'AVA\Gamma](\Gamma'A\Gamma)^{-1}) \qquad (8.6.13)$$

其中 $\Gamma = \frac{\partial}{\partial \boldsymbol{\theta}} E[\mathbf{m}(\boldsymbol{\theta})]$，$V = E[\mathbf{m}(\boldsymbol{\theta})\,\mathbf{m}(\boldsymbol{\theta})']$。使用最优加权矩阵 $A = V^{-1}$ 时，$\sqrt{N}(\hat{\boldsymbol{\theta}}_{\mathrm{GMM}} - \boldsymbol{\theta})$ 的渐近协方差矩阵是 $(\Gamma'V^{-1}\Gamma)^{-1}$。

但不只是 $\boldsymbol{\beta}$ 的真值满足正交条件（8.6.6）～（8.6.8）或（8.6.12），譬如，当参数值任意大时，这些正交条件通常都容易满足。对给定的 γ 的值，当值 $\Delta_{it} = \mathbf{x}_{it}'\boldsymbol{\beta}$ 趋于无穷时，图 8.7 或图 8.8 中落在（非断尾的）区域 $A \cup B$ 中的观测值的数量趋于 0，故这一点容易理解。所以，该矩条件也容易满足。基于最小化准则函数的 GMM 估计可能缺少识别条件，为克服该问题，Hu（1999）建议对给定的 γ，用确能识别 $\boldsymbol{\beta}$ 的矩条件子集导出 $\boldsymbol{\beta}$ 的估计，然后在 0～0.9 的范围内以 0.01 为步长得到一系列 γ 值，对每个 γ 值，检验这些估计量是否满足其他矩条件。在检验统计量不被拒绝的 γ 值中，选择得到检验统计量最小值的 γ 值作为 γ 的估计。Hu（1999）以现代人口调查和社会保障管理（CPS-SSA）收入档案中的匹配数据（男性，在 1930—1939 年间出生，且在 1957—1973 年间居住在南方）为样本，使用该估计方法研究收入动态。SSA 收入在最高社会保障税收水平处进行顶端编码（top-coded），即 $y_{it} = \min(y_{it}^*, c_t)$，其中 c_t 是在时
324 期 t 的最高社会保障税收水平。只需令 $\tilde{y}_{it} = c_t - y_{it}$，我们就可将该顶端截取转化成在 0 处的截取 $\tilde{y}_{it} = \min(0, c_t - y_{it}^*)$。

Hu 用 226 例黑人男性和 1 883 例白人男性的数据，估计了有截取修正和无截取修正的 AR(1) 模型，表 8.4 列出了估计的滞后实际年收入对数的系数。忽略截取时，用线性 GMM 方法估计该模型。考虑截取时，Hu 使用了在三个连续时间周期中具有正 SSA 收入观测值的非平衡面板数据。忽略截取时，对黑人男性和白人男性估计的 γ 非常接近。但考虑截取时，对白人男性估计的自回归

表 8.4　实际年收入对数的 AR(1) 系数的估计（以千为单位）[a]

线性 GMM（假设没有截取）		对截取进行修正的非线性 GMM	
黑人	白人	黑人	白人
0.379	0.399	0.210	0.380
(0.030)	(0.018)	(0.129)	(0.051)

[a] 括号内是标准误。

资料来源：Hu（1999）。

系数 γ 比对黑人男性的高得多。白人男性收入过程的更高持续性与有工作的白人男性有更好的社会保障，且在 1957—1973 年期间比黑人男性受到的经济波动冲击更弱的观点一致。

8.6.2　动态样本选择模型

当样本选择规则如式（8.2.4）内生地确定，且 y_{it}^* 由模型（8.6.2）或（8.6.3）给出时［要求由严格外生解释变量组成的向量 $\mathbf{w}_{it}$ 和 $\mathbf{x}_{it}$ 是不完全重叠的（可以有相同的元素）］，我们考虑如下模型[1]

$$y_{it}=d_{it}y_{it}^* \tag{8.6.14}$$

$$d_{it}=1\{\mathbf{w}_{it}'\mathbf{a}+\eta_i+v_{it}\},\qquad i=1,\cdots,N,\quad t=1,\cdots,T \tag{8.6.15}$$

其中（d_{it}，$\mathbf{w}_{it}$）总是可观测的，而（y_{it}^*，$\mathbf{x}_{it}$）仅当 $d_{it}=1$ 时可观测。为简化符号的表示，我们假定 d_{i0} 和 y_{i0} 也可观测。

在 $\gamma=0$ 的静态情形下，已知外生变量（$\mathbf{x}_i$，$\mathbf{w}_i$）的完整路径和个体效应（α_i，η_i）时，Kyriazidou (1997) 利用误差向量（u_{it}，v_{it}）的条件配对可交换性 325
得到 $\boldsymbol{\beta}$ 的识别。但模型（8.6.1）中存在滞后因变量时 Kyriazidou 估计量（8.4.33）具有不一致性。理由和线性动态面板数据模型中一样，一阶差分导致 $y_{i,t-1}^*$ 和转换误差项的相关性（见第 4 章）。但和线性情形一样，我们利用基于非观测变量和可观测变量相关结构的线性和非线性矩条件的估计法可导出 γ 和 $\boldsymbol{\beta}$ 的一致估计。

在"控制 $\boldsymbol{\xi}_i\equiv(\mathbf{w}_i',\alpha_i,\eta_i,y_{i0}^*,d_{i0})$［其中 $\mathbf{w}_i=(\mathbf{w}_{i1}',\cdots,\mathbf{w}_{iT}')'$］后 $\{u_{it},v_{it}\}$ 在各时期对所有的 i 独立同分布"的假设下，Kyriazidou (2001) 发现以事件 $\Delta\mathbf{w}_{it}'\mathbf{a}=0$ 为条件，有矩条件

$$E(d_{it}d_{i,t-1}d_{i,t-2}d_{i,t-j}\Delta u_{it}\mid\Delta\mathbf{w}'_{it}\mathbf{a}=0)=\mathbf{0},\qquad j=2,\cdots,t \tag{8.6.16}$$

和

$$E(d_{is}d_{it}d_{i,t-1}d_{i,t-2}\mathbf{x}_{is}\Delta u_{it}\mid\Delta\mathbf{w}'_{it}\mathbf{a}=0)=\mathbf{0},\qquad t=2,\cdots,T,\ s=1,\cdots,T \tag{8.6.17}$$

成立[2]，因为满足选择规则 $\mathbf{w}_{it}'\mathbf{a}=\mathbf{w}_{i,t-1}'\mathbf{a}$ 的个体 i 在两个时期样本选择效应的大小 $\lambda(\eta_i+\mathbf{w}_{it}'\mathbf{a})$ 和 $\lambda(\eta_i+\mathbf{w}_{i,t-1}'\mathbf{a})$ 相同。因此，以 $\Delta\mathbf{w}_{it}'\mathbf{a}=0$ 为条件，一阶差分清除了样本选择效应和个体特异效应。

令 $\boldsymbol{\theta}=(\gamma,\boldsymbol{\beta}')'$，$\mathbf{z}_{it}'=(y_{i,t-1},\mathbf{x}_{it}')$，且

$$m_{1it}(\boldsymbol{\theta})=d_{it}d_{i,t-1}d_{i,t-2}d_{i,t-j}y_{i,t-j}(\Delta y_{it}-\Delta\mathbf{z}'_{it}\boldsymbol{\theta}),\qquad t=2,\cdots,T,\quad j=2,\cdots,t \tag{8.6.18}$$

---

① $\mathbf{x}_{it}$ 和 $\mathbf{w}_{it}$ 不一致的假设排除了作为模型（8.6.14）和（8.6.15）的一种特殊情形的截取回归模型。

② Kyriazidou (2001) 证明，如果 $d_{it}^*=\phi d_{i,t-1}+\mathbf{w}_{it}'\mathbf{a}+\eta_i+v_{it}$，则这些矩条件也成立。

$$m_{2it,k}(\boldsymbol{\theta})=d_{is}d_{it}d_{i,t-1}d_{i,t-2}x_{is,k}(\Delta y_{it}-\Delta\mathbf{z}'_{it}\boldsymbol{\theta})$$
$$t=2,\cdots,T,\quad s=2,\cdots,T,\quad k=1,\cdots,K \tag{8.6.19}$$

Kyriazidou（2001）提出最小化二次型

$$\hat{G}_N(\boldsymbol{\theta})'A_N\hat{G}_N(\boldsymbol{\theta}) \tag{8.6.20}$$

的**核加权广义矩法**（kernel-weighted generalized method-of-moments，KGMM）估计量，其中 A_N 是依概率收敛于常数极限矩阵 A 的随机矩阵，$\hat{G}_N(\boldsymbol{\theta})$ 是样本矩堆积而成的向量，它的行是

326

$$\frac{1}{N}\sum_{i=1}^{N}\frac{1}{h_N}K\left(\frac{\Delta\mathbf{w}'_{it}\hat{\mathbf{a}}}{h_N}\right)m_{\ell it}(\boldsymbol{\theta}) \tag{8.6.21}$$

其中 $K(\cdot)$ 是核密度函数，$\hat{\mathbf{a}}$是 $\mathbf{a}$ 的一致估计，h_N 是当 $N\to\infty$时收缩为零的带宽。在确当条件下，Kyriazidou（2001）证明 KGMM 估计量是一致且渐近正态的。收敛的速度与在单变量非参数密度和回归函数的估计中一样，即以速度 $\sqrt{Nh_N}$ 收敛。

第9章 横截面相依面板数据

到目前为止，我们讨论的绝大多数面板数据推理过程都假定“除不随个体 327
变化但随时间波动的时间特异效应项之外，不同横截面单元中遗漏变量的效应是独立分布的”。经济理论则宣称经济人的行为将导致相互之间的相关性。譬如，经济理论认为，风险厌恶的经济人购买保险以使自己平稳应对突发风险，这种消费行为在个体之间产生了相关性。所有的横截面单元也可能被遗漏的公共因素影响。横截面相依性的产生使面板数据模型的统计推断变得非常复杂。但恰当处理面板数据中横截面单元之间的相依性不仅可以提高参数估计量的效率，而且与仅有横截面数据可获取情形相比还可简化统计推断。在 9.1 节我们分析忽略横截面相依带来的问题。在 9.2 节和 9.3 节讨论在横截面相依情形下建模的空间法和因子法。9.4 节讨论控制横截面相依影响的横截面均值增强法。9.5 节讨论检验横截面相依的方法。9.6 节展示当面板数据存在横截面相依时，在某些情形下通过度量处理效应后，相比仅有横截面数据可获取的情形，可能使统计分析大为简化。

9.1 横截面相依问题

标准的两效应项模型［如模型（3.6.8)］表明不同个体的观测值具有相同的相关性。但遗漏的公共因子对不同个体的影响可能不同。时间维度上的观测值，时间脚标，譬如 t 或 s，标示了自然的顺序和结构，但与之不同的是，在横截面维度上，观测值是没有顺序的。横截面上的脚标 i 或 j 是任意的。

令 $\mathbf{v}_i=(v_{1t},\cdots,v_{Nt})'$ 表示 t 时刻横截面误差项构成的 $N\times 1$ 向量，$N\times N$
矩阵 $\Sigma=(\sigma_{ij})$ 是其协方差矩阵。当 N 固定而 T 比较大时，对于个体 i 和 j，如 328
果控制变量 $\mathbf{x}_{it}$ 和 v_{it} 无关，则可直接用个体时序回归残差 $\hat{v}_{it}$，构造 $\frac{1}{T}\sum_{t=1}^{T}\hat{v}_{it}\hat{v}_{jt}$ 作为协方差 σ_{ij} 的估计。然后用**可行广义最小二乘估计法**（feasible generalized least-squares，FGLS）或 Zellner（1962）的**似无关回归法**（seemingly unrelated regression，SUR）估计斜率系数。FGLS 估计或 SUR 估计都是一致估计且渐

近正态分布。

当 T 有限时，在无约束条件下不可能一致地估计 Σ。但如果 Σ 的每行中最多仅有 h_N 个元素非零（即横截面相依在某种意义只是局部存在）[①]，且 $N\to\infty$ 时 $\frac{h_N}{N}\to 0$，则忽略横截面相依的面板数据估计量，虽然不是有效估计，但仍可能是一致估计且渐近正态分布［参见 Breitung 和 Das（2008）］。另一方面，如果 $N\to\infty$ 时 $\frac{h_N}{N}\to c\neq 0$，则忽略了横截面相依的估计量，不管 N 有多大，只要 T 是有限的，都不是一致估计［参见 Hsiao 和 Hahmiscioglu（2008）；Phillips 和 Sul（2007）］。[②]，为阐述清楚，考虑如下简单回归

$$y_{it}=\mathbf{x}_{it}'\boldsymbol{\beta}+v_{it},\qquad i=1,\cdots,N;\quad t=1,\cdots,T \tag{9.1.1}$$

其中 $E(v_{it}\mid\mathbf{x}_{it})=0$，若 $t\neq s$，则 $E(v_{it}v_{js})=0$，否则 $E(v_{it}v_{jt})=\sigma_{ij}$。令 $\Sigma=(\sigma_{ij})$ 是横截面误差项向量 $\mathbf{v}_t=(v_{1t},\cdots,v_{Nt})'$ 的 $N\times N$ 协方差矩阵。则 $\boldsymbol{\beta}$ 的混合最小二乘估计 $\hat{\boldsymbol{\beta}}_{\mathrm{LS}}$ 的协方差矩阵为

$$\mathrm{Cov}(\hat{\boldsymbol{\beta}}_{\mathrm{LS}})=\Big[\sum_{t=1}^{T}X_t'X_t\Big]^{-1}\Big[\sum_{t=1}^{T}X_t'\Sigma X_t\Big]\Big[\sum_{t=1}^{T}X_t'X_t\Big]^{-1} \tag{9.1.2}$$

其中 $X_t=(\mathbf{x}_{it}')$ 表示由第 t 期横截面解释变量 $\mathbf{x}_{it}$ 构成的 $N\times K$ 矩阵。因 Σ 是对称正定矩阵，故 Σ 可分解为

$$\Sigma=\mathrm{V}\Lambda\mathrm{V}' \tag{9.1.3}$$

其中 Λ 是对角矩阵，主对角元素为 Σ 的特征值，V 是正交矩阵。如果 Σ 有特征值是 N 阶的，则在 $\frac{1}{N}\sum_{i=1}^{N}\mathbf{x}_{it}$ 收敛于常数向量的常规假设下，$X_t'\Sigma X_t$ 的阶为 N^2。所以

$$\mathrm{Cov}(\hat{\boldsymbol{\beta}}_{\mathrm{LS}})=O\left(\frac{1}{T}\right)$$

329 换句话说，当 T 固定而 N 增大时，$\boldsymbol{\beta}$ 的最小二乘估计量收敛于一个随机变量，而不是常数。

9.2 空间方法

9.2.1 简介

在区域科学中，横截面单元的相关性被假定服从某个空间秩序，也就是说，横截面单元之间的相依性与位置和距离有关，这里的“位置”和“距离”的概

---

① 这等于说当 $N\to\infty$ 时，Σ 的特征值是有界的。Pesaran 和 Tosetti（2010）将其定义为“弱相依”。

② 这等于说 Σ 的特征值是 $O(N)$，Pearsan 和 Tosetti（2010）将其称为“强相依”。

念，可以是地理意义上的，或是更一般的经济意义上的，也可以是更广泛的社会网络空间上的［参见 Anselin（1998）；Anselin 和 Griffith（1988）；Anselin，Le Gallo，Jayet（2008）］。相邻关系用一个所谓的“空间权重矩阵” $W=(w_{ij})$ 表示，W 是一个元素为正值的 $N\times N$ 矩阵，行或列对应相应的横截面单元，元素 w_{ij} 表示位置 i（矩阵的第 i 行）与位置 j（矩阵的第 j 列）之间相互关系的先验强度。按照惯例，令主对角元素 $w_{ii}=0$。通常会用行正则化方法对权值进行标准化，使得每行的和等于 1，即 $\sum_{i=1}^{N} w_{ij}=1$，譬如，W 的第 i 行 $\mathbf{w}'=(d_{i1},\cdots,d_{iN})/\sum_{j=1}^{N}d_{ij}$，这里的 $d_{ij}>0$ 是关于第 i 个单元与第 j 个单元在某（特征）空间上距离的函数。

空间权重矩阵 W 常通过所谓的**空间滞后算子**（spatial lag operator）引入模型，或与因变量结合，或与误差项结合，或与二者都结合。譬如，对包含 $NT\times 1$ 的向量 $\mathbf{y}=(\mathbf{y}_1',\cdots,\mathbf{y}_N')'$［其中 $\mathbf{y}_i=(y_{i1},\cdots,y_{iT})'$］的**空间滞后模型**（spatial lag model），模型表达式为

$$\mathbf{y}=\rho(W\otimes I_T)\mathbf{y}+X\boldsymbol{\beta}+\mathbf{u} \tag{9.2.1}$$

其中 X 表示由解释变量构成的 $NT\times K$ 矩阵，$\mathbf{u}$ 表示 $NT\times 1$ 误差项向量［Anselin（1988）和 Ord（1975）将该模型称为**混合回归模型**（mixed regression model），**空间自回归模型**（spatial autoregression model）］。**空间误差模型**（spatial error model）的表达式为

$$\mathbf{y}=X\boldsymbol{\beta}+\mathbf{v} \tag{9.2.2}$$

其中 $\mathbf{v}$ 可设为**空间自回归**（spatial autoregressive）的形式

$$\mathbf{v}=\theta(W\otimes I_T)\mathbf{v}+\mathbf{u} \tag{9.2.3}$$

或**空间移动平均**（spatial moving average）的形式

$$\mathbf{v}=\theta(W\otimes I_T)\mathbf{u}+\mathbf{u} \tag{9.2.4}$$

其中的 $\mathbf{u}_i'=(u_{i1},\cdots,u_{iT})$ 对不同的个体 i 是独立分布的，且 $E\mathbf{u}_i\mathbf{u}_i'=\sigma_u^2 I_T$。

模型（9.2.1）中的 $\mathbf{y}$ 通过 $[(I_N-\rho W)^{-1}\otimes I_T]$ 联合确定，而模型 330
（9.2.2）中的 $\mathbf{v}$［$\mathbf{v}$ 满足式（9.2.3）］通过 $[(I_N-\theta W)^{-1}\otimes I_T]$ 联合确定。因

$$(I_N-\rho W)^{-1}=I_N+\rho W+\rho^2W^2+\cdots \tag{9.2.5}$$

或

$$(I_N-\theta W)^{-1}=I_N+\theta W+\theta^2W^2+\cdots \tag{9.2.6}$$

为确保“距离”在横截面单元中的影响是衰减的，通常假定 ρ 或 θ 的绝对值小于 1。[①]

空间自回归关系（9.2.3）表明在 t 期的 N 个横截面单元的误差向量 $\mathbf{v}=(v_{1t},\cdots,v_{Nt})'$ 的协方差矩阵为

$$E\mathbf{v}_t\mathbf{v}_t'=\sigma^2[I_N-\theta W]^{-1}[I_N-\theta W']^{-1}=V \tag{9.2.7}$$

空间移动平均关系（9.2.4）表明 $\mathbf{v}_t$ 的协方差矩阵为

① W 每行元素之和等于 1 以及 γ 和 θ 的绝对值小于 1 表明空间模型设定的是横截面“弱”相依关系。

$$
\begin{aligned}
E\mathbf{v}_t\mathbf{v}'_t &= \sigma_u^2[I_N+\delta W][I_N+\delta W]' \\
&= \sigma_u^2[I_N+\delta(W+W')+\delta^2 WW'] = \widetilde{V}
\end{aligned}
\tag{9.2.8}
$$

当 W 是稀疏矩阵（即 W 中大量元素为 0），譬如分块对角矩阵时，只有在同一区域的个体被认为存在相邻关系，而不同区域的个体被认为是无关的。通过某些相邻关系设定的 W 也可能是稀疏的，譬如，某区域是一个空间单元，可设定与该区域存在公共边界的其他区域与之存在相邻关系。空间移动平均形式的误差项设定允许横截面相依是如式（9.2.8）的“局部”关系。另一方面，空间自回归形式的误差项设定，对比由非零元素构造的权重矩阵 W，给出的空间协方差关系更为广泛，表明个体间存在如式（9.2.7）的“全局”协方差结构。

Conley（1999）将空间方法进一步推广，提出用“经济距离”这一概念表示两个经济人之间的相邻关系。不同时点随机向量的联合分布在位置发生变化后是不变的，该函数仅仅是关于个体间“经济距离”的函数。譬如，假定总体是低维欧式空间，譬如 R^2 中的子集，个体 i 位于点 s_i。（样本是由随机子样在样本空间内某位置集合 $\{s_i\}$ 中的点处的观测值构成的。）如果两个个体的位置
331 s_i 和 s_j 接近，则 y_{it} 和 y_{is} 可能高度相关。随着 s_i 与 s_j 之间距离增大，y_{it} 和 y_{is} 逐渐变得无关。在此假设下，横截面数据间的相依性可用类似时序数据模型的参数或非参数方法进行估计［参见 Hall，Fisher 和 Hoffman（1992）；Prietley（1982）；Newey 和 West（1987）］。

对比仅含时间特异效应项（或组特异效应项）的模型（见第 3 章 3.6 节），虽然根据“经济距离”定义横截面相依的方法考虑了更为复杂的相依性，但该方法仍要求计量经济学家掌握关于“经济距离”的信息。在城市经济学、环境经济学、发展经济学、增长经济学以及经济学的其他一些领域，有可能获取经济距离信息。譬如，在地方公共产品支付意愿调查中，经济距离可能是在使用这些公共产品的点之间转换的时间和金钱成本。或者，如果舒适的环境主要是空气质量，则对相邻的横截面单元来说，当地气候条件可能是主要的不可观测共同因素。其他例子还有农村经济发展中的风险分担研究，在农业经济中对个体的主要冲击可能是气候因素。如果情况确实如此，则对两个个体农场天气相关性的度量，可能是二者之间经济距离合适的代理变量。在一些其他情形下，诸如此类的先验信息可能难以获取。但 W 的行和等于以及 Δ 与 θ 的绝对值小于 1 表明总体由 N 个横截面单元组成。换句话说，空间方法是基于 T 期观测值进行总体分析。如果将 N 当作总体容量，则空间自回归模型意味着横截面相依关系比较弱。或者说，每个横截面单元只是与固定数量的其他单元存在相关性。在横截面单元弱相依假设下，不管模型仅包含个体特异效应项，还是同时包含个体特异效应项和时间特异效应项，其回归系数 $\boldsymbol{\beta}$ 的协方差估计量（3.2.8）或（3.6.13），在 T 固定、$N\to\infty$，或 N 固定、T 趋于无穷，或二者都趋于无穷时，仍是一致估计。但如果忽略横截面相依，则在假设检验时可能存在严重的尺度畸变。Vogelsang（2012）证明，由 Driscoll 和 Kraay（1998）基于横截面均值的 Newey-West（1987）异方差自回归（HAC）协方差矩阵估计量

$$T\Big(\sum_{i=1}^{N}\sum_{t=1}^{T}\tilde{\mathbf{x}}_{it}\tilde{\mathbf{x}}'_{it}\Big)^{-1}\hat{\Omega}\Big(\sum_{i=1}^{N}\sum_{t=1}^{T}\tilde{\mathbf{x}}_{it}\tilde{\mathbf{x}}'_{it}\Big)^{-1} \tag{9.2.9}$$

的协方差矩阵估计在异方差、自相关、空间相依等情形中是稳健的，其中如果使用的是模型（3.2.8），则 $\tilde{\mathbf{x}}_{it}=(\mathbf{x}_{it}-\bar{\mathbf{x}}_i)$，如果使用的是模型（3.6.13），则 $\tilde{\mathbf{x}}_{it}=(\mathbf{x}_{it}-\bar{\mathbf{x}}_i-\bar{\mathbf{x}}_t+\bar{\mathbf{x}})$，另外有，$\bar{\mathbf{x}}_i=\frac{1}{T}\sum_{t=1}^{T}\mathbf{x}_{it}$，$\bar{\mathbf{x}}_t=\frac{1}{N}\sum_{i=1}^{N}\mathbf{x}_{it}$，$\bar{\mathbf{x}}=\frac{1}{N}\sum_{i=1}^{N}\bar{\mathbf{x}}_i=\frac{1}{T}\sum_{t=1}^{T}\tilde{\mathbf{x}}_t$，以及 332

$$\hat{\Omega}=\frac{1}{T}\left\{\sum_{t=1}^{T}\hat{\mathbf{v}}_t^*\hat{\mathbf{v}}_t^{*\prime}+\sum_{j=1}^{T-1}k\left(\frac{j}{m}\right)\left[\sum_{t=j+1}^{T}\hat{\mathbf{v}}_t^*\hat{\mathbf{v}}_{t-j}^{*\prime}+\sum_{t=j+1}^{T}\hat{\mathbf{v}}_{t-j}^*\hat{\mathbf{v}}_t^{*\prime}\right]\right\}$$

$$\hat{\mathbf{v}}_{it}^*=\tilde{\mathbf{x}}_{it}(\tilde{y}_{it}-\tilde{\mathbf{x}}'_{it}\hat{\boldsymbol{\beta}}_{\mathrm{CV}}) \tag{9.2.10}$$

$$\hat{\mathbf{v}}_t^*=\frac{1}{N}\sum_{i=1}^{N}\tilde{\mathbf{x}}_{it}(\tilde{y}_{it}-\tilde{\mathbf{x}}'_{it}\hat{\boldsymbol{\beta}}_{\mathrm{CV}})=\frac{1}{N}\sum_{i=1}^{N}\hat{\mathbf{v}}_{it}^*$$

如果使用的是模型（3.2.8），则$\tilde{y}_{it}=(y_{it}-\bar{y}_i)$，如果使用的是模型（3.6.13），则 $\tilde{y}_{it}=(y_i-\bar{y}_i-\bar{y}_t+-\bar{y})$，如果 $\left|\frac{j}{m}\right|<1$，则 $k\left(\frac{j}{m}\right)=1-\left|\frac{j}{m}\right|$，如果 $\left|\frac{j}{m}\right|>1$，则 $k\left(\frac{j}{m}\right)=0$，$m$ 是事先就已确定的不超过 T 的常数。m 值的确定取决于研究人员认为误差项 u_{it} 之间的序列相关性有多强。

9.2.2　空间误差模型

空间误差模型（9.2.2）对应的对数似然函数为

$$-\frac{1}{2}\log|\Omega|-\frac{1}{2}\mathbf{v}'\Omega^{-1}\mathbf{v} \tag{9.2.11}$$

如果$\mathbf{v}$满足空间自回归关系（9.2.3），则

$$\Omega=V\otimes I_T \tag{9.2.12}$$

如果$\mathbf{v}$满足空间移动平均关系（9.2.4），则

$$\Omega=\tilde{V}\otimes I_T \tag{9.2.13}$$

控制 θ 或 Δ 后，$\boldsymbol{\beta}$ 的 MLE 也就是 GLS 估计量

$$\hat{\boldsymbol{\beta}}=(X'\Omega^{-1}X)^{-1}(X'\Omega^{-1}\mathbf{y}) \tag{9.2.14}$$

当 Ω 如式（9.2.12）时，整理对数似然函数（9.2.11）可得

$$T\log|I_N-\theta W|-\frac{NT}{2}\log\sigma_u^2-\frac{1}{2\sigma_u^2}(\mathbf{y}-X\boldsymbol{\beta})'[(I_N-\theta W)'(I_N-\theta W)\otimes I_T](\mathbf{y}-X\boldsymbol{\beta}) \tag{9.2.15}$$

Ord（1975）指出

$$|I_N-\theta W|=\prod_{j=1}^{N}(1-\theta w_j) \tag{9.2.16}$$

其中 w_j 是 W 的特征值，即使 W 行正则化后不再是对称矩阵，这些特征值仍是实数。将式（9.2.16）代入式（9.2.15），使用迭代优化方法即可估算在每个可能的
333 （θ，$\boldsymbol{\beta}'$）处的对数似然函数值。但 N 增大时，特征值的计算变得数值不稳定。

9.2.3 空间滞后模型

在空间滞后模型（9.2.1）中，右端的 $(W\otimes I_T)\mathbf{y}$ 和 $\mathbf{u}$ 是相关的。当 $\mathbf{u}\sim N(\mathbf{0},\sigma_u^2 I_{NT})$ 时，模型（9.2.1）应对的对数似然函数为

$$T\log|I_N-\rho W|-\frac{NT}{2}\log\sigma_u^2$$
$$-\frac{1}{2\sigma_u^2}[\mathbf{y}-\rho(W\otimes I_T)\mathbf{y}-X\boldsymbol{\beta}]'[\mathbf{y}-\rho(W\otimes I_T)\mathbf{y}-X\boldsymbol{\beta}],\quad|\rho|<1 \tag{9.2.17}$$

当 T 固定时，在“w_{ij} 的阶不超过 h_N^{-1}，且 N 趋于无穷时，$h_N/N\to 0$”的假设下，MLE 是 $\sqrt{N}$ 一致收敛且渐近正态分布的［参见 Lee（2004）］。但当 N 很大时，正如由式（9.2.11）导出 MLE 一样，由式（9.2.1）导出 MLE 非常烦琐，且数值不稳定［参见 Kelehjian 和 Prucha（2001）；Lee（2004）］。$|I_N-\rho W|$ 的表达式形如式（9.2.16）。类似于对式（9.2.15）使用的迭代优化方法可用来估算在每个可能的（ρ，$\boldsymbol{\beta}'$）。当 N 较大时，特征值的计算同样数值不稳定。

还可用工具变量法或广义矩法（或两阶段最小二乘法）估计（ρ，$\boldsymbol{\beta}'$）［参见 Kelehjian 和 Prucha（2001）］，得到

$$\begin{pmatrix}\hat{\rho}\\ \hat{\boldsymbol{\beta}}\end{pmatrix}=[Z'H(H'H)^{-1}H'Z]^{-1}[Z'H(H'H)^{-1}H'\mathbf{y}] \tag{9.2.18}$$

其中 $Z=[(W\otimes I_T)\mathbf{y},X]$，$H=[(W\otimes I_T)X,X]$。Lee（2003）证明要获取最优工具变量估计量，需令 $H=[(W\otimes I_T)E\mathbf{y},X]$，其中 $E\mathbf{y}=[I_{NT}-\rho(W\otimes I_T)]^{-1}X\boldsymbol{\beta}$。最优工具变量的构造需要有 ρ 和 $\boldsymbol{\beta}$ 的一致估计量作为初始值。

当 $w_{ij}=O(N^{-(\frac{1}{2}+\delta)})$ 时（$\delta>0$），$E[(W\otimes I_T)\mathbf{y}\mathbf{u}']=o(N^{-\frac{1}{2}})$，此时可忽略 $(W\otimes I_T)\mathbf{y}$ 与 $\mathbf{u}$ 之间的相关性。用最小二乘法估计模型（9.2.1）可导出（ρ，$\boldsymbol{\beta}'$）的一致且渐近正态分布的估计量［参见 Lee（2002）］。但 W 是稀疏矩阵时，这些条件可能难以满足。譬如，在 Case（1991）的文献中，“邻居”指在同一街区的家庭。每位邻居获得相同的权重。假定有 r 个街区，每个街区有 m 个家庭，则 $N=mr$。如果家庭 i 和 j 属于同一个街区，则 $w_{ij}=\frac{1}{m}$，若 i 和 j 属于不同的街区，则 $w_{ij}=0$。如果 $N\to\infty$ 时有 $r\to\infty$，且样本中的 N 比 r 大得多，则我们可以认为 $w_{ij}=O(N^{-(\frac{1}{2}+\delta)})$ 的条件是满足的。另一方面，如果 r 比 m 大得多，或有 $\lim_{N\to\infty}\frac{r}{m}=c\neq 0$，则条件 $w_{ij}=O(N^{-\frac{1}{2}(N+\delta)})$ 不成立。

334
9.2.4 含个体特异效应的空间误差模型

我们还可以将空间法和误差成分法或固定效应法综合起来［见 Kapoor，

Kelejian 和 Prucha (2007); Lee 和 Yu (2010a, b)]。譬如，我们可以在空间误差模型中添加个体特异效应项

$$\mathbf{y}=X\boldsymbol{\beta}+(I_N\otimes\mathbf{e}_T)\alpha+\mathbf{v} \tag{9.2.19}$$

从而对其进行推广，其中 $\alpha=(\alpha_1, \cdots, \alpha_N)'$。假定 α 是固定常数，$\mathbf{v}$满足如式 (9.2.3) 的空间误差自回归关系，模型对应的对数似然函数如式 (9.2.11) 所示，其中的 Ω 由式 (9.2.12) 给出，而$\mathbf{v}=(\mathbf{y}-X\boldsymbol{\beta}-(I_N\otimes\mathbf{e}_T)\boldsymbol{\beta})$。求该对数似然函数关于 α 的一阶偏导数并令其等于$\mathbf{0}$得到似然方程组，求解该似然方程组可得到 α 在控制 $\boldsymbol{\beta}$ 和 θ 后的 MLE。将 α 在控制 $\boldsymbol{\beta}$ 与 θ 后的 MLE 代入对数似然函数，化简后得到如下似然函数

$$-\frac{NT}{2}\log\sigma_u^2+T\log|I_N-\theta W|$$
$$-\frac{1}{2\sigma_u^2}\tilde{\mathbf{v}}'[(I_N-\theta W)'(I_N-\theta W)\otimes I_T]\tilde{\mathbf{v}} \tag{9.2.20}$$

其中$\mathbf{v}$的元素为$\tilde{v}_{it}=(y_{it}-\bar{y}_i)-(\mathbf{x}_{it}-\bar{\mathbf{x}}_i)'\boldsymbol{\beta}$，$\bar{y}_i=\frac{1}{T}\sum_{t=1}^{T}y_{it}$，以及$\bar{\mathbf{x}}_i=\frac{1}{T}\sum_{t=1}^{T}\mathbf{x}_{it}$。换句话说，导出 $\boldsymbol{\beta}$ 的 MLE 的过程等于先对每个 y_{it} 和$\mathbf{x}_{it}$进行协方差转换，去掉个体特异效应项 α_i，再对式 (9.2.20) 进行最大化以获取包含固定效应项的空间误差模型的 MLE。

当 N 或 T 趋于无穷时，$\boldsymbol{\beta}$ 和 θ 的 MLE 是一致估计。但 α 和σ_u^2 的 MLE 只有在 $T\to\infty$时才是一致估计。要在 T 有限而 N 较大时得到 $(\boldsymbol{\beta}, \theta, \sigma_u^2)$ 的一致估计，Lee 和 Yu (2010a, b) 建议最大化①

$$-\frac{N(T-1)}{2}\log\sigma_u^2+(T-1)\log|I_N-\theta W|$$
$$-\frac{1}{2\sigma_u^2}\tilde{\mathbf{v}}'[(I_N-\theta W)'(I_N-\theta W)\otimes I_T]\tilde{\mathbf{v}} \tag{9.2.21}$$

将 α_i 当作独立于 $\mathbf{u}$ 的随机变量时，如果 α_i 和 u_{it}都与 X 独立，且都是独立同分布的，均值都为 0，方差分别为 ${\sigma_\alpha}^2$ 和 σ_u^2，则 $\mathbf{v}$ 的协方差矩阵为 $NT\times NT$ 的矩阵

$$\Omega=\sigma_u^2(I_N\otimes J_T)+\sigma_u^2((B'B)^{-1}\otimes I_T) \tag{9.2.22}$$

其中 J_T 是所有元素都为 1 的 $T\times T$ 矩阵，$B=(I_N-\theta W)$。根据 Wansbeek 和 Kapteyn (1978) 的结论，可证明 [参见 Baltagi 等 (2007)] 335

$$\Omega^{-1}=\sigma_u^{-2}\left\{\frac{1}{T}J_T\otimes[T\phi I_N+(B'B)^{-1}]^{-1}+E_T\otimes B'B\right\} \tag{9.2.23}$$

其中 $E_T=I_T-\frac{1}{T}J$，$\phi=\frac{{\sigma_\alpha}^2}{\sigma_u^2}$，

$$|\Omega|=\sigma_u^{2NT}|T\phi I_N+(B'B)^{-1}|\cdot|(B'B)^{-1}|^{T-1} \tag{9.2.24}$$

---

① 事实上，式 (9.2.21) 借助转换矩阵 Q^* 得到，其中 $Q^*=\left[F, \frac{1}{\sqrt{T}}I_T\right]$，$F$ 是矩阵 $Q=I_T-\frac{1}{T}\mathbf{e}_T\mathbf{e}_T'$属于由特征值 1 的特征向量构成的 $T\times(T-1)$ 矩阵。

将式（9.2.23）和（9.2.24）代入对数似然函数，可导出 $\boldsymbol{\beta}$、θ、σ_u^2 以及 $\sigma_\alpha{}^2$ 的 MLE［参见 Anselin（1988）第 154 页］。

对于随机效应空间误差模型，将 ϕ 和 θ 的初始一致估计代入式（9.2.23），即可导出 $\boldsymbol{\beta}$ 的 FGLS（9.2.14）。Kappoor 等（2007）建议利用矩条件（θ，σ_u^2，$\tilde{\sigma}^2=\sigma^2+T\sigma_\alpha{}^2$）进行矩法估计。

9.2.5 含个体特异效应项的空间滞后模型

对包含个体特异效应项的空间滞后模型

$$\mathbf{y}=\rho(W\otimes I_T)\mathbf{y}+X\boldsymbol{\beta}+(I_N\otimes\mathbf{e}_T)\boldsymbol{\alpha}+\mathbf{u} \tag{9.2.25}$$

如果将 $\boldsymbol{\alpha}$ 当作常数，则模型（9.2.25）对应的对数似然函数与式（9.2.20）相似，即

$$\begin{aligned}&T\log|I_N-\rho W|-\frac{NT}{2}\log\sigma_u^2\\&-\frac{1}{2\sigma_u^2}\{[\mathbf{y}-\rho(W\otimes I_T)\mathbf{y}-X\boldsymbol{\beta}-(I_N\otimes\mathbf{e}_T)\boldsymbol{\alpha}]'\\&\times[\mathbf{y}-\rho(W\otimes I_T)\mathbf{y}-X\boldsymbol{\beta}-(I_N\otimes\mathbf{e}_T)\boldsymbol{\alpha}]\}\end{aligned} \tag{9.2.26}$$

（$\boldsymbol{\beta}$，$\boldsymbol{\alpha}$）的 MLE 可通过类似处理式（9.2.20）的方法导出。

将 α_i 当作随 i 变化且方差为 σ_u^2 的独立于 X 的随机变量时，则有

$$\begin{aligned}&E\{[\mathbf{u}+(I_N\otimes\mathbf{e}_T)\boldsymbol{\alpha}][\mathbf{u}+(I_N\otimes\mathbf{e}_T)\boldsymbol{\alpha}]'\}\\&=I_N\otimes V^*\end{aligned} \tag{9.2.27}$$

其中 $V^*=\sigma_u^2 I_T+\sigma_\alpha^2\mathbf{e}_T\mathbf{e}_T'$。空间滞后模型（9.2.1）的 MLE 或准 MLE 可通过最大化

$$\begin{aligned}&T\log|I_N-\rho W|-\frac{N(T-1)}{2}\log\sigma_u^2-\frac{N}{2}\log(\sigma_u^2+T\sigma_\alpha{}^2)\\&-\frac{1}{2}(\mathbf{y}^*-X\boldsymbol{\beta})'(I_N\otimes V^{*-1})(\mathbf{y}^*-X\boldsymbol{\beta})\end{aligned} \tag{9.2.28}$$

336 导出，其中 $\mathbf{y}^*=[I_{NT}-\rho(W\otimes I_T)]\mathbf{y}$。控制 ρ、σ_u^2 以及 $\sigma_\alpha{}^2$ 后，$\boldsymbol{\beta}$ 的 MLE 就是 GLS 估计

$$\hat{\boldsymbol{\beta}}=[X'(I_N\otimes V^{*-1})X]^{-1}[X'(I_N\otimes V^{*-1})][I_{NT}-\rho(W\otimes I_T)]\mathbf{y} \tag{9.2.29}$$

其中 V^{*-1} 如式（3.3.7）所示。Kapoor 等（2007）给出了导出 σ_u^2、$\sigma_\alpha{}^2$ 以及 ρ 初始一致估计的矩条件。

我们还可以讨论在关于 $\mathbf{v}$ 空间误差模型中引入随机个体特异效应项 $\boldsymbol{\alpha}$ 的复杂模型。譬如，令

$$\mathbf{y}=\rho(W_1\otimes I_T)\mathbf{y}+X\boldsymbol{\beta}+(I_N\otimes\mathbf{e}_T)\boldsymbol{\alpha}+\mathbf{v} \tag{9.2.30}$$

其误差项为

$$\mathbf{v}=\theta(W_2\otimes I_T)\mathbf{v}+\mathbf{u} \tag{9.2.31}$$

其中 W_1 和 W_2 是 $N\times N$ 的空间权重矩阵，$\boldsymbol{\alpha}$ 是由个体特异效应项组成的 $N\times1$ 向量。令 $S(\rho)=I_N-\rho W_1$，$R(\theta)=I_N-\theta W_2$。在 u_{it} 相互独立且正态分布的假

设下，模型（9.2.30）对应的对数似然函数为

$$\log L = -\frac{NT}{2}\log\sigma_u^2 + T\log|S(\rho)| + T\log|R(\theta)| - \frac{1}{2}\tilde{\mathbf{v}}^{*\prime}\tilde{\mathbf{v}}^{*} \tag{9.2.32}$$

其中

$$\tilde{\mathbf{v}}^{*} = [R(\theta)\otimes I_T][(S(\rho)\otimes I_T)\mathbf{y} - X\boldsymbol{\beta} - (I_N\otimes \mathbf{e}_T)\boldsymbol{\alpha}] \tag{9.2.33}$$

然后用类似处理式（9.2.20）的方法计算 MLE（u 不服从正态分布时，该估计量为准 MLE）[细节详见 Lee 和 Yu（2010a，b）]。

9.2.6　空间动态面板数据模型

考虑如下动态面板数据模型

$$\mathbf{y} = \mathbf{y}_{-1} + X\boldsymbol{\beta} + (I_N\otimes \mathbf{e}_T)\boldsymbol{\alpha} + \mathbf{v} \tag{9.2.34}$$

其中$\mathbf{y}_{-1}$表示由不含最后一期的 y_{it} 构成的 $NT\times 1$ 向量，即$\mathbf{y}_{-1}=(y_{10}, \cdots, y_{1,T-1}, \cdots, y_{N,T-1})'$，$X$ 表示由外生变量构成的 $NT\times K$ 矩阵，即 $X=(\mathbf{x}_{it}')$，$\boldsymbol{\alpha}=(\alpha_1, \cdots, \alpha_N)'$为 $N\times 1$ 的固定效应向量。如果误差项满足空间自回归关系（9.2.3），以及 $|\gamma|<1$，则 $\gamma+\theta=1$ 时，即便 $\gamma\neq 1$，模型仍可能是空间协整的 [参见 Yu 和 Lee（2010）]。Yu 等（2012）证明，当 T 趋于无穷时，$(\gamma, \theta, \boldsymbol{\beta}, \boldsymbol{\alpha})$ 的 MLE 是$\sqrt{NT}$一致估计。但如果 $\gamma+\theta=1$，估计量中包含常数因子$\sqrt{NT}$时，MLE 的渐近协方差矩阵是奇异矩阵，因为空间和动态效应的和收敛速度更快 [参见 Yu 和 Lee（2010）]。

Yu 等（2012）还讨论了包含空间时间效应项的动态空间滞后模型 337

$$\begin{aligned}\mathbf{y} = {} & (\rho W\otimes I_T)\mathbf{y} + \mathbf{y}_{-1}\gamma + (\rho^{*} W\otimes I_T)\mathbf{y}_{-1} + X\boldsymbol{\beta} \\ & + (I_N\otimes \mathbf{e}_T)\boldsymbol{\alpha} + \mathbf{v}\end{aligned} \tag{9.2.35}$$

的估计问题。如果 $\gamma+\rho+\rho^{*}<1$，则模型（9.2.35）是稳定的，如果 $\gamma+\rho+\rho^{*}=1$，但 $\gamma\neq 1$，则模型是空间协整的。他们还讨论了 N 和 T 增大时（准）MLE 的渐近性质，并提出了相应的偏误修正方法。

9.3　因子方法

我们还可用其他方法为横截面相依现象建模，譬如，假定误差项满足线性因子模型

$$v_{it} = \sum_{j=1}^{r} b_{ij} f_{jt} + u_{it} = \mathbf{b}_i'\mathbf{f}_t + u_{it} \tag{9.3.1}$$

其中$\mathbf{f}_t=(f_{1t}, \cdots, f_{rt})'$表示由均值为 0 的随机因子构成的 $r\times 1$ 向量，$\mathbf{b}_i=(b_{i1}, \cdots, b_{ir})'$是非随机因子载荷系数构成的 $r\times 1$ 向量（避免与 u_{it} 不可分），u_{it}表示偶然冲击因素的影响，这些冲击与$\mathbf{f}_t$ 独立，对不同的个体 i 是独立分布的，在不同的时期 t 具有相同的方差。

因子模型是分析包含在滞后数据中的综合信息的有效方法 [参见 Bai

(2003，2009)；Bai 和 Ng（2002）]。常见的时间特异效应模型（见第 3 章）是模型（9.3.1）在 $r=1$ 和对所有的 i 和 ℓ 都有 $b_i=b_\ell$ 时的特殊情形。因子模型相对空间方法的优点是不用事先设定个体 i 与 j 之间相关性的强弱程度。

令 $\mathbf{v}_t=(v_{1t},\ \cdots,\ v_{Nt})'$，则

$$\mathbf{v}_t=B\mathbf{f}_t+\mathbf{u}_t \tag{9.3.2}$$

其中 $B=(b_{ij})$ 是 $N\times r$ 的因子载荷矩阵，$\mathbf{u}_t=(u_{1t},\ \cdots,\ u_{Nt})'$。则

$$E\mathbf{v}_t\mathbf{v}_t'=B(E\mathbf{f}_t\mathbf{f}_t')B'+D \tag{9.3.3}$$

其中 D 是 $\mathbf{u}_t$ 的协方差矩阵，它是 $N\times N$ 的主对角矩阵。v_{it} 与 $v_{\ell t}$ 的协方差为

$$Ev_{it}v_{\ell t}=\mathbf{b}_i'(E\mathbf{f}_t\mathbf{f}_t')\mathbf{b}_\ell \tag{9.3.4}$$

对任何 $r\times r$ 的非奇异矩阵 A，都有 $B\mathbf{f}_t=BAA^{-1}\mathbf{f}_t$。也就是说，如果没有 r^2 个正则化条件（或先验约束条件），$\mathbf{b}_i$ 和 $\mathbf{f}_t$ 是无法唯一识别的。常用的正则化条件为 $E\mathbf{f}_t\mathbf{f}_t'=I_r$。但即便在该假设下，也只能得到 $\frac{r(r+1)}{2}$ 个关于 B 的约束条件。B 只能在标准正交变换下才能被识别，即对任何 $r\times r$ 正交矩阵 C，有
338 $BCC'B'=BB'$ [参见 Anderson (1985)]。此外还需要另外 $\frac{r(r-1)}{2}$ 个约束条件，譬如要求 $B'B$ 是主对角矩阵。①

对给定的 v_{it} 和 r，可通过最小化

$$\begin{aligned}\tilde{V}(r)&=\frac{1}{NT}\sum_{i=1}^{N}\sum_{t=1}^{T}(v_{it}-\mathbf{b}_i'\mathbf{f}_t)^2\\&=\frac{1}{NT}\operatorname{tr}[(V-FB')(V'-BF')]\end{aligned} \tag{9.3.5}$$

来估计 B 和 F，其中 $V=(\mathbf{v}_1,\ \cdots,\ \mathbf{v}_N)$ 是 $T\times N$ 矩阵，其第 i 列为 $\mathbf{v}_i=(v_{i1},\ \cdots,\ v_{iT})'$，$F=(\mathbf{f}_1,\ \cdots,\ \mathbf{f}_r)$ 是 $T\times r$ 矩阵，其第 j 列为 $\mathbf{f}_j=(f_{j1},\ \cdots,\ f_{jT})'$。求式（9.3.5）关于 B 的一阶偏导数后令它们等于 0，并用正则化条件 $\frac{1}{T}F'F=I_r$，可得到

$$B=\frac{1}{T}V'F \tag{9.3.6}$$

将式（9.3.6）代入式（9.3.5），最小化式（9.3.5）等价于在约束条件"$B'B$ 是对角矩阵"下最大化 $\operatorname{tr}[F'(V'V)F]$。故用 $\sqrt{T}$ 乘以 $T\times T$ 矩阵 $\sum_{i=1}^{N}\mathbf{v}_i\mathbf{v}_i'$ 的最大 r 个特征值对应的特征向量，并记为 $\hat{F}$，$\hat{F}$ 就是对 $T\times r$ 公共因子 $F=(\mathbf{f}_1,\ \cdots,\ \mathbf{f}_r)$ 的估计 [参见 Anderson (1985)]。给定 $\hat{F}$ 后，即可导出因子载荷矩阵 B 的估计 $\hat{B}=\frac{1}{T}V'\hat{F}$。

为识别 r，Bai 和 Ng（2002）指出如果 $\lim_{N\to\infty}\frac{1}{N}B'B$ 收敛于 $r\times r$ 的非奇异常

---

① 即便在此情形下，唯一识别性还与符号变化有关。譬如，$-\mathbf{f}_t$ 和 $-B$ 也满足约束条件。但 v_{it} 和 v_{jt} 的协方差还是一样的，对任何 $r\times r$ 的正交矩阵，$E(v_{it}v_{jt})=\mathbf{b}_i'\mathbf{b}_j=\mathbf{b}_i^{*\prime}\mathbf{b}_j^{*}=\mathbf{b}_i'CC'\mathbf{b}_j$。

数矩阵 A，则式（9.3.3）的最大 r 个特征值是 N 阶的，因为 $B'B$ 的 r 个正的特征值就是 BB' 的 r 个特征值。换句换说，r 个公共因子 $\mathbf{f}_t$，事实上导出了所有的 $N\times 1$ 得误差项 $\mathbf{v}_t$。因此，当 r 未知时，在假设 $\lim_{N\to\infty}\frac{1}{N}B'B=A$ 下，Bai 和 Ng（2002）建议使用以下准则

$$\min_{k}\mathrm{PC}(k)=\hat{V}(k)+kg(N,\ T) \tag{9.3.7}$$

或

$$\min_{k}\mathrm{IC}(k)=\ln\hat{V}(k)+kg(N,\ T) \tag{9.3.8}$$

其中 $k<\min(N,\ T)$，

$$\hat{V}(k)=\min_{B^k,\ F^k}(NT)^{-1}\sum_{i=1}^{N}\sum_{t=1}^{T}(\hat{v}_{it}-\hat{\mathbf{b}}_i^{k\prime}\hat{\mathbf{f}}_t^k)^2 \tag{9.3.9}$$

其中 $\hat{v}_{it}$ 是 v_{it} 的估计，$\hat{\mathbf{f}}_t^k$ 表示在时期 t 的估计的 k 维因子，$\hat{\mathbf{b}}_i^k$ 表示估计的个体 i 339
的载荷因子，$g(N,\ T)$ 是为了确定 r 而设置的惩罚函数，当 N，$T\to\infty$ 时，该函数满足（1）$g(N,\ T)\to 0$ 和（2）$\min\{N,\ T\}g(N,\ T)\to\infty$。之所以选择这些准则，是因为 $\hat{V}(k)$ 是关于 k 的递减函数，且 $k<r$ 时，$\hat{V}(k)-\hat{V}(r)$ 收敛于一个正实数，$\hat{V}(k)-\hat{V}(r)$ 以某个速度［譬如 $C(N,\ T)$］趋于 0。选择惩罚函数 $kg(N,\ T)$，它是关于 k 的增函数。当 $g(N,\ T)$ 以某个低于 $C(N,\ T)$ 的速度收敛于 0 时，惩罚项将起到主导作用，防止选择大于 r 的 k。Bai 和 Ng（2002）给出当 u_{it} 满足平稳性假设时（考虑了弱序列相关和横截面相依），$C(N,\ T)=\min\{N,\ T\}$。因此，他们构造了特殊的 $g(N,\ T)$，即 $\hat{\sigma}_u^2\cdot\frac{N+T}{NT}\times\ln\left(\frac{NT}{N+T}\right)$ 或 $\hat{\sigma}_u^2\cdot\frac{N+T}{NT}\ln(\min(N,\ T))$ 等。①他们证明，当 N 和 $T\to\infty$ 时，准则（9.3.8）或（9.3.7）选择的 $\hat{k}$ 以概率 1 收敛于 r。此外，如果 $\hat{\mathbf{f}}_t\to\mathbf{f}_t$，$(\sqrt{T}/N)\to\infty$。

在估计扰动项 v_{it} 满足关系（9.3.1）的回归模型时，

$$y_{it}=\mathbf{x}_{it}'\boldsymbol{\beta}+v_{it},\qquad i=1,\ \cdots,\ N;\quad t=1,\ \cdots,\ T \tag{9.3.10}$$

Bai（2009）和 Pesaran（2006）建议在约束条件"$\frac{1}{T}\sum_{t=1}^{T}\mathbf{f}_t\mathbf{f}_t'=I_r$，且 $B'B$ 是主对角矩阵"下对模型

$$y_{it}=\mathbf{x}_{it}'\boldsymbol{\beta}+\mathbf{b}_i'\mathbf{f}_t+u_{it} \tag{9.3.11}$$

使用最小二乘法。研究发现，控制 $\mathbf{f}_t$ 后，$\boldsymbol{\beta}$ 的最小二乘估计为

$$\hat{\boldsymbol{\beta}}=\left(\sum_{i=1}^{N}X_i'MX_i\right)^{-1}\left(\sum_{i=1}^{N}X_i'M\mathbf{y}_i\right) \tag{9.3.12}$$

---

① 当 u_{it} 存在较强的序列相关而样本容量不是特别大时，Bai 和 Ng（2002）的准则可能导致过拟合问题［参见 Greenaway-McGrevy，Han 和 Sul（2012）］。

其中$\mathbf{y}_i$和X_i分别由T个时期的时序y_{it}和$\mathbf{x}'_{it}$构成，$M=I-F(F'F)^{-1}F'$［F表示$T\times r$的矩阵，即$F=(\mathbf{f}'_t)$］。控制$\boldsymbol{\beta}$后，扰动项v_{it}完全具有式（9.3.1）的因子结构。F的最小二乘估计量等于矩阵

$$\frac{1}{N}\sum_{i=1}^{N}(\mathbf{y}_i-X_i\boldsymbol{\beta})(\mathbf{y}_i-X_i\boldsymbol{\beta})' \tag{9.3.13}$$

$$\left[\frac{1}{NT}\sum_{i=1}^{N}(\mathbf{y}_i-X_i\boldsymbol{\beta})(\mathbf{y}_i-X_i\boldsymbol{\beta})'\right]\hat{F}=\hat{F}\Lambda \tag{9.3.14}$$

最大的r个特征值对应的前r个特征向量（因为有约束条件$F^{r\prime}F^r/T=I$，所以要乘以$\sqrt{T}$）［见 Anderson（1985）］，其中λ是以式（9.3.13）乘以$\frac{1}{T}$后的矩阵最大的r个特征值为主对角线元素的主对角矩阵。控制$(\hat{\boldsymbol{\beta}},\hat{F})$后，由式（9.3.6）可得

$$\hat{B}'=T^{-1}[\hat{F}(\mathbf{y}_1-X_1\hat{\boldsymbol{\beta}}),\cdots,\hat{F}'(\mathbf{y}_N-X_N\hat{\boldsymbol{\beta}})]=\frac{1}{T}\hat{V}'\hat{F} \tag{9.3.15}$$

340 只要$\mathbf{f}$可观测，则对式（9.3.12）、（9.3.14）、（9.3.15）进行迭代，即可导出模型（9.3.11）的最小二乘估计。

如果u_{it}独立同分布，且均值都为0，方差都为常数σ_u^2，则N和T都增大时，最小二乘估计（9.3.12）是一致估计，且渐近分布是协方差矩阵为

$$\sigma_u^2\left(\sum_{i=1}^{N}X'_iMX_i\right)^{-1} \tag{9.3.16}$$

的正态分布。但如果u_{it}存在异方差且横截面或序列相关，则当N，$T\to\infty$，而$\frac{T}{N}\to c\neq 0$时，$\sqrt{NT}(\hat{\boldsymbol{\beta}}-\boldsymbol{\beta})$具有形如

$$\left(\frac{T}{N}\right)^{\frac{1}{2}}C+\left(\frac{N}{T}\right)^{\frac{1}{2}}D^* \tag{9.3.17}$$

的渐近偏误，其中C表示因异方差和横截面相依导致的偏误，而D^*表示因u_{it}的序列相关和异方差导致的偏误。Bai（2009）给出了偏误修正估计量的构造方法。

在估计同时具有可加和交互效应项的模型

$$y_{it}=\mathbf{x}'_{it}\boldsymbol{\beta}+\alpha_i+\mathbf{b}'_i\mathbf{f}_t+u_{it} \tag{9.3.18}$$

时，要得到（$\boldsymbol{\beta}$，α_i，$\mathbf{b}_i$，$\mathbf{f}_t$）的唯一解，除了正则化条件，$F'F=I_r$以及$B'B$是对角矩阵等条件外，还需要添加约束条件$\sum_{i=1}^{N}\alpha_i=0$，$\sum_{i=1}^{N}\mathbf{b}_i=\mathbf{0}$，$\sum_{t=1}^{T}\mathbf{f}_t=\mathbf{0}$［参见 Bai（2009）第1253页］。与标准固定效应估计法（第3章）一样，首先求个体观测除时间均值$\tilde{y}_{it}=y_{it}-\bar{y}_i$，$\tilde{\mathbf{x}}_{it}=\mathbf{x}_{it}-\bar{\mathbf{x}}_i$，从模型（9.3.18）中消除$\alpha_i$，然后用迭代法，用

$$\hat{\boldsymbol{\beta}}=\left(\sum_{i=1}^{N}\tilde{X}'_i\widetilde{M}\tilde{X}_i\right)^{-1}\left(\sum_{i=1}^{N}\tilde{X}'_i\widetilde{M}\tilde{\mathbf{y}}_i\right) \tag{9.3.19}$$

作为$\boldsymbol{\beta}$的估计，其中$\tilde{\mathbf{y}}_i$和$\tilde{X}_i$分别表示由T期时序数据$\tilde{y}_{it}$和$\tilde{\mathbf{x}}'_{it}$构造的向量和矩阵，$\widetilde{M}=I-\hat{F}(\hat{F}'\hat{F})^{-1}\hat{F}'$，$\hat{F}$是对$F$的估计，它是由矩阵

$$\frac{1}{NT}\sum_{i=1}^{N}(\tilde{\mathbf{y}}_i-\tilde{X}_i\hat{\boldsymbol{\beta}})(\tilde{\mathbf{y}}_i-\tilde{X}_i\hat{\boldsymbol{\beta}})' \tag{9.3.20}$$

的 r 个最大特征值对应的前 r 个特征向量（乘以 $\sqrt{T}$）构成的 $T\times r$ 矩阵。求出 *341*
$\hat{\boldsymbol{\beta}}$ 和 $\hat{F}$ 收敛的解后，即可导出 $\hat{\alpha}_i$ 和 $\hat{B}'$，即

$$\hat{\alpha}_i=\bar{y}_i-\bar{\mathbf{x}}_i'\hat{\boldsymbol{\beta}} \tag{9.3.21}$$

$$\hat{B}'=T^{-1}[\hat{F}'(\tilde{\mathbf{y}}_1-\tilde{X}_1\hat{\boldsymbol{\beta}}),\cdots,\hat{F}'(\tilde{\mathbf{y}}_N-\tilde{X}_N\hat{\boldsymbol{\beta}})] \tag{9.3.22}$$

Ahn，Lee 和 Schmidt（2001，2013）提出用非线性 GMM 法估计包含交互效应项（9.3.1）的线性面板数据模型。为表述方便，假定 $r=1$。令 $\theta_t=\dfrac{f_t}{f_{t-1}}$，则

$$(y_{it}-\theta_t y_{i,t-1})=\mathbf{x}_{it}'\boldsymbol{\beta}-\mathbf{x}_{i,t-1}'\boldsymbol{\beta}\theta_t+(u_{it}-\theta u_{i,t-1}),\ t=2,\cdots,T \tag{9.3.23}$$

于是有

$$E[\mathbf{x}_i(u_{it}-\theta_t u_{i,t-1})]=\mathbf{0} \tag{9.3.24}$$

令 $W_i=I_{T-1}\otimes\mathbf{x}_i$，

$$\underset{(T-1)\times(T-1)}{\Theta}=\begin{bmatrix}\theta_2 & 0 & \cdots & \cdots & 0\\ 0 & \theta_3 & \cdots & \cdots & 0\\ \cdots & \cdots & \cdots & \cdots & \cdots\\ \cdots & \cdots & \cdots & \cdots & 0\\ 0 & \cdots & \cdots & \cdots & \theta_T\end{bmatrix}$$

$$\tilde{\mathbf{u}}_i=(u_{i2},\dots,u_{iT})',\qquad \tilde{\mathbf{u}}_{i,-1}=(u_{i1},\dots,u_{i,T-1})'$$

则 $\boldsymbol{\beta}$ 和 Θ 的 GMM 估计可通过如下矩条件

$$E[W_i(\tilde{\mathbf{u}}_i-\Theta\,\tilde{\mathbf{u}}_{i,-1})]=\mathbf{0} \tag{9.3.25}$$

导出。

当 $N\to\infty$ 而 T 固定时，即使 u_{it} 是序列相关的且存在异方差，非线性 GMM 都是一致估计且渐近正态分布的。但当 $r>1$ 时，求解估计量的计算工作非常烦琐。譬如，当 $r=2$ 时，除了令 $\theta_t=\dfrac{f_{it}}{f_{i,t-1}}$，还需引入其他参数 $\delta_t=f_{2t}-f_{2,t-1}\theta_t$，并可能需要多次计算准差分 $y_{it}-\theta_t y_{i,t-1}$ 才能消除因子误差。

注 9.3.1. 在 v_{it} 可观测的假设下，可导出唯一的 $\mathbf{b}_i$ 和 $E\mathbf{f}_t\mathbf{f}_t'$。对模型（9.3.11）的最小二乘估计需要“模型（9.3.11）能用数据（y_{it}，$\mathbf{x}_{it}'$）进行识别”的假设。模型（9.3.11）的识别条件还需要进一步发现。当 N 比较大时，同时识别 $\boldsymbol{\beta}$、B、$\mathbf{f}_t$ 也不可行。另一方面，若对模型（9.3.12）～（9.3.14）使用两步法估计，则需先能导出 $\boldsymbol{\beta}$ 的一致估计作为初始估计。

9.4　控制横截面相依影响的组均值（公共相关项）增强法 *342*

用迭代法求解模型（9.3.12）和（9.3.14）[或（9.3.15）和（9.3.16）]的

Frisch-Waugh FGLS 仅在 N 和 T 都趋于无穷时适用因子模型。但当 N 很大时，求解 FGLS 非常烦琐。然而当 $N \to \infty$ 时，$\bar{u} = \frac{1}{N}\sum_{i=1}^{N} u_{it} \to 0$，由模型（9.2.2）和（9.2.3）[或模型（9.3.11）] 可知

$$\bar{\mathbf{b}}' \mathbf{f}_t \simeq \bar{y}_t - \bar{\mathbf{x}}_t' \boldsymbol{\beta} \tag{9.4.1}$$

其中 $\bar{\mathbf{b}} = \frac{1}{N}\sum_{i=1}^{N} \mathbf{b}_i$，$\bar{y}_t = \frac{1}{N}\sum_{i=1}^{N} y_{it}$，$\bar{\mathbf{x}}_t = \frac{1}{N}\sum_{i=1}^{N} \mathbf{x}_{it}$。如果对所有的 t，或如果 $\mathbf{f}_t$ 可由 $\bar{y}_t$ 与 $\bar{\mathbf{x}}_t$ 的线性组合近似 [如式（9.4.1）] 时，有 $\tilde{\mathbf{b}}' \mathbf{f}_t = c_i \tilde{\mathbf{b}}' \mathbf{f}_t$，Pesaran（2006）建议不用估计 $\hat{\mathbf{f}}_t$，而用一种更简单的方法，用 $\bar{y}_t$ 和 $\bar{\mathbf{x}}_t$ 增强模型（9.3.18），

$$y_{it} = \mathbf{x}_{it}' \boldsymbol{\beta} + \alpha_i + \bar{y}_t c_i + \bar{\mathbf{x}}_t' \mathbf{d}_i + e_{it} \tag{9.4.2}$$

从而过滤掉横截面相依性。导出的混合估计量为

$$\hat{\boldsymbol{\beta}}^* = \left(\sum_{i=1}^{N} w_i X_i' M^* X_i\right)' \left(\sum_{i=1}^{N} w_i X_i' M^* \mathbf{y}_i\right) \tag{9.4.3}$$

在 $N \to \infty$，T 或固定或 $T \to \infty$ 时是一致估计且渐近正态分布，其中 $w_i = \frac{\sigma_i^2}{\sum_{j=1}^{N} \sigma_j^2}$，$\sigma_j^2 = \mathrm{Var}(u_{jt})$，$M^* = [I - H(H'H)^{-1}H']$，$H = (\mathbf{e}, \bar{\mathbf{y}}, \bar{X})$，$\bar{\mathbf{y}}$ 和 $\bar{X}$ 分别表示由 $\bar{y}_t$ 和 $\bar{\mathbf{x}}_t'$ 构成的 $T \times 1$ 向量和 $T \times K$ 矩阵。Pesaran（2006）称估计量（9.4.3）为**公共相关效应混合估计量**（common correlated effects pooled estimator，CCEP）。Westerlund 和 Urbain（2012）完成的有限 MonteCarlo 研究结果表明，Pesaran（2006）提出的 $\boldsymbol{\beta}$ 的 CCEP 估计量（9.4.3）的偏误似乎比 Bai（2009）的迭代最小二乘估计量（9.3.12）的偏误更小。

Kapetanios，Pesaran 和 Yamagata（2011）进一步证明，对更广范围的数据生成过程来说，基于横截面均值的方法显得更稳健。譬如，有多因子误差结构（9.3.1）生成的误差过程，不管非观测公共因子 $\mathbf{f}_t$ 是 $I(0)$ 过程还是单位根过程，估计量（9.4.3）的渐近属性都不变。

注 9.4.1. Pesaran（2006）处理横截面相依的横截面均值增强方法的优点是简单。但该方法的推广存在诸多限制。对所有的 t 或 $\mathbf{f}_t$ 是 $\bar{y}_t$ 和 $\mathbf{x}_t$ 的线性组合时，有 $\mathbf{b}_i'\mathbf{f}_t = c_i \bar{\mathbf{b}}' \mathbf{f}_t$ 成立，则该方法是有效的。但 $r > 1$ 时，难以保证 $\mathbf{b}_i'\mathbf{f}_t = c_i \bar{\mathbf{b}}_i' \mathbf{f}_t$。譬如，$r = 2$ 时，$\mathbf{b}_i = (1, 1)'$，$\bar{\mathbf{b}} = (2, 0)'$，$\mathbf{f}_t = (1, 1)'$，则 $\mathbf{b}_i'\mathbf{f}_t = \bar{\mathbf{b}}'\mathbf{f}_t = 2$。但如果 $\mathbf{f}_s = (2, 0)'$，则 $\mathbf{b}_i'\mathbf{f}_s = 2$，但 $\bar{\mathbf{b}}_i' \mathbf{f}_s = 4$。如果 $\mathbf{b}_i'\mathbf{f}_t = c_{it}\bar{\mathbf{b}}'\mathbf{f}_t$，模型（9.4.2）不能由模型（9.3.11）近似，如果 $\mathbf{f}_t$ 与 $\mathbf{x}_{it}$ 相关，估计量（9.3.11）也不是一致估
343 计。如果 $\mathbf{b}_i'\mathbf{f}_t = c_{it}\bar{\mathbf{b}}'\mathbf{f}_t$，要近似 $\mathbf{b}_i'\mathbf{f}_t$ 还需其他一些假设。Perasan（2006）假定

$$\mathbf{x}_{it} = \Gamma_i \mathbf{f}_t + \boldsymbol{\epsilon}_{it} \tag{9.4.4}$$

$$E(\boldsymbol{\epsilon}_{it} u_{it}) = \mathbf{0} \tag{9.4.5}$$

则

$$\mathbf{z}_{it} = \begin{pmatrix} y_{it} \\ \mathbf{x}_{it} \end{pmatrix} = \begin{pmatrix} \boldsymbol{\beta}'\Gamma + \mathbf{b}_i' \\ \Gamma_i \end{pmatrix} \mathbf{f}_t + \begin{pmatrix} \boldsymbol{\beta}'\boldsymbol{\epsilon}_{it} + u_{it} \\ \boldsymbol{\epsilon}_{it} \end{pmatrix} = C_i \mathbf{f}_t + \mathbf{e}_{it} \tag{9.4.6}$$

由此可得

$$\bar{\mathbf{z}}_t = \frac{1}{N}\sum_{i=1}^{N}\mathbf{z}_{it} = \bar{C}\mathbf{f}_t + \bar{\mathbf{e}}_t \tag{9.4.7}$$

其中 $\bar{C} = \frac{1}{N}\sum_{i=1}^{N} C_i$，$\bar{\mathbf{e}}_t \ \frac{1}{N}\sum_{i=1}^{N}\begin{pmatrix}\boldsymbol{\beta}'\left(\frac{1}{N}\sum_{i=1}^{N}\epsilon_{it}\right) \\ \frac{1}{N}\sum_{i=1}^{N}\epsilon_{it}\end{pmatrix}$。如果 $r \leqslant k+1$，$\bar{C}$ 的秩为 r，且 $N \to \infty$ 时 $\frac{1}{N}\sum_{i=1}^{N}\epsilon_{it} \to \mathbf{0}$（或 $\frac{1}{N}\sum_{i=1}^{N}\epsilon_{it} \to$ 一个常数向量），则

$$\mathbf{f}_t \simeq (\bar{C}'\bar{C})^{-1}\bar{C}'\bar{\mathbf{z}}_t \tag{9.4.8}$$

当 $(C_i, \mathbf{d}_i') = \mathbf{b}_i'(\bar{C}'\bar{C})^{-1}\bar{C}'$ 时，模型（9.3.11）完全等价于模型（9.4.2）。

但在假设（9.4.4）和（9.4.5），以及新增假设

$$\text{Cov}(\Gamma_i, \mathbf{b}_i) = \mathbf{0} \tag{9.4.9}$$

下，我们可在模型（9.1.1）中增加时间虚拟变量导出 $\boldsymbol{\beta}$ 的一致估计。$\boldsymbol{\beta}$ 的最小二乘虚拟变量估计量等于

$$(y_{it} - \bar{y}_t) = (\mathbf{x}_{it} - \bar{\mathbf{x}}_t)'\boldsymbol{\beta} + (v_{it} - \bar{v}_t) \tag{9.4.10}$$

的组内（时间）估计［见第 3 章 3.2 节］，其中

$$v_{it} - \bar{v}_t = (\mathbf{b}_i - \bar{\mathbf{b}})'\mathbf{f}_t + (u_{it} - \bar{u}_t)$$

$$\mathbf{x}_{it} - \bar{\mathbf{x}}_t = (\Gamma_i - \bar{\Gamma})\mathbf{f}_t + (\epsilon_{it} - \bar{\epsilon}_t)$$

$$\bar{y}_t = \frac{1}{N}\sum_{i=1}^{N} y_{it},\ \bar{\mathbf{x}}_t = \frac{1}{N}\sum_{i=1}^{N}\mathbf{x}_{it},\ \bar{\mathbf{b}} = \frac{1}{N}\sum_{i=1}^{N}\mathbf{b}_i,\ \bar{\Gamma} = \frac{1}{N}\sum_{i=1}^{N}\Gamma_i$$

$$\bar{u}_t = \frac{1}{N}\sum_{i=1}^{N} u_{it}$$

以及 $\bar{\epsilon}_t = \frac{1}{N}\sum_{i=1}^{N}\epsilon_{it}$，在假设（9.4.9）下，有 344

$$\text{Cov}(\mathbf{x}_{it} - \bar{\mathbf{x}}_t, v_{it} - \bar{v}_t)$$
$$= E\{(\Gamma_i - \bar{\Gamma})(\mathbf{b}_i - \bar{\mathbf{b}})'\}\ \text{Cov}(\mathbf{f}_t)\,\text{Cov}(\epsilon_{it}, u_{it}) = \mathbf{0} \tag{9.4.11}$$

因此，当 $N \to \infty$ 时，模型（9.4.10）的最小二乘估计

$$\hat{\boldsymbol{\beta}}_{\text{CV}} = \left[\sum_{i=1}^{N}\sum_{t=1}^{T}(\mathbf{x}_{it} - \bar{\mathbf{x}}_t)(\mathbf{x}_{it} - \bar{\mathbf{x}}_t)'\right]^{-1}\left[\sum_{i=1}^{N}\sum_{t=1}^{T}(\mathbf{x}_{it} - \bar{\mathbf{x}}_t)(y_{it} - \bar{y}_t)\right] \tag{9.4.12}$$

是一致估计且渐近正态分布，渐近分布的协方差矩阵为

$$\text{Cov}(\hat{\boldsymbol{\beta}}_{\text{CV}}) = \sigma_u^2\left[\sum_{i=1}^{N}\sum_{t=1}^{T}(\mathbf{x}_{it} - \bar{\mathbf{x}}_t)(\mathbf{x}_{it} - \bar{\mathbf{x}}_t)'\right]^{-1} \tag{9.4.13}$$

［参见 Coakley，Fuertes 和 Smith（2006）；Sarafidis 和 Wansbeek（2012）］。但如果假设（9.4.9）不成立，估计量（9.4.12）将存在很大的偏误以及尺度扭曲［参见 Sarafidis 和 Wansbeek（2012）］。

9.5 横截面相依的检验

很多常用的面板数据估计量因忽略了横截面相依性后在 T 有限而 $N\to\infty$ 时是不一致的。为横截面相依现象建模比给时序相依建模要复杂得多。在估计面板数据模型时，若存在横截面相依问题，估计方法也将异常复杂。因此，谨慎的做法是先对面板数据的横截面相依性进行检验，然后仅在拒绝了原假设“不存在横截面相依”的情形下使用横截面相依面板数据模型方法。

9.5.1 线性模型

考虑线性模型

$$y_{it}=\mathbf{x}'_{it}\boldsymbol{\beta}+v_{it}, \quad \begin{array}{l} i=1,\ \cdots,\ N \\ t=1,\ \cdots,\ T \end{array} \tag{9.5.1}$$

空间方法是设定横截面单元 W 之间的相依类型。在横截面独立的原假设下，对任意的 W 都有 $\theta=0$。因此，对空间效应的检验就是检验原假设 H_0：$\theta=0$（或 $\Delta=0$）。对模型（9.2.2）或（9.2.3），Burridge（1980）给出了一个拉格朗日乘子检验统计量

$$\tau=\frac{[\hat{\mathbf{v}}(W\otimes I_T)\hat{\mathbf{v}}/(\hat{\mathbf{v}}'\hat{\mathbf{v}}/NT)]^2}{\mathrm{tr}[(W^2\otimes I_T)+(W'W\otimes I_T)]} \tag{9.5.2}$$

其中 $\hat{\mathbf{v}}=\mathbf{y}-X\boldsymbol{\beta}$，该统计量服从自由度为 1 的 χ^2 分布。

345 对误差成分空间自回归模型（9.2.19），Anselin（1988）对原假设 H_0：$\theta=0$ 提出的拉格朗日乘子（LM）检验统计量为

$$\tau^*=\frac{\left[\dfrac{1}{\hat{\sigma}_u^2}\hat{\mathbf{v}}^{*\prime}(W\otimes I_T+\hat{k}(T\hat{k}-2)\mathbf{e}_T\mathbf{e}'_T)\hat{\mathbf{v}}^*\right]}{P} \tag{9.5.3}$$

该统计量服从自由度为 1 的 χ^2 分布，其中 $\mathbf{v}^*=\mathbf{y}-X\tilde{\boldsymbol{\beta}}$，$\tilde{\boldsymbol{\beta}}=\left(\sum\limits_{i=1}^{N}X'_iV^{*-1}X_i\right)^{-1}\cdot\left(\sum\limits_{i=1}^{N}X'_iV^{*-1}\mathbf{y}_i\right)$，以及前面的误差成分估计量 $\hat{k}=\hat{\sigma}_\alpha{}^2\left[\hat{\sigma}_u^2\left(1+T\dfrac{\hat{\sigma}_\alpha{}^2}{\hat{\sigma}_u^2}\right)\right]^{-1}$ 和 $P=(T^2\hat{k}^2-2\hat{k}+T)(\mathrm{tr}W^2+\mathrm{tr}W'W)$。Baltagi 等（2007）研究了多种误差成分和空间参数检验的组合。Kelejian 和 Prucha（2001），Pinkse（2000）建议，可用类似检验时序数据相关性的 Durbin-Watson/Box-Pierce 检验法对基于空间相关的横截面相依进行检验。

Breusch 和 Pagan（1980）导出检验横截面相依的 LM 检验统计量

$$LM=T\sum_{i=1}^{N-1}\sum_{j=i+1}^{N}\hat{\rho}_{ij}^2 \tag{9.5.4}$$

其中 $\hat{\rho}_{ij}$ 是基于最小二乘残差 $\hat{v}_{ij}$ 和 $\hat{v}_{jt}$ 估计的样本横截面相关系数，这里的 $\hat{v}_{ij}=$

$y_{it}-\mathbf{x}_{it}'\hat{\boldsymbol{\beta}}_i$，$\hat{\boldsymbol{\beta}}_i=(X_i'X_i)^{-1}X_i\mathbf{y}_i$。在不存在横截面相依的原假设下，当 N 固定而 $T\to\infty$时，估计量（9.5.4）收敛于自由度为$\frac{N(N-1)}{2}$的 χ^2 分布。当 N 较大时，**调整拉格朗日乘子统计量**（scaled Lagrangian multiplier，SLM）

$$\mathrm{SLM}=\sqrt{\frac{2}{N(N-1)}}\ \mathrm{LM} \tag{9.5.5}$$

是渐近正态分布的，渐近分布的均值为 0，方差为 1。

很多面板数据集的 N 比 T 大。因对所有的 T，$E(T\hat{\rho}_{ij}{}^2\neq 0)$，所以 SLM 不适合中心化。换句话说，当 $N>T$ 时，SLM 的值一般都偏大，有时甚至大很多。

为修正 N 较大、T 固定时面板数据估计量的偏误，Pesaran 等（2008）提出偏误修正的 LM 检验估计量

$$\mathrm{LM}_B=\sqrt{\frac{2}{N(N-1)}}\ \sum_{i=1}^{N-1}\sum_{j=i+1}^{N}\frac{(T-k)\hat{\rho}_{ij}^2-\mu_{ij}}{w_{ij}} \tag{9.5.6}$$

其中 $\mu_{ij}=E[(T-k)\hat{\rho}_{ij}^2]$，$w_{ij}^2=\mathrm{Var}[(T-k)\hat{\rho}_{ij}^2]$，$k$ 表示$\mathbf{x}_{it}$的维度。他们证明，当 $T>k+8$ 时，检验统计量（9.5.6）的渐近分布是均值为 0、方差为 1 的正态分布。当 $\mathbf{x}_{ij}$是严格外生变量，且 v_{ij} 服从正态分布时，μ_{ij}和 w_{ij}^2的精确分布函数由 Pesaran 等（2008）给出。

因 LM 检验统计量的有限样本偏误修正非常复杂，Pesaran（2004）提出了 346
一个检验横截面相依的 CD 检验统计量

$$\mathrm{CD}=\sqrt{\frac{2T}{N(N-1)}}\left(\sum_{i=1}^{N-1}\sum_{j=i+1}^{N}\hat{\rho}_{ij}\right) \tag{9.5.7}$$

当 N 和 T 都$\to\infty$时，在“控制$\mathbf{x}$后横截面相互独立”的原假设下，CD 统计量的渐近分布是均值为 0、方差为 1 的正态分布。CD 统计量还可应用于线性动态模型

$$y_{it}=\gamma y_{i,t-1}+\mathbf{x}'_{it}\boldsymbol{\beta}+\alpha_i+u_{it} \tag{9.5.8}$$

Pesaran（2004）的 Monte Carlo 模拟研究表明，不管 N 和 T 怎样变化，估计值和名义水平值都很接近。但 CD 统计量仅在 $\frac{1}{T}\sum_{i=1}^{N}\rho_{ij}\neq 0$ 时是有效的。另一方面，即使相关系数的均值等于 0，只要存在样本对满足$\hat{\rho}_{ij}\neq 0$，则 LM 检验统计量就是有效的。

还有一种办法，即 Sarafidis，Yamagata 和 Robertson（SYR，2009）基于模型（9.5.8）的 GMM 估计提出 Sargan 差分检验（1958）。如第 4 章所述，我们可以用广义矩法导出 $\boldsymbol{\theta}'=(\gamma,\boldsymbol{\beta}')$ 的 GMM 估计（4.3.47）。SYR 建议将 W_i 分解为两个分离的工具变量集

$$W'_{1i}=\begin{bmatrix} y_{i0} & 0 & 0 & 0 & \cdot & \cdot & \cdot & \cdot & \cdot & \cdot \\ 0 & y_{i0} & y_{i1} & 0 & \cdot & \cdot & \cdot & \cdot & \cdot & \cdot \\ 0 & 0 & 0 & y_{i0} & \cdot & \cdot & \cdot & \cdot & \cdot & \cdot \\ \cdot & \cdot & \cdot & \cdot & \cdot & \cdot & \cdot & \cdot & \cdot & \cdot \\ \cdot & \cdot & \cdot & \cdot & \cdot & \cdot & y_{i0} & \cdot & \cdot & y_{i,T-2} \end{bmatrix} \tag{9.5.9}$$

以及

$$W'_{2i}=\begin{bmatrix}\mathbf{x}'_i & \mathbf{0}' & \mathbf{0}' & \cdot & \cdot \\ \mathbf{0}' & \mathbf{x}'_i & \mathbf{0}' & \cdot & \cdot \\ \cdot & \cdot & \cdot & \cdot & \cdot \\ \cdot & \cdot & \cdot & \cdot & \cdot \\ \cdot & \cdot & \cdot & \cdot & \mathbf{x}'_i\end{bmatrix} \tag{9.5.10}$$

其中$\mathbf{x}'_i=(\mathbf{x}'_{i1},\cdots,\mathbf{x}'_{iT})$，$W'_{1i}$是$(T-1)\times T(t-1)/2$，$W'_{2i}$是$(T-1)\times KT(T-1)$，$\mathbf{x}_{it}$是严格外生的。①

在“不存在横截面相关”的原假设下，矩条件集

$$E[W_{1i}\Delta\mathbf{u}_i]=\mathbf{0} \tag{9.5.11}$$

347 和

$$E[W_{2i}\Delta\mathbf{u}_i]=\mathbf{0} \tag{9.5.12}$$

都成立。但存在横截面相依时，式（9.5.11）可能不成立。譬如，假定u_{it}可以分解为两部分的和，一部分是被遗漏的r个时变公共因子的影响，另一部分是特异冲击λ_{it}，即

$$u_{it}=\mathbf{b}'_i\mathbf{f}_t+\epsilon_{it} \tag{9.5.13}$$

为简单起见，假定对所有的i和t，ϵ_{it}都是独立的。则u_{it}的一阶差分为

$$\Delta u_{it}=\mathbf{b}'_i\Delta\mathbf{f}_t+\Delta\epsilon_{it} \tag{9.5.14}$$

以及

$$\begin{aligned}y_{it}=&\frac{1-\gamma^t}{1-\gamma}\alpha_i+\gamma^t y_{i0}+\sum_{j=0}^{t-1}\gamma^j\,\mathbf{x}'_{i,\,t-j}\boldsymbol{\beta}\\&+\mathbf{b}'_i\sum_{j=0}^{t-1}\gamma^j\mathbf{f}_{t-j}+\sum_{j=0}^{t-1}\gamma^j\epsilon_{i,\,t-j}\end{aligned} \tag{9.5.15}$$

在“$\mathbf{f}_t$是非随机且有界，$\mathbf{b}_i$是均值为$\mathbf{0}$、协方差为$E\,\mathbf{b}_i\,\mathbf{b}'_i=\sum_b$的随机向量”的假设下，对所有的$j=2,\cdots,t$，$E(y_{i,t-j}\Delta u_{it})$不等于0。故SYR建议，先用矩条件（9.5.11）和（9.5.12），用GMM法（4.3.45）估计γ和$\boldsymbol{\beta}$，将估计量记为$(\gamma,\boldsymbol{\beta}')$，求估计的残差$\Delta\hat{u}_i=\Delta\mathbf{y}_i-\Delta y_{i,-1}\hat{\gamma}-\Delta X_i\hat{\boldsymbol{\beta}}$并构造残差项量$\Delta\mathbf{u}_i$，其中$\Delta\mathbf{y}_i=(\Delta y_{i2},\cdots,\Delta y_{iT})'$，$\Delta\mathbf{y}_{i,-1}=(\Delta y_{i1},\cdots,\Delta y_{i,T-1})'$，$\Delta X_i=(\Delta\mathbf{x}_{i1},\cdots,\Delta\mathbf{x}_{iT})'$。再用矩条件（9.5.12）估计$(\gamma,\boldsymbol{\beta}')$，得到

$$\begin{aligned}\begin{pmatrix}\tilde{\gamma}\\\tilde{\boldsymbol{\beta}}\end{pmatrix}=&\left\{\left[\sum_{i=1}^N\begin{pmatrix}\Delta\mathbf{y}'_{i,-1}\\\Delta X'_i\end{pmatrix}W_{2i}\right]\hat{\Omega}^{-1}\left[\sum_{i=1}^N W'_{2i}(\Delta\mathbf{y}_{i,-1},\Delta X_i)\right]\right\}^{-1}\\&\times\left\{\left[\sum_{i=1}^N\begin{pmatrix}\Delta\mathbf{y}'_{i,-1}\\\Delta X'_i\end{pmatrix}W_{2i}\right]\hat{\Omega}^{-1}\left[\sum_{i=1}^N W'_{2i}\Delta\mathbf{y}_i\right]\right\}\end{aligned} \tag{9.5.16}$$

① 如果$\mathbf{x}_{it}$是事先确定的而不是外生变量，则W_2可按如下方法构造：

$$W_2=\begin{bmatrix}\mathbf{x}'_1 & \mathbf{0}' & \mathbf{0}' & \cdot & \cdot & \cdot & \cdot & \cdot\\ \mathbf{0}' & \mathbf{x}'_1 & \mathbf{x}'_2 & \mathbf{0}' & \cdot & \cdot & \cdot & \cdot\\ \cdot & \cdot & \cdot & \cdot & \cdot & \cdot & \cdot & \cdot\\ \cdot & \cdot & \cdot & \cdot & \cdot & \mathbf{x}'_1 & \cdot & \mathbf{x}'_{T-1}\end{bmatrix}$$

其中 $\hat{\Omega}^{-1}=N^{-1}\sum_{i=1}^{N}W'_{2i}\Delta\hat{\mathbf{u}}_i\Delta\hat{\mathbf{u}}'_i W_{2i}$。在横截面独立的假设下，两个估计量都是一致估计。在备择假设下，$(\hat{\gamma},\ \hat{\boldsymbol{\beta}}')$可能是不一致的，但估计量（9.5.16）仍是一致估计。因此，SYR 顺着 Sargan（1958）和 Hansen（1982）的思路，建议使 348
用如下检验统计量

$$N^{-1}\Big(\sum_{i=1}^{N}\Delta\hat{\mathbf{u}}'_i W_i\Big)\hat{\Psi}^{-1}\Big(\sum_{i=1}^{N}W'_i\Delta\hat{\mathbf{u}}_i\Big)$$
$$-N^{-1}\Big(\sum_{i=1}^{N}\Delta\tilde{\mathbf{u}}'_i W_{2i}\Big)\tilde{\Psi}^{-1}\Big(\sum_{i=1}^{N}W'_{2i}\Delta\tilde{\mathbf{u}}_i\Big) \tag{9.5.17}$$

其中 $\Delta\tilde{\mathbf{u}}_i=\Delta\mathbf{y}_i-\Delta\mathbf{y}_{i,-1}\tilde{\gamma}-\Delta X_i\tilde{\boldsymbol{\beta}}$，$\hat{\Psi}=\frac{1}{N}\sum_{i=1}^{N}W'_i\Delta\hat{\mathbf{u}}_i\Delta\hat{\mathbf{u}}'_iW_i$，以及$\tilde{\Psi}=\frac{1}{N}\sum_{i=1}^{N}W'_{2i}\Delta\tilde{\mathbf{u}}_i\Delta\tilde{\mathbf{u}}'_iW_{2i}$。SYR 证明，在“横截面独立”假设下，当 $N\to\infty$ 时，检验统计量（9.5.17）收敛于自由度为$\frac{T(T-1)}{2}(1+K)$的 χ^2 分布。

即使 $\sum_{j=1}^{N}\rho_{ij}=0$，检验统计量（9.5.17）仍是有效的，这是 SYR 检验的优点。SYR 的 Monte Carlo 模拟实验表明，在横截面相依是由 $\mathbf{f}_t$ 而不是随机向量 $\mathbf{b}_i$ 引起时，检验统计量（9.5.17）仍效果良好。但如果横截面相依是由随机向量$\mathbf{b}_i$ 而不是由固定的 $\mathbf{f}_t$ 引起的，则检验统计量不可能有效，因为 $\mathbf{f}_t$ 在时间维度上独立分布时，$E(\Delta y_{i,t-j}\Delta u_{it})=0$。①

9.5.2　受限因变量模型

大多受限因变量模型将观测的 y_{it} 和某个潜变量 y_{it}^*

$$y_{it}^*=\mathbf{x}'_{it}\boldsymbol{\beta}+v_{it} \tag{9.5.18}$$

用一个连接函数 $g(\cdot)$ 联系起来（见第 7 章和第 8 章），如

$$y_{it}=g(y_{it}^*) \tag{9.5.19}$$

譬如，在二元选择模型中，

$$g(y_{it}^*)=I(y_{it}^*>0) \tag{9.5.20}$$

在 Tobit 模型中，

$$g(y_{it}^*)=y_{it}^*I(y_{it}^*>0) \tag{9.5.21}$$

其中 $I(A)$ 是示性函数，如果事件 A 发生，该函数取值为 1，否则取值为 0。

这是线性模型和受限因变量模型之间的基本差异。在线性模型中，v_{it} 和 y_{it} 是一一对应的关系，而在受限因变量模型中不再有这种关系。对观测值 $\mathbf{y}_t=$ 349
$(y_{1t},\ \cdots,\ y_{Nt})'$，其似然函数为

---

① 如果 $\mathbf{f}_t$ 序列相关，则 $E(\Delta y_{i,t-j}\Delta u_{it})$ 不等于 0。但 $\mathbf{f}_t$ 序列相关时，u_{it}序列相关，如果序列相关的阶大于 j，$y_{i,t-j}$不是符合要求的工具变量。仅当 $E(\Delta u_{it}y_{i,t-s})=0$ 时，滞后的 y 可能是有效工具变量。故由式（4.3.7）导出的 GMM 估计必须做相应的修改。

$$P_t=\int_{A(\mathbf{v}_t\mid\mathbf{y}_t)}f(\mathbf{v}_t)\mathrm{d}\mathbf{v}_t \tag{9.5.22}$$

其中 $A(\mathbf{v}_t\mid\mathbf{y}_t)$ 表示积分变量 $\mathbf{v}_t=(v_{1t},\ \cdots,\ v_{Nt})'$ 的积分区域，该区域由观测值 $\mathbf{y}_t$ 和连接函数的形式确定。譬如，在 probit 模型中，$A(\mathbf{v}_t\mid\mathbf{y}_t)$ 表示区域 $(a_{it}<v_{it}<b_{it})$，如果 $y_{it}=1$，$a_{it}=-\mathbf{x}_{it}'\boldsymbol{\beta}$，$b_{it}=\infty$；而 $y_{it}=0$ 时 $a_{it}=-\infty$，$b_{it}=-\mathbf{x}_{it}'\boldsymbol{\beta}$。

假定对所有的 i，v_{it} 服从独立正态分布，Hsiao，Pesaran 和 Picks（2012）证明检验横截面独立的拉格朗日乘子检验统计量为

$$\mathrm{LM}=T\sum_{i=1}^{N-1}\sum_{j=i+1}^{N}\tilde{\rho}_{ij}^2 \tag{9.5.23}$$

其中

$$\tilde{\rho}_{ij}=\frac{T^{-1}\sum_{t=1}^{T}\tilde{v}_{it}\tilde{v}_{jt}}{\sqrt{T^{-1}\sum_{t=1}^{T}\tilde{v}_{it}^2}\sqrt{T^{-1}\sum_{t=1}^{T}\tilde{v}_{jt}^2}} \tag{9.5.24}$$

而 $\tilde{v}_{it}=E(v_{it}\mid y_{it})$，是 v_{it} 在控制 y_{it} 后的条件均值。譬如，在 probit 模型中，

$$\tilde{v}_{it}=\frac{\phi(\mathbf{x}_{it}'\boldsymbol{\beta})}{\Phi(\mathbf{x}_{it}'\boldsymbol{\beta})\,[1-\Phi(\mathbf{x}_{it}'\boldsymbol{\beta})]}[y_{it}-\Phi(\mathbf{x}_{it}'\boldsymbol{\beta})] \tag{9.5.25}$$

在 Tobit 模型中，

$$\tilde{v}_{it}=(y_{it}-\mathbf{x}_{it}'\boldsymbol{\beta})I(y_{it}>0)-\sigma_i\frac{\phi\left(\frac{\mathbf{x}_{it}'\boldsymbol{\beta}}{\sigma_i}\right)}{\Phi\left(-\frac{\mathbf{x}_{it}'\boldsymbol{\beta}}{\sigma_i}\right)}[1-I(y_{it}>0)] \tag{9.5.26}$$

其中 $\sigma_i^2=\mathrm{Var}(v_{it})$，$\phi(\cdot)$ 和 $\Phi(\cdot)$ 分别表示标准正态分布的密度函数和分布函数。在原假设为“横截面独立”下，当 N 固定而 $T\to\infty$ 时，统计量（9.5.23）收敛于自由度为 $\frac{N(N-1)}{2}$ 的 χ^2 分布。当 N 也增大时，

$$\sqrt{\frac{2}{N(N-1)}}\ \mathrm{LM} \tag{9.5.27}$$

的渐近分布是标准正态分布。

当 N 增大而 T 固定时，LM 检验统计量不适合中心化。但对非线性模型，偏误修正因子很难导出。Hsiao 等（2012）建议用 $\tilde{v}_{it}$ 构造 Pesaran（2006）CD 统计量。

350 有些时候 $\tilde{v}_{it}$ 的偏差不方便直接用于非线性模型。在构造 LM 或 CD 检验统计量时，Hsiao 等（2012）建议用

$$\tilde{v}_{it}^*=y_{it}-E(y_{it}\mid\mathbf{x}_{it}) \tag{9.5.28}$$

替换 $\tilde{v}_{it}$。Hsiao 等（2012）的 Monte Carlo 模拟研究表明，在构造 CD 检验时，两种方法的差异非常小。

9.5.3　案例——中国房价模型

Mao 和 Shen（2013）用中国 30 个省从 2001 年第二季度至 2012 年第四季度的省级季度数据讨论了中国的房价模型，他们将季节调整的实际房屋价格 y_{it} 的对数作为因变量，季节调整的实际人均工资（x_{1it}）的对数、实际长期利率 x_{2it} 的对数、城市人口数 x_{3it} 的对数作为自变量，构建了一个线性模型。表 9.1 列出了 Mao 和 Shen（2013）估计的横截面独立异质性模型（MG）

$$y_{it}=\mathbf{x}_{it}'\boldsymbol{\beta}_i+v_{it} \tag{9.5.29}$$

Pesaran（2006）**公共相关效应异质性模型**（common correlated effects heterogeneous，CCEMG）

$$y_{it}=\mathbf{x}_{it}'\boldsymbol{\beta}_i+\bar{y}_t c_i+\bar{\mathbf{x}}_t'\mathbf{d}_i+v_{it} \tag{9.5.30}$$

以及**同质公共相关效应模型**（homogeneous common correlated effects，CCEP）

$$y_{it}=\mathbf{x}_{it}'\boldsymbol{\beta}+\bar{y}_t\tau_i+\bar{\mathbf{x}}_t'\mathbf{d}_i+v_{it} \tag{9.5.31}$$

的平均组估计 $\hat{\boldsymbol{\beta}}=\frac{1}{N}\sum_{i=1}^{N}\hat{\boldsymbol{\beta}}_i$ 的结果。

从表 9.1 可以看出，(1) 估计的 $\boldsymbol{\beta}$ 斜率系数对横截面相依的调整（CCEMG 或 CCEP）或不调整非常敏感；(2) 本章所提到的控制横截面相依的方法只有在观察到的数据满足相关方法的假设下才适用（见注 9.4.1 对横截面均值增强回归模型的评述）。如表 9.1 所示，由模型（9.5.30）和（9.5.31）的残差构造的 Pesaran（2004）CD 检验统计量（9.5.7）表明显著的横截面相依仍存在。只有用权重矩阵依据区域 i 和 j 的经济距离设定的空间模型进一步深入调整公共相关效应模型残差，Mao 和 Shen（2013）才能使他们的模型横截面独立。

表 9.1　公共相关效应的估计 351

	MG			CCEMG			CCEP		
x_1	1.088‡ (0.058)	1.089‡ (0.056)	0.979‡ (0.114)	0.264 (0.176)	0.313† (0.173)	0.308+ (0.170)	0.388† (0.169)	0.467‡ (0.165)	0.449‡ (0.170)
x_2	— —	−0.003 (0.058)	−0.052 (0.057)	— —	−6.453 (2.927)	4.399 (2.839)	— —	−4.796 (3.943)	4.387 (3.401)
x_3	— —	— —	0.718 (0.484)	— —	— —	−0.098 (0.552)	— —	— —	0.104 (0.130)
CD	28.15‡	30.39‡	27.64‡	−4.257‡	−4.173‡	−4.073‡	−4.521‡	−4.494‡	−4.518‡

注：符号+、†、‡分别表示对应的估计值在 10%、5%、1%的水平上是显著的。圆括号内的值表示对应估计值的标准差。

资料来源：Mao 和 Shen（2013，表 5）。

9.6　项目评估的面板数据方法 352

9.6.1　简介

个体常面临各种“处理”，譬如药物实验、培训计划等。如果能同时观测到同一个体的“处理状态”和“非处理状态”，则可直接在研究的问题中将处理效应分离出来。如果不能同时观测到同一个体的“处理状态”和“非处理状态”，或个体进入处理状态不是随机安排的，处理效应可能与使人们产生不同测量结果的因素混在一起，也可能与样本选择效应混在一起，甚至三者混合。

本节首先回顾度量横截面数据处理效应的基本方法，然后说明面板数据如何大为简化推断过程。

9.6.2 处理效应的定义

令(y_i^{0*}，y_i^{1*})表示个体 i 在处理状态下和非处理状态下可能产生的结果。假定结果可分解为可观测变量 $\mathbf{x}$ 的效应 $m_j(\mathbf{x})$ 与非观测效应 ϵ_j ($j=0$，1) 的和，即

$$y_i^{0*}=m_0(\mathbf{x}_i)+\epsilon_i^0 \tag{9.6.1}$$

$$y_i^{1*}=m_1(\mathbf{x}_i)+\epsilon_i^1 \tag{9.6.2}$$

其中 ϵ_i^0 和 ϵ_i^1 都是均值为 0 且独立于$\mathbf{x}_i$ 的不可观测随机变量。定义个体 i 的处理效应为

$$\Delta_i=y_i^{1*}-y_i^{0*} \tag{9.6.3}$$

定义平均处理效应（average treatment effect，ATE）［如果个体被随机安排进入处理状态，则称为平均处理影响（mean impact of treatment)］①

$$\begin{aligned}\Delta^{\text{ATE}}&=E[y_i^{1*}-y_i^{0*}]=E\{[m_1(\mathbf{x})-m_0(\mathbf{x})]+(\epsilon^1-\epsilon^0)\}\\&=E[m_1(\mathbf{x})-m_0(\mathbf{x})]\end{aligned} \tag{9.6.4}$$

d_i 表示个体处理状态的虚拟变量，$d_i=1$ 表示个体 i 在处理状态，0 表示不在处理状态。定义对被处理个体的处理效应（TT)(或接受处理个体相对于未处理个体的平均处理影响）为

$$\begin{aligned}\Delta^{\text{TT}}&=E(y^{1*}-y^{0*}\mid d=1)\\&=E[m_1(\mathbf{x})-m_0(\mathbf{x})\mid d=1]+E\ [\epsilon^1-\epsilon^0\mid d=1]\end{aligned} \tag{9.6.5}$$

类似地，定义对未处理组的处理效应为

$$\begin{aligned}\Delta^{\text{TUT}}&=E(y^{1*}-y^{0*}\mid d=0)\\&=E[m_1(\mathbf{x})-m_0(\mathbf{x})\mid d=0]+E\ [\epsilon^1-\epsilon^0\mid d=0]\end{aligned} \tag{9.6.6}$$

如果研究人员关注的是被随机安排的个体处理效应或对处理个体的总体平均效应，则使用 ATE 比较合适。如果选取个体接受处理的规则一直保持不变，则使用 TT 更合适。ATE 和 TT 之间的关系为

$$\Delta^{\text{ATE}}=\text{Prob}(d=1)\Delta^{\text{TT}}+\text{Prob}(d=0)\Delta^{\text{TUT}} \tag{9.6.7}$$

如果 $E(m_1(\mathbf{x})-m_0(\mathbf{x})\mid d=1)=E(m_1(\mathbf{x})-m_0(\mathbf{x})\mid d=0)=E(m_1(\mathbf{x})-m_0(\mathbf{x}))$，$E(\epsilon^1-\epsilon^0\mid d=1)=E(\epsilon^1-\epsilon^0\mid d=0)=E(\epsilon^1-\epsilon^0)$，则 $\Delta^{\text{ATE}}=\Delta^{\text{TT}}=\Delta^{\text{TUT}}$。

如果能同时观测到指定个体 i 的 y_i^{0*} 和 y_i^{1*}，则 ATE 和 TT 的值比较容易获取。但对给定的个体 i，观测结果 y_i 要么是 y_i^{0*}，要么是 y_i^{1*}，不可能同时

① 有关边际处理效应（marginal treatment effect，MTE）和局部平均处理效应（local average treatment effect，LATE）的定义，参见 Heckman (1997)，Heckman 和 Vytacil (2001) Imbens 和 Angrist (1994)。

获取，即

$$y_i = d_i y_i^{1*} + (1-d_i) y_i^{0*} \tag{9.6.8}$$

令 $\psi=\{i \mid d_i=1\}$，$\bar{\psi}=\{i \mid d_i=0\}$，$n_d=\sum_{i=1}^{N} d_i$，如果用处理组（treatment group，接受处理个体的集合）和控制组（control group，未接受处理个体的集合）的均值差异 $\frac{1}{n_d}\sum_{i\in\psi} y_i$ 和 $\frac{1}{N-n_d}\sum_{i\in\bar{\psi}} y_i$ 度量处理效应，则有

$$\begin{aligned}\frac{1}{n_d}\sum_{i\in\psi} y_i - \frac{1}{N-n_d}\sum_{i\in\bar{\psi}} y_i &\to E(y \mid d=1) - E(y \mid d=0) \\ &= \{E[m_1(x)-m_0(x) \mid d=1]\} + \{E[m_0(x) \mid d=1] \\ &\quad - E[m_0(x) \mid d=0]\} + \{E(\epsilon^1 \mid d=1) - E(\epsilon^0 \mid d=0)\}\end{aligned} \tag{9.6.9}$$

处理组和控制组的均值差异（9.6.9）由三部分构成：处理组的处理效应 Δ^{TT}，$E[m_1(x)-m_0(x) \mid d=1]$；处理组和控制组之间的混杂变量效应（两个组分别引入的不同变量的效应）$E[m_0(x) \mid d=1]-E[m_0(x) \mid d=0]$；以及选择效应 $E(\epsilon^1 \mid d=1)-E(\epsilon^0 \mid d=0)$。如果接受处理的个体是随机选择的，则 $E(\epsilon^1 \mid d=1)=E(\epsilon^1)=E(\epsilon^0 \mid d=0)=E(\epsilon^0)=0$。如果 $f(x \mid d=1)=f(x \mid d=0)=f(x)$，则 $E[m_1(x)-m_0(x) \mid d=1]=E[m_1(x)-m_0(x)]$，$E[m_0(x) \mid d=1]-E[m_0(x) \mid d=0]=0$，式（9.6.9）就是对 $\Delta^{ATE}(\equiv\Delta^{TT})$ 的无偏估计。[①] 354

在观测性研究中，处理组和控制组常来自不同的总体［参见 LaLonde（1986）；Dehejia 和 Wahba（1999）］。例如，处理组可以来自某项目的合法受益人，而控制组则来自不受该项目影响的群体。如果处理组和对照组之间在一些影响观测结果的（可观测或不可观测）属性上存在系统差异，则用均值的差异 $\frac{1}{n_d}\sum_{i\in\psi} y_i - \frac{1}{N-n_d}\sum_{i\in\bar{\psi}} y_i$ 作为处理效应的估计便所有失真。失真原因可能如下：

（1）源自可观测变量的选择偏误，$E\{m_0(\mathbf{x}) \mid d=1\} \neq E\{m_0(\mathbf{x}) \mid d=0\}$（或 $E\{m_1(\mathbf{x}) \mid d=1\} \neq E\{m_1(\mathbf{x}) \mid d=0\}$），即因两个组可观测变量的差异产生的偏误。

（2）源自不可观测变量的选择偏误，即两个组之间不可观测变量的差异产生的偏误，$E(\epsilon^0 \mid d=1) \neq E(\epsilon^0 \mid d=0)$（或 $E(\epsilon^1 \mid d=1) \neq E(\epsilon^1 \mid d=0)$）。

对于处理组与控制组可观测变量和不可观测变量可能产生的影响，已有大量的文献讨论匹配和统计调整方法［参见 Heckman 和 Robb（1985）；Heckman，Ichimura 和 Todd（1998）；LaLonde（1986）；Rosenbaum 和 Rubin（1983）］。我们首先回顾横截面数据分析方法，再讨论面板数据方法。

9.6.3　横截面数据调整法

9.6.3.1　参数法

假设 y_i^{1*} 和 y_i^{0*}［式（9.6.1）和（9.6.2）］可以表示成参数的形式。此外，

---

① 类似地，也可以记 $E(y \mid d=1) - E(y \mid d=0) = \Delta^{TUT} + \{E(m_1(\mathbf{x}) \mid d=1) - E(m_1(\mathbf{x}) \mid d=0)\} + \{E(\epsilon^1 \mid d=1) - E(\epsilon^1 \mid d=0)\}$。

如果选择效应可以表示成函数

$$d_i^* = h(\mathbf{z}_i) + v_i \tag{9.6.10}$$

其中

$$d_i = \begin{cases} 1, & 如果\ d_i^* > 0 \\ 0, & 如果\ d_i^* \leqslant 0 \end{cases} \tag{9.6.11}$$

$\mathbf{z}$ 是确定选择方程的因子，与 $\mathbf{x}$ 有部分甚至完全相同的元素。假定联合概率密度函数 $f(\epsilon^1, \epsilon^0, v)$ 已知，则 $m_1(\mathbf{x})$ 和 $m_0(\mathbf{x})$ 可用最大似然估计进行一致地估计，且

$$\widehat{\text{ATE}} = \hat{m}_1(\mathbf{x}) - \hat{m}_0(\mathbf{x}) \tag{9.6.12}$$

也是一致估计［参见 Damrongplasit，Hsiao 和 Zhao（2010）］。

355 ### 9.6.3.2 非参数法

如果无法设定 $\hat{m}_1(\mathbf{x})$ 和 $\hat{m}_0(\mathbf{x})$ 的具体形式，则只要控制混杂变量，譬如 $\mathbf{x}$ 后，(y_i^{1*}, y_i^{0*}) 的分布独立于 d（或 d^*）的分布，就可用非参数方法对其进行估计。换句话说，控制 $\mathbf{x}$ 后，不存在非观测因素的选择效应了（条件独立性），

$$E(y^{1*} \mid d, \mathbf{x}) = E(y^{1*} \mid \mathbf{x}) \tag{9.6.13}$$

$$E(y^{0*} \mid d, \mathbf{x}) = E(y^{0*} \mid \mathbf{x}) \tag{9.6.14}$$

则控制 $\mathbf{x}$ 后，平均处理效应 $\text{ATE}(\mathbf{x})$ 如下

$$\begin{aligned} \text{ATE}(\mathbf{x}) &= E(y^{1*} - y^{0*} \mid \mathbf{x}) \\ &= E(y \mid d=1, \mathbf{x}) - E(y \mid d=0, \mathbf{x}) \\ &= E(y^{1*} \mid \mathbf{x}) - E(y^{0*} \mid \mathbf{x}) \end{aligned} \tag{9.6.15}$$

9.6.3.2 (i)按倾向评分法匹配观测(或依据观测调整选择)

如果 $\mathbf{x}$ 的维度较高，非参数方法可能面临“维度灾难”问题。为降低维度，Rosenbaum 和 Rubin（1983）提出用**倾向评分法**（propensity score method）匹配处理组和控制组的可观测属性。Rosenbaum 和 Rubin（1983）的倾向评分法假定个体 i 的可观测属性为 $\mathbf{x}_i$。令 $P(\mathbf{x}_i)$ 表示个体 i（$i=1, \cdots, N$）被安排接受处理的概率，在统计学中称为倾向评分（propensity score），在计量经济学中称为选择概率（choice probability），其定义为 $P(\mathbf{x}_i) = \text{Prob}(d_i = 1 \mid \mathbf{x}_i) = E(d_i \mid \mathbf{x}_i)$。假定对所有的 $\mathbf{x}_i$，有 $0 < P(\mathbf{x}_i) < 1$。① 以及 $\text{Prob}(d_1, \cdots, d_N \mid \mathbf{x}_1, \cdots, \mathbf{x}_N) = \prod_{i=1}^{N} P(\mathbf{x}_i)^{d_i}[1 - P(\mathbf{x}_i)]^{1-d_i}$。如果给定 $\mathbf{x}$ 后处理安排可忽略，则它给定 $P(\mathbf{x})$ 后也是可忽略的，即

$$\{(y_i^{1*}, y_i^{0*}) \perp d_i \mid \mathbf{x}_i\} \Rightarrow \{(y_i^{1*}, y_i^{0*}) \perp d_i \mid P(\mathbf{x}_i)\} \tag{9.6.16}$$

符号 $\perp$ 表示正交。

---

① 假设 $0 < P(\mathbf{x}_i) < 1$ 确保对每个 $\mathbf{x}_i$，既得到处理组的观测，又得到控制组的观测。只要存在 $\mathbf{x}$ 使得 $0 < P(\mathbf{x}) < 1$，该假设还可放宽。

要证明式（9.6.16）成立，只需证明

$$\begin{aligned}&\text{Prob}(d=1 \mid y^{0*},\ y^{1*},\ P(\mathbf{x}))\\&=\text{Prob}(d=1 \mid P(\mathbf{x}))\\&=P(\mathbf{x})=\text{Prob}(d=1 \mid \mathbf{x})=\text{Prob}(d=1 \mid y^{0*},\ y^{1*},\ \mathbf{x})\end{aligned} \tag{9.6.17}$$

即可。

根据处理安排可忽略的假设，有 356

$$\begin{aligned}&\text{Prob}[d=1 \mid y^{0*},\ y^{1*},\ P(\mathbf{x})]\\&=E_x\{\text{Prob}(d=1 \mid y_i^{0*},\ y_i^{1*},\ \mathbf{x}) \mid y^{0*},\ y^{1*},\ P(\mathbf{x})\}\\&=E_x\{\text{Prob}(d=1 \mid \mathbf{x}) \mid y^{0*},\ y^{1*},\ P(\mathbf{x})\}\\&=E_x\{P(\mathbf{x}) \mid y^{0*},\ y^{1*},\ P(\mathbf{x})\}\\&=E_x\{P(\mathbf{x}) \mid P(\mathbf{x})\}=P(\mathbf{x})\end{aligned} \tag{9.6.18}$$

由此可导出式（9.6.17），其中 E_x 表示求关于 $\mathbf{x}$ 的数学期望。

由式（9.6.16）可知

$$\mathbf{x}_i \perp d_i \mid P(\mathbf{x}_i) \tag{9.6.19}$$

要证明式（9.6.19），只需证明

$$\text{Prob}(d=1 \mid \mathbf{x},\ P(\mathbf{x}))=\text{Prob}(d=1 \mid P(\mathbf{x})) \tag{9.6.20}$$

成立。

由 $\text{Prob}(d=1 \mid \mathbf{x},\ P(\mathbf{x}))=\text{Prob}(d=1 \mid \mathbf{x})=P(\mathbf{x})$ 以及

$$\begin{aligned}\text{Prob}(d=1 \mid P(\mathbf{x}))&=E_x\{\text{Prob}(d=1 \mid \mathbf{x},\ P(\mathbf{x})) \mid P(\mathbf{x})\}\\&=E_x\{P(\mathbf{x}) \mid P(\mathbf{x})\}=P(\mathbf{x})\end{aligned}$$

可知方程（9.6.20）成立。

方程（9.6.19）表明控制 d 和 $P(\mathbf{x})$ 后，$\mathbf{x}$ 的条件密度函数为

$$f(\mathbf{x} \mid d=1,\ P(\mathbf{x}))=f(\mathbf{x} \mid d=0,\ P(\mathbf{x}))=f(\mathbf{x} \mid P(\mathbf{x})) \tag{9.6.21}$$

换句话说，方程（9.6.19）表明，如果某子集的个体或匹配的处理-控制成对个体关于 $P(\mathbf{x})$ 同质，则对该子集中或配对的处理和控制单元来说，$\mathbf{x}$ 具有相同的分布。或者说，如果处理安排可忽略，则不管倾向得分是多少，处理组和控制组之间的均值差异都是在得分水平处对平均处理效应的无偏估计

$$\Delta[P(\mathbf{x})]^{\text{TT}}=E\{E[y \mid d=1,\ P(\mathbf{x})]-E[y \mid d=0,\ P(\mathbf{x})] \mid d=1\} \tag{9.6.22}$$

上面的外层期望在分布 $\{P(\mathbf{x}) \mid d=1\}$ 下获取。

倾向得分匹配方法的特点是在式（9.6.15）中是控制 $\mathbf{x}$（直观上看来是寻找具有相同协变量的观测），而在式（9.6.22）中是控制倾向得分，因为式（9.6.22）表明对具有相同倾向得分的观测来说，其完整的协变量向量 $\mathbf{x}$ 具有相同的分布。方程（9.6.19）表明控制 $P(\mathbf{x})$ 后，不管是处理组还是控制组，协变量的分布都是相同的。换言之，控制倾向得分后，与随机指派一样，每个个体被安排接受处理的概率是一样的。因此，对处理组平均处理效应的估计可分 357
两步完成。[①]第一步用参数或非参数方法估计倾向得分（见第 7 章）。第二步，给

① 安排接受处理的选择标准时，将来的和过去的标准要一致很重要。

定估计的倾向得分，在 $j=0$，1 时分别估计 $E\{y \mid P(\mathbf{x}),\ d=j\}$，求处理组和控制组之间的差，然后用被处理个体的频率或每一层次（包括被处理的和未被处理的）观测的频率对其进行加权，得到估计的 TT 或 ATE（$E\{E[y \mid d=1,\ P(\mathbf{x})]-E[y \mid d=0,\ P(\mathbf{x})]\}=E\{E[y_1-y_0 \mid P(\mathbf{x})]\}$），其中外层期望是通过关于倾向得分 $P(\mathbf{x})$ 获取。在非实验性研究中使用该方法评估培训项目影响的实例，参见 Delejia 和 Wahba（1999），LaLonde（1986），Liu，Hsiao，Matsumoto 和 Chou（2009），等等。

9.6.3.2 (ii)断点回归设计

令 $\mathbf{x}_i=(w_i,\ \mathbf{q}_i')$ 是 k 维协变量向量，其中 w_i 是一个变量，$\mathbf{q}_i$ 是 $(k-1)\times 1$ 向量。w_i 和 $\mathbf{q}_i$ 都不受处理影响。**断点回归**（regression discontinuity，RD）设计的基本思想是接受处理的安排或全部或部分由预测值 w_i 确定，该值在固定的门限值任何一侧都可以。预测值 w_i（与$\mathbf{q}_i$ 一起）还会影响潜在的结果。

为表示方便，在本小节中假定$\mathbf{q}_i=0$。在突变 RD（sharp regression discontinuity，SRD）设计中，假定 w 的值不低于 c 的所有个体组成处理组，这些个体接受处理是强制性的，w 的值低于 c 的个体组成控制组，该组成员不允许接受处理，则有

$$\begin{aligned}\mathrm{ATE}(c)&=\lim_{w\downarrow c}E(y \mid w)-\lim_{w\uparrow c}E(y \mid w)\\&=E(y^1-y^0 \mid w=c)\end{aligned}\tag{9.6.23}$$

该方法虽然引用了 Rosenbaum 和 Rubin（1983）的无混杂性假设，但背离了$0<P(d=1 \mid \mathbf{x})<1$。

该方法假定（1）$E(y^0 \mid w)$或$E(y^1 \mid w)$关于w 是连续的，或（2）对所有的 y，$F_{y^0 \mid w}(y \mid w)$ 和 $F_{y^1 \mid w}(y \mid w)$ 关于 w 是连续的。

在模糊 RD（fuzzy regression discontinuity，FRD）中，考虑到

$$\lim_{w\downarrow c}\mathrm{Prob}(d=1 \mid w)\neq\lim_{w\uparrow c}\mathrm{Prob}(d=1 \mid w)\tag{9.6.24}$$

所以

$$\mathrm{ATE}(c)=\frac{\lim_{w\downarrow c}E(y \mid w)-\lim_{w\uparrow c}E(y \mid w)}{\lim_{w\downarrow c}P(d=1 \mid w)-\lim_{w\uparrow c}P(d=1 \mid w)}\tag{9.6.25}$$

358 令

$$\lim_{w\downarrow c}\mathrm{Prob}(d=1 \mid w)-\lim_{w\uparrow c}\mathrm{Prob}(d=1 \mid w)=\nabla\tag{9.6.26}$$

$$P=\lim_{w\uparrow c}\mathrm{Prob}(d=1 \mid w)$$

则

$$\begin{aligned}&\lim_{w\downarrow c}E(y \mid w)-\lim_{w\uparrow c}E(y \mid w)\\&=\{(P+\nabla)Ey^1-(1-P-\nabla)Ey^0\}-[PEy^1+(1-P)Ey^0]\\&=\nabla E[y^1-y^0]\end{aligned}\tag{9.6.27}$$

SRD 和 FRD 都只提供对满足 $w_i=c$ 的子群的 ATE 估计。这两种设计都没有考虑全局 ATE 的估计。

令 $\psi=\{i \mid w_i<c\}$，$\bar{\psi}=\{i \mid w_i\geqslant c\}$，则对 SRD，可用核方法估计 ATE$(c)$，得到

$$\widehat{\text{ATE}}(c)=\frac{\sum_{i\in\bar{\psi}}y_iK\left(\frac{w_i-c}{h}\right)-\sum_{i\in\psi}y_iK\left(\frac{w_i-c}{h}\right)}{\sum_{i\in\bar{\psi}}K\left(\frac{w_i-c}{h}\right)-\sum_{i\in\psi}K\left(\frac{w_i-c}{h}\right)} \tag{9.6.28}$$

其中 $K(\cdot)$ 是满足 $K(0)=0$，当 $v\to\pm\infty$ 时 $K(v)\to 0$ 的核函数。也可使用 Fan 和 Gijbels（1992）提出的局部线性回归法

$$\min_{\alpha_0,\ \beta_0}\sum_{i:\ c-h<x_i<c}(y_i-\alpha_0-\beta_0(w_i-c))^2 \tag{9.6.29}$$

和

$$\min_{\alpha_1,\ \beta_1}\sum_{i:\ c\leqslant x_i<c+h}(y_i-\alpha_1-\beta_1(w_i-c))^2 \tag{9.6.30}$$

由于 $E(y^1\mid w=c)=\hat{\alpha}_1+\hat{\beta}_1(c-c)=\hat{\alpha}_1$，$E(y^0\mid w=c)=\hat{\alpha}_0+\hat{\beta}_0(c-c)=\hat{\alpha}_0$，因此

$$\widehat{\text{ATE}}(c)=\hat{\alpha}_1-\hat{\alpha}_0 \tag{9.6.31}$$

对于 FRD，有

$$\widehat{\text{ATE}}(c)=\frac{\hat{\alpha}_1-\hat{\alpha}_0}{\hat{\gamma}_1-\hat{\gamma}_0} \tag{9.6.32}$$

其中$(\hat{\gamma}_1,\ \hat{\Delta}_1)$是优化问题 359

$$\min\sum_{i:\ c\leqslant x_i<c+h}(d_i-\gamma_1-\delta_1(w_i-c))^2 \tag{9.6.33}$$

的解，$(\hat{\gamma}_0,\ \hat{\delta}_0)$是优化问题

$$\min\sum_{i:\ c-h\leqslant x_i<c}(d_i-\gamma_0-\delta_0(w_i-c))^2 \tag{9.6.34}$$

的解。[有关 RD 的综述，参见 Imbens 和 Lemieux（2008）。]

9.6.3.3　横截面法小结

参数方法的优点是可以同时考虑对可观测变量和不可观测变量的选择效应。还可以估计每个解释变量的影响。缺点是需要设定函数形式以及分布假设。如果先验信息有误，导出的推断结果可能具有误导性。非参数方法的优点是不必对条件均值函数或非观测效应设置任何假设。缺点是在控制若干混杂变量的基础上某种条件独立性假设必须成立。故非参数方法仅考虑对可观测变量的选择效应，也不可用来估计每个可观测变量的影响。换句话说，参数方法的优点正是非参数方法的缺点，参数方法的缺点又是非参数方法的优点。

9.6.4　面板数据方法

面板数据包含大量个体在不同时期的信息。有些观测个体在观测期的某个时段内接受处理，而在其他时段没有被处理。有些个体在整个观测期内都在接受处理，而有些个体从来都没有接受处理。这些个体间以及个体内的动态差异信息允许减弱在横截面数据情形下对调整方法的约束。

9.6.4.1　参数法

使用横截面数据时的一个通用假设是假定可观测向量**x**与不可观测影响因素 ϵ^0 和 ϵ^1［见模型（9.6.1）和（9.6.2)］是正交的，即使在（ϵ^0，ϵ^1，d）联合相依的情况下也需要该假设。但不可观测因素的影响可能与可观测变量 **x** 相关。面板数据不仅可以处理（ϵ^0，ϵ^1）和 d 之间的相关性，还能够处理（ϵ^0，ϵ^1）与 **x**
360 之间的相关性。譬如，假定结果方程和指派方程如下：

$$y_{it}^{1*}=\mathbf{x}_{it}'\boldsymbol{\beta}_1+\epsilon_{it}^1 \tag{9.6.35}$$

$$y_{it}^{0*}=\mathbf{x}_{it}'\boldsymbol{\beta}_0+\epsilon_{it}^0 \tag{9.6.36}$$

$$d_{it}=1(\mathbf{x}_{it}'\gamma+v_{it}>0) \tag{9.6.37}$$

其中

$$\epsilon_{it}^j=\alpha_i^j+u_{it}^j,\quad j=0,1 \tag{9.6.38}$$

u_{it}^j是独立同分布且均值为 0、方差为常数的随机变量。如果 ϵ_{it}^j与 d_{ij}之间的相关性不只局限于α_j 与 d_{ij}之间，还与个体时变成分 u_{it}^j有关，即 $E(u_{it}^j v_{ij})\neq 0$，则 Kyriazidou（1997)、Honoré（1992）等（如 8.4 节的小结）的面板数据固定效应样本选择估计量可用来控制非观测异质性 α_i^1 和 α_i^0 的影响，并估计处理效应［参见 Hsiao，Shen，Wang 和 Weeks（2007，2008)］。①

9.6.4.2　非参数法

9.6.4.2　(i)*倍差方法*

如 9.6.3 节所述，使用非参数方法的关键假设之一是假定控制**x**后结果（y_1，y_0）与指派 d 之间的条件独立性。为避免维度灾难，Rosenbaum 和 Rubin（1983）提出倾向得分匹配法。但是，倾向得分匹配法对由可观测变量选择导致的偏误的调整严重依赖于对倾向得分$\text{Prob}(d_i=1\mid\mathbf{x}_i)$的正确设定。使用面板数据时，如果假设“不存在选择性偏误”成立，且 x 在时间维度上变化的影响对处理组（接受处理个体的集合）和控制组（未接受处理个体集合）都相同，则无须设置倾向得分$\text{Prob}(d_i=1\mid\mathbf{x}_i)$，利用**倍差方法**（difference-in-difference）［Imbens 和 Angrist（1994)］即可。

假定面板数据一开始所有的个体都在控制组（没有接受处理的个体)。在样本观察期的某个时点，部分个体在 t 时刻接受处理，而在 s 时刻没有被安排处理，有些个体不管在 t 时刻还是在 s 时刻都没有被安排接受处理。令 $\psi=\{i\mid d_{it}=1,\ d_{it}=0\}$，$\Psi=\{i\mid d_{it}=0,\ d_{it}=0\}$。则 ATE 的倍差估计量为

361

$$\begin{aligned}\widehat{\text{ATE}}=&[E(y_{it}\mid i\in\psi)-E(y_{is}\mid i\in\psi)]\\&-[E(y_{it}\mid i\in\Psi)-E(y_{is}\mid i\in\Psi)]\end{aligned} \tag{9.6.39}$$

譬如，澳大利亚北领地在 1995 还认定使用大麻是犯罪行为，但在 1996 年将其

① 其他类型的模型设定检验参见 Heckman 和 Hotz（1989）。

合法化了。[①] 澳大利亚国家药物战略家庭调查（Australian National Drug Strategy Household Surveys）提供了 1995 年和 2001 年新界、新南威尔士、昆士兰维多利亚、塔斯马尼亚等地居民吸食大麻的行为信息，除新界（NT）外，其他地方的居民在考察期吸食大麻都是非法的。在新界，1995 年吸食者比例为 0.234 2%，2001 年是 0.284 5%。在未合法化地区，1995 年吸食者比例为 0.142 3%，在 2001 年是 0.161 9%。大麻用途合法化影响的倍差估计是吸食者比例提升了

$$\begin{aligned}&\{(0.2845-0.2342)-(0.1619-0.1423)\}\\&=0.0503-0.0196=0.0307\end{aligned}\tag{9.6.40}$$

9.6.4.2　(ii)利用控制组信息预测反设事实

倍差法在相对严格的假设下是一种度量处理效应的有效方法。即（1）不存在选择效应 $E(\epsilon_i^0 \mid d_i)=E(\epsilon_i^0)=E(\epsilon_i^1)=E(\epsilon_i^1 \mid d_i)=0$；（2）对接受处理的个体和未接受处理的个体来说，$\mathbf{x}$ 的边际影响相同，即 $\frac{\partial E(y^{1*} \mid \mathbf{x})}{\partial \mathbf{x}}=\frac{\partial E(y^{0*} \mid \mathbf{x})}{\partial \mathbf{x}}$；（3）不管是处理组还是控制组，其中个体$\mathbf{x}$变化的影响是一样的，即 $E\{(\mathbf{x}_{jt}-\mathbf{x}_{js}) \mid d_j=1\}=E\{(\mathbf{x}_{it}-\mathbf{x}_{is}) \mid d_i=0\}$。但在面板数据情形下，可以放宽假设条件，再通过分析个体间相关性的方法度量处理效应。此外，还可分析处理效应随时间变化的情况。

Hsiao，Ching 和 Wan（2012）建议利用横截面单元间的相关性构造反设事实。他们假定横截面单元之间的相关性是因某些共同遗漏变量而产生的。将个体单元 i 的观测结果分解为两部分和的形式，一部分是影响所有个体的 K 个公共因子的影响 $\mathbf{f}_t$，一部分是异质性成分 $\alpha_i+\epsilon_{it}$，其中 α_i 是固定常数，ϵ_{it}是随机变量，满足 $E(\epsilon_{it})=0$，当 $i\neq j$ 时，$E(\epsilon_{it}\epsilon_{js})=0$。公共因子 $\mathbf{f}_t$ 对个体的影响可以因个体而异，即

$$\begin{aligned}y_{it}=\alpha_i+\mathbf{b}_i'\mathbf{f}_t+\epsilon_{it},\quad & i=1,\ \cdots,\ N\\ & t=1,\ \cdots,\ T\end{aligned}\tag{9.6.41}$$

则 y_{it}与 y_{jt}的同期协方差为 362

$$\mathrm{Cov}(y_{it},\ y_{jt})=\mathbf{b}_i'E(\mathbf{f}_t\mathbf{f}_t')\mathbf{b}_j\tag{9.6.42}$$

将 y_{it}组合成一个 $N\times 1$ 向量，即有

$$\mathbf{y}_t=B\mathbf{f}_t+\alpha+\epsilon_t\tag{9.6.43}$$

其中$\mathbf{y}_t=(y_{1t},\ \cdots,\ y_{Nt})'$，$\alpha=(\alpha_1,\ \cdots,\ \alpha_N)'$，$\epsilon_t=(\epsilon_{1t},\ \cdots,\ \epsilon_{Nt})'$，$B$ 是 $N\times K$ 的因子载荷矩阵，即 $B=(\mathbf{b}_1,\ \cdots,\ \mathbf{b}_N)'$。假定所有的 N 个个体在时期 $t=1,\ \cdots,T_1$ 都没有受到处理，即$\mathbf{y}_t=\mathbf{y}_t^{0*}$，但从第 T_1+1 期开始，第一个个体受到处理，即 $y_{1t}=y_{1t}^{1*}$，$t=T_1+1,\ \cdots,\ T$，而其他个体都没有被处理，即 $y_{1t}=y_{1t}^{0*}$，$t=1,\ \cdots,\ T$，$i=2,\ \cdots,\ N$。只要有

① 大麻合法化不是指吸食或私藏少量大麻是合法的。使用和种植大麻仍是犯罪行为。违法者被逮捕后如果想要合法地减轻罪罚，比如不留下犯罪记录或不被投入监狱，就必须在指定的时期内支付罚金［参见 Damrongplasit 和 Hsiao（2009）］。

$$E(\epsilon_{it} \mid d_{1t}) = 0, \quad i = 2, \cdots, N \tag{9.6.44}$$

则可记

$$\begin{aligned} y_{1t}^{0*} &= E(y_{1t}^{0*} \mid \tilde{\mathbf{y}}_t) + \eta_{1t}, \ t = 1, \cdots, T \\ &= a + \mathbf{c}'\tilde{\mathbf{y}}_t + \eta_{1t} \end{aligned} \tag{9.6.45}$$

其中$\tilde{\mathbf{y}}_t = (y_{2t}, \cdots, y_{Nt})'$以及$E(\eta_{1t} \mid \tilde{\mathbf{y}}_t)$。Hsiao，Ching 和 Wan（2012）证明最小化

$$\frac{1}{T_1}(\mathbf{y}_1{}^0 - \mathbf{e}a - Y\mathbf{c})'A(\mathbf{y}_1{}^0 - \mathbf{e}a - Y\mathbf{c}) \tag{9.6.46}$$

可得到 a 和 $\mathbf{c}$ 的一致估计，其中$\mathbf{y}_1{}^0 = (y_{11}, \cdots, y_{1T_1})'$，$\mathbf{e}$ 是分量全为 1 的 $T_1 \times 1$向量，Y 是由$\tilde{\mathbf{y}}_t$ 的 T_1 时期的观测值构成的 $T_1 \times (N-1)$ 矩阵，A 是 $T_1 \times T_1$的正定矩阵。根据估计量$(\hat{a}, \hat{\mathbf{c}})$，可用

$$\hat{y}_{1t}^{0*} = \hat{a} + \hat{\mathbf{c}}'\tilde{\mathbf{y}}_t, \quad t = T_1 + 1, \cdots, T \tag{9.6.47}$$

预测第一个个体若没有接受处理时 y_{1t}^{0*} 的值。则对一个个体的处理相应可用

$$\hat{\Delta}_{1t} = y_{1t} - \hat{y}x_{1t}^{0*}, \quad t = T_1 + 1, \cdots, T \tag{9.6.48}$$

进行估计。

可用标准的残差预测公式估计 $\hat{y}_{1t}^{0*}$ 的标准误$\sigma_{y_{1t}}^0$。譬如，如果 η_{1t}在各时期是独立同分布的，则

$$\sigma^2_{y^0_{1t}} = \sigma^2_{\eta 1}[1 + (1, \tilde{\mathbf{y}}'_t)(Y'Y)^{-1}(1, \tilde{\mathbf{y}}'_t)'] \tag{9.6.49}$$

因此，很容易用

$$\hat{\Delta}_{1t} \pm c\sigma_{y1t}^0 \tag{9.6.50}$$

构建 Δ_{1t}的置信带，其中 c 由适当的置信水平确定。

度量政策干预的效应时，利用横截面数据能一蹴而就地度量。利用面板数
363 据可以渐进式地度量政策影响。如果 Δ_{1t}是序列相关但平稳的序列，则还可依据 Box-Jenkins 法用自回归移动平均模型进一步深入时变处理效应

$$a(L)\Delta_{1t} = \mu + \theta(L)\eta_t \tag{9.6.51}$$

其中 L 表示滞后算子，η_t 是一个独立同分布过程，其均值为 0，方差为常数，且$\theta(L)=0$ 的根在单位圆外。如果 $\theta(L)=0$ 的根全都在单位圆外，处理效应是平稳的，长期处理效应为

$$\Delta_1 = a(L)^{-1}\mu = \mu^* \tag{9.6.52}$$

当然，也可将$\hat{\Delta}_{1t}$的简单平均值作为长期处理效应的估计。当 T_1 和（$T - T_1$）都趋于无穷时，

$$\underset{(T-T_1)\to\infty}{\text{plim}} \frac{1}{T - T_1} \sum_{t=T_1+1}^{T} \hat{\Delta}_{1t} = \Delta_1 \tag{9.6.53}$$

式（9.6.53）的方差可用 Newey - West（1987）异方差自相关一致估计（heteroscedastic autocorrelation consistent，HAC）近似。

条件（9.6.44）没有给出 d_{1t}和ϵ_{1t}的关系。此二者可以相关。这里需要的假设条件是“第 j 个个体的特异扰动项ϵ_{jt}独立于$d_{1t}(j \neq 1)$”。该方法被视为“无

理论度量”方法或非参数方法。

做 y_{1t} 关于 y_{it}（$i=2$，…，N；$t=1$，…，T_1）的回归，可得到参数 a 和 $\mathbf{c}$ 的估计。一般情形下 N 都比较大。使用更多甚至全部的横截面单元数据可以提高样本内拟合度，但不一定能提高样本外预测精度。我们可使用某个模型选择标准，譬如 AIC（Akaike，1973）、AICC［Hurvich 和 Tsai（1989）］、BIC（Schwarz，1978）等，选择横截面单元的最优组合对 y_{1t}^{0*}（$t=T_1+1$，…，T）进行预测。譬如，Hsiao，Ching 和 Wan（2012）提出了如下两步法：

第 1 步从（$N-1$）个横截面单元中挑出 j 个个体对 y_{1t}^{*} 进行预测，依据 R^2 选择最优预测，并记为 $M(j)^*$（$j=1$，…，$N-1$）。

第 2 步依据某模型选择标准，从 $M(1)^*$，$M(2)^*$，…，$M(N-1)^*$ 中选择 $M(m)^*$。

9.6.4.3　案例——度量更紧密经贸关系安排对中国香港的影响

2003 年 6 月，中国政府出台《内地与香港关于建立更紧密经贸关系的安排》（CEPA），并于 2004 年 1 月开始执行。CEPA 规定允许内地公民作为个人游客进入香港，开放服务贸易，加强金融领域合作，促进贸易和投资便利化，364
相互认可专业资质，旨在强化中国香港与内地的联系。CEPA 于 2004 年 1 月开始实施，273 种中国香港产品可以免税进入内地；713 种产品于 2005 年 1 月 1 日开始免税进入；261 种于 2006 年 1 月 1 日开始进入；再有 37 种于 2007 年 1 月进入。指定城市的中国公民可以作为个人游客进入香港，指定开放城市从 2003 年的 4 个扩大到 2007 年的 49 个，涵盖广东省的 21 个城市。

Hsiao，Ching 和 Wan（2012）假定 2003 年中国香港在没有 CEPA 的情况下估计其 GDP 的增长率，并与香港的实际 GDP 增长率进行对比，以此评估中国香港和内地经济一体化对香港经济的影响。更具体说来，他们分析了这些事件如何改变香港的 GDP 增长率。

通过比较发现，中国香港相对其他地区实在太小了，Hsiao 等（2012）认为无论香港发生了什么，对其他国家都没什么影响。换句话说，他们预期假设（9.6.44）成立。因此，他们用澳大利亚、奥地利、加拿大、丹麦、芬兰、法国、德国、印度尼西亚、意大利、日本、韩国、马来西亚、墨西哥、荷兰、新西兰、挪威、菲律宾、新加坡、瑞典、泰国、英国、美国等国家和中国台湾等地区的实际 GDP 季度增长率预测中国香港在没有 CEPA 的情况下 GDP 的季度增长率。所有的名义 GDP 和 CPI 都来自经济合作与发展组织（Organization for Economic Co-operation and Development，OECD）统计数据、国际金融统计数据以及 CEIC 数据库。

利用 AICC 准则，选择的国家为奥地利、意大利、韩国、墨西哥、挪威和新加坡。各国家或地区权重的最小二乘估计如表 9.2 所示。从 1993 年第 1 季度至 2003 年第 4 季度的实际增长率和预测增长率如图 9.1 所示。如能获取更多前干预期数据，则估计的国家或地区权重更精确，对前干预路径也能更好地追踪。估计的季度处理效应如表 9.3 所示。在 2004 年第 1 季度至 2008 年第 1 季度期

表 9.2 依据 AICC 准则选取的模型用 1993 年第 1 季度至 2003 年第 4 季度数据估计的结果

	系数	标准差	t 值
常数	−0.001 9	0.003 7	−0.524
奥地利	−1.011 6	0.168 2	−6.012 8
意大利	−0.317 7	0.159 1	−1.997 1
韩国	0.344 7	0.046 9	7.350 6
墨西哥	0.312 9	0.051	6.133 5
挪威	0.322 2	0.053 8	5.991 2
新加坡	0.184 5	0.054 6	3.381 2
R^2=0.093 1			
AICC=−378.942 7			

资料来源：Hsiao 等（2012，表 20）。

365

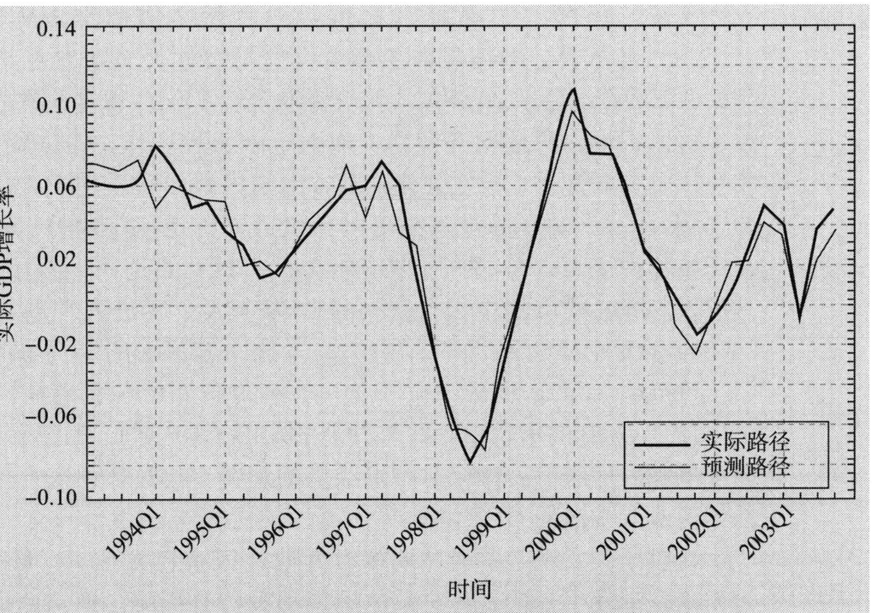

图 9.1 1993 年第 1 季度至 2003 年第 4 季度实际 GDP 增长率和按 AICC 准则预测的 GDP 增长率

资料来源：Hsiao 等（2012，图 7）。

间实际的和估计的反设事实如图 9.2 所示。如果依据 AIC 准则，选择的国家为奥地利、德国、意大利、韩国、墨西哥、挪威、菲律宾、新加坡、瑞典。这些国家权重的估计结果如表 9.4 所示，估计的季度处理效应见表 9.5。前干预与后干预的实际结果和预测结果分别如图 9.3 和图 9.4 所示。值得注意的是，即使两个模型使用了两个不同的国家或地区的集合，两个组估计的结果非常贴近 CEPA 实施前的香港实际路径（R^2 超过 0.93）。还有非常值得注意的一点是，在处理期即使香港的数据没有用上，样本外预测结果也在更低水平紧密贴近实际转折点。每个季度的 CEPA 效应是正的，且似乎序列无关。从 2004 年第 1 季度到2008年第1季度的平均实际增长率为7.26%。在CEPA实施之前，基于AICC准则预测的平均增长率为3.23%，基于AIC准则预测的平均增长率为3.47%。基于AICC选出组估计的平均处理效应为4.03%，标准差为0.016，基于AIC选出组估计的平均处理效应为3.79%，标准差为0.0151。前一组 t 统计量的值为3.513 4，后一组 t 统计量的值为3.512 2。基于两个国家或地区组得到了相似的预测结果和高度显著的CEPA效应。换句话说，通过扩大对中国内地的开放程度，比照CEPA实施之前的GDP增长率，中国香港的实际GDP增长率提高了4%。

表9.3　依据AICC准则选取的模型用2004年第1季度至2008年第4季度数据估计的经济一体化处理效应

	实际值	控制组	处理组
2004Q1	0.077	0.049 3	0.027 7
2004Q2	0.12	0.068 6	0.051 4
2004Q3	0.066	0.051 5	0.014 5
2004Q4	0.079	0.044 6	0.034 4
2005Q1	0.062	0.021 7	0.040 3
2005Q2	0.071	0.017 7	0.053 3
2005Q3	0.081	0.033 3	0.047 7
2005Q4	0.069	0.029	0.04
2006Q1	0.09	0.047 1	0.042 9
2006Q2	0.062	0.041 7	0.020 3
2006Q3	0.064	0.025	0.039
2006Q4	0.066	0.000 9	0.065 1
2007Q1	0.055	−0.010 1	0.065 1
2007Q2	0.062	0.009 2	0.052 8
2007Q3	0.068	0.014 3	0.053 7
2007Q4	0.069	0.050 8	0.018 2
2008Q1	0.073	0.053 8	0.019 2
均值	0.072 6	0.032 3	0.040 3
标准差	0.014 9	0.021 3	0.016
t 值	4.881 4	1.513 2	2.513 4

资料来源：Hsiao等（2012，表21）。

366

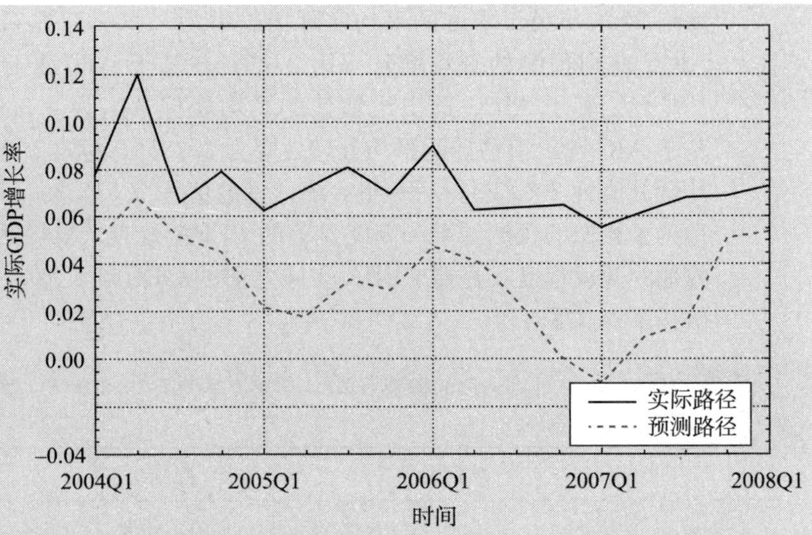

图 9.2　2004 年第 1 季度至 2008 年第 1 季度 AICC 实际 GDP 增长率和按反设事实准则预测的 GDP 增长率

资料来源：Hsiao 等（2012，图 8）。

表 9.4　依据 AIC 准则选取的模型用 1993 年第 1 季度至 2003 年第 4 季度数据估计的结果

	系数	标准差	t 值
常数	−0.003	0.004 2	−0.709 5
奥地利	−1.294 9	0.218 1	−5.936 1
德国	0.355 2	0.233	1.524 3
意大利	−0.576 8	0.178 1	−3.239 4
韩国	0.301 6	0.058 7	5.134 2
墨西哥	0.234	0.060 9	3.839 5
挪威	0.288 1	0.056 2	5.130 4
瑞士	0.243 6	0.172 9	1.409 2
新加坡	0.222 2	0.055 3	4.015 5
菲律宾	0.175 7	0.108 9	1.612 7
$R^2=0.9433$			
AIC=−385.749 8			

资料来源：Hsiao 等（2012，表 22）。

表 9.5　依据 AIC 准则选取的模型用 2004 年第 1 季度至 2008 年第 4 季度数据估计的经济一体化 AIC 处理效应 367

	实际值	控制组	处理组
2004Q1	0.077	0.059 9	0.021 1
2004Q2	0.12	0.072 2	0.047 8
2004Q3	0.066	0.044 6	0.021 4
2004Q4	0.079	0.031 4	0.047 6
2005Q1	0.062	0.012 1	0.049 9
2005Q2	0.071	0.012 6	0.058 4
2005Q3	0.081	0.031 4	0.049 6
2005Q4	0.069	0.027 8	0.041 2
2006Q1	0.09	0.043 6	0.046 4
2006Q2	0.062	0.037 2	0.024 8
2006Q3	0.064	0.029 2	0.034 8
2006Q4	0.066	0.012 2	0.053 8
2007Q1	0.055	0.005 1	0.049 9
2007Q2	0.062	0.027 9	0.034 1
2007Q3	0.068	0.025 5	0.042 5
2007Q4	0.069	0.058 9	0.010 1
2008Q1	0.073	0.062	0.011
均值	0.072 6	0.034 7	0.037 9
标准差	0.014 9	0.019 3	0.015 1
t 值	4.881 4	1.792 9	2.512 2

资料来源：Hsiao 等（2012，表 23）。

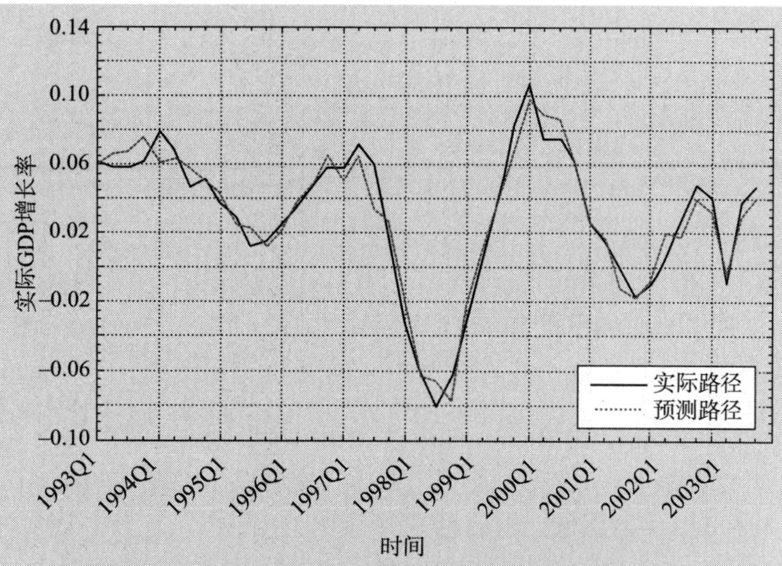

图 9.3　1993 年第 1 季度至 2003 年第 4 季度实际 GDP 增长率和按 AIC 准则预测的 GDP 增长率

资料来源：Hsiao 等（2012，图 10）。

368

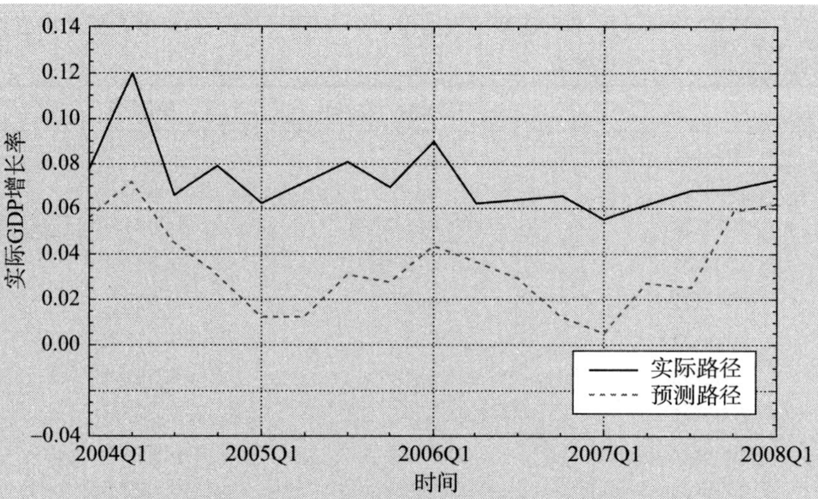

图 9.4　2004 年第 1 季度至 2008 年第 1 季度 AIC 实际 GDP 增长率和按反设事实准则预测的 GDP 增长率

资料来源：Hsiao 等（2012，图 11）。

第10章 动态系统

经济分析的一个突出特点是在数值数据或机构数据分析中融合经济理论。 369
自列昂·瓦尔拉斯以来，经济学家将经济学视为一个一致的理论体系。经济体部门之间的相互依赖性用一系列函数关系表达，每个函数关系描述了经济体某方面由一群个体、企业或主管部门表现出来的特性。用来描述这些关系的变量组成了一组内生变量（或联合因变量），它们的形式取决于经济理论认为它们与给定的一组外生变量有什么样的关系。结构方程和约简型方程是为经济行为建模的两种方法。结构方程方法基于行为假设和结构与技术知识，依据先验理论构建行为方程组。但不同的理论模型可能会产生相同的观测现象。为确保设定的模型与观测现象之间一一对应的关系，需要添加一些先验约束条件以排除其他“观测等效”模型[①]［参见 Dufour 和 Hsiao（2008）；Hsiao（1983）］。导出的统计推断取决于设定的理论模型。如果设定的模型与观测样本背后的数据生成过程不相容，则统计推断结果可能极具误导性。Sims（1980）曾批评很多模型是在“不可信的”先验约束条件下识别的。Liu（1960）、Sims（1980）等因此更支持约简型方法。由于经济行为因结构、技术、行为刚性等原因天性就是动态的，再考虑状态变量的联合相依性和动态相依性时，**向量自回归**（vector autoregression model，VAR）作为一种约简型方法便产生了。在 10.1 节中我们讨论当时间维度 T 固定、横截面维度 N 增大时的面板数据向量自回归模型。但当时间维度 T 增大时，变量是不是平稳序列导致变量的时序属性差异巨大，所 370
以在 10.2 节讨论当 N 和 T 都增大时协整系统的估计问题。10.3 节讨论单位根和协整检验。10.4 节讨论估计动态联立方程模型的单方程方法。

① 我们用“观测等效结构”一词表示那些生成看起来具有相同样本特征的结构［见 Hsiao（1983）］。

10.1　面板向量自回归模型

10.1.1　“同质”面板 VAR 模型

10.1.1.1　模型设定

向量自回归模型是经济学中广泛使用的建模方法［参见 Hsiao（1979a，b，1982）；Sims（1980）］。“同质”面板 VAR（panel vector autoregressive，PVAR）指的是控制不可观测的时恒个体异质性后，对所有的 i 和 t 斜率系数都相同的模型［见 Holtz-Eakin；Newey 和 Robin（1988）］，

$$\Phi(L)\mathbf{w}_{it}=\mathbf{w}_{it}-\Phi_1\mathbf{w}_{i,t-1}-\cdots-\Phi_p\mathbf{w}_{i,t-p}=\boldsymbol{\alpha}_i^*+\boldsymbol{\delta}^*t+\boldsymbol{\epsilon}_{it},\quad i=1,\cdots,N;\ t=1,\cdots,T \tag{10.1.1}$$

其中 $\mathbf{w}_{it}$ 是 $m\times1$ 可观测随机向量，$\boldsymbol{\alpha}_i^*$ 是个体 i 的特异常数构成的 $m\times1$ 向量，$\boldsymbol{\delta}^*$ 是 $m\times1$ 常数向量，$\boldsymbol{\epsilon}_{it}$ 是均值为 0、协方差矩阵为 Ω 的 $m\times1$ 随机向量，它们在时间维度 t 上独立同分布。$\Phi(L)=I_m-\Phi_1L-\cdots-\Phi_pL^p$ 表示关于滞后算子 L 的 p 阶多项式，$L^s\mathbf{w}_t=\mathbf{w}_{t-s}$。

不管 $\mathbf{w}_{it}$ 是不是单位根过程，或者 $\mathbf{w}_{it}$ 是单位根过程时 $\mathbf{w}_{it}$ 的元素是协整的，如果模型包含不受约束的截距或时间趋势，则 $\mathbf{w}_{it}$ 的时序属性将不一样。[①]［参见 Johnsen（1995）；Pesaran，Shin 和 Smith（2000）；Phillips（1991）；Sims，Stock 和 Watson（1990）。］不管 $\mathbf{w}$ 是不是单位根过程，为确保 $\mathbf{w}$ 的时序属性始终保持一致，我们不直接使用模型（10.1.1），而是考虑

$$\Phi(L)(\mathbf{w}_{it}-\boldsymbol{\eta}_i-\boldsymbol{\delta}t)=\boldsymbol{\epsilon}_{it} \tag{10.1.2}$$

行列式方程

$$|\Phi(\rho)|=0 \tag{10.1.3}$$

371 的根要么等于 1，要么在单位圆外。在假设 $E\boldsymbol{\epsilon}_{it}=\mathbf{0}$ 下，有

$$E(\mathbf{w}_{it}-\boldsymbol{\eta}_i-\boldsymbol{\delta}t)=\mathbf{0} \tag{10.1.4}$$

考虑到可能存在单位根，我们假定

$$E(\mathbf{w}_{it}-\boldsymbol{\eta}_i-\boldsymbol{\delta}t)(\mathbf{w}_{it}-\boldsymbol{\eta}_i-\boldsymbol{\delta}t)'=\Psi_t \tag{10.1.5}$$

很多有名的面板 VAR（PVAR）模型都可视为模型（10.1.2）～（10.1.5）的特例。譬如，

---

① 对时序 $\mathbf{y}_t$，如果 $E\mathbf{y}_t=\boldsymbol{\mu}$，且 $E[(\mathbf{y}_t-\boldsymbol{\mu})(\mathbf{y}_{t-s}-\boldsymbol{\mu})']=E[(\mathbf{y}_{t+q}-\boldsymbol{\mu})(\mathbf{y}_{t+q-s}-\boldsymbol{\mu})']$，则称 $\mathbf{y}_t$ 是平稳的。如果 $(1-L)^d\mathbf{y}_t$ 是平稳的，即为 $I(0)$ 过程，则称 $\mathbf{y}_t$ 是 d 阶单振，记为 $I(d)$。如果 $\mathbf{y}_t\sim I(d)$，但 $\boldsymbol{\beta}'\mathbf{y}_t\sim I(d-c)$，譬如 $d=1$，$c=1$，则称 $\mathbf{y}_t$ 是 c 阶单振的。线性独立向量 $\boldsymbol{\beta}$ 的最大个数称为协整的秩。对任意 $m\times1$ 的 $I(d)$ 过程，协整的秩可以在 0 至 $m-1$ 之间变化［参见 Engle 和 Granger（1987）；Intriligator，Bodkin 和 Hsiao（1996）］。

(1) 包含个体特异效应的平稳 PVAR。

令 $\boldsymbol{\delta}=\mathbf{0}_{m\times 1}$。如果方程（10.1.3）所有的根都落在单位圆外，模型（10.1.2）即为模型（10.1.1），其中 $\boldsymbol{\alpha}_i^*=-\Pi\boldsymbol{\eta}_i$，以及

$$\Pi=-\left(I_m-\sum_{j=1}^{p}\Phi_j\right)\tag{10.1.6}$$

(2) 包含个体特异效应的趋势平稳 PVAR。

如果方程（10.1.3）所有的根都落在单位圆外，且 $\boldsymbol{\delta}\neq\mathbf{0}$，则有

$$\Phi(L)\,\mathbf{w}_{it}=\boldsymbol{\alpha}_i^*+\boldsymbol{\delta}^*t+\boldsymbol{\epsilon}_{it}\tag{10.1.7}$$

其中 $\boldsymbol{\alpha}_i^*=-\Pi\boldsymbol{\eta}_i+(\Gamma+\Pi)\,\boldsymbol{\delta}$，以及

$$\Gamma=-\Pi+\sum_{j=1}^{p}j\,\Phi_j\tag{10.1.8}$$

$\boldsymbol{\delta}^*=-\Pi\boldsymbol{\delta}$。

(3) 包含单位根（但不协整）和个体特异效应的 PVAR。

$$\Phi^*(L)\Delta\,\mathbf{w}_{it}=-\Pi^*\boldsymbol{\delta}+\boldsymbol{\epsilon}_{it}\tag{10.1.9}$$

其中 $\Delta=(1-L)$，

$$\Phi^*(L)=I_m-\sum_{j=1}^{p-1}\Phi_j^*L^j\tag{10.1.10}$$

$\Phi_j^*=-\left(I_m-\sum_{\ell=1}^{j}\Phi_\ell\right)$，$j=1,2,\cdots,p-1$ 以及 $\Pi^*=\left(I_m-\sum_{j=1}^{p-1}\Phi_j^*\right)$。

(4) 包含个体特异效应的协整 PVAR。

如果方程（10.1.3）有根等于 1，且 $\text{rank}(\Pi)=r$，$0<r<m$，模型（10.1.2）可以重新表示为面板向量误差修正模型

$$\Delta\,\mathbf{w}_{it}=\boldsymbol{\alpha}_i^*+(\Gamma+\Pi)\boldsymbol{\delta}+\boldsymbol{\delta}^*t+\Pi\,\mathbf{y}_{i,t-1}+\sum_{j=1}^{p-1}\Gamma_j\Delta\,\mathbf{w}_{i,t-j}+\boldsymbol{\epsilon}_{it}\tag{10.1.11}$$

其中 $\Gamma_j=-\sum_{s=j+1}^{p}\Phi_s$，$j=1,\cdots,p-1$，且 Π 可分解为两个秩为 r 的 $m\times r$ 矩阵 J 和 $\boldsymbol{\beta}$ 的乘积，即 $\Pi=J\boldsymbol{\beta}'$，且 $J'_\perp\boldsymbol{\beta}_\perp$ 的秩为 $m-r$，其中 $J_\perp$ 和 $\boldsymbol{\beta}_\perp$ 是 $m\times(m-$ 372
$r)$ 的列满秩矩阵，且满足 $J'J_\perp=\mathbf{0}$ 和 $\boldsymbol{\beta}'\boldsymbol{\beta}_\perp=\mathbf{0}$ [见 Johansen (1995)]。

模型（10.1.2）～（10.1.5）对模型的截距和趋势项设置了约束条件，使得 $\mathbf{w}_{it}$ 即便是单位根过程或是协整过程时仍保持时序属性不变，所以常用模型（10.1.2）～（10.1.5）而不是模型（10.1.1）设定 PVAR 模型表达式。譬如，当 $\boldsymbol{\delta}=\mathbf{0}$ 时，不管方程（10.1.3）的根是否全落在单位圆外，还是有一个或多个根等于 1，$\mathbf{w}_{it}$ 都不含趋势增长。但如果没有对 α_i^* 的约束条件，则存在单位根时 $\mathbf{w}_{it}$ 将呈现不同的趋势增长。如果 $\boldsymbol{\delta}\neq\mathbf{0}$，则不管方程（10.1.3）的根全在单位圆外还是有等于 1 的根，模型（10.1.2）都能确保 $\mathbf{w}_{it}$ 的趋势增长是线性的。但如果趋势项不受约束，则方程（10.1.3）的根全在单位圆外时，$\mathbf{w}_{it}$ 呈现线性增长趋势，而方程（10.1.3）有等于 1 的根时，则 $\mathbf{w}_{it}$ 呈现二次增长趋势 [见 Pesaran，Shin 和 Smith (2000)]。

如果假定 $\boldsymbol{\alpha}_i^*$ 是均值相同、协方差矩阵为常数矩阵的随机向量，则模型

（10.1.1）是随机效应 PVAR。随机效应 PVAR 具有很多优点，譬如样本容量增大时未知参数的个数保持不变，还可利用（$\mathbf{w}_{i0}$，…，$\mathbf{w}_{it}$）的边际分布

$$f(\mathbf{w}_{i0},\cdots,\mathbf{w}_{iT})=\int f(\mathbf{w}_{i0},\cdots,\mathbf{w}_{iT}\mid\boldsymbol{\alpha}_i^*)\,\mathrm{d}G(\boldsymbol{\alpha}_i^*)$$
$$=\int\prod_{t=p}^{T}f(\mathbf{w}_{it}\mid\mathbf{w}_{i,t-1},\cdots,\mathbf{w}_{i,t-p},\boldsymbol{\alpha}_i^*)\times f(\mathbf{w}_{ip},\cdots,\mathbf{w}_{i0}\mid\boldsymbol{\alpha}_i^*)\,\mathrm{d}G(\alpha_i^*)\qquad(10.1.12)$$

导出 $\Phi(L)$ 的有效推断。

但是，除了正确设定 $\boldsymbol{\alpha}_i^*$ 的概率分布非常困难之外，式（10.1.12）的推导也存在巨大的计算复杂性，因为式（10.1.12）涉及 $m\times(T+1)$ 重积分。另一方面，将 $\boldsymbol{\alpha}_i^*$ 当作常数时，$f(\mathbf{w}_{it}\mid\mathbf{w}_{i,t-1},\cdots,\mathbf{w}_{t-p},\boldsymbol{\alpha}_i^*)$ 在时间维度 t 上是独立分布的。此外，即便 $\boldsymbol{\alpha}_i^*$ 是随机向量，对 $f(\mathbf{w}_{i0},\cdots,\mathbf{w}_{iT}\mid\boldsymbol{\alpha}_i^*)$ 的条件推断虽不是有效的，但仍是合理的。因此，我们重点讨论 $\boldsymbol{\alpha}_i^*$ 固定时的推断问题以及条件推断方法。

当面板数据的时间维度比较短时，与单方程固定效应动态面板数据模型（第 4 章 4.5 节）一样，模型（10.1.2）也将面临伴生参数问题以及初始值处理问题。为便于表述，在介绍估计和推断时，假定 $p=1$，即如下模型

$$(I-\Phi L)(\mathbf{w}_{it}-\boldsymbol{\eta}_i-\boldsymbol{\delta}t)=\boldsymbol{\epsilon}_{it},\qquad i=1,\cdots,N;\quad t=1,\cdots,T\qquad(10.1.13)$$

同时假定 $\mathbf{w}_{i0}$ 可观测。

373

10.1.1.2 GMM 估计

正如单方程模型一样，可对式（10.1.13）进行一阶差分，消除个体特异效应项 $\boldsymbol{\eta}_i$，得到

$$\Delta\mathbf{w}_{it}-\boldsymbol{\delta}=\Phi(\Delta\mathbf{w}_{i,t-1}-\boldsymbol{\delta})+\Delta\boldsymbol{\epsilon}_{it},\qquad t=2,\cdots,T\qquad(10.1.14)$$

由此导出正交条件

$$E\{[(\Delta\mathbf{w}_{it}-\boldsymbol{\delta})-\Phi(\Delta\mathbf{w}_{i,t-1}-\boldsymbol{\delta})]\mathbf{q}_{it}'\}=\mathbf{0},\qquad t=2,\cdots,T\qquad(10.1.15)$$

其中

$$\mathbf{q}_{it}=(1,\mathbf{w}_{i0}',\cdots,\mathbf{w}_{i,t-2}')'\qquad(10.1.16)$$

用 $T-1$ 个如式（10.1.5）的方程构造方程组，得到

$$S_i=R_i\Lambda'+E_i,\qquad i=1,2,\cdots,N\qquad(10.1.17)$$

其中

$$S_i=(\Delta\mathbf{w}_{i2},\Delta\mathbf{w}_{i3},\cdots,\Delta\mathbf{w}_{iT})',\qquad E_i=(\Delta\boldsymbol{\epsilon}_{i2},\cdots,\Delta\boldsymbol{\epsilon}_{iT})'$$
$$R_i=(S_{i,-1},\mathbf{e}_{T-1}),\ S_{i,-1}=(\Delta\mathbf{w}_{i1},\cdots,\Delta\mathbf{w}_{i,T-1})',$$
$$\Lambda=(\Phi,\mathbf{a}_1),\ \mathbf{a}_1=(I_m-\Phi)\boldsymbol{\delta}\qquad(10.1.18)$$

$\mathbf{e}_{T-1}$ 表示分量全为 1 的 $(T-1)\times1$ 向量。式（10.1.17）等号左右两边同时左乘由工具变量构成的 $(mT/2+1)(T-1)\times(T-1)$ 的分块对角矩阵 Q_i，

$$Q_i = \begin{pmatrix} \mathbf{q}_{i2} & \mathbf{0} & \cdot & \cdot & \mathbf{0} \\ \mathbf{0} & \mathbf{q}_{is} & \cdot & \cdot & \\ \cdot & \cdot & \cdot & \cdot & \\ \cdot & \cdot & & \cdot & \\ \mathbf{0} & \cdot & & & \mathbf{q}_{iT} \end{pmatrix} \tag{10.1.19}$$

得到

$$Q_i S_i = Q_i R_i \Lambda' + Q_i E_i \tag{10.1.20}$$

将上式转换成向量的形式①，

$$(Q_i \otimes I_m)\,\text{vec}(S'_i) = (Q_i R_i \otimes I_m)\boldsymbol{\lambda} + (Q_i \otimes I_m)\,\text{vec}(E'_i) \tag{10.1.21}$$

其中 $\boldsymbol{\lambda}=\text{vec}(\Lambda)$，$\text{vec}(\cdot)$ 是将矩阵按列拼接成向量的算子。因此，$\boldsymbol{\lambda}$ 的 GMM 估计可通过最小化［见 Binder，Hsiao 和 Pesaran (2005)］ 374

$$\left[\sum_{i=1}^{N}((Q_i \otimes I_m)\,\text{vec}(S'_i) - (Q_i R_i \otimes I_m)\boldsymbol{\lambda})\right]' \times \left[\sum_{i=1}^{N}(Q_i \otimes I_m)\tilde{\Omega}(Q_i \otimes I_m)'\right]^{-1} \times \left[\sum_{i=1}^{N}((Q_i \otimes I_m)\,\text{vec}(S'_i) - (Q_i R_i \otimes I_m)\boldsymbol{\lambda})\right] \tag{10.1.22}$$

得到，其中

$$\tilde{\Omega} = \begin{bmatrix} 2\Omega & -\Omega & \mathbf{0} & \cdots & \mathbf{0} \\ -\Omega & 2\Omega & -\Omega & & \\ \mathbf{0} & -\Omega & 2\Omega & & \\ \vdots & & & \ddots & \\ \mathbf{0} & & & & 2\Omega \end{bmatrix} \tag{10.1.23}$$

估计 Ω 所需要的矩条件为

$$E\{[\Delta \mathbf{w}_{it} - \boldsymbol{\delta} - \Phi(\Delta \mathbf{w}_{i,t-1} - \boldsymbol{\delta})][\Delta \mathbf{w}_{it} - \boldsymbol{\delta} - \Phi(\Delta \mathbf{w}_{i,t-1} - \boldsymbol{\delta})]' - 2\Omega\} = \mathbf{0}, \quad t=2, 3, \cdots, T \tag{10.1.24}$$

此外，在趋势平稳情形下，导出$\mathbf{a}_1$ 的估计后，可得 $\boldsymbol{\delta}$ 的估计如下

$$\boldsymbol{\delta} = (I_m - \hat{\Phi})^{-1}\hat{\mathbf{a}}_1 \tag{10.1.25}$$

如果方程（10.1.3）的根全都落在单位圆外，则 $N\to\infty$时 GMM 估计是一致且渐近正态分布的。这是因为 GMM 估计（10.1.22）存在的必要条件是 $N\to\infty$时 $\left(N^{-1}\sum_{i=1}^{N}Q_i R_i\right)$ 的秩为$=m+1$。当 $\Phi=I_m$ 时，$\Delta \mathbf{w}_{it}=\boldsymbol{\delta}+\boldsymbol{\epsilon}_{it}$，$\mathbf{w}_{it}=\mathbf{w}_{i0}+\boldsymbol{\delta}t+\sum_{l=1}^{t}\boldsymbol{\epsilon}_{il}$。所以，对 $t=2, 3, \cdots, T$，$j=0, 1, \cdots, t-2$，当 $N\to\infty$时，有

$$\frac{1}{N}\sum_{i=1}^{N}\Delta \mathbf{w}_{i,t-1}\Delta \mathbf{w}'_{ij} \to \boldsymbol{\delta}(\mathbf{w}_{i0}+\boldsymbol{\delta}j)' \tag{10.1.26}$$

① $\text{vec}(ABC)=(C'\otimes A)\,\text{vec}(B)$，参见 Magnus 和 Neudecker (1999)。

该矩阵的秩为 1。换句话说，当 $\Phi=I_m$ 时，$\mathbf{q}_{it}$ 的分量不是合理的工具变量。

10.1.1.3 （转换）最大似然估计

不难发现，给定 $\Delta\mathbf{w}_{i1}$ 后，对于 $t=2$，…，T，式（10.1.14）都是有定义的。但 $\Delta\mathbf{w}_{i1}$ 是随机向量。方程（10.1.13）表明 $\Delta\mathbf{w}_{i1}$ 等于

$$\Delta\mathbf{w}_{i1}-\boldsymbol{\delta}=-(I-\Phi)(\mathbf{w}_{i0}-\boldsymbol{\eta})+\boldsymbol{\epsilon}_{i1} \tag{10.1.27}$$

375 由式（10.1.4）和（10.1.5），不难推出 $E(\Delta\mathbf{w}_{i1}-\boldsymbol{\delta})=-(I-\Phi)E(\Delta\mathbf{w}_{i0}-\boldsymbol{\eta}_i)+E\boldsymbol{\epsilon}_{i1}=\mathbf{0}$，以及 $E(\Delta\mathbf{w}_{i1}-\boldsymbol{\delta})(\Delta\mathbf{w}_{i1}-\boldsymbol{\delta})'=(I-\Phi)\Psi_0(I-\Phi)'+\Omega=\Psi_1$，其中 $\Psi_0=E(\Delta\mathbf{w}_{i0}-\boldsymbol{\eta}_i)(\mathbf{w}_{i0}-\boldsymbol{\eta}_i)'$。因此 $\Delta\mathbf{w}_i'=(\Delta\mathbf{w}_{i1}',\ \cdots,\ \Delta\mathbf{w}_{iT}')$ 的联合似然函数有定义，且不包含伴生参数。假定 $\boldsymbol{\epsilon}_{it}$ 服从正态分布时，似然函数为

$$\prod_{i=1}^{N}(2\pi)^{-\frac{T}{2}}\mid\Omega^*\mid^{-\frac{1}{2}}\exp\left[-\frac{1}{2}(\mathbf{r}_i-H_i\boldsymbol{\phi})'\Omega^{*-1}(\mathbf{r}_i-H_i\boldsymbol{\phi})\right] \tag{10.1.28}$$

其中

$$\mathbf{r}_i=(\Delta\mathbf{w}_i-\mathbf{e}_T\otimes\boldsymbol{\delta})$$
$$H_i=G_i'\otimes I_m$$
$$G_i=(\mathbf{0},\ \Delta\mathbf{w}_{i1}-\boldsymbol{\delta},\ \cdots,\ \Delta\mathbf{w}_{i,T-1}-\boldsymbol{\delta})$$
$$\boldsymbol{\phi}=\mathrm{vec}(\Phi)$$

$$\Omega^*=\begin{pmatrix}\Phi_1 & -\Omega & \mathbf{0} & \mathbf{0} & \cdots & \mathbf{0}\\ -\Omega & -2\Omega & -\Omega & \mathbf{0} & & \\ \mathbf{0} & -\Omega & 2\Omega & -\Omega & & \\ \vdots & & & \ddots & & \\ \mathbf{0} & & & & & 2\Omega\end{pmatrix} \tag{10.1.29}$$

$\mathbf{e}_T$ 是 $T\times1$ 向量（1，1，…，1)′。对式（10.1.28）的对数 $\ell(\boldsymbol{\theta})$ 求关于 $\boldsymbol{\theta}'=(\boldsymbol{\delta}',\ \boldsymbol{\phi}',\ \boldsymbol{\sigma}')'$ 的最大值（$\boldsymbol{\sigma}$ 表示 Ω^* 中的未知元素），导出转换最大似然估计量，不管 $\mathbf{w}_{it}$ 是否包含单位根或协整，当 $N\to\infty$ 时，转换 MLE 都是一致估计且渐近正态分布，渐近分布的协方差矩阵为 $-E\left[\frac{\partial^2\ell(\boldsymbol{\theta})}{\partial\boldsymbol{\theta}\,\partial\boldsymbol{\theta}'}\right]^{-1}$。

10.1.1.4 最小距离估计量

不难发现，控制 Ω^* 后，Φ 和 $\boldsymbol{\theta}$ 的 MLE 等价于通过最小化

$$\sum_{i=1}^{N}(\mathbf{r}_i-H_i\boldsymbol{\phi})'\Omega^{*-1}(\mathbf{r}_i-H_i\boldsymbol{\phi}) \tag{10.1.30}$$

导出的最小距离估计量（MDE）。此外，控制 $\boldsymbol{\delta}$ 和 Ω^* 后，Φ 的 MDE 为

$$\hat{\boldsymbol{\phi}}=\left(\sum_{i=1}^{N}H_i'\Omega^{*-1}H_i\right)^{-1}\left(\sum_{i=1}^{N}H_i'\Omega^{*-1}\mathbf{r}_i\right) \tag{10.1.31}$$

376 控制 Φ 和 Ω^* 后，$\boldsymbol{\delta}$ 的 MDE 为

$$\hat{\boldsymbol{\delta}}=(NP\Omega^{*-1}P')^{-1}\left[\sum_{i=1}^{N}P\Omega^{*-1}(\Delta\mathbf{w}_i-L_i\boldsymbol{\phi})\right] \tag{10.1.32}$$

其中

$$P=(I_m,\ I_m-\Phi',\ I_m-\Phi',\ \cdots,\ I_m-\Phi') \tag{10.1.33}$$

以及

$$L_i=K_i'\otimes I_m,\qquad K_i=(\mathbf{0},\ \Delta\mathbf{w}_{i1},\ \cdots,\ \Delta\mathbf{w}_{i,\ T-1})$$

控制 $\boldsymbol{\delta}$ 后，有

$$\hat{\Psi}_1=\frac{1}{N}\sum_{i=1}^{N}(\Delta\mathbf{w}_{i1}-\boldsymbol{\delta})(\Delta\mathbf{w}_{i1}-\boldsymbol{\delta})' \tag{10.1.34}$$

而控制 $\boldsymbol{\delta}$ 与 Φ 后，有

$$\hat{\Omega}=\frac{1}{N(T-1)}\sum_{i=1}^{N}\sum_{t=2}^{T}[\Delta\mathbf{w}_{it}-\boldsymbol{\delta}-\Phi(\Delta\mathbf{w}_{i,\ t-1}-\boldsymbol{\delta})]\times[\Delta\mathbf{w}_{it}-\boldsymbol{\delta}-\Phi(\Delta\mathbf{w}_{i,\ t-1}-\boldsymbol{\delta})]' \tag{10.1.35}$$

以

$$\hat{\boldsymbol{\delta}}^{(0)}=\frac{1}{NT}\sum_{i=1}^{N}\sum_{t=1}^{T}\Delta\mathbf{w}_{it} \tag{10.1.36}$$

和

$$\Phi^{(0)}=\Big[\sum_{i=1}^{N}\sum_{t=3}^{T}(\Delta\mathbf{w}_{it}-\boldsymbol{\delta}^{(0)})(\Delta\mathbf{w}_{i,\ t-2}-\boldsymbol{\delta}^{(0)})'\Big]\times\Big[\sum_{i=1}^{N}\sum_{t=3}^{T}(\Delta\mathbf{w}_{i,\ t-1}-\boldsymbol{\delta}^{(0)})(\Delta\mathbf{w}_{i,\ t-2}-\boldsymbol{\delta}^{(0)})'\Big]^{-1} \tag{10.1.37}$$

为初始值，在估计量（10.1.31）与（10.1.35）之间迭代，得到可行 MDE。

控制 Ω^* 后，$\boldsymbol{\phi}$ 和 $\boldsymbol{\delta}$ 的 MDE 刚好就是 MLE。当 $\boldsymbol{\delta}=\mathbf{0}$（没有趋势）时，控制 Ω^* 后，$\boldsymbol{\phi}$ 的 MLE 或 MDE 的渐近协方差矩阵为

$$\Big[\sum_{i=1}^{N}(K_i\otimes I_m)\Omega^{*-1}(K_i'\otimes I_m)\Big]^{-1} \tag{10.1.38}$$

当 Ω^* 未知时，$\boldsymbol{\phi}$ 的 MLE 和 MDE 的渐近方差-协方差矩阵不会收敛到式(10.1.38)，因为滞后因变量作为回归元时，Φ 与 Ω^* 的估计不是渐近独立的。可行 MDE 的渐近方差-协方差矩阵等于式（10.1.38）与由 Ω^* 的估计误差产生 377
的正半定矩阵的和［参见 Hsiao，Pesaran 和 Tahniscioglu (2002)］。

不论 $\mathbf{w}_{it}$ 是不是单位根过程，MLE 和 MDE 都存在。不论 $\mathbf{w}_{it}$ 是（趋势）平稳、单振还是协整的，当 T 固定且 $N\to\infty$ 时，MLE 和 MDE 都是渐近正态分布的。因此，在单位根检验或协整的秩检验中，常用的似然比检验统计量或 Wald 检验统计量可用 χ^2 统计量近似。此外，由 Binder，Hsiao 和 Pesaran (2005) 开展的有限 Monte Carlo 模拟研究表明，在有限样本情形下，MLE 和 MDE 都是很好的估计量，优于常用的 GMM，特别是方程（10.1.3）的根在 1 左右的时候。

10.1.2 异质向量自回归模型

如果向量自回归模型的斜率系数随个体发生变化，即

$$\Phi_i(L)\mathbf{w}_{it}=\boldsymbol{\alpha}_i^*+\boldsymbol{\epsilon}_{it},\qquad i=1,\ \cdots,\ N \tag{10.1.39}$$

其中

$$\Phi_i(L)=I_m-\Phi_{i1}L-\cdots-\Phi_{ip_i}L^{p_i} \tag{10.1.40}$$

则称该模型是异质的。如果 $i\neq j$ 时，$\Phi_i(L)\neq\Phi_j(L)$，则 T 固定时无法得到 $\Phi_i(L)$ 的一致估计。如果行列式方程（10.1.3）的根全落在单位圆外，则$T\to\infty$时，最小二乘估计是（$\sqrt{T}$）一致估计且渐近正态分布［参见 Anderson (1971)］。当方程（10.1.3）存在等于 1 的根时，最小二乘估计仍是一致估计，但以速度 T 收敛于单位根，且其极限分布也不明确［参见 Phillips 和 Durlauf (1986)］。故在本小节中我们只讨论平稳情形，非平稳情形在 10.2 节讨论。

10.1.2.1 横截面独立数据

如果 $\boldsymbol{\epsilon}_{it}$ 的均值为 $\mathbf{0}$，协方差矩阵为不受约束的 Ω_i，对不同的个体 i 相互独立，且 T 较大，则用最小二乘法估计模型（10.1.39）可导出 $\Phi_i(L)$ 和 $\boldsymbol{\alpha}_i^*$ 的一致且有效的估计。

10.1.2.2 横截面相依数据

当 $\boldsymbol{\epsilon}_{it}$ 横截面相依时，如果 N 固定而 T 增大，模型（10.1.39）可纳入 Zellner (1962) 的似无关回归框架下。先用第 i 个个体的时序观测估计 $\Phi_i(L)$

378 和 $\boldsymbol{\alpha}_i^*$。再用估计的$\hat{\Phi}_i(L)$ 和 $\hat{\boldsymbol{\alpha}}_i^*$ 导出估计的 $\hat{\boldsymbol{\epsilon}}_{it}$（$i=1$，…，$N$，$t=1$，…，$T$），以及用

$$\hat{\Omega}_{ij}=\frac{1}{T}\sum_{t=1}^{T}\hat{\boldsymbol{\epsilon}}_{it}\hat{\boldsymbol{\epsilon}}_{jt}' \tag{10.1.41}$$

作为 $\Omega_{ij}=E(\boldsymbol{\epsilon}_{it}\boldsymbol{\epsilon}_{jt}')$的估计。给定$\hat{\Omega}_{ij}(i，j=1，\cdots，N)$ 后，将 N 个横截面方程（10.1.39）全列出来后再用可行广义最小二乘法导出 $\Phi_i(L)$ 和 $\boldsymbol{\alpha}_i^*$ 的有效估计（$i=1$，…，N）。

10.1.2.3 全局 VAR

如果使用 Zellner (1962) 的似无关方法导出 $\Phi_i(L)$ 的有效估计，要求 T 比 N 明显大很多。在很多宏观经济问题中，观测时期数 T 可能与横截面维度 N 具有相同的规模。当 N 很大时，将 Nm 个方程构成一个系统是不可行的。Pesaran，Schuermann 和 weiner (2004) 提出了全局 VAR（global VAR，GVAR）估计

$$\Phi_i(L)(\mathbf{w}_{it}-\Gamma_i\,\mathbf{w}_{it}^*)=\boldsymbol{\epsilon}_{it},\qquad i=1,\ 2,\ \cdots,\ N \tag{10.1.42}$$

其中

$$\mathbf{w}_{it}^*=\sum_{j=1}^{N}r_{ij}\,\mathbf{w}_{jt} \tag{10.1.43}$$

$$r_{ij}=0,\ \sum_{j=1}^{N}r_{ij}=1,\ 当\ N\to\infty\ 时,\ \sum_{j=1}^{N}r_{ij}^2\to 0 \tag{10.1.44}$$

当 $i\neq j$ 时，权重 r_{ij} 可以是$\frac{1}{N-1}$，也可以是由贸易额或其他某个经济距离的值得到，它们可以是时变的。正如第 9 章 9.4 节介绍的横截面均值增强回归方法

一样，在应对横截面相依问题时，将全局平均值$\mathbf{w}_{it}^*$代入模型（10.1.39）即可。如果$\mathbf{w}_{i,t-s}^*$是弱外生（前定）变量，则对每个个体 i，可用标准的时序模型估计方法估计模型（10.1.42）[参见 Pesaran，Shin 和 Smith（2000）]。Pesaran 等（2004）证明，除在全球占主导地位的美国外，对所有其他国家来说，关于$\mathbf{w}_{it}^*$的弱外生假设都成立。他们还证明，当横截面单元存在相依性时，依据模型（10.1.42）导出的结论比模型（10.1.39）的更合理。①

10.2 协整面板数据模型和向量误差修正 379

10.2.1 协整过程的性质

很多宏观经济数据和金融数据都是非平稳的。非平稳时序过程常表示为 d 阶单振过程 $I(d)(d\geqslant 1)$。对 d 阶单振变量差分 d 次，即 $(1-L)^d$，可将其转换成平稳过程 [参见 Box-Jenkins（1970）]。譬如，假定$\mathbf{w}_{it}$的所有分量都是$I(1)$过程，则 $(1-L)\mathbf{w}_{it}$就是平稳过程 [即 $I(0)$ 过程]。但对$\mathbf{w}_{it}$进行差分也消除了$\mathbf{w}_{it}$的分量之间重要的长期关系，这些关系可能具有重要的经济含义。如果$\mathbf{w}_{it}$由某些公共的非平稳变量驱动，则一个重要特征是$\mathbf{w}_{it}$的线性组合可以去除公共趋势而成为平稳过程 [即 $I(0)$]。这样的线性组合刻画了$\mathbf{w}_{it}$之间的长期关系，被称为"协整"关系。

令$\mathbf{w}_{it}$是 $m\times 1$ 的随机向量。假定$\mathbf{w}_{it}$的元素 w_{jit} 是 1 阶单振过程 $I(1)$，即

$$w_{jit}\sim I(1),\quad j=1,\cdots,m \tag{10.2.1}$$

根据 Engle 和 Grange（1987）的观点，如果存在关于$\mathbf{w}_{it}$的$r(r\geqslant 1)$个线性无关的线性组合是 $I(0)$ 过程，则称$\mathbf{w}_{it}$的分量是 r 协整关系，即

$$C_i\mathbf{w}_{it}=\mathbf{u}_{it}\sim I(0) \tag{10.2.2}$$

其中 C_i 表示 $r\times m$ 常数矩阵，且$\text{rank}(C_i)=r$，$\mathbf{u}_{it}$表示 $r\times 1$ 随机向量，且 $E(\mathbf{u}_{it})=0$，$E(\mathbf{u}_{it}\mathbf{u}_{it}')=\widetilde{\Omega}_{i0}$，$E(\mathbf{u}_{it}\mathbf{u}_{i,t-s}')=\widetilde{\Omega}_{is}$以及$\text{rank}(\widetilde{\Omega}_{i0})=r$。

将$\mathbf{w}_{it}$重新表示为 $(m-r)$ 个公共趋势$\mathbf{z}_{it}$ [服从 $I(1)$ 过程] 的影响和平稳成分 $\boldsymbol{\xi}_{it}$和的形式

$$\mathbf{w}_{it}=A_i\mathbf{z}_{it}+\boldsymbol{\xi}_{it},\quad i=1,\cdots,N,\ t=1,\cdots,T \tag{10.2.3}$$

其中

$$\underset{(m-r)\times 1}{\mathbf{z}_{it}}\sim I(1) \tag{10.2.4}$$

$A_i=(\mathbf{a}_i')$是$m\times(m-r)$ 的常数矩阵。由协整关系（10.2.2）可知

$$C_iA_i=\mathbf{0},\quad i=1,\cdots,N \tag{10.2.5}$$

如果 $A_i\neq\mathbf{0}$，且$\text{rank}(A_i)=m-r$(其中 $0<r<m$) 且$\mathbf{z}_{it}\neq\mathbf{z}_{jt}$，则分量都是

① 有关 GVAR 的计算机程序和数据资源可以从 http：//www.cfab.cam.ac.uk/reseach/gvartoolbox/index.html 下载。

$I(1)$过程的 $m\times 1$ 随机向量$\mathbf{w}_{it}$是协整的。此时有关于$\mathbf{w}_{it}$的误差修正模型（VEC）［参见 Engle 和 Granger（1987）］

$$\Delta \mathbf{w}_{it}=\Pi_i^* \ \mathbf{w}_{i,\ t-1}+\sum_{s=1}^{p_i}\Phi_{is}^* \ \Delta \mathbf{w}_{i,\ t-s}+\epsilon_{it},\ i=1,\ \cdots,\ N \qquad (10.2.6)$$

380 其中 $\Delta=(1-L)$ 表示一阶差分算子，$\Delta \mathbf{w}_{it}=\mathbf{w}_{it}-\mathbf{w}_{i,t-1}$，$\epsilon_{it}$是独立同分布随机向量，均值为 $\mathbf{0}$，协方差矩阵为 Ω_{ii}，$\Pi_i^*=-\left(I_m-\sum_{j=1}^{p_i}\Phi_{ij}^*\right)$，$\Phi_{ij}=\left(-\sum_{s=j+1}^{p_i}\Phi_{is}\right)$（$j=1,\ 2,\ \cdots,\ p_i$），且有

$$\text{rank}(\Pi_i^*)=r \qquad (10.2.7)$$

将 $m\times m$ 矩阵 Π_i^* 分解成两个秩为 r 的（$m\times r$）矩阵 J_i 和λ_i 的乘积，

$$\Pi_i^*=J_i\Lambda'_i,\quad i=1,\ \cdots,\ m \qquad (10.2.8)$$

这种分解并不是唯一的，因为对任意 $r\times r$ 的非奇异矩阵 F_i，都有 $\Pi_i^*=J_i^*\Lambda_i^{*'}$，其中 $J_i^*=\Gamma_iF_i$，$\Lambda_i^*=\Lambda_iF_i'^{-1}$。为确定唯一的协整关系，可选取正则化矩阵

$$\Lambda'_i=[I_r,\ \tilde{\Lambda}'_i] \qquad (10.2.9)$$

其中 $\tilde{\Lambda}'_i$是（$m-r$）$\times r$ 常数矩阵。相对于 PVAR 模型，此处使用误差修正模型（10.2.6）更具优势，因为它同时考虑了$\mathbf{w}_{it}$之间的长期（均衡）关系和短期波动。

如果平稳成分 $\boldsymbol{\xi}_{it}$是横截面相依的，则可将 $\boldsymbol{\xi}_{it}$分解为对所有横截面的 $\boldsymbol{\xi}_{it}$都有影响的q 个公共因子 $\mathbf{f}_t$ 的影响和个体特异效应 ϵ_{it}，即

$$\boldsymbol{\xi}_{it}=B_i\mathbf{f}_t+\epsilon_{it},\quad i=1,\ \cdots,\ N,\ t=1,\ \cdots,\ T \qquad (10.2.10)$$

其中 B_i 是 $m\times q$ 常数矩阵，$E(\mathbf{f}_t)=\mathbf{0}$，$E(\mathbf{f}_t\mathbf{f}'_t)$ 被正则化为 q 阶单位矩阵，$E(\epsilon_{it})=\mathbf{0}$，$E(\epsilon_{it}\epsilon'_{it})=D_i$ 是主对角矩阵。

如果不同个体 i 的$\mathbf{w}_{it}$（$i=1,\ \cdots,\ N$）的非平稳性是由同一公共趋势驱动的，即如果$\mathbf{z}_{it}=\mathbf{z}_{jt}=\mathbf{z}_t$，则 $\mathbf{w}_{it}$的每个元素 w_{kt}对所有的横截面单元都是协整的。令$\mathbf{w}_{kt}$表示由$\mathbf{w}_{it}$的第 k 个分量 w_{kit} 构成的 $N\times 1$ 向量，即$\mathbf{w}_{kt}=(w_{k1t},\ \cdots,\ w_{kNt})'$，$\boldsymbol{\xi}_{kt}=(\xi_{k1t},\ \cdots,\ \xi_{kNt})'$，$\epsilon_{kt}=(\epsilon_{k1t},\ \cdots,\ \epsilon_{kNt})'$。则有

$$\mathbf{w}_{kt}=A_k\mathbf{z}_t+\boldsymbol{\xi}_{kt},\quad k=1,\ \cdots,\ m \qquad (10.2.11)$$

其中 $A_k=(\mathbf{a}_{ki}')$表示由各横截面 A_i 的第k 行构成的 $N\times(m-r)$ 常数矩阵。假定 $\text{rank}(A_k)=d_k(\leqslant m-r)$，则存在秩为（$m-d_k$）的（$m-d_k$）$\times m$ 矩阵 C_k，使得

$$C_kA_k=\mathbf{0},\quad k=1,\ \cdots,\ m \qquad (10.2.12)$$

所以

$$C_k\ \mathbf{w}_{kt}=C_k\boldsymbol{\xi}_{it}\sim I(0) \qquad (10.2.13)$$

即非平稳面板数据在时间维度和横截面维度上都存在协整关系。

381 10.2.2 估计

10.2.2.1 “同质”协整关系

在众多 $I(1)$ 过程$\mathbf{w}_{it}$（$i=1,\ \cdots,\ N$）中至多存在一个协整关系的情形，

$(w_{1it}, \tilde{\mathbf{w}}'_{it})$之间的"同质"协整向量$(1, \boldsymbol{\beta}')$与个体特异向量$\alpha_{1i}$一起，可得到

$$w_{1it} = \tilde{\mathbf{w}}'_{it}\boldsymbol{\beta} + \alpha_{1i} + u_{1it} \tag{10.2.14}$$

对不同的个体 i，u_{1it}是平稳但独立分布的。协整向量 $\boldsymbol{\beta}$ 的组内估计为

$$\hat{\boldsymbol{\beta}} = \left[\sum_{i=1}^{N}\sum_{t=1}^{T}(\tilde{\mathbf{w}}_{it} - \bar{\tilde{\mathbf{w}}}_i)(\tilde{\mathbf{w}}_{it} - \bar{\tilde{\mathbf{w}}}_i)'\right]^{-1} \times \left[\sum_{i=1}^{N}\sum_{t=1}^{T}(\tilde{\mathbf{w}}_{it} - \bar{\tilde{\mathbf{w}}}_i)(w_{1it} - \bar{w}_{1i})'\right] \tag{10.2.15}$$

其中 $\bar{\mathbf{w}}'_i = (\bar{w}_{1i}, \bar{\tilde{\mathbf{w}}}'_i) = \frac{1}{T}\sum_{t=1}^{T}\mathbf{w}'_{it}$。最小二乘估计量以速度 $T\sqrt{N}$ 收敛于 $\boldsymbol{\beta}$，且渐近正态分布。但内生性和$\tilde{\mathbf{w}}_{it}$的单位根问题将导致$\hat{\boldsymbol{\beta}}$与 $T\sqrt{N}$ 的乘积存在阶为$\frac{1}{T}$的渐近偏误［参见 Kao 和 Chiang (2000)］。Phillips 和 Hansen (1990) 的完全修正估计量的思想可用来修正内生性影响，

$$w^{+}_{1it} = \tilde{\mathbf{w}}'_{it}\boldsymbol{\beta} + \alpha_{1t} + u^{+}_{1it} \tag{10.2.16}$$

其中

$$w^{+}_{1it} = w_{1it} - \Omega_{u\Delta\tilde{w}}\Omega^{-1}_{\Delta\tilde{w}}\Delta\tilde{\mathbf{w}}'_{it} \tag{10.2.17}$$

$$u^{+}_{1it} = u_{1it} - \Omega_{u\Delta\tilde{w}}\Omega^{-1}_{\Delta\tilde{w}}\Delta\tilde{\mathbf{w}}'_{it} \tag{10.2.18}$$

$\Omega_{u\Delta\tilde{w}} = \sum_{j=-\infty}^{\infty}E(u_{it}\Delta\tilde{\mathbf{w}}'_{i,t-j})$和$\Omega_{\Delta\tilde{w}} = \sum_{j=-\infty}^{\infty}E(\Delta\tilde{\mathbf{w}}_{it}\Delta\tilde{\mathbf{w}}'_{i,t-j})$分别是$u_{1it}$与$\Delta\tilde{\mathbf{w}}_{it}$以及$\Delta\tilde{\mathbf{w}}_{it}$的协方差矩阵。面板数据完全修正组内估计量为

$$\hat{\boldsymbol{\beta}}_{FM} = \left[\sum_{i=1}^{N}\sum_{t=1}^{T}(\tilde{\mathbf{w}}_{it} - \bar{\tilde{\mathbf{w}}}_i)(\tilde{\mathbf{w}}_{it} - \bar{\tilde{\mathbf{w}}}_i)'\right]^{-1} \times \left[\sum_{i=1}^{N}\left(\sum_{t=1}^{T}(\tilde{\mathbf{w}}_{it} - \bar{\tilde{\mathbf{w}}}_i)w^{+}_{1it}T\Delta_{\Delta\tilde{w}u}\right)\right] \tag{10.2.19}$$

其中 $\Delta_{\Delta\tilde{w}u} = \sum_{j=0}^{\infty}E(\Delta\tilde{\mathbf{w}}_{i,t-j}u_{1it})$。修正项 $\Omega_{u\Delta\tilde{w}}$、$\Omega_{\Delta\tilde{w}}$、$\Delta_{\Delta\tilde{w}u}$可由它们的一致估计 382
量替换。[①] Kao 和 Chiang (2000) 证明 $T\sqrt{N}(\hat{\boldsymbol{\beta}}_{FM} - \boldsymbol{\beta})$是渐近正态分布的，渐近分布的均值为 $\mathbf{0}$，协方差矩阵为 $2\sigma^2_{u|\Delta\tilde{w}}\Omega^{-1}_{\Delta\tilde{w}}$，其中 $\sigma^2_{u|\Delta\tilde{w}} = \Omega_u - \Omega_{u\Delta\tilde{w}}\Omega^{-1}_{\Delta\tilde{w}}\Omega_{\Delta\tilde{w}u}$，$\Omega_u = \sum_{j=-\infty}^{\infty}E(u_{1it}u_{1i,t-j})$。

另一种方法是用动态组内估计法估计领先-滞后调整回归模型［见 Saikkonen (1991)］，

$$w_{1it} = \tilde{\mathbf{w}}'_{it}\boldsymbol{\beta} + \sum_{j=-q}^{q}\Delta\tilde{\mathbf{w}}'_{i,t-j}\boldsymbol{\gamma}_j + \alpha_{1i} + \tilde{u}_{1it} \tag{10.2.20}$$

这里用到了 Westerlund (2005) 提出的基于 q 阶滞后截取数据选择方法。Kao 和 Chiang (2000) 证明模型 (10.2.20) 的组内估计与面板数据完全修正组内估计具有相同的渐近分布。Kao 和 Chiang (2000) 实施的 Monte Carlo 模拟研究表明

① 如果横截面单元的长期方差存在异方差问题，Kao 和 Chiang (2000) 建议使用横截面单元长期修正项的平均值。

模型（10.2.20）的（领先-滞后）组内估计比面板数据完全修正组内估计表现更好，可能是因为难以得到 $\Omega_{u\Delta\varpi}$、$\Omega_{\Delta\varpi}$ 等好的估计量。

当 $\mathbf{w}_{it}$ 分量中线性独立的协整关系不止一个时，原则上可以将 r 个线性独立的协整关系标准化为式（10.2.9）的形式 $\Lambda'=[I_r \tilde{\Lambda}']$，再逐个对方程应用完全修正组内估计或领先-滞后调整组内估计。

我们还可以用 10.1 节中讨论的固定效应 PVAR 模型的估计方法导出 Φ_j 的一致估计，再从估计的 $\hat{\Phi}_j$ 中解出 $\hat{\Lambda}$。协整模型（10.1.1）的误差修正表达式给出 $\Pi=-\left(I_m-\sum_{j=1}^{P}\Phi_j\right)$，如式（10.1.11）所示。如果 $\text{rank}(\Pi)=r(r>1)$，则有 $\Pi=J\Lambda'$，其中 J 和 Λ 是秩为 r 的 $m\times r$ 矩阵。最后可导出协整矩阵 Λ' 为

$$\Lambda'=(J'J)^{-1}J'\Pi \tag{10.2.21}$$

如果选用正则化的 $\Lambda'=[I_r \tilde{\Lambda}']$，则 $J=\Pi_1$ 以及

$$\hat{\Lambda}'=(\Pi_1'\Pi_1)^{-1}\Pi_1'\Pi \tag{10.2.22}$$

其中 Π_1 是由 Π 的前 r 列构成的 $m\times r$ 矩阵。

虽然上述方法导出的估计量是一致估计，但不是有效的，因为第一阶段 Φ 的估计量没有对 $\Pi=J\Lambda'$ 的秩约束条件。要导出 Φ 的有效估计，可以通过最小
383 化二次型矩条件（10.1.15）或（10.1.30），或在约束条件

$$\Lambda=H\boldsymbol{\delta}_r+B_r \tag{10.2.23}$$

下最大化式（10.1.28），再使用约束 GMM 或约束 MDE，或约束（转换）MLE，其中 H 和 B_r 分别是元素已知的 $m\times(m-r)$ 和 $m\times r$ 矩阵，$\boldsymbol{\delta}$ 是未知的 $(m-r)\times r$ 系数矩阵。在 $\Lambda'=[I_r \tilde{\Lambda}']$ 的情形下，$H=[0,\ I_{m-r}]$，$\boldsymbol{\delta}_r=\tilde{\Lambda}$，$B_r=[I_r,\ \mathbf{0}]'$。

10.2.2.2 “异质”协整系统

如果不同的个体单元 i 是相互独立的［即式（10.2.10）中的 $B_i=\mathbf{0}$］，则可利用 Johansen（1991）的方法，基于每个个体 i 的时序数据得到模型（10.2.6）的 MLE。在此情形下不需要使用混合数据。

当 $B_i\neq\mathbf{0}$ 时，个体单元之间是相关的。如果 N 固定而 T 很大，则 $\boldsymbol{\epsilon}_{it}$ 与 $\boldsymbol{\epsilon}_{jt}$ 之间的协方差矩阵 Ω_{ij} 可简单地用

$$\hat{\Omega}_{ij}=\frac{1}{T}\sum_{t=1}^{T}\hat{\boldsymbol{\epsilon}}_{it}\hat{\boldsymbol{\epsilon}}_{jt}' \tag{10.2.24}$$

来估计，其中 $\hat{\boldsymbol{\epsilon}}_{it}$ 是用 Johansen 最大似然法估计模型（10.2.6）的 $\boldsymbol{\theta}_i'=\text{vec}(\Pi_i^*,\ \Phi_{i1}^*,\ \cdots,\ \Phi_{ip_i}^*)'$ 后得到的残差，这里的 $\text{vec}(\cdot)$ 表示将矩阵按列拼接成一个向量的算子。因此，我们不用关心 B_i 的估计，只需关注对 $\boldsymbol{\theta}_i$ 的推断即可。

为便于表述，假定 $s\geq 2$ 时 $\Phi_{is}\equiv\mathbf{0}$，则

$$\Delta\mathbf{w}_{it}=\Pi_i^*\mathbf{w}_{i,t-1}+\boldsymbol{\epsilon}_{it},\quad i=1,\ \cdots,\ N \tag{10.2.25}$$

令 $\mathbf{w}_t=(\mathbf{w}_{1t}',\ \cdots,\ \mathbf{w}_{Nt}')'$ 是将观测到的 N 个横截面单元的 $\mathbf{w}_{it}$ 一个接一个拼接成的 $Nm\times 1$ 向量。故模型（10.2.25）可表示成

$$\Delta\mathbf{w}_t=\tilde{\Pi}\mathbf{w}_{t-1}+\boldsymbol{\epsilon}_t \tag{10.2.26}$$

其中

$$\widetilde{\Pi}=\begin{bmatrix}\Pi_1^* & \mathbf{0} & \cdot & \cdot & \mathbf{0}\\ \mathbf{0} & \Pi_2{}^* & \cdot & \cdot & \mathbf{0}\\ \cdot & & \cdot & & \\ \cdot & & & \cdot & \\ \mathbf{0} & & & & \Pi_N^*\end{bmatrix} \tag{10.2.27}$$

以及

$$\boldsymbol{\epsilon}_t=(\boldsymbol{\epsilon}_{1t}',\ \cdots,\ \boldsymbol{\epsilon}_{Nt}')'$$

假定 $\boldsymbol{\epsilon}_t$ 独立正态分布，且均值为 $\mathbf{0}$，协方差矩阵为 384

$$\underset{Nm\times Nm}{\widetilde{\Omega}}=\begin{bmatrix}\Omega_{11} & \Omega_{12} & \cdot & \cdot & \Omega_{1N}\\ \cdot & \Omega_{22} & \cdot & \cdot & \cdot\\ \cdot & \cdot & \cdot & \cdot & \cdot\\ \cdot & \cdot & \cdot & \cdot & \cdot\\ \Omega_{N1} & \cdot & \cdot & \cdot & \Omega_{NN}\end{bmatrix} \tag{10.2.28}$$

则 $\Delta\mathbf{w}_t$ 的对数似然函数与

$$-\frac{T}{2}\log\mid\widetilde{\Omega}\mid-\frac{1}{2}\operatorname{tr}\left[\Omega^{-1}\sum_{t=1}^{T}(\Delta\mathbf{w}_t-\widetilde{\Pi}\,\mathbf{w}_{t-1})(\Delta\mathbf{w}_t-\widetilde{\Pi}\,\mathbf{w}_{t-1})'\right] \tag{10.2.29}$$

成比例，Ω 和 Π 的 MLE 是同时满足方程

$$\hat{\widetilde{\Omega}}=\frac{1}{T}\sum_{t=1}^{T}(\Delta\mathbf{w}_t-\hat{\widetilde{\Pi}}\,\mathbf{w}_{t-1})(\Delta\mathbf{w}_t-\hat{\widetilde{\Pi}}\,\mathbf{w}_{t-1})' \tag{10.2.30}$$

和

$$\begin{bmatrix}\operatorname{vec}(\hat{\Pi}_1^{*\prime})\\ \operatorname{vec}(\hat{\Pi}_2^{*\prime})\\ \cdot\\ \cdot\\ \operatorname{vec}(\hat{\Pi}_N^{*\prime})\end{bmatrix}=\left(\sum_{t=1}^{T}\hat{\widetilde{\Omega}}^{-1}\otimes\mathbf{w}_{t-1}\mathbf{w}_{t-1}'\right)^{-1}\left[\sum_{t=1}^{T}(\hat{\widetilde{\Omega}}^{-1}\otimes\mathbf{w}_{t-1})\operatorname{vec}(\Delta\mathbf{w}_t)\right] \tag{10.2.31}$$

的解。

控制$\hat{\widetilde{\Omega}}$后，式（10.2.31）就是 Zellner（1962）似无关回归估计量。在式（10.2.30）和（10.2.31）之间连续迭代直至收敛，可导出 Π_i^* 和 $\widetilde{\Omega}$ 的 MLE。

但如果 $\mathbf{w}_{it}$ 是协整的，则 Π_i 满足形如式（10.2.8）的约束条件。将式（10.2.8）代入式（10.2.9），并利用如下关系［参见 Magnus 和 Neudecker（1999，第 31 页）］

$$\begin{aligned}\operatorname{vec}(J_i\Lambda_i')&=(I_r\otimes J_i)\operatorname{vec}(\Lambda_i')\\&=(\Lambda_i\otimes I_m)\operatorname{vec}(J_i)\end{aligned} \tag{10.2.32}$$

即可导出 $[\text{vec}(\Lambda_1')',\ \cdots,\ \text{vec}(\Lambda_N')']'$ 在控制 $\hat{\hat{\Omega}}$ 和 $\hat{J}_i\ (i=1,\ \cdots,\ N)$ 后的 MLE

$$\begin{pmatrix}\text{vec}(\hat{\Lambda}_1)\\ \cdot\\ \cdot\\ \text{vec}(\hat{\Lambda}_N)\end{pmatrix}=\left\{\left[\hat{Q}'\left[\hat{\hat{\Omega}}^{-1}\otimes\left(\sum_{t=1}^{T}\mathbf{w}_{t-1}\mathbf{w}_{t-1}'\right)\right]\hat{Q}\right]^{-1}\right\}^{-1}$$

$$\times\left\{\hat{Q}'\left[\hat{\hat{\Omega}}^{-1}\otimes I_{Nm}\right]\text{vec}\left(\sum_{t=1}^{T}\mathbf{w}_{t-1}\Delta\mathbf{w}_t'\right)\right\} \qquad (10.2.33)$$

385 以及控制 $\hat{\Omega}$ 和 $\hat{\Lambda}_i\ (i=1,\ \cdots,\ N)$ 后 $(\text{vec}(\hat{J}_1')',\ \cdots,\ \text{vec}(\hat{J}_N')')'$ 的 MLE

$$\begin{pmatrix}\text{vec}(\hat{J}_1)'\\ \cdot\\ \cdot\\ \text{vec}(\hat{J}_N)'\end{pmatrix}=\left\{\hat{P}'\left(\hat{\tilde{\Omega}}^{-1}\otimes\sum_{t=1}^{T}\mathbf{w}_{t-1}\mathbf{w}_{t-1}'\right)\hat{P}\right\}^{-1}$$

$$\times\left\{\hat{P}'\left(\hat{\tilde{\Omega}}^{-1}\otimes I_{Nm}\right)\ \text{vec}\left(\sum_{t=1}^{T}\mathbf{w}_{t-1}\Delta\mathbf{w}_t'\right)\right\} \qquad (10.2.34)$$

其中 I_{Nm} 表示 $Nm\times Nm$ 单位矩阵，

$$\hat{Q}=[(\mathbf{d}_1\otimes\hat{J}_1)\otimes(\mathbf{d}_1\otimes I_r),\ \cdots,\ (\mathbf{d}_N\otimes\hat{J}_N)\otimes(\mathbf{d}_N\otimes I_r)] \qquad (10.2.35)$$

$$\hat{P}=[(\mathbf{d}_1\otimes I_m)\otimes(\mathbf{d}_1\otimes\hat{\Lambda}_1),\ \cdots,\ (\mathbf{d}_N\otimes I_m)\otimes(\mathbf{d}_N\otimes\hat{\Lambda}_N)] \qquad (10.2.36)$$

d_j 表示单位矩阵 I_N 的第 j 列，$\otimes$ 表示 Kronecker 内积。所以 Groen 和 Kleibergen（2003）提出如下迭代方法导出面板 MLE：

1. 根据式（10.2.30）和（10.2.31）构建 $\hat{\Omega}^{(0)}$ 和 $\hat{J}_i^{(0)}\ (i=1,\ \cdots,\ N)$ 的初始值，$\hat{J}_i^{(0)}$ 的初始估计可以是正则化矩阵表达式（10.2.9）中 $\hat{\Pi}_i^{*(0)}$ 的前 r 列。
2. 根据式（10.2.33）构建 $\Lambda_i\ (i=1,\ \cdots,\ N)$ 的估计。
3. 根据式（10.2.8）改进 Π_i^* 的估计，根据改进的估计 $\hat{\Pi}_i^*$ 和式（10.2.30）改进 Ω 的估计。
4. 根据式（10.2.34），利用改进 Λ_i 和 Ω 的估计改进对 J_i 的估计。
5. 在第 1 至 4 步之间进行迭代，直到解收敛。

$\Lambda_i\ (i=1,\ \cdots,\ N)$ 的 MLE 以速度 T 收敛至其真值，估计量的极限分布是多元正态分布。故用来检验关于 Λ_i 的原假设的 Wald 型检验统计量是渐近 χ^2 分布的。

当协整矩阵 $\Lambda_i=\Lambda_j=\Lambda$ 时，可将

$$\text{vec}(\Lambda)=\left[\hat{\tilde{Q}}'\left(\hat{\Omega}^{-1}\otimes\sum_{t=1}^{T}\mathbf{w}_{t-1}\mathbf{w}_{t-1}'\right)\hat{\tilde{Q}}\right]^{-1}$$

$$\times\left[\hat{\tilde{Q}}'(\hat{\Omega}\otimes I_{Nm})\,\text{vec}\left(\sum_{t=1}^{T}\mathbf{w}_{t-1}\Delta\mathbf{w}_t'\right)\right] \qquad (10.2.37)$$

作为公共协整矩阵的估计。因 Λ_i 或 V 的渐近分布是多元正态分布，故可用似然 386
比检验统计量检验如下原假设和备择假设

$$\begin{aligned} &H_0: \Lambda_1 = \Lambda_2 = \cdots = \Lambda_N = \Lambda \\ &H_1: \Lambda_i \neq \Lambda_j \end{aligned} \tag{10.2.38}$$

当 $T \to \infty$ 时，似然比统计量的渐近分布是自由度为（$N-1)r(m-r$）的 χ^2 分布。

当个体单元包含个体特异效应 $\boldsymbol{\alpha}_i^*$ 且模型（10.2.6）中的参数 p_i 不等于 0 时，我们可用 Johansen（1991）的方法，分别做 $\Delta \mathbf{w}_{it}$ 和 $\mathbf{w}_{i,t-1}$ 关于 $\mathbf{w}_{i,t-s}(s=1,\ \cdots,\ p_i)$ 的回归，消除常数项和 Φ_{is}^*，得到 $\Delta \widetilde{\mathbf{w}}_{it}$ 和 $\widetilde{\mathbf{w}}_{i,t-1}$，然后再估计 Γ_i 和 Λ_i。得到 Γ_i、Λ_i 和 Ω 的 MLE 后，即可用 Zellner（1962）的似无关回归法做 $(\Delta \mathbf{w} - \hat{J}_i \hat{\boldsymbol{\Lambda}}_i' \widetilde{\mathbf{w}}_{i,t-1})$ 关于 $\Delta \mathbf{w}_{i,t-p_i-1}$，…，$\Delta \mathbf{w}_{i,t-1}$ 的回归，导出个体特异效应常数项和 Φ_{ij}^* 的估计。

当 N 很大时，不管是估计同质协整关系还是异质协整关系，似然法和 Zellner（1962）似无关回归法都不可行。Pesaran 等（2004）建议使用全局 VAR（GVAR）［式(10.1.42)～(10.1.44)］过滤掉横截面相依关系。当 w_{it}^* 可当作弱外生变量时，对每个个体 i，满足秩条件（10.2.8）的模型（10.1.42）可用标准的时序模型方法进行估计［见 Pesaran 等（2000）］。

10.3　单位根与协整检验

10.3.1　单位根检验

面板数据模型可用来分析区域增长趋同［如 Bernard 和 Jones（1996）］、汇率决定理论［检验购买力平价假说，参见 Frankel 和 Rose（1996）］、经济周期同步性等。在此类分析中，变量的时序性质对经济学家来说具有重要意义。时序估计量的统计性质也与时序数据是平稳的还是非平稳的有关。在仅使用时序数据（即 $N=1$）的情形下，如果变量是平稳的，则多数估计量在 $T \to \infty$ 的极限分布中可用正态分布近似。标准正态分布、χ^2 分布等可用来构造置信区间或进行假设检验。如果数据是非平稳的，或数据包含单位根，则 $T \to \infty$ 时标准估计量的极限分布不可预知，常用的 Wald 型检验统计量也不能用 t 统计量或 χ^2 分布统计量近似［参见 Dickey 和 Fuller（1979，1981）；Phillips 和 Durlauf（1986）］。在原假设下，只能通过计算机模拟方法寻找临界值。在 N 固定而 T 很大的情形下，可以直接使用标准的时序方法，数据的面板属性没有带来新的问题。如果 N 很大时，面板数据方法可以在横截面维度上利用中心极限定理进
行估计和检验。故与时序数据的相关文献不同，面板数据单位根检验的原假设 387
要么是单位根要么是平稳的。但由于大多数面板数据单位根检验的应用中还是习惯将原假设设为时序数据 y_{it} 包含单位根，因此我们也仅讨论原假设为单位根的检验。在平稳假设下的检验，可参考 Kwiatkowski 等（1992），Hadri

(2000)，Hadri 和 Larsson (2005)。

10.3.1.1 横截面独立数据

在 Quah (1994) 后，很多人提出了 N 和 T 较大时的面板数据单位根检验统计量。当横截面单元相互独立时，按照 Dickey 和 Fuller (1979，1981) 的思路，Levin 和 Lin (1993)，以及 Levin，Lin 和 Chu (2002) 考虑了面板数据的单位根检验问题，该检验中的原假设是“面板中每个个体的时间序列包含单位根”，备择假设是“所有个体的时间序列都是平稳的”。考虑下面的模型：

$$\Delta y_{it}=\alpha_i+\delta_i t+\gamma_i y_{i,t-1}+\sum_{\ell=1}^{p_i}\phi_{i\ell}\Delta y_{i,t-\ell}+\epsilon_{it},\quad i=1,\cdots,N \quad t=1,\cdots,T \tag{10.3.1}$$

这里假定 ϵ_{it} 对所有的 i 是独立分布的，Δ 表示一阶差分算子 $(1-L)$（L 是将观测移动一期的滞后算子，即 $Ly_{it}=y_{i,t-1}$）。如果 $\gamma_i=0$，则 y_{it} 包含单位根。如果 $\gamma_i<0$，则 y_{it} 是平稳的。Levin 和 Lin (1993) 的原假设是

$$H_0:\ \gamma_1=\gamma_2=\cdots=\gamma_N=0 \tag{10.3.2}$$

备择假设是

$$H_1:\ \gamma_1=\gamma_2=\cdots=\gamma_N=\gamma<0 \tag{10.3.3}$$

为检验原假设 H_0 和备择假设 H_1，Levin 和 Lin (1993) 建议先对每个 i 做 Δy_{it} 和 $y_{i,t-1}$ 对模型 (10.3.1) 中其他变量的回归，消除模型 (10.3.1) 中不与估计 γ 直接相关的变量的影响，分别得到残差 $\hat{e}_{it}$ 和 $\hat{v}_{i,t-1}$。再利用对模型

$$\hat{e}_{it}=\gamma\hat{v}_{i,t-1}+\epsilon_{it} \tag{10.3.4}$$

的回归估计 γ。为调整式 (10.3.4) 中各 i 之间的异方差，他们建议先利用 γ 的最小二乘估计 $\hat{\gamma}$ 来计算 $\hat{e}_{it}$ 的方差

$$\hat{\sigma}_{ei}^2=(T-p_i-1)^{-1}\sum_{t=p_i+2}^{T}(\hat{e}_{it}-\hat{\gamma}\hat{v}_{i,t-1})^2 \tag{10.3.5}$$

388 然后对每个 i，用 $\hat{\sigma}_{ei}$ 除式 (10.3.4) 得到异方差修正模型

$$\tilde{e}_{it}=\gamma\tilde{v}_{i,t-1}+\tilde{\epsilon}_{it} \tag{10.3.6}$$

其中 $\tilde{e}_{it}=\dfrac{\hat{e}_{it}}{\hat{\sigma}_{ei}}$，$\tilde{\epsilon}_{it}=\dfrac{\epsilon_{it}}{\hat{\sigma}_{ei}}$，$\tilde{v}_{i,t-1}=\dfrac{\hat{v}_{i,t-1}}{\hat{\sigma}_{ei}}$。

检验 $\gamma=0$ 的 t 统计量为

$$t_{\tilde{\gamma}}=\frac{\tilde{\gamma}}{sd_{\tilde{\gamma}}} \tag{10.3.7}$$

其中 $\tilde{\gamma}$ 是模型 (10.3.6) 的最小二乘估计，

$$sd_{\tilde{\gamma}}=\hat{\sigma}_{\epsilon}\Big[\sum_{i=1}^{N}\sum_{t=p_i+2}^{T}\tilde{v}_{i,t-1}^2\Big]^{-1/2}$$

$$\hat{\sigma}_{\epsilon}^2=(N\widetilde{T})^{-1}\sum_{i=1}^{N}\sum_{t=p_i+2}^{T}(\tilde{e}_{it}-\tilde{\gamma}\,\tilde{v}_{i,t-1})^2$$

$$\bar{p}=\frac{1}{N}\sum_{i=1}^{N}p_i,\qquad \tilde{T}=(T-\bar{p}-1)$$

虽然对给定的个体 i，用不同时期 t 的数据，做 e_{it} 关于 v_{it} 的回归得到的系数估计量在 $T\to\infty$ 时极限分布不明确［参见 Phillips 和 Durlauf（1986）］，但关于 i 的平均值在 N 较大时却可以调用横截面维度上的中心极限定理。但 $t_{\tilde{\gamma}}$ 不以 0 为中心。为修正渐近偏误，Levin 和 Lin（1993）建议用

$$t^*=\frac{t_{\tilde{\gamma}}-N\tilde{T}S_{N,T}\hat{\sigma}_{\epsilon}^{-2}\cdot sd_{\tilde{\gamma}}\cdot\mu_{\tilde{T}}}{\sigma_{\tilde{T}}}\tag{10.3.8}$$

对式（10.3.7）进行调整，其中

$$S_{NT}=N^{-1}\sum_{i=1}^{N}\frac{\hat{\omega}_{yi}}{\hat{\sigma}_{ei}}\tag{10.3.9}$$

而 $\hat{\omega}_{yi}^2$ 是 y_i 长期方差的估计，即

$$\hat{\omega}_{yi}^2=(T-1)^{-1}\sum_{t=2}^{T}\Delta y_{it}^2+2\sum_{L=1}^{\bar{K}}W_{\bar{K}}(L)\left((T-1)^{-1}\sum_{t=L+2}^{T}\Delta y_{it}\Delta y_{i,t-L}\right)\tag{10.3.10}$$

其中 $W_{\bar{K}}(j)$ 是确保 $\hat{\omega}_{yi}^2$ 为正值的滞后核；如 Newey 和 West（1987）提出的 389

$$W_{\bar{K}}(L)=\begin{cases}1-\dfrac{L}{T}, & \text{如果 } L<\bar{K}\\ 0, & \text{如果 } L\geqslant\bar{K}\end{cases}\tag{10.3.11}$$

$\mu_{\tilde{T}}$ 和 $\sigma_{\tilde{T}}$ 是用 Monte Carlo 模拟计算出来的均值调整项和标准差调整项，在他们的文章中有这两项值的列表。他们证明只要增广的 Dickey-Fuller（1981）滞后阶 p 以速度 T^p 递增（$0\leqslant p\leqslant 1/4$），且滞后断尾参数 $\bar{K}$ 以速度 T^q 递增（$0<q<1$），则在原假设 $\gamma=0$ 下，面板数据检验统计量 $t_{\tilde{\gamma}}$ 在 T，$N\to\infty$ 时收敛于标准正态分布。

在 $\alpha_i=\delta_i=\phi_{it}=0$，且 ϵ_{it} 是均值为零、方差为 σ_{ϵ}^2 的独立同分布随机变量的特殊情形下，Levin 和 Lin（1993）以及 Levin 等（2002）证明在原假设 $\gamma=0$ 下，由混合最小二乘估计量 $\hat{\gamma}$ 得到的 $T\sqrt{N}\hat{\gamma}$ 收敛于均值为 0、方差为 2 的正态分布，而 $\hat{\gamma}$ 的 t 统计量在 N，$T\to\infty$ 且 $\sqrt{N}/T\to 0$ 时收敛于标准正态分布（即时间维度比横截面维度扩张得更慢一些）。当 T 固定而 $N\to\infty$ 时，$\sqrt{N}\hat{\gamma}$ 是渐近有偏的。修正 t 统计量渐近偏误的方法，参见 Harris 和 Tzaralis（1999）。

Im，Pesaran 和 Shin（2003）（IPS）将备择假设设定为

$$H_A^*:\ \gamma_i<0,\ \frac{N_0}{N}=c>0\tag{10.3.12}$$

从而放宽了 LL、LLC 要求模型（10.3.1）在备择假设下同质的强假设（即允许 $\gamma_i\neq\gamma_j$）。其中 N_0 表示满足 $\gamma_i<0$ 的横截面单元的数量。① 因此，Im 等

① 从技术的角度说来，备择假设可表示为至少有一个 i 满足 $\gamma_i<0$。但如果 $N\to\infty$ 时 $c\to 0$，则检验的势不存在。

（2003）建议不用混合数据，而是对 N 个横截面单元中的每个个体 i 分别进行增广 Dickey-Fuller（ADF）单位根检验［Dickey 和 Fuller（1981）］，并求它们 t 比率 τ_i 的平均值 $\bar{\tau}$。因对不同的 i，τ_i 是相互独立的，故 $T\to\infty$ 且 $N\to\infty$ 时，$\bar{\tau}$ 在原假设下收敛于均值为 $E(\bar{\tau})$、方差为 $\mathrm{Var}(\bar{\tau}_N)$ 的正态分布。但统计量 $\bar{\tau}/\sqrt{\mathrm{Var}(\bar{\tau})}$ 等价于每个 τ_i 乘以 $\sqrt{N}$。尽管 $T\to\infty$ 时每个 ADF 的极限分布可以导出，但 N 也趋于 ∞ 时，$\sqrt{N}$ 乘以 τ_i 后引入了不可忽略的偏误项。因此，IPS 建议使用统计量

$$Z=\frac{\sqrt{N}\,(\bar{\tau}-E(\tau_i))}{\sqrt{\mathrm{Var}(\tau_i)}} \tag{10.3.13}$$

由于 $E(\tau_i)$ 和 $\mathrm{Var}(\tau_i)$ 随着 ADF 回归中的滞后长度变化，所以 Im 等（2003）对不同滞后长度列出了 $E(\tau_i)$ 和 $\mathrm{Var}(\tau_i)$ 的值。他们的结果还表明在其 Monte
390 Carlo 研究中的某些情形中，他们的检验比 Levin 等（2001）的检验更有效。但如果原假设被拒，我们只能说部分横截面单元是平稳的。目前还没有识别平稳横截面单元和计算他们占比的办法。

Maddala 和 Wu（1999）（MW），Choi（2001）等提出另一方法，即综合若干独立检验的结果，用 Fisher（1932）的 P_Λ 检验式（10.3.2）对式（10.3.12）的假设。该方法的思想是：假定有如 Im 等（2003）的 N 个单位根检验。令 P_i 是在第 i 个检验中观察到的显著性水平（p—值）。则

$$P_\lambda=-2\log P_i \tag{10.3.14}$$

在 $T_i\to\infty$ 时的渐近分布为自由度为 $2N$ 的 χ^2 分布［见 Rao（1952，第 44 页）］。当 N 很大时，Choi（2001）提出修正的 P_λ 检验，检验统计量为

$$P_m=\frac{\dfrac{1}{\sqrt{N}}\displaystyle\sum_{i=1}^{N}(-2\log P_i-2)}{2} \tag{10.3.15}$$

因 $E(-2\log P_i)=2$，$\mathrm{Var}(-2\log P_i)=4$，利用二次极限法（先令 $T_i\to\infty$，接着令 $N\to\infty$），Choi（2001）证明检验统计量 P_m 是渐近正态分布的，渐近分布的均值为 0，方差为 1。

LL 检验是基于“自回归参数的同质性”的检验（虽然它允许误差方差中存在异质性和误差项的序列相关）。故该检验是以混合（数据）回归为基础的。另一方面，MW（或 Choi）检验和 IPS 检验都基于自回归参数在备择假设下的异质性。这些检验实际上是不同独立检验的联合。但对任何一个备择假设，它们都是一致检验。MW（或 Choi）检验的优点是它没有要求面板数据是平衡的，也没有要求在个体的 ADF 回归中使用相同的滞后长度。实际上，对任何衍生出来的单位根检验都可实施 MW 检验。该检验是非参数检验。无论用什么检验统计量对各个体单元进行单位根检验，我们都可以得到相应的 P 值 P_i。MW 检验的缺点是其 P 值只能通过 Monte Carlo 模拟得到。而 LL 检验和 IPS 检验属于参数检验方法。虽然使用统计量 $t_{\hat{\gamma}}$ 和 $\bar{\tau}$ 时需要调整均值和方差，但它们使用方便，因为可从这些作者的文章中查找已备好的表格。不过这些表格仅对 ADF 检验有效。

在处理原假设和备择假设时，面板数据的异质性引入了一种在单变量时序模型中没有的非对称性。之所以会产生这种非对称性，是因为对所有的个体 i 原假设都一样，但备择假设对所有的个体 i 可以是同质的也可以是随个体 i 变化的。IPS 和 MW 检验允许备择假设是异质的。这些方法的缺点是模型参数过多，在某种意义上可以说没有有效使用包含在单位设定 t 统计量中的信息。这些检验的势仅在 $\frac{\sqrt{N}}{T}=c<\infty$ 时存在。因只关心原假设是否成立，Westerlund 和 Larsson（2012）考虑一种随机设定 $\rho_i=1+\gamma_i$，并假定 ρ_i 是独立同分布的，均 391
值为 μ_ρ，方差为 σ_ρ^2。此时原假设为

$$H_0:\quad \mu_\rho=1 \text{ 且 } \sigma_\rho^2=0 \tag{10.3.16}$$

备择假设为

$$\begin{aligned} H_1:\ & \mu_\rho \neq 1 \\ & \text{或 } \sigma_\rho^2>0 \\ & \text{或二者都是} \end{aligned} \tag{10.3.17}$$

原假设（10.3.16）的拉格朗日乘子（LM）检验统计量为

$$\mathrm{LM}_{\mu_\rho,\ \sigma_\rho^2}=\mathrm{LM}_{\mu_\rho|\sigma_\rho^2}+\mathrm{LM}_{\sigma_\rho^2|\mu_\rho} \tag{10.3.18}$$

其中

$$\mathrm{LM}_{\mu_\rho|\sigma_\rho}=\frac{(A_{NT})^2}{B_{NT}}+\frac{1}{2}\frac{(C_{NT})^2}{D_{NT}} \tag{10.3.19}$$

$$A_{NT}=\frac{1}{\sqrt{N}T}\sum_{i=1}^{N}\sum_{t=p+1}^{T}\Delta e_{it}v_{i,\ t-1} \tag{10.3.20}$$

$$B_{NT}=\frac{1}{NT^2}\sum_{i=1}^{N}\sum_{t=p+1}^{T}v_{i,\ t-1}^2 \tag{10.3.21}$$

$$C_{NT}=\frac{1}{\sqrt{N}T^{3/2}}\sum_{i=1}^{N}\sum_{t=p+1}^{T}[(\Delta e_{it})^2-1]\ v_{i,\ t-1}^2 \tag{10.3.22}$$

$$D_{NT}=\frac{1}{NT^3}\sum_{i=1}^{N}\sum_{t=p+1}^{T}(\Delta e_{it})^2\ v_{i,\ t-1}^4 \tag{10.3.23}$$

可将 $\mathrm{LM}_{\mu_\rho|\sigma_\rho^2}$ 视为给定 $\sigma_\rho^2=0$ 时 $\mu_\rho=1$ 对 $\rho\neq 1$ 的 LM 统计量。$\mathrm{LM}_{\sigma_\rho|\mu_\rho}$ 是给定 $\mu_e=1$ 时 $\sigma_\rho^2=0$ 对 $\sigma_\rho^2>0$ 的 LM 统计量。Westrlund 和 Larsson（2012）证明，当 $N\rightarrow\infty$ 和 $T\rightarrow\infty$，且对某个 $\theta>1$，有 $\frac{T}{N}=N^{\theta-1}$ 时，在原假设（10.3.16）下，$\mathrm{LM}_{\sigma_\rho^2|\mu_\rho}$ 服从自由度为 1 的 χ^2 分布。$\mathrm{LM}_{\sigma_\rho^2|\mu_\rho}$ 的分布渐近独立于 $\mathrm{LM}_{\mu_\rho|\sigma_\rho^2}$ 的极限分布，且渐近分布是 $\frac{5(\kappa-1)}{24}$ 乘以自由度为 1 的 χ^2 分布，其中 $\kappa=1+\frac{1}{T}\sum_{t=p+1}^{T}[E(\epsilon_{it}^4)-1]$。如果 $\epsilon_{it}\sim N(0,\ 1)$，则 $\kappa=3$ 且 $\frac{12}{5}\mathrm{LM}_{\sigma_\rho^2|\mu_\rho}$ 的渐近分布是自由度为 1 的 χ^2 分布。

当 e_{it} 和 $v_{i,t-1}$ 未知时，我们可以像 LL 检验中一样用 $\hat{e}_{it}$ 和 $\hat{v}_{i,t-1}$ 构造可行 LM 检验。可行 LM 检验渐近等价于 LM 检验［即模型（10.3.1）中的 $\Delta_i=0$］。

392 假定ρ_i是随机变量的好处是需要估计的参数个数大为缩减。也没有排除在备择假设下有些横截面单元是发散的。此外，同时考虑ρ_i的均值和方差，随机系数模型考虑了更多的信息，因此比 LL 或 IPS 检验更能检测备择假设。

在N较大或T较小的情形下，如果所有的横截面单元都有相同的动态响应或在异质性情形下很大部分横截面单元拒绝了原假设，则只有能提高重要信息的非常有功效的单位根检验才有讨论意义。但要确定拒绝原假设的样本的比例，要求T比较大［更多讨论，参见 Pesaran（2012）］。

10.3.1.2　横截面相依数据

当v_{it}横截面相依时，前面介绍的检验方法将面临严重的尺度畸变［参见 Banerjee，Marcellino 和 Osbat（2005）；Breitung 和 Das（2008）］。对常见的 Dickey-Fuller 型回归（10.3.1），Chang（2002）建议用滞后水平变量$y_{i,t-1}$的某个非线性变换$F(y_{i,t-1})$作为$y_{i,t-1}$的工具变量（IV）。只要$F(\cdot)$是常规可积函数，譬如$F(y_{i,t-1})=y_{i,t-1}e^{-c_i|y_{i,t-1}|}$（$c_i$是某个正常数），则因$T_i\to\infty$时$F(y_{i,t-1})$趋于 0 以及$y_{i,t-1}$趋于$\pm\infty$，$y_{i,t-1}$的非平稳性被消除，故 IV$t$统计量

$$Z_i=\frac{\hat{\gamma}_i-1}{s(\hat{\gamma})} \tag{10.3.24}$$

收敛于标准正态分布，其中$s(\hat{\gamma})$是 IV 估计量$\hat{\gamma}$的标准差，T_i是第i个单元的时序观测期数。此外，不同横截面单元i和j的$F(y_{i,t-1})$和$F(y_{j,t-1})$，即便$y_{i,t-1}$和$y_{j,t-1}$相关时也是渐近无关的；因此，平均 IV 的t统计量

$$S_N=\frac{1}{\sqrt{N}}\sum_{i=1}^{N}Z_i \tag{10.3.25}$$

在N趋于无穷时的极限分布是正态分布。

当不同的横截面单元y_{it}相关时，Bai 和 Ng（2004，2010）以及 Moon 和 Perron（2004）认为横截面相关由在时间维度上变化的共同因子$\mathbf{f}_t'=(f_{1t},\cdots,f_{kt})$导致。重新将$y_{it}$表示为公共因子的影响$\mathbf{b}_i'\mathbf{f}_t$与异质性成分$u_{it}$和的形式，即有

$$y_{it}=\sum_{j=1}^{k}b_{ij}f_{jt}+u_{it} \tag{10.3.26}$$

393 其中$\mathbf{b}'=(b_{i1},\cdots,b_{ik})$是$k\times 1$常数向量，$u_{it}$对不同的个体$i$是独立的且均值为 0。如果$\mathbf{b}_i=\mathbf{b}_j=\mathbf{b}$，则$\lambda_t=\mathbf{b}'\mathbf{f}_t$是公共的时间特异效应。用$y_{it}$减去横截面均值$y_t=\frac{1}{N}\sum_{i=1}^{N}y_{it}$即可消除公共因子$\mathbf{f}_t$的影响。如果$N$较大，则可将去均值序列当作是无关的。故我们仅考虑$\mathbf{b}_i\neq\mathbf{b}_j$的情形。

Bai 和 Ng（2004，2010）以及 Moon 和 Perron（2004）提出对$\mathbf{f}_t$和u_{it}进行单位根检验。因子是由Δy_{it}的k个主成分作为估计（参见第 9 章 9.3 节）。然后用增广 Dicky-Fuller（ADF）检验法检验$\mathbf{f}_t$是不是单整的［检验是$I(1)$过程还是$I(0)$过程］。如果发现估计的因子包含单位根但不是协整过程，则这N个序

列是 1 阶单整的。如果拒绝了因子中存在单位根的原假设，则用诸如 Maddala 和 Wu（1999）的 P_λ 或 Choi（2001）的 P_m 面板单位根检验法对 u_{it} 的去因子观测 $(y_{it}-\hat{\mathbf{b}}_i'\hat{\mathbf{f}}_t)$ 进行单位根检验。①

如果 $\mathbf{b}_i \neq \mathbf{b}_j$ 且 $k=1$，Pesaran（2007）建议用横截面均值 $\bar{y}_{t-1}=\frac{1}{N}\sum_{i=1}^{N} y_{i,\ t-1}$ 和 $\Delta \bar{y}_{t-j}=\frac{1}{N}\sum_{i=1}^{N}\Delta y_{i,\ t-j}$ 扩展模型（10.3.1），

$$\begin{aligned}\Delta y_{it} &= \alpha_i+\delta_i t+\gamma_i y_{i,\ t-1}+\sum_{\ell=1}^{p_i}\phi_{i\ell}\Delta y_{i,\ t-\ell}\\ &\quad + c_i\bar{y}_{t-1}+\sum_{\ell=1}^{p_i} d_{i\ell}\Delta\bar{y}_{t-\ell}+e_{it}\end{aligned} \tag{10.3.27}$$

消除掉横截面相依，再如 Im 等（2003）的方法，用增广 Dicky-Fuller 检验对 N 个横截面单元分别进行单位根检验，求 t 比率 τ_i 的平均值 $\bar{\tau}$。

当 $k>1$ 时，如果存在 $K(\geqslant k-1)$ 个观测到的时序数据 $\mathbf{w}_{it}$，Kapetanios，Pesaran 和 Yamagata（2011）以及 Pesaran，Smith 和 Yamagata（2013）建议用 $\mathbf{w}_t$ 的横截面均值进一步扩展模型（10.3.1）

$$\begin{aligned}\Delta y_{it} &= \alpha_i+\delta_i t+\gamma_i y_{i,\ t-1}+\sum_{\ell=1}^{p_i}\Delta y_{i,\ t-\ell}\\ &\quad +\sum_{\ell=1}^{p_i} d_{i\ell}\Delta\bar{y}_{t-\ell}\\ &\quad + W_t\boldsymbol{\theta}+\epsilon_{it},\quad i=1,\ \cdots,\ N\end{aligned} \tag{10.3.28}$$

其中 $W_t=(\Delta\mathbf{w}_t',\ \Delta\mathbf{w}_{t-1}',\ \cdots,\ \Delta\mathbf{w}_{t-p_i-1}',\ \Delta\mathbf{w}_{t-1}')$，$\boldsymbol{\theta}$ 是 $mp_i\times 1$ 的常数向量。Pesaran，Smith 和 Yamagata（2013）建议，或用关于 $\gamma_i(i=1,\ \cdots,\ N)$ 的 t 统计量的均值构建 IPS 型检验统计量，或求 Sargan 和 Bhargava（1983）检验统计量（SB） 394

$$SB_i=T^{-2}\sum_{t=1}^{T} S_{it}^2/\hat{\sigma}_i^2,\quad i=1,\ \cdots \tag{10.3.29}$$

的均值，其中

$$S_{it}=\sum_{s=1}^{t}\hat{\epsilon}_{is},\qquad \hat{\sigma}_i^2=\frac{\sum_{t=1}^{T}\hat{\epsilon}_{it}^2}{T-K^*}$$

$\hat{\epsilon}_{it}$ 是模型（10.3.28）的最小二乘残差，K^* 是模型（10.3.28）中未知常数的个数。每个 SB_i 都独立于因子以及它们的载荷，都收敛于一个关于布朗运动的函数。Pesaran 等（2013）给出了 N，$T=20$，30，50，70，100，200，$K=0$，1，2，3，$p_i=0$，1，…，4 时增广 IPS 检验和 SB 检验的临界值。

当引起横截面相依的原因未知时，Choi 和 Chue（2007）建议使用子样检验法，将样本分块，每块包含 b 期观测，允许块之间有重叠。利用 $(T-b+1)$ 个可能重叠的分块数据，检验统计量的临界值由计算所得的 $(T-b+1)$ 个检

① Bai 和 Ng（2004，2010）将该方法命名为 PANIC（panel analysis of nonstationary in idiosyncratic and common components）。

验统计量的值构成的经验分布决定。虽然 $T\to\infty$ 且 N 固定时检验统计量的真实分布可能与未知冗余参数有关，但子样临界值将依概率收敛于真实临界值。Choi 和 Chue（2007）的 Monte Carlo 模拟实验结果表明，不管哪种类型的横截面相依，子样检验的水平都是稳健的。

之前讨论的所有的单位根检验都假定数据不存在结构变化。但时间长了数据的结构很可能发生变化。忽略结构变化可能导出关于时序单整阶的错误结论。譬如，包含折线趋势的平稳时序过程可能被当成非平稳序列［见 Perron（1989）］。对存在结构变化的面板数据单位根检验问题的讨论，横截面独立情形可参见 Im，Lee 和 Tieslau（2005），横截面相依情形可参见 Bai 和 Carrion-i-Silvestre（2009）。

10.3.2 协整检验

10.3.2.1 基于残差的检验

做 $\mathbf{w}_{it}$ 中某个分量关于 $\mathbf{w}_{it}$ 中其他分量的回归，检验其残差是否存在单位根检验，由此可以检验是否存在协整关系。譬如，如果模型（10.2.14）中的残差是单位根过程，则 $\mathbf{w}_{it}$ 不是协整的。如果残差是平稳的，则 $\mathbf{w}_{it}$ 是协整的。在时序范
395 畴内，时序过程单位根检验的原假设就是单位根。即原假设是没有协整关系。在原假设下，时序回归导出的 $\boldsymbol{\beta}$ 的估计并不收敛［参见 Phillips（1986）］。另一方面，对于横截面维度 N 和时间维度 T 都很大的面板，导出的 $\boldsymbol{\beta}$ 的估计是收敛的。如果不存在协整关系，Kao（1999）用连续参数极限法（先是 $T\to\infty$，再令 $N\to\infty$），证明模型（10.2.14）的最小二乘估计收敛于 $\Omega_{\Delta\varpi}^{-1}\Omega_{\Delta\varpi u}$。如果存在协整关系，则面板数据完全修正组内估计（10.2.19）或领先-滞后调整回归模型的组内估计（10.2.20）是一致估计且渐近正态分布。此外，因对不同个体 i，u_{it} 是独立分布的，对统计量在横截面维度的平均值，可用适当的中心极限定理进行推断。也就说，虽然 u_{it} 在时间维度上是否包含单位根对统计量的渐近属性有影响，但 $N\to\infty$ 时这些统计量适当的均值是渐近正态分布的。这也表明在面板数据中关于 u_{it} 分布的原假设可能是单位根（没有协整），或者是平稳的（协整）。

McCoskey 和 Kao（1998）提出用

$$\overline{\mathrm{LM}}=\frac{\dfrac{1}{N}\sum_{i=1}^{N}\dfrac{1}{T^2}\sum_{t=1}^{T}S_{it}^{+2}}{s^{+2}} \tag{10.3.30}$$

检验协整的原假设，其中

$$S_{it}^{+}=\sum_{s=1}^{t}\hat{u}_{1is}, \qquad s^{+2}=\frac{1}{NT}\sum_{i=1}^{N}\sum_{t=1}^{T}\hat{u}_{1it}^{+2}$$

$\hat{u}_{1it}$ 是模型（10.2.14）估计的残差，其中 $\boldsymbol{\beta}$ 的估计量要么是式（10.2.19），要么由模型（10.2.20）的组内估计得到，$\hat{u}_{1it}^{+}$ 是估计的残差，如式（10.2.18）所

示。McCoskey 和 Kao (1998) 证明$\sqrt{N}(\overline{\text{LM}})$是渐近正态分布的，渐近分布的均值为$\mu$，方差为$\sigma_v^2$，在个体单元相互独立的情形下，可通过 Monte Carlo 模拟方法导出μ和σ_v^2。

Kao (1999) 和 Pedroni (2004) 提出在没有协整关系的原假设下进行单位根检验（残差是单位根过程）。考虑到回归元与误差项之间的相关性以及序列相关性，Kao 提出修正的 Dicky-Fuller 型检验统计量。Pedroni (2004) 考虑备择假设是“同质”或“异质”时的单位根检验问题。有关面板数据单位根和协整的综述，参见 Baltagi 和 Kao (2000)，Banerjee (1999)，Breitung 和 Pesaran (2008)，Choi (2006) 等。

10.3.2.2 似然法

基于残差的单位根检验只能判断$\mathbf{w}_{it}$的分量之间是否存在协整关系，不能确定协整的阶，也没有考虑横截面单元相关的问题。对于“同质”的 PVAR 模型，协整秩的检验可通过在约束条件 396

$$\Lambda_r = H_r \boldsymbol{\delta}_r + B_r \tag{10.3.31}$$

或

$$\Lambda_{r+1} = H_{r+1} \boldsymbol{\delta}_{r+1} + B_{r+1} \tag{10.3.32}$$

下最大化（转换）似然函数（10.1.28），其中H_r和H_{r+1}分别是$m\times(m-r)$和$m\times(m-r-1)$的已知矩阵，B_r和B_{r+1}分别是$m\times r$和$m\times(r+1)$的已知矩阵，$\boldsymbol{\delta}_r$和$\boldsymbol{\delta}_{r+1}$分别是$r\times m$和$(r+1)\times m$的未知矩阵。当$T$固定而$N\to\infty$时，协整秩是$r$还是$(r+1)$的似然比检验统计量的渐近分布是自由度为$(m-r)^2-(m-r-1)^2=2(m-r)-1$的$\chi^2$分布［Binder 等 (2005)(要求$\Pi$的秩为$r$后，$\Pi$中还有$m^2-(m-r)^2$无约束系数。)］。

在“异质”PVAR 情形下，考虑不同个体有不同的动态关系以及个体间相互依赖时，前面章节讨论的面板 VEC 方法提供了对所有横截面单元进行协整秩检验的基础。

当$\text{rank}(\Pi_i^*)=m$时，模型（10.3.1）表明$\mathbf{w}_{it}$是平稳的。对给定的个体i，Johansen (1991，1995) 提出用似然比检验法对每个约束$r=0,\cdots,m-1$及备择假设“平稳过程”$[\text{rank}(\Pi_i^*)=m]$进行检验。他证明当$T\to\infty$时，对是$\text{rank}(\Pi_i^*)=r$还是$\text{rank}(\Pi_i^*)=m$进行检验的似然比统计量依分布收敛于

$$\text{tr}\left(\int dB_{m-r}B_{m-r}'\left[\int B_{m-r}B_{m-r}'\right]^{-1}\int B_{m-r}dB_{m-r}'\right) \tag{10.3.33}$$

其中B_{m-r}是$(m-r)$维布朗运动随机向量，协方差矩阵为单位矩阵。Larsson 等 (1998) 基于个体（Johansen）秩检验统计量的均值，提出对异质性面板进行似然基面板协整秩检验的方法。当N固定而T较大时，Groen 和 Kleibergen (2003) 证明，检验“横截面单元有公共协整秩r ($r=0, 1, \cdots, m-1$)”对“$r=m$（平稳）”的似然比检验统计量依分布收敛于

$$\sum_{i=1}^{N} LR_i(r \mid m) =$$

$$\sum_{i=1}^{N}\operatorname{tr}\left(\int dB_{m-r,\,i}B'_{m-r,\,i}\left[\int B_{m-r,\,i}B'_{m-r,\,i}\right]^{-1}\cdot\int B_{m-r,\,i}dB'_{m-r,\,i}\right)\qquad(10.3.34)$$

其中 $B_{m-r,i}$ 是个体 i 的（$m-r$）维布朗运动向量。他们证明式（10.3.34）在横截面相依时是稳健的。利用连续参数极限法（先令 $T\rightarrow\infty$，再令 $N\rightarrow\infty$），
397 Groen 和 Kleibergrn（2003）证明

$$\frac{\overline{LR}(r\mid m)-E[\overline{LR}(r\mid m)]}{\sqrt{\operatorname{Var}[\overline{LR}(r\mid m)]}}\qquad(10.3.35)$$

的极限分布是标准正态分布，其中 $\overline{LR}(r\mid m)=\frac{1}{N}\sum_{i=1}^{N}LR_i(r\mid m)$。

10.4 动态联立方程模型

10.4.1 模型

在之前的各节中，面板 VAR 模型（10.1.1）可看作面板动态联立方程模型

$$\Gamma(L)\mathbf{w}_{it}+C\mathbf{x}_{it}=\alpha_i^*+\boldsymbol{\epsilon}_{it}\qquad(10.4.1)$$

的约简型模型（为表述方便，假定 $\boldsymbol{\delta}=\mathbf{0}$），其中 $\mathbf{x}_{it}$ 是 $K\times1$ 向量，且满足 $E(\mathbf{x}_{it}\boldsymbol{\epsilon}'_{is})=\mathbf{0}$，而

$$\Gamma(L)=\Gamma_0+\Gamma_1L+\cdots+\Gamma_pL^p\qquad(10.4.2)$$

且 $C=\mathbf{0}$ 时，

$$\Gamma_0\neq I_m\qquad(10.4.3)$$

为简单起见，仍假定 $\boldsymbol{\epsilon}_{it}$ 对各横截面单元 i 在不同时期 t 是独立同分布的，且协方差矩阵为 Ω。模型（10.4.1）除了（1）存在时恒个体特异效应和（2）需要设定初始值等问题外，还有（3）$\mathbf{w}_{it}$ 的分量存在同期相依问题。由于只能依据观测到的数据进行统计推断，观测变量间的联合相依性可能引出新问题，即很多看起来等价的结构可能生成相同的观测现象［参见 Hood 和 Koopmans (1953)］。要依据观测数据唯一识别模型（10.4.1），需要设定先验约束条件。但 $\boldsymbol{\alpha}_i^*$ 的存在引起 $\mathbf{w}_{it}$ 与所有未来或过去的 $\mathbf{w}_{is}$ 间的相关性，不过可通过线性转化从模型中消除 $\boldsymbol{\alpha}_i^*$。譬如，对模型（10.4.1）进行一阶差分，得到

$$\Gamma(L)\Delta\mathbf{w}_{it}+C\Delta\mathbf{x}_{it}=\Delta\boldsymbol{\epsilon}_{it}\qquad(10.4.4)$$

模型（10.4.4）便是包含一阶移动平均误差项的**考尔斯委员会动态联立方程模型**（Coweles Commission dynamic simultaneous equations model）；因此，如果我们设定的先验信息是排除性约束条件，即第 g 个方程不包含某些变量时，常用的秩条件是必要条件，也是识别模型中某个方程的充分条件［Hsiao (1983)］。令 $[\Gamma_{0g},\cdots,\Gamma_{pg},C_g]$ 是由矩阵 $[\Gamma_0,\cdots,\Gamma_p,C]$ 第 g 行为零的列向量组成的矩阵。则识别模型（10.4.1）中第 g 个方程的充分必要条件是

398

[参见 Hsiao (1983)][1]

$$\text{rank}[\Gamma_{0g}, \cdots, \Gamma_{pg}, C_g]=m-1 \tag{10.4.5}$$

为方便表述，假定 $p=1$，则模型（10.4.1）化为

$$\Gamma_0 \mathbf{w}_{it}+\Gamma_1 \mathbf{w}_{i,t-1}+C \mathbf{x}_{it}=\boldsymbol{\alpha}_i^*+\boldsymbol{\epsilon}_{it} \tag{10.4.6}$$

模型（10.4.6）确定后，将 $\boldsymbol{\alpha}_i^*$ 当作随机变量，分布已知且与 $\mathbf{x}_{is}$ 不相关，则可用最大似然法估计模型。导出的估计量，不管 N 和 T 以何种方式趋于无穷，都是一致估计且渐近正态分布。但求解 MLE 要对联合似然函数求关于时间的多重积分，计算非常复杂。另一方面，控制 $\boldsymbol{\alpha}_i^*$ 后，$\boldsymbol{\epsilon}_{it}$ 对不同的个体 i 和不同的时期 t 都是独立同分布的。甚至我们都可忽略 $\boldsymbol{\alpha}_i^*$ 与 $\mathbf{x}_{is}$ 是否相关的问题。所以我们主要讨论假定 $\boldsymbol{\alpha}_i^*$ 固定时模型的估计方法。

我们考虑 Anderson-Rubin (1949) 型有限信息方法，使用该方法时仅有关于第 g 个方程的先验信息用得上。令 $g=1$。因为在推断时仅有关于第一个方程的先验约束条件可以使用，故完全可以将模型（10.4.6）记为

$$\Gamma_0=\begin{bmatrix}1 & -\gamma'_{10}\\ \mathbf{0} & I_{m-1}\end{bmatrix}, \qquad \Gamma_1=-\begin{bmatrix}\gamma_{11} & -\gamma'_{12}\\ \Pi_{21} & \Pi_{22}\end{bmatrix}$$

$$C=-\begin{bmatrix}\mathbf{c}'_1\\ \Pi_{23}\end{bmatrix} \tag{10.4.7}$$

假定先验约束条件是排除性约束，且向量$(\gamma'_{10}, \gamma_{11}, \gamma'_{12}, \mathbf{c}'_1)$中至少有 $(m-1)$ 个元素为 0，识别第一个方程的秩条件也满足。

模型（10.4.6）等号两边左乘矩阵 Γ_0^{-1} 得到约简型模型

$$\mathbf{w}_{it}=H_1\mathbf{w}_{i,t-1}+H_2 \mathbf{x}_{it}+\boldsymbol{\eta}_i+\mathbf{v}_{it} \tag{10.4.8}$$

其中 $H_1=-\Gamma_0^{-1}\Gamma_1$，$H_2=-\Gamma_0^{-1}C$，$\boldsymbol{\eta}_i=\Gamma_0^{-1}\boldsymbol{\alpha}_i^*$，$\mathbf{v}_{it}=\Gamma_0^{-1}\boldsymbol{\epsilon}_{it}$。

求模型（10.4.6）的一阶差分，得到

$$\Gamma_0\Delta \mathbf{w}_{it}+\Gamma_1\Delta \mathbf{w}_{i,t-1}+C\Delta \mathbf{x}_{it}=\Delta\boldsymbol{\epsilon}_{it}, \qquad t=2, \cdots, T;\quad i=1, \cdots, N \tag{10.4.9}$$

10.4.2 似然法

为表示方便，我们假定$\mathbf{w}_{it}$中的 m 个元素都出现在第一个方程中。令 $\boldsymbol{\theta}$ 表示向量$(\gamma'_{10}, \gamma_{11}, \gamma'_{12}, \mathbf{c}'_1)$中的未知参数。似然法假定$\mathbf{w}_{i0}$的数据生成过程与 $\mathbf{w}_{it}$ 的 399
数据生成过程没有区别，故有

$$\mathbf{w}_{i0}=[I-H_1L]^{-1}[H_2 \mathbf{x}_{i0}+\boldsymbol{\eta}_i+\mathbf{v}_{i0}] \tag{10.4.10}$$

其中 L 表示滞后算子，即 $L\mathbf{w}_{it}=\mathbf{w}_{i,t-1}$。在$\mathbf{x}_{it}$ 的数据生成过程相同［见模型（4.3.21）或模型（4.5.3）］的假设下，有

$$[I-H_1L]^{-1}H_2 \mathbf{x}_{i0}=A\bar{\mathbf{x}}_i+\boldsymbol{\omega}_i \tag{10.4.11}$$

其中 $\bar{\mathbf{x}}_i=\frac{1}{T}\sum_{t=1}^{T} \mathbf{x}_{it}$，对于不同个体 i，$\boldsymbol{\omega}_i$ 是独立同分布的。将式（10.4.11）代

① 满足约束条件（10.2.7）的向量误差修正模型（10.2.6）实际是$\mathbf{w}_{it}$中协整秩已知时的约简型模型。有关结构 VAR 模型的识别以及长期均衡与短期波动的分解，参见 Hsiao (2001)。

入式（10.4.10）可得

$$\mathbf{w}_{i0}=A\bar{\mathbf{x}}_i+[I-H_1]^{-1}\boldsymbol{\eta}_i+\boldsymbol{\omega}_i+[I-H_1L]^{-1}\mathbf{v}_{i0} \tag{10.4.12}$$

对 $\Delta\mathbf{w}_{i1}$ 方程左乘 Γ_0，得到 [①]

$$\Gamma_0\Delta\mathbf{w}_{i1}+C\mathbf{x}_{i1}+A^*\bar{\mathbf{x}}_i=\boldsymbol{\xi}_i+\boldsymbol{\epsilon}_{i1},\quad i=1,\cdots,N \tag{10.4.13}$$

其中 $A^*=\Gamma_0A$，$\boldsymbol{\xi}_i=\Gamma_0\omega_i-(\Gamma_0+\Gamma_1)(I-H_1L)^{-1}\mathbf{v}_{i0}$。

最大化模型（10.4.9）和（10.4.13）的对数似然函数涉及复杂的行列式和 $(\xi_i+\epsilon_{i1},\ \Delta\epsilon_{i2},\ \cdots,\ \Delta\epsilon_{iT})$（一阶移动平均过程的表现形式）的协方差矩阵逆的计算。故 Hsiao 和 Zhou (2013) 采纳 Grassetti (2011) 的思想，没有使用一阶差分，而是用长程差分 $\mathbf{w}_{it}^*=\mathbf{w}_{it}-\mathbf{w}_{i0}$ 消除个体特异效应项 $\boldsymbol{\alpha}_i^*$。利用式 (10.4.12)，转换后的模型为

$$\Gamma_0\mathbf{w}_{i1}^*+\Gamma_1\mathbf{w}_{i,t-1}^*+C\mathbf{x}_{it}+A^*\bar{\mathbf{x}}_i=\boldsymbol{\xi}_i+\boldsymbol{\epsilon}_{it},\ i=1,\cdots,N \quad t=1,\cdots,T \tag{10.4.14}$$

$(mT\times1)$ 误差项向量 $\mathbf{v}_i=[(\boldsymbol{\xi}_i+\boldsymbol{\epsilon}_{i1})',\cdots,(\boldsymbol{\xi}_i+\boldsymbol{\epsilon}_{iT})']'$ 均值为 $\mathbf{0}$，协方差矩阵与单方程随机效应协方差矩阵相似，为

$$\Omega=E\mathbf{v}_i\mathbf{v}'_i=\Omega_\epsilon\otimes I_T+\Omega_\xi\otimes\mathbf{e}_T\mathbf{e}'_T \tag{10.4.15}$$

其中 $\Omega_\epsilon=E(\boldsymbol{\epsilon}_{it}\boldsymbol{\epsilon}'_{it})$，$\Omega_\xi=E(\boldsymbol{\xi}_i\boldsymbol{\xi}'_i)$，$\mathbf{e}_T$ 是 $T\times1$ 向量 $(1,\cdots,1)'$。用 Ω_ϵ 和 $\Omega_{\xi^*}=\Omega_\epsilon+T\Omega_\xi$ 的特征值重新标识协方差矩阵［见第 5 章 5.2 节，或 Avery (1977)］，有

$$\Omega=\Omega_\epsilon\otimes Q+\Omega_{\xi^*}\otimes J \tag{10.4.16}$$

其中 $Q=I_T-\frac{1}{T}\mathbf{e}_T\mathbf{e}'_T$，$J=\frac{1}{T}\mathbf{e}_T\mathbf{e}'_T$。于是有

$$\Omega^{-1}=\Omega_\epsilon^{-1}\otimes Q+\Omega_{\xi^*}^{-1}\otimes J \tag{10.4.17}$$

400 转换模型（10.4.14）的对数似然函数是单方程对数似然函数（3.3.19）对应的多元函数形式，

$$\begin{aligned}\log=&-\frac{N(T-1)}{2}\log|\Omega_\epsilon|-\frac{N}{2}\log|\Omega_{\xi^*}|\\&-\frac{1}{2}\sum_{i=1}^{N}\{[\mathbf{w}_{1i}^{*\prime}-\tilde{\boldsymbol{\theta}}'Z'_i,\ \mathrm{vec}(W_{2i}^{*\prime})'-\mathrm{vec}(\Pi')'(I_{m-1}\otimes\widetilde{X}'_i)]\Omega^{-1}\\&\times[\mathbf{w}_{1i}^{*\prime}-\tilde{\boldsymbol{\theta}}'Z'_i,\ \mathrm{vec}(W_{2i}^{*\prime})'-\mathrm{vec}(\Pi')'(I_{m-1}\otimes\widetilde{X}'_i)']\}\end{aligned} \tag{10.4.18}$$

其中 $W_i^*=(\mathbf{w}_{1i}^*,\ W_{2i}^*)$，$W_{2i}^*=(\mathbf{w}_{2i}^*,\ \cdots,\ \mathbf{w}_{mi}^*)$，$\mathbf{w}_{ji}^{*\prime}=(w_{ji1}^*,\ \cdots,\ w_{jiT}^*)$ $(j=1,\cdots,m)$，$Z_i=(W_{2i}^*,\ \widetilde{W}_{i,-1}^*,\ X_{1i},\ \mathbf{e}_T\bar{\mathbf{x}}'_i)$，$\widetilde{X}_i=(W_{i,-1}^*,\ X_i,\ \mathbf{e}_T\bar{\mathbf{x}}'_i)$，$W_{i,-1}^*=(\widetilde{W}_{i,-1}^*,\ \widetilde{\widetilde{W}}_{i,-1}^*)$，$\widetilde{W}_{i,-1}^*$ 和 $\widetilde{\widetilde{W}}_{i,-1}^*$ 分别表示 $\mathbf{w}_{ji,-1}^*=(0,\ w_{ji1}^*,\ \cdots,\ w_{ji,T-1}^*)'$ 中出现在方程 1 和未出现在方程 1 中的 $T\times\tilde{m}$ 和 $T\times(m-\tilde{m})$ 矩阵，$X_i=(X_{1i},\ X_{2i})$，X_{1i} 和 X_{2i} 分别表示方程 1 中包含或未包含 $\mathbf{x}_{it}$ 的变量观测数据构成的 $T\times k$ 和 $T\times(K-k)$ 矩阵，$\tilde{\boldsymbol{\theta}}=(\boldsymbol{\theta}',\ \mathbf{a}_1^{*\prime})$，$\Pi=(\Pi_{21},\ \Pi_{22},\ \Pi_{23},\ A_2^*)$，其中 $\mathbf{a}_1^{*\prime}$ 和 A_2^* 分别表

---

① 假定模型（4.5.3）是 $\mathbf{x}_{it}$ 的数据生成过程，则式（10.4.12）应该为 $\Gamma_0\Delta\mathbf{w}_{i,t-1}+C\mathbf{x}_{it}+A^*\Delta\mathbf{x}_i=\boldsymbol{\xi}_i+\boldsymbol{\epsilon}_{i1}$，其中 $\Delta\mathbf{x}_i=\frac{1}{T}\sum_{i=1}^{T}\Delta\mathbf{x}_{it}$。

示来自 $A^*=\begin{pmatrix}\mathbf{a}_1^{*\prime}\\ A_2^*\end{pmatrix}$的 $1\times K$ 和 $(m-1)\times K$ 矩阵。

在下列各式

$$\Omega_\epsilon=\frac{1}{N(T-1)}\sum_{i=1}^{N}\{[\mathbf{w}_{i1}^{*\prime}-\hat{\tilde{\boldsymbol{\theta}}}_1'Z_i',\ \mathrm{vec}(W_{2i}^{*\prime})'-\mathrm{vec}(\Pi')'(I_{m-1}\otimes\widetilde{X}_i')]$$
$$\times[I_m\otimes Q][\mathbf{w}_{i1}^{*\prime}-\hat{\tilde{\boldsymbol{\theta}}}'Z_i',\ \mathrm{vec}(W_{2i}^{*\prime})'-\mathrm{vec}(\Pi')'(I_{m-1}\otimes\widetilde{X}_i')]'\}\tag{10.4.19}$$

$$\hat{\Omega}_{\xi^*}=\frac{1}{N}\sum_{i=1}^{N}\begin{bmatrix}\hat{\bar{u}}^2 & \hat{\bar{u}}_{i1}\hat{\bar{\mathbf{u}}}_{2i}'\\ \hat{\bar{\mathbf{u}}}_{2i}\hat{\bar{u}}_{i1} & \hat{\bar{\mathbf{u}}}_{2i}\hat{\bar{\mathbf{u}}}_{2i}'\end{bmatrix}\tag{10.4.20}$$

$$\begin{pmatrix}\hat{\boldsymbol{\theta}}_1\\ \mathrm{vec}(\hat{\Pi}')\end{pmatrix}=\left\{\sum_{i=1}^{N}\begin{pmatrix}Z_i' & \mathbf{0}\\ \mathbf{0} & I_{m-1}\otimes\widetilde{X}_i'\end{pmatrix}\hat{\Omega}^{-1}\begin{pmatrix}Z_i & \mathbf{0}\\ \mathbf{0} & I_{m-1}\otimes\widetilde{X}_i\end{pmatrix}\right\}^{-1}$$
$$\times\left\{\sum_{i=1}^{N}\begin{pmatrix}Z_i' & \mathbf{0}\\ \mathbf{0} & I_{m-1}\otimes\widetilde{X}_i'\end{pmatrix}\hat{\Omega}^{-1}\begin{pmatrix}\mathbf{w}_{1i}^*\\ \mathrm{vec}(W_{2i}^{*\prime})\end{pmatrix}\right\}\tag{10.4.21}$$

之间进行迭代，直到结果收敛，可解出面板有限信息最大似然估计（PLIML)，其中 $\Omega^{-1}=\Omega_\epsilon^{-1}\otimes Q+\Omega_{\xi^*}^{-1}\otimes J$，$\bar{u}_{i1}=\frac{1}{T}\mathbf{e}_T'(\mathbf{w}_{1i}^*-Z_i\tilde{\boldsymbol{\theta}})$，$\bar{\mathbf{u}}_{i2}'=\frac{1}{T}\mathbf{e}_T'[W_{2i}^*-\widetilde{X}_i\Pi')$。Hsiao 和 Zhou（2013）证明不管 N 和 T 以何种方式趋于无穷，PLIML 都是一致估计且渐近正态分布，渐近分布的均值就是真实参数值（即不存在渐近偏误)。但如果错误地将初值$\mathbf{w}_{i0}$设定为固定常数，则仅当 N 固定而 T 趋于无穷时，最大化模型（10.4.9）的对数似然函数导出的估计量才是一致估计且渐近无偏的。如果 N 和 T 都趋于无穷，且$\frac{N}{T}\to c\neq 0<\infty$，错误地将 $\Delta\mathbf{w}_{1i}$ 当作固定常数导出的（准）MLE 存在阶为$\sqrt{\frac{N}{T}}$的渐近偏误。 401

10.4.3 矩估计量

对某些变量$\mathbf{q}_{it}$，矩估计法依据正交条件

$$\mathrm{E}(\mathbf{q}_{it}\Delta\boldsymbol{\epsilon}_{it}')=\mathbf{0}\tag{10.4.22}$$

导出未知参数的估计量。但面板数据不止一个维度，在矩估计量的渐近分布中，样本矩逼近总体矩的方式非常关键。譬如，利用矩条件 $\mathrm{E}\left[\begin{pmatrix}\mathbf{w}_{i,t-2}\\ \Delta\mathbf{x}_{it}\end{pmatrix}\Delta\epsilon_{1it}\right]=\mathbf{0}$ 或 $E\left[\begin{pmatrix}\Delta\mathbf{w}_{i,t-2}\\ \Delta\mathbf{x}_{it}\end{pmatrix}\Delta\epsilon_{1it}\right]=\mathbf{0}$，推广 Anderson 和 Hsiao（1981，1982)(4.3.3.c 节）的简单工具变量估计法，得到的 $\boldsymbol{\theta}$ 的估计量，不管 N 和 T 以何种方式趋于无穷［参见 Hsiao 和 Zhang（2013)]，都是一致估计且渐近正态分布的。但满足条件（10.4.22）的工具变量不止$\mathbf{w}_{i,t-2}$或 $\Delta\mathbf{w}_{i,t-2}$。所有的$\mathbf{w}_{i,t-2-j}$或 $\Delta\mathbf{w}_{i,t-2-j}$（$j=1,\cdots,t-2$）以及 $\Delta\mathbf{x}_i'=(\Delta\mathbf{x}_{i2}',\cdots,\Delta\mathbf{x}_{iT}')$都是合理的工具变量。令$\mathbf{q}_{it}'=$

$(\mathbf{w}'_{i,t-2}, \cdots, \mathbf{w}'_{i0}, \Delta \mathbf{x}'_i)$，并令

$$D_i = \begin{bmatrix} \mathbf{q}_{i2} & \mathbf{0} & \mathbf{0} & \cdot & 0 \\ \mathbf{0} & \mathbf{q}_{i3} & \mathbf{0} & \cdot & \mathbf{0} \\ \cdot & \cdot & \cdot & \cdot & \mathbf{0} \\ \mathbf{0} & \cdot & \cdot & \cdot & \mathbf{q}_{iT} \end{bmatrix} \tag{10.4.23}$$

是 $R\times(T-1)$ 的分块对角矩阵，其中 R 表示 $(\mathbf{q}'_{i2}, \cdots, \mathbf{q}'_{iT})'$ 的维数；则

$$E(D_i \Delta\boldsymbol{\epsilon}_{1i}) = 0, \quad i=1, \cdots, N \tag{10.4.24}$$

其中 $\Delta\boldsymbol{\epsilon}'_{1i} = (\Delta\boldsymbol{\epsilon}_{1i2}, \cdots, \Delta\boldsymbol{\epsilon}_{1iT})$，且 $E(\Delta\boldsymbol{\epsilon}_{1i}) = \mathbf{0}$，$E(\Delta\boldsymbol{\epsilon}_{1i}\Delta\boldsymbol{\epsilon}'_{1i}) = \sigma_1^2\widetilde{A}$，$\sigma_1^2 = E(\epsilon_{1it}^2)$，以及

$$\widetilde{A} = \begin{bmatrix} 2 & -1 & 0 & \cdot & 0 \\ -1 & 2 & -1 & \cdot & \cdot \\ 0 & -1 & 2 & \cdot & \cdot \\ \cdot & \cdot & \cdot & \cdot & \cdot \\ 0 & \cdot & \cdot & -1 & 2 \end{bmatrix}$$

$\boldsymbol{\theta}$ 的 Arellano-Bond（1991）型 GMM 估计是最小化

$$\left(\sum_{i=1}^{N} \Delta\boldsymbol{\epsilon}'_{1i} D'_i\right)\left(\sum_{i=1}^{N} D_i\widetilde{A}D'_i\right)^{-1}\left(\sum_{i=1}^{N} D_i \Delta\boldsymbol{\epsilon}_{1i}\right) \tag{10.4.25}$$

的 $\hat{\boldsymbol{\theta}}$，该估计量类似估计量（4.3.47）。

402 当 T 固定而 $N\rightarrow\infty$ 时，$\sqrt{NT}\,(\hat{\boldsymbol{\theta}}_{\mathrm{GMM}}-\boldsymbol{\theta})$ 是渐近正态分布的，且渐近分布的均值为 $\mathbf{0}$，协方差矩阵为

$$\sigma_1^2\left\{\frac{1}{NT}\left[\sum_{i=1}^{N} \widetilde{Z}'_i D'_i\right]\left(\sum_{i=1}^{N} D_i\widetilde{A}D'_i\right)^{-1}\left[\sum_{i=1}^{N} D_i\widetilde{Z}_i\right]\right\}^{-1} \tag{10.4.26}$$

其中 $\widetilde{Z}_i = (\Delta W_{2i}, \Delta\widetilde{W}_{i,-1}, \Delta X_{1i})$，$\Delta W_{2i}$ 和 $\Delta\widetilde{W}_{i,-1}$ 分别表示出现在第一个方程中的 T 期时序值 $(\Delta w_{2it}, \cdots, \Delta w_{mit})$ 和滞后的 $(\Delta \mathbf{w}_{1i,-1}, \cdots, \Delta \mathbf{w}_{mi,-1})$。但由于

$$E\left[\begin{pmatrix} \Delta W_{2i} \\ \Delta\widetilde{W}'_{i,-1} \end{pmatrix} D'_i\left(\sum_{i=1}^{N} D_i\widetilde{A}D'_i\right)^{-1} D_i \Delta\boldsymbol{\epsilon}_{1i}\right] \neq \mathbf{0} \tag{10.4.27}$$

消除个体特异效应时又导致阶为 $\log T$ 的二阶偏误。如果 T 随着 N 增大，Akashi 和 Kunitomo（2011，2012）证明在 $N\rightarrow\infty$ 且 $\frac{T}{N}\rightarrow c\neq 0$ 时，GMM 不是一致估计。即便 $c\rightarrow 0$，只要 $N\rightarrow\infty$ 时 $\frac{T^3}{N}<\infty$，$\sqrt{NT}\,(\hat{\boldsymbol{\theta}}_{GMM}-\boldsymbol{\theta})$ 的均值就不等于 0。Akashi 和 Kunitomo（2012a，b）的 Monte Carlo 模拟实验表明当 N 和 T 都增大时，GMM 存在严重偏误。

Akashi 和 Kunitomo（2011，2012）提出**面板最小方差比率**（panel least variance ration，PLVAR）估计，该方法是 Anderson 和 Rubin（1949）有限信息最大似然估计在面板数据情形中的推广。① 他们证明当 $N\rightarrow\infty$ 且 $\frac{T}{N}\rightarrow 0$ 时，面

① 事实上，Akashi 和 Kunitomo（2012）称他们的估计量为 PLIML。但他们的估计法更接近 LVR 估计法思想，参见式（10.4.18）～（10.4.21）。

板最小方差比率估计量是渐近正态分布的，且渐近分布的均值为参数真值。他们还导出了$\frac{T}{N}\rightarrow c\neq 0$时 PLVAR 的渐近偏误。Monte Carlo 模拟研究表明修正偏误后 PLVAR 差不多是中位数无偏的。

当$\boldsymbol{\theta}$的某个估计量乘以$\sqrt{NT}$（标准误倒数的量级）后均值是否等于 0 在假设检验中具有重要意义。在假设检验中，一个一致但渐进有偏的估计量可能产生严重的尺度扭曲［参见 Hsiao 和 Zhao（2013）］。导致 Arellano-Bond 型 GMM 产生偏误的根源在于在逼近总体矩$E(D_i\Delta\boldsymbol{\epsilon}_{1i})=\mathbf{0}$时使用了横截面均值$\frac{1}{N}\sum_{i=1}^{N}D_i\Delta\boldsymbol{\epsilon}_{1i}$。另一方面，MLE 或简单的工具变量估计量使用了所有NT个观测逼近矩条件（10.4.22），因此不管N和T以何种方式趋于无穷，它们都是渐近无偏的。

第11章 不完全面板数据

403 迄今为止，我们都在集中讨论样本由 N 个横截面单元经历 T 个时期的观测值组成，并足以用来识别行为模型的情形。本章我们转向不完全面板数据问题。我们首先讨论从实验或调查中剔除某些个体后产生的问题。我们知道在各时期追踪这些个体时，此类事情发生的概率很高。因第 8 章的 8.3 节已讨论了个体因各种行为原因而被丢弃的情形，故本章我们仅对三种情形进行区分：(1) 个体随机缺失或正被轮换；(2) 在各期可观测到一些独立的横截面；(3) 连同所有的时序观测都仅有单个横截面数据集可获得。然后我们考虑方程中滞后变量的最大阶数比时序长度大时的动态模型的估计问题。

11.1 轮换或随机缺失数据

在许多情形下我们没有横截面单元的完整时序观测。很多时候个体是按某个**轮换**（rotating）方案选出来的，该方案可简单地描述为：对总体中的所有个体连续编号。假设样本在第一期由个体 1，2，…，N 组成。在第 2 期，个体 1，…，$m_1(0\leqslant m_1\leqslant N)$ 被个体 $N+1$，…，$N+m_1$ 取代。在第 3 期，个体 m_1+1，…，$m_1+m_2(0\leqslant m_2\leqslant N)$ 被个体 $N+m_1+1$，…，$N+m_1+m_2$ 替换，以此类推。在每个时期都从前期的样本中去掉前 m_{t-1} 个个体，然后从总体中抽取 m_{t-1} 个个体补充进样本使样本容量保持不变。因此，T 个周期后，虽然观测总数还是 NT，但我们却观测了 $N+\sum_{t=1}^{T-1}m_t$ 个个体。

在不同时期对样本中的微观单元进行**轮换**相当普遍。这可能是收集数据的
404 部门（如人口调查局）担心受访者被调查的次数增多后数据受到影响，甚至行为变化受到诱导而采取的谨慎措施。也可能是因为希望在给定预算下尽可能获取更多的信息而进行的最优样本设计所导致的［参见 Aigner 和 Balestra (1988)；Nijman，Verbeek 和 van Soest (1991)］。还有可能是由收集数据的部门既不硬性要求也不劝说随机选择的个体多做几次报告（特别是要求详细且费时的报告）引起的。譬如，实地调查始于 1983 年 10 月的**收入和项目参与调查**

(Survey of Income and Program Participation，SIPP）已被设计成全国性面板数据调查的持续活动，每次调查大约由 20 000 个受访家庭持续 2.5 年组成。人口调查局每 4 个月访问一次面板中每个 15 岁或以上的个体。该调查主要收集关于现金和非现金收入（按月份计）的最主要来源、参与各政府部门的转移支付项目、劳动力状态以及家庭组成的信息。

如果设计了轮换规则（譬如，随机地剔除和添加个体），模型是静态的，且误差项对所有的横截面单元是独立分布的，则可直接推广分析完全面板数据的统计方法分析轮换样本。在此情形下，可观测样本的似然函数就是 $N+\sum_{t=1}^{T-1}m_t$ 个 $(y_{it_i}, y_{i,t_i+1}, \cdots, y_{iT_i})$ 的联合密度的乘积，

$$L=\prod_{i=1}^{N+\sum_{t=1}^{T-1}m_t} f(y_{it_i}, \cdots, y_{iT_i}) \tag{11.1.1}$$

其中 t_i 和 T_i 表示第 i 个个体观测期的开始时期和结束时期。除了将 1 改为 t_i 和将 T 改为 T_i 的微小变化外，式（11.1.1）基本上和完全面板数据的似然函数形式相同。

我们以单方程误差成分模型［Biørn (1981)］为例进行说明。令

$$y_{it}=\mathbf{x}_{it}'\boldsymbol{\beta}+v_{it} \tag{11.1.2}$$

其中 $\boldsymbol{\beta}$ 和 $\mathbf{x}_{it}$ 分别是 $k\times 1$ 的参数向量和解释变量向量，且

$$v_{it}=\alpha_i+u_{it} \tag{11.1.3}$$

误差项 α_i 和 u_{it} 是相互独立且独立分布的，均值都为零，方差分别为常数 σ_α^2 和 σ_u^2。为表述方便，我们假定 α_i 和 u_{it} 与 $\mathbf{x}_{it}$ 无关。① 同时还假定每期有固定数量的 405
个体从样本中剔除，又有相同数量来自总体的个体补充进样本（即对所有的 t，$m_t=m$）。所以，所观测的个体总数是

$$H=(T-1)m+N \tag{11.1.4}$$

用 q_i 表示第 i 个个体被观测的次数，则 $q_i=T_i-t_i+1$。将第 i 个个体的时序观测堆积成向量的形式，我们有

$$\mathbf{y}_i=X_i\boldsymbol{\beta}+\mathbf{v}_i \tag{11.1.5}$$

这里

$$\underset{q_i\times 1}{\mathbf{y}_i}=(y_{it_i}, \cdots, y_{iT_i})', \qquad \underset{q_i\times k}{X_i}=(\mathbf{x}_{it}')$$

$$\mathbf{v}_i=(\alpha_i+u_{it_i}, \cdots, \alpha_i+u_{iT_i})'$$

v_i 的方差-协方差矩阵在 $q_i=1$ 时为

$$V_i=\sigma_u^2+\sigma_\alpha^2 \tag{11.1.6a}$$

在 $q_i>1$ 时为

$$V_i=E\mathbf{v}_i\mathbf{v}_i'=\sigma_u^2 I_{q_i}+\sigma_\alpha^2 J_i \tag{11.1.6b}$$

其中 J_i 是所有元素等于 1 的 $q_i\times q_i$ 矩阵。所以，当 $q_i=1$ 时，

① 如果 α_i 和 $\mathbf{x}_{it}$ 相关，则只需假定 $\alpha_i=\sum_t \mathbf{a}_t'\mathbf{x}_{it}+\epsilon_i$，我们便可消除 α_i 和 $\mathbf{x}_{it}$ 之间的相依性。细节详见第 3 章或 Mundlak (1978a)。

$$V_i^{-1}=(\sigma_u^2+\sigma_\alpha^2)^{-1} \tag{11.1.7a}$$

当 $q_i>1$ 时，

$$V_i^{-1}=\frac{1}{\sigma_u^2}\left[I_{q_i}-\frac{\sigma_\alpha^2}{\sigma_u^2+q_i\sigma_\alpha^2}J_i\right] \tag{11.1.7b}$$

因为 $\mathbf{y}_i$ 和 $\mathbf{y}_j$ 不相关，故堆积方程（$\mathbf{y}_1'$，…，$\mathbf{y}_{N+(T-1)m}'$）′的方差-协方差矩阵是分块对角矩阵。因此，$\boldsymbol{\beta}$ 的 GLS 估计量是

$$\hat{\boldsymbol{\beta}}_{\mathrm{GLS}}=\Big[\sum_{i=1}^{N+(T-1)m}X_i'V_i^{-1}X_i\Big]^{-1}\Big[\sum_{i=1}^{N+(T-1)m}X_i'V_i^{-1}\mathbf{y}_i\Big] \tag{11.1.8}$$

$\boldsymbol{\beta}$ 的 GLS 估计量等价于先用 P_i（P_i 满足 $P_i'P_i=V_i^{-1}$）左乘观测矩阵 $[\mathbf{y}_i, X_i]$，然后做 $P_i\mathbf{y}_i$ 关于 P_iX_i 的回归［Theil（1971，第 6 章）］。换句话说，对按后面的步骤转换的数据后应用最小二乘法：对仅观测一次的个体，用 $(\sigma_u^2+\sigma_\alpha^2)^{-1/2}$ 乘以相应的 y 和 $\mathbf{x}$。对观测了 q_i 次的个体，从相应的 y 和 $\mathbf{x}$ 中减去其组均值 $\bar{y}_i$ 和 $\bar{\mathbf{x}}_i$ 的 $1-[\sigma_u/(\sigma_u^2+q_i\sigma_\alpha^2)^{1/2}]$ 倍［这里 $\bar{y}_i=(1/q_i)\sum_t y_{it}$，$\bar{\mathbf{x}}_i=(1/q_i)\sum_t \mathbf{x}_{it}$］，然后都除以 σ_u。

406 为分别导出 σ_u^2 和 σ_α^2 的估计，我们要求至少有一个 $q_i>1$。令 Θ 表示满足 $q_i>1$ 的集合，$\Theta=\{i\mid q_i>1\}$，并令 $H^*=\sum_{i\in\Theta}q_i$。则 σ_u^2 和 σ_α^2 可用

$$\hat{\sigma}_u^2=\frac{1}{H^*}\sum_{i\in\Theta}\sum_{t=t_i}^{T_i}[(y_{it}-\bar{y}_i)-\hat{\boldsymbol{\beta}}'(\mathbf{x}_{it}-\bar{\mathbf{x}}_i)]^2 \tag{11.1.9}$$

和

$$\hat{\sigma}_\alpha^2=\frac{1}{N+(T-1)m}\sum_{i=1}^{N+(T-1)m}\left[(\bar{y}_i-\hat{\boldsymbol{\beta}}'\bar{\mathbf{x}}_i)^2-\frac{1}{q_i}\hat{\sigma}_u^2\right] \tag{11.1.10}$$

一致地估计。类似地，我们可最大化似然函数（11.1.1）的对数

$$\begin{aligned}\log L=&-\frac{NT}{2}\log 2\pi-\frac{1}{2}\sum_{i=1}^{N+(T-1)m}\log|V_i|\\&-\frac{1}{2}\sum_{i=1}^{N+(T-1)m}(\mathbf{y}_i-X_i\boldsymbol{\beta})'V_i^{-1}(\mathbf{y}_i-X_i\boldsymbol{\beta})\\=&-\frac{NT}{2}\log 2\pi-\frac{1}{2}\Big[\sum_{i=1}^{N+(T-1)m}(q_i-1)\Big]\log\sigma_u^2\\&-\frac{1}{2}\sum_{i=1}^{N+(T-1)m}\log(\sigma_u^2+q_i\sigma_\alpha^2)\\&-\frac{1}{2}\sum_{i=1}^{N+(T-1)m}(\mathbf{y}_i-X_i\boldsymbol{\beta})'V_i^{-1}(\mathbf{y}_i-X_i\boldsymbol{\beta})\end{aligned} \tag{11.1.11}$$

导出 MLE。控制 σ_u^2 和 σ_α^2 后，MLE 就是 GLS 估计量（11.1.8）。控制 $\boldsymbol{\beta}$ 后，σ_u^2 和 σ_α^2 的 MLE 是方程

$$\begin{aligned}\frac{\partial\log L}{\partial\sigma_u^2}=&-\frac{1}{2\sigma_u^2}\Big[\sum_{i=1}^{N+(T-1)m}(q_i-1)\Big]\\&-\frac{1}{2}\Big[\sum_{i=1}^{N+(T-1)m}\frac{1}{(\sigma_u^2+q_i\sigma_\alpha^2)}\Big]\end{aligned}$$

$$
\begin{aligned}
&+\frac{1}{2\sigma_u^4}\sum_{i=1}^{N+(T-1)m}(\mathbf{y}_i - X_i\boldsymbol{\beta})'Q_i(\mathbf{y}_i - X_i\boldsymbol{\beta}) \\
&+\frac{1}{2}\sum_{i=1}^{N+(T-1)m}\frac{q_i}{(\sigma_u^2+q_i\sigma_\alpha^2)^2}(\bar{y}_i - \bar{\mathbf{x}}_i'\boldsymbol{\beta}) = 0 \qquad (11.1.12)
\end{aligned}
$$

和 407

$$
\frac{\partial \log L}{\partial \sigma_\alpha^2} = -\frac{1}{2}\sum_{i=1}^{N+(T-1)m} \times \left[\frac{q_i}{\sigma_u^2+q_i\sigma_\alpha^2} - \frac{q_i^2}{(\sigma_u^2+q_i\sigma_\alpha^2)^2}(\bar{y}_i - \bar{\mathbf{x}}'_i\boldsymbol{\beta})^2\right] = 0 \qquad (11.1.13)
$$

的联立解，其中 $Q_i = I_{q_i} - (1/q_i)\mathbf{e}_{q_i}\mathbf{e}_{q_i}'$，$\mathbf{e}_{q_i}$ 是所有元素为 1 的 $q_i \times 1$ 向量。麻烦的是，由于对不同的 i，q_i 是不相同的，故方程（11.1.12）和（11.1.13）的解不能简单地表示成估计量（3.3.25）和（3.3.26）的形式。求解 MLE 必须使用数值方法。不过在式（11.1.8）与式（11.1.12）～（11.1.13）之间进行迭代切换可简化求解 $\boldsymbol{\beta}$，σ_u^2 和 σ_α^2 的 MLE 的计算。

如果 α_i 被当作固定常数，则通过组内转换可得到 $\boldsymbol{\beta}$ 的一致估计

$$
\begin{aligned}
\hat{\boldsymbol{\beta}}_{\mathrm{CV}} = &\left[\sum_{i=1}^{N}\sum_{t=t_i}^{T_i}(\mathbf{x}_{it} - \bar{\mathbf{x}}_i)(\mathbf{x}_{it} - \bar{\mathbf{x}}_i)'\right]^{-1} \\
&\times\left[\sum_{i=1}^{N}\sum_{t=t_i}^{T_i}(\mathbf{x}_{it} - \bar{\mathbf{x}}_i)(y_{it} - \bar{y}_i)\right] \qquad (11.1.14)
\end{aligned}
$$

如果是动态模型，对 GMM 进行相似的修改［例如，式（4.3.47)］后可用来导出系数的一致估计［参见 Collado (1997)；Moffit (1993)］。动态模型的似然估计法存在初始条件问题。① 关于初始条件的各种假设要求用不同的方法处理新观测值和样本已有观测值。如果 α_i 被当作随机变量，此时基于假设“初始观测与个体效应相关且有平稳方差”的调整方法可能是合理的近似（第 4 章，情形Ⅳc 或情形Ⅳc′）。但添加在模型上的假设必须更具约束性。如果 α_i 被当作固定常数，对转换 MLE 可进行类似的调整［例如式（4.5.6)］。

如果数据缺失是随机的，则通常的做法是只研究由具有完全时序观测的个体组成的子集。但不完全观测个体的子集也包含关于未知参数的信息。此时将随机缺失样本当作轮换样本是更有效但计算也更复杂的方法。譬如，对所有的 i 令 $t_i = 1$ 后，似然函数（11.1.1）也可当作是这样的似然函数：在时期 1 有 $N + \sum_{t=1}^{T-1} m_t$ 个个体；在时期 2，其中的 m_1 个被随机地剔除，以此类推，所以在 T 期结束时仍只有 N 个个体保留在样本中。因此，当所有观测值可利用时推导未知 408
参数的 GLS 或 MLE 的步骤类似于轮换样本情形。

检验损耗是否随机发生时，我们发现在原假设下，无论是前面讨论的完整样本的非平衡面板数据估计量，还是基于平衡面板数据子集的估计量，都收敛于参数真值。在备择假设下，损耗是行为相关的，没有哪个估计量是一致估计。但如果个体特异效应项 α_i 以及误差项 u_{it} 都独立于回归元 $\mathbf{x}_{it}$，且是独立正态分

① 细节详见第 4 章和第 6 章。

布的，则对“是随机损耗还是行为相关损耗”的检验就是对样本选择效应显著性的 t 检验［如式（8.2.7）］。如果 α_i 与 $\mathbf{x}_{it}$ 相关，则可构建一个 Hausman（1978）型检验统计量，对 Kyriazidou（1997）的固定效应样本选择估计量［如式（8.5.4）］和完整样本非平衡面板数据估计量（11.1.14）之间的差异进行显著性检验。此外，如果损耗发生前所有样本至少有两期观测值，则基于初始完整样本的组内估计量和基于所有观测样本（非平衡面板）在原假设下收敛于参数真值，在备择假设下收敛于其他值。Hausman（1978）检验统计量

$$(\hat{\boldsymbol{\beta}}_{\text{cv}}-\tilde{\boldsymbol{\beta}}_{\text{cvs}})'[\text{Cov}(\tilde{\boldsymbol{\beta}}_{\text{cvs}})-\text{Cov}(\hat{\boldsymbol{\beta}}_{\text{cv}})]^{-1}(\hat{\boldsymbol{\beta}}_{\text{cv}}-\tilde{\boldsymbol{\beta}}_{\text{cvs}}) \tag{11.1.15}$$

可用来检验“损耗随机发生”的原假设，其中 $\tilde{\boldsymbol{\beta}}_{\text{cvs}}$ 和 $\text{Cov}(\tilde{\boldsymbol{\beta}}_{\text{cvs}})$ 表示 $\boldsymbol{\beta}$ 的基于第 1 期到第 t^* 期初始样本得到的组内估计量及其协方差矩阵，t^* 表示任何损耗发生前的最后一个时期（损耗在第 t^*+1 期发生）。

11.2 伪面板（或重复横截面）数据

在很多情形下，都没有在不同时期对特定的个体或企业进行跟踪形成真正的面板数据。但有**重复横截面**（repeated cross-sectional）调查数据，这些数据是在连续的时间点上从总体中随机地抽取样本而获得的。重复横截面数据的主要缺点在于无法知晓被观测个体的历史数据，故对于线性模型

$$y_{it}=\mathbf{x}_{it}'\boldsymbol{\beta}+\alpha_i+u_{it} \tag{11.2.1}$$

如果 α_i 和 $\mathbf{x}_{it}$ 相关，则据第 3 章讨论的固定效应估计可知，个体特异效应项的影响无法控制。[①]但也有著者坚持认为，在某些其他假设下可用单个横截面数据或
409 一系列独立的横截面数据将 $\boldsymbol{\beta}$ 识别出来［参见 Blundell，Browning 和 Meghir（1994）；Deaton（1985）；Heckman 和 Robb（1985）；Moffit（1993）］。

如果能获取重复横截面数据，Deaton（1985）建议用**分类统计法**（cohort approach）得到模型（11.2.1）中 $\boldsymbol{\beta}$ 的一致估计量。该方法将观测属性（如年龄、性别、教育或社会经济背景等）相同的个体归为一组（cohort）。譬如，假定我们可根据表示个体特征的 $L\times1$ 向量将样本分成 C 个组 $\mathbf{z}_c(c=1,\cdots,C)$。令 $\mathbf{z}_{it}$ 表示横截面数据第 t 期中的个体 i 的 L 维观测向量。如果 $\mathbf{z}_{it}=\mathbf{z}_c$，则（$y_{it}$，$\mathbf{x}_{it}$）属于第 c 组。令 $\psi_{ct}=\{i\mid$ 第 t 期横截面中的个体满足 $\mathbf{z}_{it}=\mathbf{z}_c\}$ 表示第 t 期属于 c 组的个体组成的集合（$c=1,\cdots,C$；$t=1,\cdots,T$）。令 N_{ct} 表示 ψ_{ct} 中个体的数量。Deaton（1985）假定同一组内的所有个体有相同的个体特异效应

$$\alpha_i=\sum_{c=1}^{C}\alpha_c d_{itc} \tag{11.2.2}$$

如果第 t 期横截面数据中的个体 i 属于第 c 组，则 $d_{itc}=1$，否则 $d_{itc}=0$。令

---

① 如果 α_i 和 $\mathbf{x}_{it}$ 不相关，则有 $E(\alpha_i+u_{it}\mid\mathbf{x}_{it})=0$，故基于重复横截面仍可得到模型（11.2.1）中参数的一致估计。

$\bar{y}_{ct}=\frac{1}{N_{ct}}\sum_{i\in\psi_{ct}}y_{it}$，$\bar{\mathbf{x}}_{ct}=\frac{1}{N_{ct}}\sum_{i\in\psi_{ct}}\mathbf{x}_{it}$，则数据（$\bar{y}_{ct}$，$\bar{\mathbf{x}}_{ct}$）变成了对 C 个组在 T 个时期进行重复观测的伪面板（pseudo-panel）数据。

$$\bar{y}_{ct}=\bar{\mathbf{x}}_{ct}'\boldsymbol{\beta}+\alpha_c+\bar{u}_{ct},\ c=1,\cdots,C,\quad t=1,\cdots,T \tag{11.2.3}$$

其中 $\bar{\mathbf{u}}_{ct}=\frac{1}{N_{ct}}\sum_{i\in\psi_{ct}}u_{ct}$。

如果 $\bar{\mathbf{x}}_{ct}$ 与 $\bar{u}_{ct}$ 无关，则可导出伪面板数据的组内估计量（3.2.8）

$$\hat{\boldsymbol{\beta}}_w=\Big(\sum_{c=1}^{C}\sum_{t=1}^{T}(\bar{\mathbf{x}}_{ct}-\bar{\mathbf{x}}_c)(\bar{\mathbf{x}}_{ct}-\bar{\mathbf{x}}_c)'\Big)^{-1}\Big(\sum_{c=1}^{C}\sum_{t=1}^{T}(\bar{\mathbf{x}}_{ct}-\bar{\mathbf{x}}_c)(\bar{y}_{ct}-\bar{y}_c)\Big) \tag{11.2.4}$$

其中 $\bar{\mathbf{x}}_c=\frac{1}{T}\sum_{t=1}^{T}\bar{\mathbf{x}}_{ct}$，$\bar{y}_c=\frac{1}{T}\sum_{t=1}^{T}\bar{y}_{ct}$。当 $T\to\infty$，或者 T 固定，但 $N\to\infty$，$C\to\infty$，且 $\frac{C}{N}\to 0$ 时，估计量（11.2.4）是一致估计。

虽然分类统计法提供了利用独立横截面单元信息的有用框架，但还是存在一些与其特点有关的问题。首先，组内同质性［式（11.2.2）］的断言太强，特别是对个体的分组通常具有随意性。其次，通过假设组的数量 C 趋于无穷而建立计量经济估计量和检验统计量的大样本性质难以满足。通常都存在一个实际的极值，超过该极值后我们将不能再增加组的数量。常引用的生日相同组就是 410
一个有说服力的例子。再次，分组或聚集个体可能导致信息的损失。此外，不同时期不同组中包含的个体通常情况下不相等，即 $N_{ct}\neq N_{c't}$。即使 u_{it} 独立分布且方差相等，也有 $\mathrm{Var}(\bar{u}_{ct})=\frac{\sigma_u^2}{N_{ct}}\neq\mathrm{Var}(\bar{u}_{c't})=\frac{\sigma_u^2}{N_{c't}}$。因此，除非对所有的 c、c'、t、s 都有 $N_{ct}=N_{c't}$，且所有个体 i 的 Var（u_{it}）都相等，否则基于常规的组内估计量构造的 t 统计量，其渐近分布不是标准正态分布。所以，由此导出的统计推断极具误导性［Inous（2008）］。

假定关系（11.2.2）确实成立，且 u_{it} 独立同分布，则 $\bar{u}_{ct}$ 的异方差问题可用**加权组内估计量**（weighted within estimator）

$$\boldsymbol{\beta}_{WW}=\Big\{\sum_{c=1}^{C}\sum_{t=1}^{T}\big[N_{ct}(\bar{\mathbf{x}}_{ct}-\bar{\mathbf{x}}_c)(\bar{\mathbf{x}}_{ct}-\bar{\mathbf{x}}_c)'\big]\Big\}^{-1}\times\Big\{\sum_{c=1}^{C}\sum_{t=1}^{T}\big[N_{ct}(\bar{\mathbf{x}}_{ct}-\bar{\mathbf{x}}_c)(\bar{y}_{ct}-\bar{y}_c)\big]\Big\} \tag{11.2.5}$$

得到解决。$\hat{\boldsymbol{\beta}}_{WW}$ 的协方差矩阵为

$$\mathrm{Cov}(\hat{\boldsymbol{\beta}}_{WW})=\sigma^2\Big\{\sum_{c=1}^{C}\sum_{t=1}^{T}\big[N_{ct}(\bar{\mathbf{x}}_{ct}-\bar{\mathbf{x}}_c)(\bar{\mathbf{x}}_{ct}-\bar{\mathbf{x}}_c)'\big]\Big\}^{-1} \tag{11.2.6}$$

对动态模型

$$y_{it}=\gamma y_{i,t-1}+\mathbf{x}_{it}'\boldsymbol{\beta}+\alpha_i+u_{it} \tag{11.2.7}$$

分组估计方法引发了更为复杂的问题，因为 $y_{i,t-1}$ 无法获取。分组估计方法必须使用别的个体在 $t-1$ 期观测到的 y 预测 $y_{i,t-1}$ 和 $\hat{y}_{i,t-1}$。假设存在工具变量 $\mathbf{z}_{it}$ 的

集合，使我们能获取 y_{it} 在 $\mathbf{z}_{it}$ 下的投影

$$E^*(y_{it} \mid \mathbf{z}_{it})=\mathbf{z}_{it}'\boldsymbol{\delta}_t \tag{11.2.8}$$

其中 $E^*(y \mid \mathbf{z})$ 表示用 $\mathbf{z}$ 对 y 的最小均方线性预测。令 $\hat{y}_{i,t-1}=\mathbf{z}_{i,t-1}\hat{\boldsymbol{\delta}}_{t-1}$，则式（11.2.7）化为

$$y_{it}=\gamma\hat{y}_{i,t-1}+\mathbf{x}_{it}'\boldsymbol{\beta}+v_{it} \tag{11.2.9}$$

其中

$$v_{it}=\alpha_i+u_{it}+\gamma(y_{i,t-1}-\hat{y}_{i,t-1}) \tag{11.2.10}$$

Girma（2000），Moffitt（1993），McKenzie（2004）假定 $\mathbf{z}_{it}=\mathbf{z}_c$，事实上是对属于 c 组的个体 i 设定了一个分组虚拟变量集。简单来说，该方法等价于将虚拟变量 d_{itc} 当作 y_{it} 的工具变量，当 y_{it} 属于 c 组时 $d_{itc}=1$，否则等于 0（$c=1,\cdots,$
411 C）。对 c 组中的个体 i，取 y_{it} 或 $\hat{y}_{it}$ 的平均值，导出如下伪面板数据动态模型

$$\bar{y}_{ct}=\gamma\bar{y}_{c,t-1}+\alpha_c+\bar{\mathbf{x}}_{ct}'\boldsymbol{\beta}+v_{ct},\quad c=1,\cdots,C;\ t=1,\cdots,T \tag{11.2.11}$$

上式中的每个变量表示每个组的逐期平均值。只要

$$\mathrm{Cov}(v_{ct},\ \bar{y}_{c,t-1})=0 \tag{11.2.12}$$

和

$$\mathrm{Cov}(v_{ct},\ \bar{\mathbf{x}}_{ct})=\mathbf{0} \tag{11.2.13}$$

满足，模型（11.2.11）的协方差估计就是 γ 和 $\boldsymbol{\beta}$ 的一致估计。但在假设（11.2.2）下，一般有

$$E[(\alpha_i+u_{it})\mathbf{z}_{i,t-1} \mid i\in\psi_{c,t-1}]=\mathbf{0} \tag{11.2.14}$$

和

$$E[(y_{i,t-1}-\hat{y}_{i,t-1})\hat{y}_{i,t-1}]\neq 0 \tag{11.2.15}$$

此外，正如 Verbeek（2007），Verbeek 和 Vella（2005）所指出的，尽管有外生性假设

$$\mathrm{Cov}[(\alpha_i+u_{it})\mathbf{x}_{it}]=\mathbf{0} \tag{11.2.16}$$

但由于 $\mathbf{x}_{i,t-1}$ 驱动 $y_{i,t-1}$，而 $\mathbf{x}_{it}$ 可能序列相关，故式（11.2.13）很可能不成立。要克服模型（11.2.11）中回归元与误差项之间的相关性导致的问题，我们还是有必要为 $\mathbf{x}_{it}$ 寻找工具变量。但在多数应用中，除 $\mathbf{z}_i$ 外，很难找到合适的工具变量［见 Verbeek 和 Vella（2005）］。在使用分组统计方法的实证研究中，还需要分析找到的工具变量与 $\mathbf{x}_{it}$ 和 $y_{i,t-1}$ 是否存在随时间变化的关系，同时与误差项（11.2.10）不存在随时间变化的关系［参见 Verbeek（2007）；Verbeek 和 Vella（2005）］。

11.3　单个横截面数据集和单个时序数据集的混合

11.3.1　简介

本节我们讨论单个横截面数据集和单个时序数据集的混合问题。仅基于时

序数据的实证研究常常因解释变量间的严重共线性而不能得到准确的参数估计。譬如，收入和价格的时间序列就可能高度相关。另一方面，横截面数据集可能 412
包含关于家庭收入的有用信息，但是没有关于价格的信息，因为所有的家庭都要面对同样的价格。因此，每个数据集都包含某些变量的有用信息，但没有包含推导所有重要参数的准确估计所要求的全部变量的信息。Stone（1954）对总需求方程组的研究就是这样的一个经典案例，在他的数据中商品价格没有横截面上的波动，同时实际收入也没有时序上的充分波动。

为克服重要参数信息仅来自时序数据或仅来自横截面数据时的信息匮乏问题，我们可重复估计某些来自横截面数据的参数，然后将这些估计量引入时序回归估计模型的其他参数中。譬如，Tobin（1950）就利用横截面数据计算收入弹性，然后用时序收入变量乘以该弹性，再从年度需求量的时序变量中减去这个乘积得到一个新的因变量。再做这个新的因变量序列对价格变量的序列的回归得到需求价格弹性的估计。

与前面分析的情形一样，混合是为了更有效地估计重要参数。时序数据中的观测数通常有限，且变量高度相关。此外，总量数据集或单个个体的时序数据集没有包含影响经济行为的微观社会统计变量。横截面数据更是结构不完整。在某个时点上对个体的观测值有可能受到以前观测值的影响。这就产生了两个基本问题：第一个问题是横截面估计中的估计偏误源与时序估计偏误源不同。事实上，已有很多人质疑由不同类型数据得到的估计的适用性和相容性（微观或总量数据，横截面数据或时序数据）［参见 Kuh（1959）及 Kuh 和 Meyer（1957）］。第二个问题是如果混合是可行的，那么怎么混合是最优的？事实表明这两个问题可用似然函数分析法［Maddala（1971b）］或 Bayesian 法［Hsiao 等（1995）］同时得到解决。

只要模型正确设定，似然函数就是从样本中提取信息的有效方法。但模型只是真实世界中复杂现象的简化，要想使模型尽可能有用，就必须在现实和可行性之间取得合理的平衡。在模型中引入表征现象的主要元素，同时又易于消除其他因素的影响是可行的。故设定回归方程时，一般假定大量对因变量有影响但单个不重要或不可观测的因素可用一个适当的随机扰动项描述。但在横截面回归模型中，这些遗漏变量与模型中解释变量的协方差可能有别于在时序回
归中的情形。例如，如果高收入不仅和高消费相关，还和年龄相关，则消费关 413
于收入的横截面回归所得到的收入系数度量的是年龄和收入对消费的综合影响，除非年龄作为另外的解释变量向量引入模型。但在时序数据中总体的年龄组成可能是恒定的，或者逐渐地、缓慢地变化。故忽略年龄变量后，收入弹性的时序估计可能因年龄与收入的微弱相关而比横截面估计小。

在需求分析中，横截面估计和时序估计可能不同的另一个理由是横截面估计倾向于度量长期行为而时序估计倾向于度量短期调整［Kuh（1959）；Kuh 和 Meyer（1957）］。这里的假设是，受访的大多数家庭适应其目前的状况已有一段时间，而且因市场压力和经济周期导致的家庭间失衡倾向于同时发生。因此，很多失衡的影响被掩盖了（或出现在回归截距项中），故较高的横截面斜率估计

量可能被解释为长期系数。但对时序观测却不真实。具体说来，随时间发生的变化常常表示短暂的转变，变化中的受益者或受害者不会立即适应新情况。尚未完全适应时反应的系数通常比完全适应后反应的系数要低。

对横截面上和时序上不同行为的观测表明遗漏变量在时序和横截面中的影响可能显著不同。除非随机项（表示遗漏变量的影响）与模型中的解释变量无关的假设成立，否则相同系数的时序估计和横截面估计可能会产生分歧。实际上，如果时序估计和横截面估计不同，这表明至少有一个模型设定有误。在第 3 章，我们讨论了无需其他信息的设定检验，现在我们讨论当时序模型可获取横截面数据形式的外部信息或横截面模型可获取时序数据形式的外部信息时的似然法。

11.3.2 横截面和时序混合数据的似然方法

假设我们有一个由 N 个个体组成的横截面数据集和一个持续了 T 期的时序数据集。假定横截面模型是

$$\mathbf{y}_c = Z_1\boldsymbol{\delta}_1 + Z_2\boldsymbol{\delta}_2 + \mathbf{u}_c \tag{11.3.1}$$

其中 $\mathbf{y}_c$ 是 $N\times 1$ 的因变量向量，Z_1 和 Z_2 分别是 $N\times K$ 和 $N\times L$ 的自变量观测
414 值矩阵，而 $\boldsymbol{\delta}_1$ 和 $\boldsymbol{\delta}_2$ 分别是 $K\times 1$ 和 $L\times 1$ 的参数向量。$N\times 1$ 的误差项 $\mathbf{u}_c$ 是独立分布的，其方差-协方差矩阵为 $\sigma_u^2 I_N$。

时序模型为

$$\mathbf{y}_T = X_1\boldsymbol{\beta}_1 + X_2\boldsymbol{\beta}_2 + \mathbf{v}_T \tag{11.3.2}$$

其中 $\mathbf{y}_T$ 是 $T\times 1$ 的因变量向量，X_1 和 X_2 分别是 $T\times K$ 和 $T\times M$ 的自变量观测值矩阵，$\boldsymbol{\beta}_1$ 和 $\boldsymbol{\beta}_2$ 分别是 $K\times 1$ 和 $M\times 1$ 的参数向量，而 $\mathbf{v}_T$ 是 $T\times 1$ 的扰动项向量。①为简单起见，我们假定 $\mathbf{v}_T$ 与 $\mathbf{u}_c$ 无关且无序列相关，其方差-协方差矩阵为 $E\mathbf{v}_T\mathbf{v}_T' = \sigma_v^2 I_T$。

这里的原假设是$\boldsymbol{\delta}_1 = \boldsymbol{\beta}_1$。因此我们可用似然比检验能否混合的问题，令 L_1^* 和 L_2^* 分别表示模型（11.3.1）和（11.3.2）的联合似然函数的对数在有约束条件$\boldsymbol{\delta}_1 = \boldsymbol{\beta}_1$ 和无约束条件 $\boldsymbol{\delta}_1 = \boldsymbol{\beta}_1$ 下的极大值。则在原假设之下，$2(L_2^* - L_1^*)$ 的渐近分布是自由度为 K 的 χ^2 分布。唯一的问题是：合适的显著性水平是多少？如果错误地接受了可混合的假设和错误地拒绝了不能混合的假设的代价差不多，Maddala（1971b）建议使用 25%～30% 之间的某个显著性水平，而不是前面显著性检验中常用的 5%。

最大似然估计表达式与其方差-协方差的表达式仅仅用似然函数最大值的位置和最大值附近的曲线简要描述似然函数。这些表达式有可能没有完全表达似然函数所包含的信息。更深层次地利用似然函数有助于对横截面估计和时序估计相容性的研究。因此，Maddala（1971b）建议我们还应该绘制每个数据集的相对最大似然值

---

① 如果横截面数据由总体中的所有个体组成，则在收集横截面观测的年份，某个变量对所有个体观测的和应该等于相应的加总时序变量。因为在多数情形下横截面样本是由总体的一小部分组成的，所以我们忽略该关系并假定变量是无关的。

$$R_M(\boldsymbol{\delta}_1)=\frac{\max\limits_{\boldsymbol{\theta}} L(\boldsymbol{\delta}_1,\ \boldsymbol{\theta})}{\max\limits_{\boldsymbol{\delta}_1,\ \boldsymbol{\theta}} L(\boldsymbol{\delta}_1,\ \boldsymbol{\theta})} \tag{11.3.3}$$

的表格并画出其图形，这里 $\boldsymbol{\theta}$ 表示冗余参数集合，$\max\limits_{\boldsymbol{\theta}} L(\boldsymbol{\delta}_1,\ \boldsymbol{\theta})$ 表示给定 $\boldsymbol{\delta}_1$ 后 L 关于 $\boldsymbol{\theta}$ 的最大值，而 $\max_{\boldsymbol{\delta}_1,\boldsymbol{\theta}} L(\boldsymbol{\delta}_1,\ \boldsymbol{\theta})$ 表示 L 关于 $\boldsymbol{\delta}_1$ 和 $\boldsymbol{\theta}$ 的最大值。式（11.3.3）的函数图几乎描述了包含在数据中所有关于 $\boldsymbol{\delta}_1$ 的信息。因此，相对似然函数的形状和位置将比单个检验统计量揭示更多关于不同数据类型之间相容 415
性的信息。

如果接受假设 $\boldsymbol{\delta}_1=\boldsymbol{\beta}_1$，则据 Chetty（1968），Durbin（1953）和 Maddala（1971b）的建议，我们可将模型（11.3.1）和（11.3.2）堆积成

$$\begin{bmatrix}\mathbf{y}_c\\ \mathbf{y}_t\end{bmatrix}=\begin{bmatrix}Z_1\\ X_1\end{bmatrix}\boldsymbol{\delta}_1+\begin{bmatrix}Z_2\\ \mathbf{0}\end{bmatrix}\boldsymbol{\delta}_2+\begin{bmatrix}\mathbf{0}\\ X_2\end{bmatrix}\boldsymbol{\beta}_2+\begin{bmatrix}\mathbf{u}_c\\ \mathbf{v}_t\end{bmatrix} \tag{11.3.4}$$

很显然，最大似然法是估计模型（11.3.4）中参数 $\boldsymbol{\delta}_1$，$\boldsymbol{\delta}_2$ 和 $\boldsymbol{\beta}_2$ 的有效方法。一个渐近等价方法是先用最小二乘法分别估计模型（11.3.1）和（11.3.2）得到 σ_u^2 和 σ_v^2 的一致估计，然后将 σ_u^2 和 σ_v^2 的一致估计代入方程

$$\begin{bmatrix}\frac{1}{\sigma_u}\mathbf{y}_c\\ \frac{1}{\sigma_v}\mathbf{y}_T\end{bmatrix}=\begin{bmatrix}\frac{1}{\sigma_u}Z_1\\ \frac{1}{\sigma_v}X_1\end{bmatrix}\boldsymbol{\delta}_1+\begin{bmatrix}\frac{1}{\sigma_u}Z_2\\ \mathbf{0}\end{bmatrix}\boldsymbol{\delta}_2+\begin{bmatrix}\mathbf{0}\\ \frac{1}{\sigma_v}X_2\end{bmatrix}\boldsymbol{\beta}_2+\begin{bmatrix}\frac{1}{\sigma_u}\mathbf{u}_c\\ \frac{1}{\sigma_v}\mathbf{v}_T\end{bmatrix} \tag{11.3.5}$$

再用最小二乘法估计模型（11.3.5）。

将 $\boldsymbol{\beta}_1$ 的横截面估计 $\hat{\boldsymbol{\delta}}_{1c}$ 代入时序模型

$$\mathbf{y}_T-X_1\hat{\boldsymbol{\delta}}_{1c}=X_2\boldsymbol{\beta}_2+\mathbf{v}_T+X_1(\boldsymbol{\beta}_1-\hat{\boldsymbol{\delta}}_{1c}) \tag{11.3.6}$$

然后做（$\mathbf{y}_T-X_1\hat{\boldsymbol{\delta}}_{1c}$）关于 X_2 的回归，得到参数 $\boldsymbol{\beta}_2$ 在横截面估计下的条件估计。① 但时序样本还包含很多关于 $\boldsymbol{\beta}_1$ 的信息，这些信息应该被利用起来。此外，我们在使用两步法时应当谨慎。对 $\boldsymbol{\beta}_2$ 的渐近方差-协方差矩阵的恰当估值应该考虑用 $\hat{\boldsymbol{\delta}}_{1c}$ 代替 $\boldsymbol{\beta}_1$ 时的不确定性。[细节问题，参见 Chetty（1968）；Hsiao 等（1995）；Jeong（1978）；Maddala（1971b）。]

11.3.3　案例 416

为阐明混合时的似然方法，Maddala（1971b）分析了关于美国食品需求的一个简单计量模型。模型和数据可从 Tobin（1950）处获取。

横截面需求方程是

$$y_{1i}=\delta_0+\delta_1 z_{1i}+\delta_2 z_{2i}+u_i,\qquad i=1,\ \cdots,\ N \tag{11.3.7}$$

其中 y_{1i} 是在某个时点一组家庭平均食品消费量的对数，而 z_{1i} 和 z_{2i} 分别是第 i 组家庭的平均收入和平均家庭人口数的对数。时序需求方程是

① 在 Bayes 分析框架内，这类似于基于 $\boldsymbol{\beta}_2$ 的条件分布 $f(\boldsymbol{\beta}_2\mid\boldsymbol{\beta}_1=\boldsymbol{\delta}_{1c})$ 进行统计推断，但确实不知 $\boldsymbol{\beta}_1$ 的时候应该使用 $\boldsymbol{\beta}_2$ 的边际分布。细节详见 Chetty（1968）。

$$y_{2t}=\beta_0+\beta_1\ (x_{1t}-\beta_2 x_{2t})+\beta_3\ (x_{2t}-x_{2,t-1})+v_t$$
$$t=1,\ \cdots,\ T \qquad (11.3.8)$$

其中 y_{2t}，x_{1t}，x_{2t}分别是食品价格指数的对数、国内消费的人均食品供应量的对数和人均可支配收入的对数。假定两个回归中的需求收入弹性 δ_1 相同，即 $\delta_1=\beta_2$。误差项 u_i 和 v_t 相互独立，并假定它们服从正态分布，其均值为 0，方差分别为 σ_u^2 和σ_v^2。

横截面回归估计的结果是

$$\hat{y}_{1i}=0.569+\underset{(0.029\,7)}{0.561\,1}z_{1i}+\underset{(0.036\,7)}{0.254\,0}z_{2i} \qquad (11.3.9)$$

括号内是标准误。时序回归估计的结果是

$$\hat{y}_{2t}=7.231+\underset{(0.061\,2)}{1.144}x_{2t}-\underset{(0.090\,6)}{0.151\,9}\ (x_{2t}-x_{2,t-1})-\underset{(0.401\,0)}{3.644}x_{1t} \qquad (11.3.10)$$

这表明估计的收入弹性 δ_1 是 0.314。

将 δ_1 的横截面估计值 0.56 引入时序回归后，估计的 β_1 下降到－1.863，其标准误为 0.135 8。用最大似然法同时估计 δ_1 和 β_1 时，估计的 δ_1 和 β_1 分别是 0.535 5 和－1.64，协方差矩阵为$\begin{bmatrix}0.002\,06 & 0.008\,27\\ & 0.042\,45\end{bmatrix}$。

尽管用混合数据估计系数时精度有很大提高，但似然比统计量的值是 17.2，这对自由度为 1 的 χ^2 分布在 0.001 的水平上都是显著的。这明显说明在这种情形下我们不应该将时序数据和横截面数据混合起来。

图 11.1 是 Maddala 关于参数 δ_1（需求的收入弹性）在横截面数据的 Tobin 模型、时序数据的 Tobin 模型以及混合样本的 Tobin 模型中得到的相对最大似然值 $R_M(\delta_1)$ 的图形。该图表明时序数据提供的关于 δ_1 的信息与横截面数据提供的关于 δ_1 的信息几乎同样精确（不然，似然函数图形将会相对平坦）。此外，
417 时序模型的似然函数图形和横截面模型的似然函数图形的重叠部分极少。这又

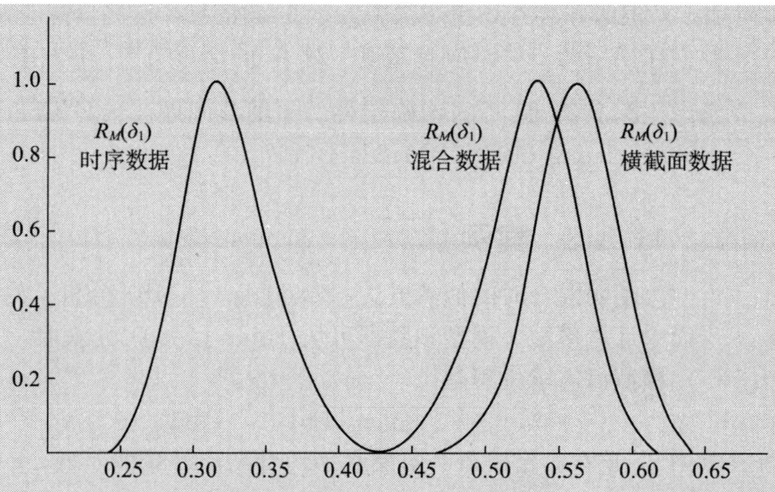

图 11.1　参数 δ_1 的相对似然值

资料来源：Maddala（1971b，图 1）。

一次毫不含糊地表明不应该混合这些数据。①

假定时序数据是由一些微观经济变量过程汇总而成的，如果控制解释变量后，个体差异只是偶然出现，则时序数据的推断和横截面数据的推断不可能出现矛盾。因此，无论什么时候实证结果像前面的例子一样出现了系统性的差异，都表明两个模型中至少有一个存在误设。对以横截面数据形式或时序数据形式出现的外部信息的支持提供了关于模型设定合理性的另一个检验方法，该检验方法不可能由单独的横截面数据集或时序数据集给出，因为在这两种情形下没有遗漏变量偏误的内在征兆。但在了解大量关于横截面估计和时序估计关系的研究之前，似乎因为信息的完备性而不存在替代。关于大量个体的序列观测或 418
面板数据本质上是为了充分理解在不同时点的系统性相关关系。

11.4　短面板分布滞后模型的估计②

11.4.1　简介

由于技术上、制度上以及心理上僵化的原因，个体行为通常不能立即适应作为条件的变量的变化。在多数情形下这种适应都是逐渐进行的。行为适应的渐进性可用多种方式表达。依据问题背后的逻辑关系，我们可构建一个当前值 y 是滞后因变量和外生变量函数的自回归模型，或者构建一个当前值 y 是当前或以前的外生变量函数的分布滞后模型。虽然线性分布滞后模型一般可表示成自回归的形式，而任何平稳线性自回归模型通常也可转换成分布滞后模型③，但时期滞后阶数的经验判断在应用经济学中还是非常重要的。许多经济措施的作用，只有在我们知道它们什么时候将产生影响以及什么时候影响将发挥到极致时才能被正确理解。因此，如果能够准确设定模型（或推理），则我们将区分这两种类型的动态模型。第 4 章我们讨论了用面板数据估计自回归模型的问题。本节我们讨论分布滞后模型的估计问题［Pakes 和 Griliches (1984)］。

一般我们将单个时序观测的分布滞后模型记为

$$y_t = \mu + \sum_{\tau=0}^{\infty} \beta_\tau x_{t-\tau} + u_t, \quad t = 1, \cdots, T \tag{11.4.1}$$

为简单起见，假定模型中只有一个外生变量 x，且控制 $\{x_t\}$ 后，我们可认为 u_t 是从共同分布中独立抽取的。对滞后项系数没有添加约束条件时，即使 $T \to \infty$，我们也无法得到 β_τ 的一致估计，因为未知参数的个数随着观测数增大。此

① 需要注意的是，前面提到的结果是基于 u_i 和 v_t 都是独立正态分布的假设得到的。在实践中，研究混合问题、使用似然比检验或相对最大似然方法之前有必要进行仔细的诊断性检查。实际上，Izan (1980) 利用 v_t 服从一阶自回归过程重新进行了分析。考虑自相关之后的似然比检验导致接受了混合假设。

② 本节中的材料在得到许可后选自 Pakes 和 Griliches (1984)。

③ 必须指出当模型从一种形式变化到另一种形式的时候误差项也发生了变化［如 Malinvaud (1970，第 15 章)］。

外，可获取的样本常常由各期高度相关的变量的非常短的时序数据组成。没有设定滞后项系数都只是极少量参数的函数时，我们没有充足的先验信息可用来
419 推导任何滞后项系数的精确估计（Koyck 滞后、Almon 滞后等）[Dhrymes (1971)；Malinvaud (1970)]。

另一方面，当有 N 个时序观测值时，我们无须设定滞后系数序列以某具体方式演化的先验信息，利用横截面信息就可识别和估计滞后项系数（至少可识别和估计其中一部分）。譬如，考虑用面板数据估计模型（11.4.1）时，对给定的 t，我们将模型重新表示为

$$y_{it}=\mu+\sum_{\tau=0}^{t-1}\beta_{\tau}x_{i,\,t-\tau}+b_{it}+u_{it},\qquad i=1,\ \cdots,\ N \tag{11.4.2}$$

其中

$$b_{it}=\sum_{\tau=0}^{\infty}\beta_{t+\tau}x_{i,\,-\tau} \tag{11.4.3}$$

是非观测前置样本 x 的值对当前 y 值的贡献，我们将其称为**断尾残留项**（truncation remainder）。在关于不可观测的 b_{it} 和可观测的 x_{it} 之间关系的某些假设下，用横截面方法做模型（11.4.2）的回归有可能导出 $\beta_{\tau}(\tau=0,\ \cdots,\ t-1)$ 的一致估计。此外，利用个体变量的横截面差分可降低或避免单个时序中 x_t，x_{t-1}，… 间的共线性问题。

11.4.2 一般假设

在什么条件下数据横截面维度的增加可让我们获取一些不可能包含在单个时序数据中的信息呢？为回答这个问题，我们首先考察滞后系数 $\{\beta_{i\tau}\}_{\tau=0}^{\infty}(i=1,\ \cdots,\ N)$ 随个体变化的情形。如果对由总体中一些元素组成的序列的分布没有约束，则每个时序仅包含关于单个系数序列的信息。信息不足的问题对面板数据依然存在。其次，即使滞后项系数不随个体变化（$\beta_{i\tau}=\beta_{\tau}$，$i=1,\ \cdots,\ N$，$\tau=0,\ 1,\ 2,\ \cdots$），伴随面板数据而来的样本容量的增长（通常非常显著）纯粹只是横截面维度的增长。事实上，面板数据集通常只在较短的时间范围内对观测进行追踪。因此，如果我们不希望对滞后项系数添加与用单个时序数据估计分布滞后模型时同类型的约束条件，那么非观测前置样本 x 的值对当前 y 值的贡献（断尾残留项 b_{it}）可能特别重要。如果忽略非观测断尾残留项，则回归分析通常会面临遗漏变量偏误问题。

因此，为综合 N 个时序观测估计分布滞后模型，我们必须对所有横截面单元添加关于滞后系数分布的约束条件，和/或添加关于非观测前置项影响当前行
420 为方式的约束条件。Pakes 和 Griliches (1984) 研究了分布滞后模型

$$y_{it}=\alpha_i^*+\sum_{\tau=0}^{\infty}\beta_{i\tau}x_{i,\,t-\tau}+u_{it},\qquad i=1,\ \cdots,\ N;\quad t=1,\ \cdots,\ T \tag{11.4.4}$$

其中 u_{it} 独立于 x_{is}，且独立同分布，其均值为零，方差为 σ_u^2。假设 α_i^* 和 $\beta_{i\tau}$ 的系数满足如下假设。

假设 11.4.1：$E(\beta_{i\tau})=\beta_\tau$。

假设 11.4.2：令 $\tilde{\beta}_{i\tau}=\beta_{i\tau}-\beta_\tau$，$\xi_{it}=\sum_{\tau=0}^{\infty}\tilde{\beta}_{i\tau}x_{i,t-\tau}$，$\boldsymbol{\xi}'_i=(\xi_{i1},\cdots,\xi_{iT})$，则 $E^*[\boldsymbol{\xi}_i\mid\mathbf{x}_i]=\mathbf{0}$。

假设 11.4.3：$E^*(\alpha_i^*\mid\mathbf{x}_i)=\mu+\mathbf{a}'\mathbf{x}_i$。

符号 $E^*(Z_1\mid Z_2)$ 表示 Z_1 在 Z_2 上的最小均方误差线性预测值（或投影）；$\mathbf{x}_i$ 表示由所有可观测变量 x_{it} 组成的向量。假定在得到 y 的第一个观测值之前已有 $\ell+1$ 个 $\mathbf{x}$ 的观测值，而 $1\times(\ell+1+T)$ 的向量 $\mathbf{x}'_i=[x_{i,-\ell},\cdots,x_{iT}]$ 是从满足$E(\mathbf{x}_i\mathbf{x}'_i)=\sum_{xx}$（$\sum_{xx}$是正定矩阵）的共同分布中独立抽取的。①

假设 11.4.2 成立的一个充分条件是所有个体滞后系数的差分与 $\mathbf{x}_i$ 无关［比如 $\beta_{i\tau}$是如 Swamy（1970）定义的随机变量，或参见第 6 章］。但假设 11.4.3 确实允许个体特异常数项（α_i^*）与 $\mathbf{x}_i$ 相关。如果 N 和 T 都趋于无穷，则假设 11.4.1～11.4.3 综合起来足以让我们识别滞后系数序列 $\{\beta_\tau\}$ 的期望值。

如果 T 固定，将假设 11.4.1 和 11.4.2 代入模型（11.4.4）后，我们可将分布滞后模型重新表示为

$$y_{it}=\alpha_i^*+\sum_{\tau=0}^{t+\ell}\beta_\tau x_{i,t-\tau}+b_{it}+\tilde{u}_{it},\qquad \begin{aligned}i&=1,\cdots,N\\ t&=1,\cdots,T\end{aligned}\tag{11.4.5}$$

其中 $b_{it}=\sum_{\tau=\ell+1}^{\infty}\beta_{t+\tau}x_{i,t-\tau}$ 是个体 i 在 t 时期的断尾残留项，$\tilde{u}_{it}=\xi_{it}+u_{it}$是满足 $E^*[\tilde{\mathbf{u}}_i\mid\mathbf{x}_i]=\mathbf{0}$ 的混合误差项。非观测断尾残留项通常与所包含的解释变量相关。因此，如果没有其他约束条件，即使 $N\to\infty$时，我们仍不能通过做 y_{it}关于 $x_{i,t-\tau}$的回归得到任何滞后项系数 β_τ 的一致估计。

因为断尾残留项 b_{it}的值由滞后项系数和前置样本 x 的值确定，所以识别它需要知道对滞后项系数或对生成 x 值的随机过程的约束条件。因为面板数据通常包含大量的自由度，故与常用的通过约束滞后项系数识别断尾残留项的方法相比，它允许我们使用多种先验约束条件［参见 Dhrymes（1971）］。在随后的两个小节中我们将描述如何利用各种约束条件识别滞后项系数。 421

11.4.3 利用外生变量过程的先验结构进行识别

本小节我们不用约束滞后项系数的常规方法，而用一种不同的约束条件讨论分布滞后模型的识别问题。我们的兴趣在于不用要求 β_τ 是少量参数的函数，就可估计总体参数 $\beta_\tau=E(\beta_{i\tau})$，$\tau=0,1,\cdots$（至少可估计部分总体参数）。如果滞后项系数可由 $\mathbf{y}_i$ 在 $\mathbf{x}_i$ 上投影得到的系数矩阵［该系数矩阵是被称为 Π 的 $T\times(T+\ell+1)$ 矩阵，其中 $E^*(\mathbf{y}_i\mid\mathbf{x}_i)=\boldsymbol{\mu}^*+\Pi\mathbf{x}_i$，$\boldsymbol{\mu}^*=(\mu_1^*,\cdots,\mu_T^*)'$，$\mathbf{y}'_i=(y_{i1},\cdots,y_{iT})$ 是 $1\times T$ 的向量］计算出来，则我们认为该滞后项系数可

① 请注意，在 y 的第一个观测值之前存在 $\ell+1$ 个关于 x 的观测值的假设是不受限制的。如果在 0 时期前不存在 x_{it}的观测值，则可令 $\ell=-1$。如果 ℓ 必须固定下来，则我们可丢弃 y 的前 $\ell+1$ 个观测值。

识别。

模型（11.4.5）清楚地表明 Π 的每一行都包含重要的滞后项系数和两个非观测成分 α_i^* 和 b_{it} 在 $\mathbf{x}_i$ 上的投影系数的组合。因此问题就变成了从确定这两个投影的系数中分离出滞后项系数。

由模型（11.4.5）可知，$\mathbf{y}_i$ 在 $\mathbf{x}_i$ 和 α_i^* 上的投影为①

$$E^*(\mathbf{y}_i \mid \mathbf{x}_i, \alpha_i^*) = [B+W]\mathbf{x}_i + [\mathbf{e}+\mathbf{c}]\alpha_i^* \tag{11.4.6}$$

其中 B 是 $T\times(T+\ell+1)$ 滞后项系数矩阵，

$$B=\begin{bmatrix} \beta_{\ell+1} & \beta_\ell & \cdot & \beta_1 & \beta_0 & 0 & \cdot & \cdot & \cdot & 0 \\ \beta_{\ell+2} & \beta_{\ell+1} & \cdot & \beta_2 & \beta_1 & \beta_0 & 0 & \cdot & \cdot & 0 \\ \vdots & \vdots & \vdots & \vdots & \vdots & \vdots & \vdots & \vdots & \vdots & \vdots \\ \beta_{T+\ell-1} & \beta_{T+\ell-2} & \cdot & \beta_{T+1} & \beta_T & \cdot & \cdot & \cdot & \beta_0 & 0 \\ \beta_{T+\ell} & \beta_{T+\ell-1} & \cdot & \beta_T & \beta_{T-1} & \cdot & \cdot & \cdot & \beta_1 & \beta_0 \end{bmatrix}$$

W 和 $\mathbf{c}$ 由 $\mathbf{b}_i=(b_{i1}, \cdots, b_{iT})'$ 在 $\mathbf{x}_i$ 和 α_i^* 上的无约束投影

$$E^*[\mathbf{b}_i \mid \mathbf{x}_i, \alpha_i^*] = W\mathbf{x}_i + \mathbf{c}\alpha_i^* \tag{11.4.7}$$

422 确定。由式（11.4.6）和 $E^*\{E^*(\mathbf{y}_i \mid \mathbf{x}_i, \alpha_i^*) \mid \mathbf{x}_i\} = E^*[\mathbf{y}_i \mid \mathbf{x}_i] = (\mathbf{e}+\mathbf{c})\mu + \Pi\mathbf{x}_i$ 可知

$$\Pi = B + [W + (\mathbf{e}+\mathbf{c})\mathbf{a}'] \tag{11.4.8}$$

其中 $\mathbf{a}$ 由 α_i^* 在 $\mathbf{x}_i$ 上的无约束投影 $[E^*(\alpha_i^* \mid \mathbf{x}_i) = \mu + \mathbf{a}'\mathbf{x}_i]$ 确定。

显然，如果 $T\times(T+\ell+1)$ 的矩阵 W 不受约束，则我们无法从矩阵 Π 中分离出滞后项系数 B 和断尾残留项的影响。但已知 $\mathbf{c}\mathbf{a}'$ 是秩为 1 的矩阵后，如果有关于 W 的约束条件，则我们可以识别 B 中的部分元素。因此，为了从 Π 中识别部分滞后项系数，我们必须对 W 进行约束。如果假定前置样本 $x_{i,-j}$ 在样本内的 $\mathbf{x}_i$ 和 α_i^* 上的投影中，生成 $\{x_{it}\}_{t=-\infty}^{T}$ 的随机过程对 $\mathbf{x}_i$ 的系数有约束合理，则 W 是受限制的。Pakes 和 Griliches（1984）分析的特殊情形由下面的假设给出。②

假设 11.4.4： 当 $q\geqslant 1$ 时，$E^*(x_{i,-\ell-q} \mid \mathbf{x}_i, \alpha_i^*) = c_q\alpha_i^* + \sum_{j=1}^{p}\rho_j^{(q)}x_{i,-\ell+j-1}$。

即非观测前置样本 x 在 $\mathbf{x}_i$ 和 α_i^* 上的投影中，仅 $[x_{i,-\ell}, x_{i,-\ell+1}, \cdots, x_{i,-\ell+q-1}]$ 有非零系数。

如果 $c_q=0$，则"x 由 p 阶自回归过程生成"是假设 11.4.4 成立的充分条件。③

由于 $\mathbf{b}_i$ 的每个元素正好是相同前置样本 x 的各种线性组合，所以对假设 11.4.4 的补充表明

$$E^*[b_{it} \mid \mathbf{x}_i, \alpha_i^*] = c_t\alpha_i^* + \sum_{j=1}^{p} w_{t,\,j-\ell-1}x_{i,\,j-\ell-1}, \qquad i=1, \cdots, N; \quad t=1, \cdots, T \tag{11.4.9}$$

---

① 请注意，只需容许向量 $\mathbf{c}$ 中的每个元素各不相同即可让抽样前的 $x_{i,-\tau}$ 在当前样本 $\mathbf{x}_i$ 和 α_i^* 上的投影与 α_i^* 任意相关。

② 可用多种模型选择准则来确定 p［如 Amemiya（1980a）］。

③ $c_q=0$ 表明 α_i^* 与抽样前的 $x_{i,-j}$ 无关。

其中 $w_{t,\ j-\ell-1}=\sum_{q=1}^{\infty}\beta_{t+\ell+q}\rho_j{}^{(q)}(j=1,\ \cdots,\ p)$，$c_t=\sum_{q=1}^{\infty}\beta_{t+\ell+q}c_q$。这就确定了式（11.4.7）中的向量 $\mathbf{c}$ 和矩阵 W。特别地，该式还表明可将 W 分割为一个 $T\times(T+\ell-p+1)$ 的零矩阵和一个 $T\times p$ 的自由系数矩阵，

$$W=\left[\underset{T\times p}{\widetilde{W}}\quad\vdots\quad\underset{T\times(T+\ell-p+1)}{\mathbf{0}}\right]\tag{11.4.10}$$

将式（11.4.10）代入式（11.4.8），并求 Π 关于前（$T+\ell-p+1$）个滞后项系数的偏导，我们可证明导出的 Jacob 矩阵满足识别这些系数的秩条件［参见 Hsiao（1983，定理 5.1.2)］。检验这前（$T+\ell-p+1$）个滞后项系数确实可识别的一个简单方法是证明它们的一致估计量存在。由数据的构造可知，$\mathbf{y}_i$ 423
对 $\mathbf{x}_i$ 的横截面回归可导出 Π 的一致估计。在 $\alpha_i^*=0$ 的特殊情形下，y 每一期的值在所有的样本内 $\mathbf{x}$ 值上的投影是①

$$\begin{aligned}
E^*(y_{i1}\mid\mathbf{x}_i)&=\mu+\sum_{j=1}^{p}\phi_{1,\ j-\ell-1}x_{i,\ j-\ell-1}\\
E^*(y_{i2}\mid\mathbf{x}_i)&=\mu+\beta_0x_{i2}+\sum_{j=1}^{p}\phi_{2,\ j-\ell-1}x_{i,\ j-\ell-1}\\
E^*(y_{i3}\mid\mathbf{x}_i)&=\mu+\beta_0x_{i3}+\beta_1x_{i2}+\sum_{j=1}^{p}\phi_{3,\ j-\ell-1}x_{i,\ j-\ell-1}\\
&\ \ \vdots\\
E^*(y_{iT}\mid\mathbf{x}_i)&=\mu+\beta_0x_{iT}+\cdots+\beta_{T+\ell-p}x_{i,\ p-\ell}+\sum_{j=1}^{p}\phi_{T,\ j-\ell-1}x_{i,\ j-\ell-1}
\end{aligned}\tag{11.4.11}$$

其中 $\phi_{t,j-\ell-1}=\beta_{t+\ell+1-j}+w_{t,j-\ell-1}(t=1,\ \cdots,\ T;\ j=1,\ \cdots,\ p)$，为简单起见，令 $p=\ell+2$。在每个投影中，$\mathbf{x}_i$ 的前 p 个值与断尾残留项（b_{it}）有非零的偏相关系数。因此，它们的系数不能识别滞后分布的参数。实际上仅当（$t+\ell-p+1$）>0 时每个方程中靠前的系数是靠前滞后系数的估计。当 t 增大时，我们将逐渐揭示滞后分布的结构。

当 $c_q\neq0$ 时，找到前 $T+\ell-p+1$ 个滞后项系数的一致估计量（因此可识别）相对复杂一些。将式（11.4.9）代入式（11.4.7），我们有

$$E^*(y_{it}\mid\mathbf{x}_i,\ \alpha_i^*)=(1+c_t)\alpha_i^*+\sum_{\tau=0}^{t+\ell-p}\beta_\tau x_{i,\ t-\tau}+\sum_{j=1}^{p}\phi_{t,\ j-\ell-1}x_{i,\ j-\ell-1},\quad t=1,\ \cdots,\ T\tag{11.4.12}$$

这里我们（为简单起见）再一次假定 $p=\ell+2$。控制 $\mathbf{x}_i$ 后，再对方程进行投影运算，可得到 424

① 方程组（11.4.11）的系数是式（11.4.8）中 Π 的另一种表示方法。

$$
\begin{aligned}
E^*(y_{i1} \mid \mathbf{x}_i) &= \mu(1+c_1)+(1+c_1)\sum_{t=p-\ell}^{T} a_t x_{it} \\
&\quad + \sum_{j=1}^{p}\left[(1+c_1)a_{j-\ell-1}+\phi_{1,\, j-\ell-1}\right]x_{i,\, j-\ell-1} \\
E^*(y_{i2} \mid \mathbf{x}_i) &= \mu(1+c_2)+\beta_0 x_{i2}+(1+c_2)\sum_{t=p-\ell}^{T} a_t x_{it} \\
&\quad + \sum_{j=1}^{p}\left[(1+c_2)a_{j-\ell-1}+\phi_{2,\, j-\ell-1}\right]x_{i,\, j-\ell-1} \qquad (11.4.13)\\
&\vdots \\
E^*(y_{iT} \mid \mathbf{x}_i) &= \mu(1+c_T)+\sum_{\tau=0}^{T+\ell-p}\beta_\tau x_{i,\, t-\tau}+(1+c_T)\sum_{t=p-\ell}^{T} a_t x_{it} \\
&\quad + \sum_{j=1}^{p}\left[(1+c_T)a_{j-\ell-1}+\phi_{T,\, j-\ell-1}\right]x_{i,\, j-\ell-1}
\end{aligned}
$$

用 $\tilde{c}_t$ 乘以 y_{i1} 并从 y_{it} 中减去这个乘积，在 $t=2$，…，T 时，得到方程组

$$
y_{it}=\tilde{c}_t y_{i1}+\sum_{\tau=0}^{t+\ell-p}\beta_\tau x_{i,\, t-\tau}+\sum_{j=1}^{p}\tilde{\phi}_{t,\, j-\ell-1}x_{i,\, j-\ell-1}+v_{it} \qquad (11.4.14)
$$

其中

$$
\tilde{c}_t=\frac{(1+c_t)}{1+c_1}, \qquad \tilde{\phi}_{t,\, j-\ell-1}=\phi_{t,\, j-\ell-1}-\tilde{c}_t\phi_{1,\, j-\ell-1}
$$

以及

$$
v_{it}=y_{it}-\tilde{c}_t y_{i1}-E^*(y_{it}-\tilde{c}_t y_{i1} \mid \mathbf{x}_i)
$$

由我们对数据的构造可知 $E^*(v_{it} \mid \mathbf{x}_i)=0$。

对给定的 t，方程组（11.4.14）右边唯一与 v_{it} 相关的变量是 y_{i1}。如果我们知道 $\{\tilde{c}_t\}_{t=2}^{T}$ 的值，则我们可由方程组（11.4.14）先求出 $\tilde{y}_{it}=y_{it}-\tilde{c}_t y_{i1}(t=2,\cdots,T)$，然后做该序列对样本内 x_{it} 值的横截面回归而一致地估计前 $(T+\ell-p+1)$ 个滞后项系数。如果所有 c_t 的值都相同，则序列 $\{\tilde{c}_t\}_{t=2}^{T}$ 的所有元素都是 1。如果 α_i^* 在样本各期都有自由系数，则（$1+c_t$）未知。但只要有一个 x_{is} 不是 $y_{it}-\tilde{c}_t y_{i1}$ 的影响因素且与 y_{i1} 相关，我们就可用工具变量法一致地估
425 计 $\tilde{c}_t$，β_τ 以及 $\tilde{\phi}_{t,j}$。如果 $T\geqslant 3$，则确定（$y_{i2}-\tilde{c}_2 y_{i1}$）的方程不包含 x_{i3}，…，x_{iT}，只要 a_3 到 a_T 的元素不都为零，则它们中至少有一个必定与 y_{i1} 相关。

我们已证明在假设 11.4.1～11.4.4 下，使用面板数据允许我们在没有对序列 $\{\beta_\tau\}_{\tau=0}^{\infty}$ 添加任何约束时识别模型的前 $T+\ell-p+1$ 个滞后项系数。当然，如果 $T+\ell$ 相对于 p 比较小，则我们不能获取大量关于滞后项分布尾的信息。这反映了一个事实：短面板正是因其自然属性而没有包含关于尾的无约束信息。但早期系数通常因其自身原因而具有显著的重要性。此外，在更深入的工作中，它们是约束滞后结构（是少量参数的函数）的基础。

11.4.4 利用滞后系数的先验结构进行识别

在很多场合我们可能知道所有的 β_τ 都是正的。我们可能还知道最前面的几

个系数 β_0，β_1 和 β_2 是最大的且 β_τ 随着 τ 的增大而递减，至少在 τ 的某个值之后是这样的。本节我们说明如何使用要求滞后项系数是有限个参数的函数的常见方法以及如何将其推广到对面板数据分布滞后模型的识别中。因此，我们去掉假设 11.4.4，取而代之的是假定有关于滞后项系数结构的先验知识。这里我们结合 Pakes 和 Griliches (1984) 的一个具体例子进行说明，在该例中，滞后项系数序列在最初几个自由滞后项之后具有自回归结构。该约束可描述为：

假设 11.4.5：

$$\beta_\tau = \begin{cases} \beta_\tau, & \tau \leqslant k_1 \\ \sum_{j=1}^{J} \delta_j \beta_{\tau-j}, & \text{其他} \end{cases}$$

其特征方程 $1 - \sum_{j=1}^{J} \delta_j L^j = 0$ 的根 λ_1^{-1}，…，λ_J^{-1} 在单位圆之外。[①]为简单起见，我们假定 $k_1 = \ell + 1$，且 λ_1，…，λ_J 是互不相同的实数。

假设 11.4.5 表明 β_τ 在最初 k_1 个滞后项之后呈几何级数下降。求解 J 阶差分方程

$$\beta_\tau - \delta_1 \beta_{\tau-1} - \cdots - \delta_J \beta_{\tau-J} = 0 \tag{11.4.15}$$

我们得到通解［参见 Box 和 Jenkins (1970，第 3 章)］ 426

$$\beta_\tau = \sum_{j=1}^{J} A_j \lambda_j^\tau \tag{11.4.16}$$

其中 A_j 是由差分方程的初始条件确定的常数。

将式 (11.4.16) 代入方程 (11.4.5)，我们将断尾残留项 b_{it} 记为

$$\begin{aligned} b_{it} &= \sum_{\tau=\ell+1}^{\infty} \left(\sum_{j=1}^{J} A_j \lambda_j^{t+\tau} \right) x_{i,-\tau} \\ &= \sum_{j=1}^{J} \lambda_j^t \left(A_j \sum_{\tau=\ell+1}^{\infty} \lambda_j^\tau x_{i,-\tau} \right) \\ &= \sum_{j=1}^{J} \lambda_j^t b_{ij} \end{aligned} \tag{11.4.17}$$

其中 $b_{ij} = A_j \sum_{\tau=\ell+1}^{\infty} \lambda_j^\tau x_{i,-\tau}$。也就是说，我们可用 J 个不可观测的初始条件 (b_{i1}，…,b_{iJ}) 表示断尾残留项 b_{it}。故在假设 11.4.1～11.4.3 以及假设 11.4.5 下，分布滞后模型变成了 T 个包含 $J+1$ 个任意相关非观测因素 (α_i^*，b_{i1}，…,b_{iJ}) 的回归的方程组，后 J 个非观测因素的影响随时间呈几何级数衰减。

因包含 $J+1$ 个非观测因素模型的识别条件是含有两个非观测因素模型的直接推广，故我们首先讨论 $J=1$ 的情形，然后指出 $J>1$ 时所需要的扩展条件。

$J=1$ 时模型与修正的 Koyck (或几何) 滞后模型类似。断尾残留项变成了服从严格一阶自回归 (譬如 $b_{it} = \Delta b_{i,t-1}$) 的非观测因素。将该结果代入模型

---

① 要求特征方程的根在单位圆外的条件，确保当 $\tau \to \infty$ 时 β_τ 呈几何级数递减［如 Anderson (1971，第 5 章)］，以便断尾余项在任何关于 x 序列的合理假设下都是有限的。

(11.4.5)，我们得到

$$y_{it}=\alpha_i^*+\sum_{\tau=0}^{\ell+1}\beta_\tau x_{i,t-\tau}+\beta_{\ell+1}\sum_{\tau=\ell+2}^{t+\ell}\Delta^{\tau-(\ell+1)}x_{i,t-\tau}+\delta^{t-1}b_i+\tilde{u}_{it} \tag{11.4.18}$$

其中 $b_i=\beta_{\ell+1}\sum_{\tau=1}^{\infty}\delta^\tau x_{i,-\tau-\ell}$。

在 11.4.3 节识别滞后项系数的讨论中，我们需要若干对投影矩阵 $E^*(\mathbf{b}_i \mid \mathbf{x}_i)=[W+\mathbf{ca}']\ \mathbf{x}_i$ [方程 (11.4.7)]的约束条件。Koyck 滞后模型隐含着 $b_{it}=\Delta b_{i,t-1}$，该式表明 $E^*(b_{it}\mid \mathbf{x}_i)=\delta E^*(b_{i,t-1}\mid \mathbf{x}_i)$；即对 $r=1,\cdots,T+\ell+1$ 和 $t=2,\cdots,T$ 有 $w_{rt}=\delta w_{t-1,r}$。由此可知矩阵 Π 为

427

$$\Pi=B^*+\boldsymbol{\delta}^*\mathbf{w}^{*\prime}+\mathbf{ea}' \tag{11.4.19}$$

其中 $\boldsymbol{\delta}^{*\prime}=[1,\delta,\cdots,\delta^{T-1}]$，$\mathbf{w}^*$ 是 b_i 在 $\mathbf{x}_i$ 上投影 [如 $E^*(b_i\mid\mathbf{x}_i)=\sum_{t=-\ell}^{T}w_t^* x_{it}$] 的系数向量，且

$$B^*=\begin{bmatrix}\beta_{\ell+1} & \cdot & \cdot & \beta_1 & \beta_0 & 0 & \cdot & \cdot & \cdot & \cdot & 0 & 0\\ \delta\beta_{\ell+1} & \cdot & \cdot & \beta_2 & \beta_1 & \beta_0 & \cdot & \cdot & \cdot & \cdot & 0 & 0\\ \vdots & \vdots & \vdots & \vdots & \vdots & \vdots & \vdots & \vdots & \vdots & \vdots & \vdots & \vdots\\ \delta^{T-1}\beta_{\ell+1} & \cdots & \cdot & \cdot & \delta^{T-\ell-1}\beta_{\ell+1} & \delta^{T-\ell-2}\beta_{\ell+1} & \cdot & \delta\beta_{\ell+1} & \beta_{\ell+1} & \cdot & \beta_1 & \beta_0\end{bmatrix}$$

求式 (11.4.19) 关于未知参数的偏导，我们可证明只要 $T\geqslant 3$，导出的 Jacob 矩阵满足识别滞后项系数的秩条件 [参见 Hsiao (1983，定理 5.1.2)]。事实上，我们可通过一个简单方法理解滞后项系数可被识别，注意到由式 (11.4.18) 可知

$$\begin{aligned}&(y_{it}-y_{i,t-1})-\delta(y_{i,t-1}-y_{i,t-2})\\&=\beta_0 x_{it}+[\beta_1-\beta_0(1+\delta)]x_{i,t-1}\\&\quad+\sum_{\tau=2}^{\ell}[\beta_\tau-(1+\delta)\beta_{\tau-1}+\delta\beta_{\tau-2}]x_{i,t-\tau}+v_{it},\qquad i=1,\cdots,N,\\&\qquad\qquad\qquad\qquad\qquad\qquad\qquad\qquad\qquad t=1,\cdots,T\end{aligned} \tag{11.4.20}$$

其中 $v_{it}=\tilde{u}_{it}-(1+\delta)\tilde{u}_{i,t-1}+\delta\tilde{u}_{i,t-2}$，以及 $E^*(\mathbf{v}_i\mid\mathbf{x}_i)=\mathbf{0}$。只要 $T\geqslant 3$，就可在确定 $y_{i2}-y_{i1}$ 的横截面回归方程中将 $x_{i3},\cdots,x_{iT}$ 用作工具变量。

在更一般的 $J>1$ 的情形下，式 (11.4.19) 中的 $\boldsymbol{\delta}^*\mathbf{w}^{*\prime}$ 由 $\sum_{j=1}^{J}\lambda_j^*\mathbf{w}_j^{*\prime}$ 代替，这里 $\lambda_j^{*\prime}=[1,\lambda_j,\cdots,\lambda_j^{T-1}]$，而 $\mathbf{w}_j^*$ 是 b_{ij} 在 $\mathbf{x}_i$ 上投影的系数向量。利用类似的方法，我们可证明如果 $T\geqslant J+2$，则矩阵 Π 可以识别滞后项系数。

当然，除假设 11.4.5 外，如果我们还有关于过程 x 的结构信息，则还有比本小节模型中更多的对 Π 矩阵的约束条件。因此识别条件可适当放宽。

428

11.4.5 估计和检验

使用短面板时，我们可先将 T 期方程堆积成约简型方程组

$$\underset{T\times 1}{\mathbf{y}_i} = \boldsymbol{\mu}^* + [I_T \otimes \mathbf{x}_i']\boldsymbol{\pi} + \mathbf{v}_i, \qquad i=1, \cdots, N \tag{11.4.21}$$

其中 $\mathbf{v}_i = \mathbf{y}_i - E^*[\mathbf{y}_i \mid \mathbf{x}_i]$，$\boldsymbol{\pi}' = [\boldsymbol{\pi}_1', \cdots, \boldsymbol{\pi}_T']$，$\boldsymbol{\pi}_j'$是矩阵 Π 的第 j 行，再估计分布滞后模型的未知参数。据数据的构造可知 $E(\mathbf{v}_i \otimes \mathbf{x}_i) = \mathbf{0}$。假设 N 个向量 $(\mathbf{y}_i', \mathbf{x}_i')$ 是从四阶矩有限且 $E\mathbf{x}_i\mathbf{x}_i' = \sum_{xx}$ 是正定矩阵的共同分布中独立抽取的，则 $\boldsymbol{\pi}$ 的最小二乘估计量$\hat{\boldsymbol{\pi}}$是一致的，且 $\sqrt{N}(\hat{\boldsymbol{\pi}} - \boldsymbol{\pi})$ 的渐近分布是均值为零，方差-协方差矩阵为 Ω [如式 (3.8.11)]的正态分布。

11.4.3 节和 11.4.4 节中的模型表明 $\boldsymbol{\pi} = \mathbf{f}(\boldsymbol{\theta})$，其中 $\boldsymbol{\theta}$ 是模型的 m 维参数向量 ($m \leqslant T + \ell + 1$)。我们可通过选择最小化

$$[\hat{\boldsymbol{\pi}} - \mathbf{f}(\boldsymbol{\theta})]' \hat{\Omega}^{-1} [\hat{\boldsymbol{\pi}} - \mathbf{f}(\boldsymbol{\theta})] \tag{11.4.22}$$

的$\hat{\boldsymbol{\theta}}$的最小距离估计添加这些约束条件，其中$\hat{\Omega}$是式 (3.8.11) 的一致估计量。在相当一般的条件下，估计量$\hat{\boldsymbol{\theta}}$是一致的，且 $\sqrt{N}(\hat{\boldsymbol{\theta}} - \boldsymbol{\theta})$ 的渐近分布是正态分布，其渐近方差-协方差矩阵为

$$(F'\Omega^{-1}F)^{-1} \tag{11.4.23}$$

这里 $F = \partial \mathbf{f}(\boldsymbol{\theta}) / \partial \boldsymbol{\theta}'$。识别条件确保 F 的秩为 m。二次型

$$N[\hat{\boldsymbol{\pi}} - \mathbf{f}(\hat{\boldsymbol{\theta}})]' \hat{\Omega}^{-1} [\hat{\boldsymbol{\pi}} - \mathbf{f}(\hat{\boldsymbol{\theta}})] \tag{11.4.24}$$

的渐近分布是自由度为 $T(T + \ell + 1) - m$ 的 χ^2 分布。

方程 (11.4.24) 为我们提供了一个对 $T(T + \ell + 1) - m$ 个置于 $\boldsymbol{\pi}$ 上的约束条件 $\mathbf{f}$ 的检验。检验嵌套约束条件时，考虑原假设 $\boldsymbol{\theta} = g(\boldsymbol{\omega})$，其中$\boldsymbol{\omega}$是受约束模型参数的 k 维向量 ($k \leqslant m$)。令$\mathbf{h}(\boldsymbol{\omega}) = \mathbf{f}[\mathbf{g}(\boldsymbol{\omega})]$；即$\mathbf{h}$表示受约束模型的约束条件。则在原假设下，

$$N[\hat{\boldsymbol{\pi}} - \mathbf{h}(\hat{\boldsymbol{\omega}})]' \hat{\Omega}^{-1} [\hat{\boldsymbol{\pi}} - \mathbf{h}(\hat{\boldsymbol{\omega}})] \tag{11.4.25}$$

的渐近分布是自由度为 $T(T + \ell + 1) - k$ 的 χ^2 分布，其中$\hat{\boldsymbol{\omega}}$是最小化式 (11.4.25) 的解。因此，我们可用统计量①

$$N[\hat{\boldsymbol{\pi}} - \mathbf{h}(\hat{\boldsymbol{\omega}})]' \hat{\Omega}^{-1} [\hat{\boldsymbol{\pi}} - \mathbf{h}(\hat{\boldsymbol{\omega}})] - N[\hat{\boldsymbol{\pi}} - \mathbf{f}(\hat{\boldsymbol{\theta}})]' \Omega^{-1} [\hat{\boldsymbol{\pi}} - \mathbf{f}(\hat{\boldsymbol{\theta}})] \tag{11.4.26}$$

429

检验原假设，它的渐近分布是自由度为 $(m - k)$ 的 χ^2 分布。

为阐明用面板数据估计无约束分布滞后模型的方法，Pakes 和 Griliches (1984) 研究了如何构造"资本存量 (G)"分析回报率的实证问题。他们模型的基本假设是收益（总利润或净利润）(y) 和过去的投资 (x) 存在稳定关系，且企业或行业以前的投资仅在产出水平上有所不同，不同企业产出的时间特点是一样的，并按同样的公式计算折旧。即

$$E^*[y_{it} \mid G_{it}, \alpha_i^*] = \alpha_i^* + \gamma G_{it} \tag{11.4.27}$$

和

$$G_{it} = \sum_{\tau=1}^{\infty} \beta_{i\tau} x_{i, t-\tau} \tag{11.4.28}$$

---

① 参见 Neyman (1949) 或 Hsiao (1985b)。

将式（11.4.28）代入式（11.4.27）后，得到的模型由企业运营利润对它们过去投资支出的分布滞后的回归组成。

利用 258 家制造业企业 1964—1972 年间的年利润数据和 1961—1971 年间的投资数据构成的样本，并假定假设 11.4.4 中的 p 等于 3[①]，他们发现估计的滞后项系数在前 3 个月是上升的，并在接下来的 4 或 5 个月非常稳定。该模型表明过去投资对股本的贡献在早些年先是“增加的”，然后随着投资的完成波动向下或调整。这明显有别于常用来构建“资本存量”的直线型或衰减均衡折旧公式代表的模式。两个公式都表明滞后项系数随着 τ 单调下降，而在第二种情形下早些时期的下降最大。

① 因此，他们假定本年度的投资不影响该年度的利润，并假定有两个关于投资的抽样前观测值（$l=1$）。

第12章 前沿问题

本章我们简要讨论一些与面板数据相关的前沿问题。在 12.1 节，我们先讨 430
论面板数据久期模型，接着在 12.2 节讨论计数面板数据模型。在 12.3 节中介绍面板数据分位数回归模型。12.4 节考虑运用模拟方法进行统计推断。12.5 节讨论维度超过 2 的面板数据的误差成分模型。12.6 节考虑测量误差问题，并阐述我们如何利用面板数据结构识别和估计其他类型数据无法识别的模型。最后讨论除个恒时异因素设定外我们对放宽横截面独立性假设的建议。12.7 节介绍面板数据模型的非参数方法。

12.1 久期模型

久期模型（duration model）研究某特定状态在转换成其他状态前持续的时间长度，譬如失业持续时间。连续两个事件之间的时间长度称为**持续期**（duration）。我们用一个非负随机变量 D 表示持续期，表示个体或企业维持某状态的时间长短。定义 D 的累积分布函数为

$$F(t)=\text{Prob}(D<t)=\int_0^t f(s)\mathrm{d}s \tag{12.1.1}$$

其中

$$f(t)=\frac{\mathrm{d}F(t)}{\mathrm{d}t} \tag{12.1.2}$$

令 A_{its} 表示事件“个体 i 在 t 至 $t+s$ 期之间没有发生任何事件”，则重要的事件（譬如“看医生”）在 $t+s$ 期发生。假定事件 $A_{it,t+\delta t}$（两个相邻事件之间的时间长度趋于 0）发生的概率为

$$P(A_{it,\,t+\Delta t})=\mu_{it}\Delta t \tag{12.1.3}$$

在“μ_{it} 在 t 期和 $t+s$ 期之间保持常数”的假设下， 431

$$P(A_{its})=(1-\mu_{it}\Delta t)^{\frac{s}{\Delta t}}\mu_{it}\Delta t \tag{12.1.4}$$

令 $n=\dfrac{s}{\Delta t}$，则 $\Delta t\rightarrow 0$ 时 $n\rightarrow\infty$。依据公式 $\lim\limits_{n\rightarrow\infty}(1-n^{-1})^n=\mathrm{e}^{-1}$，对充分小的

Δt，有

$$P(A_{its})=\exp(-\mu_{it}s)\mu_{it}\Delta t \tag{12.1.5}$$

假定在 0 至 $t+\Delta t$ 时间段内 μ_{it} 为常数，个体在 0 至 t 时间段内保持同一状态（譬如失业），而在 $t+\Delta t$ 期发生变化的概率 $f_i(t)\Delta t$ 由式（12.1.5）给出。则

$$\text{Prob}(D_i \geqslant t)=\exp(-\mu_{it}t) \tag{12.1.6}$$

D 的累积分布函数为

$$\begin{aligned} F_i(t) &= \text{Prob}(D_i < t) \\ &= 1-\text{Prob}(D_i \geqslant t) \\ &= 1-\exp(-\mu_{it}t) \end{aligned} \tag{12.1.7}$$

因此

$$\mu_{it}=\lim_{\Delta t \to 0}\frac{\text{Prob}[t \leqslant D_i < t+\Delta t \mid D_i \geqslant t]}{\Delta t}=\frac{f_i(t)}{1-F_i(t)} \tag{12.1.8}$$

μ_{it} 被称为持续期变量 D_i 的**风险函数**（hazard function），$f_i(t)=\exp(-\mu_{it}t)\mu_{it}$。风险函数 μ_{it} 可以给出离开当前状态（一个过程的结束）的瞬时条件概率，称

$$S_i(t)=1-F_i(t)=\text{Prob}[D_i \geqslant t] \tag{12.1.9}$$

为**生存函数**。令 μ_{is} 表示在时刻 s 的瞬时损失率，则个体 i 从 s 存活到 $s+\Delta s$ 的概率为 $e^{-\mu_{is}\Delta s}$［式（12.1.6）］。将区间（0，t）切分成为 n 个子区间，$n=\frac{t}{\Delta s}$，利用 $S(0)=1$ 导出个体 i 在时刻 t 存活的概率为

$$\prod_{s=1}^{n}\exp(-\mu_{is}\Delta s)=\exp\left\{-\sum_{s=1}^{n}\mu_{is}\Delta s\right\} \tag{12.1.10}$$

当 $\Delta s \to 0$ 时，得到生存函数为

$$S_i(t)=\exp\left(-\int_0^t \mu_{is}\,\mathrm{d}s\right) \tag{12.1.11}$$

所以有

$$\mu_{it}=\text{Prob}(D_i=t \mid D_i \geqslant t)=-\frac{\mathrm{dln}S_i(t)}{\mathrm{d}t} \tag{12.1.12}$$

432 当 $\mu_{it}=\mu_i$ 时，个体 i 的期望持续期为

$$E(D_i)=\int_0^{\infty} t\mu_i\exp(-\mu_i t)\,\mathrm{d}t=\frac{1}{\mu_i} \tag{12.1.13}$$

假定 N 个个体中，有些个体在时刻 t_i 已经历了完整的过程，即 $D_i=t_i$，而有些个体在时刻 t_i^* 是右端删失的，即 $D_i \geqslant t_i^*$。假定 $\mu_{it}=\mu_i$（$i=1$，…，n）经历了完整的持续期 t_i；则

$$f_i(t_i)=\mu_i\exp(-\mu_i t_i), \quad i=1, \cdots, n \tag{12.1.14}$$

假定 $i=n+1$，…，N 在 t_i^* 处右端删失，则

$$S_i(t_i^*)=1-F_i(t_i^*)=\exp(-\mu_i t_i^*), \quad i=n+1, \cdots, N \tag{12.1.15}$$

在横截面单元独立同分布假设下，N 个个体的似然函数为

$$L=\prod_{i=1}^{n}f_i(t_i)\cdot\prod_{i=n+1}^{N}[1-F_i(t_i^*)] \tag{12.1.16}$$

一般情况下，将损失率 u_{it} 或 μ_i 定义为社会人口变量 $\mathbf{x}_i$ 的函数。由于持续期是非负随机变量，μ_i（或 μ_{it}）也明确是非负的函数。确保满足该条件的简单方法是令

$$\mu_i = \exp(\mathbf{x}_i'\boldsymbol{\beta}) \tag{12.1.17}$$

将式（12.1.17）代入式（12.1.16），再最大化式（12.1.16）的对数表达式，可得到 $\boldsymbol{\beta}$ 的最大似然估计。

或者，注意到

$$\begin{aligned} E\log t_i &= \mu_i \int_0^{\infty} (\log t)\exp(-\mu_i t)\mathrm{d}t \\ &= -c - \log\mu_i \end{aligned} \tag{12.1.18}$$

（其中 $c \approx 0.577$ 为欧拉常数），以及

$$\mathrm{Var}(\log t_i) = E(\log t_i)^2 - [E\ (\log t_i)]^2 = \frac{\pi^2}{6} \tag{12.1.19}$$

我们可将久期模型纳入回归框架下

$$\log t_i + 0.557 = -\mathbf{x}_i'\boldsymbol{\beta} + \mu_i, \quad i = 1, \cdots, n \tag{12.1.20}$$

其中 $E(\mu_i) = 0$，$\mathrm{Var}(\mu_i) = \frac{\pi^2}{6}$。$\boldsymbol{\beta}$ 的一致估计可基于 n 个经历了完整过程的子样用最小二乘法得到。但最小二乘估计量的协方差矩阵为 $\frac{\pi^2}{6}\left(\sum_{i=1}^{n}\mathbf{x}_i\mathbf{x}_i'\right)^{-1}$，大 433
于由式（12.1.16）导出的 MLE 的方差。

考虑到个体间可能存在异方差，Cox（1972）提出**比例风险模型**（proportional hazard model），令

$$\mu_{it} = \mu(t)g(\mathbf{x}_i) \tag{12.1.21}$$

其中 $\mu(t)$ 是所谓的**基本风险函数**（baseline hazard function），$g(\cdot)$ 是关于可观测到的外生变量 $\mathbf{x}_i$ 的函数。为确保 μ_{it} 的非负性，通常将 $g(\mathbf{x}_i)$ 定义为

$$g(\mathbf{x}_i) = \exp(\mathbf{x}'_i\boldsymbol{\beta}) \tag{12.1.22}$$

因

$$\frac{\partial\mu_{it}}{\partial x_{ki}} = \beta_k \cdot \exp(\mathbf{x}'_i\boldsymbol{\beta})\mu(t) = \beta_k \cdot \mu_{it} \tag{12.1.23}$$

故基本风险对转换状态的瞬时条件概率具有常数比例效应。但对任何 $c>0$，$\mu_{it} = \mu(t)cc^{-1}g(\mathbf{x}_i)$。这里还需定义一个参照个体。常用的方法是选择一个使 $g(\mathbf{x}^*) = 1$ 的特殊值 $\mathbf{x} = \mathbf{x}^*$。

我们还可通过最大化式（12.1.16）的对数表达式同时导出基本损失函数 $\mu(t)$ 和 $\boldsymbol{\beta}$ 的估计。但 Cox 的比例风险模型允许分离对 $g(\mathbf{x}_i)$ 和对基本损失 $\mu(t)$ 的估计。令 $t_1 < t_2 < \cdots < t_j < \cdots < t_n$ 表示容量为 N 的样本中的个体 $i = 1, \cdots, n$（$N \geqslant n$）按序排列的过程结束时间（若将转换时期定义为中断或失效时间，结束时间也指失败时间），令 t_i^*（$i = n+1, \cdots, N$）表示带删失持续期个体的删失时点。将式（12.1.21）和（12.1.22）代入式（12.1.16），得到 Cox 比例风险似然函数

$$L=\prod_{i=1}^{n}\exp(\mathbf{x}'_i\boldsymbol{\beta})\mu(t_i)\times\exp\left[-\exp(\mathbf{x}'_i\boldsymbol{\beta})\int_0^{t_i}\mu(s)\mathrm{d}s\right]$$
$$\times\prod_{i=n+1}^{N}\exp\left[-\exp(\mathbf{x}'_i\boldsymbol{\beta})\int_0^{t_i^*}\mu(s)\mathrm{d}s\right]$$
$$=\prod_{i=1}^{n}\exp(\mathbf{x}'_i\boldsymbol{\beta})\mu(t_i)\times\exp\left\{-\int_0^{\infty}\left[\sum_{h\in R(t_l)}\exp(\mathbf{x}'_h\boldsymbol{\beta})\right]\mu(t)\mathrm{d}t\right\}$$
$$=L_1\cdot L_2 \tag{12.1.24}$$

434 用

$$R(t_l)=\{i\mid S_i(t)\geqslant t_l\}$$

表示在第 l 个退出时点前有状态改变风险的个体的集合，则

$$L_1=\prod_{i=1}^{n}\frac{\exp(\mathbf{x}'_i\boldsymbol{\beta})}{\sum\limits_{h\in R(t_i)}\exp(\mathbf{x}'_h\boldsymbol{\beta})} \tag{12.1.25}$$

$$L_2=\sum_{i=1}^{n}\left[\sum_{h\in R(t_i)}\exp(\mathbf{x}'_h\boldsymbol{\beta})\mu_i(t_i)\right]$$
$$\times\exp\left\{-\int_0^{\infty}\left[\sum_{h\in R(t_i)}\exp(\mathbf{x}'_h\boldsymbol{\beta})\right]\mu(s)\mathrm{d}s\right\} \tag{12.1.26}$$

因 L_1 与 $\mu(t)$ 无关，Cox（1975）建议通过最大化局部似然函数 L_1 的方法导出 PMLE 估计 $\hat{\boldsymbol{\beta}}_p$。Tsiatis（1981）证明 $\boldsymbol{\beta}$ 的局部 MLE $\hat{\boldsymbol{\beta}}_p$ 是一致估计且渐近正态分布，渐近分布的协方差为

$$\mathrm{Cov}(\hat{\boldsymbol{\beta}}_p)=-\left[E\frac{\partial^2\log L_1}{\partial\boldsymbol{\beta}\partial\boldsymbol{\beta}'}\right]^{-1} \tag{12.1.27}$$

导出 $\hat{\boldsymbol{\beta}}_p$ 后，用 $\hat{\boldsymbol{\beta}}_p$ 替换式（12.1.16）中的 $\boldsymbol{\beta}$，则可求出 $\mu(t)$ 的参数估计量，或利用关系式

$$-\log S_i(t_i)=\mathbf{x}'_i\boldsymbol{\beta}+\int_0^{t_i}\mu(s)\mathrm{d}s+\epsilon_i \tag{12.1.28}$$

导出 $\mu(t)$ 的半参数估计量［细节详见 Han 和 Hausman（1990）；Florens 和 Fougére 和 Mouchart（2008）］。

考虑到可能存在不可观测异质性，建议在混合模型中使用

$$\mu_{it}=\mu(t)\exp(\mathbf{x}'_i\boldsymbol{\beta})\alpha_i,\quad \alpha_i>0 \tag{12.1.29}$$

作为风险率，其中 α_i 表示个体 i 的非观测异质项，它独立于 $\mathbf{x}_i$、服从正态分布且满足 $E(\alpha_i)=1$。常用 Γ 分布、反 Γ 分布、对数正态分布作为异质项 α_i 的分布假设。一旦设定了异质项的分布，我们就可通过积分消除 α_i 并导出边际生存函数或基于 $\mathbf{x}_i$ 的期望持续期。

基于风险率（瞬时转换率）研究事件持续期的思想在经济学和金融学中有广泛的应用。譬如，罢工持续时间、失业持续时间、质押时间等。该思想还可
435 用来基于当前状态变量预测未来某事件的结束时间。例如，Duan 等（2012）将［t，$t+\tau$］时期内的平均转换率定义为

$$\mu_{it}(\tau)=-\frac{\ln[1-F_{it}(\tau)]}{\tau} \tag{12.1.30}$$

其中 $F_{it}(\tau)$ 表示个体 i 的在 t 时进行评估而在 $t+\tau$ 时转换的条件分布函数。[$\tau=0$ 时，$\mu_{it}(0)$ 就是式（12.1.8）或（12.1.12）定义的风险函数，它们被称为正向强度率。] 然后与式（12.1.9）和（12.1.12）一样，时期 [t，$t+\tau$] 内的平均转换强度为

$$\mu_{it}(\tau)=-\frac{\ln[1-F_{it}(\tau)]}{\mu_{it}(\tau)}=-\frac{\ln\left[\exp\left(-\int_{t}^{t+\tau}\mu_{is}\,\mathrm{d}s\right)\right]}{\tau} \tag{12.1.31}$$

所以，在区间 [t，$t+\tau$] 上的生存概率变成了 $\exp[-\mu_{it}(\tau)\tau]$。

假定 $\mu_{it}(\tau)$ 关于 τ 是可微的，由式（12.1.8）可知，$t+\tau$ 时点的瞬时正向转换强度为

$$\psi_{it}(\tau)=\frac{F'_{it}(\tau)}{1-F_{it}(\tau)}=\mu_{it}(\tau)+\mu'_{it}(\tau)\tau \tag{12.1.32}$$

所以 $\mu_{it}(\tau)\cdot\tau=\int_0^{\tau}\psi_{it}(s)\mathrm{d}s$。则在时点 t 导出的 [$t+\tau$，$t+\tau+1$] 内的正向转换概率等于

$$\int_0^1 \mathrm{e}^{-\mu_{it}(\tau+s)s}\psi_{it}(\tau+s)\mathrm{d}s \tag{12.1.33}$$

一家企业退出市场，或因为破产，或因为收购或兼并。换句话说，$\psi_{it}(s)$ 表示违约转换强度和其他转换的组合。令 $\phi_{it}(\tau)$ 表示正向违约强度。则在时刻 t 导出的 [$t+\tau$，$t+\tau+1$] 内的违约概率为

$$\int_0^1 \mathrm{e}^{-\mu_{it}(\tau+s)s}\phi_{it}(\tau+s)\mathrm{d}s \tag{12.1.34}$$

实际转换以离散的时间段记录，比如说一个月或一年。在实际应用中，用 Δt 离散化连续的时间区间，则在时刻 t 导出的时期 [$t+\tau$，$t+\tau+1$] 内的正向（组合）转换概率和正向违约概率分别为

$$\mathrm{e}^{-\mu_{it}(\tau)\tau\Delta t}\left[1-\mathrm{e}^{-\psi_{it}(\tau)\Delta t}\right] \tag{12.1.35}$$

和

$$\mathrm{e}^{-\mu_{it}(\tau)\tau\Delta t}\left[1-\mathrm{e}^{-\phi_{it}(\tau)\Delta t}\right] \tag{12.1.36}$$

而在 t 时刻得到的 [t，$t+\tau$] 内的点（瞬时）转换强度为 436

$$\mu_{it}(\tau)=\frac{1}{\tau}[\mu_{it}(\tau-1)(\tau-1)-\psi_{it}(\tau-1)] \tag{12.1.37}$$

违约只是企业退出市场的可能原因之一。$\phi_{it}(\tau)$ 一定不会超过 $\psi_{it}(\tau)$。假定 $\psi_{it}(\tau)$ 和 $\phi_{it}(\tau)$ 与若干宏观经济因素以及企业特定属性 $\mathbf{x}_{it}$ 有关，则确保 $\phi_{it}(\tau)\leqslant\psi_{it}(\tau)$ 的常用设定为

$$\phi_{it}(\tau)=\exp[\mathbf{x}'_{it}\boldsymbol{\gamma}(\tau)] \tag{12.1.38}$$

以及

$$\psi_{it}(\tau)=\phi_{it}(\tau)+\exp[\mathbf{x}'_{it}\boldsymbol{\beta}(\tau)] \tag{12.1.39}$$

Duan，Sun 和 Wang（2012）用 1991—2011 年期间 12 268 家公开交易企业的月度数据$\left(\Delta t=\frac{1}{12}\right)$，预测了 0～35 个月的多期提前违约概率。表 12.1 列出了每年活跃公司，违约、破产，以及由于其他原因退出经营的公司的数据。在样本期 437

内，每年的违约率从0.37%到3.26%不等。其他类型的退出经营明显高很多，退出率从4.91%到13.61%不等。$\psi_{it}(\tau)$ 和 $\phi_{it}(\tau)$ 需要的宏观因素和企业特定属性包括标普500（SP500）(下）一年回报率，3个月期美国国库券利率，企业违约距离（DTD）[基于Merton（1974）的波动调整杠杆测度，细节详见Duan和Wang（2012)]，现金和短期投资对总资产的比率（CASH/TA），净收入对总资产的比率（NI/TA），企业市值对标普500企业平均市值比值的对数（SIZE）；市净率（M/B），一年期异质波动率［通过做企业个体证券的月度回报对加权的证券价格研究中心（CRSP）在前12个月月度回报的回归得到（Sigma)]。DTD、CASH/TA、NI/TA、SIZE等的水平值和趋势值都用在了实证分析中。考虑到美国政府在2008—2009年金融危机期间进行干预的巨大影响，Duan等（2012）等还给正向违约强度函数引入了公共救援项 $\lambda(\tau)\exp[-\delta(\tau)(t-t_B)]\cdot 1[(t-t_B)>0]$（$\tau=0$，1，…，11），其中 t_B 表示2008年8月底，1(A）是示性函数，如果A发生则等于1，否则等于0。具体说来，对于 $\tau=0$，1，…，11，有

$$\phi_{it}(\tau)=\exp\{\lambda(\tau)\exp[-\delta(\tau)(t-t_B)]1[(t-t_B)>0]+\mathbf{x}'_{it}\boldsymbol{\gamma}(\tau)\} \tag{12.1.40}$$

表12.1　1991—2011年样本期内每年活跃、违约/破产，以及由于其他原因退出市场的企业数量

年份	活跃企业	违约/破产	(%)	其他	(%)
1991	4 012	32	0.80	257	6.41
1992	4 009	28	0.70	325	8.11
1993	4 195	25	0.60	206	4.91
1994	4 433	24	0.54	273	6.16
1995	5 069	19	0.37	393	7.75
1996	5 462	20	0.37	463	8.48
1997	5 649	44	0.78	560	9.91
1998	5 703	64	1.12	753	13.20
1999	5 422	77	1.42	738	13.61
2000	5 082	104	2.05	616	12.12
2001	4 902	160	3.26	577	11.77
2002	4 666	81	1.74	397	8.51
2003	4 330	61	1.41	368	8.50
2004	4 070	25	0.61	302	7.42
2005	3 915	24	0.61	291	7.43
2006	3 848	15	0.39	279	7.25
2007	3 767	19	0.50	352	9.34
2008	3 676	59	1.61	285	7.75
2009	3 586	67	1.87	244	6.80
2010	3 396	25	0.74	242	7.13
2011	3 224	21	0.65	226	7.01

注：活跃企业数量是通过计算全年各月份活跃企业数的均值得到的。

资料来源：Duan，Sun和Wang（2012，表1）。

假定给定 $\mathbf{x}_{it}$ 后企业是横截面相依的，同时忽略时序相依性，Duan等

(2012) 通过最大化伪似然函数

$$\prod_{i=1}^{N}\prod_{t=0}^{T-1}\mathcal{L}_{it}(\tau) \tag{12.1.41}$$

得到估计的 $\phi_{it}(\tau)$ 和 $\psi_{it}(\tau)$。令 t_{0i}、τ_{0i}、τ_{ci} 分别表示样本中的第 1 个月、违约时间、企业 i 的退出时间，定义 $\mathcal{L}_{it}(\tau)$ 为

$$\begin{aligned}\mathcal{L}_{it}(\tau)= & 1\{t_{0i}\leqslant t,\ \tau_{ci}>t+\tau\}P_t(\tau_{ci}>t+\tau)\\ & +1\{t_{0i}<t,\ \tau_{ci}=\tau_{0i}\leqslant t+\tau\}P_t(\tau_{ci};\ \tau_{ci}=\tau_{0i}\leqslant t+\tau)\\ & +1\{t_{0i}<t,\ \tau_{ci}\neq\tau_{0i},\ \tau_{ci}\leqslant t+\tau\}P_t(\tau_{ci};\ \tau_{ci}\neq\tau_{0i}\text{ 且}\tau_{ci}\leqslant t+\tau)\\ & +1\{t_{0i}>t\}+1\{\tau_{ci}\leqslant t\}\end{aligned} \tag{12.1.42}$$

$$P_t(\tau_{ci}>t+\tau)=\exp\Big[-\sum_{s=0}^{\tau-1}\psi_{it}(s)\Delta t\Big] \tag{12.1.43}$$

$$\begin{aligned}&P_t(\tau_{ci}\mid\tau_{ci}=\tau_{0i}\leqslant t+\tau)\\ &\quad=\begin{cases}1-\exp[-\phi_{it}(0)\Delta t], & \text{如果 }\tau_{0i}=t+1\\ \exp\Big[-\displaystyle\sum_{s=0}^{\tau ci-t-2}\psi_{it}(s)\Delta t\Big] & \\ \quad\times\{1-\exp[-\phi_{it}(\tau_{ci}-t-1)\Delta t]\}, & \text{如果 }t+1<\tau_{ci}\leqslant t+\tau\end{cases}\end{aligned} \tag{12.1.44}$$ 438

$$\begin{aligned}&P_t(\tau_{ci}\mid\tau_{ci}\neq\tau_{0i}\leqslant t+\tau)\\ &\quad=\begin{cases}\exp[-\phi_{it}(0)\Delta t]-\exp[-\psi_{it}(0)\Delta t], & \text{如果 }\tau_{0i}=t+1,\\ \exp\Big[-\displaystyle\sum_{s=0}^{\tau ci-t-2}\psi_{it}(s)\Delta t\Big] & \\ \quad\times\{\exp[-\phi_{it}(\tau_{ci}-t-1)\Delta t] & \\ \quad-\exp[-\psi_{it}(\tau_{ci}-t-1)]\}, & \text{如果 }t+1<\tau_{ci}\leqslant t+\tau\end{cases}\end{aligned} \tag{12.1.45}$$

其中 $\Delta t=\frac{1}{12}$，$\psi_{it}(s)$ 和 $\phi_{it}(s)$ 分别如式 (12.1.38) 和 (12.1.39) 所示。$\mathcal{L}_{it}(\tau)$ 右端第一项是两种形式退出的生存概率。第二项是企业在特定时点的违约概率。第三项是企业在特定时点因其他原因退出的概率。如果企业没有出现在第 t 月的样本中，该值设为 1，在取伪似然函数对数时该值对应着 0。利用正向强度法，研究人员在 t 时刻可以不用预测未来条件变量，而将正向退出时间 τ、$\psi_{it}(\tau)$、$\phi_{it}(\tau)$ 视为当前条件变量的函数，然后对其进行预测。

图 12.1 绘制了每个估计的 $\boldsymbol{\gamma}(\tau)$ 和 $\boldsymbol{\beta}(\tau)$，以及它们的 90% 置信水平的置信区间 (τ 位于 0～35 个月的范围内)。这些图形表明，有些企业的特异属性从水平和趋势两个方面影响正向强度。图 12.2 绘制的是雷曼兄弟公司在 2008 年 9 月 15 日申请破产之前的几个时点对雷曼兄弟公司、美林投资银行、美国银行以及美国金融行业平均预测违约概率估计的期限结构。雷曼兄弟公司在 2008 年 6 月 (即申请破产前 3 个月) 的期限结构表明公司的短期信用风险已创历史新高。正向违约概率的峰值是 1 个月。一年来的累积违约概率急剧上升到 8.5%，大约是 3 年前该值的 35 倍。该案例研究似乎表明正向强度模型对短期预测是非常有用的。

439

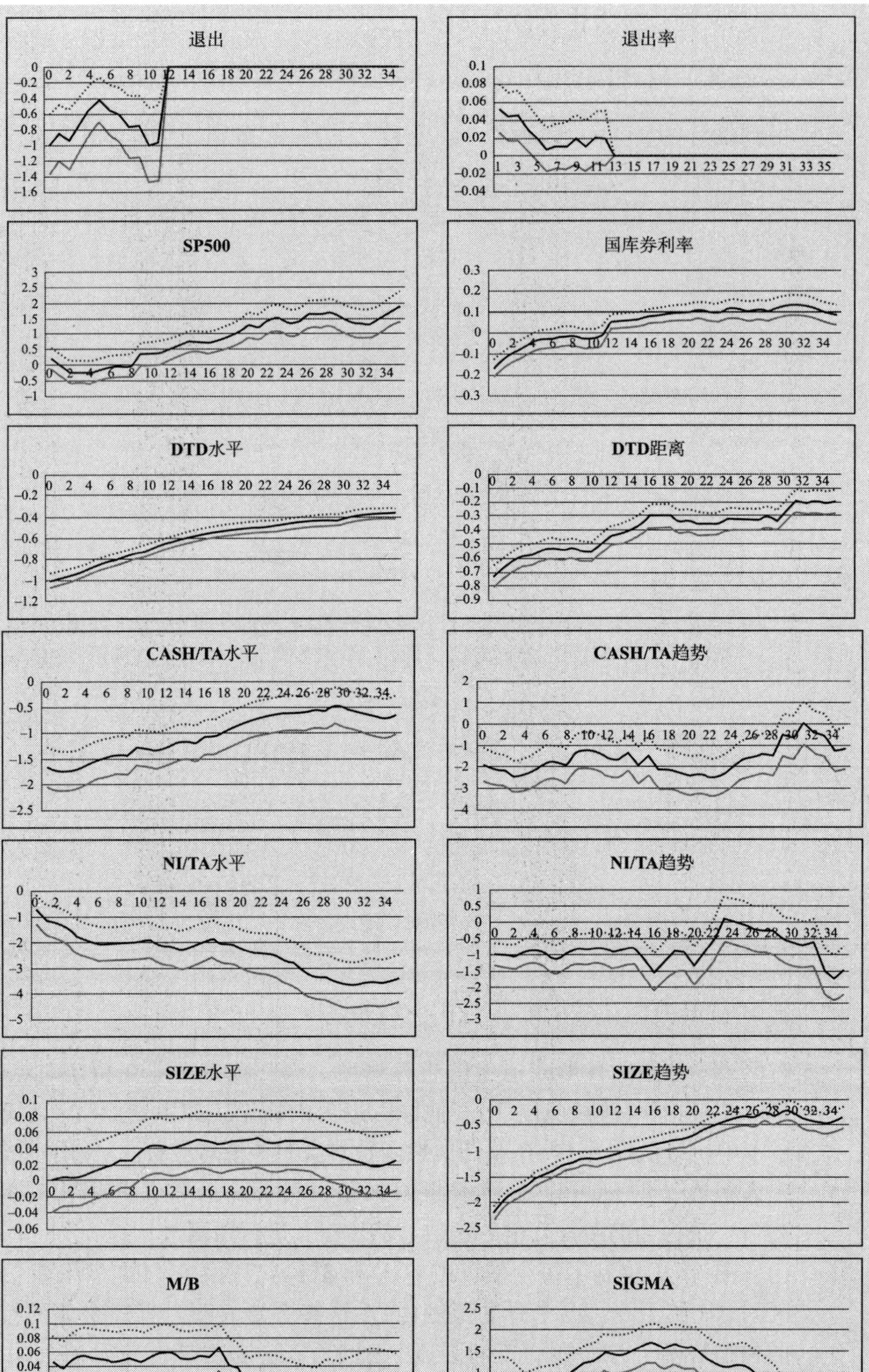

图 12.1 远期违约强度函数的参数估计（实线表示估计的参数，虚线表示 90%置信水平的置信区间）

资料来源：Duan，Sun 和 Wang（2012，图 1）。

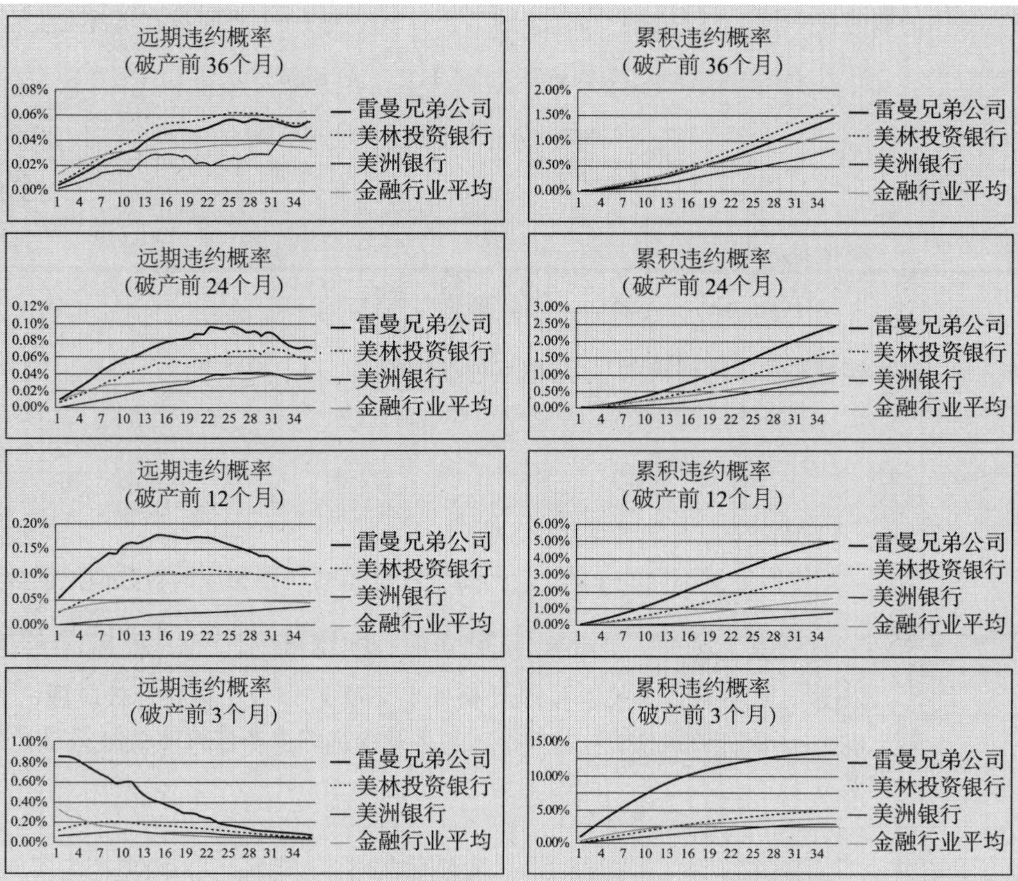

图 12.2　雷曼兄弟公司远期期限结构和累积违约概率

注：本图是在雷曼兄弟公司申请破产日期（2008 年 9 月 15 日）前估计的雷曼兄弟公司、美林投资银行、美国银行以及金融行业平均的 36 个月、24 个月、12 个月、3 个月的远期期限结构违约概率和累积违约概率。

资料来源：Duan，Sun 和 Wang（2012，图 4）。

12.2　计数数据模型

计数数据模型（count data model）和久期模型相伴产生。久期模型考虑某事件在另一事件发生之前维持一定时期的概率。计数数据模型考虑在固定时期内某事件出现给定数量次数的概率。假定 μ_{it} 为瞬时达到率，在单位区间计数为非负整数 y_{it} 的概率由泊松过程给出

$$P(y_{it})=\frac{e^{-\mu_{it}}(\mu_{it})^{y_{it}}}{y_{it}!},\qquad y_{it}=0,1,2,\cdots \tag{12.2.1}$$

我们举例进行说明。假定 $y_{it}=2$。令 $t+s_1$ 和 $t+s_1+s_2$ 分别表示我们关心的事件第一次和第二次发生的时点。则 $0\leqslant s_1<1$，$0<s_2<1-s_1$，且 $y_{it}=2$ 的概率等于一起事件发生在 $t+s_1$，另一起事件发生在 $t+s_1+s_2$ 的概率（或者 s_2

的取值在 0 与 $1-s_1$ 之间，而在时点 $t+s_1+s_2$ 与 $t+1$ 之间没有事件发生），

$$P(y_{it}=2)=\int_0^1 \mu_{it}\exp(-\mu_{it}s_1)\left\{\int_0^{1-s_1}\mu_{it}\exp(-\mu_{it}s_2)\times\exp[-\mu_{it}(1-s_1-s_2)]\mathrm{d}s_2\right\}\mathrm{d}s_1$$

$$=\frac{(\mu_{it})^2\mathrm{e}^{-\mu_{it}}}{2} \tag{12.2.2}$$

440 类似地，我们有

$$P(y_{it}=r)=\frac{(\mu_{it})^r\exp(-\mu_{it})}{r!} \tag{12.2.3}$$

泊松模型要求不同时点的 y_{it} 是相互独立的，

$$\text{Prob}(y_{it}=r \mid y_{i,t-s}=l)=P(y_{it}=r) \tag{12.2.4}$$

$$E(y_{it})=\mu_{it} \tag{12.2.5}$$

以及

$$\text{Var}(y_{it})=\mu_{it} \tag{12.2.6}$$

441 因此，如果假定对不同的个体 i，y_{it} 是独立分布的，则相应的对数似然函数为

$$\log L=\sum_{i=1}^{N}\sum_{t=1}^{T}[y_{it}\log(\mu_{it})-\mu_{it}-\log(y_{it}!)] \tag{12.2.7}$$

强度 μ_{it} 通常被设为关于 K 个严格外生变量 $\mathbf{x}_{it}$ 以及个体特异效应项 α_i 的函数。由于 μ_{it} 必须是非负的，两种不用对参数添加约束条件就能确保 μ_{it} 非负的常
442 用设定为

$$\mu_{it}=\exp(\mathbf{x}'_{it}\boldsymbol{\beta}+\alpha_i) \tag{12.2.8}$$

和

$$\mu_{it}=\alpha_i\exp(\mathbf{x}'_{it}\boldsymbol{\beta}),\quad \alpha_i>0 \tag{12.2.9}$$

以及 $E(\alpha_i)=1$。

将 α_i 当作密度函数为 $g(\alpha)$ 且独立于 $\mathbf{x}_{it}$ 的随机变量时，（y_{i1}，…，y_{iT}）的边际分布为

$$f(y_{i1},\cdots,y_{iT})=\int\prod_{t=1}^{T}\left[\frac{(\mu_{it})^{y_{it}}\exp(-\mu_{it})}{y_{it}!}\right]g(\alpha)\mathrm{d}\alpha \tag{12.2.10}$$

$\boldsymbol{\beta}$ 的 MLE 在 N 或 T 趋于无穷时是一致估计且渐近正态分布。因涉及多元积分，这里相应的计算工作非常烦琐。譬如，假定 $g(\alpha)$ 是 Gamma 分布密度函数，即 $g(\alpha)=\alpha^{\nu-1}\exp(-\alpha)/\Gamma(\nu)$，且 $E(\alpha)=1$，$\nu(\nu>0)$。当 $T=1$ 时（横截面数据），

$$f(y_i)=\frac{[\exp(\mathbf{x}_i'\boldsymbol{\beta})]^{y_i}\Gamma(y_i+\nu)}{y_i!\ \Gamma(\nu)}\left(\frac{1}{\exp(\mathbf{x}_i'\boldsymbol{\beta})+\nu}\right)^{y_i+\nu},\quad i=1,\cdots,N \tag{12.2.11}$$

为**负二项分布**（negative binomial）。但 $T>1$ 时，式（12.2.10）没有显式表达式。一种计算上简单又能导出 $\boldsymbol{\beta}$ 一致估计的方法是考虑 y_{it} 的边际（或无条件）分布，忽略 y_{it} 因包含 α_i 而产生的序列相关。譬如，如果 μ_{it} 如式（12.2.9）所示，且 α 服从 Gamma 分布，则 y_{it} 的无条件分布如式（12.2.11）所示。对伪联合似然函数 $\prod_{i=1}^{N}\prod_{t=1}^{T}f(y_{it})$ 进行最大化，导出 $\boldsymbol{\beta}$ 的估计量在 N 或 T 趋于无

穷时是一致估计。伪 MLE 还可用作迭代求解 MLE 的初始值。

基于 α_i，对数似然函数能具有如式（12.2.7）的简单形式。将 α_i 当作固定常数，且 μ_{it} 取式（12.2.8）或（12.2.9）的表达式时，$\boldsymbol{\beta}$ 和 η_i [μ_{it} 取式（12.2.8）时，$\eta_i=\exp(\alpha_i)$；μ_{it} 取式（12.2.9）时，$\eta_i=\alpha_i$] 的最大似然估计可通过求方程组

$$\frac{\partial \log L}{\partial \eta_i}=\sum_{t=1}^{T}\left[\frac{y_{it}}{\eta_i}-\exp(\mathbf{x}'_{it}\boldsymbol{\beta})\right]=0 \quad i=1, \cdots, N \tag{12.2.12}$$

$$\frac{\partial \log L}{\partial \boldsymbol{\beta}}=\sum_{i=1}^{N}\sum_{t=1}^{T}\left[y_{it}-\eta_i\exp(\mathbf{x}'_{it}\boldsymbol{\beta})\right]\mathbf{x}_{it}=\mathbf{0} \tag{12.2.13}$$

的解得到。求解方程（12.2.12）得到 η_i 基于 $\boldsymbol{\beta}$ 的 MLE

$$\hat{\eta}_i=\frac{\bar{y}_i}{\bar{\mu}_i}, \quad i=1, \cdots, N \tag{12.2.14}$$

其中 $\bar{y}_i=\frac{1}{T}\sum_{t=1}^{T} y_{it}$，$\bar{\mu}_i=\frac{1}{T}\sum_{t=1}^{T}\exp(\mathbf{x}'_{it}\boldsymbol{\beta})$。用 $\hat{\eta}_i$ 替换方程（12.2.13）中的 η_i，443
得到 $\boldsymbol{\beta}$ 的 MLE 为

$$\sum_{i=1}^{N}\sum_{t=1}^{T}\left[y_{it}-\frac{\bar{y}_i}{\hat{\bar{\mu}}_i}\exp(\mathbf{x}'_{it}\hat{\boldsymbol{\beta}})\right]\mathbf{x}_{it}=\mathbf{0} \tag{12.2.15}$$

其中 $\hat{\bar{\mu}}_i=\frac{1}{T}\sum_{t=1}^{T}\exp(\mathbf{x}'_{it}\hat{\boldsymbol{\beta}})$。当 $\hat{\boldsymbol{\beta}}=\boldsymbol{\beta}$ 时，式（12.2.15）等价于

$$\operatorname*{plim}_{N\to\infty}\frac{1}{N}\sum_{i=1}^{N}\sum_{t=1}^{T}\left[u_{it}-\frac{\bar{u}_i}{\bar{\mu}_i}\exp(\mathbf{x}'_{it}\boldsymbol{\beta})\right]\mathbf{x}_{it}=\mathbf{0} \tag{12.2.16}$$

其中

$$\begin{aligned} u_{it} &= y_{it}-E(y_{it}\mid \mathbf{x}_{it}, \alpha_i) \\ &= y_{it}-\eta_i\exp(\mathbf{x}'_{it}\boldsymbol{\beta}) \end{aligned} \tag{12.2.17}$$

以及 $\bar{u}_i=\frac{1}{T}\sum_{t=1}^{T}u_{it}$。

由 $\mathbf{x}_{it}$ 的严格外生性可知

$$E(y_{it}\mid \mathbf{x}_{it}, \alpha_i)=E(y_{it}\mid \mathbf{x}_i, \alpha_i) \tag{12.2.18}$$

其中 $\mathbf{x}_i=(\mathbf{x}'_{i1}, \cdots, \mathbf{x}'_{iT})'$。因此，$E(u_{it}\mid \mathbf{x}_i)=0$，故式（12.2.17）成立。但只有 $T\to\infty$ 时，α_i（或 η_i）的 MLE 才是一致估计。

η_i 的充分统计量为 $\sum_{t=1}^{T} y_{it}$。基于 $\sum_{t=1}^{T} y_{it}$ 的泊松条件对数似然函数为 [Hausman，Hall 和 Griliches（1984）]

$$\log L^*=\sum_{i=1}^{N}\sum_{t=1}^{T}\Gamma(y_{it}+1)-\sum_{i=1}^{N}\sum_{t=1}^{T}y_{it}\log\left\{\sum_{s=1}^{T}\exp\left[-(\mathbf{x}_{it}-\mathbf{x}_{is})'\boldsymbol{\beta}\right]\right\} \tag{12.2.19}$$

其中 $\Gamma(\cdot)$ 表示 Gamma 函数。方程（12.2.19）中不包含伴生参数 α_i。在常规条件下，最大化式（12.2.19）导出的参数估计量是一致估计且渐近正态分布。事实上，$\frac{\partial \log L^*}{\partial \boldsymbol{\beta}}$ 就是式（12.2.16）[细节详见 Windmeijer（2008）]。

泊松模型的缺点在于均值和方差必须相等［见式（12.2.5）和（12.2.6）］，以及给定 α_i 后 y_{it} 要独立于 $y_{i,t-1}$。而我们常观察到的是（条件）方差一般大于（条件）均值，y_{it} 与 $y_{i,t-1}$ 也不独立，这些现象与泊松分布的特征相悖。引入个体特异效应项 α_i 后，过度散布问题得以部分解决。譬如，假定 μ_{it} 具有式（12.2.9）的表达式，且 α_i 服从 Gamma 分布，则由式（12.2.11）得到

$$E(y \mid \mathbf{x}) = \exp(\mathbf{x}'\boldsymbol{\beta}) \tag{12.2.20}$$

和

$$\text{Var}(y \mid \mathbf{x}) = \exp(\mathbf{x}'\boldsymbol{\beta})\left[1 + \nu\exp(\mathbf{x}'\boldsymbol{\beta})\right] > E(y \mid \mathbf{x}) \tag{12.2.21}$$

444 明确考虑 y_{it} 之间序列相关性的方法是在均值到达函数 μ_{it} 的设定中引入滞后项 $y_{i,t-1}$。但在指数均值函数中引入滞后因变量有可能快速发散序列。Crépon 和 Duguet（1997）建议设定

$$\mu_{it} = h(y_{i,\,t-1})\exp(\mathbf{x}'_{it}\boldsymbol{\beta} + \alpha_i) \tag{12.2.22}$$

$h(\cdot)$ 可以设定为

$$h(y_{i,\,t-1}) = \exp(\gamma(1 - d_{i,\,t-1})) \tag{12.2.23}$$

或

$$h(y_{i,\,t-1}) = \exp(\gamma_1 \ln(y_{i,\,t-1} + cd_{i,\,t-1}) + \gamma_2 d_{i,\,t-1}) \tag{12.2.24}$$

其中 c 是预先设定的常数，如果 $y_{it}=0$ 则 $d_{it}=1$，否则 $d_{it}=0$。在此情形下，当 $y_{i,t-1}$ 取正值时，$\ln y_{i,t-1}$ 作为回归元引入模型，当 $y_{i,t-1}$ 取值为 0 时，对当前的 y_{it} 有不同的影响。此外，Blundell，Griffith 和 Windmeijer（2002）还提出如下**线性反馈模型**（linear feedback model）

$$\mu_{it} = \gamma y_{i,\,t-1} + \exp(\mathbf{x}'_{it}\boldsymbol{\beta} + \alpha_i) \tag{12.2.25}$$

但不管设定哪种形式，都很难导出 MLE（因初值分布函数的复杂性）或矩条件（由于矩函数的非线性特征）。

另一在数据中常遇到的问题是观察到取 0 值的比率远大于泊松模型预测的概率。为处理数据中“零过多”的问题，可设定一个**二分模型**（two-part model）或**零过多模型**（zero-inflated model），将 0 值和正值当成来自两个不同的数据生成过程［见 Gurmu 和 Trivedi（1996）；Harris 和 Zhao（2007）］，观测到的 $y=0$ 或 $y\neq0$ 的概率由一个二元过程给出，譬如 $F_1^*(0)$ 和 $[1-F_1^*(0)]$，然后 y 取计数值 0，1，2，…的概率由计数概率 $F_2(y=r)$ 确定。二分模型假定

$$\text{Prob}(y=0) = F_1^*(0) \tag{12.2.26}$$

$$\text{Prob}(y=r) = [1 - F_1^*(0)]F_2(y=r), \quad r \geqslant 1 \tag{12.2.27}$$

零过多模型假定

$$P(y=0) = F_1^*(0) + [1 - F_1^*(0)]F_2(y=0) \tag{12.2.28}$$

当 $r\geqslant1$ 时

$$P(y=r) = [1 - F_1^*(0)]F_2^*(y=r) \tag{12.2.29}$$

在存在内生性时对泊松模型的各种分析讨论，可参见 Trivedi 和 Munkin（2011），以及 Windmeijer（2008）。

12.3 面板分位数回归 445

我们将随机变量 y 的 $\tau(0<\tau<1)$ 分位数 y_τ 定义为

$$\operatorname{Prob}(y \leqslant y_\tau)=\int_{-\infty}^{y_\tau} f(y)\mathrm{d}y=F(y_\tau)=\tau \tag{12.3.1}$$

其中 $f(y)$ 表示 y 的概率密度。对于 N 个随机样本 y_i，其 $\tau(0<\tau<1)$ 样本分位数的样本位置分位数估计量是最小值问题

$$\min_c\Big\{\sum_{i\in\psi_c}\tau \mid y_i-c\mid+\sum_{i\in\bar{\psi}_c}(1-\tau)\mid y_i-c\mid\Big\} \tag{12.3.2}$$

的解，其中 $\psi_c=\{i \mid y_i \geqslant c\}$，$\bar{\psi}_c=\{i \mid y_i<c\}$。

当 $N\to\infty$ 时，式（12.3.2）除以 N 后收敛于

$$\begin{aligned}S(c)=&(1-\tau)\int_{-\infty}^{c} \mid y-c\mid f(y)\mathrm{d}y\\&+(\tau)\int_{c}^{\infty} \mid y-c\mid f(y)\mathrm{d}y\end{aligned} \tag{12.3.3}$$

假定 $0<c<y_\tau$。当 $y<c$ 时，$\mid y-c\mid=\mid y-y_\tau\mid-\mid y_\tau-c\mid$。当 $0<y<y_\tau$ 时，$\mid y-c\mid=\mid y_\tau-c\mid-\mid y-y_\tau\mid$。而当 $y>y_\tau$ 时，$\mid y-c\mid=\mid y-y_\tau\mid+\mid y_\tau-c\mid$。式（12.3.3）可改写为

$$\begin{aligned}S(c)=&(1-\tau)\int_{-\infty}^{c} \mid y-c\mid f(y)\mathrm{d}y\\&+\tau\int_{c}^{y_\tau} \mid y-c\mid f(y)\mathrm{d}y\\&+\tau\int_{y_\tau}^{\infty} \mid y-c\mid f(y)\mathrm{d}y\\=&S(y_\tau)+\mid y_\tau-c\mid[\tau-F(c)]-\int_{c}^{y_\tau} \mid y-y_\tau\mid f(y)\mathrm{d}y\\\geqslant& S(y_\tau)\end{aligned} \tag{12.3.4}$$

其中 $S(y_\tau)=(1-\tau)\int_{-\infty}^{y_\tau}\mid y-c\mid f(y)\mathrm{d}y+\tau\int_{y_\tau}^{\infty}\mid y-c\mid f(y)\mathrm{d}y$。对于其他值 $c(c\neq y_\tau)$，我们可类似地证明 $S(c)\geqslant S(y_\tau)$。因此，当 $N\to\infty$ 时，式（12.3.2）的解就是 y_τ 的一致估计量。

Koenker 和 Bassett（1978）将基于有序样本观测的样本分位数的一般概念推广到回归体系下

$$\min_{\mathbf{b}}\Big\{\sum_{b}\tau \mid y_i-\mathbf{x}_i'\mathbf{b}\mid+\sum_{b}(1-\tau)\mid y_i-\mathbf{x}_i'\mathbf{b}\mid\Big\} \tag{12.3.5}$$

其中 $\psi_b=\{i \mid y_i\geqslant\mathbf{x}_i'\mathbf{b}\}$，$\bar{\psi}_b=\{i \mid y_i<\mathbf{x}_i'\mathbf{b}\}$。当 $\tau=\frac{1}{2}$ 时，由式（12.3.5）导出 446
的分位数估计量就是最小绝对离差估计量。最小化式（12.3.5）还可表示成

$$\min_{\mathbf{b}}\sum_{i=1}^{N}\rho_\tau(y_i-\mathbf{x}_i'\mathbf{b}) \tag{12.3.6}$$

其中 $\rho_\tau(u)=[\tau-1(u\leqslant 0)]u$ [如果事件 A 发生，则 $1(A)=1$，否则等于 0]。式（12.3.6）的求解等价于线性规划问题

$$\min[\tau\mathbf{e}'\mathbf{u}^{+}+(1-\tau)\mathbf{e}'\mathbf{u}^{-}] \tag{12.3.7}$$

$$\text{s.t. } \mathbf{y}=X\mathbf{b}+\mathbf{u}^{+}-\mathbf{u}^{-} \tag{12.3.8}$$

$$(\mathbf{u}^{+},\ \mathbf{u}^{-})\in R_{+}^{2N} \tag{12.3.9}$$

其中 $\mathbf{e}$ 是 $N\times 1$ 向量（1，…，1），R_{+}^{2N} 表示 $2N$ 维实空间中的正象限，在其中如果 $u_i^{+}>0$，则 $u_i^{-}=0$，如果 $u_i^{-}>0$，则 $u_i^{+}=0$。求解大型线性规划问题的稀疏线性代数和内点解方法是必要的计算工具。

面板数据模型

$$y_{it}=\mathbf{x}_{it}'\boldsymbol{\beta}+\alpha_i+u_{it},\qquad i=1,\ \cdots,\ N,\quad t=1,\ \cdots,\ T \tag{12.3.10}$$

的分位数估计量是优化问题

$$\min_{\mathbf{b}(\tau),\ \alpha_i(\tau)}\sum_{i=1}^{N}\sum_{t=1}^{T}\rho_\tau[y_{it}-\mathbf{x}_{it}'\mathbf{b}(\tau)-\alpha_i(\tau)] \tag{12.3.11}$$

的解，其中

$$Q_\tau(y_{it}\mid\mathbf{x}_{it},\ \alpha_i)=\mathbf{x}_{it}'\mathbf{b}(\tau)+\alpha_i(\tau) \tag{12.3.12}$$

是 τ 条件分位数。

回归分位数的主要思想是突破 u_{it} 独立同分布的常规假设。条件分位数（12.3.12）提供了有关 $\mathbf{x}$ 如何影响响应变量位置、尺度以及条件分布形状的信息。譬如

$$u_{it}=(1+\mathbf{x}_{it}'\boldsymbol{\gamma})\boldsymbol{\epsilon}_{it} \tag{12.3.13}$$

其中 $\mathbf{x}_{it}'\boldsymbol{\gamma}>0$，$\boldsymbol{\epsilon}_{it}$ 的分布函数为 $F_\epsilon(\cdot)$。则

$$\begin{aligned}Q_\tau(y_{it}\mid\mathbf{x}_{it},\ \alpha_i)&=\mathbf{x}_{it}'[\boldsymbol{\beta}+\boldsymbol{\gamma}F_\epsilon^{-1}(\tau)]+[\alpha_i+F_\epsilon^{-1}(\tau)]\\&=\mathbf{x}_{it}'\boldsymbol{\beta}(\tau)+\alpha_i(\tau)\end{aligned} \tag{12.3.14}$$

换句话说，式（12.3.14）恰好是描述 y_{it} 在 $\mathbf{x}_{it}$ 下 τ 分位数的直线。读者不要把式（12.3.14）和常规均值 $E(y_{it}\mid\mathbf{x}_{it},\ \alpha_i)$ 弄混淆。

447 Kate，Galvao 和 Monte-Rojas（2012）证明，当 $N\rightarrow\infty$ 时，只要 $\frac{N^2(\log N)^3}{T}\rightarrow 0$，式（12.3.11）中 $(\mathbf{b}(\tau),\ \alpha_i(\tau))$ 的分位数估计量就是一致估计且渐近正态分布。之所以要求面板横截面维度 N 增大时，时间维度 T 的增长速度比 N 快很多，是因为估计个体特异效应项时显著地增大了 $\mathbf{b}(\tau)$ 估计量的变异性。在分位数回归中，无法使用诸如一阶差分和去均值等标准线型转换。Koenker（2004）指出向共同均值方向调整个体特异效应项可以减小因直接估计大量个体特异效应项导致的变异。他建议在式（12.3.11）中增加惩罚项，得到

$$\min_{\mathbf{b}(\tau),\ \alpha_i(\tau)}\sum_{i=1}^{N}\sum_{t=1}^{T}\rho_\tau[y_{it}-\mathbf{x}_{it}'\mathbf{b}(\tau)-\alpha_i(\tau)]+d\sum_{i=1}^{N}\mid\alpha_i(\tau)\mid \tag{12.3.15}$$

惩罚项 $d\sum_{i=1}^{N}\mid\alpha_i(\tau)\mid$ 用来向 0 调整个体特异效应项估计。当 $d\rightarrow 0$ 时，由式（12.3.15）导出固定效应分位数估计（12.3.11）。当 $d\rightarrow\infty$ 时，对所有的 $i=$

1，…，N，都有$\hat{\alpha}_i(\tau)\to 0$。最小化式（12.3.15）将导出斜率参数 $\boldsymbol{\beta}(\tau)$ 的更优的估计量。

因在不同时点 y_{it} 的观测值可能落入不同的分位区间，式（12.3.11）或（12.3.15）可能面临个体特异效应发生改变的问题。为解决该问题，可认为个体特异效应包含了那些时恒潜变量的影响，是扰动项 u_{it} 使得响应变量 y_{it} 落入不同的分位数区间。换种说法就是，我们既要将观测到的协变量 $\mathbf{x}_{it}$ 当作已知的，还要将个体特异效应项 α_i 也当成已知的，通过

$$\min\sum_{j=1}^{J}\sum_{i=1}^{N}\sum_{t=1}^{T}\omega_j\rho_{\tau j}\left[y_{it}-\mathbf{x}_{it}'\mathbf{b}(\tau)-\alpha_i\right]+d\sum_{i=1}^{N}|\alpha_i| \tag{12.3.16}$$

混合个体分位数的估计，从而替代式（12.3.15），其中 ω_j 是赋给 τ_j 分位数的相对权重。Monte Carlo 研究表明，向某个共同的均值调整无约束个体特异效应项有助于导出个体特异效应项和 $\mathbf{b}(\tau_j)$ 效果更好的估计量。

虽然引入惩罚因子 $d\sum_{i=1}^{N}|\alpha_i(\tau)|$ 使得面板分位数估计得到改进，但确定 d 的值确实是很困难的事情。Lamarche（2010）证明，如果个体特异效应项 α_i 来自以 0 为中位数的某个分布，且独立于 $\mathbf{x}_{it}$，则惩罚分位数估计量是渐近无偏且渐近正态分布的估计。所以正则化参数 d 可按照使估计的方差最小的方法选取。

12.4　模拟方法 448

面板数据包含两个维度：一个横截面维度和一个时间维度。面板数据模型通常还包含不可观测的异质性因素。将包含缺失数据、随机系数、异质性等问题的潜变量模型转换成可观测模型时一般需要对潜变量计算多元积分［参见 Hsiao（1989，1991a，1991b，1992c）］。面板数据模型估计量的计算可能相当困难。为避开计算多重积分等复杂问题，许多学者建议使用计算机模拟方法［参见 Geweke（1991）；Gourieroux 和 Monfort（1996）；Hajivassiliou（1990）；Hsiao 和 Wang（2000）；Keane（1994）；McFadden（1989）；Pakes 和 Pollard（1989）；Richard 和 Zhang（2007）］。

模拟方法的基本思想是：以大数定律为依据，从已知的概率分布中随机抽取样本，通过求样本的均值得到多重积分的近似值。譬如，考虑给定 $\mathbf{x}_i$ 后 $\mathbf{y}_i$ 的条件密度函数 $f(\mathbf{y}_i\mid\mathbf{x}_i;\boldsymbol{\theta})$，或某个条件矩 $\mathbf{m}(\mathbf{y}_i,\mathbf{x}_i;\boldsymbol{\theta})$，如 $E(\mathbf{y}_i\mid\mathbf{x}_i;\boldsymbol{\theta})$ 或 $E(\mathbf{y}_i\mathbf{y}_i'\mid\mathbf{x}_i;\boldsymbol{\theta})$（$\boldsymbol{\theta}$ 是描述这些函数的参数向量）的计算问题。在许多情形下，我们并不知道这些函数的明确表达式，故计算这些函数非常困难。但如果在 $\mathbf{x}$ 和另一个向量 $\boldsymbol{\eta}$ 下的条件密度或条件矩，即 $f^*(\mathbf{y}_i\mid\mathbf{x}_i,\boldsymbol{\eta};\boldsymbol{\theta})$ 或 $\mathbf{m}^*(\mathbf{y},\mathbf{x}\mid\boldsymbol{\eta};\boldsymbol{\theta})$ 是显函数，且 $\boldsymbol{\eta}$ 的概率分布 $P(\boldsymbol{\eta})$ 已知，则根据

$$f(\mathbf{y}_i\mid\mathbf{x}_i;\boldsymbol{\theta})=\int f^*(\mathbf{y}_i\mid\mathbf{x}_i,\boldsymbol{\eta};\boldsymbol{\theta})\mathrm{d}P(\boldsymbol{\eta}) \tag{12.4.1}$$

和

$$\mathbf{m}(\mathbf{y}_i, \mathbf{x}_i; \boldsymbol{\theta})=\int \mathbf{m}^*(\mathbf{y}_i, \mathbf{x}_i \mid \boldsymbol{\eta}; \boldsymbol{\theta}) \mathrm{d}P(\boldsymbol{\eta}) \tag{12.4.2}$$

我们可用

$$\tilde{f}_H(\mathbf{y}_i \mid \mathbf{x}_i; \boldsymbol{\theta})=\frac{1}{H} \sum_{h=1}^{H} f^*(\mathbf{y}_i \mid \mathbf{x}_i, \boldsymbol{\eta}_{ih}; \boldsymbol{\theta}) \tag{12.4.3}$$

和

$$\tilde{\mathbf{m}}_H(\mathbf{y}_i \mid \mathbf{x}_i; \boldsymbol{\theta})=\frac{1}{H} \sum_{h=1}^{H} \mathbf{m}^*(\mathbf{y}_i, \mathbf{x}_i \mid \boldsymbol{\eta}_{ih}; \boldsymbol{\theta}) \tag{12.4.4}$$

逼近密度函数（12.4.1）和（12.4.2），其中（$\boldsymbol{\eta}_{i1}$，…，$\boldsymbol{\eta}_{iH}$）是来自 $P(\boldsymbol{\eta})$ 的 H 个随机样本。

例如，考虑由潜变量响应函数

$$y_{it}^*=\boldsymbol{\beta}' \mathbf{x}_{it}+\alpha_i+u_{it} \tag{12.4.5}$$

定义的随机效应 probit 面板模型和 Tobit 面板模型，这里假设 α_i 和 u_{it} 是独立正态分布的，均值都为 0，方差分别为 σ_α^2 和 1，它们是相互独立的。probit 模型假
449 设观测到的 y_{it} 满足

$$y_{it}=\begin{cases}1 & \text{如果} y_{it}^*>0 \\ 0 & \text{如果} y_{it}^* \leqslant 0\end{cases} \tag{12.4.6}$$

Tobit 模型假定观测到的 y_{it} 满足

$$y_{it}=\begin{cases}y_{it}^* & \text{如果} y_{it}^*>0 \\ 0 & \text{如果} y_{it}^* \leqslant 0\end{cases} \tag{12.4.7}$$

我们知道可将 α_i 和 u_{it} 的密度函数表示成某些标准分布（这里指标准正态分布）的转换形式，故 $\mathbf{y}_i'=(y_{i1}, \cdots, y_{iT})$ 的密度函数可表示为条件密度函数在这些标准分布积分限上的积分：

$$f(\mathbf{y}_i \mid \mathbf{x}_i; \boldsymbol{\theta})=\int A f^*(\mathbf{y}_i \mid \mathbf{x}_i, \eta; \boldsymbol{\theta}) \mathrm{d}P(\eta) \tag{12.4.8}$$

这里 $P(\eta) \sim N(0, 1)$。譬如，在 probit 模型中，

$$f^*(\mathbf{y}_i \mid \mathbf{x}_i, \eta; \boldsymbol{\theta})=\sum_{t=1}^{T} \Phi(\mathbf{x}_{it}' \boldsymbol{\beta}+\sigma_\alpha \eta_i)^{y_{it}}[1-\Phi(\mathbf{x}_{it}' \boldsymbol{\beta}+\sigma_\alpha \eta_i)]^{1-y_{it}} \tag{12.4.9}$$

而在 Tobit 模型中，

$$\begin{aligned} f^*(\mathbf{y}_i \mid \mathbf{x}_i, \eta; \boldsymbol{\theta})= & \prod_{t \in \Psi_1} \phi(y_{it}-\mathbf{x}_{it}' \boldsymbol{\beta}-\sigma_\alpha \eta_i) \\ & \times \prod_{t \in \Psi_0} \Phi(-\mathbf{x}_{it}' \boldsymbol{\beta}-\sigma_\alpha \eta_i) \end{aligned} \tag{12.4.10}$$

其中 $\phi(\cdot)$ 和 $\Phi(\cdot)$ 分别表示标准正态密度函数和对标准正态密度函数的积分，而 $\Psi_1=\{t \mid y_{it}>0\}$，$\Psi_0=\{t \mid y_{it}=0\}$。因为控制了 $\mathbf{x}_{it}$ 和 η 的 H 个从标准正态分布中随机抽取的值 $\eta_{ih}(h=1, \cdots, H)$，所以就 $\boldsymbol{\beta}$ 和 $\sigma_\alpha{}^2$ 而言，条件密度函数（12.4.9）或（12.4.10）定义良好，$f(\mathbf{y}_i \mid \mathbf{x}_i; \boldsymbol{\beta}, \sigma_\alpha{}^2)$ 的近似值可与式（12.4.3）一样通过求平均值得到。

我们可用反演法从一列相互独立的在［0，1］上均匀分布的伪随机数

$$\eta_h=P^{-1}(\epsilon_h)$$

获取来自分布 $P(\eta)$ 随机观的 η_h，其中 $P^{-1}(\cdot)$ 是 P 的反函数。譬如，如果 ϵ 服从均值为 μ、方差为 σ_ϵ^2 的正态分布，则 $\eta_h=\Phi^{-1}\left(\frac{\epsilon_h-\mu}{\sigma_\epsilon}\right)$。如果 η 服从参数为 a 和 b 的 Weibull 分布，且 $P(\eta_h)=1-\exp(-b\eta_h{}^a)$，则 $\eta_h=\left[-\frac{1}{b}\ln\epsilon_h\right]^{\frac{1}{a}}$。

至于多元随机向量 $\boldsymbol{\eta}_h$，可通过将其密度函数递归分解为低维密度函数的方式获取［参见 Liesenfeld 和 Richard (2008)］。分解 k 维随机向量 $\boldsymbol{\eta}_h=(\eta_{1h},\ \cdots,\ \eta_{kh})$ 450
的基本思想是记

$$P(\boldsymbol{\eta}_h)=P(\eta_{kh}\mid\boldsymbol{\eta}_{k-1,\,h}^*)P(\eta_{k-1,\,h}\mid\boldsymbol{\eta}_{k-2,\,h}^*)\cdots P(\eta_{2n}\mid\eta_{1h})P(\eta_{1h}) \tag{12.4.11}$$

其中 $\eta_{j,h}^*=(\eta_{1h},\ \cdots,\ \eta_{jh})$。譬如，从多元正态分布随机抽样就是典型的基于其协方差矩阵的 Cholesky 分解 $\Sigma=\Lambda\Lambda'$ 获取 $\boldsymbol{\eta}_h=\Lambda\boldsymbol{\eta}_h^*$，其中 Λ 是一个下三角矩阵，$\boldsymbol{\eta}^*$ 服从协方差矩阵为单位矩阵的标准多元正态分布。

估算高维积分时特别有用的技术是**重要抽样法**（important sampling）。重要抽样法的基本思想是用密度函数为 $\mu(\cdot)$ 的选择模拟器代替 $P(\boldsymbol{\eta}_i)$。将 $\mu(\cdot)$ 代入式（12.4.11），可得

$$f(\mathbf{y}_i\mid\mathbf{x}_i;\ \boldsymbol{\theta})=\int f^*(\mathbf{y}_i\mid\mathbf{x}_i,\ \boldsymbol{\eta};\ \boldsymbol{\theta})\omega(\boldsymbol{\eta}_i)\mu(\boldsymbol{\eta}_i)\,\mathrm{d}\boldsymbol{\eta}_i \tag{12.4.12}$$

其中 $\mathrm{d}P(\boldsymbol{\eta}_i)=p(\boldsymbol{\eta}_i)\mathrm{d}\boldsymbol{\eta}_i$，

$$\omega(\boldsymbol{\eta}_i)=\frac{p(\boldsymbol{\eta}_i)}{\mu(\boldsymbol{\eta}_i)} \tag{12.4.13}$$

则式（12.4.3）对应的 Monte Carlo 模拟，即“重要抽样”估计量为

$$\tilde{f}_H(\mathbf{y}_i\mid\mathbf{x}_i;\ \boldsymbol{\theta})=\frac{1}{H}\sum_{h=1}^{H}\omega(\boldsymbol{\eta}_{ih}^*)\mu(\boldsymbol{\eta}_{ih}^*)f^*(\mathbf{y}_i\mid\mathbf{x}_i,\ \boldsymbol{\eta}_{ih}^*;\ \boldsymbol{\theta}) \tag{12.4.14}$$

其中 $\boldsymbol{\eta}_i^*$ 是从 $\mu(\boldsymbol{\eta}_i^*)$ 中随机抽取的。

如果前面例子中的 u_{it} 服从一阶自回归过程，即

$$u_{it}=\rho u_{i,\,t-1}+\epsilon_{it},\qquad |\rho|<1 \tag{12.4.15}$$

则我们可将模型（12.4.5）重写为

$$y_{it}^*=\boldsymbol{\beta}'\mathbf{x}_{it}+\sigma_\alpha\eta_i+\sum_{\tau=1}^{t}a_{t\tau}\eta_{i\tau}^* \tag{12.4.16}$$

其中 $\eta_{i\tau}^*(\tau=1,\ \cdots,\ T)$ 是从 $N(0,\ 1)$ 中随机抽取的独立观测，而 $a_{t\tau}$ 是下三角矩阵 Λ 的非零元素。结果表明，如果 $t\geqslant\tau$，则 $a_{t\tau}=(1-\rho^2)^{-1/2}\rho^{t-\tau}$；如果 $t<\tau$，则 $a_{t\tau}=0$。

在 probit 模型中，利用上面描述的方法，通过考虑下面的抽样方式，我们可得到 $f(\mathbf{y}_i\mid\mathbf{x}_i;\ \boldsymbol{\theta})$，$\boldsymbol{\theta}=(\boldsymbol{\beta}',\ \sigma_\alpha,\ \rho)'$ 的无偏、可微且大于零的估计量：

- η_{ih} 从标准正态分布 $N(0,\ 1)$ 中抽取；
- 如果 $y_{i1}=1$，则 η_{i1h}^* 从标准正态分布 $N(0,\ 1)$ 的区间

$$[-(\boldsymbol{\beta}'\mathbf{x}_{i1}+\sigma_\alpha\eta_{ih})/a_{11},\ \infty]$$ 451

中抽取；

- 当 $y_{i1}=0$ 时，η_{i1h}^{*}从标准正态分布 $N(0, 1)$ 的区间
$$[-\infty, \ -(\boldsymbol{\beta}'\mathbf{x}_{i1}+\sigma_\alpha\eta_{ih})/a_{11}]$$

中抽取；

- 如果 $y_{i2}=1$，则 η_{i2h}^{*}从标准正态分布 $N(0, 1)$ 的区间
$$[-(\boldsymbol{\beta}'\mathbf{x}_{i2}+\sigma_\alpha\eta_{ih}+a_{21}\eta_{i1h}^{*})/a_{22}, \ \infty]$$

中抽取；

- 当 $y_{i2}=0$ 时，η_{i2h}^{*}从标准正态分布 $N(0, 1)$ 的区间
$$[-\infty, \ -(\boldsymbol{\beta}'\mathbf{x}_{i2}+\sigma_\alpha\eta_{ih}+a_{21}\eta_{i1h}^{*})/a_{22}]$$

中抽取；如此等等。

$f(\mathbf{y}_i \mid \mathbf{x}_i; \boldsymbol{\theta})$ 的模拟函数为

$$\tilde{f}_H(\mathbf{y}_i \mid \mathbf{x}_i; \boldsymbol{\theta})=\frac{1}{H}\sum_{h=1}^{H}\prod_{t=1}^{T}\Phi\left[(-1)^{1-y_{it}}\left(\boldsymbol{\beta}'\mathbf{x}_{it}+\sigma_\alpha\eta_{ih}+\sum_{\tau=1}^{t-1}a_{t\tau}\eta_{i\tau h}^{*}\right)\Big/ a_{tt}\right] \tag{12.4.17}$$

当 $t=1$ 时，上式在 τ 上的求和消失。

在 Tobit 模型中也可用类似的方法。唯一的不同是 $f(\mathbf{y}_i \mid \mathbf{x}_i; \boldsymbol{\theta})$ 的模拟函数变成了

$$\begin{aligned}\tilde{f}_H(\mathbf{y}_i \mid \mathbf{x}_i; \boldsymbol{\theta})= & \frac{1}{H}\sum_{h=1}^{H}\left[\prod_{t\in\Psi_1}\frac{1}{a_{tt}}\phi\left(\left[y_{it}-\left(\boldsymbol{\beta}'\mathbf{x}_{it}+\sigma_\alpha\eta_{ih}+\sum_{\tau=1}^{t-1}a_{i\tau}\eta_{t\tau h}^{*}\right)\right]\Big/a_{tt}\right)\right] \\ & \times\prod_{t\in\Psi_0}\Phi\left[-\left(\boldsymbol{\beta}'\mathbf{x}_{it}+\sigma_\alpha\eta_{ih}+\sum_{\tau=1}^{t-1}a_{i\tau}\eta_{t\tau h}^{*}\right)\Big/a_{tt}\right]\end{aligned} \tag{12.4.18}$$

求模拟对数似然函数的最大值得到**模拟最大似然估计量**（simulated maximum likelihood estimator，SMLE）。**模拟矩估计量**（simulated method of moments estimator，SGMM）通过模拟矩条件得到。如果令 $\mathbf{m}(\mathbf{y}_i, \mathbf{x}_i; \boldsymbol{\theta})=E(\mathbf{y}_i \mid \mathbf{x}_i; \boldsymbol{\theta})$ 并最小化 $\sum_{i=1}^{N}[\mathbf{y}_i-E(\mathbf{y}_i \mid \mathbf{x}_i; \boldsymbol{\theta})]^2$，则得到**模拟最小二乘估计量**（simulated least-squares estimator，SLS）。

虽然 $H\to\infty$时才能得到 $f(\mathbf{y}_i \mid \mathbf{x}_i; \boldsymbol{\theta})$ 和 $\mathbf{m}(\mathbf{y}_i, \mathbf{x}_i; \boldsymbol{\theta})$ 的一致模拟估计，但 McFadden（1989）证明，如果有限的 H 个向量（$\boldsymbol{\eta}_{i1}$，…，$\boldsymbol{\eta}_{iH}$）是通过对边际密度 $P(\boldsymbol{\eta})$ 进行简单随机抽样而获取的，且不同 i 的（$\boldsymbol{\eta}_{i1}$，…，$\boldsymbol{\eta}_{iH}$）相互独立，则所有观测的模拟误差相互独立；因此，作用于所有观测的大数定律将控制由模拟引入的方差，既然如此，就不必为保证 $N\to\infty$时 SMM 估计$\hat{\boldsymbol{\theta}}_{SMM}$的一致性而一致地估计每个理论矩$\mathbf{m}(\mathbf{y}_i, \mathbf{x}_i; \boldsymbol{\theta})$。

最小化 $[\hat{\mathbf{m}}(\boldsymbol{\theta})-\mathbf{m}(\boldsymbol{\theta})]'A[\hat{\mathbf{m}}(\boldsymbol{\theta})-\mathbf{m}(\boldsymbol{\theta})]$ 可导出 $\sqrt{N}(\hat{\boldsymbol{\theta}}_{SMM}-\boldsymbol{\theta})$ ［其中 A 是由形如式（4.3.38）的矩构成的正定矩阵］的渐近协方差矩阵可由

$$(R'AR)^{-1}R'AG_{NH}AR(R'AR)^{-1} \tag{12.4.19}$$

452 近似，其中

$$R=\frac{1}{N}\sum_{i=1}^{N}W'_i\frac{\partial\tilde{\mathbf{m}}_H(\mathbf{y}_i, \mathbf{x}_i; \boldsymbol{\theta})}{\partial\boldsymbol{\theta}'}$$

$$G_{NH}=\frac{1}{N}\sum_{i=1}^{N}W_i\left(\Omega+\frac{1}{H}\Delta_H\right)W_i' \tag{12.4.20}$$

$$\Omega=\mathrm{Cov}(\mathbf{m}_i(\mathbf{y}_i,\ \mathbf{x}_i;\ \boldsymbol{\theta}))$$

$$\Delta_H=\mathrm{Cov}[\widetilde{\mathbf{m}}_H(\mathbf{y}_i,\ \mathbf{x}_i;\ \boldsymbol{\theta})-\mathbf{m}(\mathbf{y}_i,\ \mathbf{x}_i;\ \boldsymbol{\theta})]$$

W_i 由式（4.3.41）给出。当 $A=[\mathrm{plim}\ \mathrm{Cov}(\hat{\mathbf{m}}_i(y_i,\ \mathbf{x}_i;\ \boldsymbol{\theta}))]^{-1}$ 时，SMM 就是**模拟广义矩估计量**（simulated generalized method of moments estimator, SGMM)。显然，当 $H\to\infty$时，SGMM 与 GMM 的渐近效率相同。但即使在 H 有限时，SGMM 的相对效率也非常高。譬如，对简单的频率模拟，$\delta_H=\Omega$，每个观测值抽样 1 次，所得估计量的渐进效率可以达到 GMM 估计量的 50%，而对每个观测值抽样 9 次，所得估计量的相对效率可以提高到 90%。

SMLE 或 SLS 的一致性需要一致地估计条件密度或条件矩。H 有限时，条件密度或条件矩的近似误差包含 H^{-1}的阶。这将导致 $O(1/H)$ 的渐近偏误［参见 Gourieoux 和 Monfort（1996）；Hsiao，Wang 和 Wang（1997）］。不过，当 H 有限而 $N\to\infty$时，仍有可能得到一致的、渐近正态分布的 SLS 估计量，因为我们知道对每个 i 的 $2H$ 个随机抽取结果组成的序列（$\boldsymbol{\eta}_{i1}$，…，$\boldsymbol{\eta}_{iH}$，$\boldsymbol{\eta}_{i,H+1}$，…，$\boldsymbol{\eta}_{i,2H}$），由于（$\boldsymbol{\eta}_{i1}$，…，$\boldsymbol{\eta}_{iH}$）和（$\boldsymbol{\eta}_{i,H+1}$，…，$\boldsymbol{\eta}_{i,2H}$）之间的独立性，有

$$E\left[\frac{1}{H}\sum_{h=1}^{H}\mathbf{m}^*(\mathbf{y}_i,\ \mathbf{x}_i\mid\boldsymbol{\eta}_{ih};\ \boldsymbol{\theta})\right]=E\left[\frac{1}{H}\sum_{h=1}^{H}\mathbf{m}^*(\mathbf{y}_i,\ \mathbf{x}_i\mid\boldsymbol{\eta}_{i,\ H+h};\ \boldsymbol{\theta})\right]=\mathbf{m}(\mathbf{y}_i,\ \mathbf{x}_i;\ \boldsymbol{\theta}) \tag{12.4.21}$$

和

$$E\left[\mathbf{y}_i-\frac{1}{H}\sum_{h=1}^{H}\mathbf{m}^*(\mathbf{y}_i,\ \mathbf{x}_i\mid\boldsymbol{\eta}_{ih};\ \boldsymbol{\theta})\right]'\left[\mathbf{y}_i-\frac{1}{H}\sum_{h=1}^{H}\mathbf{m}^*(\mathbf{y}_i,\ \mathbf{x}_i\mid\boldsymbol{\eta}_{i,\ H+h};\ \boldsymbol{\theta})\right]$$
$$=E[\mathbf{y}_i-\mathbf{m}(\mathbf{y}_i,\ \mathbf{x}_i;\ \boldsymbol{\theta})]'[\mathbf{y}_i-\mathbf{m}(\mathbf{y}_i,\ \mathbf{x}_i;\ \boldsymbol{\theta})] \tag{12.4.22}$$

成立，所以即使 H 固定时，最小化

$$\sum_{i=1}^{N}\left[\mathbf{y}_i-\frac{1}{H}\sum_{h=1}^{H}\mathbf{m}^*(\mathbf{y}_i,\ \mathbf{x}_i\mid\boldsymbol{\eta}_{ih};\ \boldsymbol{\theta})\right]'\times\left[\mathbf{y}_i-\frac{1}{H}\sum_{h=1}^{H}\mathbf{m}^*(\mathbf{y}_i,\ \mathbf{x}_i\mid\boldsymbol{\eta}_{i,\ H+h};\ \boldsymbol{\theta})\right] \tag{12.4.23}$$

的 SLS 估计量在 $N\to\infty$时仍是一致的［参见 Gourieoux 和 Monfort（1996）；Hsiao 和 Wang（2000）］。

12.5　多层结构的数据 453

我们假定面板数据模型中在仅出现个体和/或时间效应时阐明了面板数据方法。但面板数据可能不止两个维度。我们可以有更复杂的**聚类结构**（clustering structure）或**分层结构**（hierarchical structure）。譬如，Antweiler（2001），Baltagi，Song 和 Jung（2001），以及 Davis（2009）根据 Wansbeek 和 Kapteyn

(1978) 的方法，考察了多因素误差成分模型

$$y_{ij\ell t}=\mathbf{x}'_{ij\ell t}\boldsymbol{\beta}+v_{ij\ell t} \tag{12.5.1}$$

这里 $i=1, \cdots, N$，$j=1, \cdots, M_i$，$\ell=1, \cdots, L_{ij}$ 以及 $t=1, \cdots, T_{ij\ell}$。例如，因变量 $y_{ij\ell t}$ 可以表示在时刻 t 国家 i 的城市 j 的观测站 ℓ 测得的大气污染数据。这表明有 N 个国家，其中国家 i 有 M_i 个城市，并在某城市设置了 L_{ij} 个观测站。在每个观测站，对大气污染测量了 $T_{ij\ell}$ 次。那么 $\mathbf{x}_{ij\ell t}$ 表示 K 个解释变量的向量，且假定扰动项具有多因素误差成分结构，

$$v_{ij\ell t}=\alpha_i+\lambda_{ij}+\nu_{ij\ell}+\epsilon_{ij\ell t} \tag{12.5.2}$$

这里假定 α_i，λ_{ij}，$\nu_{ij\ell}$ 以及 $\epsilon_{ij\ell t}$ 都是独立同分布的，且它们相互独立，均值都为 0，方差分别为 σ_α^2，σ_λ^2，σ_ν^2 和 σ_ϵ^2。

在平衡数据情形下，$\mathbf{v}$ 的方差-协方差矩阵为

$$\begin{aligned}\Omega=&\sigma_\alpha^2(I_N\otimes J_{MLT})+\sigma_\lambda^2(I_{NM}\otimes J_{LT})\\&+\sigma_\nu^2(I_{NML}\otimes J_T)+\sigma_\epsilon^2 I_{LMNT}\end{aligned} \tag{12.5.3}$$

其中 J_s 是所有元素都等于 1 的 s 维方阵。用 Ω 谱分解的形式（如附录 3B）重新表示协方差矩阵（12.5.3），我们得到

$$\begin{aligned}\Omega=&MLT\sigma_\alpha^2(I_N\otimes P_{MLT})+LT\sigma_\lambda^2(I_{NM}\otimes P_{LT})\\&+T\sigma_\nu^2(I_{NML}\otimes P_T)+\sigma_\epsilon^2 I_{LMNT}\\=&\sigma_\epsilon^2(I_{NML}\otimes Q_T)+\sigma_1^2(I_{NM}\otimes Q_L\otimes P_T)\\&+\sigma_2^2(I_N\otimes Q_M\otimes P_{LT})+\sigma_3^2(I_N\otimes P_{MLT})\end{aligned} \tag{12.5.4}$$

其中 $P_s\equiv\frac{1}{s}J_s$，$Q_s=I_s-P_s$，而

$$\sigma_1^2=T\sigma_\nu^2+\sigma_\epsilon^2 \tag{12.5.5}$$

$$\sigma_2^2=LT\sigma_\lambda^2+T\sigma_\nu^2+\sigma_\epsilon^2 \tag{12.5.6}$$

$$\sigma_3^2=MLT\sigma_\alpha^2+LT\sigma_\lambda^2+T\sigma_\nu^2+\sigma_\epsilon^2 \tag{12.5.7}$$

454 σ_ϵ^2 是 Ω 的特征根。由于式（12.5.4）中的每一项都正交于其他项，且它们的和等于 I_{NMLT}，因此

$$\begin{aligned}\Omega^{-1/2}=&\sigma_\epsilon^{-1}(I_{NML}\otimes Q_T)+\sigma_1^{-1}(I_{NM}\otimes Q_L\otimes P_T)\\&+\sigma_2^{-1}(I_N\otimes Q_M\otimes P_{LT})+\sigma_3^{-1}(I_N\otimes P_{MLT})\end{aligned} \tag{12.5.8}$$

将所有的 Q 矩阵展开为 I 矩阵和 P 矩阵的差，方程的两边乘以 σ_ϵ，再合并同类项，得到

$$\begin{aligned}\sigma_\epsilon\Omega^{-1/2}=&I_{NMLT}-\left(1-\frac{\sigma_\epsilon}{\sigma_1}\right)(I_{NML}\otimes P_T)\\&-\left(\frac{\sigma_\epsilon}{\sigma_1}-\frac{\sigma_\epsilon}{\sigma_2}\right)(I_{NM}\otimes P_{LT})\\&-\left(\frac{\sigma_\epsilon}{\sigma_2}-\frac{\sigma_\epsilon}{\sigma_3}\right)(I_N\otimes P_{MLT})\end{aligned} \tag{12.5.9}$$

模型（12.5.1）的广义最小二乘估计量（GLS）等价于

$$y_{ij\ell t}^*=y_{ij\ell t}-\left(1-\frac{\sigma_\epsilon}{\sigma_1}\right)\bar{y}_{ij\ell\cdot}-\left(\frac{\sigma_\epsilon}{\sigma_1}-\frac{\sigma_\epsilon}{\sigma_2}\right)\bar{y}_{ij\cdot\cdot}-\left(\frac{\sigma_\epsilon}{\sigma_2}-\frac{\sigma_\epsilon}{\sigma_3}\right)\bar{y}_{i\cdots} \tag{12.5.10}$$

对

$$\mathbf{x}^*_{ij\ell t} = x_{ij\ell t} - \left(1-\frac{\sigma_\epsilon}{\sigma_1}\right)\bar{\mathbf{x}}_{ij\ell .} - \left(\frac{\sigma_\epsilon}{\sigma_1}-\frac{\sigma_\epsilon}{\sigma_2}\right)\bar{\mathbf{x}}_{ij..} - \left(\frac{\sigma_\epsilon}{\sigma_2}-\frac{\sigma_\epsilon}{\sigma_3}\right)\bar{\mathbf{x}}_{i...} \tag{12.5.11}$$

的最小二乘估计量，其中$\bar{y}_{ij\ell .}$ ($\bar{\mathbf{x}}_{ij\ell .}$)，$\bar{y}_{ij..}$ ($\bar{\mathbf{x}}_{ij..}$) 和$\bar{y}_{i...}$ ($\bar{\mathbf{x}}_{i...}$) 表示组平均值。用最内层组的三对组间估计以及组内估计得到的方差估计量替换式 (12.5.10) 和 (12.5.11) 中相应的方差变量后，我们就可对上面的回归应用可行广义最小二乘估计。

对平衡结构的高阶层次模型来说，式 (12.5.10) 和 (12.5.11) 中蕴含的关系表明模型的解存在。如果层次模型是非平衡的，则不可再使用 Kronercker 乘积算子。用代数符号表示此类模型极不方便［参见 Baltagi (1995，第 9 章)；Wansbeek 和 Kapteyn (1982)］。GLS 估计量也不能表示成简单数据转换后得到的最小二乘估计量。非平衡面板的最外层有 N 个组，每个最外层组包含 M_i 个二级组，每个二级组又包含 L_{ij} 个最内层组，最内层组 L_{ij} 包含 $T_{ij\ell}$ 个观测值。内层组中观测值的数量分别是 $T_{ij}=\sum_{\ell=1}^{L_{ij}} T_{ij\ell}$ 和 $T_i=\sum_{j=1}^{M_i} T_{ij}$，观测值的总数是 $H=\sum_{i=1}^{N} T_i$。最外层有 N 组，第 2 层总共有 $F=\sum_{i=1}^{N} M_i$ 组，而最底层总共有 $G=\sum_{i=1}^{N}\sum_{j=1}^{M_i} L_{ij}$ 组。我们重新定义 J 矩阵为 $H\times H$ 的分块矩阵，在该分块矩阵的结 455
构中，每个子块对应它们表示的组或下一层次的组。这些子块可用**组员资格** (group membership) 矩阵（由 1 或 0 组成）明确地构造，故 J 矩阵中的元素可唯一地确定每个观测值（总共有 H 个观测值）在各层次属于哪个组。Antweiler (2001) 已经推导出非平衡层次面板模型的最大似然估计量。

当数据构成多水平层次结构时，简单的误差成分估计虽然效率低，但在误差成分独立于回归元的假设下仍是一致的。但估计的斜率系数标准误通常有向下的偏误。

12.6　测量误差

迄今为止，我们都是假设观测变量时不存在误差。但经济数据一般都包含测量误差，特别是通过一次性追溯调查收集的纵列信息，众所周知，这些信息容易受到记忆误差的影响。如果变量确实存在测量误差，则利用面板数据，并用标准的差分法（对均值的偏离等）控制非观测个体属性的影响得到的估计量，可能比只用横截面数据得到的简单最小二乘估计量的偏误更严重。

例如，考虑下面的单方程模型［Solon (1985)］：

$$y_{it}=\alpha_i^* + \beta x_{it} + u_{it}, \qquad \begin{aligned} i&=1,\cdots,N \\ t&=1,\cdots,T \end{aligned} \tag{12.6.1}$$

其中 u_{it} 是独立同分布的，其均值为 0，方差为 σ_u^2，且对任意的 t 和 s 有 $\text{Cov}(x_{it},u_{is})=\text{Cov}(\alpha_i^*，u_{it})=0$，但$\text{Cov}(x_{it}，\alpha_i^*)\neq 0$。我们进一步假定没有观测到 x_{it}本身，而是观测到包含测量误差的

$$x_{it}^* = x_{it} + \tau_{it} \tag{12.6.2}$$

其中$\text{Cov}(x_{is}，\tau_{it})=\text{Cov}(\alpha_i^*，\tau_{it})=\text{Cov}(u_{it}，\tau_{is})=0$，且 $\text{Var}(\tau_{it})=\sigma_\tau^2$，$\text{Cov}(\tau_{it}，\tau_{i,t-1})=\gamma_\tau\sigma_\tau^2$。

如果我们依据第 t 期的横截面数据利用 OLS 估计（12.6.1），则估计量收敛于（当 $N\to\infty$时）

$$\operatorname*{plim}_{N\to\infty}\hat{\beta}_{\text{LS}} = \beta + \frac{\text{Cov}(x_{it}，\alpha_i^*)}{\sigma_x^2+\sigma_\tau^2} - \frac{\beta\sigma_\tau^2}{\sigma_x^2+\sigma_\tau^2} \tag{12.6.3}$$

其中 $\sigma_x^2=\text{Var}(x_{it})$。最小二乘估计的不一致性包含两项：前一项是因为不能控制个体效应 α_i^*，而后一项是因为测量误差。

456 如果我们有面板数据，譬如说 $T=2$，则对数据进行一阶差分可消除个体效应 α_i^*，

$$y_{it}-y_{i,t-1}=\beta(x_{it}^*-x_{i,t-1}^*)+[(u_{it}-\beta\tau_{it})-(u_{i,t-1}-\beta\tau_{i,t-1})] \tag{12.6.4}$$

然后应用最小二乘法。当 $N\to\infty$时差分估计量的概率极限是

$$\begin{aligned}\operatorname*{plim}_{N\to\infty}\hat{\beta}_d &= \beta\left[1-\frac{2(1-\gamma_\tau)\sigma_\tau^2}{\text{Var}(x_{it}^*-x_{i,t-1}^*)}\right]\\ &= \beta - \frac{\beta\sigma_\tau^2}{[(1-\gamma_x)/(1-\gamma_\tau)]\sigma_x^2+\sigma_\tau^2}\end{aligned} \tag{12.6.5}$$

其中 γ_x 是 x_{it}的一阶序列自相关系数。估计量$\hat{\beta}_d$ 消除了导致不一致的前一个因素，但可能加重了第二个因素的影响。如果 $\gamma_x>\gamma_\tau$，则测量误差在$\hat{\beta}_d$ 中引起的不一致比在$\hat{\beta}_{\text{LS}}$中引起的不一致更为严重。之所以会这样，是因为如果测量误差的序列相关性比真实 x 的序列相关性弱（似乎这种情形经常发生），则一阶差分提高了所测量解释变量的信噪比。

变量误差模型的标准处理方法需要利用外部信息识别重要的参数，这些信息或者是其他数据（复制数据和/或工具变量），或者是其他假设［参见 Aigner 等（1984）］。面板数据的重复测量属性使得研究人员可以对数据进行各种不同的变换，诱发参数估计量中偏误的多种有迹可循的变化，然后利用这些变化去发现度量测量误差的重要性并还原“真实的”参数［Ashenfelter，Deaton 和 Solon (1984)；Griliches 和 Hausman (1986)］。譬如，如果测量误差 τ_{it} 对所有的 i 和 t 是独立同分布的，且 x 序列相关，则在前面的例子中只要 $T>3$，我们就可将 $x_{i,t-2}^*$或（$x_{i,t-2}^*-x_{i,t-3}^*$）作为（$x_{it}^*-x_{i,t-1}^*$）的工具变量。因此，即使 T 可能是有限的，导出的 IV 估计量在 N 趋于无穷时也是一致的。

我们也可对模型进行各种变换后，通过比较不同变换下的偏误程度而得到一致估计量［Griliches 和 Hausman (1986)］。譬如，如果用协方差变换消除非

457 观测个体成分的影响，则我们得到

$$(y_{it}-\bar{y}_i)=\beta(x_{it}^*-\bar{x}_i^*)+[(u_{it}-\bar{u}_i)-\beta(\tau_{it}-\bar{\tau}_i)] \tag{12.6.6}$$

其中$\bar{y}_i$，$\bar{x}_i^*$，$\bar{u}_i$ 和$\bar{\tau}_i$ 是各变量的个体时间均值。对模型（12.6.6）做 LS 回归得到的估计量收敛于

$$\operatorname*{plim}_{N\to\infty}\beta_w=\beta\left[1-\frac{T-1}{T}\frac{\sigma_\tau^2}{\mathrm{Var}(x_{it}^*-x_i^*)}\right] \tag{12.6.7}$$

然后 β 和σ_τ^2的一致估计量可从式（12.6.5）和（12.6.7）中得到，

$$\hat{\beta}=\left[\frac{2\hat{\beta}_w}{\mathrm{Var}(x_{it}^*-x_{i,t-1}^*)}-\frac{(T-1)\hat{\beta}_d}{T\mathrm{Var}(x_{it}^*-\bar{x}_i^*)}\right]\times\left[\frac{2}{\mathrm{Var}(x_{it}^*-x_{i,t-1}^*)}-\frac{T-1}{T\mathrm{Var}(x_{it}^*-\bar{x}_i^*)}\right]^{-1} \tag{12.6.8}$$

$$\hat{\sigma}_\tau^2=\frac{\hat{\beta}-\hat{\beta}_d}{\hat{\beta}}\cdot\frac{\mathrm{Var}(x_{it}^*-x_{i,t-1}^*)}{2} \tag{12.6.9}$$

一般说来，如果已知测量误差的结构，则利用数据的面板结构，由矩方法和/或 IV 方法可导出一致估计量。此外，并不只是一阶差分估计量和组内估计量为我们提供对偏误的隐性估计。事实上有 $T/2$ 个这样的独立估计量。对一个包含六期横截面，且测量误差 τ_{it} 独立同分布的面板，我们可用下面的关系

$$\begin{aligned}
&\operatorname*{plim}_{N\to\infty}\hat{\beta}_{61}=\beta-2\beta\sigma_\tau^2/\mathrm{Var}(x_{i6}^*-x_{i1}^*)\\
&\operatorname*{plim}_{N\to\infty}\hat{\beta}_{52}=\beta-2\beta\sigma_\tau^2/\mathrm{Var}(x_{i5}^*-x_{i2}^*)\\
&\operatorname*{plim}_{N\to\infty}\hat{\beta}_{43}=\beta-2\beta\sigma_\tau^2/\mathrm{Var}(x_{i4}^*-x_{i3}^*)
\end{aligned} \tag{12.6.10}$$

由（y_6-y_1），（y_5-y_2）和（y_4-y_3）计算 β 与σ_τ^2的估计量。所以，还存在其他一致估计量。利用这一事实，通过研究 β 的不同估计量是否相互耦合来检验关于测量误差的假设，这些假设为工具变量的合理性提供了理论依据［参见 Griliches 和 Hausman (1986)］。综合矩条件（12.6.5）、(12.6.7) 和（12.6.10），利用 Chamberlainπ 方法（第 3 章 3.9 节）或广义矩法也可得到β 和σ_τ^2的一致估计。

譬如，利用满足 $P_s\mathbf{e}_T=\mathbf{0}$ 的转换矩阵 P_s 对 $\mathbf{y}$ 和 $\mathbf{x}$ 进行转换，可消除模型 (12.6.1) 中的个体效应。对转换后的 $\mathbf{y}$ 做关于转换后的 $\mathbf{x}$ 的回归得到的估计量是关于 β，σ_x^2，σ_τ以及 x 和 τ 序列相关性的函数。Wansbeek 和 Koning (1989) 为基于各种数据转换的估计量提供了一个一般公式。令

$$Y^*=\mathbf{e}_{NT}\mu+X^*\boldsymbol{\beta}+\mathbf{v}^* \tag{12.6.11}$$

其中 $Y^*=(\mathbf{y}_1^{*\prime},\cdots,\mathbf{y}_T^{*\prime})'$，$\mathbf{y}_t^*=(y_{1t},\cdots,y_{Nt})'$，$X^*=(\mathbf{x}_1^{*\prime},\cdots,\mathbf{x}_T^{*\prime})'$， 458
$\mathbf{x}_t^*=(x_{1t},\cdots,x_{Nt})'$，$\mathbf{v}^*=(\mathbf{v}_1^{*\prime},\cdots,\mathbf{v}_T^{*\prime})'$，$\mathbf{v}_t^*=(v_{1t},\cdots,v_{Nt})'$。则

$$\begin{aligned}
\hat{\mathbf{b}}_s&=[X^{*\prime}(Q_s\otimes I_N)X^*]^{-1}[X^{*\prime}(Q_s\otimes I_N)Y^*]\\
&=\boldsymbol{\beta}+[X^{*\prime}(Q_s\otimes I_N)X^*]^{-1}[X^{*\prime}(Q_s\otimes I_N)(\mathbf{u}^*-\boldsymbol{\tau}^*\boldsymbol{\beta})]
\end{aligned} \tag{12.6.12}$$

其中 $Q_s=P_s'P_s$，$\mathbf{u}^*=(\mathbf{u}_1^{*\prime},\cdots,\mathbf{u}_T^{*\prime})'$，$\mathbf{u}_t^{*\prime}=(u_{1t},\cdots,u_{Nt})'$，$\boldsymbol{\tau}^*=(\boldsymbol{\tau}_1^*,\cdots,\boldsymbol{\tau}_T^*)'$以及 $\boldsymbol{\tau}_t^*=(\tau_{1t},\cdots,\tau_{Nt})'$。在 $K=1$ 且测量误差序列无关的情形下，Wansbeek

和 Koning (1989) 证明 m 个不同的转换估计量$\mathbf{b}=(b_1,\ \cdots,\ b_m)'$收敛于

$$\sqrt{N}[\mathbf{b}-\beta(\mathbf{e}_m-\sigma_\tau^2\boldsymbol{\phi})]\sim N(\mathbf{0},\ V) \tag{12.6.13}$$

其中$\boldsymbol{\phi}=(\phi_1,\ \cdots,\ \phi_m)'$，$\phi_s=(\mathrm{tr}(Q_s)/\mathrm{tr}(Q_s\sum_{x^*}))$，

$$\sum_{x^*}=\mathrm{Cov}(\mathbf{x}_i^*),\qquad \mathbf{x}_i^*=(\mathbf{x}_{i1}^*,\ \cdots,\ \mathbf{x}_{iT}^*)'$$

$$V=F'[\sigma_u^2\sum_{x^*}\otimes I_T+\beta^2\sigma_\tau^2(\sum_{x^*}+\sigma_\tau^2 I_T)\otimes I_T]F$$

F 是 $T^2\times m$ 的矩阵，它的第 s 列为 $\mathbf{f}_s=\mathrm{vec}(Q_s)/(\mathrm{tr}(Q_s\sum_{x^*}))$，这里$\mathrm{vec}(A)$表示通过将 A 的后一列堆积在前一列之下，将 $m\times n$ 矩阵 A 转换成 $mn\times 1$ 向量的运算［Magnus 和 Neudecker (1999，第 30 页)］。然后我们关于 β 和 σ_τ^2 最小化

$$[\mathbf{b}-\beta(\mathbf{e}_m-\sigma_\tau^2\boldsymbol{\phi})]'V^{-1}[\mathbf{b}-\beta(\mathbf{e}_m-\sigma_\tau^2\boldsymbol{\phi})] \tag{12.6.14}$$

得到有效估计量

$$\hat{\beta}=\left\{\frac{\boldsymbol{\phi}'V^{-1}\mathbf{b}}{\boldsymbol{\phi}'V^{-1}\boldsymbol{\phi}}-\frac{\mathbf{e}_m'V^{-1}\mathbf{b}}{\mathbf{e}_m'V^{-1}\boldsymbol{\phi}}\right\}\Big/\left\{\frac{\boldsymbol{\phi}'V^{-1}\mathbf{e}}{\boldsymbol{\phi}'V^{-1}\boldsymbol{\phi}}-\frac{\mathbf{e}_m'V^{-1}\mathbf{e}_m}{\mathbf{e}_m'V^{-1}\boldsymbol{\phi}}\right\} \tag{12.6.15}$$

和

$$\hat{\sigma}_\tau^2=\left\{\frac{\boldsymbol{\phi}'V^{-1}\mathbf{e}_m}{\boldsymbol{\phi}'V^{-1}\mathbf{b}}-\frac{\mathbf{e}_m'V^{-1}\mathbf{e}_m}{\mathbf{e}_m'V^{-1}\mathbf{b}}\right\}\Big/\left\{\frac{\boldsymbol{\phi}'V^{-1}\boldsymbol{\phi}}{\boldsymbol{\phi}'V^{-1}\mathbf{b}}-\frac{\mathbf{e}_m'V^{-1}\boldsymbol{\phi}}{\mathbf{e}_m'V^{-1}\mathbf{b}}\right\} \tag{12.6.16}$$

Biørn (1992) 以及 Hsiao 和 Taylor (1991) 给出了该简单模型在测量误差序列相关时的推广。Wansbeek 和 Kapteyn (1978) 考虑了动态面板数据模型存在测量误差时的简单估计量。线性面板数据模型中仅有一个回归元存在测量误差时，Wansbeek (2001) 将不同时期因变量构成的向量和回归元之间的协方差矩阵堆积起来，然后排除冗余参数，从而给出了一个在若干测量误差假设下推导矩条件的简洁框架。为阐明他的基本思想，考虑线性模型

$$y_{it}=\alpha_i^*+\beta x_{it}+\boldsymbol{\gamma}'\mathbf{w}_{it}+\mathbf{u}_{it},\qquad \begin{aligned}i&=1,\ \cdots,\ N\\ t&=1,\ \cdots,\ T\end{aligned} \tag{12.6.17}$$

459 其中 x_{it} 不可观测。我们只能观测到 x_{it}^*，它与 $\mathbf{x}_{it}$ 有如式 (12.6.2) 的关系。假设 $T\times 1$ 的测量误差向量 $\boldsymbol{\tau}_i=(\tau_{i1},\ \cdots,\ \tau_{iT})'$是独立同分布的，其均值为零，协方差矩阵为 $\Omega=E(\boldsymbol{\tau}_i\boldsymbol{\tau}_i')$。

假设 Ω 的结构满足

$$\mathrm{vec}\Omega=R_0\lambda \tag{12.6.18}$$

这里 vec 表示以列向量的形式将矩阵的行一行接一行堆积起来的运算，R 是元素未知的 $T^2\times m$ 的矩阵，而λ是 $m\times 1$ 的未知常数向量。利用协方差转换矩阵 $Q=I_T-\frac{1}{T}\mathbf{e}_T\mathbf{e}_T'$消除个体效应 α_i^* 后得到

$$Q\mathbf{y}_i=Q\mathbf{x}_i+QW_i\boldsymbol{\gamma}+Q\mathbf{u}_i \tag{12.6.19}$$

$$Q\mathbf{x}_i^*=Q\mathbf{x}_i+Q\boldsymbol{\tau}_i \tag{12.6.20}$$

其中 $\mathbf{x}_i=(x_{i1},\ \cdots,\ x_{iT})'$，$W_i=(\mathbf{w}_{it}')$。令

$$R\equiv(I_T\otimes Q)R_0 \tag{12.6.21}$$

据式 (12.6.2)，我们有

$$E(\boldsymbol{\tau}_i\otimes Q\boldsymbol{\tau}_i)=(I_T\otimes Q)E(\boldsymbol{\tau}_i\otimes\boldsymbol{\tau}_i)$$

$$
\begin{aligned}
&=(I_T \otimes Q)R_0 \boldsymbol{\lambda} \\
&=R \boldsymbol{\lambda} \qquad (12.6.22)
\end{aligned}
$$

由此可得到

$$
\begin{aligned}
E(\mathbf{x}_i^* \otimes Q\mathbf{x}_i) &= E(\mathbf{x}_i^* \otimes Q\mathbf{x}_i^*) - E[(\mathbf{x}_i + \boldsymbol{\tau}_i) \otimes Q \boldsymbol{\tau}_i] \\
&= E(\mathbf{x}_i^* \otimes Q\mathbf{x}_i^*) - R \boldsymbol{\lambda} \qquad (12.6.23)
\end{aligned}
$$

因此，

$$
E(\mathbf{x}_i^* \otimes Q\mathbf{y}_i) = E(\mathbf{x}_i^* \otimes Q\mathbf{x}_i^*)\beta + E(\mathbf{x}_i^* \otimes QW_i)\boldsymbol{\gamma} - R\boldsymbol{\lambda}\beta \qquad (12.6.24)
$$

式（12.6.24）包含冗余参数$\boldsymbol{\lambda}$。为消除式（12.6.24）中的冗余参数$\boldsymbol{\lambda}$，在式（12.6.24）两边同时乘以 $M_R = I_{T^2} - R(R'R)^{-1}R'$，我们得到正交条件

$$
M_R E\{\mathbf{x}_i^* \otimes Q(\mathbf{y}_i - \mathbf{x}_i^*\beta - W_i\boldsymbol{\gamma})\} = \mathbf{0} \qquad (12.6.25)
$$

综合式（12.6.25）和矩条件 $E(W_i'Q\mathbf{u}_i)=\mathbf{0}$，我们得到测量误差模型（12.6.17）的矩条件：

$$
E[M(\mathbf{d}_i - C_i\boldsymbol{\theta})] = \mathbf{0} \qquad (12.6.26)
$$

其中

$$
M = \begin{bmatrix} M_R & \mathbf{0} \\ \mathbf{0} & I_K \end{bmatrix}, \quad \mathbf{d}_i = \begin{bmatrix} \mathbf{x}_i^* \otimes I_T \\ W_i' \end{bmatrix} Q\mathbf{y}_i
$$

$$
C_i = \begin{bmatrix} \mathbf{x}_i^* \otimes I_T \\ W_i' \end{bmatrix} Q(\mathbf{x}_i^*, W_i), \quad \boldsymbol{\theta}' = (\beta, \boldsymbol{\gamma}')
$$

最小化 460

$$
\frac{1}{N}\Big[\sum_{i=1}^{N} M(\mathbf{d}_i - C_i\boldsymbol{\theta})\Big]' A_N \Big[\sum_{i=1}^{N} M(\mathbf{d}_i - C_i\boldsymbol{\theta})\Big] \qquad (12.6.27)
$$

可得到 GMM 估计量。

令

$$
A_N^{-1} = \frac{1}{N}\sum_{i=1}^{N} (\mathbf{d}_i - C_i\hat{\boldsymbol{\theta}})(\mathbf{d}_i - C_i\hat{\boldsymbol{\theta}})' \qquad (12.6.28)
$$

可得到最优 GMM 估计量，其中$\hat{\boldsymbol{\theta}}$是 $\boldsymbol{\theta}$ 的某个一致估计量，例如

$$
\hat{\boldsymbol{\theta}} = \Big[\Big(\sum_{i=1}^{N} C_i'\Big) M\Big(\sum_{i=1}^{N} C_i\Big)\Big]^{-1}\Big[\Big(\sum_{i=1}^{N} C_i\Big)' M\Big(\sum_{i=1}^{N} \mathbf{d}_i\Big)\Big] \qquad (12.6.29)
$$

在 τ_{it} 对所有的 i 和 t 是独立同分布的情形下，Ω 是对角元素相等的对角矩阵。于是 $m=1$ 且 $R_0=\mathrm{vec}(I_T)$，$R=(I_T \otimes Q)\mathrm{vec}(I_T)=\mathrm{vec}(Q)$，$R'R=\mathrm{tr}(Q)=T-1$，以及 $M_R = I_{T^2} - \frac{1}{T-1}(\mathrm{vec}(Q))(\mathrm{vec}(Q))'$。$\Omega$ 是对角元素不同的对角矩阵时，$m=T$ 且 $R_0=\mathbf{i}_t\,\mathbf{i}_t' \otimes \mathbf{i}_t$，其中$\mathbf{i}_t$ 是 T 阶单位矩阵的第 t 个列向量。τ_{it} 是一阶移动平均过程且 $T=4$，

$$
\Omega = \begin{bmatrix} a & c & 0 & 0 \\ c & b & c & 0 \\ 0 & c & b & c \\ 0 & 0 & c & a \end{bmatrix}
$$

时，有

$$R_0=\begin{bmatrix}1&0&0&0&0&0&0&0&0&0&0&0&0&0&0&1\\0&0&0&0&0&1&0&0&0&0&1&0&0&0&0&0\\0&1&0&0&1&0&1&0&0&1&0&1&0&0&1&0\end{bmatrix}$$

以及$\boldsymbol{\lambda}=(a, b, c)'$。

一般情况下，线性回归模型中斜率参数 $\boldsymbol{\beta}$ 的估计取决于包含各阶滞后变量水平和差分值的矩方程，在给定的关于测量误差自回归假设下，是否足够得到关于 $\boldsymbol{\beta}$ 的唯一解。更多参考文献，详见 Biørn（2000），Biørn 和 Klette（1998），Biørn 和 Krishnakumar（2008），Wansbeek（2001），以及 Wansbeek 和 Meijer（2000，第 6 章 6.6 节）。

非线性模型测量误差的处理更加困难［参见 Hsiao（1992c）］。对包含测量误差的二元选择模型见 Kao 和 Schnell（1987a，1987b）以及 Hsiao（1991b）。

461 12.7 非参数面板数据模型

前面我们对面板数据模型的讨论主要限于参数模型和或半参数模型。对面板数据的非参数模型的讨论非常复杂。但在静态情形下，非参数方法可直接在面板数据模型中推广，只是计算比较复杂。我们令

$$y_{it}=m(\mathbf{x}_{it})+v_{it},\quad i=1,\cdots,N;\ t=1,\cdots,T \tag{12.7.1}$$

$$v_{it}=\alpha_i+u_{it} \tag{12.7.2}$$

其中 $\mathbf{x}_{it}$ 表示 $K\times 1$ 的关于 u_{it} 的严格外生变量，即对所有的 t 和 s，有 $E(u_{it}\mid\mathbf{x}_{is})=0$。

将 α_i 当作随机变量且与 $\mathbf{x}_{it}$ 不相关时，可用核方法或局部最小二乘法 $\left(\min\sum_{i=1}^{N}\sum_{t=1}^{T}K\left(\frac{\mathbf{x}_{it}-\mathbf{x}^*}{\sigma_N}\right)[y_{it}-m(\mathbf{x}_{it})]^2\right)$ 估计 $m(\mathbf{x}_{it})$，对充分接近 $\mathbf{x}^*$ 的 $\mathbf{x}_{it}$，有

$$m(\mathbf{x}_{it})=m(\mathbf{x}^*)+(\mathbf{x}_{it}-\mathbf{x}^*)'\boldsymbol{\beta}(\mathbf{x}^*) \tag{12.7.3}$$

其中“接近程度”由核函数 $\sigma_N^{-K}K\left(\frac{\mathbf{x}_{it}-\mathbf{x}^*}{\sigma_N}\right)$决定［核函数需满足条件：$K(\mathbf{v})\geqslant 0$，当 $\mathbf{v}\to\pm\infty$ 时，$K(\mathbf{v})\to 0$］，σ_N 表示带宽。将式（12.7.3）代入式（12.7.1），即可用最小二乘法估计 $m(\mathbf{x}^*)$ 和 $\boldsymbol{\beta}(\mathbf{x}^*)$［参见 Li 和 Racine（2007），第 2 章］。但最小二乘法忽略了 v_{it} 误差成分结构。Martins-Filho 和 Yao（2009），Su，Ullah 和 Wang（2010）等都曾考虑更有效的两步估计量。

当 α_i 被当作常数时，因要用 y_{it} 的线型差分消除 α_i，故核方法不是估计 $m(\mathbf{x}^*)$的有效方法［参见 Li 和 Stengos（1996）］。较为方便的方法是将 $m(\mathbf{x}_{it})$ 设成如下常用的指标形式

$$m(\mathbf{x}_{it})=v_0(\mathbf{x}_{it},\boldsymbol{\theta}^0)+\sum_{j=1}^{m}h_{j0}[v_j(\mathbf{x}_{it},\boldsymbol{\theta}^0)] \tag{12.7.4}$$

其中 $v_j(\mathbf{x}_{it}, \boldsymbol{\theta}^0)$（$j=0, 1, \cdots, m$）是已知的关于 $\mathbf{x}_{it}$ 的函数，$h_{j0}(\cdot)$ 是未知函数（$j=0, 1, \cdot, m$）。

但要唯一识别指标模型（12.7.4）中的重要参数，还需要设置如下一些标准条件

（1）对于 $j=0, 1, \cdots, m$，都有 $h_{j0}(0)=0$。

（2）比例约束条件 $\boldsymbol{\theta}^{0'}\boldsymbol{\theta}^0=1$，或 $\boldsymbol{\theta}^0$ 的第一个元素不是 0，则将其标准化为 1。

（3）排除性约束条件，对某 $s\neq j$，回归元中的 $v_j(\mathbf{x}, \boldsymbol{\theta})$ 和 $v_s(\mathbf{x}, \boldsymbol{\theta})$ 是一次齐次函数。

条件（1）不满足时，则对任意常数 μ 和条件（1）中的 j，都无法对 462
$(h_{j0}(\cdot), \alpha_i)$ 和 $(h_{j0}(\cdot)-\mu, \alpha_i+\mu)$ 进行区分。条件（2）不成立时，则对任意非 0 常数 c，都无法区分 $(\boldsymbol{\theta}^0, h_0(\cdot))$ 和 $(c\boldsymbol{\theta}^0, \tilde{h}_0(\cdot)=h_0(\cdot/c))$。条件（3）不满足时，譬如说，$(h_{10}(\cdot), h_{20}(\cdot))$ 包含公共元素 $\mathbf{x}_{3it}$，则对任何函数 g，都无法区分（h_{10}，h_{20}）和 $(h_{10}+g(\mathbf{x}_{3it}), h_{20}-g(\mathbf{x}_{3it}))$［更多详细讨论，参见 Ai 和 Li（2008）］。

我们可用级数逼近法对 $h_j(\cdot)$ 进行有限样本近似

$$h_{j0}(\cdot)\simeq \mathbf{p}_j(\cdot)'\boldsymbol{\pi}_j \tag{12.7.5}$$

最简单的级数基函数是使用幂级数。但幂级数对异常值非常敏感。Ai 和 Li（2008）建议在非参数级数估计中使用分段局部多项式样条函数作为基函数。下式为一个 t 阶单变量 B-样条基函数［参见 Chui（1992，第 4 章）］

$$B_r(x \mid t_0, \cdots, t_r)=\frac{1}{(r-1)!}\sum_{j=1}^{r}(-1)^j\binom{r}{j}[\max(0, x-t_j)]^{r-1} \tag{12.7.6}$$

其中 $t_0, \cdots, t_r$ 是在支撑集 X 上均匀排列的设计节点。$r=2$ 时，式（12.7.6）就是分段线性样条函数，$r=4$ 时，可得到分段三次样条函数（即三次多项式）。用参数设定形式的式（12.7.5）代替 $h_{j0}(\cdot)$ 代入式（12.7.1），得到式（12.7.4）对应的参数表达式。然后与参数模型一样，对个体 i，求 y_{it} 对其时序均值 $\bar{y}_i=\frac{1}{T}\sum_{t=1}^{T}y_{it}$ 的离差值以消除 α_i。故可通过最小化

$$\sum_{i=1}^{N}\sum_{t=1}^{T}\Big\{\Big[y_{it}-v_0(\mathbf{x}_{it}, \boldsymbol{\theta})-\sum_{j=1}^{m}\mathbf{p}_j(v_j(\mathbf{x}_{it}, \boldsymbol{\theta}))'\boldsymbol{\pi}_j\Big] \\ -\frac{1}{T}\sum_{t=1}^{T}\Big[y_{is}-v_0(\mathbf{x}_{is}, \boldsymbol{\theta})-\sum_{j=1}^{m}\mathbf{p}_j(v_j(\mathbf{x}_{is}, \boldsymbol{\theta})'\boldsymbol{\pi}_j)\Big]\Big\}^2 \tag{12.7.7}$$

导出 $\boldsymbol{\theta}^0$ 和 $\boldsymbol{\pi}_j$ 的一致估计（$j=1, \cdots, m$）。Shen（1997），Newey（1997），Chen 和 Shen（1998）证明，当 $k_j\to\infty$，且 $\frac{k_j}{N}\to 0$ 时（对收敛速度有要求，其中 k_j 表示 π_j 的维数），$\hat{\boldsymbol{\theta}}$ 和 $\hat{h}_j(\cdot)$（$j=1, \cdots, m$）都是一致估计且渐近正态分布。

级数方法还可以用于第 8 章中讨论的样本选择模型（部分线性模型）

$$y_{it}=\mathbf{x}_{it}'\boldsymbol{\beta}+m(\mathbf{z}_{it})+\alpha_i+u_{it} \tag{12.7.8}$$

如果虚拟变量 $d_{it}=1$，则 y_{it} 可以被观测到。$d_{it}=1$ 时的样本选择效应 $m(\mathbf{z}_{it})$ 463

可由

$$m(\mathbf{z}_{it}) \sim \sum_{j=1}^{m} h_j(\mathbf{z}_{jit}) \tag{12.7.9}$$

近似，其中 $h_j(\cdot)$ 是未知函数。为识别方便，通常假定 $h_j(\cdot)$ 满足位置约束条件“对所有的 j，都有 $h_j(0)=0$”以及排除性约束条件“$\mathbf{z}_{1it}$，…，$\mathbf{z}_{mit}$ 是互斥的”。则每个 $h(\cdot)$ 都可由线性筛函数 $\mathbf{p}_j^{kj}(\cdot)'\boldsymbol{\pi}_j$ 近似，其中 $\mathbf{p}_j^{kj}(\cdot)$ 是由满足 $\mathbf{p}_j^{kj}(0)=0$ 的近似函数构成的向量函数。在 α_i 被当作随机变量且与 $\mathbf{x}_{it}$，$\mathbf{z}_{it}$ 无关的情形下，可用广义最小二乘法估计未知参数 $\boldsymbol{\beta}$ 和系数 $\boldsymbol{\pi}=(\boldsymbol{\pi}_1'，…，\boldsymbol{\pi}_m')'$，或者求解最小化问题

$$\sum_{i=1}^{N} \sum_{s<t} \left[(y_{it} - y_{is}) - (\mathbf{x}_{it} - \mathbf{x}_{is})'\boldsymbol{\beta} - \sum_{j=1}^{m} (\mathbf{p}_j^{kj}(\mathbf{z}_{jit}) - \mathbf{p}_j^{kj}(\mathbf{z}_{is}))' \boldsymbol{\pi}_j \right]^2 \tag{12.7.10}$$

Ai 和 Li (2005) 证明由此导出的估计量是一致估计，并且还导出了其渐近分布。①

依据 Hong 和 White (1995) 的思想，$\boldsymbol{\theta}$ 和 $\boldsymbol{\pi}_j$ 的非参数估计还可用来检验模型的参数设定。但对 $\mathbf{x}_{it}$ 的严格外生性要求排除了滞后因变量作为解释变量的可能。用级数展开式替换未知函数 $h_j(\cdot)$ 的两种方法，都不太容易推广到删失面板数据或非线性面板数据模型［更多讨论参见 Ai 和 Li (2008)；Su 和 Ullah (2011)］。

---

① Ai 和 Li (2005) 证明 $\boldsymbol{\beta}$ 的非线性最小二乘估计是渐近正态分布的，但 π_j 的却不是。

第13章 全书概略

13.1 面板数据的优点

如第 1 章所述，使用面板数据为经济计量估计带来的主要好处至少体现在 464
六个方面：(1) 增加了数据的自由度并降低了变量间的多重共线性程度；(2) 构建更能拟合现实经济行为模型并对竞争性经济假说进行区分；(3) 消除或降低估计偏误；(4) 导出微观个体间关系的更精确估计，并对微观经济做更精确的预测；(5) 提供适当水平总量数据的信息；(6) 简化横截面数据或时序数据推断方法。本节我们简要概述如何使用本书介绍的各种方法以充分体现面板数据方法的优点。

13.1.1 增加自由度和降低多重共线性问题

在实证分析中，研究人员常面对数据中自由度不足和严重的多重共线性问题。也就是说，样本提供的信息不能满足所设定模型的要求。为缓解矛盾，研究人员常有必要添加一些特殊的先验信息［参见 Hsiao，Mountain 和 Ho-Illman (1995)］，或增强样本信息。相比横截面数据或时序数据，面板数据包含了更多自由度。此外，面板数据既包含横截面单元个体间的差异信息，还包含个体在时间维度上的个体内动态信息，从而显著提升了样本中的信息量。为获取公共参数更精确的估计，全书介绍了多种混合方法，第 3、4、9、11（11.4 节）主要针对线性静态模型和动态模型；第 5、10 章讨论静态和动态方程组；第 7、8、12(12.1 节，12.2 节）讨论非线性模型；第 6 章讨论对异质性个体的混合方法。

13.1.2 对各种假设的识别与区分 465

用总量时序数据区分这些依赖微观个体属性的经济假说不是特别有效。单个个体的时序数据集不可能提供不同的社会统计因素影响的信息。横截面数据虽然包含关于微观经济变量和统计变量的信息，却无法分析个体间（不可观测）的异质性。使用横截面数据时固有的基本假设是 $E(y_i \mid \mathbf{x}=\mathbf{x}^*)=E(y_j \mid \mathbf{x}=\mathbf{x}^*)$。讨论 $\mathbf{x}$ 对 y 的影响时，（控制 $\mathbf{x}$ 后的）同质性假设可能导出具有严重误导性或非常敏感的推论。譬如，自 2008 年金融危机爆发以来，许多经济学家都在研究财政整顿模型，其中财政乘数的大小引起激烈的争锋。财政乘数越小，财政整顿的成本越低。在理性预期假设和使用正确预测模型的情形下，对实际 GDP 增长率的预测误差和计划的财政整顿［用结构性财政均衡（因税收增加和支出缩减引起）的变化来度量，并表示成潜在 GDP 的百分比］之间没有关系。图 13.1 给出了国际货币基金组织（IMF）估计的紧缩计划对 2010—2011 财年
466 实际 GDP 增长率预测误差的影响（国际货币基金组织，《世界经济展望》，2012 年 10 月 9 日）。该图展示了一个比较强的负面关系。基准线估计表明，GDP 1 个百分点的计划财政整顿导致大约 1 个百分点的增长率预测误差。基于这样的分析，IMF 认为隐藏在预测模型中假定的约 0.5 的乘数太低，低了差不多 1。短期财政乘数应在 0.9～1.7 之间。图 13.1 中下面的图是《金融时报》剔除希腊后给出的估计（2012 年 10 月 13—14 日）。财政削减与增长率预测误差的关系不存在。该结果对是否包括或排除某个国家如此敏感的原因是横截面数据分析没有考虑（不可观测的）国家特异效应的影响。

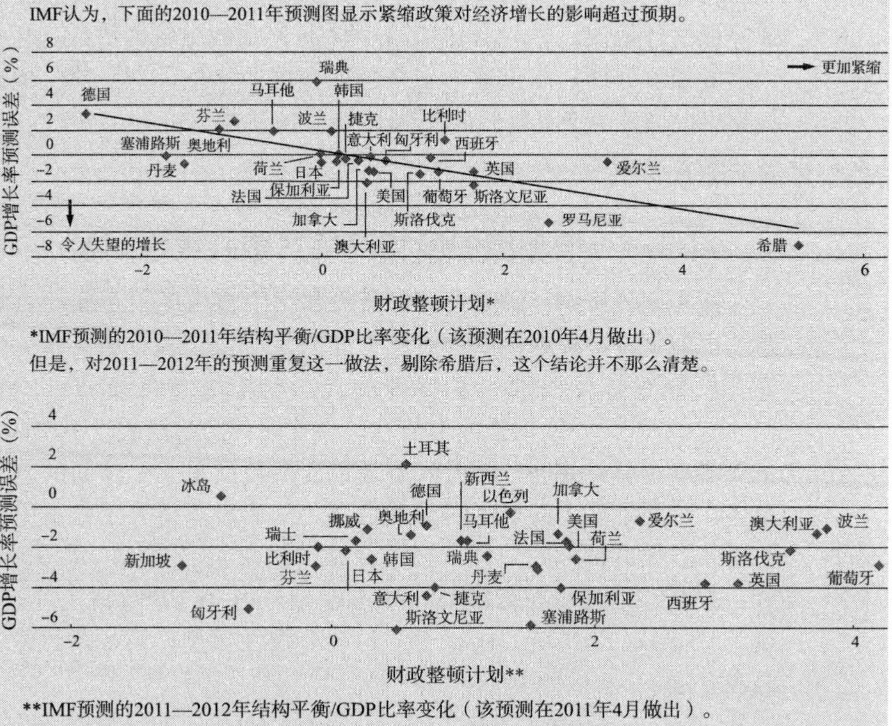

图 13.1 IMF 数据稳健性分析

资料来源：上面的图中的数据来自 IMF《世界经济展望》（2012 年 10 月）；下面的图中的数据来自《金融时报》（2012 年 10 月 13－14 日）。

与社会和行为科学的其他分支一样，经济学中也普遍存在竞争性理论。此类例子包括集体议价对工资的影响、缓解失业的短期合理政策（第 1、7 章）、在校教育对收入的影响（第 5 章）以及诸如“犯罪导致低自尊心还是低自尊心导致犯罪”的因果关系问题［参见 Jang 和 Thornberry（1998）］。站在这些问题对立面的经济学家常常对经济的运行和制度对经济效益的影响持有截然不同的观点。部分经济学家认为工会确实有助于增加工人工资或广告确实有助于增加销售量。但持相反观点的经济学家倾向于将这种影响看作一种附带现象，而不是实质性的决定因素，他们认为观察到的差距主要是因为依据某些特点对工人或企业进行分类所导致的［参见 Allison（2000）］。

从平均行为中区分个体行为或识别在其他情形下不可识别的模型时，正确辨识出来的其他波动源可提供非常有用的信息。譬如，在前面的例子中，即使没有工人素质的信息，但如果工人的能力保持不变或变化极为缓慢，那么工会状态虚拟变量和工人素质变量之间的内在相关性就可以忽略。因此，工人素质的影响可通过组内估计控制（第 3 章）。所以估计的工会状态虚拟变量的系数将给出工会组织影响的度量（第 4 章）。在收入-教育模型中，如果能够获取家庭成员组的信息，则通过一组同被遗漏的变量可提供更多家庭成员间的波动信息。为识别在其他情形下不能识别的结构参数，还可将这些新的约束条件和常见的对斜率的约束条件结合起来（第 5 章 5.4 节）。

面板数据包含大量个体的序列观测，通常允许我们将**个体间差异**（interindividual differences）从**个体内差异**（intraindividual differences）中区分开来，并为研究事前事后效应问题构建一个确当的因果结构［参见第 5 章，第 9 章（9.3 节，9.4 节），第 10 章］。此外，在时间维度基础上增加横截面维度，极大地提高了识别残差序列相关模式或识别滞后调整模式（条件变量改变后无须添加对参数的先验约束）的可能性［参见第 3 章（3.8 节），第 11 章（11.4 节）］， 467
也提高了识别包含测量误差模型的可能性（第 12 章 12.6 节）。

13.1.3　降低估计偏误

每个计量经济学家都要面对一个基本的统计问题：**模型设定问题**（specification problem）。该问题指的是如何选择包含在行为关系中的变量，以及这些变量与那些影响结果但在方程中仅通过误差项出现的变量有怎样的方式相关。实证结果常常因为研究人员没有清楚地认识到遗漏变量的影响与包含的解释变量相关而遭受批评（工会例子中的遗漏变量，譬如工人素质，可能与所包含的工会状态变量相关）。如果遗漏变量的影响与包含的解释变量相关，且这种相关性没有被明确考虑，则导出的估计量存在偏误（见第 3 章，3.4 节和 3.5 节）。对模型包含的变量和误差项之间四种类型的相关性进行区分，有助于使偏误达到最小。第一类型的相关性是因模型中包含的外生变量与应出现在方程中却没有出现的遗漏变量（因模型设定错误或因数据无法获取）相关所引起的（第 3、7、8 章）。第二类型的相关性是因模型的动态结构和冲击的持续性导致滞后因变量和误差项相关所引起的（第 4、10 章）。第三类型的相关性是因模型的联立性导致联合因变量和误差项相关所引起的（第 5 章，第 10 章 10.4 节）。第四类型的相关性是因解释变量的测量误差所引起的（第 12 章，12.6 节）。了解产生相关性的各种原因不仅为导出一致估计量提供了重要信息，而且有助于避免消除某种偏误源后却又加重其他偏误源（参见第 5 章 5.1 节）。

使用面板数据可以识别这四种导致相关性的根源。譬如，如果遗漏变量的影响对给定的个体在时间上保持恒定，或者在给定时期对所有个体都一样且模型是线性的（参见第 3、4 章），则使用面板数据时遗漏变量偏误可通过三种方法消除：(1) 对样本观测值差分以消除个体特异和/或时间特异效应；(2) 利用虚拟变量捕捉个恒和/或时恒变量的影响；(3) 设定非观测因素在可观测外生变量下的条件分布，然后通过积分去除非观测效应，再基于可观测变量的边际分布进行统计推断。前两种方法通常称作**固定效应推断**（fixed-effects inference），第三种方法被称作**随机效应推断**（random-effects inference）。

468 面板数据不仅有助于识别因联立性导致的回归元与扰动项的相关性，还有助于识别因不可观测个体特异效应项或时间特异效应项与回归元之间的相关性导致的回归元与扰动项的相关性。消除联立性偏误的标准方法是利用工具变量清除方程中联合因变量与误差项之间的相关性。但如果回归元与非观测个体特异效应项或时间特异效应项存在相关性，则在通常情况下被认为合理的工具变量可能不再有效（第 5 章 5.3 节）。

解释变量的测量误差导致方程中的回归元和误差项之间的相关性。变量存在测量误差时，常见的通过差分清除个体特异效应的方法清除了一个偏误源却加重了测量误差导致的偏误源。但是，数据的不同转换方法可引起数据中不同且可推导的变化，这些变化可用来确定测量误差的重要性并得到重要参数的一致估计量（第 12 章 12.6 节）。

13.1.4 对个体生成更精确的预测结果

如果控制某些变量后，个体行为变得相似，面板数据可通过观测其他个体的行为预测个体行为的目的。因此，补充所研究问题中其他个体的观测数据，可以得到对个体行为更为精确的描述（见第 6 章）。

13.1.5 为适当水平总量数据提供信息

模型是对现实的简化，不是对真实世界的简单复制。通过对“相同”类型单元个体的汇总或通过“典型经济人”假设，将真实世界的细枝末节剔除掉。但是，如果宏观单元是异质的，则不仅总量数据的时序属性可能明显不同于个体数据的时序属性［参见 Granger（1980）；Lewbel（1992，1994）；Stoker（1993）］，基于总量数据的政策评价也可能具有严重误导性。此外，用总量数据对总产出预测的精度可能不及基于微观方程的预测［参见第 6 章 6.8.2 节或 Hsiao，Shen 和 Fujiki (2005)］。包含大量个体时序观测的面板数据也适合用来讨论“异质的”还是“同质的”问题。此外，如果面板数据的同质性假设被拒绝，则在第 6 章中讨论的可变系数模型可用在微观单元间存在异质性时对总体的推断。

13.1.6　简化计算和统计推断 469

面板数据至少包含横截面维度和时序维度。在通常情况下，相比横截面数据和时序数据，面板数据估计量的计算和推断更为复杂。但在很多情形下，面板数据的使用事实上简化了计算和推断。譬如，分析变量的时序性质时，首先我们需要大量的时序观测以便区分该时序是平稳的还是非平稳的。其次，当时序过程非平稳时，最小二乘估计或最大似然估计的抽样分布不再是正态分布[参见 Anderson（1959）；Dickey 和 Fuller（1979，1981）；Phillips 和 Durlauf（1986）]。但如果使用面板数据，我们可借用横截面维度上的中心极限定理证明很多估计量的极限分布仍是正态分布。此外，即使在只有少量时序观测可以获取的情形下，研究人员利用横截面维度的信息也可以将单位根或协整过程与平稳过程辨识开来（见第 10 章）。

另一个例子是社会项目影响的评估问题。仅有横截面数据时，控制选择对可观测变量或不可观测变量的影响可能非常复杂（见第 9 章 9.6.2 节）。但使用面板数据且横截面相依时，大可不必担心选择对可观测变量或不可观测变量的影响，直接用横截面单元信息构建反设事实来评估社会项目的影响，使问题的分析大为简化（见第 9 章 9.6.3 节）。

13.2　面板数据分析面临的挑战

虽然面板数据有许多胜于横截面或时序数据集的优点，但仍存在很多重要的仍待解决的问题，譬如（1）如何最好地用模型分析在横截面维度和/或时间维度上的非观测异质性；（2）控制非观测异质性的影响导出非线性模型的有效推断；（3）用模型分析横截面相依；（4）多维大样本分析；（5）样本损耗；等等。

13.2.1　用模型分析非观测异质性

如导言中所述（第 1 章 1.3 节），面板数据呈现了个体在时间维度上的观测结果。影响个体结果的因素非常多。面板数据建模面临的最大挑战之一就是如何正确地用模型分析在横截面维度和时间维度上控制变量 $\mathbf{x}$ 无法捕捉且无法观测的异质性。本书采用的主要方法是对不同的个体 i 和不同时期 t，用部分参数 470
刻画控制 $\mathbf{x}_{it}$ 后 y_{it} 的条件分布 $f(y_{it}\mid\mathbf{x}_{it},\boldsymbol{\beta},\boldsymbol{\gamma}_{it})$，对不同的 i 和 t，$\boldsymbol{\beta}$ 是不变的，$\boldsymbol{\gamma}_{it}$ 是随着 i 和 t 变化的。为控制 $\boldsymbol{\gamma}_{it}$ 对 $\boldsymbol{\beta}$ 推断的影响，我们将 $\boldsymbol{\gamma}_{it}$ 分解为个体特异效应项 $\boldsymbol{\alpha}_i$ 和时间特异效应项 $\boldsymbol{\lambda}_t$。这是不是用模型分析非观测异质性的最好方式呢？当时序维度或横截面维度增大时，$\boldsymbol{\alpha}_i$ 的时间不变性或 $\boldsymbol{\lambda}_t$ 的个体不变性是否

仍合理呢？此外，关于变量的函数在不同的时点含义差别巨大。譬如，Friedman（1969）发现，在19世纪60年代M2和名义GDP之间有稳定的关系。但随着技术发展，现今有很多工具可用来实现货币及活期存款的功能。现今的M2和19世纪60年代的M2仍有相同的经济学含义吗？或者这些近似替代品是否也应该纳入货币分析框架？

将非观测异质性当作固定且不同的常数（固定效应）还是当作从共同（条件）分布中随机抽取的（随机效应）也是面板数据分析中的一大问题。在通常情况下，如果认为非观测异质性是从公共分布中随机抽取的，则模型适合设定为随机效应模型。如果非观测异质项与解释变量相关，或来自不同的总体，则模型适合设为固定效应模型，除非研究人员已经知道可观测变量和不可观测变量之间的迭代关系。固定效应模型控制特异效应项后进行推断，因此不需要假定效应项的分布，这是该方法的一大优点。但估计特异效应项时自由度的损失将导致条件推断的损失。如果效应项的数量随着样本容量同阶增长，固定效应模型还将面临伴生参数问题（第4、7、8章）。随机效应模型的优点是一般情况下效应项的概率分布函数仅取决于少量参数，故不存在伴生参数问题，还可能是有效推断。缺点是需要明确知道可观测变量和非观测变量之间的关系。一般说来，固定效应模型的优点正是随机效应模型的缺点，而随机效应模型的缺点正是固定效应模型的优点（参见第3、4章的讨论）。问题在于，当没有明确知道可观测变量和非观测变量之间的关系时，很难确定该采用什么方法。

13.2.2 在非线性模型中控制非观测异质性的影响

线性模型和非线性模型之间有很大的区别。如果模型是线性的，则可控制
对可观测变量的影响并使用最小距离估计法。如果模型是非线性的，则要求有
471 关效应项条件分布的假设非常具体。但效应项不可观测。没有可观测变量和非
观测变量关系的明确假设，也很难设定效应项的条件分布。此外，随机效应估
计量的推导常涉及多维积分，可即便是在计算能力非常发达的今天，这类计算
工作也非常复杂。

如果将效应项当作固定常数，且未知特异效应项的数量随着样本容量同步增长，则估计特异效应项时将面临伴生参数问题。在线性模型情形下，Neyman-Scott（1948）原理告诉我们可以将公共系数和特异效应项分离后再进行估计，但对一般的非线性模型，通常不存在这样的分析方法。要构造结构参数的一致估计，必须利用非参数模型的特殊结构。一般有三种最常用的方法：（1）控制效应项最小充分统计量的条件方法；（2）利用模型潜在线性结构的半参数方法（第7、8章）；（3）再参数化模型，使得个体效应项再参数化后的信息矩阵与再参数化后的结构参数无关［Lancaster（2001）］。前两种方法将经典抽样推断用于不再包含伴生参数的模型。将包含伴生参数的模型转换为不包含伴生参数的模型需要利用初始模型的特殊结构。第三种方法是一种贝叶斯方法。可证明当结构（公共）参数的信息矩阵与伴生（或个体特异）参数正交时，给伴生参数设定相同的先验分布可以降低偏误［Arellano和Bonhomme（2009）］。但对于多数非线

性模型，都难找到一个合适的转换，使信息矩阵具有正交性。哪种方法能导出一致估计，在运用时必须逐一尝试。此外，即便在一致估计存在的情形下，对数据的约束条件也非常严格，几乎很少有数据集能满足（见第 7 章 7.5 节）。①

13.2.3　用模型分析横截面相依

如果面板数据在横截面维度上不是条件独立的，则忽略横截面相依性将导致错误的推断。与时序数据不同，横截面单元之间没有自然的排序。第 9 章介绍了若干在计量经济学中常用的方法。每种方法各有自己的优点和局限性。特别是在 N 较大、T 较小或模型是非线性的时，合理分析和处理横截面相依仍有 472
待进一步研究。

13.2.4　多维大样本分析

本书专门讨论具有横截面维度（N）和时间维度（T）的面板数据。多数情形都是在某个维度上有少量观测值（通常是时间维度），而在另一个维度上有大量观测值（通常是横截面维度），但也有很多 N 和 T 相差不多的面板数据集。当面板数据在一个维度上的观测值很大，或在两个维度或更多维度上观测值都很大，譬如 N 和 T 都趋于无穷时，理解在这些情形下推断方法的统计性质及其增长的相对速度非常重要。基于这些信息，我们就知道对给定的面板数据集，模型中哪些参数可以一致地估计，哪些参数不能一致地估计，以及估计偏误产生的原因。譬如，在线性动态模型中，扰动项可分解为两部分的和，一部分是个体时恒的，而另一部分是独立分布的，则可通过对个体的连续观测进行差分消除个体时恒效应项。之后我们可用（充分高阶的）滞后因变量作为转换模型的工具变量，以避开扰动项序列相关的问题（第 4 章，4.3 和 4.5 节）。当 T 固定而 N 较大时，导出的估计量是一致估计且渐近正态分布的。但 $N\to\infty$ 时，T 随着 N 同时增大，且 $\frac{T}{N}\to c\neq0$ 时，虽然导出的估计量仍是一致估计，但估计量乘以 $\sqrt{NT}$ 后存在渐近偏误，要使后面的推断合理，则需对偏误进行修正［参见第 4、10 章，附录 4B 或 Alvarez 和 Arellana（2003）；Phillips 和 Moon（1999）］。

计算机的计算速度、存储容量已经允许研究人员收集、处理、分析维度非常高的数据集。高维面板数据也变得更加容易获取。在数据维度固定假设下的经典大样本分析理论［参见 Anderson（1985）］已无法处理来自高维数据的有限样本产生的问题［见 Bai 和 Silverstein（2004）］。譬如，Bai 和 Saranadasa（1996）证明在检验两个高维总体均值差异时，Dempsters（1959）非精确检验比 Hotelling（1931）的 T^2 检验更有效，虽然后者有显式检验统计量。许多有趣且重要的问题有待解决。解决高维数据分析中有限样本问题的统计理论对计量经

① 譬如，在第 7 章 7.5 节讨论的动态 logit 模型，一致估计存在性条件的最低要求是（1）对每个个体进行 4 期时序观测；（2）个体在中间两期交换位置；（3）在第 3 期和第 4 期，外生变量的值必须相等。

济学家和/或社会科学家非常有用［参见 Bai 和 Silverstein (2006)］。

13.2.5 样本损耗

面板数据包含大量个体不同时期的观测值。如表 1.1 所示，随着时间推移，
473
很多个体消失了。如果样本损耗是随机发生的，则不会给面板数据模型带来严重问题，只需处理数据集中有完整历史的观测数据即可。如果检验（见第 11 章，11.1 节）表明样本损耗是行为相关的，则忽略损耗问题可能导致错误的推断。Baltagi 和 Song（2006）以及 Hirano 等（2001）展示了使用更新样本消除各种损耗的潜在可能。但要正确处理样本损耗问题，必须明确清楚样本损耗的原因。此外，如 Hausman 和 Wise (1977)(见第 8 章，8.2 节）或 Ridder (1990) 所述，处理损耗问题时计算量是极其大的。

13.3 结束语

本书旨在综合介绍分析面板数据的多种统计工具，并展示面板数据所拥有的若干要点。在选择合适的方法研究面板数据丰富而独有的属性时多思考以下几个问题不无裨益。首先，在经济理论和实证调查匹配方面，面板数据与横截面数据或时间序列数据相比，能够给我们带来哪些优势？其次，面板数据和分析这些数据的经济计量方法有哪些局限性？再次，面板数据为所研究问题提供的具体解答与各假设间的相容性有关，而这些假设隐含在统计推断方法和数据生成过程之中。最后，使用面板数据时，我们如何提高估计的效率？经济数据分析要求分析人员具备综合、解释以及经验领悟能力。统计方法的调用只是一流实证分析所需技能的一部分，有时可能只是很小的一部分［Heckman (2001)］。当然面板数据也不是万能的。然而，如果“面板数据只是打开世界的一扇小窗口的话，那么它们从来都不是计量经济学中最好的窗口”［Mairesse (2007)］。

参考文献

Abramowitz, M., and J. Stegun. (1965). *Handbook of Mathematical Functions with Formulas, Graphs and Mathematical Tables*. New York: Dover.

Abrevaya, J. (1999). "Leapfrog Estimation of a Fixed-Effects Model with Unknown Transformation of the DependentVariable." *Journal of Econometrics*, 93, 203 - 28.

________. (2000). "Rank Estimation of a Generalized Fixed-Effects Regression Model." *Journal of Econometrics*, 95, 1 - 24.

Ahn, H., and J. L. Powell. (1993). "Semiparametric Estimation of Censored Selection Models with a Nonparametric Selection Mechanism." *Journal of Econometrics*, 58, 3 - 30.

Ahn, S. C., and H. R. Moon. (2001). "On Large-N and Large-T Properties of Panel Data Estimators and the Hausman Test." Mimeo, Arizon State University.

Ahn, S. C., and P. Schmidt. (1995). "Efficient Estimation of Models for Dynamic Panel Data." *Journal of Econometrics*, 68, 5 - 27.

Ahn, S. C., Y. H. Lee and P. Schmidt. (2001). "GMM Estimation of Linear Panel Data Models with Time-Varying Individual Effects." *Journal of Econometrics*, 101, 219 - 55.

________. (2013). "Panel Data Models with Multiple Time-Varying Individual Effects." *Journal of Econometrics*, 174, 1 - 14.

Ai, C., and Q. Li. (2005). "Estimation of Partly Specified Panel Data Tobit Models." Mimeo, Texas A&M University.

Ai, C., and Q. Li. (2008). "Semi-Parametric and Non-Parametric Models in Panel Data Models," in *The Econometrics of Panel Data*, 3rd ed., edited by L. Mátyás and P. Sevestre. Berlin: Springer-Verlag, pp. 451 - 78.

Aigner, D. J., and P. Balestra. (1988). "Optimal Experimental Design for Error Components Models." *Econometrica*, 56, 955 - 72.

Aigner, D. J., C. Hsiao, A. Kapteyn, and T. Wansbeek. (1984). "Latent Variable Models in Econometrics," in *Handbook of Econometrics*, Vol. II, edited by Z. Griliches and M. Intriligator, pp. 1322 - 93. Amsterdam: North-Holland.

Akaike, H. (1973). "Information Theory and an Extension of the Maximum Likelihood Principle," in *Proceedings of the 2nd International Symposium Information Theory*, edited by B. N. Petrov and F. Csaki，pp. 267 - 281. Budapest：Akademiai Kiado.

Akashi，K.，and N. Kunitomo. (2011). "The Limited Information Maximum Likelihood Approach to Dynamic Structural Equation Models." Mimeo，University of Tokyo.

________. (2012). "Some Properties of the LIML Estimator in a Dynamic Panel Structural Equation." *Journal of Econometrics*，166，167 - 83.

Allison，P. (2000). "Inferring Causal Order from Panel Data." Paper presented at the 9th International Conference on Panel Data，Geneva，Switzerland.

Alvarez，J.，and M. Arellano. (2003). "The Time Series and Cross-Section Asymptotics of Dynamic Panel Data Estimators." *Econometrica*，71，1121 - 59.

Amemiya，T. (1971). "The Estimation of the Variance in a Variance-Component Model." *International Economic Review*，12，1 - 13.

________. (1974). "Bivariate Probit Analysis：Minimum Chi-Square Methods." *Journal of the American Statistical Association*，69，940 - 44.

________. (1976). "The Maximum Likelihood，the Minimum Chi-Square and the Nonlinear Weighted Least Squares Estimator in the General Qualitative Response Model." *Journal of the American Statistical Association*，71，347 - 51.

________. (1978a). "The Estimation of a Simultaneous Equation Generalized Probit Model." *Econometrica*，46，1193 - 205.

________. (1978b). "A Note on a Random Coefficients Model." *International Economic Review*，19，793 - 96.

________. (1980a). "Selection of Regressors." *International Economic Review*，21，331 - 54.

________. (1980b). "The n^{-2}-Order Mean Squared Errors of the Maximum Likelihood and the Minimum Logit Chi-Square Estimator." *Annals of Statistics*，8，488 - 505.

________. (1981). "Qualitative Response Models：A Survey." *Journal of Economic Literature*，19，1483 - 536.

________. (1983). "Nonlinear Regression Models，" in *Handbook of Econometrics*，Vol. I，edited by Z. Griliches and M. Intriligator，pp. 333 - 89. Amsterdam：North-Holland.

________. (1984). "Tobit Models：A Survey." *Journal of Econometrics*，24，3 - 62.

________. (1985). *Advanced Theory of Econometrics*. Cambridge，MA：Harvard University Press.

Amemiya，T.，and W. A. Fuller. (1967). "A Comparative Study of Alternative Estimators in a Distributed-Lag Model." *Econometrica*，35，509 - 29.

Amemiya，T.，and T. E. MaCurdy. (1986). "Instrumental Variable Estimation of An Error Components Model." *Econometrica*，54，869 - 80.

Andersen，E. B. (1970). "Asymptotic Properties of Conditional Maximum Likelihood Estimators." *Journal of the Royal Statistical Society B*，32，283 - 301.

________. (1973). *Conditional Inference and Models for Measuring*. København：Mentalhygiejnish Farlag.

Anderson，T. W. (1959). "On Asymptotic Distributions of Estimates of Parameters of

Stochastic Differences Equations." *Annals of Mathematical Statistics*, 30, 676 - 87.

________. (1969). "Statistical Inference for Covariance Matrices with Linear Structure," in *Multivariate Analysis*, Vol. 2, edited by P. R. Krishnaiah, pp. 55 - 66. New York: Academic Press.

________. (1970). "Estimation of Covariance Matrices Which Are Linear Combinations or Whose Inverses Are Linear Combinations of Given Matrices," in *Essays in Probability and Statistics*, edited by R. C. Bose, pp. 1 - 24. Chapel Hill: University of North Carolina Press.

________. (1971). *The Statistical Analysis of Time Series*. New York: John Wiley & Sons.

________. (1978). "Repeated Measurements on Autoregressive Processes." *Journal of the American Statistical Association*, 73, 371 - 78.

________. (1985). *An Introduction to Multivariate Analysis*, 2nd ed. New York: John Wiley & Sons.

Anderson, T. W., and C. Hsiao. (1981). "Estimation of Dynamic Models with Error Components," *Journal of the American Statistical Association*, 76, 598 - 606.

________. (1982). "Formulation and Estimation of Dynamic Models Using Panel Data." *Journal of Econometrics*, 18, 47 - 82.

Angrist, J. D., and J. Hahn. (1999). "When to Control for Covariates? Panel-Asymptotic Results for Estimates of Treatment Effects." NBER Technical Working Paper 241.

Anselin, L. (1988). *Spatial Econometrics: Methods and Models*. Dordrecht: Kluwer Academic.

Anselin, L., and D. A. Griffith. (1988). "Do Spatial Effects Really Matter in Regression Analysis?" *Papers of the Regional Science Association*, 65, 11 - 34.

Anselin, L., J. Le Gallo, and H. Jayet. (2008). "Spatial Panel Econometrics," in *The Econometrics of Panel Data*, 3rd ed., edited by L. Mátyás and P. Sevestre, pp. 625 - 60. Berlin: Springer-Verlag.

Antweiler, W. (2001). "Nested Random Effects Estimation in Unbalanced Panel Data." *Journal of Econometrics*, 101, 295 - 313.

Arellano, M. (2003). *Panel Data Econometrics*. Oxford: Oxford University Press.

Arellano, M., and S. Bond. (1991). "Some Tests of Specification for Panel Data: Monte Carlo Evidence and an Application to Employment Equations." *Review of Economic Studies*, 58, 277 - 97.

Arellano, M., and S. Bonhomme. (2009). "Robust Priors in Nonlinear Panel Data Models." *Econometrica*, 77, 489 - 536.

Arellano, M., and O. Bover. (1995). "Another Look at the Instrumental Variable Estimation of Error-Components Models." *Journal of Econometrics*, 68, 29 - 51.

Arellano, M., and R. Carrasco. (2003). "Binary Choice Panel Data Models with Predetermined Variables." *Journal of Econometrics*, 357 - 81.

Arellano, M., and B. Honoré. (2001). "Panel Models: Some Recent Development," in *Handbook of Econometrics*, Vol. 5, edited by J. Heckman and E. Leamer, pp. 3229 - 296. Amsterdam: North-Holland.

Arellano, M., O. Bover, and J. Labeaga. (1999). "Autoregressive Models with Sample Selectivity for Panel Data," in *Analysis of Panels and Limited Dependent Variable Models*, edited by C. Hsiao, K. Lahiri, L. F. Lee, and M. H. Pesaran, pp. 23 - 48. Cambridge: Cambridge University Press.

Ashenfelter, O. (1978). "Estimating the Effect of Training Programs on Earnings." *Review of Economics and Statistics*, 60, 47 - 57.

Ashenfelter, O., and G. Solon. (1982). "Longitudinal Labor Market Data-Sources, Uses and Limitations," in *What's Happening to American Labor Force and Productivity Measurements?* pp. 109 - 26. Proceedings of a June 17, 1982, conference sponsored by the National Council on Employment Policy, W. E. Upjohn Institute for Employment Research.

Ashenfelter, O., A. Deaton, and G. Solon. (1984). "Does It Make Sense to Collect Panel Data in Developing Countries?" Mimeo, World Bank.

Avery, R. B. (1977). "Error Components and Seemingly Unrelated Regressions." *Econometrica*, 45, 199 - 209.

Bai, J. (2003). "Inferential Theory for Factor Models of Large Dimensions." *Econometrica*, 71, 135 - 71.

________. (2009). "Panel Data Models with Interactive Fixed Effects." *Econometrica*, 77, 1229 - 79.

Bai, J., and J. L. Carrion-i-Silvestre. (2009). "Structural Changes, Common Stochastic Trends, and Unit Roots in Panel Data." *Review of Economic Studies*, 76, 471 - 501.

Bai, J., and S. Ng. (2002). "Determining the Number of Factors in Approximate Factor Models." *Econometrica*, 70, 191 - 221.

________. (2004). "A Panic on Unit Root Tests and Cointegration." *Econometrica*, 72, 1127 - 77.

________. (2010). "Panel Unit Root Tests with Cross-Section Dependence: A Further Investigation." *Econometric Theory*, 26, 1088 - 114.

Bai, Z. D., and H. Saranadasa. (1996), "Effect of High Dimension: by an Example of a Two Sample Problem." *Statistical Sinica*, 6, 311 - 29.

Bai, Z. D., and J. W. Silverstein. (2004), "CLT of Linear Spectral Statistics of Large-Dimensional Sample Covariance Matrices." *Annals of Probability*, 32 (1A), 553 - 605.

________. (2006). *Spectral Analysis of Large Dimensional Random Matrices*. Beijing: Science Press.

Baillie, R. T., and B. H. Baltagi. (1999). "Prediction from the Regression Model with One-Way Error Components," in *Analysis of Panels and Limited Dependent Variable Models*, edited by C. Hsiao, K. Lahiri, L. F. Lee, and M. H. Pesaran, pp. 255 - 67. Cambridge:

Cambridge University Press.

Balestra, P., and M. Nerlove. (1966). "Pooling Cross-Section and Time Series Data in the Estimation of a Dynamic Model: The Demand for Natural Gas." *Econometrica*, 34, 585 - 612.

Baltagi, B. H. (1980). "On Seemingly Unrelated Regressions with Error Components." *Econometrica*, 48, 1547 - 51.

________. (1981a). "Simultaneous Equations with Error Components." *Journal of Econometrics*, 17, 189 - 200.

________. (1981b). "Pooling: An Experimental Study of Alternative Testing and Estimation Procedures in a Two-Way Error Components Model." Mimeo, University of Houston.

________. (1995). "Econometric Analysis of Panel Data." New York: John Wiley & Sons. Baltagi, B. H., and J. M. Griffin. (1983). "Gasoline Demand in the OECD: An Application of Pooling and Testing Procedures." *European Economic Review*, 22, 117 - 37.

Baltagi, B. H., and C. Kao. (2000). "Nonstationary Panels, Cointegration in Panels and Dynamic Panels, A Survey in Nonstationary Panels, Panel Cointegration and Dynamic Panels," *Advances in Econometrics*, Vol. 15, edited by B. Baltagi, pp. 7 - 52. Amsterdam: JAI Press.

Baltagi, B. H., and Q. Li. (1991). "A Transformation that will Circumvent the Problem of Autocorrelation in an Error Component Model." *Journal of Econometrics*, 48, 385 - 93.

________. (1992). "A Monotonic Property for Iterative GLS in the Two-Way Random Effects Model." *Journal of Econometrics*, 53, 45 - 51.

Baltagi, B. and S. H. Song. (2006). "Unbalanced Panel Data: A Survey." *Statistical Papers*, 47, 493 - 523.

Baltagi, B. H., S. Song, and B. Jung. (2001). "The Unbalanced Nested Error Component Regression Model." *Journal of Econometrics*, 101, 357 - 81.

Baltagi, B. H., S. Song, B. Jung, and W. Koh. (2007). "Testing for Serial Correlation, Spatial Autocorrelation and Random Effects Using Panel Data." *Journal of Econometrics*, 140, 5 - 51.

Banerjee, A. (1999). "Panel Data Unit Roots and Cointegration: An Overview." *Oxford Bulletin of Economics and Statistics*, 61, 607 - 29.

Banerjee, A., M. Marcellino, and C. Osbat. (2005). "Testing for PPP: Should We Use Panel Methods?" *Empirical Economics*, 30, 77 - 91.

Barro, R., and X. Sala-i-Martin. (1995). *Economic Growth*. New York: McGraw-Hill. Barth, J., A. Kraft, and J. Kraft. (1979). "A Temporal Cross-Section Approach to the Price Equation." *Journal of Econometrics*, 11, 335 - 51.

Bartolucci, F., and V. Nigro. (2010). "A Dynamic Model for Binary Panel Data with Unobserved Heterogeneity Admitting a Root-N Consistent Conditional Estimator." *Econ-*

ometrica, 78, 719 - 33.

________. (2012). "Pseudo Conditional maximum Likelihood Estimation of the Dynamic Logit Model for Binary Panel Data." *Journal of Econometrics*, 170, 102 - 16.

Bassett, G. Jr., and R. Koenker. (1978), "Asymptotic Theory of Least Absolute Error Regression." *Journal of the American Statistical Association*, 73, 618 - 22.

Bates, G., and J. Neyman. (1951). "Contributions to the Theory of Accident Proneness. II: True of False Contagion." *University of California Publications in Statistics*, pp. 215 - 53.

Becketti, S., W. Gould, L. Lillard, and F. Welch. (1988). "The Panel Study of Income Dynamics After Fourteen Years: An Evaluation." *Journal of Labor Economics*, 6, 472 - 92.

Beckwith, N. (1972). "Multivariate Analysis of Sales Response of Competing Brands to Advertising." *Journal of Marketing Research*, 9, 168 - 76.

Ben-Porath, Y. (1973). "Labor Force Participation Rates and the Supply of Labor." *Journal of Political Economy*, 81, 697 - 704.

Berkson, J. (1944). "Application of the Logistic Function to Bio-Assay." *Journal of the American Statistical Association*, 39, 357 - 65.

________. (1955). "Maximum Likelihood and Minimum χ^2 Estimates of the Logistic Function." *Journal of the American Statistical Association*, 50, 130 - 62.

________. (1957). "Tables for Use in Estimating the Normal Distribution Function by Normit Analysis." *Biometrika*, 44, 411 - 35.

________. (1980). "Minimum Chi-Square, Not Maximum Likelihood!" *Annals of Statistics*, 8, 457 - 87.

Bernard, A., and C. Jones. (1996). "Productivity Across Industries and Countries: Time Series Theory and Evidence." *Review of Economics and Statistics*, 78, 135 - 46.

Bester, C. A., and C. B. Hansen. (2012). "Grouped Effects Estimators in Fixed Effects Models." *Journal of Econometrics*, forthcoming.

Bhargava, A., and J. D. Sargan. (1983). "Estimating Dynamic Random Effects Models from Panel Data Covering Short Time Periods." *Econometrica*, 51, 1635 - 59.

Binder, M., C. Hsiao, and M. H. Pesaran. (2005). "Estimation and Inference in Short Panel Vector Autoregression with Unit Roots and Cointegration." *Econometric Theory*, 21, 795 - 837.

Biørn, E. (1981). "Estimating Economic Relations from Incomplete Cross-Section/Time Series Data." *Journal of Econometrics*, 16, 221 - 36.

________. (1992). "Econometrics of Panel Data with Measurement Errors," in *Econometrics of Panel Data: Theory and Applications*, edited by L. Mátyás and P. Sevestre, pp. 152 - 95. Dordrecht: Kluwer Academic.

________. (2000). "Panel Data with Measurement Errors, Instrumental Variables and GMM Estimators Combining Levels and Differences." *Econometric Reviews*, 19, 391 - 424.

Biørn, E., and T. J. Klette. (1998). "Panel Data with Errors-in-Variables: Essential and

Redundant Orthogonality Conditions in GMM Estimator." *Econometrics Letters*, 59, 275–82.

Biørn, E., and J. Krishnakumar. (2008). "Measurement Errors and Simultaneity," in *The Econometrics of Panel Data*, 3rd eds., edited by L. Mátyás and P. Sevestre, pp. 323–68. Berlin: Springer-Verlag.

Bishop, Y. M., S. E. Fienberg, and P. W. Holland. (1975). *Discrete Multivariate Analysis: Theory and Practice*. Cambridge, MA: MIT Press.

Blanchard, P. (1996). "Software Review," in *The Econometrics of Panel Data*, 2nd ed. edited by L. Matyas and P. Sevestre, pp. 879–913. Dordrecht: Kluwer Academic.

Blundell, R., and S. Bond. (1998). "Initial Conditions and Moment Restrictions in Dynamic Panel Data Models." *Journal of Econometrics*, 87, 115–43.

Blundell, R., and R. J. Smith. (1991). "Conditions Initiales et Estimation Efficace dans les Modéles Dynamiques sur Donné es de Panel." *Annals d'Economies et de Statistique*, 20–21, 109–24.

Blundell, R., M. Browning, and C. Meghir. (1994). "Consumer Demand and the Life Cycle Allocation of Household Expenditure." *Review of Economic Studies*, 61, 57–80.

Blundell, R., R. Griffith, and F. Windmeijer. (2002). "Individual Effects and Dynamics in Count Data Models." *Journal of Econometrics*, 102, 113–31.

Bond, S., and C. Meghir. (1994). "Dynamic Investment Models and the Firm's Financial Policy." *Review of Economic Studies*, 61, 197–222.

Borus, M. E. (1981). "An Inventory of Longitudinal Data Sets of Interest to Economists." Mimeo, Ohio State University.

Box, G. E. P., and G. M. Jenkins. (1970). *Time Series Analysis: Forecasting and Control*. San Francisco: Holden-Day.

Box, G. E. P., and G. C. Tiao. (1968). "Bayesian Estimation of Means for the Random Effects Model." *Journal of the American Statistical Association*, 63, 174–81.

________. (1973). *Bayesian Inference in Statistical Analysis*. Reading, MA: Addison-Wesley.

Brainard, W. C., and J. Tobin. (1968). "Pitfalls in Financial Model Building." *American Economic Review*, 58, 99–122.

Breitung, J., and S. Das. (2008). "Panel Unit Roots Under Cross Sectional Dependence." *Statistica Nerrlandica*, 59, 414–33.

Breitung, J., and M. H. Pesaran. (2008). "Unit Roots and Cointegration in Panels," in *The Econometrics of Panel Data*, edited by L. Matyas and P. Sevestre, pp. 279–322. Berlin: Springer-Verlag.

Bresson, G., and C. Hsiao. (2011). "A Functional Connectivity Approach for Mod-elling Cross-Sectional Dependence with an Application to the Estimation of Hedonic Housing Prices in Paris." *Advances in Statistical Analysis*, 95, 501–9.

Bresson, G., C. Hsiao, and A. Pirotte. (2011). "Assessing the Contribution of R&D to

Total Productivity-A Bayesian Approach to Account for Heterogeneity and Heteroscedasticity." *Advances in Statistical Analysis*, 95, 435 - 52.

Breusch, T. S. (1987). "Maximum Likelihood Estimation of Random Effects Models." *Journal of Econometrics*, 36, 383 - 89.

Breusch, T. S., and A. R. Pagan. (1979). "A Simple Test for Heteroscedasticity and Random Coefficient Variation." *Econometrica*, 47, 1287 - 94.

________. (1980). "The Lagrange Multiplier Test and His Application to Model Specification in Econometrics." *Review of Economic Studies*, 47, 239 - 54.

Breusch, T. S., G. E. Mizon, and P. Schmidt. (1989). "Efficient Estimation Using Panel Data." *Econometrica*, 51, 695 - 700.

Burridge, P. (1980). "On the Cliff-Ord Test for Spatial Autocorrelation." *Journal of Royal Statistical Society* B, 42, 107 - 8.

Butler, J. S., and R. Moffitt. (1982). "A Computationally Efficient Quadrature Procedure for the One Factor Multinominal Probit Model." *Econometrica*, 50, 761 - 64.

Cameron, A. C., and P. K. Trevedi. (1998). *Regression Analysis of Count Data*. Cambridge: Cambridge University Press.

Canova, F. (1999). "Testing for Convergence Clubs in Income Per Capita: A Predictive Density Approach." Mimeo, Universitat Pompeu Fabra.

Card, D. (1996). "The Effect of Unions on the Structure of Wages: A Longitudinal Analysis." *Econometrica*, 64, 957 - 79.

Carro, J. M. (2007). "Estimating Dynamic Panel Data Discrete Choice Models with Fixed Effects." *Journal of Econometrics*, 140, 503 - 28.

Case, A. C. (1991). "Spatial Patterns in Household Demand." *Econometrica*, 59, 953 - 65. Chamberlain, G. (1976). "Identification in Variance Components Models." Discussion Paper No. 486, Harvard Institute of Economic Research.

________. (1977a). "Education, Income, and Ability Revisited," in *Latent Variables in Socio-Economic Models*, edited by D. J. Aigner and A. S. Goldberger, pp. 143 - 61. Amsterdam: North-Holland.

________. (1977b). "An Instrumental Variable Interpretation of Identification in Variance-Components and MIMIC Models," in *Kinometrics: Determinants of Social-Economic Success within and between Families*, edited by P. Taubman, pp. 235 - 54. Amsterdam: North-Holland.

________. (1978a). "Omitted Variable Bias in Panel Data: Estimating the Returns to Schooling." *Annales de l'INSEE*, 30 - 31, 49 - 82.

________. (1978b). "On the Use of Panel Data." Paper presented at the Social Science Research Council conference on life-cycle aspects of employment and the labor market, Mt. Kisco, NY.

________. (1980). "Analysis of Covariance with Qualitative Data." *Review of Economic Studies*, 47, 225 - 38.

________. (1982). "Multivariate Regression Models for Panel Data." *Journal of Econometrics*, 18, 5 - 46.

________. (1984). "Panel Data," in *Handbook of Econometric*, Vol. II, edited by Z. Griliches and M. Intriligator, pp. 1247 - 318. Amsterdam: North-Holland.

________. (1992). "Efficiency Bounds for Semiparametric Regression." *Econometrica*, 60, 567 - 96.

________. (1993). "Feedback in Panel Data Models." Mimeo, Department of Economics, Harvard University.

________. (2010). "Binary Response Models for Panel Data: Identification and Information." *Econometrica*, 78, 159 - 68.

Chamberlain, G., and Z. Griliches. (1975). "Unobservables with a Variance-Components Structure: Ability, Schooling and the Economic Success of Brothers." *International Economic Review*, 16, 422 - 50.

Chang, Y. (2002). "Nonlinear IV Unit Root Tests in Panels with Cross-Sectional Dependency." *Journal of Econometrics*, 110, 261 - 92.

Charlier, E., B. Melenberg, and A. van Soest. (2000). "Estimation of a Censored Regression Panel Data Model Using Conditional Moment Restrictions Efficiently." *Journal of Econometrics*, 95, 25 - 56.

________. (2001). "An Analysis of Housing Expenditure Using Semiparametric Models and Panel Data." *Journal of Econometrics*, 101, 71 - 108.

Chen, S. (1999). "Distribution-Free Estimation of the Random Coefficient Dummy Endogenous Variable Model." *Journal of Econometrics*, 91, 171 - 99.

________. (2000), "Efficient Estimation of Binary Choice Models Under Symmetry." *Journal of Econometrics*, 96, 183 - 99.

Chen, X., and X. Shen. (1998). "Sieve Extremum Estimates for Weakly Dependent Data." *Econometrica*, 66, 289 - 314.

Chesher, A. D. (1983). "The Information Matrix Test: Simplified Calculation via a Score Test Interpretation." *Economics Letters*, 13, 45 - 48.

________. (1984). "Testing for Neglected Heterogeneity." *Econometrica*, 52, 865 - 72.

Chesher, A. D., and T. Lancaster. (1983). "The Estimation of Models of Labor Market Behavior." *Review of Economic Studies*, 50, 609 - 24.

Chetty, V. K. (1968). "Pooling of Time Series and Cross-Section Data." *Econometrica*, 36, 279 - 90.

Chiang, C. L. (1956). "On Regular Best Asymptotically Normal Estimates." *Annals of Mathematical Statistics*, 27, 336 - 51.

Chintagunta, P., E. Kyriazidou, and J. Perktold. (2001). "Panel Data Analysis of Household Brand Choices." *Journal of Econometrics*, 101, 111 - 53.

Choi, I. (2001). "Unit RootTests for Panel Data." *Journal of International Money and Finance*, 20, 249 - 72.

________. (2002a). "Combination Unit Root Tests for Cross-Sectionally Correlated Panels," in *Econometric Theory and Practice: Frontiers of Analysis and Applied Research, Essays in Honor of P. C. B. Phillips*. Cambridge: Cambridge University Press.

________. (2002b). "Instrumental Variable Estimation of a Nearly Nonstationary, Hetero-geneous Error Components Model." *Journal of Econometrics*, 109, 1 - 32.

________. (2006). "Nonstationary Panels," in *Palgrave Handbooks of Econometrics*, Vol. I, edited by K. Patterson and T. C. Mills, pp. 511 - 39. New York: Palgrave Macmillan.

Choi, I., and T. K. Chue. (2007). "Subsampling Hypothesis Tests for Nonstationary Panels with Applications to Exchange Rates and Stock Prices." *Journal of Applied Econometrics*, 22, 223 - 64.

Chow, G. C. (1983). *Econometrics*. New York: McGraw-Hill.

Chui, C. K. (1992). *An Introduction to Wavelets*. San Diego: Academic Press.

Coakley, J., A. Fuertes, and R. Smith. (2006). "Unobserved Heterogeneity in Panel Time Series Models." *Computational Statistics and Data Analysis*, 50, 2361 - 80.

Coleman, J. S. (1964). *Models of Change and Response Uncertainty*. Englewood Cliffs, NJ: Prentice-Hall.

Collado, M. D. (1997). "Estimating Dynamic Models from Time Series of Independent Cross-Sections." *Journal of Econometrics*, 82, 37 - 62.

Conley, T. G. (1999). "GMM Estimation with Cross-sectional Dependence." *Journal of Econometrics*, 92, 1 - 45.

Cooley, T. F., and E. C. Prescott. (1976). "Estimation in the Presence of Stochastic Param-eter Variation." *Econometrica*, 44, 167 - 84.

Cornwell, C., and P. Schmidt. (1984). "Panel Data with Cross-Sectional Variation in Slopes as Well as Intercepts." Mimeo, Michigan State University.

Cosslett, S. R. (1981). "Maximum Likelihood Estimator for Choice-Based Samples." *Econometrica*, 49, 1289 - 316.

Cox, D. R. (1957). "Note on Grouping." *Journal of the American Statistical Association*, 52, 543 - 47.

________. (1962). "Further Results on Tests of Separate Families of Hypotheses." *Journal of the Royal Statistical Society B*, 24, 406 - 24.

________. (1970). *Analysis of Binary Data*. London: Methuen.

________. (1972). "The Analysis of Multivariate Binary Data." *Journal of the Royal Statistical Society C: Applied Statistics*, 21, 113 - 20.

________. (1975). "Partial Likelihood." *Biometrika*, 62, 269 - 76.

Crépon, B., and E. Duguet. (1997). "Estimating the Innovation from Patent Numbers: GMM on Count Panel Data." *Journal of Applied Econometrics*, 12, 243 - 63.

Crépon, B., and J. Mairesse. (1996). "The Chamberlain Approach," in *The Econometrics of Panel Data: A Handbook of the Theory with Applications*, edited by L. Matyas and P. Sevestre, pp. 323 - 91. Dordrecht: Kluwer Academic.

Cripps, T., and R. Tarling. (1974). "An Analysis of the Duration of Male Unemployment in Great Britain, 1932 - 1973." *Economic Journal*, 84, 289 - 316.

Damrongplasit, K., and C. Hsiao. (2009), "Decriminalization Policy and Marijuana Smoking Prevalence: A Look at the Literature." *Singapore Economic Review*, 59, 621 - 44.

Damrongplasit, K., C. Hsiao, and X. Zhao. (2010). "Decriminalization and Marijuana Smoking Prevalence: Evidence from Australia." *Journal of Business and Economic Statistics*, 28, 344 - 56.

Davis, P. (2002). "Estimating Multi-Way Error Components Models with Unbalanced Data Structures." *Journal of Econometrics*, 106, 67 - 95.

Deaton, A. (1985). "Panel Data from Time Series of Cross-Sections." *Journal of Econometrics*, 30, 109 - 26.

de Finetti, B. (1964). "Foresight: Its Logical Laws, Its Subjective Sources," in *Studies in Subjective Probability*, edited by H. E. Kyburg, Jr. and H. E. Smokler, pp. 93 - 158. New York: John Wiley & Sons.

Dehejia, R. H., and S. Wahba. (1999). "Propensity Score-Matching Methods for Nonexperimental Causal Studies." *The Review of Economics and Statistics*, 84, 151 - 61.

Dhrymes, P. (1971). *Distributed Lags: Problems of Estimation and Formulation*. San Francisco: Holden-Day.

Dickey, D. A., and W. A. Fuller. (1979). "Distribution of the Estimators for Autoregressive Time Series with a Unit Root." *Journal of the American Statistical Association*, 74, 427 - 31.

________. (1981). "Likelihood Ratio Statistics for Autoregressive Time Series with a Unit Root." *Econometrica*, 49, 1057 - 72.

Dielman, T., T. Nantell, and R. Wright. (1980). "Price Effects of Stock Repurchasing: A Random Coefficient Regression Approach." *Journal of Financial and Quantitative Analysis*, 15, 175 - 89.

Donald, S., and W. Newey. (2001). "Choosing the Number of Instruments." *Econometrica*, 69, 1161 - 91.

Driscoll, J., and A. Kraay. (1998). "Consistent Covariance Matrix Estimation with Spatically Dependent Panel Data." *Review of Economics and Statistics*, 80, 549 - 560.

Duan, J. C., and T. Wang. (2012). "Measuring Distance-to-Default for Financial and Non-Financial Firms." *Global Credit Review*, 2, 95 - 108.

Duan, J. C., J. Sun, and T. Wang. (2012). "Multiperiod Corporate Default Prediction-A Forward Intensity Approach." *Journal of Econometrics*, 170, 191 - 209.

Dufour, J. M., and C. Hsiao. (2008). "Identification." In the *New Palgrave*, 2nd ed., edited by L. Blume and S. Durlauf. London and New York: MacMillan.

Duncan, G. M. (1980). "Formulation and Statistical Analysis of the Mixed Continu-ous/ Discrete Dependent Variable Model in Classical Production Theory." *Econometrica*, 48, 839－52.

Durbin, J. (1953). "A Note on Regression When There Is Extraneous Information About One of the Coefficients." *Journal of the American Statistical Association*, 48, 799－808.

________. (1960). "Estimation of Parameters in Time-Series Regression Models." *Journal of the Royal Statistical Society B*, 22, 139－53.

Durlauf, S. N. (2001). "Manifesto for a Growth Econometrics." *Journal of Econometrics*, 100, 65－69.

Durlauf, S. N., and P. Johnson. (1995). "Multiple Regimes and Cross-Country Growth Behavior." *Journal of Applied Econometrics*, 10, 365－84.

Durlauf, S., and D. Quah. (1999). "The New Empirics of Economic Growth," in *Handbook of Macroeconomics*, edited by J. Taylor and M. Woodford, pp. 235－308, Amsterdam: North-Holland.

Eicker, F. (1963). "Asymptotic Normality and Consistency of the Least Squares Esti-mators for Families of Linear Regression." *Annals of Mathematical Statistics*, 34, 447－56.

Engle, R. F., and C. W. J. Granger. (1987). "Cointegration and Error Correction: Representation, Estimation and Testing." *Econometrica*, 55, 251－76.

Eurostat. (1996). *European Community Household Panel (ECHP)*. Office for Official Publications of the European Communities.

Fan, J., and I. Gijbels. (1992). "Variable Bandwidth and Local Linear Regression Smoothers." *Annals of Statistics*, 20, 1669－2195.

Fan, K. T. and Y. T. Zhang. (1990). *Generalized Multivariate Analysis*. Berlin: Springer.

Fazzari, S. M., R. G. Hubbard, and B. C. Petersen. (1988). "Financing Constraints and Corporate Investment." *Brookings Papers on Economic Activity*, 1, 141－95.

Ferguson, T. S. (1958). "A Method of Generating Best Asymptotically Normal Estimates with Application to the Estimation of Bacterial Densities." *Annals of Mathematical Statistics*, 29, 1046－162.

Fisher, R. A. (1932). *Statistical Methods for Research Workers*, 4th ed. Edinburgh: Oliver and Boyd.

Flinn, C., and J. Heckman. (1982). "New Methods for Analyzing Structural Models of Labour Force Dynamics." *Journal of Econometrics*, 8, 115－68.

Florens, J. P., D. Fougére, and M. Mouchart. (1996). "Duration Models," in *The Econometrics of Panel Data*, 2nd ed., edited by L. Matyas and P. Sevestre, pp. 491－536. Dordrecht: Kluwer Academic.

________. (2008). "Duration Models and Point Processes," in *The Econometrics of Panel Data*, 3rd ed., edited by L. Mátyás and P. Sevestre, pp. 547－602. Berlin: Springer.

Fougére, G., and T. Kamionka. (1996). "Individual Labour Market Transitions," in *The Econometrics of Panel Data: A Handbook of the Theory with Applications*, 2nd ed., pp. 771 - 809. Dordrecht: Kluwer Academic.

Frankel, J. A., and A. K. Rose. (1996). "A Panel Project on Purchasing Power Parity: Mean Revision Between and Within Countries." *Journal of International Economics*, 40, 209 - 44.

Freeman, R. B., and J. L. Medoff. (1981). "The Impact of Collective Bargaining: Illusion or Reality?" Mimeo, Harvard University.

Friedman, M. (1953). *Essays in Positive Economics*. Chicago: University of Chicago Press.

Fujiki, H., C. Hsiao, and Y. Shen. (2002). "Is There a Stable Money Demand Function Under the Low Interest Rate Policy? A Panel Data Analysis." *Monetary and Economic Studies*, Bank of Japan, 20, 1 - 23.

Fuller, W. A., and G. E. Battese. (1974). "Estimation of Linear Models with Cross-Error Structure." *Journal of Econometrics*, 2, 67 - 78.

Gelfand, A. E., and A. F. M. Smith. (1990). "Sampling-Based Approaches to Calculating Marginal Densities." *Journal of the American Statistical Association*, 85, 398 - 409. Geweke, J. (1991). "Efficient Simulation from the Multivariate Normal and Student-*t*

Distributions Subject to Linear Constraints." *Computer Science and Statistics: Pro-ceedings of the Twenty Third Symposium on the Interface*, 571 - 78.

Girma, S. (2000). "A Quasi-differencing Approach to Dynamic Modelling from a Time Series of Independent Cross-Sections." *Journal of Econometrics*, 98, 365 - 83.

Goldberger, A. S. (1964). *Econometric Theory*. New York: John Wiley & Sons.

________. (1972). "Maximum Likelihood Estimation of Regressions Containing Unobservable Independent Variables." *International Economic Review*, 13, 1 - 15.

Goodman, L. A. (1961). "Statistical Methods for the Mover-Stayer Model." *Journal of the American Statistical Association*, 56, 841 - 68.

Goodrich, R. L., and P. E. Caines. (1979). "Linear System Identification from Nonstationary Cross-Sectional Data." *IEEE Transaction on Automatic Control*, AC-24, 403 - 11.

Gorseline, D. E. (1932). *The Effect of Schooling Upon Income*. Bloomington: Indiana University Press.

Gourieroux, C., and J. Jasiak. (2000). "Nonlinear Panel Data Models with Dynamic Heterogeneity," in *Panel Data Econometrics*, edited by J. Krishnakumar and E. Ronchetti, pp. 127 - 48. Amsterdam: North-Holland.

Gourieroux, C., and A. Monfort. (1996). *Simulation-Based Econometric Methods*, Oxford: Oxford University Press.

Granger, C. W. J. (1980). "Long Memory Relationships and the Aggregation of Dynamic Models." *Journal of Econometrics*, 14, 227 - 38.

Grassetti, L. (2011). "A Note on Transformed Likelihood Approach in Linear Dynamic

Panel Models." *Statistical Methods and Applications*, 20, 221 - 40.

Graybill, F. A. (1969). *Introduction to Matrices with Applications in Statistics*. Belmont, CA: Wadsworth.

Greenaway-McGrevy, R., C. Han, and D. Sul. (2012). "Standardization and Estima-tion of the Number of Factors for Panel Data." *Journal of Economic Theory and Econometrics*, 79 - 88.

Griliches, Z. (1957). "Specification Bias in Estimates of Production Functions." *Journal of Farm Economics*, 39, 8 - 20.

________. (1977). "Estimating the Returns to Schooling: Some Econometric Problems." *Econometrica*, 45, 1 - 22.

________. (1979). "Sibling Models and Data in Economics: Beginning of a Survey." *Journal of Political Economy*, 87 (Supplement 2), S37 - S64.

Griliches, Z., and J. A. Hausman. (1986). "Errors-in-Variables in Panel Data." *Journal of Econometrics*, 31, 93 - 118.

Griliches, Z., and Y. Grunfeld. (1960). "Is Aggregation Necessarily Bad?" *Review of Economics and Statistics*, 42, 1 - 13.

Griliches, Z., B. Hall, and J. A. Hausman. (1978). "Missing Data and Self-selection in Large Panels." *Annales de l'INSEE*, 30 - 31, 137 - 76.

Groen, J. J. J., andF. Kleibergen. (2003). "Likelihood-Based Cointegration Analysis in Panels of Vector Error-Correction Models." *Journal of Business and Economic Statistics*, 21, 295 - 318.

Gronau, R. (1976). "The Allocation of Time of Israeli Women." *Journal of Political Economy*, 84, 4, Part II.

Grunfeld, Y. (1958). "The Determinants of Corporate Investment." Unpublished Ph. D. thesis, University of Chicago.

Gupta, A. K., and T. Varga (1993). *Elliptically Contour Models in Statistics*. Dordrecht: Kluwer.

Gurmu, S., and P. K. Trivedi. (1996). "Excess Zeros in Count Models for Recreational Trips." *Journal of Business and Economic Statistics*, 14, 469 - 77.

Hadri, K. (2000). "Testing for Stationarity in Heterogeneous Panel Data." *Econometrics Journal*, 3, 148 - 61.

Hadri, K., and R. Larsson. (2005). "Testing for Stationarity in Heterogeneous Panel Data Where the Time Dimension Is Fixed." *Econometric Journal*, 8, 55 - 69.

Hahn, J. (1998). "On the Role of the Propensity Score in Efficient Semiparametric Estimation of Average Treatment Effects." *Econometrica*, 66, 315 - 31.

________. (1999). "How Informative is the Initial Condition in a Dynamic Panel Model with Fixed Effects?" *Journal of Econometrics*, 93, 309 - 26.

Hahn, J., and G. Kuersteiner. (2002). "Asymptotically Unbiased Inference for a Dynamic Panel Model with Fixed Effects When Both n and T are Large." *Econometrica*, 70,

1639 - 57.

________. (2011). "Bias Reduction in Dynamic Nonlinear Panel Data Models." *Econometric Theory*, 27, 1152 - 91.

Hahn, J., and H. R. Moon. (2006). "Reducing Bias of MLE in a Dynamic Panel Model." *Econometric Theory*, 499 - 512.

Hahn, J., and W. Newey. (2004). "Jackknife and Analytical Bias Reduction for Nonlinear Panel Models." *Econometrica*, 72, 1295 - 1319.

Hahn, J., J. Hausman, and G. Kuersteiner. (2007). "Long Difference Instrumental Variable Estimation for dynamic Models with Fixed Effects." *Journal of Econometrics*, 140, 574 - 617.

Hall, B., Z. Griliches, and J. A. Hausman. (1996). "Patents and R&D: Is There a Lag?" *International Economic Review*, 27, 265 - 83.

Hajivassiliou, V. (1990). "Smooth Simulation Estimation of Panel Data LDV Models." Mimeo, Yale University.

Hall, P., N. I. Fisher, and B. Hoffman. (1992). "On the Nonparametric Estimation of Covariance Functions." Working paper, Australian National University.

Han, A., and J. A. Hausman. (1990). "Flexible Parametric Estimation of Duration and Computing Risk Models." *Journal of Applied Econometrics*, 5, 1 - 28.

Han, C., and P. C. B. Phillips. (2013). "First Difference Maximum Likelihood and Dynamic Panel Estimation." *Journal of Econometrics*, 175, 35 - 45.

Hansen, B. (1982). "Efficient Estimation and Testing of Cointegrating Vectors in the Presence of Deterministic Trends." *Journal of Econometrics*, 53, 87 - 121.

Härdle, W. (1990). *Applied Nonparametric Regression*. Cambridge: Cambridge University Press.

Harris, M. N., and X. Zhao. (2007). "A Zero-Inflated Ordered Probit Model with an Application to Modeling Tobacco Consumption." *Journal of Econometrics*, 141, 1073 - 99.

Harris, R. D. F., and E. Tzaralis. (1999). "Inference for Unit Roots in Dynamic Panels Where the Time Dimension Is Fixed." *Journal of Econometrics*, 91, 201 - 26.

Hartley, H. O., and J. N. K. Rao. (1967). "Maximum Likelihood Estimation for the Mixed Analysis of Variance Model." *Biometrika*, 54, 93 - 108.

Harvey, A. C. (1978). "The Estimation of Time-Varying Parameters from Panel Data." *Annales de l'INSEE*, 30 - 31, 203 - 6.

Harvey, A. C., and G. D. A. Phillips. (1982). "The Estimation of Regression Models with Time-Varying Parameters," in *Games, Economic Dynamics, and Time Series Analysis*, edited by M. Deistler, E. Fürst, and G. S. Schwödiauer, pp. 306 - 21. Cambridge, MA: Physica-Verlag.

Hausman, J. A. (1978). "Specification Tests in Econometrics." *Econometrica*, 46, 1251 - 71.

Hausman, J. A., and D. McFadden. (1984). "Specification Tests for the Multinominal Logit Models." *Econometrica*, 52, 1219 - 40.

Hausman, J. A., B. H. Hall, and Z. Griliches. (1984). "Econometric Models for Count Data with an Application to the Patents-R and D Relationship." *Econometrica*, 52, 909 – 938.

Hausman, J. A., and W. E. Taylor. (1981). "Panel Data and Unobservable Individual Effects." *Econometrica*, 52, 1219 – 40.

Hausman, J. A., and D. Wise. (1977). "Social Experimentation, Truncated Distributions, and Efficient Estimation." *Econometrica*, 45, 919 – 38.

________. (1978). "A Conditional Probit Model for Qualitative Choice: Discrete Decisions Recognizing Interdependence and Heterogeneous Preferences." *Econometrica*, 46, 403 – 26.

________. (1979). "Attrition Bias in Experimental and Panel Data: The Gary Income Maintenance Experiment," *Econometrica*, 47, 455 – 73.

Hayakawa, K. (2009). "On the Effect of Mean-Nonstationary Initial Conditions in Dynamic Panel Data Models." *Journal of Econometrics* 153, 133 – 35.

Hayashi, F. (1982). "Tobin's Marginal q and Average q: A Neoclassical Interpretation." *Econometrica*, 50, 213 – 24.

Heckman, J. J. (1976a). "The Common Structure of Statistical Models of Truncation, Sample Selection, and Limited Dependent Variables and a Simple Estimator for Such Models." *Annals of Economic and Social Measurement*, 5, 475 – 92.

________. (1976b). "Simultaneous Equations Models with Continuous and Discrete Endogenous Variables and Structural Shifts," in *Studies in Nonlinear Estimation*, edited by S. M. Goldfeld and R. E. Quandt, pp. 235 – 72. Cambridge, MA: Ballinger.

________. (1978a). "Simple Statistical Models for Discrete Panel Data Developed and Applied to Test the Hypothesis of True State Dependence Against the Hypothesis of Spurious State Dependence." *Annales e l'INSEE*, 30 – 31, 227 – 69.

________. (1978b). "Dummy Endogenous Variables in a Simultaneous Equation System." *Econometrica*, 46, 931 – 59.

________. (1979). "Sample Selection Bias as a Specification Error." *Econometrica*, 47, 153 – 61.

________. (1981a). "Statistical Models for Discrete Panel Data," in *Structural Analysis of Discrete Data with Econometric Applications*, edited by C. F. Manski and D. McFadden; pp. 114 – 78. Cambridge, MA: MIT Press.

________. (1981b). "The Incidental Parameters Problem and the Problem of Initial Conditions in Estimating a Discrete Time-Discrete Data Stochastic Process," in *Structural Analysis of Discrete Data with Econometric Applications*, edited by C. F. Manski and D. McFadden, pp. 179 – 95. Cambridge, MA: MIT Press.

________. (1981c). "Heterogeneity and State Dependence," in *Studies in Labor Markets*, edited by S. Rosen, pp. 91 – 139. Chicago: University of Chicago Press.

________. (2001). "Econometrics and Empirical Economics." *Journal of Econometrics*, 100, 3 – 6.

________ . (1997). "Instrumental Variables: A Study of Implicit Behavioral Assumptions Used in Making Program Evaluations." *Journal of Human Resources*, 32, 441 - 462.

Heckman, J. J., and G. Borjas. (1980). "Does Unemployment Cause Future Unem-ployment? Definitions, Questions and Answers from a Continuous Time Model of Heterogeneity and State Dependence." *Economica*, 47, 247 - 83.

Heckman, J. J., and R. Robb. (1985). "Alternative Methods for Evaluating the Impact of Interventions," in *Longitudinal Analysis of Labor Market Data*, edited by J. Heckman and B. Singer. New York: Cambridge University Press.

Heckman, J. J., and B. Singer. (1982). "The Identification Problem in Econometric Models for Duration Data," in *Advances in Econometrics*, edited by W. Hildenbrand, pp. 39 - 77. Cambridge: Cambridge University Press.

________. (1984). "Econometric Duration Analysis." *Journal of Econometrics*, 24, 63 - 132.

Heckman, J. J., and E. J. Vytacil. (2001). "Local Instrumental Variables," in *Nonlinear Statistical Inference*, edited by C. Hsiao, K. Morimune and J. L Powell. New York: Cambridge University Press, 1 - 46.

________. (2005). "Structural Equations, Treatment Effects and Economic Policy Evaluating." *Econometrica*, 669 - 738.

________. (2007). "Econometric Evaluation of Social Programs," in *Handbook of Econometrics*, Vol. 6B. Amsterdam: North-Holland.

Heckman, J. J., and R. Willis. (1977). "A Beta-Logistic Model for the Analysis of Sequential Labor Force Participation by Married Women." *Journal of Political Economy*, 85, 27 - 58.

Heckman, J. J., H. Ichimura, and P. Todd. (1998). "Matching as an Econometric Evaluations Estimator." *Review of Economic Studies*, 65, 261 - 94.

Heckman, J. J., D. A. Schmierer and S. S. Urzua. (2010). "Testing the Correlated Random Coefficient Model." *Journal of Econometrics*, 158, 177 - 203.

Henderson, C. R., Jr. (1971). "Comment on 'The Use of Error Components Models in Combining Cross-Section with Time Series Data'." *Econometrica*, 39, 397 - 401.

Hendricks, W., R. Koenker, and D. J. Poirier. (1979). "Residential Demand for Electricity: An Econometric Approach." *Journal of Econometrics*, 9, 33 - 57.

Hildreth, C., and J. P. Houck. (1968). "Some Estimators for a Linear Model with Random Coefficients." *Journal of the American Statistical Association*, 63, 584 - 95.

Hirano, K., G. W. Imbens and G. Ridder. (2003). "Efficient Estimation of Average Treatment Effects Using the Estimated Propensity Score." *Econometrica*, 76, 1661 - 89.

Hirano, K., G. W. Imbens, G. Ridder, and D. B. Rubin. (2001). "Combining Panel Data Sets with Attrition and Refreshment Samples." *Econometrica*, 69, 1645 - 60.

Hoch I. (1962). "Estimation of Production Function Parameters Combining Time-Series and Cross-Section Data." *Econometrica*, 30, 34 - 53.

Holly, A. (1982). "A Remark on Hausman's Specification Test." *Econometrica*, 50, 749 - 59.

Holly, A., and L. Gardiol. (2000). "A Score Test for Individual Heteroscedasticity in a One-Way Error Components Model," in *Panel Data Econometrics*, edited by J. Krishnakumkar and E. Ronchetti, pp. 199 - 211. Amsterdam: North-Holland.

Holtz-Eakin, D., W. Newey, and H. S. Rosen. (1988). "Estimating Vector Autoregressions with Panel Data." *Econometrica*, 56, 1371 - 95.

Hood, Wm. C. and T. C. Koopmans. (1953). *Studies in Econometric Method*. Cowles Foundation Monographs 13. New York: John Wiley.

Hong, Y., and C. Kao. (2004). "Wavelet-Based Testing for Serial Correlation of Unknown Form in Panel Models." *Econometrica*, 72, 1519 - 63.

Hong, Y., and H. White. (1995). "Consistent Specification Testing via Nonparametric Series Regression." *Econometrica*, 63, 1133 - 59.

Honoré, B. E. (1992). "Trimmed LAD and Least Squares Estimation of Truncated and Censored Regression Models with Fixed Effects." *Econometrica*, 60, 533 - 67.

________. (1993). "Orthogonality Conditions for Tobit Models with Fixed Effects and Lagged Dependent Variables." *Journal of Econometrics*, 59, 35 - 61.

Honoré, B. E., and E. Kyriazidou. (2000a). "Panel Data Discrete Choice Models with Lagged Dependent Variables." *Econometrica*, 68, 839 - 74.

________. (2000b). "Estimation of Tobit-Type Models with individual Specific Effects." *Econometrics Review*, 19.

Honoré, B. E., and J. L. Powell. (1994). "Pairwise Difference Estimators of Censored and Truncated Regression Models." *Journal of Econometrics*, 64, 241 - 78.

Honoré, B. E., and E. Tamer. (2006). "Bounds on Parameters in Panel Dynamic Discrete Choice Models." *Econometrica*, 74, 611 - 29.

Horowitz, J. L. (1992). "A Smoothed Maximum Score Estimator for the Binary Response Model." *Econometrica*, 60, 505 - 31.

________. (1996). "Semiparametric Estimation of a Regression Model with an Unknown Transformation of the Dependent Variable." *Econometrica*, 64, 103 - 37.

Hotelling, H. (1931). "The Generalization of Student's Ratio." *Annals of Mathematical Statistics*, 2, 360 - 78.

Hsiao, C. (1974a). "Statistical Inference for a Model with Both Random Cross-Sectional and Time Effects." *International Economic Review*, 15, 12 - 30.

________. (1974b). "The Estimation of Labor Supply of Low Income Workers-Some Econometric Considerations." Working Paper 970 - 71, The Urban Institute, Washington, D. C.

________. (1975). "Some Estimation Methods for a Random Coefficients Model." *Econometrica*, 43, 305 - 25.

________. (1976). "Regression Analysis with Limited Dependent Variable." 1P-186, IBER and CRMS, University of California, Berkeley.

________. (1979a). "Causality Tests in Econometrics." *Journal of Economic Dynamics and Control*, 1, 321 - 46.

________. (1979b). "Autoregressive Modelling of Canadian Money and Income Data." *Journal of the American Statistical Association*, 74, 553 - 60.

________. (1982). "Autoregressive Modelling and Causal Ordering of Economic Variables." *Journal of Economic Dynamics and Control*, 4, 243 - 59.

________. (1983). "Identification," in *Handbook of Econometrics*, Vol. I, edited by Z. Griliches and M. Intriligator, pp. 223 - 83. Amsterdam: North-Holland.

________. (1985a). "Benefits and Limitations of Panel Data." *Econometric Reviews*, 4, 121 - 74.

________. (1985b). "Minimum Chi-Square," in the *Encyclopedia of Statistical Science*, Vol. 5, edited by S. Kotz and N. Johnson, pp. 518 - 22. New York: John Wiley & Sons.

________. (1989). "Consistent Estimation or Some Nonlinear Errors-in-Variables Models." *Journal of Econometrics*, 41, 159 - 85.

________. (1991a). "A Mixed Fixed and Random Coefficients Framework for Pooling Cross-Section and Time Series Data." Paper presented at the Third conference on Telecommunication Demand Analysis with Dynamic Regulation, Hilton Head, S. Carolina, in New Development in Quantitative Economics, edited by J. W. Lee and S. Y. Zhang. Beijing: Chinese Academic of Social Science.

________. (1991b). "Identification and Estimation of Latent Binary Choice Models Using Panel Data." *Review of Economic Studies*, 58, 717 - 31.

________. (1992a). "Random Coefficients Models," in *The Econometrics of Panel Data*, ed. by L. Matyas and P. Sevestres, Kluwer, 1st ed., pp. 223 - 41, 2nd ed. (1996), pp. 410 - 28.

________. (1992b). "Logit and Probit Models," in *The Econometrics of Panel Data*, edited by L. Matyas and P. Sevestre. Dordrecht: Kluwer Academic, 223 - 41.

________. (1992c). "Nonlinear Latent Variables Models," in *Econometrics of Panel Data*, edited by L. Matyas and P. Sevestre, pp. 242 - 61. Dordrecht: Kluwer Academic.

________. (1995). "Panel Analysis for Metric Data." *Handbook of Statistical Modelling in the Social and Behavioral Sciences*, edited by G. Arminger, C. C. Clogg, and M. Z. Sobel, pp. 361 - 400. New York: Plenum Press.

________. (2001). "Economic Panel Data," in *International Encyclopedia of the Social and Behavioral Sciences*, edited by N. J. Snelser and P. B. Bates. Vol. 6, 4114 - 121. Oxford: Elsevier.

________. (2007). "Panel Data Analysis-Advantages and Challenges." *TEST*, 16, 1 - 22.

________. (2011). "Dynamic Panel Data Models," in *Handbook of Empirical Economics and Finance*, edited by D. Giles and A. Ullah, pp. 373 - 96. Boca Raton, FL: Taylor and Francis Group.

________. (2012). "The Creative Tension between Statistics and Econometrics." *Singa-*

pore Economic Review，57，125007-1-11.

Hsiao，C.，and D. C. Mountain.（1994）. "A Framework for Regional Modeling and Impact Analysis – An Analysis of the Demand for Electricity by Large Municipalities in Ontario，Canada." *Journal of Regional Science*，34，361 – 85.

Hsiao，C. and M. H. Pesaran. (2008). "Random Coefficients Models，" in*The Econo-metrics of Panel Data*，3rd ed.，edited by L. Matayas and P. Sevestre，pp. 187 – 216. Berlin：Springer Science+Business Media.

Hsiao，C.，and B. H. Sun. (2000). "To Pool or Not to Pool Panel Data，" in *Panel Data Econometrics：Future Directions，Papers in Honor of Professor Pietro Balestra*，edited by J. Krishnakumar and E. Ronchetti，pp. 181 – 98. Amsterdam：North Holland.

Hsiao，C.，and A. K. Tahmiscioglu.（1997）. "A Panel Analysis of Liquidity Constraints and Firm Investment." *Journal of the American Statistical Association*，92，455 – 65.

________. (2008). "Estimation of dynamic Panel Data Models with Both Individual and Time Specific Effects." *Journal of Statistical Planning and Inference*，138，2698 – 721.

Hsiao，C.，and G. Taylor.（1991）. "Some Remarks on Measurement Errors and the Identification of Panel Data Models." *Statistica Neerlandica*，45，187 – 94.

Hsiao，C.，and K. Q. Wang. (2000). "Estimation of Structural Nonlinear Errors-in-Variables Models by Simulated Least Squares Method." *International Economic Review*，41，523 – 42.

Hsiao，C.，and J. Zhang.（2013）. "IV，GMM or MLE to Estimate Dynamic Panel Data Models When Both *N* and *T* are Large." Mimeo，University of Southern California.

Hsiao，C.，and Q. Zhou.（2013）. "Statistical Inference for Panel Dynamic Simultaneous Equations Models When Both *N* and *T* Are Large." Mimeo，University of Southern California.

Hsiao，C.，T. W. Appelbe，and C. R. Dineen.（1993）. "A General Framework for Panel Data Analysis – with an Application to Canadian Customer Dialed Long Distance Service." *Journal of Econometrics*，59，63 – 86.

Hsiao，C.，D. C. Mountain，and K. F. Ho-Illman.（1995）. "Bayesian Integration of End-Use Metering and Conditional Demand Analysis." *Journal of Business and Economic Statistics*，13，315 – 26.

Hsiao，C.，H. S. Ching，and S. Wan. (2012). "A Panel Data Approach for Program Evaluation-Measuring the Benefits of Political and Economic Integration of Hong Kong with Mainland China." *Journal of Applied Econometrics*，27，705 – 40.

Hsiao，C.，K. Morimune，and J. L. Powell.（2001）. *Nonlinear Statistical Inference*. New York：Cambridge University Press.

Hsiao，C.，J. Nugent，I. Perrigne，and J. Qiu.（1998）. "Shares versus Residual Claimant Contracts：The Case of Chinese TVEs." *Journal of Comparative Economics*，26，317 – 37.

Hsiao，C.，M. H. Pesaran，and A. Picks. (2012). "DiagnosticTests of Cross-Section Independence for Limited Dependent Variable Panel Data Models." *Oxford Bulletin of*

Economics and Statistics, 74, 253 - 77.

Hsiao, C., M. H. Pesaran, and A. K. Tahmiscioglu. (1999). "Bayes Estimation of Short-Run Coefficients in Dynamic Panel Data Models," in *Analysis of Panels and Limited Dependent Variables Models*, edited by C. Hsiao, L. F. Lee, K. Lahiri, and M. H. Pesaran, pp. 268 - 96. Cambridge: Cambridge University Press.

________. (2002). "Maximum Likelihood Estimation of Fixed Effects Dynamic Panel Data Models Covering Short Time Periods." *Journal of Econometrics*, 109, 107 - 50.

Hsiao, C., Y. Shen, and H. Fujiki. (2005). "Aggregate vs. Disaggregate Data Analysis - A Paradox in the Estimation of Money Demand Function of Japan Under the Low Interest Rate Policy." *Journal of Applied Econometrics*, 20, 579 - 601.

Hsiao, C., L. Q. Wang, and K. Q. Wang. (1997). "Estimation of Nonlinear Errors-in-Variables Models -An Approximate Solution." *Statistical Papers*, 38, 1 - 28.

Hsiao, C., Q. Li, Z. Liang, and W. Xie. (2012). "Correlated Random Coefficients Models." Mimeo, University of Southern California.

Hsiao, C., K. Lahiri, L. F. Lee, and M. H. Pesaran. (1999). *Analysis of Panel Data and Limited Dependent Variable Models*. Cambridge: Cambridge University Press.

Hsiao, C., D. C. Mountain, K. Y. Tsui, and M. W. Luke Chan. (1989). "Modeling Ontario Regional Electricity System Demand Using a Mixed Fixed and Random Coefficients Approach." *Regional Science and Urban Economics*, 19, 567 - 87.

Hsiao, C., Y. Shen, B. Wang, and G. Weeks. (2007). "Evaluating the Impacts of Washington State Repeated Job Search Services on the Earnings of Prime-Age Female TANF Recipients." *Journal of Applied Econometrics*, 22, 453 - 75.

________. (2008). "Evaluating the Effectiveness of Washington State Repeated Job Search Services on the Employment Rate of Prime-age Female Welfare Recipients." *Journal of Econometrics*, 145, 98 - 108.

Hu, L. (1999). "Estimating of a Censored Dynamic Panel Data Model with an Application to Earnings Dynamics." Mimeo, Department of Economics, Princeton University.

________. (2002). "Estimation of a Censored Dynamic Panel Data Model." *Econometrica*, 70, 2499 - 517.

Hurvich, C. M., and C. L. Tsai. (1989). "Regression and Time Series Model Selections in Small Samples." *Biometrika*, 76, 297 - 307.

Hurwicz, L. (1950). "Systems with Nonadditive Disturbances," in *Statistical Inference in Dynamic Economic Models*, edited by T. C. Koopmans, pp. 330 - 72. New York: John Wiley & Sons.

Hyslop, D. (1999). "State Dependence, Serial Correlation and Heterogeneity in Intertemporal Labor Force Participation of Married Women." *Econometrica*, 52, 363 - 89.

Im, K. S., J. Lee, and M. Tieslau. (2005). "Panel LM Unit Root Tests with Level Shifts." *Oxford Bulletin of Economics and Statistics*, 67, 393 - 419.

Im, K. S., M. H. Pesaran, andY. Shin. (2003). "Testing for Unit Roots in Heterogeneous

Panels." *Journal of Econometrics*, 115, 53 – 74.

Imbens, G. W., and J. D. Angrist. (1994). "Identification and Estimation of Local Average Treatment Effects." *Econometrica*, 62, 467 – 75.

Imbens, G. W., and T. Lemieux. (2008). "Regression Discontinuity Designs: A Guide to Practice." *Journal of Econometrics*, 142, 615 – 35.

Inoue, A. (2008). "Efficient Estimation and Inference in Linear Pseudo-Panel Data Models." *Journal of Econometrics*, 148, 449 – 66.

International Monetary Fund. (2012). World Economic Outlook, Oct. 2012.

Intriligator, M. D., R. G. Bodkin, and C. Hsiao. (1996). *Econometric Models, Techniques, and Applications*. Upper Saddle River, NJ: Prentice-Hall.

Izan, H. Y. (1980). "To Pool or not to Pool? A Reexamination of Tobin's Food Demand Problem." *Journal of Econometrics*, 13, 391 – 402.

Jang, S. J., and T. P. Thornberry. (1998). "Self Esteem, Delinquent Peers, and Delin-quency: A Test of Self-Enhancement Thesis." *American Sociological Review*, 63, 586 – 98.

Janz, N., G. Ebling, S. Gottshalk, and H. Niggemann. (2001). "The Mannheim Innovation Panels (MIP and MIP-S) of the Centre for European Economic Research (ZEW). *Schmollers Jahrbuch*, 121, 123 – 29.

Jeong, K. J. (1978). "Estimating and Testing a Linear Model When an Extraneous Information Exists." *International Economic Review*, 19, 541 – 43.

Johansen, S. (1991). "Estimation and Hypothesis Testing of Cointegration Vectors in Gaussian Vector Autoregressive Models." *Econometrica*, 59, 1551 – 80.

Johansen, S. (1995). *Likelihood Based Inference on Cointegration in the Vector Autoregressive Model*. Oxford: Oxford University Press.

Johnston, J. (1972). *Econometric Methods*, 2nd ed. New York: McGraw-Hill.

Jo¨reskog, K. G., and A. S. Goldberger. (1975). "Estimation of a Model with Multiple Indicators and Multiple Causes of a Single Latent Variable." *Journal of the American Statistical Association*, 70, 631 – 39.

Jorgenson, D. W. (1971). "Econometric Studies of Investment Behavior: A Survey." *Journal of Economic Literature*, 9, 1111 – 47.

Jorgenson, D. W., and T. M. Stokes. (1982). "Nonlinear Three Stage Least Squares Pooling of Time Series and Cross Section Data." Discussion Paper No. 952, Harvard Institute of Economic Research.

Judge, G., W. Griffiths, R. Hill, and T. Lee. (1980). *The Theory and Practice of Econo-metrics*. New York: John Wiley & Sons.

Judson, R. A., and A. L. Owen. (1999). "Estimating Dynamic Panel Data Models: A Guide for Macroeconomists." *Economic Letters*, 65, 9 – 15.

Juster, T. (2001). "Microdata Bases: Economics," in *International Encyclopedia of Social Sciences*, ed. by N. J. Smelser and P. B. Bates, Vol. 14, 9770 – 777. Amsterdam: Elsevier.

Kalman, R. E. (1960). "A New Approach to Linear Filtering and Prediction Problems." *Transactions of ASME, Series D: Journal of Basic Engineering*, 82, 35 - 45.

Kao, C. (1999). "Spurious Regression and Residual-Based Tests for Cointegration in Panel Data." *Journal of Econometrics*, 90, 1 - 44.

Kao, C., and M. H. Chiang. (2000). "On the Estimation and Inference of a Cointegrated Regression in Panel Data," in *Advances in Econometrics*, Vol. 15, edited by B. Baltagi, pp. 161 - 78. Amsterdam: JAI Press.

Kao, C., and J. F. Schnell. (1987a). "Errors in Variables in Panel Data with Binary Dependent Variable." *Economic Letters*, 24, 45 - 49.

________. (1987b). "Errors-in-Variables in a Random Effects Probit Model for Panel Data." *Economic Letters*, 24, 339 - 42.

Kapetanios, G., M. H. Pesaran, and T. Yamagata. (2011). "Panels with Non-Stationary Multifactor Error Structures." *Journal of Econometrics*, 160, 326 - 48.

Kapoor, M., H. Kelejian, and I. Prucha. (2007). "Panel Data Models with Spatially Correlated Error Components." *Journal of Econometrics*, 140, 97 - 130.

Karlin, S., and H. Taylor. (1975). *A First Course in Stochastic Processes*, 2nd ed. New York: Academic Press.

Kato, K., A. F. Galvao, and G. V. Montes-Rojas. (2012). "Asymptotics for Panel Quantile Regression Models with Individual Effects." *Journal of Econometrics* 170, 76 - 91.

Kaufman, G. M. (1977). "Posterior Inference for Structural Parameters Using Cross Section and Time Series Data," in *Studies in Bayesian Econometrics and Statistics, in Honor of L. J. Savage*, Vol. 2, edited by S. Fienberg and A. Zellner, pp. 73 - 94. Amsterdam: North-Holland.

Keane, M. P. (1994). "A Computationally Practical Simulation Estimator for Panel Data." *Econometrica*, 62, 95 - 116.

Kelejian, H. H. (1977). "Random Parameters in Simultaneous Equation Framework: Identification and Estimation." *Econometrica*, 42, 517 - 27.

Kelejian, J. H., and I. R. Prucha. (2001). "On the Asymptotic Distribution of the Moran I Test Statistic with Application." *Journal of Econometrics*, 104, 219 - 57.

Kelejian, H. H., and S. W. Stephan. (1983). "Inference in Random Coefficient Panel Data Models: A Correction and Clarification of the Literature." *International Economic Review*, 24, 249 - 54.

Kiefer, J., and J. Wolfowitz. (1956). "Consistency of the Maximum Likelihood Estimator in the Presence of Infinitely Many Incidental Parameters." *Annals of Mathematical Statistics*, 27, 887 - 906.

Kiefer, N. M. (1979). "Population Heterogeneity and Inference from Panel Data on the Effects of Vocational Education." *Journal of Political Economy*, 87 (Pt. 2), S213 - S226.

________. (1980). "Estimation of Fixed Effects Models for Time Series of Cross-Sections with Arbitrary Intertemporal Covariance." *Journal of Econometrics*, 14, 195 - 202.

________. (1988). "Economic Duration Data and Hazard Functions." *Journal of Economic Literature*, 26, 646 - 79.

Kim, J. and D. Pollard. (1990). "Cube Root Asymptotics." *Annals of Statistics*, 18, 191 - 219.

Kiviet, J. F. (1995). "On Bias Inconsistency and Efficiency in Various Estimators of Dynamic Panel Data Models." *Journal of Econometrics*, 68, 53 - 78.

Kiviet, J. F., and G. D. A. Phillips. (1993). "Alternative Bias Approximation with a Lagged Dependent Variables." *Econometric Theory*, 9, 62 - 80.

Klein, L. R. (1953). *A Textbook of Econometrics*. Evanston, IL: Row Peterson.

________. (1988). "The Statistical Approach to Economics." *Journal of Econometrics*, 37, 7 - 26.

Klein, R., and R. Spady. (1993). "An Efficient Semiparametric Estimator for Binary Response Models." *Econometrica*, 61 (2), 387 - 423.

Koenker, R. (2004). "Quantile Regression for Longitudinal Data." *Journal of Multivariate Analysis*, 91, 74 - 89.

Koenker, R., and G. Bassett. (1978). "Regression Quantiles." *Economatrica*, 46, 33 - 50.

Koenker, R., and J. A. F. Machado. (1999). "GMM Inference When the Number of Moment Conditions Is Large." *Journal of Econometrics*, 93, 327 - 344.

Krishnakumar, J., and E. Ronchetti. (2000). *Panel Data Econometrics: Future Directions, Papers in Honor of Professor Pietro Balestra*. Amsterdam: North-Holland.

Kruiniger, H. (2009). "GMM Estimation and Inference in Dynamic Panel Data Models with Persistent Data." *Econometric Theory*, 25, 1348 - 91.

Kuh, E. (1959). "The Validity of Cross Sectionally Estimated Behavior Equations in Time Series Applications." *Econometrica*, 27, 197 - 214.

________. (1963). *Capital Stock Growth: A Micro-Econometric Approach*. Amsterdam: North-Holland.

Kuh, E., and J. R. Meyer. (1957). "How Extraneous Are Extraneous Estimates?" *Review of Economics and Statistics*, 39, 380 - 93.

Kwiatkowski, D., P. C. B. Phillips, P. Schmidt, and Y. Shin. (1992). "Testing the Null Hypothesis of Stationarity Against the Alternative of a Unit Root." *Journal of Econometrics*, 54, 159 - 78.

Kyriazidou, E. (1997). "Estimation of a Panel Data Sample Selection Model." *Econometrica*, 65, 1335 - 64.

________. (2001). "Estimation of Dynamic Panel Data Sample Selection Models." *Review of Economic Studies*, 68, 543 - 72.

LaLonde, R. (1986). "Evaluating the Econometric Evaluations of Training Programs." *American Economic Review*, 76, 604 - 20.

Lamarche, C. (2010). "Robust Penalized Quantile Regression Estimation for Panel Data." *Journal of Econometrics*, 157, 396 - 408.

Lancaster, T. (1984). "The Covariance Matrix of the Information Matrix Test." *Econo-*

metrica, 52, 1051 - 53.

________. (1990). *The Econometric Analysis of Transition Data*. New York: Cambridge University Press.

________. (2001). "Some Econometrics of Scarring," in *Nonlinear Statistical Inference*, edited by C. Hsiao, K. Morimune and J. L. Powell, pp. 393 - 402. New York: Cambridge University Press.

Layton, L. (1978). "Unemployment Over the Work History." Ph. D. dissertation, Department of Economics, Columbia University.

Lee, L. F. (1978a). "Unionism and Wage Rates: A Simultaneous Equations Model with Qualitative and Limited Dependent Variables." *International Economic Review*, 19, 415 - 34.

________. (1978b). "On the Issues of Fixed Effects vs. Random Effects Econometric Models with Panel Data." Discussion Paper 78 - 101, University of Minnesota.

________. (1979). "Efficient Estimation of Dynamic Error Components Models with Panel Data." Discussion Paper No. 79 - 118, Center for Economic Research, University of Minnesota.

________. (1982). "Specification Error in Multinominal Logit Models: Analysis of the Omitted Variable Bias." *Journal of Econometrics*, 20, 197 - 209.

________. (1987). "Nonparametric Testing of Discrete Panel Data Models." *Journal of Econometrics*, 34, 147 - 78.

________. (2002). "Consistency and Efficiency of Least Squares Estimation for Mixed Regressive, Spatial Autoregressive Models." *Econometric Theory*, 18, 252 - 77.

________. (2003). "Best Spatial Two-Stage Least Squares Estimators for a Spatial Autoregressive Model with Autoregressive Disturbances." *Econometric Reviews*, 22, 307 - 35.

________. (2004). "Asymptotic Distribution of Quasi-Maximum Likelihood Estimators for Spatial Autoregressive Models." *Econometrica*, 72, 1899 - 925.

Lee, L. F., and W. E. Griffiths. (1979). "The Prior Likelihood and Best Linear Unbiased Prediction in Stochastic Coefficient Linear Models," University of New England Working Papers in Econometrics and Applied Statistics, No. 1.

Lee, L. F., and J. Yu (2010a). "Estimation of Spatial Autoregressive Panel Data Models with Fixed Effects." *Journal of Econometrics*, 154, 165 - 85.

________. (2010b). "A Spatial Dynamic Panel Data Model with Both Time and Individual Fixed Effects." *Econometric Theory*, 26, 564 - 97.

________. (2010c). "Some Recent Developments in Spatial Panel Data Models." *Regional Science and Urban Economics*, 40, 255 - 71.

Lee, M. J. (1999). "A Root-N Consistent Semiparametric Estimator for Related Effects Binary Response Panel Data." *Econometrica*, 67, 427 - 33.

Levin, A., and C. Lin. (1993). "Unit Root Tests in Panel Data: Asymptotic and Finite

Sample Properties." Mimeo, University of California, San Diego.

Levin, A., C. Lin, and J. Chu. (2002). "Unit RootTests in Panel Data: Asymptotic and Finite-Sample Properties." *Journal of Econometrics*, 108, 1－24.

Lewbel, A. (1992). "Aggregation with Log Linear Models." *Review of Economic Studies*, 59, 535－43.

Lewbel, A. (1994). "Aggregation and Simple Dynamics." *American Economic Review*, 84, 905－918.

Li, M., and J. L. Tobias. (2011). "Bayesian Inference in a Correlated Random Coefficients Model: Modeling Causal Effect Heterogeneity with an Application to Heterogeneous Returns to Schooling." *Journal of Econometrics*, 162, 345－61.

Li, Q., and C. Hsiao. (1998). "Testing Serial Correlation in Semi-parametric Panel Data Models." *Journal of Econometrics*, 87, 207－37.

Li, Q., and J. S. Racine. (2007). *Nonparametric Econometrics: Theory and Practice*. Princeton, NJ: Princeton University Press.

Li, Q., and T. Stengos. (1996). "Semi-parametric Estimation of Partially Linear Panel Data Models." *Journal of Econometrics*, 71, 389－97.

Liesenfeld, L., and J. F. Richard. (2008). "Simulation Techniques for Panels: Efficient Importance Sampling," in *The Econometrics of Panel Data*, 3rd ed., edited by L. Mátyas and P. Severstre, pp. 419－50. Berlin: Springer-Verlag.

Lillard, L. A., and Y. Weiss. (1979). "Components of Variation in Panel Earnings Data: American Scientists 1960－70." *Econometrica*, 47, 437－54.

Lillard, L. A., and R. Willis. (1978). "Dynamic Aspects of Earnings Mobility." *Econometrica*, 46, 985－1012.

Lin, C. C., and S. Ng. (2012). "Estimation of Panel Data Models with Parameter Heterogeneity When Group Membership is Unknown." *Journal of Econometric Methods*, 1, 42－55.

Lindley, D. V., and A. F. M. Smith. (1972). "Bayes Estimates for the Linear Model," and Discussion." *Journal of the Royal Statistical Society B*, 34, 1－41.

Little, R. J. A., and D. B. Rubin. (1987). *Statistical Analysis with Missing Data*. New York: Wiley.

Liu, E., C. Hsiao, T. Matsumoto, and S. Chou. (2009). "Maternal Full-Time Employment and Overweight Children: Parametric, Semi-Parametric and Non-parametric Assessment." *Journal of Econometrics*, 152, 61－69.

Liu, L. M., and G. C. Tiao. (1980). "Random Coefficient First-Order Autoregressive Models." *Journal of Econometrics*, 13, 305－25.

Liu, T. C. (1960). "Underidentification, Structural Estimation, and Forecasting." *Econometrica*, 28, 855－65.

MaCurdy, T. E. (1981). "An Empirical Model of Labor Supply in a Life Cycle Setting." *Journal of Political Economy*, 89, 1059－85.

________. (1982). "The Use of Time Series Processes to Model the Error Structure of Earnings in a Longitudinal Data Analysis." *Journal of Econometrics*, 18, 83 - 114.

Maddala, G. S. (1971a). "The Use of Variance Components Models in Pooling Cross Section and Time Series Data," *Econometrica*, 39, 341 - 58.

________. (1971b). "The Likelihood Approach to Pooling Cross-Section and Time Series Data." *Econometrica*, 39, 939 - 53.

________. (1983). *Limited Dependent and Qualitative Variables in Econometrics*. Cambridge: Cambridge University Press.

Maddala, G. S., and T. D. Mount. (1973). "A Comparative Study of Alternative Estimators for Variance Components Models Used in Econometric Applications." *Journal of the American Statistical Association*, 68, 324 - 28.

Maddala, G. S., and S. Wu. (1999). "A Comparative Study of Unit Root Tests with Panel Data and a New Simple Test." *Oxford Bulletin of Economics and Statistics*, 61, 631 - 52.

Magnus, J. R., and H. Neudecker. (1999). *Matrix Differential Calculus with Applications in Statistics and Econometrics*, revised ed. New York: John Wiley & Sons.

Mairesse, J. (1990). "Time-series and Cross-sectional Estimates on Panel Data: Why are they Different and Why Should They Be Equal?" in *Panel Data and Labor Market Studies*, edited by J. Hartog, G. Ridder, and J. Theeuwes, pp. 81 - 95. Amsterdam: North-Holland.

________. (2007). "Comment on Panel Data Analysis—Advantages and Challenges." *TEST*, 16, 37 - 41.

Malinvaud, E. (1970). *Statistical Methods of Econometrics*, 2nd ed. Amsterdam: North-Holland.

Mankiw, N. G., D. Romer, and D. Weil. (1992). "A Contribution to the Empirics of Economic Growth." *Quarterly Journal of Economics*, 107, 407 - 37.

Manski, C. F. (1975). "Maximum Score Estimation of the Stochastic Utility Model of Choice." *Journal of Econometrics*, 3, 205 - 28.

________. (1985). "Semiparametric Analysis of Discrete Response: Asymptotic Properties of the Maximum Score Estimator." *Journal of Econometrics*, 27, 313 - 33.

________. (1987). "Semiparametric Analysis of Random Effects Linear Models from Binary Panel Data." *Econometrica*, 55, 357 - 62.

Manski, C. F., and E. Tamer. (2002). "Inference on Regressions with Interval Data on a Regressor or Outcome." *Econometrica*, 70, 519 - 46.

Mao, G., and Y. Shen. (2013). "Bubbles or Fundamentals? Modeling Provincial House Prices in China Allowing for Cross-Sectional Dependence." Mimeo, National School of Development, Peking University.

Martins-Filho, C., and F. Yao. (2009). "Nonparametric Regression Estimation with General Parametric Error Covariance." *Journal of Multivariate Analysis*, 100, 309 - 33.

Matyás, L., and P. Sevestre. (1996). "The Econometrics of Panel Data: A Handbook of the Theory with Applications," 2nd ed. Dordrecht: Kluwer Academic.

Mazodier, P., and A. Trognon. (1978). "Heteroscedasticity and Stratification in Error Components Models." *Annales de l'INSEE*, 30 - 31, 451 - 82.

McCullah, P. (1987). *Tensor Methods in Statistics*. London: Chapman and Hall.

McCoskey, S., and C. Kao. (1998). "A Residual-Based Test of the Null of Cointegration in Panel Data." *Econometric Reviews*, 17, 57 - 84.

McFadden, D. (1974). "Conditional Logit Analysis of Qualitative Choice Behavior," in *Frontiers in Econometrics*, edited by P. Zarembka, pp. 105 - 42. New York: Academic Press.

________. (1976). "Quantal Choice Analysis: A Survey." *Annals of Economic and Social Measurement*, 5, 363 - 90.

________. (1984). "Econometric Analysis of Qualitative Response Models," in *Handbook of Econometrics*, Vol. II, edited by Z. Griliches and M. D. Intriligator, pp. 1395 - 457. Amsterdam: North-Holland.

________. (1989). "A Method of Simulated Moments for Estimation of Discrete Response Models without Numerical Integration." *Econometrica*, 57, 995 - 1026.

McKenzie, D. J. (2004). "Asymptotic Theory for Heterogeneous Dynamic Pseudo-Panels." *Journal of Econometrics*, 120, 235 - 62.

Mehta, J. S., G. V. L. Narasimham, and P. A. V. B. Swamy. (1978). "Estimation of a Dynamic Demand Function for Gasoline with Different Schemes of Parameter Variation." *Journal of Econometrics*, 7, 263 - 79.

Merton, R. C. (1974). "On the Pricing of Corporate Debt: The Risk Structure of Interest Rates." *Journal of Finance*, 29, 449 - 70.

Meyer, J. R., and E. Kuh. (1957). *The Investment Decision: An Empirical Study*. Cambridge, MA: Harvard University Press.

Miller, J. J. (1977). "Asymptotic Properties of Maximum Likelihood Estimates in the Mixed Model of the Analysis of Variance." *Annals of Statistics*, 5, 746 - 62.

Miller, M. H., and F. Modigliani. (1961). "Dividend Policy, Growth and the Valuation of Shares." *Journal of Business*, 34, 411 - 33.

Min, C. K., and A. Zellner. (1993). "Bayesian and Non-Bayesian Methods for Combining Models and Forecasts with Applications to Forecasting International Growth Rate." *Journal of Econometrics*, 56, 89 - 118.

Modigliani, F., and M. H. Miller. (1958). "The Cost of Capital, Corporation Finance and the Theory of Investment." *American Economic Review*, 48, 261 - 97.

Moffitt, R. (1993). "Identification and Estimation of Dynamic Models with a Time Series of Repeated Cross-Sections." *Journal of Econometrics*, 59, 99 - 123.

Moffitt, R., J. Fitzgerald, andP. Gottschalk. (1997). "Sample Selection in Panel Data: The Role of Selection on Observables." Mimeo, Johns Hopkins University.

Moon, H. R., and B. Perron. (2004). "Testing for a Unit Root in Panels with Dynamic Factors." *Journal of Econometrics*, 122, 81-126.

Mundlak, Y. (1961). "Empirical Production Function Free of Management Bias." *Journal of Farm Economics*, 43, 44-56.

________. (1978a). "On the Pooling of Time Series and Cross Section Data." *Econometrica*, 46, 69-85.

________. (1978b). "Models with Variable Coefficients: Integration and Extension." *Annales de l'INSEE*, 30-31, 483-509.

Nagar, A. L. (1959). "The Bias and Moment Matrix of *k*-class Estimators of the Parameters in Simultaneous Equations." *Econometrica*, 27, 575-95.

Nerlove, M. (1965). *Estimation and Identification of Cobb-Douglas Production Functions*. Chicago: Rand McNally.

________. (1967). "Experimental Evidence on the Estimation of Dynamic Economic Relations from a Time Series of Cross-Sections." *Economic Studies Quarterly*, 18, 42-74.

________. (1971a). "Further Evidence on the Estimation of Dynamic Economic Relations from a Time Series of Cross Sections." *Econometrica*, 39, 359-82.

________. (1971b). "A Note on Error Components Models." *Econometrica*, 39, 383-96.

________. (2000). "An Essay on the History of Panel Data Econometrics." Paper presented at 2000 Panel Data Conference in Geneva.

Newey, W. (1997). "Convergence Rate and Asymptotic Normality for Series Estimators." *Journal of Econometrics*, 79, 147-68.

________. (2009). "Two Step Series Estimation of Sample Selection Models." *The Econometrics Journal*, 12, S217-S229.

Newey, W., and K. West. (1987). "A Simple Positive Semi-Definite, Heteroscedasticity and Autocorrelation Consistent Covariance Matrix." *Econometrica*, 50, 703-8.

Neyman, J. (1949). "Contribution to the Theory of the χ^2 Test," in *Proceedings of the First Berkeley Symposium on Mathematical Statistics and Probabilities*, edited by J. Neyman, pp. 230-70. Berkeley: University of California Press.

Neyman, J., and E. L. Scott. (1948). "Consistent Estimates Based on Partially Consistent Observations." *Econometrica*, 16, 1-32.

Ng, S. (2008). "A Simple Test for Nonstationarity in Mixed Panels." *Journal of Business and Economic Statistics*, 26, 113-26.

Nicholls, D. F., and B. G. Quinn. (1982). *Random Coefficient Autoregressive Models: An Introduction*. Berlin: Springer-Verlag.

Nickell, S. (1979). "Estimating the Probability of Leaving Unemployment." *Econometrica*, 47: 1249-66.

________. (1981). "Biases in Dynamic Models with Fixed Effects." *Econometrica*, 49, 1399-416.

Nijman, T. H. E., and M. Verbeek. (1992). "Nonresponse in Panel Data: The Impact on

Estimates of a Life Cycle Consumption Function." *Journal of Applied Econometrics*, 7, 243 - 57.

Nijman, T. H. E., M. Verbeek, and A. van Soest. (1991). "The Efficiency of Rotating Panel Designs in an Analysis of Variance Model." *Journal of Econometrics*, 49, 373 - 99.

Okui, R. (2009). "The Optimal Choice of Moments in Dynamic Panel Data Models." *Journal of Econometrics*, 151, 1 - 16.

Ord, J. K. (1975). "Estimation Methods for Models of Spatial Interaction." *Journal of the American Statistical Association*, 70, 120 - 26.

Pagan, A. (1980). "Some Identification and Estimation Results for Regression Models with Stochastically Varying Coefficients." *Journal of Econometrics*, 13, 341 - 64.

Pakes, A., and Z. Griliches. (1984). "Estimating Distributed Lags in Short Panels with an Application to the Specification of Depreciation Patterns and Capital Stock Constructs." *Review of Economic Studies*, 51, 243 - 62.

Pakes, A., and D. Pollard. (1989). "Simulation and the Asymptotics of Optimization Estimators." *Econometrica*, 57, 1027 - 1057.

Pedroni, P. (1995). "Panel Cointegration: Asymptotic and Finite Sample Properties of Pooled Time Series Tests with an Application to the PPP Hypothesis," Indiana University Working Paper in Economics, No. 95-013.

________. (2004). "Panel Cointegration: Asymptotic and Finite Sample Properties of Pooled Time Series Tests with an Application to the PPP Hypothesis." *Econometric Theory*, 20, 597 - 625.

Peracchi, F. (2000). "The European Community Household Panel: A Review." Paper presented at the Panel Data Conference in Geneva.

Perron, P. (1989). "The Great Crash, the Oil Price Shock and the Unit Root Hypothesis." *Econometrica*, 57, 1361 - 401.

Pesaran, M. H. (2003). "On Aggregation of Linear Dynamic Models: An Application to Life-Cycle Consumption Models Under Habit Formation." *Economic Modeling*, 20, 227 - 435.

________. (2004). "General Diagnostic Tests for Cross-Section Dependence in Panels."

________. (2006). "Estimation and Inference in Large Heterogeneous Panels with Cross-Section Dependence." *Econometrica*, 74, 967 - 1012.

________. (2007). "A Simple Panel Unit Root Test in the Presence of Cross-Section Dependence." *Journal of Applied Econometrics*, 22, 265 - 312.

________. (2012). "On the Interpretation of Panel Unit Root Tests." *Economics Letters*, 116, 545 - 46.

Pesaran, M. H., and R. Smith. (1995). "Estimation of Long-Run Relationships from Dynamic Heterogeneous Panels." *Journal of Econometrics*, 68, 79 - 114.

Pesaran, M. H., and E. Tosetti. (2010). "Large Panels with Common Factors and Spatial Correlations." *Journal of Econometrics*, 161, 182 - 202.

Pesaran, M. H., and T. Yamagata. (2008). "Testing Slope Homogeneity in Large Panels." *Journal of Econometrica*, 142, 50 - 93.

Pesaran, M. H., and Z. Zhao. (1999). "Bias Reduction in Estimating Long-Run Relationships from Dynamic Heterogeneous Panels," in *Analysis of Panels and Limited Dependent Variables*, edited by C. Hsiao, K. Lahiri, L. F. Lee, and M. H. Pesaran, pp. 297 - 322. Cambridge: Cambridge University Press.

Pesaran, M. H., T. Schuermann, and S. M. Weiner. (2004). "Modelling Regional Interdependencies Using a Global Error-Correction Macroeconometrics Model." *Journal of Business and Economic Statistics*, 22, 129 - 62.

Pesaran, M. H., Y. Shin, and R. J. Smith. (1999). "Pooled Mean Group Estimation of Dynamic Heterogeneous Panels." *Journal of the American Statistical Association*, 94, 621 - 34.

________. (2000). "Structural Analysis of Vector Error Correction Models with Exogenous I (1) Variables." *Journal of Econometrics*, 97, 293 - 343.

Pesaran, M. H., L. V. Smith, and T. Yamagata. (2013). "Panel Unit Root Tests in the Presence of a Multifactor Error Structure." *Journal of Econometrics*, 175, 94 - 115.

Pesaran, M. H., A. Ullah, and T. Yamagata. (2008). "A Bias Adjusted LM Test of Error Cross-Section Independence." *Econometrics Journal*, 11, 105 - 27.

Phelps, E. (1972). *Inflation Policy and Unemployment Theory: The Cost Benefit Approach to Monetary Planning*. London: Macmillan.

Phillips, P. C. B. (1986). "Understanding Spurious Regressions in Econometrics." *Journal of Econometrics*, 33, 311 - 40.

Phillips, P. C. B. (1991). "Optimal Inference in Cointegrated Systems." *Econometrica*, 59, 283 - 306.

Phillips, P. C. B., and S. N. Durlauf. (1986). "Multiple Time Series Regression with Integrated Processes." *Review of Economic Studies*, 53, 473 - 95.

Phillips, P. C. B., and B. E. Hansen. (1990). "Statistical Inference in Instrumental Variables Regression with I (1) Processes." *Review of Economic Studies*, 57, 99 - 125.

Phillips, P. C. B., and H. R. Moon. (1999). "Linear Regression Limit Theory for Nonstationary Panel Data." *Econometrica*, 67, 1057 - 111.

________. (2000). "Nonstationary Panel Data Analysis: An Overview of Some Recent Developments." *Econometrics Review*, 19, 263 - 86.

Phillips, P. C. B. and D. Sul. (2007). "Bias in Dynamic Panel Estimation with Fixed Effects, Incidental Trends and Cross-Section Dependence." *Journal of Econometrics*, 137, 162 - 88.

Pinkse, J. (2000). "Asymptotic Properties of Moran and Related Tests and Testing for Spatial Correlation in Probit Models." Mimeo, Pennsylvania State University.

Powell, J. L. (1984). "Least Absolute Deviations Estimation for the Censored Regression Model." *Journal of Econometrics*, 25, 303 - 325.

________. (1986). "Symmetrically Trimmed Least Squares Estimation for Tobit Models." *Econometrica*, 54, 1435 - 60.

Powell, J. L., J. Stock, and T. Stoker. (1989). "Semiparametric Estimation of Index Coefficients." *Econometrica*, 57, 1403 - 30?

Priestley, M. B. (1982). *Spectral Analysis and Time Series*, Vols. I and II. New York: Academic Press.

Prucha, I. R. (1983). "Maximum Likelihood and InstrumentalVariable Estimation in Simultaneous Equation Systems with Error Components." Working Paper No. 83-6, Department of Economics, University of Maryland.

Quah, D. (1994). "Exploiting Cross-Section Variations for Unit Root Inference in Dynamic Data." *Economic Letters*, 44, 9 - 19.

Quandt, R. E. (1982). "Econometric Disequilibrium Models." *Econometric Reviews*, 1, 1 - 64.

Raj, B., and A. Ullah. (1981). *Econometrics: A Varying Coefficient Approach*. London: Croom Helm.

Rao, C. R. (1952). *Advanced Statistical Methods in Biometric Research*. New York: John Wiley & Sons.

________. (1970). "Estimation of Heteroscedastic Variances in Linear Models." *Journal of the American Statistical Association*, 65, 161 - 72.

________. (1972). "Estimation of Variance and Covariance Components in Linear Models." *Journal of the American Statistical Association*, 67, 112 - 15.

________. (1973). *Linear Statistical Inference and Its Applications*, 2nd ed. New York: John Wiley & Sons.

Richard, J. F. (1996). "Simulation Techniques," in *The Econometrics of Panel Data*, 2nd ed. edited by L. Matyas and P. Sevestre, pp. 613 - 38. Dordrecht: Kluwer Academic.

Richard, J. F., and W. Zhang. (2007). "Efficient High-Dimensional Importance Sampling." *Journal of Econometrics*, 141, 1385 - 1411.

Ridder, G. (1990). "Attrition in Multi-Wave Panel Data," in Panel Data and Labor Market Studies, edited by J. Hartog, G. Ridder, and J. Theeuwes, pp. 45 - 79. Amsterdam: North-Holland.

________. (1992). "An Empirical Evaluation of Some Models for Non-random Attrition in Panel Data." *Structural Change and Economic Dynamics*, 3, 337 - 35.

Robinson, P. M. (1988a). "Semiparametric Econometrics: A Survey." *Journal of Applied Econometrics*, 3, 35 - 51.

________. (1988b). "Root-N-Consistent Semiparametric Regression." *Econometrica*, 56, 931 - 54.

________. (1989). "Notes on Nonparametric and Semiparametric Estimation." Mimeo, London School of Economics.

Rosenberg, B. (1972). "The Estimation of Stationary Stochastic Regression Parameters Reexamined." *Journal of the American Statistical Association*, 67, 650 – 4.

________ . (1973). "The Analysis of a Cross-Section of Time Series by Stochastically Convergent Parameter Regression." *Annals of Economic and Social Measurement*, 2, 39 – 428.

Rosenbaum, P. and D. Rubin. (1983). "The Central Role of the Propensity Score in Observational Studies for Causal Effects." *Biometrika*, 70, 41 – 55.

Rothenberg, T. J. (1973). *Efficient Estimation with a Priori Information*. New Haven, CT: Yale University Press.

Rubin, D. B. (1976). "Inference and Missing Data." *Biometrica*, 63, 581 – 92. Saikkonen, P. (1991). "Asymptotically Efficient Estimation of Cointegration Regres-sions." *Econometric Theory*, 7, 1 – 21.

Sant, D. (1977). "Generalized Least Squares Applied to Time-Varying Parameter Models." *Annals of Economic and Social Measurement*, 6, 301 – 14.

Sarafidis, V., and T. Wansbeek. (2012). "Cross-Sectional Dependence in Panel Data Analysis." *Econometric Reviews*, 31, 483 – 531.

Sarafidis, V., T. Yamagata, and D. Robertson. (2009). "A Test of Cross-Section Dependence for a Linear dynamic Panel Model with Regressors." *Journal of Econometrics*, 148, 149 – 61.

Sargan, J. D. (1958). "The Estimation of Economic Relationships Using Instrumental Variables." *Econometrica*, 26, 393 – 415.

Sargan, J. D., and A. Bhargava. (1983). "Testing for Residuals from Least Squares Regression Being Generated by Gaussian Random Walk." *Econometrica*, 51, 153 – 74.

Scheffé, H. (1959). *The Analysis of Variance*. New York: John Wiley & Sons. Schmidt, P. (1984). "Simultaneous Equation Models with Fixed Effects." Mimeo, Michigan State University.

Schwarz, G. (1978). "Estimating the Dimension of a Model." *Annals of Statistics*, 6, 461 – 64.

Searle, S. R. (1971). *Linear Models*. New York: John Wiley & Sons.

Sevestre, P., and A. Trognon. (1982). "A Note on Autoregressive Error Component Models," #8204, Ecole Nationale de la Statistique et de l'Administration Economique et Unite de Recherche.

Sheiner, L., B. Rosenberg, and K. Melmon. (1972). "Modeling of Individual Pharmacokinetics for Computer-Aided Drug Dosage." *Computers and Biomedical Research*, 5, 441 – 59.

Shen, X. (1997). "On Methods of Sieves and Penalization." *Annals of Statistics*, 25, 2555 – 91.

Shiller, R., and P. Perron. (1985). "Testing the Random Walk Hypothesis: Power versus Frequency of Observation." *Economic Letters*, 18, 381 – 86.

Sims, C. (1980). "Macroeconomic and Reality." *Econometrica*, 48, 1 – 48.

Sims, C., J. H. Stock, and M. W. Watson. (1990). "Inference in Linear Time Series Models with Some Unit Roots." *Econometrica*, 58 (1), 113 - 44.

Singer, B., and S. Spilerman. (1974). "Social Mobility Models for Heterogeneous Populations," in*Sociological Methodology 1973—1974*, edited by H. L. Costner, pp. 356 - 401. San Francisco: Jossey-Bass.

________. (1976). "Some Methodological Issues in the Analysis of Longitudinal Surveys." *Annals of Economic and Social Measurement*, 5, 447 - 74.

Singh, B., A. L. Nagar, N. K. Choudhry, and B. Raj. (1976). "On the Estimation of Structural Changes: A Generalization of the Random Coefficients Regression Model." *International Economic Review*, 17, 340 - 61.

Small, K., and C. Hsiao. (1985). "Multinominal Logit Specification Tests." *International Economic Review*, 26, 619 - 27.

Smith, A. F. M. (1973). "A General Bayesian Linear Model." *Journal of the Royal Statistical Society B*, 35, 67 - 75.

Solon, G. (1985). "Comment on Benefits and Limitations of Panel Data by C. Hsiao." *Econometric Reviews*, 4, 183 - 86.

Stiglitz, J. E., and A. Weiss. (1981). "Credit Rationing in Markets with Imperfect Information." *American Economic Review*, 71, 393 - 410.

Stock, J. H. (1987). "Asymptotic Properties of Least Squares Estimators of Cointegrating Vectors." *Econometrica*, 55, 1035 - 56.

Stock, J., and M. W. Watson. (2008). "Heteroskedasticity-Robust Standard Errors for Fixed Effects Regression." *Econometrica*, 76, 155 - 74.

Stoker, T. M. (1993). "Empirical Approaches to the Problem of Aggregation Over Individuals." *Journal of Economic Literature*, 31, 1827 - 74.

Stone, R. (1954). *The Measurement of Consumers' Expenditure and Behavior in the United Kingdom, 1920 - 38*. Cambridge: Cambridge University Press.

Stroud, A. H., and D. Secrest. (1966). *Gaussian Quadrature Formulas*. Englewood Cliffs, NJ: Prentice-Hall.

Su, L., and A. Ullah. (2011). "Nonparametric and Semiparametric Panel Econometric Models: Estimation and Testing," in *Handbook of Empirical Economics and Finance*, edited by A. Ullah and D. E. A. Giles, pp. 455 - 97. New York: Taylor and Francis Group.

Su, L., Z. Shi, and P. C. B. Phillips. (2013). "Identifying Latent Structures in Panel Data." Mimeo, Singapore Management University.

Su, L., A. Ullah, and Y. Wang. (2010). "A Note on Nonparametric Regression Estimation with General Parametric Error Covariance," in Working Paper, School of Economics, Singapore Management University, Singapore.

Summers, L. H. (1981). "Taxation and Corporate Investment: A *q*-theory Approach." *Brookings Papers on Economic Activity*, 1, 67 - 127.

Swamy, P. A. V. B. (1970). "Efficient Inference in a Random Coefficient Regression Model." *Econometrica*, 38, 311 - 23.

________. (1971). *Statistical Inference in Random Coefficient Regression Models*. Berlin: Springer-Verlag.

________. (1974). "Linear Models with Random Coefficients," in *Frontiers in Econometrics*, edited by P. Zarembka, pp. 143 - 68. New York: Academic Press.

Swamy, P. A. V. B., and J. S. Mehta. (1973). "Bayesian Analysis of Error Components Regression Models." *Journal of the American Statistical Association*, 68, 648 - 58.

________. (1977). "Estimation of Linear Models with Time and Cross-Sectionally Varying Coefficients." *Journal of the American Statistical Association*, 72, 890 - 98.

Swamy, P. A. V. B., and P. A. Tinsley. (1977). "Linear Prediction and Estimation Method for Regression Models with Stationary Stochastic Coefficients." Special Studies Paper No. 78, Federal Reserve Board Division of Research and Statistics, Washington, D. C.

Taub, A. J. (1979). "Prediction in the Context of the Variance-Components Model." *Journal of Econometrics*, 10, 103 - 7.

Taylor, W. E. (1980). "Small Sample Consideration in Estimation from Panel Data." *Journal of Econometrics*, 13, 203 - 23.

Temple, J. (1999). "The New Growth Evidence." *Journal of Economic Literature*, 37 (1), 112 - 56.

Theil, H. (1954). *Linear Aggregation of Economic Relations*. Amsterdam: North-Holland.

________. (1958). *Economic Forecasts and Policy*. Amsterdam: North-Holland.

________. (1971). *Principles of Econometrics*. New York: John Wiley & Sons.

Theil, H., and L. B. M. Mennes. (1959). "Conception Stochastique de Coefficients Multipli-cateurs dans l'Adjustment Lineaire des Series Temporelles." *Publications de l'Institut de Statistique de l'Universite de Paris*, 8, 211 - 27.

Tibshirani, R. J. (1996). "Regression Shrinkage and Selection via the LASSO." *Journal of the Royal Statistical Society B*, 58, 267 - 88.

Tobin, J. (1950). "A Statistical Demand Function for Food in the U. S. A." *Journal of the Royal Statistical Society A*, 113, 113 - 41.

________. (1958). "Estimation of Relationships for Limited Dependent Variables." *Econometrica*, 26, 24 - 36.

________. (1969). "A General Equilibrium Approach to Monetary Policy." *Journal of Money, Credit and Banking*, 1, 15 - 29.

Trivedi, P. K. (1985). "Distributed Lags, Aggregation and Compounding: Some Econometric Implciations." *Review of Economic Studies*, 52, 19 - 35.

Trivedi, P., and M. K. Munkin. (2011). "Recent Developments in Cross-Section and Panel Count Models," in *Handbook of Empirical Economics and Finance*, edited by

A. Ullah and D. E. A. Giles, pp. 87 - 132. NewYork: Taylor and Francis Group.

Trognon, A. (1978). "Miscellaneous Asymptotic Properties of Ordinary Least Squares and Maximum Likelihood Estimators in Dynamic Error Components Models." *Annales de L'INSEE*, 30 - 31, 631 - 57.

________. (2000). "Panel Data Econometrics: A Successful Past and a Promising Future." Paper presented at the 2000 Panel Data Conference in Geneva.

Tsiatis, A. A. (1981). "A Large Sample Study of Cox's Regression Model." *The Annals of Statistics*, 9, 93 - 108.

Vella, F., and M. Verbeek. (1999). "Two-Step Estimation of Panel Data Models with Censored Endogenous Variables and Selection Bias." *Journal of Econometrics*, 90, 239 - 64.

Verbeek, M. (1992). "The Design of Panel Surveys and the Treatment of Missing Observations." Ph. D. dissertation, Tilburg University.

________. (2007). "Pseudo-Panels and Repeated Cross-Sections," in *The Econometrics of Panel Data*, 3rd ed., edited by L. Matyas and P. Severstre. Berlin: Springer-Verlag, 369 - 84.

Verbeek, M., and T. H. E. Nijman. (1996). "Incomplete Panels and Selection Bias," in the *Econometrics of Panel Data*, 2nd ed., edited by L. Matyas and P. Sevester, pp. 449 - 90. Dordercht: Kluwer Academic.

Verbeek, M., and F. Vella. (2005). "Estimating Dynamic Models from Repeated Cross-Sections." *Journal of Econometrics*, 127, 83 - 102.

Vogelsang, T. (2012). "Heteroscedasticity, Autocorrelation and Spatial Correlation Robust Inference in Linear Panel Models with Fixed Effects." *Journal of Econometrics*, 166, 303 - 19.

Wachter, M. L. (1970). "Relative Wage Equations for U. S. Manufacturing Industries 1947 - 1967." *Review of Economics and Statistics*, 52, 405 - 10.

Wallace, T. D., and A. Hussain. (1969). "The Use of Error Components Models in Combining Cross-Section with Time Series Data." *Econometrica*, 37, 55 - 72.

Wansbeek, T. J. (2001). "GMM Estimation in Panel Data Models with Measurement Error." *Journal of Econometrics*, 104, 259 - 68.

________. (1982). "A Class of Decompositions of the Variance-Covariance Matrix of a Generalized Error Components Model." *Econometrica*, 50, 713 - 24.

Wansbeek, T. J., and P. A. Bekker. (1996). "On IV, GMM and ML in a Dynamic Panel Data Model." *Economic Letters*, 51, 145 - 52.

Wansbeek, T. J., and A. Kapteyn. (1978). "The Separation of Individual Variation and Systematic Change in the Analysis of Panel Data." *Annales de I'INSEE*, 30 - 31, 659 - 80.

Wansbeek, T. J., and R. H. Koning. (1989). "Measurement Error and Panel Data." *Statistica Neerlandica*, 45, 85 - 92.

Wansbeek, T. J., and E. Meijer. (2000). *Measurement Error and Latent Variables in*

Econometrics. Amsterdam: Elsevier.

________. (2007). "Comment on Panel Data Analysis—Advantages and Challenges." TEST, 16, 33 - 36.

Westerlund, J. (2005). "New Simple Tests for Panel Cointegration." *Econometric Reviews*, 24, 297 - 316.

Westerlund, J., and R. Larsson. (2012). "Testing for a Unit Root in Random Coefficient Panel Data Model." *Journal of Econometrics*, 167, 254 - 73.

Westerlund, J., and J. P. Urbain. (2012). "Cross-Sectional Averages or Principal Components?," Mimeo, Maastricht University.

White, H. (1980). "A Heteroscedasticity-Consistent Covariance Matrix Estimator and a Direct Test for Heteroscedasticity." *Econometrica*, 48, 817 - 38.

________. (1982). "Maximum Likelihood Estimation of Misspecified Models." *Econometrica*, 50, 1 - 25.

Windmeijer, F. (2008). "GMM for Panel Data Count Models," in *The Econometrics of Panel Data*, 3rd ed., edited by L. Mátyás and P. Sevestre, pp. 603 - 24. Berlin: Springer-Verlag.

Wooldridge, J. M. (1999). "Distribution-Free Estimation of Some Nonlinear Panel Data Models." *Journal of Econometrics*, 90, 77 - 98.

Wright, B. D., and G. Douglas. (1976). "Better Procedures for Sample-Free Item Analysis," Research Memorandum 20, Statistical Laboratory, Department of Education, University of Chicago.

Yatchew, A. (1998). "Nonparametric Regression Techniques in Economics." *Journal of Economic Literature*, 36, 669 - 721.

Yu, J., and L. F. Lee. (2010). "Estimation of Unit Root Spatial Dynamic Panel Data Models." *Econometric Theory*, 26, 1332 - 62.

Yu, J., R. de Jong, and L. F. Lee. (2012). "Estimation for Spatial Dynamic Panel Data with Fixed Effects: The Case of Spatial Cointegration." *Journal of Econometrics*, 167, 16 - 37.

Zacks, S. (1971). *The Theory of Statistical Inference*. New York: John Wiley & Sons. Zellner, A. (1962). "An Efficient Method of Estimating Seemingly Unrelated Regres-
gres-

sions and Tests for Aggregation Bias." *Journal of the American Statistical Association*, 57, 348 - 68.

________. (1966). "On the Aggregation Problem: A New Approach to a Troublesome Problem," in *Economic Models, Estimation and Risk Programming: Essays in Honor of Gerhard Tintner*, edited by K. Fox, pp. 365 - 74. Berlin: Springer-Verlag.

________. (1970). "Estimation of Regression Relationships Containing Unobservable Variables." *International Economic Review*, 11, 441 - 54.

Zellner, A., and H. Theil. (1962). "Three Stage Least Squares: Simultaneous Estimation of Simultaneous Equations," *Econometrica*, 30, 54 - 78.

Zellner, A., C. Hong, and C. K. Min. (1991). "Forecasting Turning Points in International Output Growth Rates Using Bayesian Exponentially Weighted Autoregression, Time Varying Parameter and Pooling Techniques." *Journal of Econometrics*, 49, 275 - 304.

Ziliak, J. P. (1997). "Efficient Estimation with Panel Data When Instruments are Predetermined: An Empirical Comparison of Moment-Condition Estimators." *Journal of Business and Economic Statistics*, 15, 419 - 31.

人名索引

关键词索引

经济科学译丛

序号	书名	作者	Author	单价	出版年份	ISBN
1	面板数据分析(第三版)	萧政	Cheng Hsiao	69.00	2021	978-7-300-28646-4
2	宏观经济学(第十三版)	鲁迪格·多恩布什等	Rudiger Dornbusch	89.00	2021	978-7-300-28853-6
3	曼昆版《宏观经济学》(第十版)课后题解答与题库	N. 格里高利·曼昆等	N. Gregory Mankiw	62.00	2021	978-7-300-28855-0
4	共谋理论和竞争政策	小约瑟夫·E. 哈林顿	Joseph E. Harrington,Jr.	39.00	2021	978-7-300-28804-8
5	国际经济学:理论与政策(第十一版)	保罗·R. 克鲁格曼等	Paul R. Krugman	98.00	2021	978-7-300-28805-5
6	微观经济学(第四版)	戴维·A. 贝赞可	David A. Besanko	125.00	2020	978-7-300-28647-1
7	经济建模:目的与局限	劳伦斯·A. 博兰德	Lawrence A. Boland	49.00	2020	978-7-300-28532-0
8	计量经济分析(第八版)(上下册)	威廉·H. 格林	William H. Greene	158.00	2020	978-7-300-27645-8
9	微观经济学(第四版)	保罗·克鲁格曼等	Paul Krugman	86.00	2020	978-7-300-28321-0
10	发展宏观经济学(第四版)	皮埃尔·理查德·阿根诺	Pierre—Richard Agenor	79.00	2020	978-7-300-27425-6
11	平狄克《微观经济学》(第九版)学习指导	乔纳森·汉密尔顿等	Jonathan Hamilton	42.00	2020	978-7-300-28281-7
12	经济地理学:区域和国家一体化	皮埃尔-菲利普·库姆斯等	Pierre—Philippe Combes	56.00	2020	978-7-300-28276-3
13	公共部门经济学(第四版)	约瑟夫·E. 斯蒂格利茨等	Joseph E. Stiglitz	96.00	2020	978-7-300-28218-3
14	递归宏观经济理论(第三版)	拉尔斯·扬奎斯特等	Lars Ljungqvist	128.00	2020	978-7-300-28058-5
15	策略博弈(第四版)	阿维纳什·迪克西特等	Avinash Dixit	85.00	2020	978-7-300-28005-9
16	劳动关系(第10版)	小威廉·H. 霍利等	William H. Holley,Jr.	83.00	2020	978-7-300-25582-8
17	微观经济学(第九版)	罗伯特·S. 平狄克等	Robert S. Pindyck	93.00	2020	978-7-300-26640-4
18	宏观经济学(第十版)	N. 格里高利·曼昆	N. Gregory Mankiw	79.00	2020	978-7-300-27631-1
19	宏观经济学(第九版)	安德鲁·B.亚伯等	Andrew B.Abel	95.00	2020	978-7-300-27382-2
20	商务经济学(第二版)	克里斯·马尔赫恩等	Chris Mulhearn	56.00	2019	978-7-300-24491-4
21	管理经济学:基于战略的视角(第二版)	蒂莫西·费希尔等	Timothy Fisher	58.00	2019	978-7-300-23886-9
22	投入产出分析:基础与扩展(第二版)	罗纳德·E. 米勒等	Ronald E. Miller	98.00	2019	978-7-300-26845-3
23	宏观经济学:政策与实践(第二版)	弗雷德里克·S. 米什金	Frederic S. Mishkin	89.00	2019	978-7-300-26809-5
24	国际商务:亚洲视角	查尔斯·W. L. 希尔等	Charles W. L. Hill	108.00	2019	978-7-300-26791-3
25	统计学:在经济和管理中的应用(第10版)	杰拉德·凯勒	Gerald Keller	158.00	2019	978-7-300-26771-5
26	经济学精要(第五版)	R. 格伦·哈伯德等	R. Glenn Hubbard	99.00	2019	978-7-300-26561-2
27	环境经济学(第七版)	埃班·古德斯坦等	Eban Goodstein	78.00	2019	978-7-300-23867-8
28	管理者微观经济学	戴维·M.克雷普斯	David M. Kreps	88.00	2019	978-7-300-22914-0
29	税收与企业经营战略:筹划方法(第五版)	迈伦·S. 斯科尔斯等	Myron S. Scholes	78.00	2018	978-7-300-25999-4
30	美国经济史(第12版)	加里·M. 沃尔顿等	Gary M. Walton	98.00	2018	978-7-300-26473-8
31	组织经济学:经济学分析方法在组织管理上的应用(第五版)	塞特斯·杜玛等	Sytse Douma	62.00	2018	978-7-300-25545-3
32	经济理论的回顾(第五版)	马克·布劳格	Mark Blaug	88.00	2018	978-7-300-26252-9
33	实地实验:设计、分析与解释	艾伦·伯格等	Alan S. Gerber	69.80	2018	978-7-300-26319-9
34	金融学(第二版)	兹维·博迪等	Zvi Bodie	75.00	2018	978-7-300-26134-8
35	空间数据分析:模型、方法与技术	曼弗雷德·M. 费希尔等	Manfred M. Fischer	36.00	2018	978-7-300-25304-6
36	《宏观经济学》(第十二版)学习指导书	鲁迪格·多恩布什等	Rudiger Dornbusch	38.00	2018	978-7-300-26063-1
37	宏观经济学(第四版)	保罗·克鲁格曼等	Paul Krugman	68.00	2018	978-7-300-26068-6
38	计量经济学导论:现代观点(第六版)	杰弗里·M. 伍德里奇	Jeffrey M. Wooldridge	109.00	2018	978-7-300-25914-7
39	经济思想史:伦敦经济学院讲演录	莱昂内尔·罗宾斯	Lionel Robbins	59.80	2018	978-7-300-25258-2
40	空间计量经济学入门——在R中的应用	朱塞佩·阿尔比亚	Giuseppe Arbia	45.00	2018	978-7-300-25458-6
41	克鲁格曼经济学原理(第四版)	保罗·克鲁格曼等	Paul Krugman	88.00	2018	978-7-300-25639-9
42	发展经济学(第七版)	德怀特·H.波金斯等	Dwight H. Perkins	98.00	2018	978-7-300-25506-4
43	线性与非线性规划(第四版)	戴维·G.卢恩伯格等	David G. Luenberger	79.80	2018	978-7-300-25391-6
44	产业组织理论	让·梯若尔	Jean Tirole	110.00	2018	978-7-300-25170-7
45	经济学精要(第六版)	巴德、帕金	Bade,Parkin	89.00	2018	978-7-300-24749-6
46	空间计量经济学——空间数据的分位数回归	丹尼尔·P. 麦克米伦	Daniel P. McMillen	30.00	2018	978-7-300-23949-1
47	高级宏观经济学基础(第二版)	本·J. 海德拉	Ben J. Heijdra	88.00	2018	978-7-300-25147-9
48	税收经济学(第二版)	伯纳德·萨拉尼耶	Bernard Salanié	42.00	2018	978-7-300-23866-1
49	国际贸易(第三版)	罗伯特·C. 芬斯特拉	Robert C. Feenstra	73.00	2017	978-7-300-25327-5

经济科学译丛

序号	书名	作者	Author	单价	出版年份	ISBN
50	国际宏观经济学(第三版)	罗伯特·C. 芬斯特拉	Robert C. Feenstra	79.00	2017	978-7-300-25326-8
51	公司治理(第五版)	罗伯特·A.G. 蒙克斯	Robert A. G. Monks	69.80	2017	978-7-300-24972-8
52	国际经济学(第15版)	罗伯特·J. 凯伯	Robert J. Carbaugh	78.00	2017	978-7-300-24844-8
53	经济理论和方法史(第五版)	小罗伯特·B. 埃克伦德等	Robert B. Ekelund. Jr.	88.00	2017	978-7-300-22497-8
54	经济地理学	威廉·P. 安德森	William P. Anderson	59.80	2017	978-7-300-24544-7
55	博弈与信息:博弈论概论(第四版)	艾里克·拉斯穆森	Eric Rasmusen	79.80	2017	978-7-300-24546-1
56	MBA宏观经济学	莫里斯·A. 戴维斯	Morris A. Davis	38.00	2017	978-7-300-24268-2
57	经济学基础(第十六版)	弗兰克·V. 马斯切纳	Frank V. Mastrianna	42.00	2017	978-7-300-22607-1
58	高级微观经济学:选择与竞争性市场	戴维·M. 克雷普斯	David M. Kreps	79.80	2017	978-7-300-23674-2
59	博弈论与机制设计	Y. 内拉哈里	Y. Narahari	69.80	2017	978-7-300-24209-5
60	宏观经济学(第十二版)	鲁迪格·多恩布什等	Rudiger Dornbusch	69.00	2017	978-7-300-23772-5
61	国际金融与开放宏观经济学:理论、历史与政策	亨德里克·范登伯格	Hendrik Van den Berg	68.00	2016	978-7-300-23380-2
62	经济学(微观部分)	达龙·阿西莫格鲁等	Daron Acemoglu	59.00	2016	978-7-300-21786-4
63	经济学(宏观部分)	达龙·阿西莫格鲁等	Daron Acemoglu	45.00	2016	978-7-300-21886-1
64	中级微观经济学——直觉思维与数理方法(上下册)	托马斯·J. 内契巴	Thomas J. Nechyba	128.00	2016	978-7-300-22363-6
65	环境与自然资源经济学(第十版)	汤姆·蒂坦伯格等	Tom Tietenberg	72.00	2016	978-7-300-22900-3
66	货币金融学(第十一版)	弗雷德里克·S. 米什金	Frederic S. Mishkin	85.00	2016	978-7-300-23001-6
67	动态优化——经济学和管理学中的变分法和最优控制(第二版)	莫顿·I. 凯曼等	Morton I. Kamien	48.00	2016	978-7-300-23167-9
68	投资学精要(第九版)	兹维·博迪等	Zvi Bodie	108.00	2016	978-7-300-22236-3
69	环境经济学(第二版)	查尔斯·D. 科尔斯塔德	Charles D. Kolstad	68.00	2016	978-7-300-22255-4
70	MWG《微观经济理论》习题解答	原千晶等	Chiaki Hara	75.00	2016	978-7-300-22306-3
71	横截面与面板数据的计量经济分析(第二版)	杰弗里·M. 伍德里奇	Jeffrey M. Wooldridge	128.00	2016	978-7-300-21938-7
72	宏观经济学(第十二版)	罗伯特·J. 戈登	Robert J. Gordon	75.00	2016	978-7-300-21978-3
73	动态最优化基础	蒋中一	Alpha C. Chiang	42.00	2015	978-7-300-22068-0
74	管理经济学:理论、应用与案例(第八版)	布鲁斯·艾伦等	Bruce Allen	79.80	2015	978-7-300-21991-2
75	微观经济分析(第三版)	哈尔·R. 范里安	Hal R. Varian	68.00	2015	978-7-300-21536-5
76	财政学(第十版)	哈维·S. 罗森等	Harvey S. Rosen	68.00	2015	978-7-300-21754-3
77	经济数学(第三版)	迈克尔·霍伊等	Michael Hoy	88.00	2015	978-7-300-21674-4
78	发展经济学(第九版)	A.P. 瑟尔沃	A. P. Thirlwall	69.80	2015	978-7-300-21193-0
79	宏观经济学(第五版)	斯蒂芬·D. 威廉森	Stephen D. Williamson	69.00	2015	978-7-300-21169-5
80	现代时间序列分析导论(第二版)	约根·沃特斯等	Jürgen Wolters	39.80	2015	978-7-300-20625-7
81	空间计量经济学——从横截面数据到空间面板	J. 保罗·埃尔霍斯特	J. Paul Elhorst	32.00	2015	978-7-300-21024-7
82	战略经济学(第五版)	戴维·贝赞可等	David Besanko	78.00	2015	978-7-300-20679-0
83	博弈论导论	史蒂文·泰迪里斯	Steven Tadelis	58.00	2015	978-7-300-19993-1
84	社会问题经济学(第二十版)	安塞尔·M. 夏普等	Ansel M.Sharp	49.00	2015	978-7-300-20279-2
85	时间序列分析	詹姆斯·D. 汉密尔顿	James D. Hamilton	118.00	2015	978-7-300-20213-6
86	微观经济理论	安德鲁·马斯-克莱尔等	Andreu Mas-Collel	148.00	2014	978-7-300-19986-3
87	产业组织:理论与实践(第四版)	唐·E. 瓦尔德曼等	Don E. Waldman	75.00	2014	978-7-300-19722-7
88	公司金融理论	让·梯若尔	Jean Tirole	128.00	2014	978-7-300-20178-8
89	公共部门经济学	理查德·W. 特里西	Richard W. Tresch	49.00	2014	978-7-300-18442-5
90	计量经济学导论(第三版)	詹姆斯·H. 斯托克等	James H. Stock	69.00	2014	978-7-300-18467-8
91	中级微观经济学(第六版)	杰弗里·M. 佩罗夫	Jeffrey M. Perloff	89.00	2014	978-7-300-18441-8
92	计量经济学原理与实践	达摩达尔·N. 古扎拉蒂	Damodar N.Gujarati	49.80	2013	978-7-300-18169-1
93	经济学简史——处理沉闷科学的巧妙方法(第二版)	E. 雷·坎特伯里	E. Ray Canterbery	58.00	2013	978-7-300-17571-3

经济科学译丛						
序号	书名	作者	Author	单价	出版年份	ISBN
94	环境经济学	彼得·伯克等	Peter Berck	55.00	2013	978-7-300-16538-7
95	高级微观经济理论	杰弗里·杰里	Geoffrey A. Jehle	69.00	2012	978-7-300-16613-1
96	高级宏观经济学导论:增长与经济周期(第二版)	彼得·伯奇·索伦森等	Peter Birch Sørensen	95.00	2012	978-7-300-15871-6
97	卫生经济学(第六版)	舍曼·富兰德等	Sherman Folland	79.00	2011	978-7-300-14645-4
98	现代劳动经济学:理论与公共政策(第十版)	罗纳德·G. 伊兰伯格等	Ronald G. Ehrenberg	69.00	2011	978-7-300-14482-5
99	计量经济学基础(第五版)(上下册)	达摩达尔·N. 古扎拉蒂	Damodar N.Gujarati	99.00	2011	978-7-300-13693-6
100	《计量经济学基础》(第五版)学生习题解答手册	达摩达尔·N. 古扎拉蒂等	Damodar N. Gujarati	23.00	2012	978-7-300-15080-8

金融学译丛						
序号	书名	作者	Author	单价	出版年份	ISBN
1	房地产金融与投资(第十五版)	威廉·B. 布鲁格曼等	William B. Brueggeman	118.00	2021	978-7-300-28473-6
2	金融工程学原理(第三版)	罗伯特·L. 科索斯基等	Robert L. Kosowski	109.00	2020	978-7-300-28541-2
3	金融市场与金融机构(第12版)	杰夫·马杜拉	Jeff Madura	99.00	2020	978-7-300-27836-0
4	个人理财(第11版)	E. 托马斯·加曼等	E. Thomas Garman	108.00	2020	978-7-300-25653-5
5	银行学(第二版)	芭芭拉·卡苏等	Barbara Casu	99.00	2020	978-7-300-28034-9
6	金融衍生工具与风险管理(第十版)	唐·M. 钱斯	Don M. Chance	98.00	2020	978-7-300-27651-9
7	投资学导论(第十二版)	赫伯特·B. 梅奥	Herbert B. Mayo	89.00	2020	978-7-300-27653-3
8	金融几何学	阿尔文·库鲁克	Alvin Kuruc	58.00	2020	978-7-300-14104-6
9	银行风险管理(第四版)	若埃尔·贝西	Joël Bessis	56.00	2019	978-7-300-26496-7
10	金融学原理(第八版)	阿瑟·J. 基翁等	Arthur J. Keown	79.00	2018	978-7-300-25638-2
11	财务管理基础(第七版)	劳伦斯·J. 吉特曼等	Lawrence J. Gitman	89.00	2018	978-7-300-25339-8
12	利率互换及其他衍生品	霍华德·科伯	Howard Corb	69.00	2018	978-7-300-25294-0
13	固定收益证券手册(第八版)	弗兰克·J. 法博齐	Frank J. Fabozzi	228.00	2017	978-7-300-24227-9
14	金融市场与金融机构(第8版)	弗雷德里克·S. 米什金等	Frederic S. Mishkin	86.00	2017	978-7-300-24731-1
15	兼并、收购和公司重组(第六版)	帕特里克·A. 高根	Patrick A. Gaughan	89.00	2017	978-7-300-24231-6
16	债券市场:分析与策略(第九版)	弗兰克·J. 法博齐	Frank J. Fabozzi	98.00	2016	978-7-300-23495-3
17	财务报表分析(第四版)	马丁·弗里德森	Martin Fridson	46.00	2016	978-7-300-23037-5
18	国际金融学	约瑟夫·P. 丹尼尔斯等	Joseph P. Daniels	65.00	2016	978-7-300-23037-1
19	国际金融	阿德里安·巴克利	Adrian Buckley	88.00	2016	978-7-300-22668-2
20	个人理财(第六版)	阿瑟·J. 基翁	Arthur J. Keown	85.00	2016	978-7-300-22711-5
21	投资学基础(第三版)	戈登·J. 亚历山大等	Gordon J. Alexander	79.00	2015	978-7-300-20274-7
22	金融风险管理(第二版)	彼德·F. 克里斯托弗森	Peter F. Christoffersen	46.00	2015	978-7-300-21210-4
23	风险管理与保险管理(第十二版)	乔治·E. 瑞达等	George E. Rejda	95.00	2015	978-7-300-21486-3
24	个人理财(第五版)	杰夫·马杜拉	Jeff Madura	69.00	2015	978-7-300-20583-0
25	企业价值评估	罗伯特·A.G. 蒙克斯等	Robert A. G. Monks	58.00	2015	978-7-300-20582-3
26	基于Excel的金融学原理(第二版)	西蒙·本尼卡	Simon Benninga	79.00	2014	978-7-300-18899-7
27	金融工程学原理(第二版)	萨利赫·N. 内夫特奇	Salih N. Neftci	88.00	2014	978-7-300-19348-9
28	国际金融市场导论(第六版)	斯蒂芬·瓦尔德斯等	Stephen Valdez	59.80	2014	978-7-300-18896-6
29	金融数学:金融工程引论(第二版)	马雷克·凯宾斯基等	Marek Capinski	42.00	2014	978-7-300-17650-5
30	财务管理(第二版)	雷蒙德·布鲁克斯	Raymond Brooks	69.00	2014	978-7-300-19085-3
31	期货与期权市场导论(第七版)	约翰·C. 赫尔	John C. Hull	69.00	2014	978-7-300-18994-2
32	国际金融:理论与实务	皮特·塞尔居	Piet Sercu	88.00	2014	978-7-300-18413-5
33	货币、银行和金融体系	R. 格伦·哈伯德等	R.Glenn Hubbard	75.00	2013	978-7-300-17856-1
34	并购创造价值(第二版)	萨德·苏达斯纳	Sudi Sudarsanam	89.00	2013	978-7-300-17473-0
35	个人理财——理财技能培养方法(第三版)	杰克·R. 卡普尔等	Jack R. Kapoor	66.00	2013	978-7-300-16687-2
36	国际财务管理	吉尔特·贝克特	Geert Bekaert	95.00	2012	978-7-300-16031-3
37	应用公司财务(第三版)	阿斯沃思·达摩达兰	Aswath Damodaran	88.00	2012	978-7-300-16034-4
38	资本市场:机构与工具(第四版)	弗兰克·J. 法博齐	Frank J.Fabozzi	85.00	2011	978-7-300-13828-2

图书在版编目（CIP）数据

面板数据分析：第三版/（美）萧政著；李杰译
.--北京：中国人民大学出版社，2021.2
（经济科学译丛）
ISBN 978-7-300-28646-4

Ⅰ.①面… Ⅱ.①萧… ②李… Ⅲ.①经济计量分析
Ⅳ.①F224.0

中国版本图书馆 CIP 数据核字（2020）第 201278 号

"十三五"国家重点出版物出版规划项目
经济科学译丛
面板数据分析（第三版）
萧政 著
李杰 译
Mianban Shuju Fenxi

出版发行	中国人民大学出版社		
社　　址	北京中关村大街 31 号	**邮政编码**	100080
电　　话	010－62511242（总编室）		010－62511770（质管部）
	010－82501766（邮购部）		010－62514148（门市部）
	010－62515195（发行公司）		010－62515275（盗版举报）
网　　址	http://www.crup.com.cn		
经　　销	新华书店		
印　　刷	北京昌联印刷有限公司		
规　　格	185 mm×260 mm　16 开本	**版　　次**	2021 年 2 月第 1 版
印　　张	30　插页 2	**印　　次**	2021 年 2 月第 1 次印刷
字　　数	623 000	**定　　价**	69.00 元